Beltz Taschenbuch 120

Über dieses Buch:

Siebzehn Beschreibungen von Reisen aus fünfzig Jahren – Aufzeichnungen, die Hartmut von Hentig nicht in erster Linie dazu dienen, das Erlebte festzuhalten, sondern es hervorzubringen scheinen: als Bereitschaft zur inneren Aufmerksamkeit.

Da macht ein Reisender im weitesten Sinne des Wortes Erfahrungen, sucht die Spuren seiner Bildung; da verwandelt die Fahrt die Begleiter in Gefährten, von denen alles abhängt; da erprobt einer sich selbst, seine Fähigkeit zur Einsamkeit, die die Fähigkeit ist, für den anderen mitzuerleben, und seine Fähigkeit zur Gemeinsamkeit, die die Fähigkeit ist, sich und sein Erleben zurückzunehmen; da verrichtet einer vor den Augen des Lesers die schwierigste und zugleich alltäglichste Tätigkeit: Er übersetzt Wahrnehmung in Sprache; da denkt, liest, rätselt einer an seinen Beobachtungen – an Klöstern, Kalköfen oder Königsgräbern – entlang; da erinnert er sich, wie es hier (für ihn und andere) einst war, und ahnt voraus, wie es (für ihn und andere) später sein wird.

In zwei Essays – über das Wandern und über ein erfahrendes, »peiratisches« Leben – versucht Hartmut von Hentig eine Annäherung an den Zusammenhang von »Fahren« und »Erfahrung«, »Gefährte« und »Gefahr«.

Der Autor:

Hartmut von Hentig, geb. 1925, Wissenschaftler, Lehrer und Publizist, Professor emeritus für Pädagogik an der Universität Bielefeld, war bis 1987 Wissenschaftlicher Leiter der Laborschule und des Oberstufenkollegs des Landes Nordrhein-Westfalen. Als Beltz Taschenbuch sind von Hartmut von Hentig lieferbar: »Bildung – Ein Essay«, »Kreativität – Hohe Erwartungen an einen schwachen Begriff«, »Ach, die Werte! – Über eine Erziehung für das 21. Jahrhundert« und »Der technischen Zivilisation gewachsen bleiben – Nachdenken über die Neuen Medien und das gar nicht mehr allmähliche Verschwinden der Wirklichkeit«. Hartmut von Hentig lebt in Berlin.

Hartmut von Hentig

Fahrten und Gefährten

Reiseberichte aus einem halben
Jahrhundert 1936 – 1990

Besuchen Sie uns im Internet:
www.beltz.de

Beltz Taschenbuch 120
2002 Beltz Verlag, Weinheim und Basel

1 2 3 4 5   06 05 04 03 02

© 2000 Carl Hanser Verlag München Wien
Umschlaggestaltung: Federico Luci, Köln,
unter Verwendung des Umschlags der Originalausgabe von Birgit Schweitzer
Satz: pagina GmbH, Tübingen
Druck und Bindung: Druckhaus Beltz, Hemsbach
Printed in Germany

ISBN 3 407 22120 7

Dem Gefährten Frank P. gewidmet

Inhaltsverzeichnis

Vorwort

Siebzehn Beschreibungen von Reisen aus vierundfünfzig Jahren – kurzen Reisen, nie über sechs Wochen, zu Fuß, zu Pferde, in einem Segelboot, auf dem Motorrad, mit dem Auto und dem Flugzeug, in ein Sammelsurium von Ländern und Städten: Arabien und die Alpen, Island und die USA, Ostpreußen und Bodensee, Paris und Berlin, Griechenland und Griechenmeer... Warum hat einer sie aufgezeichnet, woher die Erwartung, daß andere sie lesen?

Außer der Chronologie, der Person des Autors, der Nennung der jeweiligen Landschaft und des Fortbewegungsmittels gibt es kein gemeinsames Ordnungsprinzip. Besondere Entdeckungen werden nicht geboten. Es sind schon gar nicht alle größeren Reisen wiedergegeben, die ich im Laufe meines Lebens gemacht habe und die dem Leser solchermaßen im Spiegel meiner »Reise-Biographie« ein kleines Panorama unserer großen Welt böten. Notizen von Reisen nach Japan (1970) und Java (1984), nach Indien (1968) und Israel (1982), nach Finnland (1983) und Polen (1978), nach Indonesien (1983) und Peru (1997) liegen in meinen Schubfächern: tot, weil nicht zu Erzählung und Bild verarbeitet, verlebendigt.

Vielleicht muß ich, bevor ich meine beiden Fragen beantworte, noch eine weitere stellen: Wie kommt einer dazu zu reisen, nicht nur viel »unterwegs zu sein«, von einem entfernten Ort zu einem anderen – das hat meist einfach zu erklärende äußere Gründe –, vielmehr gern und bewußt in einem fremden Land zu *sein*, es aufmerksam und vielseitig zu erleben? Weshalb bewegt er sich *in* ihm? Warum will er es verstehen? Was treibt ihn, mit den Menschen zu sprechen und an ihren Gewohnheiten teilzunehmen? Oder anders, konkreter: Was bedeutet mir Reisen?

Mein Vater war Diplomat und – was er nicht gerne hörte – ein Abenteurer. Der 1886 Geborene hat 1915, im Ersten Weltkrieg die längste Strecke, die man auf dem größten Kontinent – Asien – durchmessen kann, zu Fuß und zu Pferde bewältigt. Er war der letzte Repräsentant eines Zeitalters, das man unter dem Gesichtspunkt der Fortbewegung des Menschen beliebig das Alexanders und Cäsars, Attilas und Karls des Großen, Marco Polos oder Sven Hedins nennen kann. Er hat mir, seinen Söhnen überhaupt, zwei Formen der Lust vererbt: die an anderen Völkern und die an der physischen Bewegung. Reisen war mir schon in der Kindheit zur Selbstverständlichkeit geworden. Dem Erwachsenen HvH, vor allem dem Lehrer und Erzieher, der täglich Vorstellungen »ausgibt« und der die unterschiedlichsten Menschen zunächst einmal »verstehen« muß, sind Reisen eine Quelle der Welt- und Lebenskenntnis und eine unentbehrliche Übung im Beobachten geworden. Unmerklich hat sich so aus einer praktischen und befriedigenden Gepflogenheit eine in sich erfüllte, intensive Lebensform entwickelt. In einer meiner theoretischen Schriften habe ich einmal die Erziehung unter dem Bild der Seefahrt ausgelegt (s. u. Nr. 17 S. 329). Erziehung ist der Vorgang, durch den man zu leben lernt, und das Reisen, zumal das notwendig kooperative und nicht voll beherrschbare, den Elementen ausgesetzte Reisen zur See, ist dessen Abbild und Inbegriff.

Warum wird eine Reise aufgezeichnet? Die Aufzeichnung dient nicht in erster Linie dazu, das Erlebte festzuhalten, sie bringt es vielmehr hervor: die Bereitschaft zur inneren Aufmerksamkeit. Die in diesem Buch geschilderten Reisen haben meist Routen und Ziele, Ziel der Beschreibung sind diese nicht. Das erklärt die Buntheit dieses Bandes, die ihrerseits sein Motiv entfaltet: Da macht einer im weitesten Sinne des Wortes Erfahrungen; da geht einer auf den Spuren seiner Bildung – der Fuß eilt der Vorstellung nach; da verwandelt die Fahrt die Begleiter in Gefährten, von denen alles abhängt; da erprobt einer sich selbst, seine Fähigkeit zur Einsamkeit, die die Fähigkeit ist, für den anderen mitzuerleben, und seine Fähigkeit zur Gemeinsamkeit, die die Fähigkeit ist, sich und sein Erleben zurückzunehmen; da verrichtet einer vor den Augen des Lesers die schwierigste und zugleich alltäglichste Tätigkeit: Er übersetzt Wahrnehmung in Sprache; da denkt, liest, rätselt einer an seinen Beobachtungen – an Klöstern, Kalköfen, Königsgräbern – entlang; da erinnert er sich, wie es hier (für ihn oder andere) einst war, und ahnt voraus, wie es (für ihn oder andere) später sein wird.

Und was hat der Leser davon? Das ist nicht einfach und eindeutig zu beantworten. Der Leser nimmt zunächst an einer sehr persönlichen Erfahrung teil, er sieht ein Gegenbild zum konfektionierten Tourismus; er spürt, daß wir die Welt nicht mit Bussen und Kameras erschließen, sondern mit unserer Einbildungskraft und Sprache; er trauert vielleicht um das, was nicht mehr ist; er wird selber hoffentlich zuversichtlicher auf die nächste Reise gehen, weil doch noch soviel möglich ist – wenn der Reisende das Richtige vorhat.

Eines muß er vorher entscheiden: Ob er allein reisen will und dabei vielleicht an andere denken, denen er seine Erlebnisbeute heimbringt, oder ob er mit anderen zusammen reist. (Die Reise im organisierten Kollektiv ist noch einmal etwas anderes; ich kann nicht über sie urteilen; ich bin ihr geflissentlich aus dem Weg gegangen und habe auch »Klassenfahrten« in Reisen von einzelnen oder kleinen Freundesgruppen aufgelöst – nachzulesen in Nr. 11.) Die einsame Reise ist so reich und so schwierig wie die gemeinsame. Die gemeinsame bringt jedoch noch etwas anderes hervor, etwas Drittes, neben der Erfahrung des anderen Landes und des eigenen Ich: ein elementares Verhältnis, so bedeutend wie das zwischen Ehepartnern, Freunden, Geschwistern, Nachbarn. Ich meine das zu dem im Titel deshalb mitgenannten Gefährten, dessen Name nicht von ungefähr in die Nähe von »Gefahr« führt. Darüber sei hier nicht weiter spekuliert. Das Nachdenken und Vorfühlen hierzu überlasse ich dem Leser anhand der Texte.

Genug. Dieses Vorwort dient als »caveat lector«. Wer das Buch zur Hand nimmt, soll gleich wissen:
- Es ist kein Reiseführer; der muß genauer, der muß aktuell, der muß praktischer angeordnet, kurz: der muß systematisch sein.
- Es ist auch in seinen älteren Teilen kein historisches Dokument, vornehmlich dafür, wie sehr sich alles gewandelt hat; dazu sind die Wahrnehmungen zu subjektiv.
- Es ist vor allem kein literarisches Kunstwerk, will es nicht sein wie die Bücher von Erhart Kästner oder Henry Miller oder Heinrich Böll oder in vollendeter Form »Erdball« von Otto Bartning.

Ich wünsche mir, daß die Berichte in diesem Buch so wirken wie die von Horst Krüger auf mich: als Verführung, (unkonventionell) zu reisen, und als Verführung, dies darzustellen, die durch Bewegung vermehrte Reibung der Person an der Welt.

Vielleicht ist doch eine kleine Empfehlung »zum Gebrauch« des Buches geboten. Nicht alle Leser sollten gleich mit den Berichten 2, 3 und 5 beginnen (Nummer 4 ist eine Betrachtung). Das mag tun, wer sich für Hentig interessiert, ihm auf die Spur kommen will. Da hat ein Bub, ein Soldat, ein Student die beiden Formen des Berichtens ausprobiert: die ordnende, zusammenfassende Wiedergabe *gleich nach der Heimkehr* und die Umwandlung des Erlebnisses in Wörter *gleich auf der Stelle.* Aber auch die Llanos, die masurischen Wälder, die Bodenseelandschaft sind schon mit deutlich verschiedenem Motiv gesehen: Mit dem ersten Text will der Elfjährige seinen Klassenkameraden und Lehrern imponieren; mit dem zweiten will er die Gräfin Dönhoff wissen lassen, daß es eine auch die Seele befriedigende Aufgabe war, ihr Pferd von Ost- nach Westpreußen zu reiten, damit es dort für ihren Treck in den Westen zur Verfügung stehe; mit dem dritten gibt er dem Freunde Richard von Weizsäcker zu verstehen, wie sehr dieser ihm gefehlt hat auf der nunmehr einsamen Wanderung.

Wen der Reiz des Vergangenseins der geschilderten Welten lockt, der wird vermutlich durch Nummer 6, Nummer 7, Nummer 10 und Nummer 11 befriedigt; er erlebt mit, wie Deutschland für jemanden aussah, der aus den USA zurückkehrte, wo die Zukunft schon längst begonnen hatte, und es wird ihn nicht wundern, daß diesen Heimkehrer schon genau jene Kultur-Nostalgie ergriff, die wir für das Kennzeichen des Öko-Zeitalters halten. Er wird sich mit Staunen daran erinnern lassen, daß noch 1959 die Wiedervereinigung für die Deutschen, vor allem die Westdeutschen ein lebendiger Wunsch war, der dann in den weiteren dreißig Jahren in Bewußtlosigkeit absank, gar gestorben ist. Er wird auch wahrnehmen, wieviel man vergessen hat: Warum 1953 Jodl und Reimann wichtige Namen waren, 1959 Zind und Nieland, 1960 Casawubu und Lumumba. Er wird auch mit Pläsier wahrnehmen, in welchem Maß Damaskus und Beirut, der Nahe Osten, uns nicht nur näher gerückt sind (wie ein Buchtitel meines Vaters schon 1938 verhieß), sondern bei uns Einzug gefunden haben: mit jedem türkischen Laden, in dem Kebab, Lamacum und Fladenbrot verkauft werden, Dinge, die ich damals noch eingehender Schilderung für bedürftig hielt.

Andere werden das Buch von hinten nach vorn lesen wollen, in der Reihenfolge ihrer Nähe zur Gegenwart; andere werden einen Namensindex vermissen, der sie stracks zu den Berühmtheiten führt, von denen auch die Rede ist.

Die Leser, die eine kleine Seelenverwandtschaft mit mir haben, werden sich die Texte aussuchen, die sie an die Stellen der Erde mitnehmen, die sie ihrerseits lieben: griechische Inseln, isländische Gletscher, irische Steilhänge, arabische Basare... Es gibt auch Stellen in der Zeit, die einer vielleicht zuerst aufsuchen möchte: die

30er Jahre, als das Land der Drogenmafia noch ganz ohne dieses Problem war; den Juli und August 1944, den ich auf ostpreußischen Adelssitzen erlebte; Trizonien wenige Tage nach der Währungsreform...

Das von mir bevorzugte »Genre«, die Aufzeichnung noch während der Reise, habe ich, wie man sieht, variiert und gelegentlich verlassen. Immer aber zeugen die Berichte von einer »sentimental journey« inmitten harter Realität, immer ist da eine seltsame Mischung von Infantrismus und Literaturbericht, immer ist das Verhältnis zu den Gefährten mit im Spiel, wenn ich die Welt erfahre. Ja, alle Berichte sind Spielarten eines Erfahrungsprinzips, das mein Leben, mein Denken und meine pädagogische Arbeit bestimmt hat. Diesem Prinzip liefere ich mit dieser Sammlung von Reiseberichten eine späte, allgemeine, unprofessionelle Beglaubigung nach.

Daß aus meinen schmuddeligen Manuskripten ein so schön gedrucktes Buch geworden ist, danke ich Wolfgang Reiner.

Die grüne Hölle[*]

Ein Ritt durch die Llanos in Kolumbien
1936

M ein schönstes Erlebnis in Kolumbien war ein Ritt in die Llanos. Die Llanos sind große Steppen im Quellgebiet des Ori-
noco. Da sie schwer erreichbar sind, dort viele böse Krankheiten
herrschen, auch noch zahlreiche wilde Indianerstämme leben, besuchen außer Forschern wenige Weiße diese Gegend. Wegen der
furchtbaren Erlebnisse, die Weiße, aber auch Indios in diesem Gebiet gehabt haben, ist sie manchmal die »grüne Hölle« genannt worden. Eines Tages fragte mich mein Vater zu meiner Überraschung,
ob ich mit ihm in die Llanos reiten wolle. Meine Mutter wünschte
es nicht, und meine Großmutter hätte es mir ganz bestimmt nicht
erlaubt, aber Vater meinte, daß er mir diese Möglichkeit, die ich
vielleicht nie wieder im Leben haben würde, doch verschaffen sollte.

Wir trafen schnell unsere Vorbereitungen. Aus der Picknickkiste
wurden alle möglichen Dinge hervorgeholt: Becher, für jeden von
uns Blechteller, Bestecke, Wasserflaschen. Außerdem gehörten je
ein Feldbett mit Moskitonetz, Zeltbahnen und ein paar Decken zur
Ausrüstung. An Lebensmitteln steckten wir in unsere Packtaschen
hauptsächlich drei Flaschen Kognak in Strohhülsen, die uns gute
Dienste leisten sollten, Messer, Uhren und rote Galalitbecher zum
Verschenken, sowie Zucker, Tee, Kaffee Hag, viele Medikamente,
vor allem aber Gerstenmehl, das, mit Wasser und Zucker gemischt,
zeitweise unsere Hauptnahrung sein sollte. Schließlich war alles zusammen mit den Hängematten in drei großen Ballen verschnürt – in
zwei Wäschesäcken und einer Zeltbahn; Packtaschen, Sattelzeug
und Rucksäcke gingen so mit. Vater lud noch einen Geologen ein

---

[*] Die in diesem Bericht geschilderte Reise hat im Januar oder Februar 1936 stattgefunden. Ich war damals zehneinhalb Jahre alt und seit beinahe zweieinhalb
Jahren in Bogotá, Kolumbien, wo mein Vater den Posten des deutschen Gesandten innehatte. Der Bericht ist vermutlich Ende desselben Jahres für die Schüler-
zeitung der Deutschen Schule in Amsterdam geschrieben worden, wo mein Vater
vorübergehend das deutsche Generalkonsulat leitete.

mitzukommen, der zwar viel in Kolumbien gereist war, aber diese Gegend noch nicht kannte.

Unser Wagen brachte uns vor Tagesanbruch auf den großen Platz in Bogotá, wo sich die nach allen Seiten des Landes abfahrenden Autobusse drängen. Vorsichtigerweise hatten wir uns schon am Tage vorher einen Platz neben dem Fahrer gesichert. Der ganze Wagen war nämlich bis zum letzten Platz mit Indios, vor allem Frauen mit vielen Körben und Bündeln, besetzt.

In ratternder Fahrt ging es nach dem fünf Stunden entfernten, auf einer rauhen und öden Hochebene liegenden Tunja. Dort machten wir halt. Es war gerade Markt. Hunderte von eingeborenen Frauen aus der näheren und weiteren Umgebung hatten ihre Waren ausgebreitet: Basthüte, wie sie unter dem Namen »Panama« nach Europa kommen, kleine Täschchen von der gleichen Strohart, schöne leichte Schuhe, Alpargatas genannt, aus Fiquefaser gemacht (Fique ist eine Agave), viele Früchte wie Mangos, Papayas, Granadillas, die kartoffelartige Yucca, aber auch die sonst im Lande sehr seltenen Äpfel. Unappetitliches Fleisch lag überall auf Strohmatten, und aus trüben Augen glotzten uns abgezogene Zicklein an. Zu gern hätte ich einen lebendigen Esel für einen Peso gekauft; wenn die Esel noch ganz klein sind, sehen sie ganz wollig aus, so daß man sie immer umarmen möchte.

Von hier ab wurde der Weg noch viel schlechter, aber mit großem Mut fegte der Fahrer durch die Kurven, ohne zu wissen, was hinter der Ecke kommen würde. Manchmal standen sich zwei Wagen unmittelbar neben einem tiefen Abgrund gegenüber. Gottlob hatten die Bremsen funktioniert!

Schließlich ging es durch einige Täler, aber dann wieder über eine Wasserscheide in langen Schlangenwindungen hinunter zu unserem Ziel, einer kleinen Stadt. Schon auf dem Marktplatz wurden wir von zwei Kolumbianern, Freunden unseres Gastes, des Geologen, empfangen. Drei Mann schleppten die Ballen in ein Wirtshaus. Das Zimmer sah besser aus, als man es von außen erwartet hätte. Den Mittelpunkt des Hauses bildete der Patio, ein am Rande rundum von Blech überdachter offener Hof. Dies war der Speisesaal. Ein langer Gang führte an der Küche vorbei zu den Duschen und anderen Orten. Schon standen aber Pferde bereit, um uns noch weiterzubringen. Der Weg hörte nämlich dort auf, wurde aber gerade weitergebaut. Er wird eines Tages bis an unser Ziel, die berühmten Llanos, führen.

Hoch oben mit wundervoller Aussicht lag das Haus des Herrn Cura, des Pfarrers, neben einer schönen alten spanischen Kirche. Unter einer schattigen Platane begrüßte uns der Herr, umstanden von vielen Dorfbewohnern. Dann gab es im kühlen Hause bald etwas zu essen. Wir waren zwar sehr hungrig, aber die beinah hundert Gänge wurden mir doch zuviel. Schließlich wurde ich etwas müde, und Vater riet mir, mich auf der Veranda hinzulegen. Dort schlief ich, bis eine Katze mich weckte. Um sie zu fangen, lief ich hinter ihr her. Sie huschte in eine offene Tür, und zu meinem Schreck befand ich mich auf einmal in der dämmrigen, kühlen Kirche. Die Betenden drehten sich nach mir um, und ich mußte die Katze laufenlassen.

Am Abend kamen wir wieder in unsere kleine Stadt zurück. Hier war ein Elektrizitätswerk. Dieses wurde sehr gerühmt, doch beim Abendessen in der Wirtschaft flackerte das Licht immer, wurde trübe und erlosch zuweilen ganz.

Noch bei Dunkelheit ging es am nächsten Tag los. Gott sei Dank brauchten wir uns den ersten Tag nicht um Packtiere zu sorgen. Sie kamen von Herrn Cura, und ich erhielt ein Schimmelpony mit einem Schnurr- und Ziegenbart. Ich habe nie so etwas Merkwürdiges gesehen, und mein Vater, der schon viele Pferde erlebt hat, auch nicht. Als wir bei Tag an einem Baum vorbeikamen, der mit vielen langen Bärten behangen war, hängte ich mir einen von diesen Bärten um, stellte mich unter den Bartbaum und ließ mich auf dem bärtigen Pferd fotografieren.

Viel sahen wir noch im Valle de Tensa: kleine Hocker, die an einem Drahtseil die Menschen vom einen Ufer des reißenden Flusses zum anderen brachten, eine Hängebrücke aus Bambus, die sehr gefährlich aussah und auch war, die ersten tropischen Vögel, vor allem den Pfeffervogel mit seinem gewaltigen Krummschnabel, herrliche Schmetterlinge, wie sie sonst nur in Sammlungen vorkommen; aber nur selten einmal ein kleines Haus aus Stein oder Lehm, dagegen häufig gewaltige Zedern, die so groß sind, daß die Menschen sie nicht fällen konnten.

In der heißesten Zeit des Tages machten wir am Fluß Rast, sattelten ab und nahmen zum Staunen der Eingeborenen ein Bad im reißenden Wasser zwischen den glatten, grünen Steinen. Eine wilde Kuh, die ich gereizt hatte, hätte mich beinahe auf die Hörner genommen. Kühe sind nämlich hier gar nicht dumm, sondern sehr klug, mutig und selbständig.

Sehr müde kamen wir bei einem Freunde, auch wieder des Herrn Cura, an. Zuerst wollte ich gar nicht glauben, daß wir in dem Bretterloch, in dem es obendrein ziemlich stank und man durch die Dielen nach unten sehen und gleichzeitig den Himmel durch das Dach beobachten konnte, schlafen sollten. Aber wie mein Vater gesagt hatte, ging es doch sehr gut. Auch gegen die Ameisen wußten wir uns mit Wassernäpfchen zu schützen, in die die Füße der Betten gestellt wurden.

Die Hauptsache war nun, nicht krank zu werden. Ich mußte schon vorher und hauptsächlich an diesem Abend Chinin schlukken, auch etwas gegen Durchfall einnehmen. Da ich unterwegs meine Mütze verloren hatte, kaufte mir Vater von den Töchtern unseres Wirtes einen schon gebrauchten, aber sehr fein geflochtenen Panamahut. Ich habe ihn heute noch.

Der nächste Ritt wurde noch anstrengender, weil es immer heißer wurde und der Weg auch für die gewandten Tiere kaum noch zu bewältigen war. Vom einen tiefen Loch zwischen den Luftwurzeln mußten sie in das nächste treten. Auch wußten wir häufig nicht, wo wir am steilen Berghang ausweichen sollten, wenn uns aus der Ebene eine Herde Schlachtochsen entgegenkam – mit gewaltigen Hörnern und brüllend. Die Treiber warnten uns oft schon von weitem mit aufgehobenen Händen, wenn sie besonders bösartige Tiere dabeihatten.

Aber auch der schwerste Weg und der längste Tag gehen zu Ende. Das Tal weitete sich, ein breiter Fluß lag vor uns, und da das Ziel nicht mehr fern war, beschlossen wir, in dem flachen Wasser von einer steinigen Insel aus zu baden. Kaum waren wir im Wasser, rief ich, um Vater zu erschrecken: »Kaimán Kaimán!«, weil wir vorher vor ihnen gewarnt worden waren. Vater blieb aber ruhig im Wasser, denn nach dem Durchmarsch so vieler Pferde waren diese Krokodile sicher verschwunden. Sonst sind sie, wenn sie ausgewachsen sind, sehr gefährlich.

An diesem Nachmittag wollten wir noch von unserem Quartier aus auf die Jagd gehen. Es sollte dort Wasserböcke, Schakale, Wildschweine, aber auch Kaimane geben. Mit vielen laut bellenden Hunden, deren Schweif man immer über den Gräsern wackeln sah, die Indios mit Dynamit bewaffnet und Vater mit seinem Drilling, zogen wir los. Wild sahen wir nicht, aber Schlangen, vor denen man sich sehr in acht nehmen muß, wenn man keine festen hohen Stiefel anhat. Ich hatte Gott sei Dank gerade vorher welche bekommen. Aber am Wasser zog ich sie doch wieder aus. Hier warfen die Indios eine Dynamitpatrone nach der anderen ins Wasser, die mit furchtbarem Getöse explodierten. Sofort sprangen die Indios hinterher, um die an der Oberfläche treibenden Fische einzusammeln. Die Fische waren durch einen Schlag auf die Blase betäubt oder getötet.

Bis dahin waren wir immer noch von einem Gasthaus zu einem anderen geritten. Am nächsten Tag aber sollten wir endlich in die wirklichen Llanos kommen. Hinter jedem Berg hofften wir die weite Ebene sehen zu können, aber immer wieder kam ein neuer Urwaldstreifen, bis wir schließlich von einer Höhe herab in die unendliche Weite schauten. Ich galoppierte gleich weit voraus auf den kleinen Ort Agua Clara zu. Hier kamen wir gerade im richtigen Augenblick an, um der aufregendsten Arbeit der Viehhirten zuzusehen: dem Brennen des jungen, noch wilden Viehes. Man hatte es in einen großen drahtumzäunten Raum getrieben. Dort wurde es von wilden und rohen Hirten mit Lassos eingefangen und durch Umdrehen des Schwanzes oder der Hörner zu Fall gebracht. Dann hielten vier Männer das zappelnde Tier an den Gliedern fest, und, während es dumpf aufbrüllte, wurde ihm das auf Feuern glühend gemachte Eisen zischend auf die Backe oder die hintere Keule gedrückt. Es war furchtbar anzusehen, anzuhören und zu riechen.

Diese Nacht verbrachten wir auf einer Tenne, die einem wild aussehenden Mann mit einer mächtigen Narbe auf der Stirn gehörte. Diese Narbe rührte von einem Hieb mit der Machete, einem breiten Buschmesser, her. Wir gewannen seine Freundschaft schnell durch ein paar Becher Kognak. In Agua Clara, dem »klaren Wasser«, wohin Vater mich noch in der Nacht führte, haben wir ein herrliches Freibad genommen.

Und hier sollte erst die Fahrt in die eigentlichen Llanos anfangen.

Wie eine unendliche Tafel lag die Steppe vor uns. Wir wollten uns aber nicht in sie hineinwagen, ohne den Rand des Gebirges erkundet zu haben. Dies wünschte sich jedenfalls unser Geologe. Zuerst wurden abends die Eingeborenen ausgeforscht. Dann brachen wir früh auf, denn es drohte noch heißer zu werden als bisher.

Die große Tafel war keine durchgehende Tafel, sie setzte sich aus vielen, verschieden hohen Ebenen zusammen, die alle voneinander durch tiefe Risse getrennt waren. Alle Risse führten hinunter zu einem Fluß, der unser Ziel sein sollte. Unterwegs brachte uns unser Führer zu einer Hütte. Sie lag einsam zwischen hohen Stauden und einigen kahlen Bäumen. Dort gab es eine Frucht, die nicht sauer, auch nicht bitter war, aber doch den Mund etwas zusammenzog. Ich glaube es waren Litchis. In San Francisco hatten wir sie gelegentlich bekommen, dort waren sie aber süßer, wahrscheinlich reifer gewesen. Vor der öden Hütte stand ein Baumstumpf, an dem ein riesiges Faultier hing. Es bewegte sich nicht. Damit es keinen Schaden anrichten konnte, waren ihm seine Klauen, die sonst sehr lang und scharf sind, abgeschnitten worden. Ein Faultier sieht nicht schön aus, aber da es ein Junges hatte, tat es mir leid, daß man es so verstümmelt hatte.

Ungefähr hundert Schritt von uns saßen auf einem kahlen Baum zwei Nackthalsgeier. Um den Drilling zu probieren, schoß Vater danach, und wie ein Sack plumpste der erste Geier herab. Der andere, der auf dem gleichen Baum saß, begriff nicht, was geschehen war. Schon fiel ein zweiter Schuß, und auch er stürzte in die hohen Büsche. Wir nahmen uns die schönsten Schwungfedern und gaben die Tiere dem Bauern, der sich eine Suppe daraus kochen wollte. Fleisch ist hier knapp. Ein Geier ist auch äußerlich nicht nur häßlich, sondern unappetitlich. Seine Füße sind schmutzig und mit Milben bedeckt.

In einem kleinen Waldtal trafen wir auf einige Hütten. Vor ihnen saßen wachsbleiche Leute, die so schwach waren, daß sie wankten, wenn sie aufstanden. Auch die Kinder, die noch rennen konnten, hatten dicke Bäuche und sahen sehr schlecht aus. Eine Frau hatte ganz lockere Zähne, die bei jedem Hauch wackelten. Als Wassertrog für den Haushalt und die Hühner benutzten die Leute riesige Schildkrötenschalen.

Endlich kamen wir an den flimmernden, breiten Fluß. Es war so heiß, daß wir uns zunächst nach einer schattigen Stelle umsahen und sie auch unter den überhängenden Wurzeln am Flußrand fanden. Trotz der heißen Mittagsstunde, in der sich sonst alle Tiere zurückziehen, war eine Anzahl von Reihern zu sehen. Durch das Fernglas erkannten wir unter den vielen weißen Reihern auch einen Purpurreiher. Er sah glühend rot aus und war wirklich wie ein König unter den anderen. Da die Entfernung sehr groß war, schlich sich Vater heran und schoß dann über den ganzen Fluß hinweg. Der Reiher fiel auch, und rote Federn wirbelten in der Luft herum. Wie sollten wir ihn aber nun bekommen? Der Fluß war nämlich sehr reißend, und es schien kaum möglich hinüberzuschwimmen. Vater ging flußaufwärts, um dort ins Wasser zu springen: Wenn die Strömung ihn wegriß, würde er doch in der Nähe des Reihers landen. Er kam auch gut hinüber, und ich hinter ihm her. Doch wie er sich der Stelle näherte, wo der Vogel lag, richtete sich dieser auf, machte einige Sprünge, und als wir ihn packen wollten, erhob er sich in die Lüfte und flog mit langen, etwas unregelmäßigen Schwüngen fort. Lange noch suchten wir nach ihm an der Stelle, an der er in den Urwald eingebogen war. Wir sahen noch viele Reiher, auch einen schneeweißen Reiher und einen weiteren Purpurreiher, aber hatten kein Gewehr mit und mußten wegen der untergehenden Sonne schließlich umkehren.

Beim Rückritt konnten wir große Papageienschwärme beobachten. Laut kreischend flogen sie von einem Hain zum anderen und setzten in dem dichten Grün der Bäume ihre erregte Unterhaltung fort. Sie waren sehr schwer zu sehen und ließen auch niemanden näherkommen. Das rettete sie.

Am nächsten Morgen ging es erst richtig in die Llanos. Unserem Wirt wurde das Messer, mit dem er schon lange geliebäugelt hatte, als Gastgeschenk in Aussicht gestellt, wenn er uns zum nächsten Rastplatz führen würde. Meilenweit ging es, ohne daß man auf der unendlichen Fläche einen Baum oder Strauch sah. Wunderschön hätte überall ein Flugzeug landen können, denn große Strecken waren ganz kahl abgebrannt. Schon am ersten Abend, aber erst recht bei unserem Weitermarsch sahen wir Riesenwolken und kleine rote Streifen, die sich nachts als gewaltige Feuer erwiesen. Später kamen wir an einen »Garten«. In ihm arbeitete ein alter Mann. Er sammelte Zitronen von einem Zitronenbaum in seine Basttasche. Es gab auch Apfelsinenbäume und ganz hinten im Garten eine Wassergrotte, in der Vater und ich ein kühlendes Bad nahmen.

Schon hatte man uns gesucht. Der alte Mann war nämlich ein Indianer, der früher einmal sehr reich gewesen war und über 40.000 Stück Vieh besessen hatte. Dann hatte er zu trinken angefangen und alles verloren. Er bat uns, mit ihm zu kommen, nahm uns in sein Haus, in dem es von Kindern wimmelte. Er reichte uns eine köstliche Limonade und danach noch ein Schokoladengetränk. Zwei kolumbianische Lehrerinnen waren bei ihm zu Besuch; sie sollten seine Enkelkinder unterrichten.

Mit etwas gebrochener Stimme singend und dazwischen Lieder auf der Mundharmonika spielend führte uns der alte Häuptling auf unser nächstes Ziel zu, einen kleinen Ort an einem reißenden Fluß. Ohne ihn wären wir nicht durch den tiefen Strom gekommen. Das

Wasser ging zwar seinem Pferd und dann auch unseren Pferden über den Rücken, er brachte uns aber an der flachsten Stelle sicher hinüber. Dort bekam er einen doppelten Schluck Kognak und noch den roten Galalitbecher. Unser anderer Führer erhielt das so lang ersehnte Messer.

Unser neues Rasthaus war eher ein Krankenhaus, ein richtiges Fieberloch. Die Leute lagen alle in Stühlen vor dem Hause. Einer von ihnen hatte sogar einen deutschen Namen, Walter, und sprach auch etwas Deutsch, war aber ganz heruntergekommen. In seinem Haus war eine Reihe anderer Deutscher gestorben, und mein Vater mußte die Sache untersuchen. Um das Grundstück anzusehen, das den verstorbenen Deutschen gehört hatte, mußte Vater wegreiten. Ich blieb allein bei den Sachen zurück.

Die Leute waren sehr freundlich zu mir, vor allem die, die ganz wild aussahen, und ich hatte gar keine Furcht, daß mir etwas passieren könnte. Die Indianer haben blonde Menschen meistens sehr gern. Das weiß ich von meinen kleinen Geschwistern, die noch blonder sind als ich und die ein Eingeborener einmal »kleine Engel« angeredet hat. Endlich kamen am Abend Vater und der Geologe zurück. Sie hatten heiße Quellen entdeckt, auch Ölquellen, und waren sehr begeistert von dem heißen Bad mit »Vaselineüberzug«, das sie genommen hatten. Ihre Hemden und Badetücher waren ganz gelb.

Nun kamen die schwersten Ritte ins wildeste Land. Hier mußten wir uns ganz auf uns selbst verlassen, lebten fast ausschließlich von unserem Gerstenmehl, das wir uns in einer Kürbisschale mischten. Die Kürbisschale sah aus wie eine abgeschnittene Schädeldecke. Auf einen halben Liter Wasser kamen zwei Löffel Gerstenmehl oder Gerstenschrot, so daß das Ganze mehr wie ein Getränk war. Es stillte den Durst und den Hunger zugleich. Mittags erholten wir uns an einem Fluß, wo wir die Beine ins Wasser hängen ließen und die kleinen Fische an unseren Zehen knabberten. Es gibt dort auch eine blutgierige Art von Fisch, die sich an den Menschen ansetzt und ihn aussaugt. Manchmal sind es auf einmal so viele, daß man in wenigen Minuten tot ist.

Hier muß ich auch gleich von den Zecken erzählen, weil auch sie solche Blutsauger sind. Sie setzen sich überall in die Haut. Sie kommen hauptsächlich in den Gegenden vor, durch die das Vieh streift. Wir hatten manchmal so viele, daß wir sie mit dem Messer abkratzen mußten. Schlimm ist es, wenn sie unter die Nägel kommen oder unter die Fußsohlen. Der Geologe hatte schon viel mit ihnen zu tun gehabt und verstand es gut, sie herauszukriegen: mit etwas Petroleum, dann fallen sie beinah von allein ab.

Auf diesem Marsch sahen wir auch eine Wildschweinherde, deren letzte Nachzügler nur zwanzig Meter vor uns in einem ausgetrockneten Flußbett dahintrotteten. Diese kleinen Wildschweine können sehr gefährlich werden. Panther greifen nur einzelne oder kranke Tiere an. Sobald der Panther ein Tier gefaßt hat, versucht er, sich auf einen Baum zu retten. Ein Panther war einmal mit seiner Beute nur auf einen umgefallenen Stamm geklettert. Auf das fürchterliche Gequieke seiner Beute waren die anderen Wildschweine zur Hilfe herbeigeeilt und umstanden den Räuber. Dieser glaubte sich ganz in Sicherheit, ließ aber seinen Schwanz hängen. Sofort hatte ein Wildschwein diesen geschnappt und den Panther heruntergerissen. Wütend verteidigte er sich und schlug auch vielleicht drei oder vier tot. Bald aber hatte ihn die Überzahl bewältigt, und nach einiger Zeit waren nur noch die blanken Knochen von dem Panther übrig. Das habe ich natürlich nicht selbst gesehen, – das hat uns einer der mit uns reitenden Indios erzählt.

Ich sah zum ersten Mal lebende Affen in freier Wildnis. Wir gingen durch Schlingengewächse in einem ausgetrockneten Bachbett, weil dies überhaupt die einzige Möglichkeit war, durch den Urwald vorwärts zu kommen. Auf einmal hörten wir Geschrei, beinahe wie von Menschen. Wir setzten uns still auf einen Stein und konnten nun eine große Herde Affen beobachten, die mindestens ebenso neugierig war wie wir. Sie kamen näher, legten sich mit dem Bauch auf einen Ast, ließen Arme und Beine und Schwanz hängen und guckten uns mal von der einen Seite mal von der anderen Seite des Astes an. Dann wieder jagten sie sich gegenseitig durch die Bäume und turnten ganz wundervoll. Einer schien dem anderen von den merkwürdigen Besuchern zu erzählen, und so kamen nacheinander alle, um uns anzusehen. Da wir ihnen nichts taten, wurden sie übermütig und warfen mit Nußschalen und trockenen Zweigen nach uns. Ich hätte noch stundenlang zusehen können, wie die kleinen Menschen da oben sich mit uns großen hier unten amüsierten.

Wir haben soviel erlebt, daß ich gar nicht alles erzählen kann: wie wir die Nacht bei einem Neger zubrachten, dessen kranker Frau wir mit Arzneien halfen, oder wie wir bei einem anderen Mann einen Schakal vertreiben konnten, der gerade Hühner stehlen wollte, und so weiter. Denn ich muß ja noch unsere letzte Übernachtung, wieder an einem Fluß, schildern, wo wir Rieseneidechsen, Leguane, antrafen. Sie sehen wie vorsintflutliche Tiere aus. Wir sahen auch wieder viele Vögel und Schlangen. Hier beschlossen wir, die Nacht in der Wildnis draußen zu verbringen. Ein Feuer wurde angezündet und ein Hühnchen gebraten. Die Feldbetten wurden an eine möglichst luftige Stelle gestellt. Aber wir mußten trotzdem die Moskitonetze sorgfältig aufspannen. Mitten in der Nacht wollten wir aufbrechen, um am nächsten Tag das Endziel zu erreichen. Der Pferdebursche weigerte sich aber, die Tiere einzufangen, weil er auf Schlangen zu treten fürchtete. Der Geologe war noch nie nachts geritten. Nur Vater hatte darin viel Erfahrung und sagte, es sei gut zu machen. Wir wollten uns die Pferde selbst einfangen, die nachts in unserer Umgebung weideten. Wir hatten ja feste Stiefel und Gamaschen und waren vor den Schlangen sicher.

Es ging auch alles wie geplant. Lange Zeit ritten wir mit der Laterne, bis sie schließlich im Wind verlosch. Es war der allerschönste Ritt, weil es so angenehm kühl war. Nur gegen Morgen wurde ich sehr müde. Da aber kamen wir glücklicherweise zu einem alten Neger, der gerade seine Kuh molk. Wir sprangen ab, holten unsere Tortillas heraus und ließen uns die warme Milch hineinmelken. Ich glaube, ich habe einen ganzen Liter getrunken.

Von hier an wollten die Pferde nicht mehr recht vorwärts. Sie waren schon vorher angestrengt, und dieser Ritt war ihnen einfach zuviel. Aber wir mußten weiter, auch wenn es mir leid tat, meinen Braunen so zu prügeln.

Unterwegs kaufte mir Vater für ein paar Centavos ungefähr drei Dutzend süße Bananen, »manzanitos« (Äpfelchen) genannt. Wir aßen vier oder fünf und gaben den Rest der Staude dem Maultiertreiber zum Tragen; auch selbst sollte er einige essen, aber nur einige. Er blieb zurück, um aus seinem Kuhhorn am Fluß Wasser zu trinken. Bald hatte ich wieder Platz für Bananen. Aber der dumme Kerl hatte sie alle weggeworfen. Warum, werde ich nie wissen. Ich habe seitdem immer wieder an diese Bananen gedacht, nicht nur weil es die süßesten waren, die ich je gegessen habe, sondern weil ich mich so geärgert habe.

Jetzt kam der schlimmste Teil des Weges, weil es immer heißer wurde und die Pferde immer träger. Zum Schluß blieb uns nichts anderes übrig, als neben ihnen herzulaufen. So kamen wir nach Villa Vicencio und damit wieder an den Rand des Gebirges. Von

hier aus konnte man erst mit einem Camion, dann mit der Eisenbahn hinauf nach Bogotá zurückfahren.

Dies habe ich alles sehr gern geschrieben, weil es mir die Gelegenheit gegeben hat, mich noch einmal an alle die schönen Erlebnisse dieser Reise zu erinnern.

»Sie gaben uns das Geleit...«[*]

Ein Ritt durch Ostpreußen
1944

August 1944

Liebe Marion.

Das Schloß hat keine Seele mehr. Von den Wänden lächelt – ein wenig verlegen – die alte Pracht auf die schweigenden Möbel herab. Die schmalen goldenen Streifen auf den Türrahmen halten die Reglosigkeit fest. Die Menschen sind ohne Mitteilung, jeder in sich verschlossen, eingefroren. Man setzt sich zu Tisch, telefoniert, legt sich schlafen. Früh geht ein Mädchen durch die Räume, öffnet die Läden und zieht die weißen Gardinen zu. Abends wird wieder verdunkelt. Mehr geschieht eigentlich nicht – und ich verstehe, was Rilke meint, wenn er von einem Haus sagt, es sehe beleidigt aus, wenn jemand in ihm verstorben ist.

Nein, das Schloß hat keine Seele mehr.

Am Nachmittag fahre ich mit Dieter D. über die Felder. Er ist müde – charmant müde. Später sucht er Sattel, Zaumzeug, Halfter und einen Regenmantel für mich aus. Rührend denkt er meinem Ritt voraus. Wir scheiden ein wenig als Freunde.

Und Alarich? Nein, wir sind nicht gleich Freunde, nicht einmal gute Kameraden. Aber doch Partner in einem Abenteuer. Wo nö-

---

[*] Im Sommer 1944 war ich als Fahnenjunker auf Genesungsurlaub in Quittainen, in Westpreußen. Dieses Gut war eine Familienstiftung der Grafen Dönhoff und wurde, wie deren Hauptsitz, Schloß Friedrichstein bei Löwenhagen, südöstlich von Königsberg, von Marion Gräfin Dönhoff verwaltet. Die Russen hatten die ostpreußische Grenze schon erreicht und mehrfach überschritten. Die Bevölkerung wurde jedoch im Glauben an den Endsieg gehalten und dazu jede Fluchtbewegung, ja auch jede Vorbereitung zu einer solchen unterbunden. Marion Dönhoff sah die Besetzung Ostpreußens durch die Russen als unvermeidbar an und hätte gerne für den Treck ihr liebstes Pferd, den Alarich, in Westpreußen gehabt. Ein Transport des Pferdes, sei es durch die Reichsbahn, sei es auf einem Lastwagen, wäre ihr als Defätismus ausgelegt worden. Ich bot ihr an, den Alarich auf Schleichwegen von Friedrichstein nach Quittainen zu reiten. Davon handelt dieser nach dem 20. Juli geschriebene, die politischen Umstände natürlich verschweigende Brief-Bericht an die Gräfin Dönhoff.

tig: ehrliche Gegner. Der frühe Morgen gibt uns beiden frischen Mut. Ein lebhaftes Spiel der Kräfte setzt ein – der Beginn einer noch ungewissen, einer freien Beziehung. Es ist, als würde ein Fenster aufgerissen, und frische Luft strömt herein.

Man sieht uns lange nach, diesen übermütigen Kämpfern. Als wir hinter dem Roggenfeld verschwinden, halten die Leute noch immer mit der Arbeit inne und wundern sich.

Die Sonne steigt höher. Der Kampf läßt nach. Auf dem Weg erhebt sich Staub, und die Fliegen beginnen ihr summendes Treiben. Ich kehre noch einmal um – einen anderen Weg zu nehmen, der mir plötzlich richtiger erscheint. Da erwacht Alarichs Trotz – in der Hoffnung, es gehe zurück. Wir drehen uns mehrfach im Kreis. Alarich steigt. Er tobt. Er weiß: jetzt oder nie! Und ich weiß: wenn wir jetzt in den Schloßhof zurückkehren, bin ich für alle Zeit blamiert. – Parade und nachgeben, parieren und immer wieder nachgeben: damit meinte mein Eutiner Reitlehrer, »noch jeden Gaul zum Pferde geritten« zu haben. Reiten ist eine Schule des Lebens, gewiß. Jetzt aber würde ich lieber nur reiten.

Kameraden werden wir, als ich absteige, wir stundenlang Kopf an Kopf nebeneinander hergehen, er die Fliegen an mir abschubbert, die sich an seinen Augen festsetzen, wir mein Butterbrot teilen.

Deine treffliche Karte zeigt uns den Weg. In einem größeren Dorf reite ich bei der Schmiede vor. Alarich ist auf der Hinterhand nicht beschlagen, und »barfuß« möchte ich ihn, da wir nun lange auf Chausseen reiten werden, nicht gehen lassen. Der Meister schwitzt schon mächtig bei der Arbeit und ist nicht erfreut, daß ich ihm die Mittagsruhe verkürzen komme. Überdies steht schon ein polnischer Arbeiter mit zwei Pferden – arg heruntergekommenen Ackergäulen – da, und so wende ich mich schon, um weiterzureiten, als mich die Meisterin – eine stattliche Frau – freundlich anruft, mir betulich, wenn auch wenig glaubhaft bedeutet, es könne ja gar nicht mehr lange dauern. Ich solle »man« warten, ein kleines Frühstück einnehmen. Ihr Sohn, der Frieder, der Älteste, »der wo jetzt im Lazarett liegt...« Sie hat ihren Alten kaum zur Arbeit geschubst, als ich mich in einer Flut von weitschweifigen Familiengeschichten, Fragen und Komplimenten ertrinken sehe, aus der ich mich nur an den Berg dick belegter Brote retten kann. Sie schenkt mir köstliche Milch ein und fügt hinzu: »Na, wir merken hier noch nischt vom Kriege!« Ich verkneife die unmutsvolle Zustimmung, murmele, wer heute zwei Söhne bei der Wehrmacht und beim Arbeitsdienst habe, der trage auch seinen Teil am Krieg. Da ist sie mir vollends zugetan und bewegt ihren Alten, doch meinen Alarich zuerst zu beschlagen. Der Pole reißt mürrisch seine Gäule zurück und mißhandelt sie dann in einem Anfall abgründiger Wut – derart, daß ich ihn heftig anherrsche. Aus Furcht mehr vor meiner Uniform als vor meiner Person läßt er ab. Wenn eines Tages der hier aufgestaute Haß entfesselt über unser Land kommt, dann gnade uns Gott!

Inzwischen steht Alarich schon in der Schmiede. Er ist ungewöhnlich erregt und da er recht kurz angehalftert ist, verdreht er gespenstisch die Augen. Das Feuer glüht auf und scheint auf Alarichs glattem rotem Fell wider.

Die Prozedur dauert fast eine Stunde. Der Meister arbeitet – bei aller gefährlichen Unruhe des Tieres – behutsam und ordentlich. Als ich, in Schweiß gebadet, das Pferd wieder besteige, reicht mir die Frau noch eine Tüte mit Kirschen. Dann stehen sie alle vor der Werkstatt und winken mir nach.

Gegen Abend werden die Fliegen vollends hysterisch, meine Hände sind blutig vom Massenmord. Unablässig schüttelt sich das Tier, reißt seinen Kopf in unregelmäßigen Abständen hoch, so daß ich wegen des gestörten Rhythmus' glaube, Alarich gehe lahm. Ich steige ab, halte es aber neben seinen verschwitzten Flanken nicht lange aus. Die Plagegeister setzen sich in dichten Schwaden auf mein Gesicht. Die Bremsen stechen durch das anliegende Hemd in den Rücken. Sie sind so blutrünstig, daß meine fuchtelnden Bewegungen sie nicht schrecken. Haben sie sich einmal festgebissen, lassen sie sich nicht mehr abstreifen, nur zerdrücken. Alarichs Schritt wird immer nervöser, jede Wegegabel, jeder Stock, jedes einsame Stück Papier wird zum unpassierbaren Hindernis. Die Gereiztheit des armen Kameraden überträgt sich auf mich. Ich muß mich mühsam zusammennehmen. »Ein Gemütstier« hattest Du gesagt. Als er heute früh heftig aufbegehrte, hatte ich Freude empfunden, war alles wie ein Spiel gewesen. Jetzt ist er ein Unverschämter, jeder hastende Schritt Ungehorsam, jede unvorsehbare Bewegung ein feindseliger Akt. »Gemütstier« wiederhole ich bitter.

Das Pferd ist unser Lehrmeister. An ihm lernen wir wichtige Tugenden. – Das mag ich bei Rudolf Binding gelesen haben. Es ist trotzdem richtig. Wer die Geduld verliert, der hat keine Achtung und verdient selber keine.

Endlich der Stall! Freudig wiehert Alarich den anderen Pferden entgegen. Als ich später in ein reinliches Stübchen geführt werde, bedaure ich, daß wir Menschen nicht auch wiehern können. Gibt es ein Wort, einen Ausruf, einen menschlichen Laut, der so inbrünstige Freude auszudrücken vermöchte wie Alarichs »Gesang« beim Einreiten in den Hof?

Man hat mich in Wogau sehr gastlich, ja herzlich aufgenommen. Die reizende kleine Hausfrau füttert noch die Kinder, und wir schwatzen dabei viel über die Wirtschaft, die Leute, den Krieg. Es ist überall das gleiche: Man spricht sehr ernst und besorgt von Deutschlands Not – und scherzt über die eigene. Aber dieser Scherz ist nicht der, den die innere Gelassenheit gebiert (wie auch den politischen Witz!), sondern Ausdruck des Überspanntseins kurz vor dem Zerreißen, die Grimasse, die die drängenden Tränen zurückhält.

Ich bin sehr spät erst eingeschlafen. Die Ereignisse suchen uns mit düsteren Gedanken heim.

Von Wogau bis Wildenhoff ist eine kurze Etappe. Ich bin dennoch früh aufgestanden, um den kühlen Morgen zu nutzen, am Mittag schon dort zu sein, am Nachmittag noch irgendwo baden zu können. Es stellt sich außerdem heraus, daß ich einen erheblichen Umweg über den Übungsplatz Stablak werde machen müssen, will ich nicht auf Posten und Schranken stoßen. Mit meinem unmilitärischen Aufzug (der Bekleidungszustand ist längst nicht mehr mit »Marscherleichterung« zu rechtfertigen) sollte ich so dienstliches Gehege meiden, beeile mich also fortzukommen. Ich nehme kurzen Abschied und reite im forschen Trab durch die Wiesen gegen den Wald. Der Morgen verspricht einen prächtigen Sonnentag.

Über dem Horizont stehen phantastische Wolkentürme, und die hohen Tannen greifen tief in den Himmel hinein, als wollten sie ihn hindern, davonzuschweben. Als es wärmer wird, gewahre ich auf der Karte einen kleinen See oder einen Teich und halte nach dem Wasser Ausschau. Es kann eigentlich nur dort hinter jener breiten Erlengruppe liegen. – Ein leichter Schenkeldruck hinter dem Gurt, die Zügel für einen Augenblick freigegeben, und schon sprengen wir über die Wiese dahin. Dann beginnt der Grund zu schwanken, die Schritte klingen hohl. Ich pariere durch. Behutsam geht es weiter durch tiefes dunkles Gras. Noch wenige Meter und die Wasserfläche müßte zu sehen sein. Da bricht Alarich plötzlich in den Boden ein. Nach zwei weiteren Schritten ist er bis zum Bauch im moorigen Wiesengrund versunken. Kaltblütig-schlimme, sich überstürzende, leider auch feige Gedanken gehen mir durch den Kopf.

Die Angst gebiert Liebkosungen. Ich rede auf Alarich ein. Den sinnlosen Versprechungen folgt Ernüchterung. Helfen kann sich Alarich nur selbst. »Ruhe, ruhig, ruhig Alarich!« Dieser zittert am ganzen Leib. Er, der sich vor jeder Pfütze erschreckt, der auf aufgeweichten Wegen mit geradezu schmerzlicher Wachheit geht, ist unversehens, blind, im Vertrauen auf mich in die schier tödliche Gefahr gerast.

Ich schnalle als erstes den Bauchgurt auf und nehme den Sattel ab, breche von den Erlen mehrere Zweige und lege sie unter die noch freie rechte Vorderhand. Alarich versucht sich auf die Seite zu legen, wälzt sich mehrmals vergeblich nach rechts – und dann ist er plötzlich frei, steht ungläubig auf dem trügerischen Boden. An allen Gliedern flatternd, den Fuß hastig zurückziehend, wenn der Boden nachgibt, kehrt er auf dem gleichen Weg zurück, den er gekommen ist. – Und der Teich, den die Karte versprochen hatte? Der war völlig zugewachsen.

Später ist Alarich übermütig; wenn ihn hungert, drängt er seitwärts in das Kornfeld, um ein Büschel Ähren zu raufen. Wenn ich umgekehrt unter einem Kirschbaum stehenbleiben will, geht er eigenwillig und von den Fliegen geplagt weiter. Er spürt, daß ich seit jener sumpfigen Angelegenheit ein schlechtes Gewissen habe – daß ich ihm heute nichts versagen kann. Ich habe meine Autorität verloren.

Abends bin ich in Wildenhoff, einem Schloß aus dem 18. Jahrhundert, zwischen großen Bäumen versteckt. Auch ohne die verwunschene Prinzessin ist alles wie in einem Traum, wie ein Märchen von einem fahrenden Ritter, den man in der fremden Burg freundlich empfängt.

Das Schloß ist voller anmutiger Menschen, die mir Gutes tun, mir Gutes sagen. Welches Zauberwort hat mir dieses Paradies aufgeschlossen? Alle Spannung des Tages, alle Schwermut des vergangenen Abends fällt von mir ab. »Heiter« nennt man diesen Zustand. Er ist nicht zu begreifen – und das ist gut so. Denn Glück darf nicht sein, wo die Gefahr in der Sommerhitze über dem Land flimmert und man den Atem anhält, wenn fern ein Gewitter grollt. Begreifend müßte ich verzweifeln an meiner kindlichen Sorglosigkeit, an der unverdienten Geborgenheit – während draußen die Freunde sterben.

Immer wieder muß ich an Dich denken, Marion. Die Verluste, die Enttäuschungen, die Niederlagen machen Dich hart. Du verschließt Dich. Von den Freunden erwartest Du Dir vor allem eins: Disziplin. Wer die Dinge nicht sieht, wie sie sind, hat nicht mitzureden, soll lieber schweigen. Wo andere von »Deutschlands Tragik« reden, siehst Du verdiente Strafe. Du trägst schwer an allem. Vor Dir schäme ich mich meiner Lebensfreude. Während meine Gedanken unbekümmert wie ein Lied über die Felder ziehen, gibt es Menschen, die halten ein letztes Gericht.

Die Gräfin S. ist eine schöne, kluge und überaus liebenswürdige Frau. Voll Güte und ohne Herablassung wendet sie sich dem kleinen Unteroffizier zu, der so unvermittelt in die Gesellschaft höchster Offiziere geraten ist, ja, dem ein rotgoldener General mit strengen Fragen und Blicken zusetzt. Generalleutnant H. ist mit dem Bau der Ostbefestigung beauftragt. Er kann sich einbilden, seiner Aufgabe auch so nachzukommen: Indem er auf den großen Landsitzen Böcke für Ostpreußens Wildmarkt schießt, stärkt er Seele und Leib der Landsleute für die Verteidigung.

Ich bin froh, der Abendgesellschaft bald zu entrinnen – um des morgigen frühen Aufbruchs willen. Da alle sich untereinander gut unterhalten, fällt meine Desertion nicht auf.

Im Bett lese ich »Wind, Sand und Sterne« von Saint-Exupéry. Die Übersetzung ist so gut, daß man vom Urtext – von der Urschönheit und der Urkraft – nichts zu verlieren meint. Vollkommenheit zeige sich nicht, wo man nichts mehr hinzufügen könne, sondern wo sich nichts mehr fortnehmen läßt – diesen Gedanken von Saint-Exupéry hat Vater uns Kindern nahegebracht, wenn er uns die Kunst der alten Chinesen erklärte oder ein Gedicht vom »unübertroffenen« Goethe. Ist es nur in der Kunst so oder auch im Leben?

Beim Frühstück: das Wildenhoffer Spiel. Die zahlreichen, meist schon erwachsenen Kinder des Hauses benehmen sich eigenartig, kommen im Bademantel zur Tafel, zeigen ihre bemalten Fußnägel (und einiges mehr), suchen auf der Vorlegplatte nach dem größten Stück Schinken, zünden sich Zigaretten an und blasen den Rauch über den Tisch ... und lauern dabei dem Gast auf: Macht er mit, entrüsten sie sich über sein unmögliches Verhalten; scheint er nichts zu merken, ziehen sie vieldeutige Schlüsse auf seine Kinderstube. Mich erlöst der Generalleutnant H., mit dem man so nicht zu spielen wagt.

Es geht nicht ganz so früh weiter – und wie immer zunächst einige Schritte »heimwärts«. Diesmal lasse ich Alarich den Willen, weil ich gestern Dieters Regencape verloren habe. Vielleicht liegt es noch irgendwo am Wegrand. Aber dann fürchte ich doch Alarichs Übermut und zwinge ihn unter meinen Willen und auf meinen Weg. Nach wenigen Minuten hat er seinen ruhigen, weitausholenden Schritt wieder aufgenommen. Von fern wiehern uns die Fohlen entgegen. Alarich spitzt die Ohren. Dann antwortet er – und, als hätten sie auf diese Einladung gewartet, sprengen sie heran. Sie geben uns das Geleit am Zaun entlang bis an das Ende der Weide und blicken uns mit nickenden Köpfen nach.

Gegen Abend zieht ein Gewitter herauf. Ich bleibe in einem Wald und pflücke Blaubeeren in der Hoffnung, daß ein günstiger Wind es an mir vorbeitreibe. Am anderen Waldrand gießt es wie aus Kübeln. Ostpreußischer Wald gibt guten Schutz. Aber Alarich ist ungeduldig, wir reiten weiter und werden bis auf die Haut naß.

Lange gehe ich an diesem Tag zu Fuß neben Alarich her, der Gefährte neben dem Gefährten. Am späten Nachmittag reite ich auf Korbsdorf ein. Es ist meine schönste Station. Die Besitzerin, eine mütterliche, etwas schusselige, überaus liebenswürdige Gastgeberin verwöhnt mich. Vom ostpreußischen »Bärenschinken« (einer mir noch aus der Kindheit in Geruch und Geschmack wohl erinnerlichen Wildschweinkeule) kann sie mir gar nicht genug auftun.

Am Abend führt sie mich noch einmal selber über den aufgeweichten Hof, durch sämtliche Ställe, von Box zu Box, von Stute zu Stute, von den kleinsten zu den schon abgesetzten Fohlen, ja, bis auf die Weide hinaus zu den Jährlingen und Zweijährigen. Stundenlang habe ich warme Pferdeleiber gestreichelt, weiche, lebendige Pferdelippen an mein Gesicht geschmiegt, den heißen Atem gespürt. Wir sind immer weitergegangen, schweigend, denn die alte Dame weiß, daß ich glücklich bin, so glücklich, daß mir die Tränen kommen wollen – glücklich am Rande meiner selbst, glücklich über die Schönheit des Lebens, glücklich im Bewußtsein, daß dies alles nicht selbstverständlich ist und morgen vorbei sein kann.

Als ich in der Frühe den Hof verlasse, um in wenigen Stunden in Quittainen zu sein, da geben uns all diese Pferde das Geleit. Sie gehen am Zaun entlang, bis an das Ende der Weide, und nicken mit den Köpfen, als winkten sie uns nach.

»… wenn man mehr ginge.«[*]

Eine Betrachtung über die Fortbewegung zu Fuß
1989

> Ich halte den Gang für das Ehrenvollste und Selbstän-
> digste in dem Manne, und bin der Meinung, daß alles
> besser gehen würde, wenn man mehr ginge.
> *Johann Gottfried Seume*

Erbeten ist ein Text für Golo Mann, der vom Wandern handelt.
Was kann ich schreiben? Ich prüfe meine Möglichkeiten:
In meinem Leben bin ich viel und gern gewandert. Aber ich habe
nie über »das Wandern« nachgedacht – weder über das eigene noch
über das anderer; ich hatte kein Bedürfnis danach. Kann mich der
noble Anlaß dazu anregen?

Meine kleinen Bergtouren mit Golo Mann – viele Tagesunter-
nehmungen im Tessin – hätte ich selber nicht »Wanderungen« genannt. Ihnen eigentümlich waren: das durch die steilen und engen
Pfade erzwungene Hintereinander; die ihrerseits »gegen den Berg«
angehenden, sich verdichtenden Gespräche; die häufigen Aufenthalte, bei denen sich nicht nur der von Vorsicht und Anstrengung
angespannte Körper, sondern auch die Gedanken lösten; und die
Sorge vor dem für Golo Manns verletztes Knie so gefährlichen
Abstieg. Als wir einmal zu fünft eine mehrtägige richtige Wanderung im Schweizer Jura machten, brachte ich für die ersten zwei
Tage noch die geschuldete Geduld mit den ältern und langsameren
Gefährten auf. Am dritten Tag war ich so mit der Bekämpfung
meines Unmuts beschäftigt, daß es mir um der anderen willen besser schien umzukehren. – Auch das also kaum ein Gegenstand für
meinen Beitrag.

Da habe ich soeben »richtige Wanderung« gesagt. Wieso »richtig«? Die Prüfung meiner Möglichkeiten hat unversehens zur
Wahrnehmung einer Notwendigkeit geführt: Ich muß doch – ganz
unabhängig von diesem Anlaß – sagen können, was Wandern
»wirklich« ist und was es mir ist!

---

[*] Dieser Text ist für das »Wanderbüchlein mit und für Golo Mann«, herausgegeben
von Herbert Heckmann und Hans-Martin Gauger im S. Fischer Verlag, Frankfurt
1989, geschrieben worden – aus Anlaß von Golo Manns achtzigstem Geburtstag.
Er ist für diesen Abdruck am Anfang etwas gekürzt worden.

Erste Annäherung

Mein Vater war ein *homme à pied*. Er hat während des Ersten Weltkriegs, also in der prämotorisierten Zeit, die längste und anstrengendste Wegstrecke durchmessen, die es in einem Stück auf dieser Erde gibt – quer durch Asien von Konstantinopel bis Peking und, wie es sich für einen guten Reiter versteht: die Hälfte davon neben seinem Pferd gehend. Mein Vater hat Schusters Rappen stets dem Auto und den öffentlichen Verkehrsmitteln vorgezogen. Täglich ist er von der Händelallee am Bahnhof Tiergarten zur Wilhelmstraße ins »AA« und zurück gelaufen – jenen schnellen großschrittigen Gang des sportlich Guttrainierten, die Bewegung Genießenden, mit seiner kostbaren Zeit Geizenden. Am Sonntag ging er mit uns Kindern spazieren – ins Museum oder in die Natur, beides gut geplant und mit gleichviel Beinarbeit verbunden.

Das ist lange her. Ich versuche, mich meiner damaligen Gefühle zu erinnern. Es fällt mir nicht leicht. Wie alle Kinder muß ich diese Märsche gehaßt haben, bei denen die Erwachsenen vor einem hereilen und auf die Unstetheit der kindlichen Fortbewegung keine Rücksicht nehmen. Aber weil ich meinen Vater liebte und weil er stets hochinteressant erzählte, tönt hiervon in meinem Gedächtnis kein unangenehmes Echo zurück. Wandern war das freilich nicht. Dieses Gehen war zielgerichtet, ein Fortkommen von hier nach dort, keine *sich selbst gehörende Bewegung* – eine Bedeutung, die ich dem gemeinen Sprachgebrauch, den Zusammenhängen, in denen das Wort geläufig ist, unwillkürlich entnehme: Wandervogel, Wanderbursche, Das Wandern ist des Müllers Lust, Wanderungen durch die Mark Brandenburg, Wanderer zwischen beiden Welten, Wanderer kommst du nach Sparta... Aus alldem spricht: das Wandern hat seinen eigenen Stand, ihm eignet etwas Freies, Ungebundenes, ja, Großzügiges, es ist nicht kleinlich auf Ankommen bedacht – Ankunft steht im Konditional. Das alles paßte nicht zu meinem Vater und also auch nicht den, sagen wir, Ausflügen, die er mit uns machte.

Diese waren auch keine Spaziergänge. Die habe ich mit dem Vater erst machen können, als er neunzig geworden, also uralt war. In den Jahren seiner vollen Kraft fehlte seinen Gängen das Gemächliche, das Weitläufige, die Offenheit, die dem Wort von seinem Ursprung – *spatium* = Raum, *spatiari* = sich dem Raum hingeben – anhaftet.

Indem ich dies sage, tadele ich ihn nicht, vielmehr will ich ausdrücken, wie gut ich ihn verstehe. Auch ich habe einen Sitzberuf und darum ein meist unbefriedigtes, also gesteigertes Bewegungsbedürfnis. Für »richtiges Wandern« habe ich keine Zeit – und nicht die innere Ruhe. Auch für den Spaziergang fehlt meist der natürliche Anlaß – ein Gast, der diesen mir abfordert, ein Hund, der mit mir durchs Gelände streifen will. Ich bin darum verführt, es so zu halten wie mein Vater: Einen Weg, den ich ohnehin zurücklegen muß, gehe ich »bewegungswirksam« zu Fuß. Die Gänge mit dem Vater – das bleibt im Bewußtsein – waren der gern entrichtete Preis für ein kostbares Stück gemeinsamer Zeit, ein Preis, den ich noch lieber für Gemeinsamkeit gezahlt hätte.

Zweite Annäherung

Als ich zehn Jahre alt war, lebten wir in Bogotá, Kolumbien. Meine ältere Schwester Helga und ich besuchten dort die deutsche Schule. Inmitten einer durch ihre Armut zugleich fremden und faszinierenden Stadt gab es diese – hochummauerte – Insel der Geborgenheit, der Erinnerung, der Pflicht, die man zusammen »Heimat« nennt.

Die deutschen Lehrer sangen mit uns deutsche Lieder, wir lernten Blockflöte spielen, wir feierten deutsche Feste mit deutscher Inbrunst – und wir wanderten. Mit Rucksack und gerollter Decke, mit Kochtopf und Gitarre. Es gab lange Märsche und großen Durst, den man aus der Feldflasche stillte; es gab Müdigkeit und Rast; es gab ein Lagerfeuer, von dem der Rauch uns beißend in die Augen wehte, – und einen Ausklang mit »Kein schöner Land in dieser Zeit...«, obwohl wir an der Laguna de Fuquine und nicht an der Havel, in der Tierra Templada und nicht im Schwarzwald waren.

Der Versuch, mich der Gefühle auf und zu diesen Wanderungen zu erinnern, ist nicht mühsam. Alles war uneingeschränkt beglückend – beglückend, weil es auch beschwerlich und voller Ungewißheit war. Die Romantik braucht etwas, was sie verklärt, überwindet, dem sie trotzt. Und das hatten wir gehabt – große Hitze auch auf den beschatteten Pfaden bei La Esperanza, die Regenschauer in der Savanne, kalten Wind auf der Überfahrt im großen Holzkahn und die Abenteuer der Seele. Würde der große Dietrich, der sich am ersten Tag des kleineren Hartmut angenommen hatte, auch am zweiten zu ihm stehen? In wessen Zelt würde ich unterkommen? Wie lange die peinliche Blase am rechten Fuß mißachten können? Wandern, so wußte ich seitdem, ist vor allem dies: Nicht mehr in der häuslichen Ordnung sein, nicht wissen, wie alles abläuft, ferne, unbekannte Ziele haben, der Anstrengung Stetigkeit geben. Wandern ist ernst. Wandern ist jene Annäherung, die dadurch geschieht, daß man nebeneinander hergeht. Wandern ist der Dreiklang von Aufbruch, Unterwegssein, Woandersankommen. Das Gehen ist das ihm gesetzte Maß – es fordert und füllt die Zeit. Das Wandern ist selbst nicht das Gehen.

Solches von der Erwartung mehr als von der Wirklichkeit geprägte wohlige, ja, ideologische Wandern habe ich in meiner weiteren Schulzeit nur noch in Abwandlungen wiedererlebt: als Ruderfahrten, Radfahrten, Skifahrten, die ich mit den Kameraden des Französischen Gymnasiums gemacht habe. Die meisten fielen schon in die Kriegszeit. Ich glaube, der wichtigste Inhalt dieser Fahrten war: fort-, nicht unmittelbar erreichbar und zusammen sein.

Dritte Annäherung

So endgültig diese Erfahrung zu sein schien: Was Wandern ist, habe ich erst als Erwachsener, als Lehrer erlebt. Dabei sprach alles dagegen, daß ich den beiden geschilderten Grunderlebnissen – dem ernüchternden Gehen mit dem Vater und dem romantischen Unterwegssein mit den jugendbewegten Deutschen im Ausland – ausgerechnet in der Schule entkommen würde. Wenn das Leben eine Tätigkeit nicht mehr braucht und also nicht mehr lehrt, wird sie zum Gegenstand von Schule. Latein, das Singen von Liedern, das Werken mit Holz, Bast, Peddigrohr und Ton sind diesen Weg in die Menschenbildung gegangen. Das Wandern auch. Stets verliert die Tätigkeit dabei ihr Maß. Latein, immerhin eine Sprache, wird in der Schule nicht gesprochen, sondern »gelesen«, was in der Regel bedeutet: mühsam, schlecht, lustlos übersetzt. Eine Ode von Horaz, eine Rede von Cicero, ein Kapitel Tacitus sind Übungen – der Lektüre eines Gedichtes von Ingeborg Bachmann, einer Rede des Bundespräsidenten, einer Abhandlung von Jacob Burckhardt oder Sebastian Haffner oder Golo Mann so ganz und gar unähnlich. Der Zweck der Übung ist das Können. Das Lesen der anderen Texte ist sich selbst Zweck. In der Schule singt man nicht, weil es Freude macht, sondern weil Musik auf dem Lehrplan steht. Das Ergebnis der Mühe schmückt eine Schulfeier – einst war es deutsches Liedgut, heute sind es Zeichen der Solidarität mit fremden Völkern in

Afrika oder Südamerika. Ein Hauch von der richtigen Gesinnung, von gutem Willen umgibt sie – wie die selbstgemachten Bücherstützen, das selbstgebundene Album, den selbstgeformten und -gebrannten Aschenbecher. Brauchbar müssen diese nicht sein; ihre Herstellung ist nicht ökonomisch; fast nie baut ein Schüler mehrere Buchstützen, bis er die rechte Bauweise herausgefunden hat und sein Werk in Vergleich mit den besten anderen treten kann. Denn das ist nicht der Sinn dieser Tätigkeit. Ihr Sinn ist Ausgleich für das Lernen der lateinischen Grammatik, der chemischen Formeln, der geschichtlichen Ereignisse – ein Lernen, das der Schüler sitzend, lesend, schreibend, redend vollzieht. Die Schule, ein König Midas, verwandelt alles, was sie berührt, in Pädagogik. Entrinnen gibt es nur mit Hilfe von Wundern: Besessenen, Zauberern, Genies unter den Lehrern, phantasievollen, eigenartigen, verführenden Mitschülern, einem subversiven Einverständnis zwischen beiden Gruppen. Diese Wunder sind selten. Rechnen kann man nicht mit ihnen.

Ein Opfer dieses pädagogischen Ausgleichssystems ist auch das Wandern. Es findet an einem Wandertag statt. Der Wandertag ist Pflicht – zweimal im Jahr. So steht es in den Richtlinien. Er unterliegt besonderen Vorsichts- und Aufsichtsmaßnahmen. Wenn diese nicht eingehalten worden sind, tritt die Versicherung nicht ein. Nur an Internatsschulen, die mit ganz anderen Risiken leben, erstrecken sie sich auf mehr als einen Tag. An Normalschulen sind sie eine Art Spaziergang mit Anspruch und Anstrengung. Kinder mögen die Wandertage, weil der Unterricht ausfällt.

Aber ich war zunächst Lehrer an einem Internat. An einem solchen hat der planmäßige »Ausbruch« einen zusätzlichen Sinn: Man verläßt nicht nur die Unterrichtsstube, man verläßt auch die »pädagogische Provinz«, in der man unter ständig gleichem Reglement für alle aufeinander hockt. Zweihundert Menschen oder mehr leben da nach einem einheitlichen Gesetz in gemeinsamer häuslicher Ordnung, und die explodiert einfach, wenn sie nicht mehrmals im Schuljahr aufgehoben wird.

In unserer anspruchsvollen Zeit unternimmt man dazu meist nicht Wanderungen, sondern Fahrten: nach Ravenna oder Prag, in die Provence oder in die DDR. Der junge Internatslehrer HvH trotzte dem – in der Erinnerung an das windige Glück an der Laguna de Fuquine, an die große Freiheit der Radfahrt im Jahre 1939. Ich übernahm die zehn Jungen, deren Eltern die Kosten für die Reise nach Rom nicht zahlen wollten, und wanderte mit ihnen durch Franken. Freunde stellten uns Scheunen, gar ein kleines Jagd-schlößchen als Unterkunft zur Verfügung. Das Wetter war herrlich. Die anvisierten Stätten – Pommersfelden, Nördlingen, Dinkelsbühl, Öttingen – waren selbst für meine voll pubertierenden Jünglinge ansprechend. Meine eigene Einstellung zu der schönsten Gabe des Landes, dem Wein, war vernünftig-frei. Wir hätten es, abgesehen von einigem pädagogischen Übereifer, den ich an den Tag legte, gut miteinander haben können. Aber alles oder fast alles ging schief: Das Wandern konnte die Gemeinschaft nicht zu Wege bringen, die zwischen den Jungen nicht bestand – sie waren ja eine zusammen-gewürfelte Rest-Gruppe. Sie waren zudem verwöhnt, hatten die Freude an der Entbehrung nie gelernt und auch sonst keine Künste, die das einfache Leben zum raffinierten Genuß treiben. Wir brach-ten gemeinsam kaum mehr mit heim als den Stolz darauf, daß die Fahrt fast nichts gekostet hatte.

Zwei Jahre später, auf einem schwäbischen Gymnasium, waren die Umstände anders – und ich hatte gelernt. Ich verband nun die Bewegungslust mit der Neugier auf unbekanntes Land und mit den Wohltaten der Gemeinschaft, ja, der Freundschaft. An Wochenen-den – damals waren sie noch kurz – und in den Ferien bin ich mit meist nur einem, gelegentlich zwei bis vier Freunden und Schülern über die Alb, durch den Schwarzwald, im Hohenloher Land, auf Island und einmal – Hannibal folgend – über die Alpen gewandert, den Homer und den ›Hyperion‹, die Sage vom starken Grettir und die ›Islandglocke‹ von Laxness im Gepäck neben den Konserven und dem Meßtischblatt. Die kühnste und wahrste Wanderung hat mich mit meinen Brüdern – es sind die besten, weil selbstverständ-lichsten Gefährten – sechs Wochen lang durch ein damals noch unerschlossenes Griechenland geführt.

Jetzt war das Wandern nicht mehr Fortbewegung zum Ziel und nicht mehr Vorwand für ein Gespräch. Das Wandern war wie eine ordentliche Arbeit, wie ein Gedicht, wie eine Mahlzeit oder ein Bad. Das Wandern war das Wandern.

Irgendwo zwischen der Kartause von Parma und der Solitüde[*]

Eine Wanderung um den Bodensee
1948

Lindau, den 5. 8. 48

Lieber Richard.

Daß das Schöne immer auch gleichzeitig traurig ist und traurig macht, ist eine der wenigen Erfahrungen, die wir ungeteilt gemeinsam haben. Wie sehr das Schöne dort einströmt, wo die Wehmut unser Herz aufgebrochen hat, das weiß ich bei jedem Aufbruch von neuem – und was ich schließlich auf der Reise von Nürnberg bis Lindau an Schönheit erlebt habe, das danke ich zumeist dem Schmerz, mit dem ich von Dir schied.

Das Bewußtsein davon, daß man etwas im Stich gelassen hat, kehrt sich leicht um, und in dieser plötzlichen Verlassenheit greift man nach allem, was einen trösten und erfüllen könnte.

Ich habe während der Bahnfahrt lange in der »Chartreuse de Parme« gelesen. Ein Buch vermag viel über uns und unsere Stimmung, wenn wir uns einbilden dürfen, daß es von uns handelt. Ich war immer wieder erschrocken, wieviel mehr es in mir las als ich in ihm, wie es mir vorhielt, was ich in diesem Augenblick zu hören begehrte, weil ich es schon wußte.

»Elle se croyait la plus malheureuse personne de l'univers, ce qui l'avait rendue peut-être la plus ennuyeuse.« – »Tout est préférable au

---

[*] Im Sommer 1948, unmittelbar nach der Währungsreform, habe ich Richard von Weizsäcker und Hellmut Becker in Nürnberg besucht. Dort verteidigten sie den ehemaligen Staatssekretär im auswärtigen Dienst, Ernst von Weizsäcker, vor dem Internationalen Gerichtshof. Da ich am Ende des Jahres für längere Zeit nach Amerika zu fahren im Begriff war, hatten Richard von Weizsäcker und ich eine Wanderung um den Bodensee, seine Seelenheimat, geplant. Seine Verteidigungsgeschäfte hinderten ihn daran mitzukommen. Ich beschloß, keinen Ersatz für ihn zu suchen, sondern die Reise allein zu machen. Irgendwelche Papiere in Sachen Verteidigung Ernst von Weizsäckers waren in die Schweiz zu verbringen. Man gab sie mir mit. So konnte ich wenigstens mit meiner Reise dorthin noch einen Dienst für den Freund verbinden. Adelheid Gräfin zu Eulenburg ist die Schwester von Richard von Weizsäcker; Antoinette ist die Frau von Hellmut Becker; Nicolas ist Beckers zweiter Sohn, der spätere Anwalt von Erich Honecker.

rôle affreux de l'homme qui ne veut pas deviner (sc. qu'on l'aime ou qu'on ne l'aime pas).«

»Le ciel semblait encore plat et fangeux. Je conçois qu'on n'aime pas a le regarder, mais alors il ne faut pas en raisonner. Il ne faut pas surtout faire des objections avec les diverses pièces de son ignorance.«

Ich habe mich endlich ans Fenster gestellt »pour le regarder tout de même – ce ciel.« An den Böschungen wuchsen große Stauden von dunklen Disteln, die ihre rotschopfigen Kinderköpfe schwerfällig im Zugwind bewegten; die Sonne fiel mit ihren letzten schrägen Strahlen in den goldenen Weizen ein, und ein Mann, der so braun war wie sein Pferd, ritt müde, mit schleifenden Strängen, von der Arbeit heim. Die Blumengärten hingen wie aus übervollen Körben über die Gatter und Zäune; ihre Farben schienen die Wärme des ganzen Tages in sich aufgenommen zu haben – und nun nicht wieder hergeben zu wollen.

Ich stand da ohne jeglichen Gedanken, bis es kalt wurde, der Himmel wie dunkler Jade schimmerte, und ein vornehmer, schmaler Mond über den schwarzen Wäldern stand. Irgendwo am Horizont hockten die großen weißen Sommerwolken, als ob auch sie sich zum Schlafen niedergekauert hätten.

In Lindau habe ich bis zum Morgen auf der Hafenmole zu Füßen des Leuchtturms gesessen; die Wellen klatschten sinnlos und ununterbrochen gegen die Steine und Pfähle und gaben meinen Gedanken den Rhythmus. Der Mond war längst untergegangen, und die schwarze Tiefe zwischen den Sternen war so weich wie Samt. An den anderen Ufern glitzerten die Lichter der Städte und Dörfer, bis sie verlöschten oder der Nebel sie verschluckte.

Ganz kalt und fahl war der Morgen. Um den Dampfer, den ich nach Konstanz bestieg, flogen die Möven ihre ersten Flüge und setzten sich, da sich keiner um sie kümmerte, wieder jede auf einen der weit in den See hinausführenden Pfähle, in Reih und Glied, mit eingezogenem Hals und vorgewölbter Brust.

Immer wieder habe ich später den eleganten Flug bewundert, mit dem diese Vögel unsere Fahrt begleiteten, und ich halte es durchaus nicht für eine Bescheidung, ihnen »auch nur zu gleichen«.

Ich habe vom Schiff aus schon alles gesehen, was ich noch erwandern sollte: Wasserburg, Friedrichshafen, Langenargen, Meersburg, von ferne das Kloster Birnau, zu dem ich kaum hinzuschauen wagte, weil ich nichts vorwegnehmen wollte, – und schließlich

Konstanz. Ich bin bis zum späten Nachmittag nach Erledigung meines Auftrags durch die Stadt gebummelt. Wolfgang B. hatte mir den verkehrten Dehio mitgegeben, und so war da nichts, was mir die Freude am Entdecken, an plötzlichen unerwarteten Begegnungen hätte verderben können, – zumal ich meine Scheu, Menschen zu fragen, noch immer nicht überwunden habe. Es ist eine der Gefahren, die mir aus dem Umgang mit Dir erwachsen: Deine Art, diese Scheu gerade zu »heiligen«, hemmt mich auf dem Wege und in dem Willen, in diesen Dingen endlich frei, unabhängig, »erwachsen« zu werden.

Die Stadt atmet großen, aber doch sehr nüchternen Reichtum. Es war überhaupt die erste Stadt, die ich unter französischer Besatzung erlebte, und ich fühlte mich angezogen und angerührt durch jedes mir von ungefähr zugetragene französische Wort, durch den Anblick der französischen Buchläden, durch die sich mit verwegener Eleganz, großen Hunden und wilden Kindern gleichsam ausstellende französische Gesellschaft.

Im Münster gefiel mir nur wenig, von den Bauwerken vor allem das sogenannte Konzilsgebäude, in dem nie ein Konzil, wohl aber das Konklave stattgefunden hat, und der größere der beiden Brückentürme, den zu zeichnen ich mich mitten auf die Brücke pflanzte. Oh, mit wieviel Überwindung!

Schließlich habe ich im See gebadet, der grün und klar unter mir lockte, und fuhr mit dem Schiff nach Lindau zurück. Alles hatte sich inzwischen gewandelt, Himmel und Wasser waren in hellem Aufruhr, und die Berge machten grimmige oder majestätische Mienen – oder ist hier »trutzig« das richtige Wort? Das Städtchen Lindau, dessen Name ihm bestimmt, lind und lieblich zu sein, schien jedenfalls nicht mehr recht in diese plötzlich so heroische Landschaft zu passen. Beim Durchstreifen der Gassen und Straßen, die manchmal von beklemmender Enge sind und von deren Reizen und Freuden ich aber Dir nicht zu schreiben brauche, lag mir nur immer die Unbestimmtheit im Magen, ob ich noch heute zu Deiner Mutter gehen oder bis zu ihrem morgigen Geburtstag warten sollte.

Warum ich doch noch heute zur Halde hinaufgestiegen bin, vermag ich nicht zu sagen. Oft bestimmt uns nicht so sehr ein vernünftiger Wille als der bare Mutwille, ein Trotz, der sich aus der Ungewißheit erhebt. – Nun bin ich da, und es ist gut so.

Gestern bin ich den Weg, der von der Straße her zum Hause führt, gegangen mit der Neugier und Erregung, die wir empfinden, wenn wir zum erstenmal Vorstellung und Wirklichkeit miteinander vergleichen können. Adelheids Bilder von der Halde waren dabei hilfreich; sie waren ganz einfach »richtig«.

Deine Mutter kochte den Pudding für den nächsten Tag, stand vor dem dunklen Herd und mochte wohl erstaunt und beunruhigt sein über den fremden Mann, der da plötzlich im Türrahmen stand. Aber es war zu dunkel, als daß ich etwas Gewisses hätte ausmachen können. So legte ich, meinerseits beunruhigt, den Blumenstrauß ab, den ich unterwegs gekauft hatte und der meine Mission legitimieren sollte. Möge man ihn doch bitte bis zum nächsten Morgen übersehen!

Die Halde hat die Gemütlichkeit des bis in den letzten Winkel ein-gewohnten Hauses, es verkraftet selbstbewußt seine unvergleichliche Lage und es beherbergt das frohe, unbekümmerte Lachen von Kindern. Drei – von wie vielen? – waren noch auf – das französische Ferienkind Michel, die Cousine Mechthild und die Nichte Heilwig. Sie tobten bald nach oben, wo vorgelesen werden sollte, und ließen mich bei meinem köstlichen Abendessen allein. – Es sind die schönsten Mahlzeiten, die wir bekommen, wenn wir spät irgendwo einfallen und man uns schnell etwas noch Vorhandenes aufwärmt – angereichert mit kleinen Ungewöhnlichkeiten: einem Ei auf Speck, einem Glas Milch, einer Schale Beeren. – Ich konnte, wie immer, wenn ich aus Nürnberg komme, wenig erzählen, blieb also das, was eigentlich von mir erwartet wurde, schuldig.

Die große Empfindsamkeit, ja Empfindlichkeit, die ich von Dir und von C. F. kenne, habe ich bei Deiner Mutter und Deiner Schwester in anderer Form, aber in dem gleichen Maße wiedergefunden. Ich habe beide in den zwei Tagen, die ich nun schon hier zu sein mir einbilde, lieb gewonnen; ich habe mich ihnen ein wenig zu eröffnen vermocht; ich weiß, daß sie mir ebenso viel Schonung haben zuteil werden lassen wie ich ihnen Verehrung und Vertrauen – und ich habe diese Schonung gebraucht: für die Hilflosigkeit, die mich anfällt, wo ich immer »Dir« begegne, – der wissenden Vorsicht, der Sorgfalt des Urteils, der seelischen Disziplin der Weizsäckers. Nun also auch in Deiner Mutter, Deiner Schwester.

Am Vormittag haben mich die Kinder zur kleinen Kapelle hinaufgeführt. Die Sonne schien zwischen den dahinsegelnden weißen Wolken, und der Himmel war von einer Bläue, daß wohl Antoinettes Worte in der französischen Einleitung zum Bodenseebilderbuch kaum übertrieben sind: »qu'on croit avoir découvert cette couleur pour la première fois...« Auf Adelheids Bildern dagegen finde ich das, was ich an dieser Landschaft sehe, nicht wieder – die unaufwendige Anmut, die weiche Hingegebenheit ihrer Farben und Formen; sie verleiht dem, was sie malt, den Stolz und die Härte, die sie in sich und an sich selbst übt und die das geheime, das unteilbare Leid behüten helfen.

Vor dem Mittagessen wurde Deine Mutter an ihren Gabentisch geführt. Es brannten um einen Blumenkranz sechs große Kerzen und ein kleines Licht, was römisch als »60 minus 1«, also 59 zu lesen war. Apollonia sagte den 126. Psalm auf – in ihrer Kindlichkeit der Schwere des Inhalts kaum, der erfüllten Pflicht und der dadurch ausgelösten Freude umso leuchtender bewußt. – Mir traten Tränen in die Augen, und ich war froh, durch sie die der anderen nicht sehen zu müssen.

Am Nachmittag fuhr Adelheid nach Kreßbronn, und ich entzog mich der Kaffeegesellschaft mit den alten Eulenburgs, um noch einmal Lindau anzuschauen. Ich glaube, noch nie so lieblich aufgeschlossene Straßenfronten, so bunte und in der völligen Gewißheit ihres Reizes geschmückte Häuser gesehen zu haben wie in dieser kleinen Inselstadt. Heimpels Adieu: »Gehen Sie mit Gott auf den Spuren meiner Vorfahren!« fand auf dem Markt eine ausdrückliche Erinnerung in einem mit drei Rosen auf schräggeteiltem, blaugoldenem Felde verzierten Wappen zur Schlosserei »Heimpel«, und der Diebsturm, von dem Du nichts zu wissen vorgabst, direkt am Paradiesplatz – so, glaub' ich, heißt er und so schaut er jedenfalls aus – ist, wie die neben ihm liegende Peterskirche, gewiß einer der schönsten Anblicke der Stadt. Daß kein Mensch mir erklären kann, was »Kawazzen« heißt, wird mich bis zur Heimkehr in Göttingen beunruhigen, bis mich Heimpel von meiner Ungewißheit erlöst.

Heute abend werde ich mit Deiner Mutter allein sein – und morgen früh geht es nach Kreßbronn. Es sieht aus, als werde es in Strömen regnen.

Lieber Becker.

Dieser Brief gehört Ihnen, nicht nur, weil Sie ihn sich gewünscht haben, sondern weil er Dinge enthält, die ich nur im Hinblick auf einen Brief an Sie erlebt habe.

Es hatte in der ersten Stunde Marsch zwischen Lindau und Kreßbronn heftig geregnet, dann war die Sonne durchgebrochen, und als ich in Wasserburg auf der Ufer- und Friedhofsmauer stand, wehte mir ein übermütiger, frischer Wind Sonnenstrahlen und Wassertropfen auf einmal ins Gesicht. Ich habe lauthals gesungen vor Lust. Ich marschierte ja zum ersten Mal durch dieses Land, das wie ein einziger wechselvoller Garten ist. Meine Zustimmung dazu, daß hier das Paradies gelegen haben muß, kann freilich nicht mehr viel gelten, seit dies selbst die Theologen nicht mehr bestreiten.

Ihr Haus zu finden, gelang mir weniger nach den doch recht unmilitärischen Wegeskizzen und Beschreibungen Ihrer Frau, als weil mir Adelheids Bild gesagt hatte, daß es »da oben irgendwo« liegen müsse. »Da« war es dann auch – deutlich an seiner zerzausten Berankung kenntlich. Ich blieb einige Augenblicke im Wohnzimmer mit den tricky-dogs allein, die mir genau das Spielzeug zu sein schienen, das ich seit langem für C. F. suche – als Ersatz für seine Gummimänner –, und mußte dann als erstes zu den Kindern hinauf, die gerade zum Mittagsschlaf ins Bett gebracht wurden.

Michael, der mir das Gesicht zugewandt hatte, als ich eintrat, hielt einen Augenblick mit allem inne, was Geist und Körper gerade verrichteten, ließ meine Begrüßung sinnend über sich ergehen, lehnte den Kopf weise in den Nacken, schlug abschließend seine Hände über der Holzkuh zusammen, mit der er gerade spielte, und erklärte, bevor die Mutter noch hatte danach fragen können: »Mutti, ich hab' ihn lieb.« Nicolas, der sich daraufhin aus seinen Decken erhob, hatte viel größere Mühe, mir klar zu machen, daß auch er mich und zwar genauso gern habe wie sein Bruder; und, um die sich schnell aufstauende Liebesbereitschaft zu erlösen, gab er mir einen Kuß. Dann haben wir selbdritt lang und klug geschwätzt, haben einander Holzkühe und kleine Schmeicheleien geschenkt, haben mit an die Mutter gerichteten Fragen gegenseitig unsere Neugier bekundet. – »Ist er ein Mann?« tauschte ich da ein gegen die Frage, wer von den beiden der stärkere sei, wobei die Mama als

intermédiaire unsere Zuwendung ebenso verdeutlichte wie versach-
lichte.

Wir verloren auch weiterhin die Verbindung nicht. Während wir
Erwachsenen aßen, patrouillierten Köchin, Kindermädchen und
Mutter abwechselnd hinauf und brachten Greuelnachrichten von
tobenden, ausbettigen, verführenden und verführten Knaben zurück – Nachrichten, die durch fernes Geheul begleitet wurden. –
Immer wieder sollten wir doch von den Kindern lernen (auch in
Nürnberg!), daß wir nur nach Maßgabe unseres eigenen Gewissens
schuldig werden können; es gibt nichts Entwaffnenderes als die
Arglosigkeit im Blick eines Kindes. Man kann sie nur mutwillig
übergehen, übersehen kann man sie nicht. Nicolas hatte durchaus
das Bedürfnis zu Sühne und also Versöhnung, hätte sie nur gern
etwas schmerzloser mit dem Eingeständnis seiner völlig hingeben-
den Liebe erreicht. Nun klatschte es laut auf den dazu einladenden
Körperteil, während Michael sich für ein jeden Ernst durchbre-
chendes aperçu sammelte, für den Fall, daß er an die Reihe käme.
Im übrigen fand ich die Buben zueinander in jenem eigentümlichen
Verhältnis von älterem zu jüngerem Bruder schlechthin – in Charakter, Gemüt und Körper, so wie es mir überall bisher begegnet ist
und wozu mir die jüngst wiedergelesenen Jugenderinnerungen des
Alten Mannes ein deutliches Beispiel gegeben haben: im Verhältnis
von Wilhelm zu Gerhard.

Ich hatte ein etwas unaufrichtiges Mißtrauen gegen Antoinettes
Erzählungen über ihre Söhne gefaßt. Ein dreijähriges Kind, das sagt:
»Du bist auch eine von denen, die Christus ans Kreuz genagelt
haben«, konnte ich mir nicht vorstellen, ich hatte sogar Angst, daß
ich es könne. Nun hat mich das Kind Michael etwas von der Bedrängnis durch ein übermächtiges Gefühl verstehen lassen, das uns
aus uns selbst heraustreibt, das uns quält und in das die Erkenntnis
von der Welt-wie-sie-ist mit Schmerz und Einsamkeit einfällt. Er
hatte nach Tisch versäumt zu fragen, ob er aufstehen dürfe; als man
ihn darauf hinwies, brach er in heftiges und anhaltendes Weinen
aus, das er nur mit wiederholtem und verzweifeltem »Aber Mami,
aber Mami!« unterbrach. – Als wir später einen Augenblick allein
waren, beugte er sich plötzlich über meine Hände, küßte sie und
bat um Verzeihung. Ich erschrak und mußte zugleich mein Erschrecken verbergen. Zum Zeichen, daß er wirklich zu uns allen,
auch zu mir zurückgekehrt war, ja, daß *wir* ihn doch nie verlassen
hatten, konnte ich ihn nur ganz fest in die Arme schließen. – Ich

habe nie gemeint, daß Kindheit eine besonders glückliche Zeit in unserem Leben sei. Freud und Leid trifft uns so schutzlos, wenn wir klein sind. Aber glücklich jedes Kind, das den Überfluß seiner Liebe los wird, die Menschen so ungehemmt streicheln kann, wie wir Erwachsenen es nur noch mit Tieren tun!

Am Nachmittag habe ich im See gebadet. Nach dem Abendbrot sind wir hinter dem Haus auf einen Hügel gestiegen und haben gesehen, wie der Tag sich in Schönheit verbrannte; hinter uns stand am schwarzblauen Wolkenhimmel ein doppelter Regenbogen; die Wiesen waren von ermüdend einfachem Grün; der See schien aufstehen zu wollen gegen den abtrünnigen, blasphemisch-prächtigen Himmel – und die Mücken trieben uns heim.

Später hat mir Antoinette Gedichte vorgelesen – aus Fritz Mühlenwegs »Tausenjährigem Bambus«, Verlaine, Eichendorff. Jetzt am anderen Tage, da ich aufbrechen muß, weiß ich nicht, worauf ich mich nach alldem noch freuen soll.

Ravensburg, den 10. 8. 48

Lieber Richard.

Heute war mein erster Wandertag – mit 35 km Marsch. Ich lerne, wie es ist, »allein« zu sein; ich lerne es umso gründlicher, als ich es in den letzten Tagen in Nürnberg, Lindau und Kreßbronn so wenig gewesen bin – so wenig, wie kaum je zuvor im meinem Leben. Und ich spüre, daß ich es genießen kann. Die Hemmung, die darin lag, daß ich glaubte, nicht genießen zu dürfen, nachdem ich potentielle Mitwanderer von diesem Genuß ausgeschlossen hatte – diese Hemmung habe ich schon am ersten Tage mitten auf dem Bodensee ersäuft. Nur die Vorstellung, wie viele von den bisher erfahrenen Beglückungen mir entgangen wären, wenn B. oder H. dabei gewesen wären, ist mir noch manchmal peinlich. – Gott sei Dank, denkt man überhaupt nicht viel beim Marschieren: man findet den Rucksack lästig; man schaut sinnlos oft auf die Karte; man hebt Immer wieder unreife Äpfel auf, beißt hinein und wirft sie unter dem tapfer erneuerten und schnöde verratenen Vorsatz, es nun nicht wieder zu tun, zurück in den Straßengraben – stets von neuem versucht, stets von neuem enttäuscht; man findet plötzlich die Landschaft wunderschön und hat das Gefühl, man hätte es schon längst tun sollen; man geht leise und behutsam, um die auf dem Asphalt sich sonnenden Eidechsen nicht zu verscheuchen, rettet von Zeit zu Zeit einen Regenwurm, dem offenbar die Spucke ausgegangen ist mitten auf der sonnenwarmen Chaussee, und »denkt« allenfalls darüber nach, welche Schnecke wohl größer gewesen sei, die gelbe vorhin an der Brücke oder die schwarze hier. Man kann nicht nur *tiefer* denken, als Worte erfassen und wiedergeben können, sondern gewiß auch *flacher*!

Fast wäre ich an Tettnang vorübergedusselt, dessen Montfort'sches Schloß weniger schön als eindrucksvoll und gewaltig in Lage und Ausmaß ist. – Ich ging den Weg zurück und habe mich dabei vergnügt gewundert, warum ich so gar nicht, wie sonst, mit mir wegen des Versäumnisses hadere. Es ist mir überhaupt in diesen Tagen, in denen ich wie nie zuvor allein für mich selbst gelebt habe und im Vollbesitz meiner Entscheidungsfreiheit war, deutlich geworden: Befriedigung stellt sich weniger von Entscheidung zu Entscheidung ein, es gibt vielmehr einen Zustand, in dem einem *alle* Entscheidungen recht sind, wenn sie nur eindeutig sind, – oder gar keine. Ich kenne Menschen, die sich immer in diesem Zustand befinden, in dem sie sich selber gutheißen können, und nicht einmal das Bewußtsein, daß sich ihr Glück so banal verhält, vermag sie aus diesem Zustand zu reißen. Ich bin jedenfalls entschlossen, so lange und so gut ich kann, in diesen Tagen meine Gedankenlosigkeit, meine Nachsicht mit mir selbst für mein Glück auszugeben.

Am Nachmittag fing es an zu regnen, ich stellte mich irgendwo unter, fror aber so, daß ich dann doch weiterlief, und kam pudelnaß vor die Tore von Ravensburg, das mit seinen 15 Türmen von weitem wie eine Stadt aus dem Märchenbuch aussieht. Da ich wieder zu einem Geburtstag eintraf, pflückte ich am Wegrand einen großen Blumenstrauß von Margeriten, die in ihrer zweiten Blüte standen, und von feurig-lila Sumpfblumen. Es war mein schönster Strauß seit langem. B. hat gewiß recht, wenn er sagt, eine Sache sei wohl erst dann wirklich »schön«, wenn wir im Augenblick der Betrachtung meinen, es habe noch nie etwas Schöneres gegeben.

Es gibt sehr beschauliche Winkel in der Stadt, manch protzigen alten Turm, einen unter ihnen, den man den Mehlsack nennt, und der wahrhaftig so aussieht (und von dem aus die Bürger sich einst rühmten, den oberhalb auf dem Berg angesessenen Burgherren in die Küche schauen zu können). Angetan hat es mir vor allem die spätgotische sogenannte »Schutzmantelmadonna« in der Frauenkirche, eine vornehme Frauengestalt, die in der Gelassenheit der Wissenden – nicht in der lieblichen Unwissenheit anderer zeitgenössischer Madonnen – dasteht und in ihrem weiten, faltenreichen Mantel das anbetende Volk birgt, ohne Furcht und Sorge, in einer fast lieblosen Hoheit und Grazie. – Ich grolle mir selbst, daß ich kein Bild von ihr gekauft habe. Der Generalstreik gegen die inoffiziellen französischen Demontagen kam meiner Knausrigkeit zuhilfe.

Daß Ravensburg vom Kriege völlig verschont geblieben ist, schreibt man im übrigen dieser Madonna zu. Wie stark ist doch hier das magische Prinzip noch lebendig, der Glaube an die Verhaftung des Numens mit seinem Ebenbild. Ich denke, wir werden solange in diese Magie verstrickt bleiben, wie uns Glaube ein Bekenntnis und nicht eine Lebensweise bedeutet, wie wir einen Widerspruch zwischen Offenbarung und Natur sehen und das heißt wie Christus Gott und nicht Mensch ist, wie Gott erst »eintreten« muß in die Welt und nicht schon von Anbeginn in der Schöpfung ist als die Liebe, als das Prinzip der Versöhnung der in sich zerfallenen Welt.

Birnau, den 11. 8. 48

Heute früh bin ich zum Kloster Weingarten hinausmarschiert. Ich habe mir die Straßenbahn für die sechs Kilometer versagt, wie ich mir seit dem Kauf einer Lederhose (von meinem »Kopfgeld«) wohl jede derartige Erleichterung versagen werde. Außerdem wird mich eine so – mit nur fünf Mark in der Tasche – überstandene Wanderung zur dauernden Anerkenntnis und Billigung des Kaufes zwingen! Du würdest Deine Freude an meiner neuen Eleganz haben. Mit meinem »amerikanischen« Gang allerdings ist es vorbei. Heute, gleich beim Verlassen des Hauses, fing eine Sehne oder ein Muskel oberhalb des Knöchels stark zu schmerzen an. Mich beschäftigt seitdem die Sorge um meinen Weitermarsch. Mit panischem Ungestüm ging es vorwärts, und jetzt am Abend weiß ich, daß die 50 Kilometer, die ich heute marschiert bin, ohne diese Verzweiflung nicht zustande gekommen wären. Das Gleichmaß des Schmerzes gab meinem Marsch einen festen Takt, der dem gestrigen, noch so launischen Marsch völlig fehlte.

Im Kloster wurde gerade ein Hochamt gefeiert. Die drei Reihen des Chorgestühls waren rechts und links von Mönchen in schwarzer Kutte besetzt, die sich im Wechselgesang antworteten; die Kirche war voller Menschen; am Hochaltar zelebrierten drei Priester im prunkvollsten Ornat. Ich bin über eine Stunde dicht am Eingang stehen geblieben, völlig gebannt von dem Raum und den so wundersam darin aufgehenden heiligen Handlungen. Ich hatte noch nie zuvor eine so gewaltige – wenigstens 120 m lange – barocke Kirche gesehen, und war buchstäblich außer mir, als ich nach Beendigung der Messe von vorn her durch das inzwischen leer gewordene große Mittelschiff auf die Orgel und den Ausgang zuschritt.

Über Markdorf, einem Städtchen, das mit seinem Mauerring und zwei alten Türmen, den gedrängten Dächern und einem verwitterten Schlößchen wie ein Vogelnest an den Berg geklebt ist, kam ich am Nachmittag nach Meersburg. Dazwischen geht es durch einen herrlichen Wald, mit tiefen Schluchten, Bächen, Mühlen, Kukkucksrufen und anderem romantischem Zubehör. Dergleichen kann man ohne Scham für sein leidiges deutsches Herze nur ganz allein genießen.

Unterwegs nahm mich armen Humpelmann ein Trecker auf. Nach knapp einem Kilometer bog er, Gott lob!, von meiner Route ab. Wie hätte ich ihm erklären sollen, daß ich viel lieber in Stille und Schmerzen allein zu Fuß ging! Dazu sah der Bursche so freundlich drein, daß ich noch in Meersburg mich bei guter Laune – ausdrücklich darüber – ertappte. Dort wäre sie wohl zuende gewesen, wenn ich nicht eben in Meersburg angekommen wäre. Ich habe mich ganz kindisch über diese bunte Stadt gefreut, und, da die Sonne plötzlich wieder schien, wie bisher weder in Lindau noch Wasserburg noch Kreßbronn noch Ravensburg, wird Meersburg auch in der Erinnerung der sonnigste und wärmste Flecken rund um den Bodensee bleiben. Von den Fenstern der alten Häuser hingen wahre »Gärten der Semiramis« herab, Begonien und Geranien in allen Farben kunstvoll gemischt, an den schmiedeeisernen Aushängen rankten erzenes und grünes Laub um die Wette, und der Wein wucherte bis hinauf an die Ränder der Mauern. Um die Burg wehte ein angenehmer Wind; er hatte gedreht und kam direkt vom Säntis her; der See war klar und so vergnügt, wie ich ihn bisher nicht gesehen hatte; ein Schweizer Dampfer fuhr bunt beflaggt an uns vorbei, als ich am Fenster der Droste-Hülshoff oben im kleinen Kavaliershäuschen zwischen den vom Wind gebauschten Gardinen stand; man winkte zu mir herauf, als wüßte man von meinem großen Frohmut. »Ach, wer da mitreisen könnte...!«

Die Schönheit des Sees war so üppig, so herausfordernd, so beinahe lasterhaft schön, daß ich für einen Augenblick darüber erschrak: *Das* also ist unsere Erde, unsere geliebte »irdische« Erde! Unten in der Straße fand ich einen kleinen dreijährigen Jungen in fürchterlicher, schon sichtbar gewordener Bedrängnis; um den von Schrecken und Ratlosigkeit völlig gelähmten Buben stand eine schreiende, schadenfrohe junge Meute: »Er schiiiist, er schiiiist!« rief es mit einem durch Mark und Bein bohrenden spitzen »i«, bis der Gepeinigte unter Tränen der Wut um sich schlug. So ist es: wir werfen es den anderen vor, daß *wir* uns schämen müssen.

Da ich kein Unterkommen fand, marschierte ich weiter an den rekonstruierten Pfahlbauten vorbei auf Birnau zu. Unterhalb des Klosters in einem kleinen Fischer- und Bauerndorf erlaubte man mir, im Stroh zu schlafen.

Und da bin ich nun, von unreifen Äpfeln durchsäuert, ein wenig kalt und mit höllisch schmerzenden Gliedern. Ich sitze auf einem Baumstumpf am Wasser, in dem Äpfel, Algen und Federn in trostlosem Beieinander schwimmen; vor mir liegt in den letzten Abendstrahlen das Kloster; – die Boote, die Winde, die Sonne, alle kehren sie heim, und nur ich sitze so allein da und weiß nicht, ob ich meine Wehmut plötzlich genießen oder verachten soll.

Überlingen, 12. 8. 48

Der Tag fing mit Regen an; bisher hat er ihn nicht aufgegeben. Ich bin früh zum Kloster hinaufgehastet, bin frierend und naß eingetreten und habe dann unmittelbar alles vergessen.

Was soll ich Dir über dieses Juwel schreiben, das Du so liebst? Ich kann nicht mehr ausdrücken, als meine Worte freiwillig hergeben: Die reine Anmut hat reine Freude ausgelöst. Was mein Kopf während der zwei Stunden anstellte, während derer mein Leib und meine Sinne in schierer Lust badeten – Spekulationen über Ideengewölbe und Deckengewölbe, über Fluchten der Seele und Fluchten des Auges –, kam mir im Augenblick bedeutend vor. Es jetzt für Dich aufzuschreiben, wage ich nicht. Es gibt Gedanken, die man sich nur in der Ekstase, im Rausch leisten kann; sie bezeichnen den Zustand, in dem man sich befindet, nicht die Sache, von der man spricht.

Meinen Rucksack ließ ich beim Klosterpförtner, der mir, die Hand freundlich auf die Schulter gelegt, den Weg nach Salem wies, der Prälatenweg, 15 Kilometer durch den Wald. – Als ich bis auf die Haut naß war und es endgültig keine einzige trockene Stelle gab, um die ich noch hätte bangen müssen, fing ich an, den Weg zu genießen – den herrlichen Markgräflichen Wald. Auf Salem brummt man förmlich auf. Ich stand davor, ehe ich michs versah, von den weit ausgedehnten Barockgebäuden nur durch zwei Koppeln getrennt, auf denen die Rösser des Marstalls sich übermütig nach dem Regen warm liefen. Dampfend kamen sie auf mich zugelaufen, fraßen mir den einzigen Apfel aus der Hand, der versprach, reif und süß zu sein – einen »comte de pierre«, wie ich ihn in meinen gedankenleersten Stunden genannt hatte – und stoben wieder davon, ich weiß nicht, ob aus schlechtem Gewissen, oder weil sie das Spiel begriffen, das sie mit mir spielten.

Sehr merkwürdig ist das Innere der Kirche. Hätte mir jemand gesagt, daß ich hier eine gotische Kirche mit Alabasteraltären im Louis-Seize-Stil finden würde, mir hätten sich die Haare im voraus gesträubt. Nun gefiel mir das alles recht gut, hoffentlich nicht nur, weil ich endlich vom Regen geschützt war und mir in Ruhe die in die Schuhe gerutschten Socken hochziehen konnte.

Dann ging es weiter zum Heiligenberg. Die Wolken hingen so niedrig, daß ich das Schloß nur einmal und von weitem sah und mich, direkt darauf zuhaltend und die kurvenreiche Straße abschneidend, gründlich verlief. Als ich oben ankam, hatte es sich etwas abgeregnet. In der Ferne lag der See als silberner Streifen zwischen den dunstig-blauen Wäldern. Ganz verächtlich schaute das Schloß mit mir auf den Markgrafen herab. Ein junger Pförtner verwehrte mir den Einlaß: ich sei zu naß und würde das Parkett verderben. »Du Lakai!« murrte es in mir. Der Gedanke, daß mein Großvater der tägliche und umworbene Gastfreund des Hauses, der Verwalter und Mehrer des fürstlichen Vermögens gewesen war, daß mein Vater mit den Prinzen und kränklichen Prinzessinnen gespielt und von ihnen vergöttert worden war, und ich nun wie ein begossener Pudel mich trollen mußte, einen sonst jedem Menschen offenstehenden Saal nicht besichtigen durfte, machte mich zornig. Nach einem wütenden Dauerlauf durch unzeitgemäß kultivierten Park bin ich von der Höhe mehr heruntergetaumelt als gegangen. Der Weg, obwohl es zweifellos derselbe war, erschien mir doch ungleich länger, und die säuberliche Ausschilderung der Jagen als »Fuchsschlag«, »Markgräfinnenwald«, »Hochstich« und »Niederstich« bestätigten zwar, daß ich in der richtigen Richtung ging, erheiterten mich aber durchaus nicht. In Birnau bekam ich ein warmes Süppchen von einer Schwester gereicht, das der Pförtner eigens für meine Rückkehr bestellt hatte; es war seit zwei Tagen die einzige warme Mahlzeit. Am heutigen Tag hatte ich bisher nur unreife Äpfel gegessen.

Ich bin noch einmal in die Kirche gegangen, bevor ich im Regen weitermarschierte. Es war merkwürdigerweise eine Einzelheit, die meine Vorstellung beschäftigte: die Hand eines Heiligen. – Die schönsten Hände, fiel mir dabei auf, habe ich tatsächlich nicht an leibhaftigen Menschen gesehen, sondern an Statuen, an jenem Bischof im Bamberger Dom, am Creglinger Altar, auf Abbildungen vom Krakauer Veit-Stoß-Altar, auf dem Bild von Machiavelli, das auf meinem Schreibtisch steht. Vorstellung kann die Natur steigern – aber übertrifft sie sie dann auch?

Nach Überlingen marschiert man dauernd auf einer großen Asphaltstraße, eng zwischen Eisenbahn, Steilufer und Wasser eingekeilt. Nun fängt mein Fuß, der heute wunderbar schmerzlos war – so daß man es recht deutlich spürte! – wieder zu schwellen an, weh zu tun und meine Gedanken zu fressen! Wie der über die Schönheit der Hände ausgeht, weiß ich darum nicht; umso endgültiger weiß ich, daß Asphalt das dem Lebendigen, Beseelten unmittelbar entgegengesetzte Prinzip ist!

Ist Überlingen schön? Es hat Charme. Die Kirche mit den beiden unvollkommenen Türmen, von denen der eine überhaupt nur als Stumpf um wenige Meter und mit einem groben »Scheunendach« über das Mittelschiff hinausragt, liegt wie eine Glucke über ihren Küken, den alten verwinkelten Häuslein, die ein Gürtel von mächtigen Türmen und Mauern zusammendrängt. Die Gräben und Wälle sind zu einer wohlgepflegten Parkanlage rings um die Stadt verwandelt worden, und dort, wo die Stadt ins Wasser hängt, steht je ein gewaltiger steinerner Wächter. Mich hat die große Einheitlichkeit gefreut, obwohl Einzelnes enttäuscht, zum Beispiel das Innere des Münsters und dort vor allem die berühmten perspektivischen Gitter, die als Chorschranken dienen; der Effekt ist grob. Im übrigen schien mir jener Kunstgriff, mit dem nicht vorhandene Tiefen vorgetäuscht werden, einen unsinnigen Mißbrauch zu erfahren:

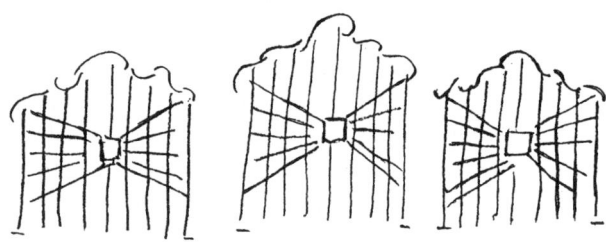

kein Klofenster in dieser Gegend, das darauf verzichten möchte.

Den großen Schnitzaltar aus der späten Renaissance hatte man zugehängt, und ich konnte beim besten Willen nicht traurig darüber sein.

Die Jugendherberge war überfüllt, die Kartenstelle, die mir einige Brotmarken hätte eintauschen sollen, schon zu, und so marschierte ich weiter nach Ludwigshafen am äußersten Ende des Sees. Als es die Wahl zwischen einem 15 km langen Fußweg über die Uferhöhen und der direkten Verkehrsstraße von nur 10 km Länge zu treffen galt, fiel es mir schwer, meinem Grundsatz die Treue zu halten – immer nur das zu tun, was »schön« sei. Der Regen hatte zwar aufgehört, aber es war kalt und finster über den Wassern, und ich habe auf dieser Strecke mehr gelitten als genossen. (Auf dieser Fahrt hatte sich das gegenseitig bisher nie völlig ausgeschlossen!) Nur solange ich neben einem Pferdegespann herging, das im Regen wohlig nach »Pferd« roch, war ich froh; die 5 km, die ich dabei zurücklegte, habe ich nicht gemerkt. Als das Gespann rechts einbog, kam ich mir im Stich gelassen vor. Wie fade kann doch die Müdigkeit allen fünf Sinnen schmecken, und was kann da ein sogenanntes gebildetes mitteleuropäisches Hirn alles für Unfug zusammendenken! 3 1/2 Stunden habe ich unentwegt vor mich hergestammelt und -gestöhnt, und zu spät erst merkte ich, daß zwei Kinder wenige Schritte hinter mir herliefen; da half auch nicht, daß ich eine brummige, verzweifelt-zuversichtliche Melodie daraus machte, als sie mich nun überholten; der Schalk stand ihnen dreist im Gesicht, und mir ging es wie dem kleinen Buben in Meersburg.

In Ludwigshafen wollte ich beim Dichter Wilhelm Schäfer ein Nachtquartier gegen einen Gruß von Gogarten austauschen. Natürlich wohnte er im letzten, abgelegensten Hause des Dorfes. Als seine Frau aus der Mansarde, knapp über die Dachrinne gebeugt, wie ein alter Wasserspeier ihr »Wer ist denn da?« (es war schon 1/2 10 Uhr) herunterkrächte, da entsank mir der Mut, ich rief meinen Gruß hinauf und verschwand. Irgendwo fand ich Unterschlupf im Heu. Nun brechen die Segnungen der Erschöpfung über mich herein. Es gibt einen Grad der Überanstrengung, in dem selbst das Ausruhen wehe tut, seinen eigenen autonomen Schmerz hat. Aber es ist ein Schmerz, der beglückt – der uns bestätigt und nicht verzehrt.

Heute früh habe ich die Wettervorhersage gehört – unablässig Westwind, keine Besserung. Es war noch sehr früh, als ich aufbrach. Ich wollte mit dem Postboot nach Bodman fahren und dadurch den 4 km langen versumpften Weg um die letzte Bucht des Sees abschneiden. Das Boot – man konnte es sehen – hatte auf der anderen Seite noch nicht abgestoßen, und so blieb mir noch Zeit, im See ein kaltes, aber belebendes Bad zu nehmen. Drüben ging es dicht am Wasser auf schmalem Pfad 16 km lang durch einen hohen, verwilderten Wald, der ganz steil aus dem Wasser aufsteigt. Die Morgensonne lag auf dem Wasser, ihr Widerschein leuchtete von unten her unter das dichte Laub, die grünen Wellen schlugen lustig ans Ufer, und ich konnte nicht anders, als ihnen mit frohem Gesang zu antworten. Ein Baumriese lag – umgestürzt und gekrümmt – weit hinaus in den See. Ich mußte bis an sein äußerstes Ende klettern, legte mich in eine Astgabel und habe das Vergnügen noch durch die Schokolade erhöht, die mir Antoinette in den Rucksack gesteckt hatte; der wäre mir beim Auspacken beinahe ins Wasser gefallen. Gegenüber lag im Glanz der Sonne Überlingen und weiter rechts Birnau.

Irgendwo zelteten Kinder von etwa 14 Jahren. Jungen und Mädchen kamen in Trainingsanzügen, verschlafen, mit zerzaustem Haar aus ihren gewiß sehr harten und kalten Lagern, hockten um eine rauchige Feuerstelle, wo sie ihren Brei kochten und vor den Mükken Schutz fanden. Ich habe sie ein wenig beneidet. Was gibt es Schöneres als solche Gemeinsamkeit in der Einsamkeit.

Ein Regenschauer hetzte mich weiter. Zur Mittagszeit war ich auf der Insel Mainau; sie ist durch einen schmalen Steg mit dem Ufer verbunden, neben dem ein eindrucksvolles bronzenes Calvarium aus dem 16. Jahrhundert auf eisernem Sockel im Wasser steht.

Die Insel gehört, wie man mir am Eingang sagte, wo es 50 Pfennig zu entrichten galt, dem Prinzen von Schweden, dessen Fahne auch vom First des Schlosses wehte. Der Park ist ein kleines botanisches Wunderwerk mit Bananenpalmen, Kakteen und anderen kalifornischen, afrikanischen und indischen Exotika. Ich konnte sie freilich allesamt nicht so schön finden wie die einfachen, gewaltigen deutschen Buchen, von denen kein Katalog spricht, die wunderbar gewachsenen Tannen oder eine in voller Belaubung blühende Magnolie! Hatte sie ihre im Herbst schon für das nächste Jahr vorbereiteten Knospen »ein wenig« zu früh geöffnet, oder ist das ihre normale zweite Blüte? Ich hätte auch jederzeit das Gärtnerhäuschen dem Bernadotte'schen Schloß vorgezogen.

Auf dem Weitermarsch zur Reichenau überkam mich ein mächtiger Hunger. Ich warf meine im Lauf der Wanderung ausgebildete feine Wissenschaft vom Aus- und Auflesen der richtigen, der reifen Äpfel über den Haufen und aß alles, was mir in die Hände kam.

Auf der Reichenau, die wie die meisten landwirtschaftlich hochwertigen Gebiete landschaftlich ziemlich reizlos ist, liegen drei Dörfer: Ober-, Mittel- und Unterzell, mit drei außerordentlichen Kirchen. Die einfache, aus dem 9. Jahrhundert stammende Basilika von Oberzell hat sehr eindrucksvolle Wandmalereien, die die Wundertaten Jesu darstellen. Ich kann nicht erklären, warum das so ergreifend ist. Wir nennen es Naivität, gar Primitivität, wenn die Auferstehung Christi so dargestellt ist, daß oben einige wulstige Wolken schweben, aus denen herab – wie aus den Soffitten des Theaterhimmels – ein paar bäurische Füße hängen; darunter das anbetende Volk. Wir sollten es »Glauben« nennen, der dem Bild erlaubt, sich mit dem sinnlich Faßbaren zu begnügen, weil er selbst für die Bedeutung aufkommt. Und so kann denn, wer nicht weiß, was »glauben« heißt, es hier erfahren: am Abstand zwischen der gegebenen Erfahrung und dem gegebenen Sinn.

Die größte Überraschung war das Kloster in Mittelzell: eine mächtige, einfache romanische Basilika, deren Restauration mir außerordentlich geglückt erscheint. Aus den hochgelegenen ovalen kleinen Fenstern fällt gedämpftes Licht seitlich durch die modernen farbigen Scheiben; von vorn aus den gewölbten weißen Chornischen, in die die dunklen Schiffe münden, flutet helles Licht durch die kunstvoll geschmiedeten Lettner. Den einzigen Schmuck bilden die Stationen der Passion; sie sind auf runde Holztafeln mit goldenem Grund gemalt und hängen an den einfachen weißen Pfeilern. Die Farben der großzügigen Ornamente an der flachen Decke sind aufgefrischt. An den Wänden stehen Grabplatten; sie schauen so abweisend drein, daß man sich kaum zu nähern wagt. Der Raum umschließt ein Geheimnis; ihm habe ich beklommen und ratlos eine ganze Stunde lang nachgesonnen, ohne mich zu rühren, bis eine Scheuerfrau mit zwei Wassereimern und Holzpantinen hereinklapperte, auf ihren krummen Beinen niederkniete, um zu beten, und dann gleich vom selben Fleck aus – auf den Knien kehrtmachend – den

Benno Abbas † 1048

zu scheuern begann, der da in den Fußboden eingelassen war.

Als ich die Kirche verließ, tobte ein Unwetter. Mich überkam ein großer Überdruß an allem: am Wandern, am Sehen, am Regen, am Alleinsein, an grünen Äpfeln. Ich hastete nach Radolfzell – 50 km waren es heute wieder – und fuhr von dort aus mit der Bahn nach Singen.

Eben war ich auf dem Hohentwiel. Ein Mordsberg! Wie der Kopf eines alten unrasierten Riesen liegt er im Lande. Ich will ja morgen schon weiter nach Stuttgart und bin froh, noch einen Blick von oben getan zu haben mit den letzten Abendsonnenstrahlen, die ihn weit über den See hin mitnahmen. Da das für 25 Pfennig zu besehende Burginnere schon geschlossen war, blieb es auch für mich uneinnehmbar. Ich brauche meinen kaputten Fuß nicht vorzuschützen, es wissen auch andere (zum Beispiel der Herr Vandamme), was es mit dieser Burg auf sich hat. Daß ich auf den Hohenkrähen noch neugieriger war und daß ich ihm wie einem alten (ich fand, doch etwas eingebildeten, kecken) Freund zugewinkt habe, wird Dich nicht wundern: es ist ja Dein Lieblingsberg.

Unter mir lag schmuck- und reizlos die Stadt Singen. Sie hat ihr Lebenlang wohl angstvoll unter den Zwingherrn in ihrem Rücken gekuscht, mußte für vieles herhalten und hatte fürwahr keine Chancen, einen Turm zu bauen, von dem aus man den Twielern hätte in die Suppe spucken können, wie die Ravensburger ihren Fürsten.

Als ich den Berg herunterstolperte, rief irgendwo ein Kind »Hartmut«. Ich war sehr erregt, und nur diese Erregung hinderte mich, zu antworten, wie ich es sonst spontan getan hätte. Dann meldete sich von irgendwoher ein anderes Kind. Nun war ich fast ein wenig gekränkt, daß ich nicht gemeint gewesen war. Was mich so außer mich hatte geraten lassen, war nicht der Ärger darüber, daß andere meinen Namen tragen, der doch von jeher nur mir zu gehören schien –, es war das Bewußtsein, wie lange ich nun schon ganz allein bin und daß ich heute noch mit niemandem ein Wort gesprochen habe.

Ich schlafe wieder im Stroh.

Nun müßte eine Philosophie des Trampens folgen, davon, wie sich die in den Autos benehmen, wie selbstgerecht ihr Abwinken erscheint und wie froh sie sind, wenn sie einen offensichtlich nicht mitnehmen *können*, wie die einen dies scheinbar bedauern, wie die anderen einen gar nicht erst sehen, wenn sie mit gesammelter Miene und leerem Wagen vorbeisausen, ja, wie sie an sich selbst vorüberzusehen sich mühen, denn es hält sich keiner aus in dieser Lage; ach, und wie man selber abwechselnd himmelhoch jauchzt und zu Tode betrübt ist.

Wir sind an stolzen Bergen vorübergefahren und an schönen Städten. Den Hohenzollern hätte keine amerikanische Filmgesellschaft schöner aufbauen können. Wie gern hätte ich dies alles meinen jüngeren Brüdern gezeigt. – In Stuttgart, wo ich doch noch abends ankam (gewiß nur, weil ich es so fest gewollt hatte!), nach zwölfmaligem Umsteigen und stundenlangem Wandern zwischendurch, um nicht völlig zu erfrieren, (wie oft habe ich dabei den Anfang von Thornton Wilders »Wir sind noch einmal davongekommen« zitiert: »... mitten im August und der kälteste Tag im Jahr; die Hunde kleben am Trottoir!«) – in Stuttgart also wollte ich Detlev H. und Deinen Onkel G. besuchen. Zur Solitude war es zu weit und die Möglichkeit, zu so später Stunde noch aufgenommen zu werden, zu ungewiß. Außerdem war der Wunsch, Detlev wiederzusehen, plausibler und größer und setzte sich auch gegen meine müden Beine durch. Um 22 Uhr stand ich vor seinem Häuschen – draußen, wo sich die Füchse gute Nacht sagen – wieder einmal im strömenden Regen, hatte mich durchgetastet, ohne zu fragen, um nicht von inkompetenter Stelle im voraus enttäuscht zu werden, – und mußte dann doch in die öffentliche Übernachtung abziehen. Detlev war schon seit zwei Monaten fort. – Ich war nicht unzufrieden: Ich hatte in unserer Freundschaft etwas getan, was mir kein Dank abnehmen kann.

Die »Öffentliche« war entsetzlich. Ich habe mich beeilt, sie am Morgen, und zwar noch im Dunkel, zu verlassen, um nicht der Erniedrigung ansichtig zu werden, in die ich mich begeben hatte.

Die lebhaften Erinnerungen an den Kommiß, die die Schlaf-, Wasch- und Latrinenräume auslösten, drängten mir den Gedanken auf, den ich schon an der Mainau beim Anblick französischer Truppenübungen gehegt hatte: daß wir doch die glücklichste aller derzeitigen Nationen genannt zu werden verdienen, seit man uns verboten hat, einen »Barras« zu haben.

Am Morgen bin ich zur Solitude hinaufgestiegen. Man hat mich freundlich aufgenommen, mir alles gezeigt in Geduld und Vertrauen und gewiß auch Wohlwollen. Ich weiß, daß ich das Dir zu danken habe, Richard.

Es war für mich eine völlig neue Erfahrung, zu sehen, wie ein Künstler seiner Zeit, ihren Unruhen, Qualen und Hoffnungen Ausdruck geben und gleichzeitig ein so waches Bewußtsein davon haben kann. Ich hatte geglaubt, dieses würde alle Ursprünglichkeit, alle Unmittelbarkeit zerstören, und fand nun, daß es das Werk eigentlich erst ausmacht. Ich habe auch den Kopf Deines Bruders gesehen. G. meint Deinen Bruder in einer ganz bestimmten – so zwingenden – Weise, daß ich allen Widerspruch, den ich beim Anblick der Photographie dieser Plastik empfunden hatte, auf der Stelle vergaß.

G.s Aquarelle, von denen einige auch am Bodensee gemalt waren, rechtfertigen, daß ich meinen Zeichenblock unbenutzt heimbrachte. Ich hätte ihn nach diesem Besuch zerrissen. Im Übrigen war der dauernde Regen mit in meine Mutlosigkeit eingefallen, und Du wirst mir gewiß mein Versprechen, wenigstens Birnau zu malen, erlassen, wenn ich Dir sage, wie sehr ich darunter gelitten habe.

Auf der Autobahn nach Frankfurt nahm mich ein Oberstleutnant H. vom Heerespersonalamt in seinem eleganten Sportzweisitzer mit. Er erzählte mir, daß Herr Sch. sich mit Fräulen v. W. verlobt habe. Manchmal ist die große Welt plötzlich sehr klein. Und Wandern hilft da ebenso wenig wie Auswandern.

Als ich mein Göttinger Zimmer wieder betrat, fiel mir das Gedicht von Du Bellay ein, das Helga so schön aufsagen kann:

Heureux qui, comme Ulysse, a fait un beau voyage,
Ou comme celui-là qui conquit la toison,
Et puis est retourné, plein d'usage et raison,
Vivre entre ses parents le reste de son âge!

Quand reverrai-je, hélas! de mon petit village
Fumer la cheminée et en quelle saison
Reverrai-je le clos de ma pauvre maison,
Qui m'est une province, et beaucoup davantage!

Plus me plait le séjour qu'ont bâti mes aïeux
Que des palais romains le front audacieux;
Plus que le marbre dur me plaît l'ardoise fine,

Plus mon Loire gaulois que le Tibre latin,
Plus mon petit Liré que le mont Palatin,
Et plus que l'air marin la douceur angevine.

*

Glücklich, wer wie Odysseus eine schöne Reise gemacht hat
oder wie jener, der das Goldene Vlies eroberte
und der dann heimkehrt, voller Erfahrung und Weisheit,
um mit seinen Eltern den Rest seines Lebens zu leben!

Wann werde ich, ach, den Schornstein
in meinem kleinen Dorf rauchen sehen und in welcher Jahreszeit
werde ich die Einfriedung meines bescheidenen Hauses,
das mir ein kleines Reich ist und soviel mehr!

Besser gefällt mir die Wohnung, die meine Ahnen gebaut haben,
als römische Paläste mit ihrer stolzen Fassade;
mehr als der harte Marmor gefällt mir der feine Schiefer,

mehr die gallische Loire als der lateinische Tiber,
mehr mein kleiner Liré als der Palatin,
und mehr als die Luft des Meeres die süße Luft von Anjou.

Gespräche auf amerikanischen Highways*

Anhaltern in den USA
1951

Ich bin seit zweieinhalb Jahren im Lande – als Austauschstudent. Ich weiß: Wer nicht hitchhiket, also »anhaltert«, kennt Amerika nicht. Wieviel ich über Amerika weiß, läßt sich in Meilenzahlen ausdrücken: bisher etwas über 25.000 – soviel wie einmal um den Erdball.

Beim Hitchhiken habe ich – damit fängt es an – erst richtig Englisch gelernt. Ich kann an einem Nachmittag dieselbe Geschichte, sagen wir: »Warum ich in Amerika bin«, achtmal erzählen, jedem neuen Fahrer von neuem. Beim achten Mal kann ich sie gut erzählen; beim neunten Mal brauche ich sie schon gar nicht mehr, denn meine Einleitung ist so amerikanisch, daß man nicht mehr fragt, ›warum ich in Amerika bin‹.

Es ist ein amüsantes Spiel: zu erproben, wie lange man den Ausländer verbergen kann. Oft will oder soll man es nicht; der Fahrer ist müde und gelangweilt; er will unterhalten werden; er schlägt die Themen selbst vor – zuerst fast immer *football* oder *baseball,* den Stand in der National League. Da kann ich nicht mithalten; mein in verschiedenen Tonlagen hervorgebrachtes (immer passendes) »Boy, oh boy« fördert das Gespräch nicht. Zweitens: TV-Stars. Auch da kann ich nicht mitreden; ich habe noch nie länger als drei Minuten vor dem Bildschirm ausgehalten. Drittens: *girlfriends.* Nun wird es Zeit, daß ich selber die Initiative ergreife; ich gestehe, daß ich

---

* Aus der Reise nach Amerika wurde ein fünfjähriger Aufenthalt. Während dieser Zeit habe ich zahllose Reisen in Amerika gemacht. Berichte über sie waren entweder nur für die Familie gedacht oder für eine Veröffentlichung in der Göttinger Universitätszeitung. Manchmal erschienen sie auch in der ZEIT. Dann vor allem mußten sie kurz sein und behandelten ein bestimmtes Ereignis, eine bestimmte Beobachtung. Dagegen schildert der hier abgedruckte Bericht aus dem letzten Jahr Reiseerlebnisse, die meine Begegnungen mit und meine Vorstellungen von »dem Amerikaner« spiegeln. Das Anhaltern ist eine ebenso ungezwungene wie intensive Gelegenheit zu gegenseitiger Mitteilung. Dies wiederum erlaubt eine sonst unstatthafte Verallgemeinerung, die sich in dem ursprünglichen Untertitel ausdrückte: Eine Metaphysik des Hitchhikens.

Deutscher bin – mit dem *sousentendu*: Bei uns geht das nicht so schnell. Nun hab ich es in der Hand, ob wir über Sozialismus oder Benzinpreise oder MacArthur oder amerikanische Babynahrung oder mein College reden. Die Eröffnung, daß ich nicht Amerikaner, daß ich gar Deutscher bin, hat nie zur Verstopfung des Gesprächs geführt, ganz im Gegenteil. Da es viele Menschen in Amerika gibt, die nie richtig Englisch gelernt haben, nehmen auch nur wenige an einem ausländischen Akzent Anstoß. Für viele ist es ein ausgesprochenes Vergnügen »*to spot the accent*«, um damit womöglich eine Beziehung zum eigenen *background* herzustellen. Die Fähigkeit, eine fremde Sprache fließend zu sprechen, nötigt ihnen große Bewunderung ab, um so mehr, als sie alle selber Gelegenheit gehabt haben, eine Fremdsprache zu lernen – auf der *high-school* oder auf dem College. »Zwei ganze Jahre!«, sagen sie mit Nachdruck und einem Seufzen, das ausdrückt: leider ganz umsonst. Wenn sie dann auch noch hören, daß ich Griechisch studiere, sind sie fassungslos. »Wozu das – in aller Welt!« Einer gibt sich selbst die Antwort: »Großartig, da werden sie sich hier von den griechischen Händlern nicht unterkriegen lassen, diesen Halunken und Halsabschneidern!« Meistens haben die Eltern oder wenigstens die Großeltern noch die Sprache der alten Heimat (»of the old country«, wie es mit Ehrfurcht und Sentiment heißt) gesprochen. Eine Sonntagsschullehrerin, die einzige Frau, die jemals für mich angehalten hat, erzählte mir von ihrer ersten Tätigkeit im italienischen Viertel einer Großstadt. Ein Kind kam in der Pause weinend auf sie zu und stammelte schmerzerfüllte italienische Brocken. »Du mußt mir das schon auf englisch sagen! Ich verstehe kein Italienisch.« »Du verstehst kein Italienisch? Ja, hast du denn keine Großmutter?!«

Nicht ohne Stolz lasse ich mir quittieren, daß ich einen *British accent* habe; in meinem Fall meinen sie damit eigentlich nur eine deutliche, vielleicht mühsam deutliche Aussprache. Das englische Englisch wird als affektiert empfunden. Bewundert wird beim Ausländer die manchmal bewußte Bemühung um Nuancierung. Von diesem fordert der schon von Charles Dickens parodierte Universalgebrauch des Zeitwortes *to fix* im Amerikanischen mehr Phantasie und Anstrengung als die Besinnung auf den eigentlich verlangten Ausdruck. Ein Interesse für den Ursprung eines Wortes, ein Sinn für die Grundbedeutung, Spaß an der Differenzierung des Ausdrucks sind eine große Seltenheit. Über lateinische Abkürzungen – i. e., e. g., PM, AM, viz. – wissen bestenfalls *graduates* in der englischen Sprache, Collegestudenten dagegen so gut wie nie Bescheid.

Ich habe mich immer bemüht, meine Diktion dem Partner anzupassen, habe aber auch dann noch meist zu kompliziert gesprochen. Plötzlich, an meiner eigenen Verständlichkeit zweifelnd, frage ich:»Verstehen Sie, was ich damit sagen will?«»Ich glaube ja, aber lassen Sie nur, ich höre gern, *wie* sie sprechen. Wir sprechen alle so schlechtes Englisch. Man kommt ja auch so zurecht. Jeder versteht, was ich sagen will – meine Kunden, meine Frau, mein *boss*, mein Hund...« Die Ergebenheit dieser Amerikaner in die eigene Mediokrität ist eines der ersten und bleibendsten Eindrücke meiner Gespräche. Man läßt den anderen gelten, wie er ist, und darf darum selber auch so bleiben. Mit diesem Grundsatz verträgt sich nicht, daß man sich in Sprache und *manners* auszeichnet. Außerdem ist viel wirkliche Bescheidenheit dabei – die uralte Tugend, sich vor dem Gast herabzusetzen.

Einmal las mich ein »Deutscher« auf – zwischen San Francisco und Los Angeles. Er bestand darauf, daß ich deutsch sprach, auch wenn er mir nur noch auf englisch antworten konnte. Er lobte mir den Westen: Californien – noch immer das Land der unbegrenzten Möglichkeiten.»Für nichts in der Welt würde ich auch nur hundert Meilen nach Osten zurückgehen. Nichts wie saure Gemeindeverordnungen, Kriegervereine, Altweiberpolitik – und absolut keine Möglichkeiten (opportunities) mehr. Hier fängt das auch schon an. Einmal gegen die Hauswand pinkeln kostet 50 Dollar Strafe in LA (Los Angeles wird nie ausgesprochen), fast wie in Deutschland: Alles ist ›verboten‹.« Er ›mache‹ jetzt 2.60 Dollar die Stunde, in zwei Monaten bekomme er drei Dollar; eigentlich ungelernte Arbeit, *agent* nenne sich das. Er hatte erst vor einem halben Jahr angefangen. Jetzt fuhr er nach Mexiko. Das zusammen mit *agent* hieß soviel wie nie-sollst-du-mich-befragen. Der Wagen sah nicht nach einem drei Dollar Job aus. Aber so ist das: Ich habe von den Tausenden von Leuten, mit denen ich gefahren bin, nie einen einzigen – auch den bewußtesten Kommunisten – klagen hören, er sei schlecht dran, bei ihm gehe es nicht vorwärts, den Cadillac da vor uns, den hätte er gern... Das Wuchern mit dem eigenen Elend, das uns in Deutschland so geläufig geworden ist, ist hier fremd. Daß ich nur 25 Dollar in der Tasche hatte und mit dieser »Angabe« nicht weniger als mit dem Gelde selbst quer durch den Kontinent und zurück hatte fahren wollen, blieb mein Geheimnis.

Daß in Deutschland alles »verboten« ist, weiß hier jeder; es gehört zum Grundrepertoire in Sachen Deutschland neben den Namen Hitler, Schmeling und Niemöller, den Liedern »Du bist wie eine Blume«, »Ich weiß nicht, was soll es bedeuten« und »O Tannenbaum«, den Wörtern »KZ« und »Sauerkraut«. Deutschlands größte Leistung: sein Bier.

»Well, how do you like America?« Als die Gräfin Coudenhove-Kalergie dies gefragt wurde, noch eh sie bei ihrer Ankunft das Schiff verlassen hatte, soll sie geantwortet haben: »I'll tell you, it's a big country!« Ich pflege zu sagen, daß mir vieles noch fremd und unbekannt sei; aber ich sei sehr glücklich hier. Daß ich hierbleiben wolle, wird mit Selbstverständlichkeit unterstellt. Daß ich es nicht darf, findet man empörend. Daß ich es vielleicht nicht will, würde man nicht verstehen. Ich stelle gelegentlich die Gegenfrage: »Warum sollte ich nicht nach Europa, nach Deutschland zurückkehren wollen?« Ein wohlhabender Vertreter von General Electrics vermutet, dort habe man doch gar keine »Chancen«. »Immerzu neue Kriege; immer wieder geht alles kaputt; ständig muß man von vorn anfangen! Eines Tages haben Sie Kinder, und was wird aus ihnen? – Soldaten! Bismarcks, Hitlers, Adenauers Soldaten... Wir haben ja jetzt auch so etwas wie eine Wehrpflicht, but we don't believe in it.«, das sei der entscheidende Unterschied; man werde sie bald wieder abschaffen. »Und dann unsere Freiheit! Ich will Ihr Land nicht beleidigen, aber, sehen Sie, so sagen können, was man will, hinfahren, wohin man will, arbeiten, was man will...« Er glaubt mir nicht recht, wenn ich ihm sage, daß ich das auch in Deutschland darf. Es beunruhigt ihn umgekehrt für seine Freiheit nicht, wenn ich ihm erzähle, daß ich mich alle drei Monate bei der Immigration Authority melden oder jedesmal, wenn ich einen Job nehme, um eine besondere Genehmigung einkommen muß; und schließlich: Weder er noch ich wären doch bereit, hier auf offener Straße zu erklären, wir seien Kommunisten. »Natürlich nicht – nothing is perfect, auch in diesem Lande nicht. Es gibt Korruption, gewiß, aber wir kommen dahinter und bügeln sie aus. Unter den Kommunisten und Sozialisten wird sie zum festen Bestandteil des Systems. Und darum sehe ich schwarz für Europa. *We have given her a chance*, aber England versinkt in seinem faulen Wohlfahrtsstaat, Frankreich hat 30 Prozent kommunistische Wähler und Italien schreit schon wieder nach Kolonien!« Ich wage einzuwerfen, daß England vielleicht nicht deshalb so schlecht dran ist, weil es sozialistisch ist, sondern sozialistisch, weil es schlecht dran ist; immerhin habe es seine Kolonien verloren, unerhörte Kriegsopfer gebracht und sei natürlich wie die meisten europäischen Länder übervölkert. Zudem sei es eine klassische Klassengesellschaft geblieben. »Nun, davon verstehe ich nichts. Ich verstehe nur, daß ich ein Auto habe, eine Versicherung von X Tausend, ein eigenes Haus – und daß das bei uns jeder haben kann, wenn er nur arbeitet –, während man sich in England die Zähne ziehen und Brillen verschreiben läßt, bloß weil der Staat es bezahlt.« Wir halten vor einem Eisenbahnübergang ohne Schranken. Nur ein Warnschild, nicht einmal ein rotes Blinklicht wie an so vielen Stellen im Land. Ich kann es nicht unterdrücken, ihm zu erzählen, wie so etwas in England aussieht. Ein Güterzug kommt laut und wehmutsvoll tutend heran; darauf sind funkelnagelneue Panzer geladen. Der Zug fährt nach Osten. »Ich wette, die gehen nach England; England verkauft sie an die Russen; die Russen verkaufen sie an die Chinesen – und in Korea können wir sie uns dann wiederholen!« Diese Bitterkeit kenne ich, ich wohne ja im Bereich der Chicago Tribune.

Foreign Aid – ein ärgerliches Thema für fast alle meine Gesprächspartner. Die Summen, die im amerikanischen Kongreß verhandelt werden, sind so groß, daß sie sich jeder Anschauung entziehen. Eines stimmt immer: sie sind *zu* groß. Auch die für Foreign Aid, »meine und deine Steuern«. Wie sich dieser Posten des Bundeshaushalts zum Verteidigungsaufwand und wie sich innerhalb dieses Postens militärische Hilfe zur Wirtschaftshilfe verhalten, das ist nur Fachleuten bekannt. »I am a business man«, und das heißt »the rest is none of my business«. Mit dem Thema komme ich nicht an. Ich merke auch: Weil ich die New York Times lese, habe ich mitten in Amerika einen anderen Ausblick auf die Dinge als der Durchschnittsamerikaner. »What can I do about it? – ich – einer von 200 Millionen! Die *big shots*, die die Politik machen, führen uns an der Nase herum. Wir haben gesehen, was sie uns während des Krieges für Propaganda vorgemacht haben,« sagt ein Druckknopffabrikant.

»Als die ersten deutschen Kriegsgefangenen kamen, da haben wir gestaunt: gesunde, anständige, bescheidene Jungs. Die wollten den Krieg ebensowenig wie Sie und ich. Natürlich, irgendwer macht ein Geschäft dabei. Auch mir ist es nicht schlecht gegangen während des Krieges – zum ersten Mal eigentlich so richtig gut! But I could have done without.« Ich erzähle ihm, wie große Teile des deutschen Volkes aus einem ähnlichen Gefühl der Ohnmacht des einzelnen vor den anonymen Gewalten in die Hände des Mannes geraten sind, der ihnen versprach, den Laden für sie zu schmeißen. »Das ist es, das ist es!«, bestätigt der Druckknopffabrikant mit Nachdruck. »Dieser Roosevelt, der Gauner, der hatt's genauso gemacht wie der Hitler. Ohne Pearl Harbour hätte er dieses Volk nicht zum Krieg gebracht. Und Hitler, dieser Narr, erklärt auch noch selbst den Krieg.«

Roosevelt ist eines der großen Anhalter-Themen neben Mac-Arthur, den Juden, den Farbigen, dem Kommunismus, den Steuern. Ein lebhafter kleiner Jude, Sozialarbeiter in New York, begeistert sich: »Das war noch ein echter Amerikaner, einer der großen Empiristen. Alles, was er tat, war Experiment. Diese Dynamik! Das können die Leute nicht verstehen. Sie haben keinen Sinn für Größe, die sie für undemokratisch halten. Sehen Sie sich den Truman an – ein unmöglicher Kerl. Was wäre der ohne seine Berater – und was ist er mit ihnen! Diese Präriedorf-Mentalität, eng, unelastisch, humorlos. Als diese Leute den *American way of life* entdeckten, da haben sie ihn auch endgültig begraben. Der *American way* ist selbst die Entdeckung. Wir erfinden zwar noch ab und zu irgendein *gadget* oder ein Verfahren, wie man *blue babies* am Leben erhält. Aber im übrigen sind wir das reaktionärste Land der Welt. Sehen Sie sich unsere altmodische Verfassung an. Aber Gott sei Dank, daß wir sie haben: Wir würden die Präsidenten schneller absetzen und vor Gericht stellen, als wir neue wählen können.« Und bald sind wir von dem empiristischen Präsidenten beim heutigen ›amerikanischen Pragmatismus‹ und von dort aus beim einstigen ›Naturrecht‹, der Grundlage der amerikanischen Verfassung, und damit der einen gemeinsamen verpflichtenden Tradition. »Was die Unabhängigkeitserklärung und die Verfassung versprochen haben, ist mehr oder weniger verwirklicht – *life, liberty, pursuit of happiness*, die Gleichheit vor dem Gesetz. Dafür war das Naturrecht gut und sein unbefragbarer metaphysischer Untergrund. Aber wenn man den *standard of living* halten oder gar erhöhen will, braucht man eine andere Philosophie.« Dieses Gespräch hat unzählige Wiederholungen, Abwandlungen und Fortsetzungen erfahren. Die erwähnte Lehrerin, die nicht Italienisch konnte, fragte, wozu ich eigentlich Griechisch studiere. Ausnahmsweise habe ich mich nicht mit der Auskunft begnügt, das sei in Europa so üblich. Ich habe ausführlicher und einigermaßen naiv erklärt: weil sich die Griechen so wunderbar tiefe und einfache Gedanken über die wichtigsten Fragen des Lebens gemacht hätten. Diese Fragen vor allem müßten wir wieder zu stellen lernen: Was ist der Mensch? Wozu lebt er? Was ist das gute Leben? Was ist Wahrheit? Wir sollten unsere Schüler erfahren lassen, wie natürlich und nützlich und notwendig es ist, diese Fragen zu stellen, und ich wüßte keinen schöneren Anlaß dazu als die großen Geschichten der Griechen. »Aber das ist doch alles schrecklich unrealistisch! Abgesehen davon *that you can't make a living from asking such questions,* was läßt sich denn da schon erkennen? Eine ›Wahrheit‹ oder gar die Wahrheit? Sie meinen wohl Gott! Das sagen Sie einmal der heutigen Jugend. Und wenn Sie den Menschen meinen, nun, so glauben Sie doch wohl selbst nicht, daß Platon auch nur annähernd soviel über ihn gewußt hat wie ein durchschnittlicher heutiger Soziologielehrer oder Psychologe. ›Was macht es für das Leben aus, ob ich dies oder das sage?‹ – Diese Frage, die wir uns täglich in ganz praktischen Dingen fragen, läßt John Dewey uns nun angesichts der metaphysischen Spekulationen stellen. Und beim besten Willen: *I can not see the difference!*« In meiner Erschöpfung registriere ich nur noch, daß ich wohl eine fundamentale Lebensfrage dazugelernt habe. Hatten mich die Griechen bisher davor bewahrt? Bei Dewey traf sich die Lehrerin wieder mit dem kleinen New Yorker Soziologen. Der war dann fortgefahren: »Wir sind durch das Schlimmste wohl hindurch, den ärgsten Mißbrauch der absolutistischen Denksysteme, die wüstesten kapitalistischen *maladjustments.* Wir kommen zur Ruhe, beginnen uns klarzumachen, was wir mit unserer Muße – *leisure* – anstellen können. Es hat keinen Sinn zurückzuschauen. Wir werden mehr und vernünftigere Erziehung haben, den jungen Menschen unnötige *frustrations* ersparen, die die ältere Generation zu Käuzen, Neurotikern und Desperados gemacht haben, und sie zu verantwortlichen glücklichen Bürgern heranbilden. Ich zweifle sehr, ob man das mit Platons Hilfe machen kann. Der mochte das zu seiner Zeit tun. Dewey will ja auch nicht in 2000 Jahren noch gültig sein.« Und nun folgt eine heftige Polemik gegen den Neo-Thomisten Hutchins, den Exkanzler meiner künftigen Universität und seinen philosophischen Ganymed, Mortimer Adler. Alles was »amerikanisch« ist, wird gegen sie ausgespielt.

Als ich einen Fortschrittsoptimisten frage, was ihn zu seinem zuversichtlichen Ausblick auf die Vervollkommnung des Menschen veranlasse, antwortet er: »Ja sehen Sie denn nicht, wie der Reichtum besser macht? Indem wir die Härte des Daseins überwinden, bleibt auch die Notwendigkeit oder Verführung zur Schlechtigkeit aus. Aberglaube, Folter, Sklaverei, Krankheit und Armut liegen hinter uns, und so, wie es uns gegangen ist, wird es der übrigen Welt auch gehen...«

Zu dieser Ansicht gibt es beliebige Abwandlungen und Gegensätze. Ein Redakteur einer Künstlerzeitschrift lächelt, als das Wort »Moral« fällt. Wir sprachen von den Nürnberger Prozessen, die er rundheraus verurteilte. »Ihr mit eurer Philosophie, ihr steckt ja noch im tiefsten Mittelalter! Moralisch ist, was die Gesellschaft für moralisch erklärt, Recht ist, was sie als Recht durchsetzt. In Nürnberg taten es die Sieger. Aus gesundem Eigennutz. Was nützt, fördert und erhält, ist ›gut‹. Ich weiß gar nicht, wozu man da einen Gott braucht, der einem das sagt. Überzeitliche Normen, *inalienable rights* – alles Humbug!« – Sollte es doch nur der Wohlstand sein, der diese Leute vom Marxismus trennt?

Ich stelle einem dicklichen Nervenarzt diese Drei-Groschen-Oper-Frage. Er seufzt und windet sich wie ein ertappter Schulbub: »Wie sollen wir denn mit alldem fertigwerden, wie irgendeinen anderen Sinn des Lebens erkennen? Meine Patienten fragen mich nie danach, und wenn ich sie fragte, würde ich sie, fürchte ich, heillos krank machen. Manchmal rate ich einem, in die Kirche zu gehen, aber nicht um das Heil zu erfahren, sondern zur Ablenkung. – Ich selbst gehe zur Kirche, weil meine Frau hingeht. *We have good fellowship there*, und es gibt uns Gelegenheit, manchmal etwas Gutes zu tun. Das ist doch die Hauptsache, nicht wahr?« Mein Fahrgastgeber nimmt seine volle Stattlichkeit wieder ein und erklärt abschließend: »But don't get me wrong, I fully believe in religion.«

Folgerichtig drückt sich amerikanischer Pragmatismus nur selten in Abstraktionen aus – vollends auf dem *highway*. Man spricht von ›how to date‹ (wie man sich mit seiner Freundin trifft) oder Pro und Contra *birthcontrol* oder wie die Wirkung von Musik zu erklären sei. (»Bach hatte Talent, Bach brauchte wie jeder Mensch Geld, Bach schrieb die Musik, die man damals forderte. ›South Pacific‹ wollte das Publikum damals noch nicht haben.«)

Vielleicht ist unter allen Gesprächen, die ich in Amerika geführt habe, dieses über die pragmatische Weise zu leben und zu denken, das häufigste und einzig typische gewesen. Nicht immer war ich es, der es aufsuchte, ja, oft wurde es mir mit großer Dringlichkeit angetragen. Am Ende aber trennten wir uns eigentlich immer in einem ganz unterschiedlichen Zustand innerer Erregung. Meine amerikanischen Partner scheinen grundsätzlich keine allgemeine –

für sie und mich – gültige Verbindlichkeit zu kennen – außer der vereinbarten Achtung vor der beiderseitigen Freiheit. Das ist ihr Verständnis von Demokratie. Jede Radioreklame schreit es ihnen hundertmal täglich entgegen: *absolutely no obligation*. Unabhängig sein ist das unerbittlich vorantreibende Ideal von dem Tag an, an dem man als Zehnjähriger anfängt, die Zeitung auszutragen, um *sein* Geld zu verdienen. Was mir als eine Auseinandersetzung erschien, war meinen Gesprächspartnern nur eine Diskussion über zwei gleich mögliche verschiedene Standpunkte. Man »setzt« sich nicht »auseinander« in angelsächsischen Ländern – darum gibt es bei ihnen auch kein Wort dafür.

Aber hat nicht der kleine Soziologe sich selbst widerlegt, das heißt seine These, das Gute sei bloße Konvention, sei eine Redensart für das ›most generally expedient‹, als er mir meine Brieftasche mit 20 Dollar zurückschickte, die ich, ohne es zu merken, in seinem Jeep verloren hatte?

Ein letzter Brocken aus einem Gespräch, der mir mehr wert ist, als alle langen – verzerrten und flachen – Diskurse über Religion, die mir so manche Fahrt in Amerika zur Tortur gemacht haben. Ein Alkoholiker erzählt mir, wie er an seiner Sucht immer wieder gescheitert ist und wie er schließlich bei den Alcoholics Anonymous Trost und Beistand gefunden und ein neues Leben begonnen habe. Ich habe nie so viele Geschichten vom Verlorenen Sohn gehört wie in diesem Lande, vielleicht, weil man in keinem anderen so hoffnungslos verloren gehen, ausgestoßen und vergessen sein kann wie hier. Wer von Skid Row, wer aus der Unterwelt der großen Städte, wer aus der Heimat- und Menschenlosigkeit der amerikanischen Landstraße ›heimkehrt‹, der singt davon mit tausend Zungen. Ein alter Neger schwelgte darin, meinem Bruder und mir zu erzählen, was er für ein *tough guy* gewesen sei, bevor ihn der YMCA, der Christliche Verein Junger Männer, auflas. »Ja, früher bin ich selbst gehitchhiket. Manchen meiner Fahrer ist es dabei nicht gut gegangen...« Jetzt war er milde wie ein Lamm. Bei den Alcoholics Anonymous wache man gegenseitig der eine über dem anderen. »Aber wir wissen, daß das nicht ausreicht, um der Sünde zu entrinnen. Es gibt Stunden, in denen wir allein sind mit uns und unserem Satan.« Diese uralten einfach und ernst gesprochenen Metaphern wurden auf einmal bedeutungsvoll und lebendig. »Da hilft nur noch der Gott, der auf uns aufpaßt und uns nicht verläßt. In unseren Statuten stehen viele schöne Gebote. Aber die Forderung, die mich wirklich getroffen hat, steht nicht darin: Demut. Es fällt mir schwer darüber zu sprechen, weil mir, wenn ich von diesen wunderbaren Dingen rede, plötzlich die Demut fehlt.« Damit verstummte er bis zum Ende unserer noch langen Fahrt. Er war ein sogenannter einfacher Mann, ein Fabrikarbeiter. Als ich seine Geschichte einem jungen Mann von der Moralischen Aufrüstung erzählte – als Prüfstein gleichsam für seine vier Oxford-Grundsätze: absolute Liebe, absolute Reinheit, absolute Aufrichtigkeit, absolute Selbstlosigkeit, da war es ihm nicht peinlich zu antworten: »Oh, jeder kann noch einen fünften oder sechsten oder x-ten Grundsatz hinzufügen. Sie haben sich da einen schönen ausgedacht mit der Demut.«

Einen Gegensatz dazu bilden die Fundamentalisten. Mein junger, kaum 19jähriger Fahrer fährt 65 Meilen pro Stunde, 15 über der zulässigen Höchstgrenze. Wir haben nichts zu reden. Ich raffe mich auf: Es sei angenehm kühl und erfrischend geworden heute abend; der Tag sei so drückend heiß gewesen. »Warten Sie nur«, stieß mein Partner heraus, »bis der Herr Jesus Christus kommt, dann wird es erst erfrischend! – Sind Sie Christ?« Meine Antwort nicht abwartend greift er in seine Tasche und reicht mir ein Neues Testament. Ich will dankend ablehnen, ich hätte selber... »Nein, nehmen Sie!«, unterbricht er. Er habe den ganzen Wagen voll davon. »Ich komme gerade von einem Young People's Meeting unserer Kirche. Nach der Bibelstunde spielen wir Fußball oder Volleyball, jeden Samstagnachmittag. *We have lots of fun.* Ja, wieviel mehr Menschen könnten das haben, wenn sie nur an den Herrn Jesus Christus glaubten. – Übrigens heirate ich nächste Woche. Auch meine Braut ist *saved – none of those lost people.*« Unser Gespräch blieb Karrikatur wie das Löschblatt, das er mir gab, damit ich meine Sünden damit auslösche. Solche Missionare bieten einem oft auch ungefragt einen *lift* an; auf sie kann man auch um Mitternacht rechnen, wenn sonst nur noch gänzlich übermüdete Fernlastfahrer und Homosexuelle anhalten.

Ja, wer nimmt einen mit? Wie viele unter wie vielen halten an? Das Hitchhiken kann heftige klassenkämpferische Gefühle in einem wecken. So viele leere prächtige Autos mit krampfhaft geradeaus schauenden Fahrern rasen vorbei. Prozentual halten weniger an als in Deutschland (Erfahrungen von 1945 bis 1948). Aber es gibt auch unendlich viel mehr Autos! Frauen halten grundsätzlich nicht an, und es hitchhiken auch keine Mädchen oder doch nur solche, denen es nicht in erster Linie auf Beförderung ankommt. Die meisten Überland-Lastfahrer dürfen niemanden mitnehmen; sie führen oft

Gelder der Firma oder wertvolle Ladungen mit sich; für Anhalter-Überfälle haftet die Versicherung nicht. So bleiben meist alleinreisende Kaufleute, Studenten, Soldaten – und Farmer, die nur bis zur nächsten hoffnungslosen Abzweigung oder mit zermürbender Untergeschwindigkeit fahren. Sehr bereitwillig halten Schwarze an, auch wenn sie die ganze Familie bei sich haben. Ein schwarzes Ehepaar hat mich einmal nachts um zwei Uhr an einer stockfinsteren Kreuzung aufgenommen – ein schmächtiges Männlein mit einer nicht gerade starken Frau in einem gewaltigen Cadillac, der Standardautomarke für arrivierte Farbige. Sie fuhren schweigend 300 Meilen zu einem Freimaurerkongreß und ließen mich auf dem Rücksitz schlafen. »Wir fahren jedes Jahr zu diesem Konvent«, sagten sie mir, als ich morgens auf der Turnpike, Amerikas Autobahn, aufwachte. »Im vorigen Jahr fand er an der Westküste statt, diesmal etwas näher bei uns; vor fünf Jahren war er in unserer Heimatstadt. Ich bin gespannt, ob es hier in X genauso schön sein wird, wie bei uns.« Ich fragte sie, was sie denn da tun. »Ach, wir freuen uns immer so, die alten Freunde wiederzutreffen.« Sie waren die ersten Freimaurer, denen ich in meinem Leben begegnet bin, diese gefährliche Sorte von Dunkelmännern, vor denen uns Hitler warnte, und diese waren sogar wirklich schwarz.

Auch die großen Dichter und Denker des Landes meinen es gut mit den armen Hitchhikern. Wenn es zwei ganz große in Amerika gibt, dann hat mich die Hälfte von ihnen mitgenommen: Mitten in Colorado bot mir Thornton Wilder einen *lift* über sieben Meilen an. Auf denen haben wir dann nur davon gesprochen, wo ich am gescheitesten wieder aussteige. Es ist kein »großes« Wort gefallen, das meine Begegnung mit dem bewunderten Dichter bestätigt. Was soll ich meinen ungläubigen Freunden erzählen?

Vielleicht finden sie sogar heraus, daß in Colorado, wie in so vielen Staaten, das Hitchhiken verboten ist. Die Wahrheit freilich kann das nicht aufhalten. (Ein Polizist, vor dessen Nase ich mich mit geschwungenem Daumen aufbaute, fuhr stillschweigend zur nächsten Kreuzung, von wo aus er mich pflichtgemäß nicht mehr sehen konnte. Wunderbares Amerika! Alle fünf Minuten liest man am highway eine Tafel: »Höchstgeschwindigkeit 15 Meilen pro Stunde«; im Abstand von zwei Stunden dann in irgendwelchen Städtchen die Bekanntmachung: *Trafic rules will be enforced.*)

Studenten werden, neben Soldaten, am bereitwilligsten mitgenommen. Man kennzeichnet sich durch Aufklebwinkel, die Wappen und Initialen der Universität auf Handkoffer und Sportpullover. Viele Studenten tragen ein Schild, auf dem nicht nur der Ort, zu dem sie reisen wollen, sondern ganz dreist auch die Reklame »Student« zu lesen ist. Einmal sah ich einen Konkurrenten mit der Aufschrift »foreign student«. Ein guter Trick, aber wohl doch etwas zu berechnend. Ich habe ihn verschmäht. Amerikaner spüren das nicht so. Noch wirkungsvoller wäre in der Tat, sich einfach als »German student« auszuweisen. – Ein weißes Hemd, Schlips und, wenn's nicht zu heiß ist, ein Jackett, sind wichtige, als Konvention aber schon wieder abgewertete Hitchhike-Utensilien. Wen zeichnen sie noch aus?! Auch der ärgste *bum* bedient sich ihrer. Natürlich kann man sich das berühmte »anständige Gesicht« nicht einfach dazukaufen. Soll ich mich geschmeichelt fühlen, wenn mir oft gesagt wird: »Ich nehme sonst eigentlich niemanden mit, *but you seem to have that innocent look*«? Immerhin »seem«! Originalität in der Ausschilderung hilft sehr. Ich bin einmal mit einem riesigen Pappdaumen durch den ganzen Kontinent getrampt. Ich steckte ihn in den Hemdärmel, als sei er recht natürlich mit mir verwachsen, konnte ihn aber auch, wenn die Zeit allzu lang wurde, an einem in die Erde gebohrten Stock aufhängen und inzwischen ein Buch lesen. Diese ungewöhnliche Art der Zeitnutzung war selber aufsehenerregend und ganz für sich schon ein unübertreffliches *advertisement*.

Die Gründe, aus denen Fahrer anhalten, sind fast immer diese: Sie sind selbst einmal viel gehitchhiket oder haben vielleicht einen Sohn, der das gerade eben auch tut. Oder sie haben Mitleid. Oder sie wollen unterhalten, wachgeredet werden. Darin liegt die eigentliche Mühsal des Hitchhikens. Es wird niemandem verübelt, wenn er den Fahrer nicht unterhalten kann; man weiß, daß es eine besondere Kunst ist, und man kann sie ja meist selbst nicht. Kommt einer aber aus Europa, aus Deutschland noch dazu, dann *muß* er erzählen: »Ob Hitler wohl noch lebt?« (Und wenn ich erkläre: nein und warum nicht und überhaupt ... dann schüttelt der andere vieldeutig und nachsichtig schmunzelnd das Haupt, als stecke ich mit meinem Führer unter einer Decke: ›you can't fool *me*!‹) »Ja, und Bormann...?« »Und wie wohl Göring das Gift bekommen hat?« »Nicht wahr, so eine Gemeinheit, die deutschen Generale hinzurichten, den Jodl und die anderen alle!« »Ach, ich habe das immer schon wissen wollen: Wie war es denn nun wirklich unter Hitler?« – die rhetorischste aller Fragen, denn wer so fragt, weiß schon immer genau, wie im Grunde vernünftig, gut organisiert und sogar gut gemeint alles war – und Hitler, *after all*, ein großer Mann! Neben der geläufigen *openmindedness* und *fairness* der Amerikaner, die sie zur schnellen uneingeschränkten Versöhnung mit dem erlegenen Gegner treibt, gibt es eine ingrimmige Liebe zu allem, was deutsch ist, eine Liebe ebenso unverrückbar wie der Haß, den ein anderer bei irgendeiner Gelegenheit gefaßt hat. Im Krieg hat diese Liebe natürlich leiden müssen und ist unter diesem Leid um so hartnäckiger, unbelehrbar geworden. »Und die Autobahnen?« Oder: »Was machen die deutsche Wissenschaft und Technik? – Die größten Erfinder der Welt...« Ich kann mir nicht helfen, diese Fragen gehen mir nahe. Vor allem aber diese, die Hunderte von Malen behutsam oder unbekümmert gestellt worden ist: »Sagen Sie mir doch, bitte, waren sie ein Nazi?« Es ist die Wißbegier nach dem ganz Fremden, so als ob einer fragte: Sie kommen gerade vom Mond, wie sieht es da aus? Was auch immer ich geantwortet habe, die Reaktion war meist: »Ich kann mir nicht vorstellen, warum nicht alle einfach gesagt haben: Da machen wir nicht mehr mit! – Was hätte Hitler da tun können?« – Ich habe nur zwei unter Tausend gefunden, die etwas von einem deutschen Widerstand gehört hatten.

Bei weitem unangenehmer ist's, wenn die Leute meinen, sie könnten einem Deutschen keinen größeren Gefallen tun, als über die Juden herzuziehen. »Hitler hatte ganz recht. Er hat nur einen Fehler gemacht: Er hätte sie *alle* ausrotten sollen. Der Roosevelt und seine Judenclique...« Es ist, als ob Goebbels spräche. Solche Leute sind erschrocken, wenn man ihnen widerspricht. Sie versuchen dann eifrig, ihre Lästerung »objektiv« zu rechtfertigen. Die Juden verschwörten sich, sie stächen jeden anderen im Geschäft aus, sie ließen immer nur Juden 'ran. »Wenn einer ›diskriminiert‹, dann sind's doch die Juden, nicht wir. Meine Großeltern sind auch von drüben gekommen, aber *our folks* schließen sich doch nicht von den anderen ab. *Die* aber tun so, als seien sie etwas Besseres.« Es ist das alte häßlich Lied von der Mißgunst. Gottlob sind es nur wenige, die so denken; auch war mein Deutschtum wohl eine ungewohnte und dadurch heimtückische Herausforderung. Sollen meine Aufzeichnungen ihren Sinn erfüllen – nämlich wiedergeben, was man auf amerikanischen highways über dieses Land er-fährt –, dann darf ich in ihnen über solche Äußerungen nicht hinwegsehen, so wenig wie ich es im Gespräch getan habe. Als fünfjähriges Kind lernte ich von meinen amerikanischen Spielkameraden die Verse: Red, white and blue, / your father is a Jew... Sie endeten nicht gut. Wenn ich meinen Anhalter-Gefährten erzählte, wie mir da zum ersten Mal das Bewußtsein von der Existenz einer anderen Rasse eingegeben wurde, schienen sie meine Anteilnahme, mein Anrecht auf Ärgernis zu verstehen, weil es sie betraf. Ausschwitz und Hitler aber waren weit weg.

Die Geringschätzung der Schwarzen ist häufiger und weniger verhalten. Zeigt man sich von dieser unamerikanischen Haltung betroffen (von Torheit und Unrecht braucht man dann gar nicht mehr zu reden!), wird beschwichtigt: Schon gut, aber ich mag sie trotzdem nicht. Daß der »physische« Anstoß, den einer an einer anderen Rasse nimmt, einem vernünftigen Argument unzugänglich ist, wissen wir. Schon gar nicht helfen Beweise zur Gleichheit der Blutsubstanz, des Gewichts und des Ausmaßes des Gehirns, des IQ, – die Liste der großen Männer und Frauen unter den Schwarzen. Eigentlich hilft nur die unbeirrbare Bekundung der eigenen Abscheu vor Rassismus.

»Sie sind aus Europa?« Mein ältlicher Farmer und wohl begüterter Obstbauer räuspert sich in Erwartung meiner Antwort. Er sieht aus wie ein Senator. Viele Bauern, die ihre Farm hier vornehmlich vom Schreibtisch und vom Traktor aus bewirtschaften, tun dies hier. »Sie sind doch nicht etwa DP?« (DP heißt displaced person, meint also Menschen, die Hitler aus Osteuropa als Arbeitssklaven nach Deutschland verschleppt hat und die zum Teil nicht in ihre Heimat zurückkehren wollten, als der Krieg vorüber war.) Der Farmer ist sichtlich erleichtert, als ich verneine. »Wir haben schlechte Erfahrungen mit den DP's gemacht, das heißt: nicht persönlich, aber Freunde von mir. Ich wollte selbst auch DP's aufnehmen. Unsere Kirche hatte dazu aufgefordert. Ich habe ihnen ein leerstehendes Haus auf unserem Grundstück ausgebaut. Da sollten sie wohnen und für mich auf der Farm arbeiten. Aber die meisten wollen gar nicht arbeiten, wie ich höre. Irgendeine Propaganda macht ihnen da drüben wohl vor, hier in Amerika brauche man nicht zu arbeiten, hier habe jeder seine fünf Sklaven. Oder ob sie das von drüben her gewohnt sind? Ich weiß es nicht. Da kam einer herüber, der sollte in einer Bäckerei arbeiten. ›Was?‹ sagte er, ›ich soll in einer Bäckerei arbeiten? Ich will eine eigene Bäckerei haben, gebt mir gefälligst ein eigenes Geschäft!‹ – Die wollen uns nur als Sprungbrett benutzen. Dann hören sie von besseren Löhnen *hier* und einer Chance, sich selbständig zu machen, *dort*, und schon sind sie auf und davon. Ich habe die DP-Familie nicht genommen. Sie sollten, hieß es, aus Estland kommen – *the devil knows what kind of a place that is.* Das Haus steht heute noch leer...« Unsere Fahrt ist zu kurz, um diesen Mann aufzuklären, ihm von Vergangenheit und Schicksal dieser DP's zu erzählen, und vor allem, was sie sich von Amerika erwarten, wie dieses »Sprungbrett« für sie aussieht, ja, wie sie es gewiß nicht leicht haben gegen eine Front von Selbstzufriedenheit: »Wir haben alles für euch getan; was wollt ihr denn nun noch, ihr Undankbaren!« Amerikaner haben nicht viel Ausdauer in solchen Unternehmungen. Plötzlicher, selbstvergessener, großer Einsatz und daraus ein allen sichtbarer großer Erfolg – das ist der Rhythmus, der ihnen paßt. Für mühsames geduldiges Aufbauen, für langsames Wachstum, für Rückschläge und Neuanfang am selben Gegenstand haben sie wenig Sinn. Lieber was ganz Neues beginnen, weiterziehen nach Westen – das ist das Gesetz des Landes.

Übrigens sind viele der DP's, die ich hier getroffen habe, Deutschland zutiefst verbunden. Die Not der Zeit, die sie bei uns durchgemacht haben, scheint sie mit uns zu vereinen. Sie finden sich seelisch nur schwer ein in diese neue Welt, die von denen, die nun einmal hier sind, nichts mehr von früher und drüben hören möchte. »Conform!« wird den Neuankömmlingen zugerufen, *conform*, das heißt auch: wirf deinen Seelenballast ab, hänge nicht am Alten, werde wie wir – zufrieden mit deiner Umwelt. Man ist eben nicht Ausländer und Amerikaner zugleich. Das gilt als unanständig. Man *ist* auch nicht unglücklich in Amerika. Auch das verfällt dem moralischen Urteil.

Sonst ist der Anteil am Geschick Europas sehr groß, wenigstens der Gefühlsanteil. Man bedauert, ohne recht zu wissen, was man bedauert. »Poor people overthere, – alles läuft verkehrt. Die Häuser zerstört, nichts Rechtes zu essen und die vielen Kommunisten. Es muß schrecklich sein.« Unbekümmerte Verallgemeinerung, Lust am *pattern* der Dinge! »Too bad that such things (der Krieg) must happen,« wobei die Anonymität, das Schicksalhafte so gemeint wird, wie es gesagt wird. Man beschuldigt nicht die Deutschen, auch heimlich nicht. Gewiß, Hitler war böse. Moskau ist auch böse. Washington irrt sich manchmal und ist nicht immer ganz lauter. »Was haben wir in Korea zu suchen? Aber es gibt immer wieder Leute, denen Prestige wichtiger ist als Menschenleben«, schimpft ein junger Soldat – und Republikaner! –, der sich eben kritisch über MacArthurs Pläne zur Ausweitung des Krieges geäußert hat. Im übrigen lauscht er mir andächtig. Daß ich gegen die Russen gekämpft habe, von ihnen verwundet wurde und noch dazu einer Panzerdivision – amerikanisch ausgesprochen – angehört habe, gibt mir unermeßliches Ansehen.

Obwohl man die Kommunisten nicht mag, findet man die Kommunistenverfolgung falsch. »McCarthyism is a national disgrace«, darüber sind sich die meisten einig.

Neben den Kommunisten sind die Katholiken beliebte Sündenböcke. Für den eingefleischten amerikanischen Lutheraner ist der Katholik eine besonders gefährliche Art von Heide. Ich fuhr nach Boston. Im Parlament des Staates Massachusetts wurde gerade verhandelt, ob Karfreitag zum gesetzlichen Feiertag in diesem Staate werden solle. Mein Fahrgastgeber, ein evangelischer Geistlicher, widersprach aufs heftigste. »Fangen wir damit an, so steht in drei Wochen Fronleichnam und in sechs Wochen Sankt Kuckuckstag zur Debatte. Wir haben hier einen starken katholischen Einschlag in unserer Politik. Dieser konfessionell neutrale Karfreitag ist ein Knochen* für uns Protestanten; während wir uns darum balgen, heimsen die Katholiken alles mögliche andere ein.« Er empfiehlt mir allerlei Bücher, die die Machenschaften des politischen Papismus in Amerika enthüllen. Ich schaue in eines der Bücher hinein, die er mitführt: Schwarzes-Korps-Literatur auf demokratisch-amerikanisch.

Katholische Geistliche, die mich häufig mitgenommen haben (es liegen an der von mir am meisten befahrenen Strecke zwischen Harrisburg und Philadelphia allein drei katholische Colleges), waren stets von ausgesuchter Toleranz, Interessiertheit, Vorsicht und fast europäischer Bildung. Mit einem von ihnen unterhielt ich mich über amerikanische Filmproduktion, über den Einfluß von Fernsehen und Radio auf die Jugend. Wir hatten eine lange Nachtfahrt vor uns. Als unser Gespräch versiegte, stellte er das Radio an; es lief eine *soap-opera*, ein Kriminalhörspiel, wie sie zu Hunderten jeden Tag über das ganze Land gesendet werden als Reklame meist von Cornflakes oder Uhren oder, wie in unserem Fall, Seifenprodukte. Gellende Aufschreie, hysterisches Hilferufen, Stöhnen, Sex, Schüsse, davonbrausende Autos, Fröschequaken und die ruhige Stimme des Kriminalbeamten; Pausen mit schaumgeborenen TIDE-girls und Wurlitzerorgel. Es ist merkwürdig, wie so etwas das müdeste

---

* Er sagte ein *red herring*; der Ausdruck ist einen Fastnachtsbrauch entlehnt, bei dem man einen roten Hering an einer Schnur hinter sich herschleift und jeder auf den des Vordermannes zu treten versucht, dadurch aber vom wesentlichen abgelenkt wird, nämlich von dem, dem alle nachlaufen.

Gemüt fasziniert und wachhält. Jedenfalls war das eine Illustration zu unserem Gespräch. »Ich halte das nicht für schlimm. Wir sind alle mit solchen Dingen groß geworden. Daraus besteht nun einmal unsere Welt. Warum unseren Kindern das vorenthalten? Es dadurch für sie interessanter machen, als es ist? Früher oder später *they'll have to face it.* Durch frühe Gewöhnung oder auch, wie Sie sagen, durch ›Überreizung‹ in einem Alter, in dem sie das alles noch gar nicht wirklich erleben können, wird die Gefahr nie ernstlich akut. Sehen Sie: Ich fahre 70 Meilen pro Stunde. Ich bin es gewöhnt. Es kommt mir nicht schnell vor. Ich fühle mich sicher und reagiere darum sicher. Wenn ich nun auf 60 heruntergehe, habe ich das Gefühl, ich könnte zu Fuß nebenher gehen. Das macht mich nervös, und ich fahre unsicher. Es hat keinen Sinn, gegen den Strom zu schwimmen.« Ich memoriere innerlich: *face the facts, adjust, conform –* die Schlüsselworte des amerikanischen Pragmatismus.

Es geschieht übrigens selten, daß man sich über Filme unterhält. Ein Film ist zum Ansehen da, nicht um darüber zu reden. Das paßt ganz in die Theorie meines Geistlichen, der außerdem alle möglichen Wirtschaftslehren parat hat. Zum Beispiel: Europa kranke an einem unelastischen Kreditsystem. »Gebt den Leuten mehr Geld und laßt sie es nicht im Strumpf sparen für ein neues Kanapee oder einen neuen Krieg, für die Inflation oder einen glücklichen Erben. Ich habe in jedem Zimmer zu Hause ein Radio stehen, überall elektrische Uhren; ich reise viel; ich kaufe mir jedes Jahr ein neues Auto: das bringt Geld in Umlauf, steigert die Produktion.« Hätte er doch lieber über Theologie gesprochen, aber das vermied er strengstens.

Selten aber dafür um so interessanter waren die Gespräche mit ausgesprochenen Sozialisten und unausgesprochenen Kommunisten. Ein Landvermesser und *contractor* für eine große Erdgasfirma beklagt das Fehlen eines auch nur rudimentären sozialen Bewußtseins. »Mir werden die unglaublichsten Schwierigkeiten gemacht. Eine Erdgasleitung zu legen ist eine Höllenstrafe in diesem Land und fraglos die beste Schule zum Sozialisten. Ich stehe zu den liberalen Grundsätzen, die dieses Land groß gemacht haben – aber was zu weit geht, geht zu weit. Wissen Sie was die Leute sagen? ›Wir haben Sie nicht gerufen; wenn Ihnen unser Preis nicht paßt, dann legen Sie gefälligst Ihre Leitung woanders! Vielleicht beim Nachbarn...‹ Einmal bin ich mit dem Hund vom Hof gejagt worden. Nun haben wir da eine staatliche Konzession und können aufgrund unserer Rechte

XYZ prozessieren. Aber das ist doch nicht mein Job! – Und jedesmal neu! Sagen sie mir, wie das in Deutschland gehandhabt wird.
Ich meine nicht nur so ungefähr, sondern wie ist der genaue
Rechtsweg.« (Man muß sein eigenes Land verdammt gut kennen,
um all diese Verhöre zu bestehen: Der Golfexperte fragt mich nach
unserer Turnierordnung; der erwähnte Alkoholiker nach den zur
Zeit in Deutschland praktizierten Entwöhnungsmethoden; ein anderer will eine Kopie eines in irgendeiner westfälischen Gemeinde
von einem Kriegskameraden gesichteten Familienwappens haben –
wie soll er das machen?; ein Syrer fragt, wieviel Syrer es in Deutschland gibt; ein Mennonit, ob die deutschen Mennoniten diesmal in
Stuttgart oder in Hannover tagen.) Die Erdgasleitung sei doch vor
allem ein *public service*. »Wir wollen Menschen zur Nutzung dieses
billigen Gases verhelfen, denen bisher nur teure Elektrizität und
Industriegas zugänglich waren. Aber daß hier dem Gemeinwohl
gedient wird, das sehen diese sturen Individualisten nicht ein.« Ob
er wohl selbst an diese Gründe seiner Firma glaubt? »An der richtigen Einstellung zum Gemeinwesen mangelt es bei uns überall.
Sehen Sie sich die Müllabfuhr in den großen Städten an, die Stra-
ßenreinigung, die Bauplanung. Es ist eine Schande für ein so reiches
und ehrgeiziges Land wie unseres. Ich zweifle, ob wir je zu einem
Bewußtsein gemeinsamer Verantwortung für diese Dinge gelangen
werden.« Ich frage ihn, was er damit meine. Seine Antwort ist unerwartet offen: »Der Staat soll diese Funktionen ausüben.« Ich mache ihn auf die unvermeidlichen Folgen eines solchen Systemwech-
sels und schließlich auf den Widerspruch zu seinem eigenen Bekenntnis aufmerksam: daß er fest zu den liberalen Grundsätzen dieses Landes stehe. Ich erzähle ihm auch die Geschichte von Friedrich
dem Großen und der Mühle von SansSouci. Nicht immer sei die
Gewalt maßvoll und einsichtig. Da sei doch eine von starkem Recht
geschützte Freiheit etwas wert. »Nun, das mag so sein; wir alle
wollen keinen allmächtigen Staat. Das Bürgerbewußtsein muß der
staatlichen Maßnahme voraufgehen. Aber die Freiheit, die das alte
System zu schützen vorgibt, ist nur noch eine faule Denkgewohn-
heit, kaum mehr als eine Worthülse. Wir brüsten uns mit den 37
Millionen Autos, die jedes Jahr neu zugelassen werden, und damit,
daß wir die meisten Badewannen und Telefone der Welt haben.
Aber was bedeuten diese Freiheiten angesichts von Slums, Dum-
ping, Monopolwirtschaft, Mafia, *pressure groups* – und acht Millionen Familien, die von einem Einkommen unter 1000 Dollar im Jahr

leben müssen. Aber darüber kann man nicht öffentlich diskutieren. Steht man im Verdacht, ein Linker zu sein, ist's aus mit dem Gespräch und womöglich auch aus mit dem Job.«

Ein Chef einer großen Baumaterialfirma führt mich durch New Jerseys große *estates*. Hier wohnt die Filmdiva X, dort der Großmanager Y. Herrlich gepflegte Parks hinter hierzulande ungewöhnlichen Mauern, breite Auffahrten zu *colonial mansions*, Koppeln mit weißen Zäunen. Ich habe nie soviel klassenkämpferische Ausfälle gehört wie von meinem vertrockneten alten Fuhrmännlein auf dieser Strecke. Er nannte sich wie alle seine Gesinnungsgenossen »progressive«. »We progessives believe in equality and that everybody gets his share according to his real work. That's not unreasonable, that's not criminal, ay?«

Ein Student, einer meiner intelligentesten Fahrtgenossen, fing an, sich vom Pazifismus her mit dem »System« auseinanderzusetzen. Das war noch lange, ehe die russische Friedenskampagne begonnen hatte. Er war wegen erklärter kommunistischer *activity* aus seinem College geflogen, war vom FBI verhört worden und floh jetzt quer durchs Land. Angeblich wußte er nicht wohin. All das kam erst nach fast sechsstündiger Fahrt allmählich heraus, nachdem wir heftig über die christlichen und nichtchristlichen Grundlagen des Pazifismus diskutiert und uns, wie ich meinte, bis auf die nüchterne Anerkennung der gegenseitigen Aufrichtigkeit entzweit hatten. Seine spontanen Eröffnungen über das Verhör des FBI, über die hinterhältigen Methoden der Agenten, über seine törichte Selbstinkriminierung haben mich verstört. So hatte man Freunde über die Gestapo reden hören. Sein Bericht war fraglos wahr. Er hatte darauf bestanden, die UdSSR bewundern zu dürfen – grundsätzlich. »Und tun Sie es denn wirklich?« Sich selbst zum Beweis nehmend hatte er dies trotzig bejaht. Mehr hatten die Beamten nicht hören wollen. Am Tage darauf sei eine Aufforderung seiner Schule gekommen zu sagen, ob er sich als noch im Einklang mit der Schulgemeinschaft, ihren Werten und Erziehungsgrundsätzen betrachte; hinzu kamen die einstweilige Suspension von seinen Ämtern in der studentischen Selbstverwaltung und die bedrohliche Haltung seiner Kommilitonen und Lehrer im allgemeinen. Daraufhin sei er abgereist. Er lud mich verfinstert durch seine eigene Darstellung zum Essen ein, erwies sich als großzügiger und unaufdringlicher Gastgeber und entschuldigte sich plötzlich, daß er mich dort lassen müsse: er fühle sich nach den mir wider Willen gemachten Eröffnungen unsicher; ich möge ihm das bitte nicht verübeln. Seine Diktion war von Anfang bis Ende gleich sachlich geblieben – trotz der gesteigerten persönlichen Erregung. »Ich bin ganz allein mit solchen Gedanken. Auch meine Eltern verstehen mich nicht. Ich habe meine Heimat (my country) verloren. Aber mit solchen Schrecken muß die Wandlung, das neue Leben beginnen. Ich wünsche Ihnen Glück in Chicago. Das ist eine prächtige Universität, eine der wenigen Inseln geistiger Freiheit, ein offenes Fenster einer ungelüfteten Stube.«

Amerikaner haben mich oft unterwegs eingeladen, mit ihnen zu essen. Häufig wollten sie selbst nichts zu sich nehmen, bestanden aber darauf, mir, den sie zu ihrem Glück aufgefischt hatten, einen ordentlichen *treat* zu geben. Oft wurde mir eine Übernachtung, einmal sogar eine Segelfahrt angeboten. »Und wenn Sie wieder durch diese Gegend kommen und steckenbleiben, dann rufen Sie mich nur einfach an – hier ist die Nummer –, ich fahre Sie gerne wieder!« So etwas geschah nicht selten ohne das keineswegs schamhafte Bedeuten: Nun sollst du mal sehen, wie dicke wir es haben, wir hier in Amerika und ich vor allem! Einer ließ mich in einem *diner* mein Abendmahl bestellen. Ich wählte bescheiden ein *cheese-sandwich*. Dabei zwinkerte er dem Kellner verschmitzt zu, und ich bekam kurz darauf ein Steak, das auf jeder Seite zwei Zoll über den Tellerrand hing. »Well, that's what you get when you eat with me!« Der ganze *diner* sah auf mich und meinen Gastgeber und lachte vergnügt. Ich habe ihnen gern das gewünschte Schauspiel des von Staunen und Freude Überwältigten geliefert.

Zwei GI's, die gerade von Deutschland zurückkamen mit leidlich vollem Beutel, trieben es so mit mir von Ohio bis Colorado – drei Tage und Nächte lang. »Here we bring you a chap from Germany«, wurde dem Wirt gleich von weitem zugerufen, und das hieß: Nun streng dich mal an, damit wir ihm hier keinen lumpigen Eindruck machen! Darauf hin wurde erst einmal scharf getrunken. Ihr Jeep war am Ende eine rollende Bar. Ich glaube, hätten die Straßen nicht gelegentlich Kurven, wir lebten alle drei nicht mehr; geradeaus jedenfalls konnten sie nicht mehr fahren.

GI's, die in Deutschland waren, freuen sich immer, einen Deutschen zu treffen, mit dem sie von Dingen schwärmen können, die man hier nicht kennt. Ihre Anteilnahme am deutschen Leben ist nicht immer sehr tief gegangen, aber nie hat der amerikanische Alltag die Erinnerung ganz wieder verschluckt. »Gemütlichkeit«, deutsches Bier, deutscher Fleiß, eine Leica, eine Jagdtrophäe, die man von drüben mitgebracht hat, irgend jemand, der dann und wann mit langsam erlöschender Hoffnung aus Deutschland schreibt, ein Urlaub in Garmisch, ein *souvenir* aus Hitlers Teehaus, Begeisterung für die Autobahn und die freudig genährte Vorstellung »Wenn ich wieder mal 'rüber fahre...« halten die nostalgische Verbindung aufrecht. »We had a grand time!« Sie haben noch den Ton der Welteroberer an sich, scheinen ein wenig von oben herab zu sprechen, wenn auch mit großem Wohlwollen, haben sich in Amerika noch nicht wieder ganz eingefunden. »Ich bin zu lange drüben gewesen. Was soll ich hier?! Meine Familie versteht nicht, daß ich nicht den ganzen Abend bei ihnen auf der porch sitzen, Coca-Cola trinken und von Onkeln und Tanten reden will. Ach, die haben ja gar keine Ahnung hier...« Was sie nach Deutschland zieht, wissen sie selbst nicht recht. Amerika aber, das wissen sie, langweilt sie – und kostet viel Geld.

Ein Reservehauptmann las mich kürzlich in Indiana auf und ließ mich seinen Wagen für mehrere Stunden chauffieren. Er kam von den großen Manövern in Fort Bragg zurück, zu denen man ihn eigens aus Nevada kommandiert hatte. »So ein Unfug!« Er rechnete mir vor, was allein seine Reise den Staat gekostet hatte. »Und was haben wir gemacht? Einen *big eye wash* für irgendeinen General, der am ersten und letzten Tag auch einmal in unserem Abschnitt erschien. Eigentlich war es nur eine Übung für ihn. Uns hätte man sich dazudenken können. Manchmal wundert man sich, wozu die Regierung das ganze Geld braucht, das sie uns abzapft, und manchmal wieder ist es gar nicht zu begreifen, wie sie die vielen Steuern zusammenbringt, um den ganzen Rummel zu bezahlen.«

Ein ehemaliger Civil Service Mann, also ein Regierungsbeamter, klagt: »Ich konnte das Herumsitzen nicht mehr aushalten. Unsere Bürokratie ist unvorstellbar. Außerdem funktioniert sie nicht. Der Apparat ist zu ausgedehnt, als daß er noch von irgendwoher kontrolliert werden könnte. Uns Amerikanern liegt das auch nicht – kontrollieren, energisch durchgreifen, gründlich aufräumen. Wir finden die Fehler bald heraus, und dann trägt irgendein Senatsausschuß die Erkenntnis in einem fabelhaften Bericht zu Grabe. Schließlich haben wir auch nicht die rechten Leute dafür. Wer bei uns etwas leistet, wer Ehrgeiz hat und etwas auf sich hält, geht in die Wirtschaft, nicht in die Regierung.«

Ein gutaussehender blutjunger Jude bot mir einen Platz zwischen lauter Kleiderschachteln, billigen Arbeitsanzügen, Schürzen, Stoffschuhen und Plastikware an. Er hatte nach dem Willen seines Vaters auch Civil Service Mann werden sollen. Der Sohn war dann eine Wette mit dem Vater eingegangen, daß er in drei Jahren – auf seine Weise – mehr verdienen werde als nach 30 Jahren Beamtendienst, *discounting the graft* (vom Unterschleif abgesehen). Er war vergnügt und zuversichtlich. »Meine Arbeit macht mir Spaß, ja, ich könnte mir nichts Lebendigeres und Befriedigenderes vorstellen. Ich verkaufe an Familien, meist an die Frauen, wenn die Männer fort sind. Ich gebe ihnen den besten Kredit, den sie haben können. Alles geht auf Abzahlung. Ich habe nur billige Ware, offen gestanden: schlechte Ware. Aber das wissen die Leute; ich betrüge sie nicht. Ja, sie fühlen, daß ich ihnen helfe, ohne daß sie sich dessen schämen müssen. Der Mann gibt der Frau das Wirtschaftsgeld. Ich verkaufe ihr etwas für die Kinder, wie gesagt auf Abzahlung, und sie spart es sich allmählich vom Wirtschaftsgeld ab. Ohne mich würde sie überhaupt nichts extra kaufen können. Sie empfiehlt mich an ihre Bekannten, und schon habe ich mehr Kunden, als ich bewältigen kann. Jetzt erst kehre ich von meiner Tour heim. Alle meine Kunden sind meine Freunde.« Das war um 11 Uhr nachts. Er fuhr mich bis vor die Tür *meiner* Freunde: »Zu elegant!« war sein Kommentar. »Hier kann ich keine Geschäfte machen.«

Als ich ihm verraten hatte, daß ich Deutscher sei, ergriff er meine Hand mit großer Lebhaftigkeit und rief aus: »Und ich bin Jude!«, als gehöre das von Natur aus zusammen.

Ein anderer *salesman* verkaufte Babymilch. Irgend welche Fette waren der Milch entzogen und durch andere angeblich bekömmlichere ersetzt worden. Mir schauderte etwas vor dem Endprodukt, das – in einer Blechbüchse mit medizinischem und bio-chemischem Hokuspokus und allerlei seltsamen Aufstellungen beschrieben – wohl auch keinen anderen Eindruck machen wollte. »Mein Geschäft blüht«, sagte mir mein Gastgeber, als er meine zweifelnde Miene sah. »Aber wie ist das möglich in einem Land, mit so herrlicher Frischmilch und zur Selbstverständlichkeit gewordenem Eisschrank?!« »Gerade weil es nicht leicht einzusehen ist, warum es solche Baby-Büchsenmilch gibt, interessieren sich die Leute dafür. Gelingt es einmal, ihr Mißtrauen zu überwinden, fangen sie an, auf unsere, auf ihre Milch zu schwören. First it's got to become a ›secret‹, then a fashion, and eventually a habit.« Wem sollte das nicht einleuchten! »Und damit verdiene ich 300 Dollar in der Woche. Ich reise von Hospital zu Hospital, baue den Oberschwestern eine prächtige kleine Weltausstellung auf mit Transparenten und Sinnsprüchen, die ich selber ausdenke, ausschneide und aufmale (der ganze Wagen war voll mit seinen Attrappen); den Ärzten braue ich einen guten Kaffee (auch die Kaffeemaschine war verladen) und gebe ihnen einen guten Schuß Babymilch hinein. Zwei bequeme Stühle habe ich dabei; da ruhen sie sich dann zwischendurch etwas bei mir aus, trinken und plaudern – und am Ende habe ich einen Kontrakt in der Tasche.« Aber auch dem »Handelsreisenden« von Arthur Miller bin ich begegnet – dem einsamen, traurigen, erfolglosen.

Mit den Menschen und persönlichen Schicksalen, die ich so kennengelernt habe, wären ganze Bände zu füllen. Eine bewußte Trennung von privat und sachlich wurde in unseren Gesprächen fast nie gemacht. Die intimsten Familien-, Krankheits-, Geschäfts- und Glaubensgeheimnisse wurden unbekümmert ausgepackt. Als Hitchhiker ist man eine Art »Seelenklo«. Es ist wohl leichter, diese Dinge an einen Fremden loszuwerden, mit dem man nur kurz zusammen ist und den man nie wiedersieht. Und man ist ehrlich, indem man und weil man nur von dem spricht, was einen unmittelbar bewegt.

Gespräche, wie die geschilderten, sind gerahmt von einem sich ins Unendliche dehnenden, von zahllosen Autostraßen durchzogenen, mit Merkwürdigkeiten übersäten, von großer Schönheit geprägten Land. Millionen von Fahrzeugen rasen darüber hin. Das amerikanische Volk ist noch nicht angekommen auf seiner großen Fahrt. Die Grenze, an der einst die Pioniere die Wälder rodeten, Wege bahnten und Indianer bekämpften, geht noch mitten durch die Herzen und Geister der Menschen. Da wird die *frontier* immer noch weiter vorangetrieben, verlassen und wiedererobert. Unrast treibt die Menschen umher. Wer den Geist Amerikas finden will, der gehe auf die großen Straßen – dort hastet er vorbei.

Bürger des Augenblicks*

Heimkehren nach Deutschland
1953

Es ist der Fluch des Heimkehrers, daß er denen, die er einst zurückließ, erklären will, wer und wie sie sind. Wer läßt sich das schon gerne erklären! Aber er tut es, weil er es »draußen« so viele Jahre hindurch getan hat und weil dieses Erklären sein eigentliches Verhältnis zu seiner Heimat geworden ist. Er muß es auch, weil er selbst aus einem Teilnehmer zu einem Beobachter geworden ist, weil für ihn sich alles im Vergleich vollzieht, weil er die übrige Welt so erfahren hat und die Heimat nun auch eine »übrige Welt« ist. Er vergleicht nicht nur Deutschland mit − sagen wir − Amerika, aus dem er gerade kommt, sondern Deutschland, wie es war und wie es jetzt ist. Das kann er besser als die anderen. Jahrelang hat er ein Deutschland in der Fremde vertreten, das es längst nicht mehr gibt; jahrelang hat er in einer ahnungslosen, satten, entweder feindlichen oder bis zum Unfug freundlichen Welt innerlich weiter gehungert, weiter gefroren, weiter am Nazi-Unrecht gelitten, weiter die deutsche Schuld bekannt, erklärt und getragen, weiter um Verständnis geworben. Er hat das mit aller Kraft zu erhalten getrachtet, was die zu Hause Gebliebenen mit aller Kraft zu überwinden gesucht haben. So kommt es ihm vor, als ob er allein noch erinnert, und er sagt, was er erinnert. Wenn man ihm dann das Vergleichen verübelt, wenn man den Kopf schüttelt, weil er sagt: »In Amerika macht man das so...« und »Einst tatet ihr selber so...«, dann scheint man ihm nicht nur eine unerbetene Kritik zu verwehren − man verweigert ihm die Rückkehr. Denn er kann nur zurückkehren, wenn er das inzwischen Erlebte bejahen darf, das was man in Amerika anders macht und, wie er meint, besser. Er kann nur zurückkehren, wenn er das Gefühl überwindet, er sei von der Heimat im Stich gelassen worden.

* Dieser Text setzt die in Amerika eingeübte Menschenbeobachtung in Deutschland fort: Heimkehren ist ein ebenso notwendiger wie erfreulicher wie enttäuschender Bestandteil des Reisens. Er ist in der Deutschen Universitätszeitung 1953 erschienen.

Da kommt einer nach fünf Jahren aus Amerika zurück. 1948 war er fortgefahren, just um die Weihnachtszeit, von einem zerstörten, unaufgeräumten Kai; verhungerte, schlecht gekleidete Arbeiter, einige mißmutige Zollbeamte gaben das Geleit auf einem leeren, von einer trüben Funzel kaum erleuchteten Hafenvorplatz; keine Angehörigen und Freunde konnten die wenigen Glücklichen ans Schiff bringen – sie hatten kein Geld, keine Erlaubnis und vielleicht auch keine Lust.

An derselben Stelle landet im Herbst 1953 der heimkehrende Austauschstudent. Sein Schiff legt an einem modernen Pier mit eleganten Lager- und Verwaltungsgebäuden an. Scharen von Menschen drängen sich, um ihre Freunde abzuholen. Sie sind von weither gekommen mit der Bahn und mit ihren Autos, jenen niedlichen gepflegten Käfern, die dem, der die amerikanischen Ungetüme gewohnt ist, in der Tat vorkommen wie kleine Tiere, bei denen man achtgibt, nicht auf sie zu treten. Die Menschen sind braungebrannt, wohlgenährt, zufrieden, Haferl-beschuht und Klepper-bemantelt: Bürger des Augenblicks!

Die behördlichen Abwicklungen sind zügig – *efficient* hätte ich in Amerika gesagt. Und schon ärgert sich der Heimkehrer, daß er Deutscher ist: Er darf in einer vorgedruckten Erklärung auf die zwei Kartons amerikanischer Zigaretten verzichten, die er arglos wie alle anderen bei sich führt, während eben diese, weil sie Amerikaner sind, 400 Stück als »Wegzehrung« mitnehmen dürfen. Wie? Ist man hier höflich gegen Ausländer? Nein, man befolgt eine vernünftige Anordnung, und man befolgt sie entweder servil oder mißmutig – höflich ist man nicht. An welcher Grenze wäre man das? Vielleicht in Frankreich? Der Heimkehrer stellt sich vor: Dort wäre die Anordnung streng, die Ausführung von größter Liebenswürdigkeit. *Wishful thinking?* Der Heimkehrer hat noch viel Gelegenheit, über die altmodische Tugend Höflichkeit nachzudenken. Wo jeder auf sein Recht pocht, gibt es sie jedenfalls nicht. Und das unterscheidet die alte von der jungen Demokratie. Die amerikanische Gesellschaft lebt demokratisch, nicht so sehr aufgrund ihrer Verfassung, ihrer Geschichte, ihrer Institutionen und Rechte, sondern in ihren Umgangsformen. In einem genauen Sinn sind die *unruly Americans* höflicher als die formbewußten, etikettetreuen Europäer. Man muß nur den amerikanischen Straßenverkehr beobachten: Da wird zwar auch gegen die Regeln gesündigt, aber es beharrt keiner auf seinem Recht; eine fraglose praktische Rücksicht regelt Vorfahrt und

Überholung und macht das Fahren dort sicherer als jede peinlich gewahrte Straßenverkehrsordnung.

Der Heimkehrer steigt in Bremerhaven in einen Zug, der eine Viertelstunde vorher in Lehe eingesetzt worden ist. Die Insassen wickeln alsbald ihre Stullen aus; der Proviant ist mit großer Sorgfalt zusammengestellt und verrät lange Vorbereitung. Man breitet Servietten aus, man zückt ein eigens zu diesem Zweck beschaffenes Obstmesser und schält den herrlich duftenden deutschen Apfel; hinterher wäscht man sich die Hände mit Kölnisch Wasser. Man kauft sich auf jedem Bahnhof eine andere Erfrischung, und bald nimmt man »Platz zum ersten Mittagessen«. Man liest die Illustrierte und die »Abendpost« und im späteren Verlauf der Fahrt ein biosophisches Gesundheitsblatt. Man spricht davon, wie »ab« und »kaputt« man sei, wie dringend man Urlaub brauche und wie man dabei am günstigsten über seine Devisen verfüge. Man knuspert gelangweilt in einer Keksschachtel herum, ist besorgt, keine Krümel auf die Hose fallen zu lassen, wo sie Fettflecken erzeugen könnten, und findet das Reisen »doch sehr anstrengend«. Die Bundesbahn wünscht dafür mit fahrplanmäßiger Mikrofonstimme »Frohe Ferien und gute Fahrt« – und der Heimkehrer erinnert sich an 1945, denkt, daß es doch seltsam ist, daß kein anderer mehr daran denkt.

Draußen zieht das herrliche Deutschland vorbei. Es ist überwältigend viel schöner, als der Heimkehrer geahnt hat. Die Chausseen sind von großen alten Bäumen gesäumt, es gibt hohe rote Ziegeldächer, Storchennester, Gänse hütende Kinder, auf den Wiesen bleichende Laken, erntende bunte Menschen in den Feldern; die Dörfer und Städte liegen wie gewachsen in einer Talmulde oder kauern an einem Hang; die Hügel tragen einen hohen Waldschopf und Äcker mit pflügenden Ochsen; die Bahnwärterhäuschen schauen kaum aus den Rosen und dem Rittersporn und den Malven hervor; Gemüsebeete, die in einem spitzen Dreieck an der Bahn entlang auslaufen, nutzen jeden Quadratfuß Erde; Feldwege locken ins Ungewisse und verschwinden in irgendeinem Busch, hinter irgendeiner Biegung; Kirchen und Schlösser thronen über der Landschaft, als seien sie vom Anbeginn der Welt dagewesen. Das alles hat er jahrelang vermißt – und es nicht gewußt. So wenig wie die Mitreisenden zu wissen oder zu sehen scheinen, was sie da allzeit haben. 1948 waren die Zugfenster noch mit Brettern vernagelt, und wenn man an einem offenen Fenster saß, sah man auf lange Reihen zerschossener Lokomotiven und ausgebrannter Waggons, die die

Gleise säumten. In Amerika hat der Austauschstudent diesen Einklang von Mensch und Landschaft vergessen. Dort sind sich Mensch und Landschaft feind. Die Natur bedroht den Menschen oder erliegt seiner Ausbeutung. Sie überfällt ihn jählings und heimtückisch, nimmt Rache für das, was er ihr angetan hat. Nur wo sie von ihm unberührt geblieben ist, wo er nichts mit ihr hat »anfangen« können, hat sie die unfaßbare Schönheit und Majestät, die wir aus Filmen und der Reklame kennen – und zu der es auf der Welt nichts Gleiches gibt.

Der Heimkehrer sieht: Die Menschen haben es wieder gut in Deutschland. Sie sind fleißig, voller Einfälle und wissen mit ihren Ansprüchen fertig zu werden. Der Wohlstand ist nicht nur eine gleißende Oberfläche, was auch immer die sozialistischen Mäkler sagen. Das Volk weiß es besser. Es fühlt sich wieder sicher und arbeitet, besitzt und genießt. Die Menschen haben Ziele, und die meisten werden sogar freundlich – einfach so. Vor allem wollen sie nicht in ihrer Ruhe gestört werden. Die ärgerlichen Gespräche, vor denen der Heimkehrer sich gefürchtet hat, finden einfach nicht statt. Man gewöhnt sich daran, daß die Besatzungsdemokratie doch ihr Gutes hat und daß alle Fehler der Alliierten, die Demontagen, die Zoneneinteilung, der Entnazifizierungszauber und selbst Nürnberg (the victors' justice) schlechte Argumente abgeben gegen eine Sache, die jetzt ganz und gar die unsere ist. Überzeugte Demokraten sind die Deutschen noch nicht, aber der Abwehrwille ist gebrochen, wenn es ihn denn je ernstlich gegeben hat. Demokratie – das ist eher eine Illusion, aber eine, die jetzt mehr Nutzen als Schaden stiftet, ja, und Ratlosigkeit angesichts der bevorstehenden Wahlen. Nicht nur, daß man sich mit keiner der bestehenden Parteien meint »identifizieren« zu können, vielmehr das überkommene und bequeme Ohnmachtsargument: »Was sollen wir einzelnen denn tun in dem großen Machtgetriebe!« Man liest Caldwell's »Einst wird kommen der Tag« und ergibt sich willig dem unvermeidlichen Gang der Dinge, denn sie gehen gut. Die Leute verstehen noch immer nicht, daß sie nicht gleich eine eigene Partei aufmachen oder brandstiften müssen, sondern daß Demokratie mühsame Kleinarbeit ist, daß sie im engsten Bereich geübt werden kann, daß Parteien von innen heraus geändert werden müssen, man ihnen also beitreten muß, wenn man bessere Programme und bessere Kandidaten haben will.

Die Scheu vor dem Wagnis und der Überforderung, die Lust an der Restauration, die seltsame Verbürgerlichung, die der heimkehrende Austauschstudent wahrnimmt, müssen nicht als Verstocktheit gedeutet werden, sie können auch Ausdruck einer berechtigten Sehnsucht nach dem guten Zustand sein. Unsere Geschichte hat uns gelehrt, ihn in der alten, vergangenen Zeit zu suchen. Wir sind Romantiker. Der Austauschstudent wußte, daß er in Deutschland war, als er im Garten eines Freundes einen alten Mann den Rasen mit der Sense mähen sah, während die Maschine dazu im Keller stand; als er hörte, daß in München der Versuch, eine *laundrette* (also einen Waschsalon) aufzumachen mangels Kundschaft eingegangen ist; als ihm sein getreuer alter Flüchtlingsschuster, der nun von einer kümmerlichen Rente lebt, das Eßzimmerbüfett zeigte, das er sich für 400 mühsam ersparte Mark gekauft hat; als der Heimkehrer nach fünf Jahren zum ersten Mal wieder einer Klofrau begegnete, die in ihrem Revier vor einem Blumenstrauß sitzend Kaffee trank; als er erlebte, wie die Bevölkerung der Universitätsstädte sich für ihre Farbentragenden einsetzte; als er die Litfaßsäulen mit Einladungen zu Soldatentreffs übersät fand; als ihm Freunde mit dem Ausdruck von »da haben wir es!« bedeuteten, welchen Anteil westdeutsche Politik am Aufstand des 17. Juli hatte... (Ja, was denn sonst!) – Deutschland war ein Horrorkabinett geworden, und nun sehnt es sich nach der Idylle. Wer will ihm das vorwerfen?

Aber der Heimkehrer kann die Enttäuschung hierüber nicht unterdrücken. Vor allem dort, wo sich dieser Gemütszustand in der Politik niederschlägt. Kommt er auch noch aus der Heimatlosigkeit der Emigranten, der Intellektuellen, der bewußten Minoritäten, der *liberals* und Revolutionäre, die irgendwo im Weichbild einer fremden Universität Zuflucht gefunden haben; von den Juden, die den Hitlerstaat überlebt haben und denen die Entwurzelung zur zweiten Natur geworden ist, die in Dachkammern und Kellerstuben wohnen und mit der Feuerspritze schlafen gehen, weil sie meinen, die Welt stehe schon wieder in Brand; von Menschen, die in der Fremde zu leben sich entschlossen haben – und das ist noch heute der fürchterlichste und härteste Entschluß, den ein Mensch fassen kann –, von Menschen, die die Ungeschütztheit, die Unhäuslichkeit des Daseins auf sich genommen haben; kommt er von daher, wo die Katastrophe der Inhalt und die Angst vor der Katastrophe der Motor des politischen Lebens geworden ist, dann muß ihn die neue Biederkeit seiner Landsleute erschrecken, die Apolitie des Volkes, dem doch die deutlichste politische Lehre zuteil geworden ist! Daß in dieser Gartenlaube nicht ein heiserer Mops bellt, sondern ein riesiges poliertes Radio seine samtweiche Musik ertönen läßt, daß man in den Höfen und Straßen nicht den Leierkastenmann und die Wachparade hört, sondern das Sägen und Hämmern, das Bohren und Baggern, den Lärm der Zementmischer und Kräne, der Dieselmotoren und Motorräder, das ist nicht entscheidend, denn jener Lärm baut die Welt der Möpse und Leierkästen wieder auf und mit ihnen die Pferderennen und Spielkasinos, die Garnisonen und Amtsgebäude, die Versicherungsanstalten und das Verbindungshaus, die Gartenschau und das Gymnasium... Denn das ist ja die Sehnsucht!

Der Heimkehrer macht sich klar: Die Erschütterung von 1945 ist gewichen, vermutlich verdrängt. Oder war sie überhaupt nur eine Betäubung, ein Schwächeanfall nach der Überanstrengung, ein Notstand der von den Umständen erdrosselten Phantasie?

Der Heimkehrer lernt sich bescheiden: Wir sind kein Volk der Märtyrer und Anachoreten. Glück und Gleichmut sind keine Schande. Es liegt jenseits von Gut und Böse, wenn wir wieder Schlips und Hut tragen. Auch ein Motorrad ist ein einleuchtender praktischer Gegenstand – trotz der ebenso einleuchtenden Theorie, daß es uns die neue Generation von harthörigen, schüttelfesten, brutalen Ledermännern bescheren möchte, die Todesfunktionäre aus Cocteaus »Orphé«.

Es fällt ihm ein, wie oft und wie sehr er sich über das amerikanische Spießertum hat ärgern müssen. Amerikanisches und deutsches Spießertum unterscheiden sich wohl dadurch, daß das eine von Kindern, das andere von Erwachsenen gehegt wird; das eine ist Sache des Charakters, das andere des Geschmacks oder der Phantasie, und man mag darüber streiten, welche Irrung die verzeihlichere ist.

Der Heimkehrer bescheidet sich nicht nur, er bescheidet sich gern, wenn die anderen es auch tun und ihm nicht mit ihrer Tüchtigkeit, ihrem Gelitten-Haben, ihrer zynischen Ergebenheit, ihrem Wissen und Besserwissen, ihrer vertrackten Wohlanständigkeit und Würde zusetzen. In der Bonner Universität, die mit großen Opfern und Kunstsinn wieder aufgebaut wird, entsteht eine Art Ehrenhalle, in der die Wände rundum mit den fotografischen Denkmälern der einstigen Zerstörung geschmückt sind. Dafür gibt es zwar Erklärungen, aber keine überzeugende Rechtfertigung. Der Stolz auf den Wiederaufbau darf nicht die Scham über den Krieg und die ihn verursachende Naziherrschaft verdrängen. Eine französische Freundin, mit der der Heimkehrer diesen Ort besuchte, stellte nüchtern fest: »Aus diesem Stolz heraus werdet ihr den nächsten Krieg haben – und ihr werdet ihn wieder verlieren.« In einem funkelnagelneuen Seminarraum hat man für den Professor ein überragendes Katheder aufgebaut wie einen protzigen Thron, statt ihn mit seinen Studenten an einen Tisch zu setzen. Dem Heimkehrer kommt dies wie pure Bockigkeit vor, – ein Stumpfsinn, den er nicht begreift.

Er hat auch ein Stück Seelenheimat wiedergefunden: alte Kulturlandschaft, den Zauber der Bildung, philosophische Nachdenklichkeit – etwas, das hochzuschätzen einen zum Konservativen macht. Der wird, weil er das Alte liebt und bewahren will, an dessen Wandel arbeiten – das ist seine Bereitschaft für die Zukunft. Die Träger eines solchen Konservativismus sind den heimatlosen kritischen U-Topisten – die die entgegengesetzte Ideologie verkünden – näher, als beide wissen. Beide sind *displaced persons*; beide fühlen sich verkannt und ohnmächtig; beide haben die gleiche Wachsamkeit; beide sind eine kleine Minderheit in der Masse der Angepaßten, der Kinder des Augenblicks.

Als der Heimkehrer auf die heutige Jugend trifft, beginnt er, sich an der Heimkehr zu freuen. Diese Jugend war noch nicht da, als er fortging. Sie hat nicht mehr das schwermütige erwachsene Wissen der unmittelbaren Nachkriegsgeneration; sie ist nüchtern, unabhängig, vital und scheint den gleichen Weg in Unbefangenheit und Vernunft zu gehen, den der Heimkehrer aus Enttäuschung oder Verzweiflung gegangen ist. Nun geht er mit ihr.

Gerüche, Gerüchte, Gerichte[*]

Eine Reise an den Hof des Königs Saud
1955

Damaskus, Januar 1955

Lieber Thomas.

Laß Dich, bevor ich Dich an den jeweiligen Umständen und Ereignissen dieser Reise teilnehmen lasse, in die Lüfte entführen: Anflug auf Istanbul. Unter uns liegt in Wolkenlöchern hier und da aufleuchtend, nein, nicht Istanbul, sondern die Traumstadt Konstantinopel, die Pforte zum Orient, Tausend-und-eine-Nacht, ein Geschmeide aus Millionen Lichtern zwischen spiegelnden Meeresflächen und schwarzen Landfetzen, noch Ahnung, noch nicht grelle gewohnte Neonwirklichkeit.

Wir landen auf einem modernen Flugplatz, der irgendwo in der Welt liegen könnte – in Chicago, Sidney, Warschau. Im Warteraum riecht es scharf – nach Giraffenstall oder Buchbinder. Wir bekommen auf Kosten der uns unermüdlich fütternden Fluggesellschaft ein Bier serviert. Und von da an beginnen die Abenteuer: Dieses Bier zum Beispiel ist mit Rohrzucker versetzt, eher schleimig als flüssig, eher interessant als unangenehm. Um uns her ein Rassenbabel, nein, ein Bilderbuch der Menschheit, Typen, deren Herkunft mir Vater jeweils nennt; es ist fast kein einziger echter Türke dabei.

Über ein bewölktes Anatolien hinweg, schreibend und etwas flugmüde, nehme ich den Weiterflug mehr hin als wahr. Unser

---

[*] Im Jahre 1954 wurde mein Vater, beim Erreichen der Altersgrenze, von seinem Botschafterposten in Indonesien abberufen. Schon auf seiner Heimreise durch den Suezkanal wurde er von König Saud, dem Sohn des großen Ibn Saud, eingeladen, in Dahran auszusteigen und ihn zu besuchen. Noch im selben Jahr wurde er als Berater und später Sonderminister des Königs an dessen Hof in Riad gerufen. Im Hintergrund gab es eine Affäre um die GOVENCO, die als Bauunternehmer und Entwicklungsbüro für den König tätig sein sollte, sich aber in Machenschaften verstrickte, die zu ihrer Ausweisung führten. Auf seinen ersten Besuch in Riad hat mich mein Vater als seinen Sekretär mitgenommen. Ich war damals Lehrer am Landerziehungsheim Birklehof/Hinterzarten, dessen großzügiger Chef Georg Picht mir zu diesem Zweck die Weihnachtsferien um drei Wochen verlängerte.

76

Ziel: Beirut, der größte Flughafen im Vorderen Orient. Hier haben die internationalen Fluggesellschaften äußersten westlichen *streamlined* Luxus aufgeboten, und die Libanesische Regierung »macht in Autorität«, liefert die Sicherheit mit viel Polizei, Zollbeamten, Sanitätsbehörden: für eine Stunde Aufenthalt eine halbe Stunde Kontrolle, Ausfüllen und Abstempeln prächtiger zweisprachiger Formulare. Ich genieße die von den umherschwärmenden Kellnern angebotenen Früchte, Säfte und Kuchen – und mache mich auf eine nun offenbar einsetzende kulinarische Passion gefaßt. Beim Abflug sieht man neben der modernen Stadt im Mondschein die nicht elektrifizierten Vororte, niedrige viereckige Lehmhütten im Schein eines späten Feuers. Auf dem Libanon liegt Schnee.

Der Flughafen von Damaskus ist ärmlich. Vaters Diktaphon, als Geschenk für den König gedacht, erregt Mißtrauen, Aufsehen, Neugier, Begehr. Ob Vater diese unheimliche Maschine während seines Aufenthalts in Damaskus brauche? – Aber gewiß! Ich halte das Gerät gut fest, während ich mir vorstelle, wie die Leute am Zoll die ganze Nacht damit spielen und, begabt wie sie sind, es sicher in Gang und Untergang bringen. – In einem schweren amerikanischen Wagen geht es durch die scheußliche Vorstadt zum Oriental Palace, dem vornehmsten, wenn schon nicht mehr modernsten Hotel am Ort. Der syrische Staat hat hiermit Staat gemacht und die Nobel-Herberge subventioniert – jedenfalls in den Zeiten, aus denen Vater es kennt.

Die Straßen wirken auf mich »kolumbianisch«, wie überhaupt meine Erlebnisse hier unter den Vor-Urteilen meiner ersten Erinnerungen an ein armes und südliches Land stehen. Dieses Land war Kolumbien. Zwischen Lehmhütten, zerfallenen und überwachsenen Mauern, Wellblechbuden findet sich hier und da ein modernes Haus, eine Mischung meist von flächiger, alter, orientalischer Ornamentik, kolonialer Massivität, moderner Sachlichkeit und Frank-Lloyd-Wright'scher Futuristik. Aber das sehen wir alles erst am anderen Tag – wie auch die Ausdehnung der ganz modernen Viertel. Die Bautätigkeit ist enorm, viel eindrucksvoller noch als der deutsche Wiederaufbau! Später wird uns Beirut – eine *mushroom-city* – vollends veranschaulichen, was das bedeutet. Hier, in dem ursprünglicheren, abgelegeneren Damaskus hat uns das Alte mehr beschäftigt als das Neue. Es wird einfach, aber bis ins Detail sorgfältig gebaut. Die riesigen Fundamente eines dreistöckigen Hauses dürften bei uns zwölf tragen. Die alte Bauweise – Lehmmauern im

Quadrat mit Balken darüber und einer mit Häcksel gebundenen Lehmschicht (nach dem Regen steigen die Leute aufs Dach und walzen sie wieder fest) –, diese aus Horizontalen und Vertikalen bestehende Konstruktion findet ihre ideale Erfüllung im Betonbau, der phantasievoll für die einzelnen Bedürfnisse, phantasielos im Stil eingesetzt wird – in Harmonie mit dem Klima und den Gegebenheiten und Nichtgegebenheiten (es fehlt ja allenthalben an Holz!). Welche Freude für die Architekten und Bauherren, wenn man nun in jeder Richtung beliebig weit und hoch Vordächer, Balkons, Türmchen, Erker, Umgänge, Außentreppen modellieren kann. In Beirut werden wir die bizarresten Hoteleingänge in Form von Ohrmuscheln, Spiralen, Polygonen und anderer Schnörkel aus dem Arsenal der abstrakten Malerei sehen. Der amerikanische Einschlag ist unverkennbar und fast immer wohltuend. Viele Häuser werden prächtig begonnen, dann auf der Hälfte der zweiten Etage abgebrochen. Die Liftschächte und Treppenhäuser ragen leer in den Himmel. Geht nach zwei Jahren das Geschäft wieder gut, so vollendet man den Bau, meist freilich nach einem gänzlich anderen Plan. Sonst bleibt's erst behelfsmäßig, dann endgültig bewohnte Ruine.

Alt und neu stehen hier unvermittelt nebeneinander. Studierte Architekten, sagt man uns, gibt es eigentlich gar nicht. Das meiste entsteht *ex ingenio, ex usu, e necessario*. Dazu genügt ein Bauunternehmer. Mir macht das Spaß. Unangenehm, geradezu beleidigend empfinde ich es, wenn Moscheen auf diese Weise gebaut werden – die Minaretts in Stahlbeton hochgezogen, die Moschee selber mit silbernen Blechkuppeln überwölbt wie ein Wassertank oder bestenfalls eine Sternwarte. Da wird aus dem *trial-and-error*-Hentig ein verbockter Romantiker.

Ein grell erleuchtetes Haus weist uns der Fahrer stolz als Bordell aus. Die Stadt zieht sich weit auf die nackten, im Mondschein wie Gerippe übergroßer Urtiere aussehenden Berge hinauf. Die Neonreklamen, unter ihnen auch der Mercedes-Benz-Stern, bestrahlen alles, auch, was man nicht sehen will.

Der Portier im Oriental Palace zeigt sich aufdringlich gut über die Verhältnisse in Riad unterrichtet, während die *boys* unsere Koffer auf Zimmer Nummer 130 tragen, zu dem ein Bad gehört – so groß wie ein ordentliches Wohnzimmer und immer noch höher als lang oder breit. Nebenan beruhigt jemand ein aufmüpfig schreiendes Kind: ein reich gewordener Araber, der – so Vaters Deutung – seiner Frau einmal zeigen will, wie man als Europäer lebt.

Der Blick von unserem Balkon geht auf den von dicken Packards besetzten Vorplatz des Hotels; rechts ein protzen wollendes Regierungsgebäude; vor uns ein modernes kleines Minarett und eine von Kinoreklamen umstandene Baugrube. Es werden »Nächte von Colombo« und »Gefangener des Maharadscha« mit Willy Birgel angekündigt. Die Leute gehen ab 9 Uhr morgens in fortlaufende Vorstellungen. In einem Viertel von etwa zehn europäischen Wohnblocks zähle ich sechs Kinos. Wir verkneifen uns nicht nur das Erlebnis einer indischen Nacht mit deutschem Kitsch vor arabischen Zuschauern, wir verkneifen uns auch den Nachtbummel und schlafen köstlich – die erste Nacht in Asien, dem dritten Erdteil, den ich betrete.

Das Frühstück – nach ausgiebigem Bad – ist eine vernünftige Mahlzeit, gemessen am gestrigen Überfluß. Es gibt unverdünnten »naturreinen« Apfelsinensaft, um dessentwillen ich vor Jahren beinahe in Amerika geblieben wäre. Dann geht's mit – wie sich leider zu spät herausstellt – ungeladener Leica auf Entdeckung in Damaskus.

Es ist ganz unsinnig, diesen Eindruck beschreiben zu wollen. Meine kindliche Freude, der ich ungehemmt ihren Lauf lasse, hindert mich, das Erlebte in auch nur halbwegs fertigen Sätzen zu verpacken und abzulegen, bis ich zum Schreiben komme. Alles verstehen, wissen, lernen wollen, wäre hier Frevel. Bei meinem unzuverlässigen Gedächtnis, bei der Fülle der Neuigkeiten, bei der Kürze unseres Aufenthalts gibt es nur ein taugliches Verarbeitungsprinzip, das ich Impressionismus nenne. Hinzu kommt, daß Vater mich laufend unterrichtet (erklärt er gern oder belehrt er gern oder beides?); für eigene Studien und Vergewisserungen bleibt da gar kein Spielraum.

Jeder Mensch, der uns begegnet, ist ein »Bild« – von der Kleidung bis zur Haltung und Handlung, von der jeweiligen Situation, in der er sich befindet, bis zur Geschichte, aus der er stammt. Wir sind durch die am Freitag nur von Nichtmohammedanern oder doch Nichtstrenggläubigen besetzten Basare gewandert und konnten die so übersichtlich gewordenen Verrichtungen beobachten. Bei einem Bäcker arbeiteten vier Mann im Takt: Einer macht den Teig und teilt ihn ab, ein zweiter formt fingerdicke, eierkuchengroße Fladen daraus, ein dritter nimmt sie zwischen seine Hände und schwingt sie in rascher, kreisender Bewegung zu einer ganz dünnen Haut aus, wirft diese auf ein ebenfalls rundes Polster, mit dessen Hilfe er sie an die Seiten und Oberwände des Backofens klascht; nach zwei Minuten ist das Fladenbrot gar, manchmal bis zur Größe eines Wagenrades; der vierte Mann verkauft sie – zunächst etwas knusprig, dann lederig-schlaff – stapelweise (wie Zeitungen!) schneller, als die anderen sie herstellen. Die Bäcker beschränken sich natürlich nicht auf diese eine Form und Sorte von Brot, die als Teller für Fleisch und Gemüse, Salat und Süßigkeiten dient oder als eßbares Einwikkelpapier und die auf eine äußerst rationelle Weise das Problem des Abwaschens löst. Es gibt Brote in allen Formen, Größen, Farben mit den seltsamsten Samen bestreut und, beim »Konditor«, verlokkende Leckereien aus Honig, Pistazien, Nüssen, Sesam, Datteln, Rosinen – bis zur völligen Unkenntlichkeit der Ingredienzien verarbeitet. Besonders lustig sind die Nudelbäcker zu beobachten. Einer rührt den flüssigen Teig – in schneller, anmutiger Bewegung und sichtbar über unser Interesse erfreut. Der zweite schöpft daraus mit einer Messingkanne oder -flasche; an deren Boden sind etwa drei Dutzend Düsen in einer Reihe angeordnet, aus denen eine gleichmäßige, strähnige Kaskade strömt. Damit malt der Mann auf einem leicht mit Fett bestrichenen, von unten nicht allzu heiß erwärmten Kupferblech von zwei Ellen Durchmesser konzentrisch kleiner werdende Kreise. Während er die Flasche neu füllt, ist das Wasser verdunstet, und er rafft den noch elastischen Nudelschleier von der Pfanne, faltet ihn mit vier Griffen zusammen, legt ihn auf einem Mauervorsprung zum Trocknen aus, und schon kauft jemand, während er das Blech neu mit Fett bestreicht.

Auf dem Gemüsemarkt zwischen Ziegen, Lastautos und vor allem Eseln, die als Packtiere, Reittiere und Ladentische dienen und mit ihrer freundlichen klugen Mine alles über sich ergehen lassen, bewundern wir die gewaltigen, kindskopfgroßen Radieschen, blonden Blumenkohl mit richtigen roten Blumen geschmückt, kunstvolle Obstpyramiden, Körbe voller ölig glänzender Oliven. Daneben sitzen geduldige, wie die Esel freundlich dreinblickende Menschen und warten auf Käufer und drängen sich entweder gar nicht oder, mit volltönender Stimme, nur der Allgemeinheit, nie dem Einzelnen auf.

An anderer Stelle glotzen uns abgezogene Hammelköpfe an; fünf magere Kälber harren des erlösenden Schlächters; am Spieß, über sorgfältig temperierter Holzkohle, braten Fleischstückchen mit jeweils dazwischen eingeschobenem Fett – die orientalische »Würstchenbude«. Andere haben ein Tuch mitten auf dem Trottoir ausgebreitet oder hocken am Fuß einer Mauer störend und stumm mit einem Armvoll armseliger Ware. Dazwischen spielen Kinder mit Tonmurmeln, viele davon ganz blond, alle gesund, meist besonders hübsch, lustig, gescheit: keck, wenn sie einem die Linse beim Fotografieren zuhalten, ehrerbietig, wenn sie einen alten Mann oder einen Blinden führen, wobei sie sich mit Autorität diese Ehre gegenseitig streitig machen – Buben von vier oder fünf Jahren!

Wir haben sie alle mit Interesse beobachtet, bedauernd, daß wir nicht im Bilde festhalten konnten, was wir sahen. Aber vielleicht wurden wir gerade darum so unbekümmert von allen hingenommen. Wir haben viel mit den Leuten gesprochen, die fast alle etwas Französisch können, dem sie aber das schlechteste Englisch vorziehen, weil es sie von der unmittelbaren kolonialen Vergangenheit trennt. Die allermeisten strahlen, wenn wir uns als Deutsche zu erkennen geben, obwohl sie oft nicht mehr als diese Tatsache verstehen. Einige haben Handelsbeziehungen zu Deutschland; ein junger Lederhändler klagt über das Stagnieren des syrischen Gewerbes und Handels; ein Tuchhändler erklärt es aus einer auch uns erkennbaren großen Bedürfnislosigkeit der Bevölkerung, ein anderer, ein armenischer Christ, wiederum lastet diese der vom Koran vorgeschriebenen »Knauserei« an. Der Lederhändler wollte sich eine Korrugiermaschine aus Deutschland kaufen, um seine doch recht ordentlichen Häute zu einer künstlich genarbten Lederart für Damenschuhe zu verarbeiten. Und da liegen auch schon überall hohe Stapel deutscher Kunstledersohlen! Er zeigt uns übrigens Lederballen, die seit zehn Jahren seinen Laden hüten, und doch lebt der Mann weit besser als dreiviertel der Menschen um ihn herum in einem zwar unaufgeräumten, aber ansehnlichen Verschlag, den er wenig verändert an seine Söhne vererben wird.

Wir dringen immer weiter vor, sind die einzigen Europäer weit und breit und werden doch nicht bestaunt, mißtrauisch beäugt, angebettelt. Dicke Autos mit finsteren, sonnenbebrillten Beduinen drängen sich manchmal zwischen den Menschen und Buden hindurch, laut hupend (was wäre sonst ein Auto!), – und machen uns mit Erfolg die Aufmerksamkeit der Leute streitig. Wer sind sie? Vater erklärt: Das sind die Scheichs, durch deren Land zufällig die Ölleitungen gehen und die ihr Teil am Segen mitbekommen. Die sitzen nun abends in den weiten Foyers des Oriental Palace und lauschen einer sentimentalen Dreierkapelle (aus einem Deutschen, einem Österreicher und einer nicht definierbaren Dame bestehend) mit ihren Semi-Klassikern und Kaffeehausschlagern über einer Tasse Mokka. »Lauschen«? Ich habe sie beobachtet; ich kann's nicht erkennen, ob sie's nur aushalten oder innerlich schmelzen oder nur den Vorwand der, ach, so malerisch aussehenden Verschwörung brauchen.

Wir geraten in eine Gasse, in der nur Kupferschmiede arbeiten, im beständigen und wohlrationierten Rhythmus flache, runde Kupferscheiben zu Kesseln jeglicher Form schlagen, über einem hölzernen Amboß, das Metall gleichmäßig mit dem Fuß nachführend, den Blick irgendwo im Getriebe der Welt. Andere verzinken die Produkte ihrer Nachbarn. Sie stehen in einer Grube. Zu ebener Erde, also in Bauchhöhe des Mannes, wird ein kleines Holzkohlenfeuer von einem Zehnjährigen mit einem Blasebalg angefacht. Mit behenden Bewegungen und in genau bemessenen Zeitabständen werden die Kupfergefäße erhitzt; dann wird Zink aufgetragen und mit einer Handvoll Hanf verstrichen. Die Verwandlung des Gefäßes wirkt wie Zauberei und ist doch alles andere als mühelos. »Rinnen muß der Schweiß...« und tut es auch. Da sind weiter die Schmiede, die in gebückter Haltung Äxte und Hämmer und allerlei anderes Gerät machen, in irgendeiner winzigen Nische Kannen löten, Kannen, oft so groß wie sie selber in ihrer Hockstellung, und der Raum so groß wie beide zusammen. Die Herstellung von Damaszenerklingen habe ich in Damaskus nicht gesehen. Dschingis Khan hat das einst so berühmte Handwerk mitsamt der dazugehörigen geheimen Wissenschaft entführt. Hier in Damaskus kam die Stahlzubereitung seitdem nicht mehr auf die Beine; ein halbes Dutzend Krummschwerter im hiesigen Museum ist alles was blieb; der Rest – in den einschlägigen Geschäften – kommt aus Solingen oder Manchester. Hier und da hat einer eine regelrechte Schlosserei mit elektrischer Drehbank und Fräse, während neben ihm einer Löcher mit Knebelbohrer und Lederriemen bohrt. Mit fällt auf, daß mich diese Gegensätze nicht verwundern, geschweige denn stören. Amerika – *the land of contrasts* – hat *solche* Unterschiede nicht, und so erregt dort schon die Begegnung von Droschke und Auto Aufsehen. In Amerika ist auch die Vielfalt auf Einheit angelegt. Hier ist es umgekehrt – angefangen bei der Erscheinung der Menschen: von der schwarz verschleierten, türkisch gekleideten Matrone bis zum bunten Wüstenmädchen mit dem offenen braunen Gesicht, vom Efendi mit Fez und Wasserpfeife bis zum *youngster* in Polohemd und Tennisschuhen oder zum syrischen Muschkoten, der zu einem Drittel die

Straßen bevölkert, oft von Kind und Kegel begleitet, und der recht
eindringlich verdeutlicht, wie man hier mit dem Arbeitslosenpro-
blem fertig zu werden sucht. Die Kleidung der Menschen unterscheidet sich nach ethnischer Herkunft und Lebenseinstellung und
erst in dritter Linie nach Rang und Reichtum. Kheffiye und Aghal
(Kopftuch und Haltekranz aus Woll- oder Seidenschnur) tragen
Beduinen oder solche, die ihre beduinische Abstammung noch
empfinden; die übrigen tragen Fez; die Geistlichen erscheinen im
Turban, die emanzipierte Jugend in dichtem schwarzen Haar. Einen
Hut trägt, gottlob, keiner. Über den europäischen Anzug oder den
langen, meist weißen Rock hat man die kleidsame Abbah geworfen. Wohlsituierte Alte sieht man in langen Pluderhosen, die oben
mit breiter Schärpe zusammengehalten werden. Andere, meist är-
mere, haben den Pluder nur am Hosenboden, der wie der Fett-
schwanz der hiesigen Bergschafe umherbaumelt. Er erleichtert ihnen die landesübliche Hockstellung. Ein beliebter, weil kompletter,
zugleich leichter und billiger Anzug ist der europäische Pyjama.
Aber auch Breeches sieht man sehr häufig, obwohl man, sobald man
eine solche Hose hat, gewiß nicht mehr reitet. Ich glaube, man
ahmt hier die Allüren der einstigen Kolonialherren nach, die man so
hat herumlaufen sehen. Breeches gehören zum *boss*, und nun ist
man selber einer – wenigstens sein eigener. An den Füßen sieht man
meist Gummistiefel: Sie sind billig und glänzen immer; allerdings
kann man sie nicht vom *shoeshiner* auf der Straße putzen lassen, was
sich hier auch der arme Mann leistet, ja, dem vor allen scheint dies
gut zu tun. Man sieht da zwölfjährige zerlumpte Buben, die sich
von einem alten Sechziger die Schuhe bearbeiten lassen mit einem
air de fatigue im Gesicht, wie es kein blauer Jüngling von Picasso
fertigbringt. – Ein wichtiges Kleidungsstück ist übrigens die Sonnenbrille. Auch sie macht einen zum *seigneur*.

Über allem steht ein blauer Himmel, und gelbes Licht liegt auf
den häufig eingestreuten Minaretten und Kuppeln oder fährt als
goldene Staubsäule durch die Löcher im Wellblechdach der Basare,
die ja nichts als überdeckte Gassen sind. Immer wieder kommen wir
an Bädern vorbei, die eine Vorstellung von der meist mißverstan-
denen Badekultur auch der Römer geben. Diese kam ja aus dem
Osten, war ein in den heißen Ländern naheliegendes, vordringlich
praktisches Bedürfnis, ist aber hier und war in Rom doch zumeist
ein gesellschaftliches Ereignis und zugleich ein Luxus, der ganz ausdrücklich als solcher wahrgenommen wurde und wird. Einmal

kommen wir an eine Moschee mit einem verfallenen Vorhof, der von korinthischen Säulen (aus römischer Zeit) gesäumt ist. An seinem anderen Ende ein gewaltiges Tor, das auf einen freien, besonnten Platz führt. An einem Brunnen waschen sich die Gläubigen Gesicht, Hände und vor allem die Füße (oh weiser Mohammed!). Etliche haben sich in hockender Andacht auf ihren Teppichen niedergelassen, Blick nach Osten, nein, nach Mekka gewandt. Oben ruft der Muezzin, dessen Singsang schon seit geraumer Zeit über die Lautsprecher der Basarbuden zu hören gewesen war. – Der Orient *ist*, wie ihn uns Hauffs Märchen in unserer Kinderphantasie haben erscheinen lassen. Die Wirklichkeit stellt sich nicht anders, nur eindrücklicher, reicher, verwirrender dar.

Um 12 Uhr waren wir beim deutschen Gesandten, der unter Vaters Anleitung eigentlich nur bestätigte, was Vater vermutet oder gewußt hatte. Ich habe beschlossen, von der Politik in diesen Aufzeichnungen nichts festzuhalten.

Die Gesandtschaft ist so wichtig oder so unwichtig, so langweilig oder erschöpfend oder mitreißend wie ihr Chef. Diese hier erschien mir als die *sine cure* eines Arabisten, der bei Cocktails, Golfparties und Mokka die leidigen Anlässe findet, nicht einmal mehr sein eigenes Fach zu betreiben. Die moderne Kanzlei, die freundlich eingerichtete Wohnung, ein livrierter Chauffeur, ein vorzügliches Klima – ich denke da an das von mir leider nicht erlebte Djakarta und finde, daß Vater eine geringere Stellung verbunden mit weniger Unbill gut angestanden hätte; hier, in Damaskus, wäre ich gar selbst gern Diplomat.

Am Nachmittag haben wir im Basar um einige Mitbringsel gehandelt, haben einmal zu knapp gehalten und sind dabei nicht zum Ziel gekommen. Auch zwei erfolgreiche Unternehmen haben den Wurm nicht getötet, der seitdem in mir nagt. Handeln ist hier eine – leidige und mich nicht immer überzeugende – Pflicht. Ist die Legende vom feilschenden Orientalen nicht vielleicht von uns selbst erzeugt, und wird ihr eben durch unser Verhalten zu immer neuem Leben verholfen? Erfolgreich handeln macht Spaß, geht mit einem durch, macht einen zu dem, was man sich vom anderen denkt. Im Grunde ist man ihm vielleicht dankbar für den Vorwand, so sein zu dürfen. Unsere nord- und westeuropäische Einstellung, die wir für wohlanständig halten – die des »take it or leave it« –, das System der *fixed prices*, kann man jedenfalls auch einer mangelnden Vitalität, unentwickelter Spielfreude, gar Faulheit zuschreiben und hat nicht notwendig einen moralischen Boden. Innerlich habe ich gebangt, als wir mit einem Mann um einen Kasten mit Intarsien handelten, ob er nicht plötzlich aufspringen, seine urbane Geschmeidigkeit fallen lassen und uns seinen wahren Empfindungen aussetzen werde. Eine geahnte, nicht zugegebene Wahrheit, eine geduldete, mitgespielte Heuchelei üben einen beträchtlichen Terror auf uns aus. Nun, das Geschäft kam zustande, und wir wurden zu einer Tasse Kaffee eingeladen, die wir im Kreise einer vielköpfigen Familie einnahmen; es wurden köstliche arabische Süßigkeiten gereicht zu einer nicht weniger interessanten und süßlichen Unterhaltung. Das Familienidyll war das Reizvollste an dieser Einlage. Vier Kinder, acht-, neun- und zehnjährig (die zwei Ältesten waren Zwillinge, Knaben), studierten eifrig in ihren französischen Fibeln; die Mädchen waren bereit, Konversation zu machen, schrieben ihre Namen in lateinischer und arabischer Schrift auf das Einwickelpapier unseres Einkaufs; die Jungen erstarben in Respekt vor dem *Monsieur le Professeur*, für den ich ausgegeben wurde; die Frau erschien, obwohl christlich emanzipiert, nur um das Gebäck aufzutragen; die im Laden so munteren Lehrlinge und Kommis blieben ganz draußen, klopften diskret, öffneten die Tür um einen Spalt und streckten eine braune Hand mit einer Rechnung, mit Geld oder sonst einer Ausrichtung herein – und verschwanden.

Wie außerordentlich muß die europäische Zivilisation des 18. und 19. Jahrhunderts auf diese Länder gewirkt haben, die bis dahin unangefochten im Bewußtsein leben durften, daß die Welt um sie herum gebaut und sie selbst im Besitz der wahren Lebensart, der eigentlichen geistigen Güter, einer unangefochtenen und unanfechtbaren Kultur seien. Ähnlich ist in der uns bekannten Geschichte wohl nur der Zusammenprall von Griechen und Persern, von Römern und Germanen, Spaniern und Indianern gewesen, wobei die ersteren ihren Gegensatz beiderseits ganz und gar begriffen, ihn formulierten und so auch bewältigten. Im griechischen Mythos vom Kampf der Olympier mit den Titanen könnte eine ähnliche Erinnerung enthalten sein: Das Lebenstüchtige, Aufgeklärte, Wohlgeordnete hat über ursprüngliche, erdnahe, geheimnisvolle Mächte gesiegt, deren größte Stärke und empfindlichste Stelle ihre Selbstverständlichkeit war. Was sich selbst verständlich ist, macht keine Anstalten, sich zu erklären oder zu schützen. So löst der hier wahrgenommene Gegensatz bei mir nicht Trauer, aber Besorgnis aus: der Scheich im Auto, der armselige, kleine, barfüßige Lastenträger mit dem Frigidaire auf dem Rücken, die tätowierte Beduinin in Gummistiefeln und mit dem Benzinkanister auf dem Kopf, der Tscherkesse mit dem *bubble-gum*, der vornehme alte Araberfürst (unter einem Stammbaum sitzend, der ihn auf Mohammed zurückführt) in seinem scheußlichen Plüschsessel – und alle zwanzig Schritt ein elektrifizierter Friseursalon, wo sie sich allesamt scheren und pomadisieren lassen, Neonlichter über einer alten, holzgetäfelten Kaffeebude, wo die Leute in ihrer Tracht, mit Wasserpfeife und untergeschlagenen Beinen sitzen... Anfangs schrieb ich, dies irritiere gar nicht. Wie die Betonbauweise dem Orient erlaubt, beliebig orientalisch zu bauen, so scheint die Neonröhrenreklame für die arabische Schrift mit ihren schwungvollen Spielereien geradezu geschaffen – oder umgekehrt. Auch vereint die Patina des Lebens die Dinge an ihrer Oberfläche. Dies lebt ja alles und ist darum auch »richtig«. Aber wenn wir innehalten, sind wir doch betroffen, genauer: Wir schämen uns des Sieges der Technik über die Kunst, des Machbaren über das Gewordene, der Zweckhaftigkeit über die Schönheit. Das reine Wüstenidyll, die ungestörte Karl-May-Romantik wäre verdächtig. Mein Unbehagen gilt nicht der Tatsache, daß die alten Götter weichen, sondern der Tatsache, daß sie unnötig weichen, denn die Sieger sind nicht überlegen.

Der Leiter der Saudi Arabian Airways, der Bruder des Pariser Botschafters, von dem ich vor acht Tagen unsere Visen bekam, nahm uns heute in das Haus seines Schwiegervaters mit – angeblich nur, um seinen Wagen abzuwarten und derweil sein Töchterchen zu sehen. Wir willigten ein – wenn es wirklich nur darum gehe und keinen Kaffee gebe, der einem bei jedem Eintritt in ein Haus vorgesetzt wird: beim Chef der Bank oder des Hotels oder des Museums oder der Behörde (wir verkehren bei den Institutionen nur mit dem *first man of the place*), bei jedem kleinen Händler, bei jedem Freund, ob Europäer oder Orientale! Aber dann gab es natürlich doch den mit Kardamom gewürzten, stark gesüßten türkischen Mokka – es war töricht, solche Bedingungen zu stellen! –, und dabei wurde uns auch klar, warum wir hier waren: Wir wurden in eine Prachtstube geführt, wie sie scheußlicher auch von einem Max Ernst oder Saul Steinberg oder anderen phantasiebegabten Zeitgenossen nicht ausgedacht werden kann – lebensgroße kolorierte Fotografien, Wiener Fayancen für orientalischen Geschmack, Seidenteppiche, riesige Papierbouquets, kubische Sessel und Rauchtische mit Kristallaschbechern von ungeheurer Dicke, originalgroße

Nachbildungen des Laokoon und der Venus von Milo, Wandspiegel, Prismen, Leuchter, Goldstuck, ewige Glühbirne unter des Großvaters Konterfei, vergoldete *côte d'armes* auf sämtlichen Möbeln, und dies gesteigert von einem Raum zum anderen. Die Gemächer dienen meist zu nichts anderem als zum Herumsitzen und repräsentativen Schwatzen ganzer Familienklans bei fortwährendem Mokkagenuß (bei Wein könnte ich's noch verstehen!). »Vous voyez une ancienne maison orientale«, in dem das rosige kleine Mädchen selig in einer Wiege aus Rohrstahl und Plastik schlief. – Wer könnte bestreiten, das dies *le vrai Orient* ist!

Meinen Bericht schreibe ich mit unzähligen Unterbrechungen, und die Chronologie stimmt nur noch bedingt. Wir waren mit einem nicht sehr hilfreichen jungen Mann von der Gesandtschaft (man hat ihn uns wegen seiner Sprachkenntnisse attachiert) schließlich auch *in* der großen Omayaden-Moschee. Erst als wir am Abend auf den die Stadt beherrschenden Berg hinauffuhren, sahen wir, ein wie gewaltiges Gebäude sie ist. Im Innern, das wir mit Überschuhen und Eintrittsbillet bewehrt betraten, beeindruckte mich mehr als die Größe die Atmosphäre – die fast physische Wahrnehmung lebendiger selbstverständlicher Frömmigkeit. Stelle Dir eine Hallenbasilika vor mit einer Kuppel über einer eben nur angedeuteten Vierung, die Säulen von klassischer Einfachheit in zwei Arkaden übereinander, unterbrochen von Fenstern, die durch ihr Filigran mehr als durch ihre Buntheit wirken, ein bis in die letzten Winkel mit Teppichen ausgelegter Boden, Teppichen, an denen ein Kenner wie mein Vater Kurzweil, Freude und manches Rätselraten hat, – darauf ein hier und da einfallender warmer Sonnenstrahl. Von der Decke hängen Lampen an langen Ketten bis in Kopfhöhe; zwischen ihnen fliegen mit klapperndem Flügelschlag die Tauben hin und her. Am Boden hocken mit ehrfürchtig bedecktem Haupt kleine Gruppen leise schwätzender Muselmänner. Zur Gebetsstunde sitzen sie alle mit dem Gesicht zum Heiligtum, hier dem Grabmal Johannes des Täufers. Hier steht auch der vorbetende Molla. Zuweilen huscht eine Frau durch den Raum und kauert sich bescheiden in eine Ecke. Die Pfeiler, die die Kuppel tragen, enthalten eine Bibliothek – zum Teil wertvolle Handschriften, die aber nicht gelesen, sondern als Reliquie verehrt werden. Davor sitzen auf umfriedeten kleinen Podesten einige halblaut vor sich hinlesende Ulemas (Schriftgelehrte), die ihren Körper im Takt der Suren (Strophen) wiegen. So hatten wir es schon damals in den Cafés und Basaren gesehen: bei den Geschichtenvorlesern, denen das Volk mit Aufmerksamkeit und gelegentlich mit freudigen Lachsalven zuhört. Vor dem eigentlichen »Kirchenraum« ist dann wieder ein großer Hof mit mehreren Brunnen. Drei ganz verschiedene Minaretts umgeben das Gebiet, das einst immer auch eine Schule, eine größere Bibliothek und Bäder enthielt. Der Eindruck ist wieder einmal buchstäblich märchenhaft trotz oder vielleicht gerade wegen des zerfallenen Zustands. Ich stelle mir das Mosaik, das die riesige Außenfront bedeckt, im ursprünglichen, im vollständigen Zustand vor; es gerät mir dabei allzu prächtig; die ahnungsvollen Reste, umgeben von einfachem, warmem Stein, dagegen finde ich unübertrefflich schön.

Eine andere Moschee, die unser fotografisches Auge reizt, liegt hinter unserem Hotel, die Moschee Sultan Selim des Großen. Wenn man von der Hauptstraße hinüberschaut, sieht man zwischen Minarett, Kuppeln, Pinien und Eukalyptus hindurch einen gewaltigen schneebedeckten Gipfel des Libanon. Darüber der tiefblaue Himmel. Ein Bühnenbild für Mozarts »Entführung aus dem Serail«!

Im Gebirge sind wir inzwischen auch gewesen. Der deutsche Gesandte v. d. E. hat uns mit seinem Wagen in den Antilibanon zu einem kleinen putzigen Bergnest gefahren, wo die syrischen Christen sich um die Höhlen der Anarchoreten und einige Klöster versammelt haben. Es es ist eines von den drei Dörfern, in denen sich noch das Aramäisch aus Christi Zeit erhalten hat.

Auf der Fahrt konnte man zunächst sehen, was es mit der »Oase« Damaskus auf sich hat: An drei Seiten ist die Stadt von nackten, wüsten Hängen umgeben; in der Ferne verläuft sie sich in einer kahlen Ebene – dort, wo der Fluß, der die Stadt aus den Bergen mit Wasser speist, allmählich in den immer karger werdenden Plantagen versickert. Zuerst sind es noch Obsthaine und Gemüsegärten, dann Olivenwälder, schließlich Weinberge (die Trauben werden nur zum Teil gekeltert, sonst als Rosine genossen); die Weinreben liegen flach am Boden – absichtlich »zum Ausruhen« umgeknickt; bestimmte Sorten werden im Frühjahr wieder an einem Stock aufgerichtet; bei der Holzknappheit sind diese »Stöcke« oft aus Beton und wie Soldatengräber ausgerichtet; wieder andere Weinreben wachsen gleich am Boden wie die Brombeeren. Weiter draußen gibt es einige Weizen- und Saubohnenfelder auf steinigem, oberflächlich mit dem Holzpflug aufgekratztem Boden. Den Pflug ziehen ein Esel und ein Ochse, letzterer nicht größer als der erste. Und ganz am Ende: Baumwollpflanzungen. Man erzählt uns, daß je zehn Samen in ein Loch gelegt werden müssen, weil nur so viele gemeinsam die Kraft haben, die Lehmkruste nach dem Regen zu durchstoßen.

So lebt eine ganze Stadt von den Gaben *eines* Flusses, dessen Wässer (und nur wenige Abwässer) nach einem uralten System bis zum Äußersten und mit größtmöglicher Gerechtigkeit genutzt werden. Daß eine Stadt an dieser Stelle – auf dem langen Wüstenweg von Bagdad nach dem Mittelmeer an weit vorgeschobener Stelle – liegen konnte, begründet ihre Macht, ihren Reichtum, ihre unerhörte Bedeutung in der Geschichte. Wie einst Palmyra betrieb sie für die Karawanen eine Art kollektiven Versicherungsgeschäfts gegenüber den Räuberbanden. Noch heute liegen am Rande der Stadt die großen Karawansereien; im Innern sind sie vom modernen Geschäftsleben geschluckt worden; von dort an trifft man sie in Tagesetappen neben der Straße, die heute den gleichen Verlauf nimmt wie vor dreitausend Jahren. Eine Karawanserei ist eine große viereckige Einfriedung mit festem Turm und Tor und meist einem Brunnen. Hier sah ich in der Tat auch die ersten Kamelkolonnen, die mir mit ihrem wiegenden Schritt und bunten Gezottel einen glücklichen Moment bereiteten. Sonst hatte ich nur Esel, Maultiere, arabische Pferde (nicht »Araber«!), zweirädrige und, wenn nicht richtig ausbalanciert, für die Tiere grausame Karren gesehen. Und natürlich Busse – bis zum äußersten bepackt, unheimlich rasend, staubend, schaukelnd! Hohe eiserne Dornen auf den Stoßstangen hindern, daß auch dort noch die Menschen in Trauben hocken und hängen.

Unser Bergdorf war die Oase Damaskus im Kleinen – nach dem gleichen Prinzip angelegt: Die Häuser beim Austritt der Quelle in tiefer Bergschlucht, dann terassenförmige Gärten talwärts mit abnehmender Ergiebigkeit bis zum völligen Verbrauch des Wassers. Neben den zwei christlichen Kirchen (eine davon mitten in der puebloartig den Berg hinauf gebauten Ansiedlung) auch eine funkelnagelneue Moschee – Wahrzeichen und Mahnmal eines militanten Islam, der sich am Gegensatz zu den laizistischen Regierungen auf sich selbst besinnt und regt. Wir kamen zu dem Schluß, daß die Moschee in dieser rein christlichen Gegend nur für die zwei staatlich bestellten Gendarmen da sei.

Dem Abendrot entgegen, das die Wüste um uns in leuchtende Klarheit tauchte, an Dörfern vorüber, über denen ein weißer Schleier von den Feuern der Abendmahlzeit lag, durch jähe, fest ausbetonierte Vertiefungen in der Straße (es sind vorübergehend ausgetrocknete Flußbetten; Brücken reißt der Regen, wenn er kommt, doch ein, also geht man mit der Straße gleichsam unter dem Fluß weg), vorbei an langen Reihen von Panzersperren aus den verschiedenen Bürgerkriegen (bereit für den nächsten), vorbei an gemächlich exerzierender Miliz (ein Drittel des Staatshaushalts geht in die Verteidigungsbereitschaft gegen Israel; Deutsche bilden aus; Waffen kommen später; am liebsten wollen alle diese Staaten ihren eigenen Krupp und eigene Munitionswerke haben) und – unter dem Geplauder des Gesandten, der dieses für seine Amtspflicht hielt – ging es nach Damaskus zurück.

Ich erinnerte mich: Auch die libanesischen Straßen waren – auf dem Weg nach Beirut – von englischen Panzersperren aus dem Zweiten Weltkrieg durchzogen. Auf meine Frage: Gegen wen? wurde ernsthaft geantwortet: Gegen die Deutschen. Über den tatsächlichen Verlauf des Krieges wird man das meiste wissen; über den vorgestellten oder gefürchteten gäbe es noch viel herauszufinden! Die Schlaglöcher waren übrigens stellenweise so tief, daß es weiterer Hindernisse eigentlich gar nicht bedurfte. Die Paßstraße über den Libanon dagegen war von amerikanischer Breite und Güte. Die hier waltende Kriegspanik hält sich an diese Zeichen. Man fürchtet und haßt Israel ganz unsinnig und kommt darüber nicht zu der Ruhe, die allein ausreichte, um dieses Land zu einem der reichsten der Erde zu machen. Der mangelnde wirtschaftliche Umsatz im Innern, den die Kleinhändler so beklagen, hat letzten Endes hierin und nicht in der muselmanischen Sparsamkeit seinen Ursprung. Die gewaltigen Flüchtlingslager, die schmerzlich an Deutschland zwischen 1945 und 1950 erinnern, sind ein Pfand, eine Garantie, daß es noch einmal zur Explosion kommt – der befreienden, wie die einen hoffen, der alles zerstörenden, wie die anderen fürchten.

Was dagegen wirkliche diplomatische Arbeit ist, erlebte ich am Gespräch zwischen Vater und dem hiesigen saudischen Botschafter. Vater sprach französisch, der achtzigjährige weise Beduine arabisch. Ein gewandter Dolmetscher tat das seine, eine klassische Szene daraus zu machen. Da begegneten sich zwei schon äußerlich überaus eindrucksvolle Persönlichkeiten, wahrten mithilfe freigiebig eingesetzter Liebenswürdigkeiten ihre Zurückhaltung und drangen am Ende zu herzlicher gegenseitiger Anerkennung vor. Vater verstand wunderbar, die philosophischen Aperçus des Alten weiterzuspinnen und ganz unmerklich mit den eigentlich zu verhandelnden Tatsachen zu unterlegen. Nach eineinhalb Stunden war alles erreicht, was

Vater sich wünschen konnte: Er hatte sich in Evidenz gesetzt, den weiteren Weg vorgezeichnet, Auskünfte über Personen und Verhältnisse erhalten und gegeben und sich auch noch die allerhöchste Ehre zugezogen: durch drei Hallen hindurch bis zur Türe begleitet und dort nur mit Bedauern verabschiedet zu werden. Der Erfolg ist, daß Vaters Reise von hier nach Riad benutzt werden soll, um übermorgen eine neue Königlich-Arabische Fluglinie einzuweihen – so wurde uns eben strahlend mitgeteilt.

Aber es soll dann doch noch zwei weitere Tage dauern, weil der König auf Gazellenjagd in der Wüste weilt – mit dem Auto, wie man uns versichert, und mit Maschinengewehren! In diesen zwei Tagen werden wir uns noch einmal nach Beirut und auf dem Weg dorthin nach Baalbek begeben, also tiefer in die Geschichte eintauchen, nachdem wir heute schon mehrere Stunden in dem herrlichen hiesigen Staatlichen Museum waren.

In diesem Museum kann man lernen, daß Syrien von jeher ein Treffpunkt der Völker und Kulturen war. Eine eigenartige, aus Basalt gehauene Minerva mit lokalem Kolorit habe ich fotografiert. Sie macht es mir einfacher als die Menschen, die den Fotografenapparat fürchten, jedenfalls in der Hand des Fremden. Sie scheuen den »bösen Blick« und sind auch nicht zu beruhigen, wenn man sie das schöne Bild in der Rolleiflex selber betrachten läßt. Ich bin nicht dreist genug, dann trotzdem zu knipsen, habe meine eigenen Einwände gegen den Vorgang, so sehr ich mich sicher am Ergebnis freuen würde. Oft versuchen die »Objekte« mit Gewalt zu hindern, was da über sie kommt; sie stürzen mit vorgestreckten Händen auf die Kamera zu; Kinder stellen sich ritterlich vor die Alten. Da kann man nur beschämt abtreten. Im übrigen sitzen alle Menschen – trotz des Winters – aus Gewohnheit immer im tiefsten Schatten.

Stärker als das griechisch-römische Kulturgut waren die Sumerer, Hetiter, Ägypter, dann vor allem Perser und schließlich Türken und Juden vertreten, am eindrucksvollsten die Sumerer mit ihren kraftvollen Stilisierungen, aus der der »Wille« so viel dringender und ernster spricht als aus dem vollendetsten hellenistischen Tand und der verfeinerten persischen Grazie. Mit »Wille« meine ich den Schopenhauerschen, zu dem die »Vorstellung« als Komplement gehört, und so ist in dieser Sammlung in einzigartiger Weise »die Welt« in ihre Bestandteile auseinandergefaltet – in die Intention jener stets uralten Völker und die Extension der Immer-Spätlinge.

Eine besondere Überraschung war eine Synagoge aus dem 2. Jahrhundert, die aus Orodur (ich glaube, in Mesopotamien) mit all ihren Fresken hierher gebracht und im Museum wieder aufgebaut worden ist. Eine andere Freude: Ein Wüstenschloß aus der Zeit der Omayaden, also aus dem 9. Jahrhundert, Residenz eines der reichen lebefreudigen Emirate, die sich dort unbefangen dem Wein und (nicht koranwidrig) dem Weib und dem Gesang widmeten – und das Aroma der geliebten Wüste dabei nicht missen wollten. In diesem Schloß fand sich Persisches mit Byzantinischem der gleichen Epoche in aufregender Koexistenz. Der Direktor führte uns mit Sorgfalt durch diese modern eingerichtete Sammlung.

Dieser Brief soll nun fort – aus Beirut, das zur westlichen Zivilisation gehört. Ich habe eine der vielen allzu schweren, nie unter fünf Gängen bestehenden Mahlzeiten hinter mir, Mahlzeiten, deren einziger Spaß das arabische Vorgericht und dessen »Oase« der Obstkorb am Ende sind, den ich immer ganz leer esse. Die Orangen haben hier immer noch Blatt und Stiel, die Äpfel ein unvergleichliches Aroma, die Bananen eine in Mitteleuropa unbekannte Süße. Der freundliche Sudanneger, der uns bedient, trägt sein Teil zur ästhetischen Befriedigung bei.

Lebwohl für heute! Es grüßt Dich Dein Hartmut.

Januar 1955

Lieber Thomas.

Wir waren also in Beirut, mit dem Auto. Auf dem Wege dorthin haben wir einen Abstecher nach Baalbek im fruchtbaren Beka-Tal zwischen Libanon und Antilibanon gemacht. Es ist ein gesegnetes Stück Erde von ungewöhnlicher Schönheit: roter Boden, graugrüne felsige Hänge, weiße Gipfel mit dem unfehlbaren blauen Himmel darüber, hier und da eine schwarze Ziegenherde oder ein wie in der Urzeit pflügender Bauer, ein Gutshof inmitten seiner Latifundien, Weinhänge, Mandel- und Feigenplantagen. Manchmal auch ein Traktor, eine zerfallene Moschee, ein fernes weißes Dorf. Und dann plötzlich die gewaltigsten antiken Ruinen, die es gibt. Zyklopisch. Ich versage mir die Beschreibung. Im Brockhaus findest Du sachliche Auskunft, auf meinen Fotografien später die Anschauung von diesem historisch bedeutendsten Phänomen unserer Reise.

Beirut, das San Francisco des Mittelmeers, bietet viele neue Beobachtungen zu meinem Sonderthema »Neue versus Alte Welt«. Als erstes eine prächtige Abendstimmung am Meer mit heftigem, aber warmem Wind. Seltsame Gebäude, alle in den letzten zehn bis fünfzehn Jahren gebaut, ziehen sich am Golf entlang und den Berg hinauf, Hochhäuser auf Betonstengeln, unter denen Autos, Wind und Verkehr hindurchströmen. Vater wurde zunächst von Freunden überlaufen, vor deren langen Gesprächen ich mich inzwischen fürchte: Es möchten nun noch einmal das erschöpfte Problem des saudischen Hofes, das unerschöpfliche der GOVENCO, der Anlaß unserer Reise, besprochen werden. Nun, das alles *wird* besprochen. Aber die Gesichtspunkte und Informationen sind fast immer andere und geben der Affaire allmählich Plastik und Tiefe. Alles hängt mit allem zusammen; alle kennen sich; alle haben ihre Privatinteressen; und so spinnt sich ein regelrechter Roman zusammen. Vor allem aber: Je mehr man hört, umso abgründiger und abgefeimter wird die Angelegenheit. Wenn Vater da helfen und Ordnung machen soll, muß er ein wahrer Herkules sein.

Die Rückfahrt über den Libanon wird durch den Nebel gruselig. Aber auch gefährlicher als sonst? Damit die Leute rechts fahren, sind große Zementklötze und -inseln in die Mitte der Fahrbahn gesetzt. Im Stadtverkehr gilt das Recht des Stärkeren uneingeschränkt und erfolgreich. Stockungen werden allenfalls durch Polizisten erzeugt. Diesen Verkehr sollte man einmal einem deutschen Fahrprüfer vorführen. Die Verkehrsdichte ist ein Vielfaches der unseren. Außer vielleicht in Kairo gibt es sicher keine Stadt am Mittelmeer mit so viel amerikanischen Autos. Es leben allein zehntausend Amerikaner in Beirut.

Die berühmten Zedern des Libanon sind alle gefallen – außer der einen stilisierten im Wappen des Landes. An ganz wenigen Stellen hat man aufzuforsten begonnen. Schnellwachsende Pappeln am Wegrand sind alles, was man weit und breit sieht.

Im Radio gibt es arabische Nachrichten in französischer Sprache. Der Kultureinfluß der Franzosen ist beeindruckend. Man möchte meinen, daß er noch wächst; er wird in dem Maß, in dem der politische Einfluß schwindet, systhematisch ausgebaut. Eine große französische Jesuitenuniversität konkurriert erfolgreich mit der amerikanischen und wird von der französischen Regierung, von der klassischen säkularen Republik!, finanziell unterstützt.

Eigentlich muß man täglich alles widerrufen, was man am Vortage geschrieben hat. Die Eindrücke korrigieren sich gegenseitig; man sieht, daß man unzulässige Verallgemeinerungen gemacht hat; man erfährt eine entscheidende, gänzlich neue Seite derselben Sache. Auf unseren ungeplanten Streifzügen durch die Stadt geraten wir, nein, nicht tiefer in sie hinein, sondern weiter von ihr ab: in die Seitengassen und Außenviertel. Je unberührter von der Moderne, umso reizvoller sind für uns die Szenen. Um sie festzuhalten, brauchte man einen Filmapparat. Fotografische Aufnahmen scheitern an der Bewegtheit der Bilder, der Enge und Dunkelheit der Gassen, die sich oben mit den vorgebauten Erkern der Häuser schließen oder eigens von Gewölben und Wellblechhauben gedeckt sind. Jeder Laden hat obendrein sein eigenes niedriges Sonnendach. Vater, weiser als ich, behauptet zu meinem Kummer und Unglauben, Bilder hiervon würden sowieso nichts – Negerschlacht im Tunnel. Außerdem haben wir heute gerade einen Zwischenfall mit syrischen Offizieren gehabt. Wir waren dabei, den Apparat für eine Gegenlichtaufnahme auf eine romantische kleine Moschee einzurichten – in einer Vorstadtstraße; die Handwerker, schmutzige Kinder, unbeschäftigte Passanten sammelten sich neugierig, als ein großer amerikanischer Wagen scharf vor uns bremste und zwei grimmige Leutnants ausspieh, die uns zunächst auf Englisch, dann aber – weil sie unserer Arglosigkeit nicht klarmachen konnten, was sie wollten – ungern auf Französisch erklärten: Wir sollten gefälligst etwas anderes fotografieren. Warum denn, was denn? – wir begriffen nicht. Ja, die Ausländer, vor allem die Amerikaner (für die man uns noch immer hielt) fotografierten mit Vorliebe ungute Dinge, Armut und Schmutz, und das verbäten sie sich. Es gelang uns, sie zu beruhigen, indem wir auf die Moschee, den erleuchteten Himmel dahinter und die Schönheit des Bildes im Guckkasten unserer Rollei zeigten, sie hineinschauen ließen und indigniert versicherten, wir seien Deutsche. *Das* löste ihren Protest in Wohlgefallen auf, und wir waren auch vor der Bevölkerung gerechtfertigt, ja durch den respektvollen Rückzug der Obrigkeit geradezu erhöht. Am Abend zuvor hatte ich eine Neonreklame, übrigens von Daimler Benz, aufnehmen wollen. Zwei Taxichauffeure hatten meinen Anstalten zugesehen und erklärten spontan ihre Liebe für Mercedes-Stern und Bayer-Kreuz, ihre Verachtung für Phillips-Kreis und Kodak-Rechteck. Als ich zugab, Deutscher zu sein, umarmten sie mich, machten Heil (Hitler) und ließen mich auf ihr Taxi steigen, von wo aus ich eine bessere Sicht, ein besseres Schußfeld hatte. Die Sympathie für Deutschland ist groß und ungeschieden von der für das Dritte Reich. Dabei spielt ihr Kampf gegen das Judentum eine lebhafte Rolle. Diese fehlmotivierte Liebe für ein *gewandeltes* Deutschland zu gewinnen ist eine große und schwere Aufgabe. Vater schultert sie unermütlich.

Wir sind auf unseren Spaziergängen in die Handwerkszentren gelangt, wo die Messingschmiede, die Steinmetzen, die Korb- und Mattenflechter, die Stuhlfabrikanten, die Kürschner, die Schuster, die Ofenschmiede je ihre eigene Gasse oder ihren eigenen Bereich haben, dazwischen ab und zu ein Gemüse- und Lebensmittelhändler, der die Menschen mit Rettich und Datteln, ein Holz- und Kohlenlieferant, der die kleinen Essen der umliegenden Kleinbetriebe mit Briketts aus Cardiff und mit Holzkohle versorgt. Gelegentlich sieht man einen Schreiber, der sein Büro zwischen zwei Kisten aufgeschlagen hat, die Beine in die Sonne streckt, eine gelehrte Brille, Fez und Bart trägt und an seiner Wasserpfeife saugt. Seine Klientel aus analphabetischen Flüchtlingen, Bauern und Frauen hockt um ihn am Boden und wartet, bis er die nötige Weisheit aus seinem Buch auf ein Papier übertragen hat – einen Kaufvertrag, eine Mahnung, eine Antwort an die Behörde, einen Liebesbrief.

Wir sahen Brokatweber am klappernden alten Webstuhl, Glasbläser, die in atemberaubendem Tempo – wohl um die kostbare Glut ihres großen Ofens gut zu nutzen – ihre gewaltigen Karaffen bliesen, schwenkten, preßten; wir gerieten an einen Färber, der Stoffe mit amerikanischen und deutschen Farben in einem dampfenden Kessel kochte und unbedingt fotografiert werden wollte, was ihm zu seiner Entgeisterung und Verschüchterung ein dazukommender Nationalist beinahe verwehrt hätte; dann wieder stießen wir auf die Versandlager, wo aus einer europäischen Kiste fünf syrische gemacht werden, so etwas wie Verschläge, in denen die Töpfe oder Gläser in allem möglichen Gestrüpp und Gehächsel »suspendiert« werden; die besseren Holzteile allerdings werden zu Küchenschränken und Kinderwiegen verarbeitet.

Das Ganze macht keinen händlerischen Eindruck. Nur in den großen, auf Touristen eingestellten Basaren wird man zum Ansehen gedrängt – und auch dort nie zum Kaufen! Hier draußen richtet sich alle Aufmerksamkeit auf die Arbeit; die Menschen arbeiten fast überall in kleinen Teams: zwei Mann am Flechten einer Matte, drei am Walken eines Filztuchs, vier an der Herstellung einer Mahlzeit.

Alles geht mit Schwung und Schwatz vor sich und ist weitab von der Bedächtigkeit deutschen Handwerks. Man hört nicht auf, bis es dunkelt, ja, wer elektrisches Licht hat, arbeitet länger, verdient mehr, kann sich die Elektrizität leisten. Nach der Arbeit nehmen sie in einer Wanne oder unter einem Benzinkanister auf offener Straße ihre Körperwäsche vor und gehen fröhlich auseinander. Nie habe ich in diesen zwei Tagen ein mißmutiges oder auch nur stumpfes Gesicht gesehen.

Diese Werkstätten beliefern ein großes, rein agrarisches Hinterland, und man bekommt – wie nie bei uns – einen Eindruck davon, was eine Stadt für das Land tut, was ihre Bedeutung, ihren Reichtum, ihren eigentlichen Sinn ausmacht. Das Leben spielt sich im Freien ab, ganz so wie ich es Euch von den alten Griechen zu schildern versucht habe. Viele Werkstätten bestehen aus nichts weiter als dem kleinen Amboß oder Leisten oder Nähstock, den der Mann (oder die Frau) vor sich auf den Boden stellt. Die Leute selbst lehnen an einer Mauer, und der Verkehr flutet um sie herum, man meint manchmal: über sie hinweg. Ganze Gesellschaften vollziehen sich am Boden sitzend auf dem Bürgersteig, wo man sich im engen Häufchen der Gleichgesinnten so zu Hause fühlt, wie in einem gemütlichen Wohnzimmer. Überall sieht man Frauen auf offener Straße ihre Säuglinge stillen, während andere tief verschleiert von einer Seitengasse zur anderen hinüberhuschen. In den Hauptstraßen hocken in langen Reihen die Schuhputzer hinter ihrem Messinggerät, an dem sie herumwienern, wenn sie keine Kunden haben – es sind eben Putzer! – oder Orangensaftverkäufer oder Fotografen, die ihre Bilder mit Urgroßvaters Kastenapparat vor buntgemaltem Hintergrund machen: Lago Maggiore, Mont Blanc, eine Moschee mit Schwänen, eine Burg mit syrischer Flagge – flankiert von zwei ausgewachsenen Kohlköpfen anstelle der Zierpalmen, die man nicht hat.

Am Justizpalast vorbei, in dessen weiten Hallen die Gerechtigkeit hinter Aktenstößen gähnt (wir haben sogar in eine Gerichtssitzung hineingeschaut!), vorbei an modernen Läden mit Olympia-Schreibmaschinen (sie haben natürlich arabische Typen und vor allem eine sich von links nach rechts bewegende Walze), vorbei an der Vertretung von Henschel und Packard geht es zurück zum Hotel, wo noch immer die Parlamentsabgeordneten mit wichtiger Miene ihre Politik bereden und dazu eine »Fummelkette« aus Halbedelsteinen oder Plastik hantieren.

Auch meine Vorstellung von arabischer Küche hat sich weiterentwickelt. Zurück in Damaskus waren wir in mehreren Restaurants, darunter in einem, das jahraus jahrein nur ein Menü – ein arabisches Wüstenessen – reicht. Wie alle arabischen Gerichte enthält es viel Joghurt, meist mit Kräutern und Sesam angerührt und mit Olivenöl übergossen als Brotstippe. Das Hauptgericht bestand in einem am Spieß vor einem Holzkohlefeuer gebratenen Hammel – einer Entsprechung zum griechischen Gyros. Das Fleisch wird mit Zwiebeln und Reis serviert – auf einem Brotfladen und von einem Brotfladen zugedeckt – und dazu eine aus Graupenbrei geformte Kapsel, die mit Mandeln, Pistazien, Pinienkernen gefüllt, dann geschlossen und in einer Soße geschmort wird. Als Nachtisch erhält man neben Mokka, Feigen, Nüssen und Obst eine krapfenartige, in Honig gewälzte Süßigkeit. Aber da bin ich wohl erst am Anfang einer tiefen und weiten Wissenschaft. Einen Brotfladen bringe ich mit, wenn auch trocken und alt; aber man kann ihn wieder aufbacken; er ist hauchdünn und ohne Hefe oder Sauerteig hergestellt.

Arabische Freunde muß man förmlich zwingen, den europäischen Gast in ein solches Restaurant zu führen. Am liebsten protzen sie mit ihren europäischen Hotels und Spielclubs, wo eine schräge Kapelle jegliche Unterhaltung zerstört, man mit gesteifter Damastserviette auf dem Schoß eine zähe Poularde verzehrt, einen syrischen Wein trinkt, sich zum Kaffee in einen Salon in modernem Rokoko begibt, wo man zu seinem Entsetzen die Scheichs in ihrer kleidsamen Pracht vor einer Wüste aus Pappmaschee und bei indirekter Beleuchtung Karten spielen sieht. Aber auch dieses Thema bleibt noch offen.

Immer wieder begeistern mich einzelne Menschen. So der hiesige saudische Botschafter, der an Vater großen Gefallen gefunden zu haben scheint und uns mit Besuchen und Einladungen überhäuft. Gestern, bei seinem Abschiedsbesuch, der eigentlich nur formellen Charakter hat, blieb der alte Herr ganze zweieinviertel Stunden. Mir wurde wieder ein Muster diplomatischer Unterhaltungskunst vorgeführt – beginnend mit Bemerkungen über das Hotelzimmer, in dem wir ihn leider empfangen müßten, fortfahrend mit dem Wunsch, Seine Exzellenz einmal im eigenen Haus in Deutschland zu bewirten, über die Zusage eines solchen Besuchs, über die Dinge, die Vater ihm dort vorführen möchte – unter anderem die Verschiedenheiten und Eigenarten der deutschen Stämme –, über Deutschlands Teilung bis zum Problem seiner Wiedervereinigung und damit bis in die Mitte der weltpolitischen Auseinandersetzungen. Und dahin wollte Vater ja seine Aufgabe am saudischen Hof rücken, dahin gehört sein Vorschlag für die Lösung des Palästinenserproblems, dahin gehört die Bereinigung der GOVENCO-Affaire. Immer rückhaltloser sagte man sich die verbindende Meinung, und noch am selben Abend machte mir der Attaché, Vetter des Botschafters und Dolmetscher in diesen Unterhaltungen, ganz freimütige Ausführungen über die Zustände am Hof in Riad, die zu verifizieren wir ja nun endlich Gelegenheit haben werden. Der Mann war so sympathisch, so intelligent, so gebildet, daß mich sein Zutrauen ehrt und ich Mühe hatte, meinerseits nicht gar zu vertrauensselig zu sein. Ich bin hier nur der *private secretary*.

Mit Kunst und Mühe habe ich heute noch einige kleine Einkäufe durchgesetzt. Es ist schlimm, wenn man kein eigenes *portefeuille*, keine genaue Kenntnis der Möglichkeiten anderswo, kein Zutrauen in die Ordnungsgemäßheit unserer Weiterreise und vor allem ein so unvernünftiges Attachement zu einzelnen Dingen hat, die man hier und da sieht. Vater hat sicher Recht mit seinem Zögern, vor allem hat er in seinem Leben so viel besseres gesehen und selbst zu billigeren Preisen erstanden, daß er den »Rückschritt« hier nicht leichten Herzens vollziehen kann. Er widersteht nicht meiner Unbescheidenheit, sondern meiner Anspruchslosigkeit.

Bevor wir endlich nach Riad weiterfliegen, geht es noch einmal nach Beirut – zum viertenmal über den Libanon, zu dessen strahlendem Schneegipfel schneidig gekleidete Skitruppen in modernen Skilifts hinauffahren. Von Beirut aus besuchen wir Byblos, das heutige Djebeil. Dabei bekommen wir auch etwas von den ärmeren Vororten der so üppigen Großstadt zu sehen: Wellblechhütten aus zusammengeflickten Ölkanistern, Zeltlager, Lehmgemäuer, Schmutz, Gestank, Geschrei. Dann endlich Orangen- und Bananenhaine. Man kann es nicht fassen, daß die Menschheit ausreicht, all dieses Obst zu essen. Dabei sind die Preise hoch. Einige Obstsorten, vor allem Äpfel und Bananen, hat man erst in den letzten zehn bis fünfzehn Jahren hier angebaut. Nun soll der Einsatz möglichst schnell amortisiert werden. Die Folge ist, daß zum Beispiel Deutschland die kaum schlechteren, aber um vieles billigeren spanischen und italienischen Früchte kauft. Die aus Kalifornien übernommenen Apfelsorten haben von dort das makellose Bilderbuchaussehen mitgebracht, aber, wie es scheint, die überzüchtete Schönheit hier mit der Würze des uralten Bodens erfüllt. Ich habe nie und nirgends so köstliche Äpfel und Mandarinen gegessen wie in der letzten Woche. Das Klima, die Eukalyptusbäume und Orangen, das strahlend blaue Meer, der Stil der Häuser – all das erinnert mich sehr an Kalifornien.

Unterwegs am Nahr-El-Kalb, am Hundefluß, haben wir die in der Felswand hinterlassenen Inschriften der zahlreichen Eroberer Syriens besichtigt – ein steinernes Gästebuch von Ramses II. (im 2. Jahrtausend vor Christus) über Assurhaddon (den Assyrer), über Caracalla zu Napoleon und etlichen Befehlshabern kleiner Provinzheere der Neuzeit, die nicht gemerkt haben, wie lächerlich sie sich unter den Großen ausnehmen mußten. Von dieser Stätte hatte ich schon viel gehört und mir die Zusammenstellung der Namenszüge von Nebukadnezar, Alexander, Dschingis Khan und dem großen Korsen erhebend und eindrucksvoll vorgestellt. Nun hatte weder Alexander noch Dschingis Khan noch Napoleon I. die ihm zustehende Ehre in Anspruch angenommen (hätten sie von ihr gewußt, hätte wohl keiner von gerade diesen dreien die Gelegenheit versäumt) – und die profane Autostraße, die unmittelbar an den Inschriften vorüberlärmt, ein gegenüberliegendes *horreur* von einem Kloster (mit blitzableitendem Monumentalchristus auf dem Dach) verderben die Würde des Ortes. Es wäre, wie oft, besser gewesen, ihn nicht aufzusuchen und sich eine ehrfürchtige, vor allem schöne Vorstellung zu bewahren.

Anders Byblos, das einst mit den größten Häfen des Mittelmeers rivalisierte, das das Tor zu Baalbek im besonderen, zum Orient im allgemeinen war und von den Alten (unter anderem, glaube ich, von Plutarch) für die älteste Stadt der Menschen ausgegeben wurde. Die Vorzeit, die Phönizier (eigentlich Kanaaniter), die Ägypter, die Griechen und die Römer haben ihre Spuren hinterlassen – zuletzt die Kreuzritter, die eine wahrhaft gigantische Burg errichteten. In den Fundamenten bauten sie Steine von fünf Metern Länge und Breite ein, an einigen Stellen alte Granitsäulen aus ägyptischer Zeit zur Querverankerung. Die Franken, die hier so »idealistisch« und ohne bleibenden Erfolg gekämpft haben, haben sich in diesen Bauten wenigstens als ganze Kerle erwiesen. Auf dem klein anmutenden Areal hat man noch längst nicht alles ausgegraben. Was zutage kam, ist interessant und schön genug und steht im Museum von Beirut: Grabbeigaben, Zepter, Äxte, Messer, Schalen, Spiegel, Masken, Goldgeschmeide bis zurück ins 4. und 3. Jahrtausend. Dazu Unmengen von Votivgaben: Männlein, Stiere, Gliedmaßen, hochstilisierte Fruchtbarkeitssymbole neben Pavianen und Nilpferden von erstaunlichem Naturalismus und doch stumm für unser Bewußtsein, das ihren Zweck und ihre Gestalt nur getrennt voneinander begreift; schließlich einige opalisierende Gläser, tierförmige Töpfe und Vasen aus allerältester Zeit, die zu beweisen scheinen, daß es ein absolutes »Erstes, was notwenig vor anderem kommt«, nicht gibt. Für uns ist das Sparbüchsenschwein eine späte Spielerei – hier steht es am Anfang. In der Metropole von Byblos, in die man durch allerlei Befestigungen des Mittelalters gelangt (wie in allen antiken Ruinen um das Mittelmeer herum stinkt es nach Urin), hat man auch Sarkophage mit den allerersten Inschriften in unserem ja phönizischen Alphabet gefunden. Diese Sarkophage waren zusammen mit den Resten einer in Saida (Sidon) gefundenen Totenstadt aus römischer Zeit und einer ausgemalten Katakombe aus Tyrus im Keller des Beiruter Museums aufgebahrt. Ein Besuch in der Kreuzfahrerkirche des Heiligen Johannes endete mit einer weiteren Sympathiekundgebung für Deutschland und einer Einladung des Paters zu einem Glas von ihm selbst angebauten und gekelterten süßlichen Meßweins. Die Gastlichkeit ist überwältigend und zugleich selbstverständlich, oder vielmehr: überwältigend, weil selbstverständlich – keine Pflicht, sondern ein Bedürfnis, eine Freude. Und deshalb kann man sie den Leuten nicht versagen. Die Mahlzeiten folgen sich für uns gnadenlos, endlos und schwer. Es wird Zeit, daß wir nach Riad aufbrechen. Diesen Brief werfe ich nachher auf dem Flughafen in den Vertrauen erweckenden Postbriefkasten.

Es grüßt Dich Dein Hartmut.

Riad im Januar 1955
Lieber Thomas.
So stelle ich mir ein verwunschenes Schloß des 20. Jahrhunderts vor, ein Kafka-Schloß: ein großes Hotel mit Blick in die nackte Sandwüste, über einen üppig wilden Vorgarten hinweg, ein Wagen zu unserer ständigen Verfügung, Menschen, die, wenn sie nicht arabisch sprechen, böhmisch sprechen müßten, merkwürdige Speisen, verrückte Uhrzeiten, Besuche höchster Persönlichkeiten, Verabredungen, Warten, Frösteln, Müdigkeit – eine Mischung aus Zauberberg, *Huis clos* und Ehrenhaft. Das Ganze unter königlicher Obhut, ja, in der Gnade des vielleicht letzten wirklich absoluten

Herrschers dieser Erde. Ich scheue mich etwas, darüber zu schreiben, denn noch begreife ich gar nichts. Aber die Ereignisse laufen ab, und dem Gedächtnis allein mag ich diese nicht anvertrauen. Immerhin begreife ich im Angesicht der letzten Erlebnisse, daß der Impressionismus eben doch nur ein ästhetisches, kein Erkenntnis-Prinzip ist.

Zunächst unser Flug hierher. Wir stiegen morgens gegen 8.30 Uhr über Beirut auf, das weiß und gelb im Glanz der ersten Sonne erstrahlte, eingefaßt vom Lapislazuli-Blau des Meeres, von roter Erde und grünen Hainen. Im Osten die Schneegipfel, im Westen gewaltige Wolkentürme. Ein flüchtiger Blick in die Beka, die, geordnet und reich bestellt, wirklich die Sage glaubhaft macht, daß Adam, nachdem er aus dem Paradies vertrieben war, sich dieses Tal zum Wohnsitz wählte als den zweitbesten Ort auf Erden. (Kain soll sich dann Baalbek gebaut haben, hinter dessen dicken Mauern er dem Fluch seiner Tat zu entgehen suchte.) Überhaupt ist die Gegend mit ehrwürdigsten Legenden bestückt – von Isis und Osiris, von Astarte und Adonis, der an den Quellen des heutigen Nahr-Ibrahim dem Eber erlag, worauf der Fluß noch heute am Jahrestag seines Todes vom Blut rot gefärbt erscheint, eine Aetiologie für die mit der Regenzeit einsetzende Färbung des Wassers: Ihre Ursache ist der nun mit herabgeschwemmte eisenhaltige Lehm. In der Tat sieht besonders jetzt im Winter der Ausfluß ins blaue Meer ganz rot aus.

Am Antilibanon begannen die Wolken. Um in Damaskus zu landen, mußten wir eine tiefliegende, aber dünne Wolkenschicht durchbrechen und flogen dann in etwa zweihundertfünfzig Metern Höhe über die Oase, über die eingestreuten kleinen Ortschaften mit ihren verschachtelten viereckigen Häusern und Höfen und flachen Lehmdächern, deren fahles Ocker appetitlich und warm aus dem beginnenden Grün der Gärten und dem feuchten Braun der aufgerissenen Erde hervorleuchtet. Die Gärten sind von dichten, einzeiligen Pappelhecken umfriedet, hier und da eine Palme oder eine Pinie – dazwischen die bunten Menschen, Tiere, Karren und Autos und ab und zu ein Minarett. Dies war eins der romatischsten Bilder unserer Reise: Damaskus von oben, wie es noch keine Generation vor uns gesehen hat.

Von Damaskus ging der Flug in vier ganzen Stunden über menschenleere, völlig tote Wüste mit einigen lehmigen Wasserlachen, den deutlich auszumachenden Spuren der Erosion, zwei oder drei schnurgeraden Pipelines und Omnibuspisten. Der Genius des Menschen, der das Alphabet, die Hegelsche Geschichtsphilosophie und die Atombombe erfunden hat, sollte doch in der Lage sein, ein an sich fruchtbares, aber verdurstetes oder erschöpftes Land wie dieses wieder zu bebauen! In der vorgreifenden Phantasie verflüchtigt sich der Alptraum, die Erde möchte eines Tages zu klein und die Bevölkerungsfrage nur noch durch Katastrophen, natürliche oder künstliche, gelöst werden können.

Über diese Möglichkeiten sollten wir bald belehrt werden. Die in ihrer arabischen Tracht wahrhaft zu beneidenden Mitreisenden, darunter ein syrischer Verkehrsminister, schwatzende Geschäftsleute, ein kleiner schüchterner Diener großer Herren, den man offenbar zum Einkauf in die Stadt geschickt hatte, erwachten aus ihrem entsagenden Stumpfsinn und reckten freudig die Hälse, als das Flugzeug Höhe zu verlieren begann, wir die leichte Dunstdecke durchstießen und weit unten eine regelmäßige, kasernenartige Anlage sahen, Feuerschein, gerade Linien kreuz und quer, runde silbrige Punkte... Wir flogen noch immer in beträchtlicher Höhe, und als wir kreisend tiefer kamen, wurde daraus eine Stadt von zweihunderttausend Einwohnern – die Ölstadt Dahran, in drei Jahren aus dem Boden gezaubert, *headquarters* der ARAMCO mit der größten Bohrkonzession, die je in der Welt vergeben worden ist. Ein moderner Flugplatz, von den Amerikanern erbaut, mit mehreren breiten Asphaltrollbahnen – zugleich amerikanische Luftbasis (unter saudischer »Souveränität«) und Zivilflughafen. Wir werden vom Vertreter des Gouverneurs empfangen, in ein Auto gesetzt und zum Hotel gefahren – ganz gegen unsere Erwartung, gegen unseren Willen. Wir wollen nach Riad. Im Hotel endlich einer, der Englisch und noch besser Französisch spricht, ein Syrer natürlich. Mehr durch einen Zufall kläre ich das Mißverständnis auf. Der Gouverneur glaubte, wir kämen *aus* Riad. In dem Fall wäre ein Weiterflug (nach Beirut oder Damaskus erst am nächsten Tag möglich). Nun müssen wir uns erst einmal hinsetzen und warten. Im Hotelfoyer hat sich TWA eingerichtet und ein amerikanischer *drycleaner. Boys* gehen aus und ein mit Stapeln frischgebügelter amerikanischer Hemden. Einer wischt mit einem Lappen auf einem Tisch herum. Alles geht langsam vor sich und in Bluejeans, Tennisschuhen, abgelegter europäischer Kleidung. Die Leute verdienen im Durchschnitt zwei Dollar die Stunde. 1,65 Dollar sind das Minimum, erklärt mir der syrische Hotelier. Er unterhält uns mit Geschichten bei einer Tasse Tee: über den strengen Gouverneur, über das Abhacken der rechten Hand, mit dem man hier den Diebstahl bestraft, über die Entstehung Dahrans. Durch die Betonzeilen und Nissen-bracken – alle völlig fensterlos, mit Klimaanlage und sachlicher amerikanischer Aufschrift –, durch tadellose Verkehrsregelung geht es nach einer dreiviertel Stunde zum Flugplatz zurück. Wir werden durch die nach dem Muster eines amerikansichen *diners* eingerich-tete Wartehalle (damit wir auch das bewundern!) wieder ins Flug-zeug geschleust, fliegen über merkwürdige technische Gebilde und unverständliche Reihenbrände, nach denen wir nicht zu fragen wagen, Riad entgegen.

Der Chef des Protokolls erwartet uns mit einem von nun an ständig zu unserer Verfügung stehenden Wagen. Über eine achsen-brecherische Straße geht es auf das festlich erleuchtete Riad zu. In der Wüste neben der Straße zu fahren, wäre angenehmer und dem Auto bekömmlicher. Wenn der König selbst einmal zum Flugplatz fährt, werden die Löcher zugeschüttet, sagt man uns. Neben der Straße ein Autofriedhof, der jeder amerikanischen Großstadt Ehre machen würde. Man bringt uns ins Regierungshotel, das erst bis zum zweiten Stock fertig, aber doch schon in Betrieb ist. Im dritten baut man weiter mit den üblichen, alle Gesetze der Statik über-spielenden Betontreppen. So hatten wir es in Damaskus hundert-fältig gesehen: Rechts war man mit Licht, Heizung, Wasserleitung längst eingerichtet; links grub man noch an den Fundamenten; da-zwischen sämtliche Stadien der Unfertigkeit.

Das Hotel selbst ist festlich erleuchtet. Zu einem Neubau gehört hier zunächst ein riesiges Gelände, dann eine große Steinmauer dar-um, dann der Betonrohbau und dann so schnell wie möglich eine großartige Illumination! Diese besteht in den Hallen und Gängen aus Kilometern von Neon-Gestänge; in unseren Zimmern: keine Lampe ohne vier Birnen zu je hundert Watt. Später erzählen uns Deutsche, Birnen mit geringerer Watt-Stärke gäbe es hier gar nicht. Durch endlose *parlours*, mit Prunksesseln bestellt wie im Möbellager und mit riesigen Teppichen ausgelegt, die man an den Rändern zurückgeschlagen hat wegen des von den Wänden herablaufenden Wassers, gelangen wir zu unseren Zimmern – getrennt mit je einem Bad. »Von 1 Uhr bis 3.30 Uhr wird das Abendessen serviert.« Wie bitte? Ja: 12.00 Uhr oder besser 0.00 Uhr ist hier, wenn die Sonne untergeht. Jeden Tag also ein bißchen anders. Mitten im Jahre »2001« sind wir doch in einem Land elementarer Ursprünglichkeit. Was machen die Leute, wenn der Himmel bedeckt ist wie seit unserer Ankunft und man den Sonnenuntergang gar nicht sehen kann? Dann erfährt man ihn durch Radio Kairo. So lebt die Ursprünglichkeit von den Mitteln der Zivilisation.

Außer uns gibt es auf unserer Etage nur noch zwei *boys* – für jeden von uns einen. Sie langweilen sich, sitzen auf ihren riesigen Plüschsofas, lesen die »Quick« und springen ehrerbietig auf, wenn wir aus der Tür heraustreten. Manchmal wischen sie die Pfützen auf, die der ungewohnte Regen in den Fluren beschert. Im Speisesaal gibt es noch andere Gäste, etwa zwölf. Gäste des Königs? Wenn nicht, wie wollen die armen Teufel die hundert Rial (etwa 35 Dollar) pro Tag zahlen, oder für einen Orangensaft drei Rial (1 Dollar)? Zwei Sudannneger mit Turban und langem weißen Gewand, zwei Libanesen, ein Chefkellner, oft alle fünf auf einmal, bedienen uns mit einem mühselig europäisierten Hotelessen. Nur die arabische Einleitung schmeckt gut; die Mischung aus Ost und West ist eher gruselig – wie die von süßem, kardamom-gewürztem Kaffee mit amerikanischer Kondensmilch. Auf dem Tisch stehen Blumen. Das rührt mich – hier mitten in der Wüste.

Wir gehen früh schlafen, unter Kamelhaardecken der ARAMCO (Arabian American Oil Company). Frühstück gibt es zwischen »12.00 Uhr und 1.30 Uhr« (also zwischen 4.00 Uhr und 7.30 Uhr). Der Blick aus unseren Fenstern am Morgen ist überraschend: Blumenbeete mit Scharen von Spatzen darauf, eine Mauer, ein glühbirnengeschmücktes Tor aus Sperrholz, wie die meisten Dinge in den königlichen Wappenfarben Weiß und Hellgrün, eine schlammige Straße, zwei Zelte, Telegraphenmasten, gelbe Lehmwüste, in der Ferne eine Kamelkarawane. Links liegt ein riesiger unordentlicher Haufen Bauholz, keine Zierde, aber eine große Kostbarkeit. Weiter hinten das Elektrizitätswerk.

Im Laufe des Vormittags besucht uns eine »hohe Persönlichkeit«; sie übermittelt Vater die Grüße des Königs und einen formulierten Auftrag. Wir arbeiten am Vormittag an der Ausarbeitung des ersten Referats und legen Fragen und Vorschläge für den König zurecht. Nun beginnt die eigentliche politische Arbeit, an der mich Vater uneingeschränkt beteiligt. Es läßt sich absehen, daß man Vater für länger hierbehalten wird, daß ich allein zurückfahren muß; ich will die mir von Georg Picht eingeräumten zusätzlichen Ferienwochen nicht überziehen.

Eine Rundfahrt durch Riad findet wegen des ungewöhnlichen Regenfalls und der Verschlammung der Straßen nicht statt. Dafür ein Besuch beim Gouverneur, einem noch ganz jungen Prinzen, und die Besichtigung eines Militärhospitals. Auf dem Weg dorthin zur Linken: eine Militärakademie »im Bau«, ohne daß man weiß, wo die Kadetten herkommen sollen, wer sie ausbildet, wozu und wie. Dann zwei Kilometer weiter, »im Zentrum des geplanten Komplexes«, das Krankenhaus und nach weiteren Kilometern schließlich die »Wohngelegenheiten« der Kadetten. Man plant hier in ungeheuren Maßstäben und Ausdehnungen. Fünfhundert größere Gebäude sind zur Zeit solchermaßen »im Bau«, darunter drei Luxushotels, mehrere Schulen, Ministerien. Zuerst aber entstehen die Privatpalais der Granden. Das unseres Begleiters besuchen wir am Abend – eine Anhäufung unbeschreiblicher Prunkstücke. Damaskus bleibt weit hinter all dem zurück. Spiegeltische, goldgestickte Prachtsofas in blauem Samt, Feuerzeuge in Form von Araberpferden, aus deren Mähnen das Feuer schlägt – *made in occupied Japan.* Wir werden sogar – eine ungewöhnliche Ehre – der Frau des Hauses vorgestellt. Sonst haben wir die Frauen unserer Gastgeber nie gesehen. Im Hospital arbeiten mehrere deutsche Ärzte unter einem syrischen Chefarzt, der als Gynäkologe nicht gerade zum Haupt eines Militärlazaretts prädestiniert scheint. Irgendjemand weiß: Das hat etwas mit der Versorgung des königlichen Harems zu tun.

Die Einrichtung ist hochmodern, zum größten Teil jedoch seit einem Jahr noch nicht »angeschlossen«. Patienten erster Klasse, die vom König eingewiesen werden, Besucher wie wir – das beschäftigt die Leute zur Zeit noch mehr als die Soldaten, von denen wir aber auch eine Kostprobe bekommen: ein Dutzend Freiwilliger bei ihrer Einstellungsuntersuchung –, kindliche, scheue, hübsche, in ihrem einfachen Anstand fast vornehme Jungen, die man ziemlich barsch anfaßt – und einen Soldaten im Krankenbett, der auf Wache eingeschlafen und in sein eigenes Seitengewehr gefallen ist.

Wir treffen eine Verabredung mit den deutschen Ärzten und machen noch eine Runde *um,* leider nicht *in* die Altstadt. Am romantischen, von Lehmtürmen flankierten Palast des alten Königs vorbei (fünfhundert bis sechshundert Meter im Quadrat) auf einer hellerleuchteten Prachtstraße, die zur neuen Residenz führt. Die Verkehrsregelung im näheren Bereich der Majestät geschieht durch Ampeln – Verkehr aber gibt es nicht. Und trotzdem beachtet unser Fahrer das Stoplicht, ja, ein zur Bewachung der Ampel aufgestellter Polizist treibt ihn hinter den weißen Strich zurück, den er ein wenig überfahren hat. Weiter im Inneren: Parkanlagen, leere Wasserbekken, gewaltige Tore. Selbst die Rinnsteine und Gullis sind im Hellgrün des königlichen Wappens bemalt. Eine ganze Schule gibt es da allein für die Kinder des Königs – dazu ein *football*-Feld mit Tribüne. Ich hoffe, das werden wir alles noch genauer sehen, gar ein Spiel des Jahrgangs 14 gegen den Jahrgang 15!

Der Abend bei den deutschen Ärzten, die bescheiden, aber nicht schlecht leben, war wohltuend; sie gehen locker, friedlich, »sachlich« miteinander um.

Die GOVENCO-Affaire hat tiefe, in Deutschland unverantwortlich verniedlichte Wunden geschlagen. Man muß sich geradezu schweinisch aufgeführt, das unerhörte Kapital an Vertrauen und Liebe, das uns Deutschen zugefallen ist, erbärmlich mißbraucht haben.

Bei aller Sympathie, die ich spontan empfinde, bleibt's eine unheimliche Welt. Man ist noch im – von Schiller geschilderten – »naiven« Zustand; man lebt unmittelbar aus den Erlebnissen und Begierden ohne die überschauende, eindringende und durchwirkende Reflexion. Daher dieses besinnungslose Ausgreifen in die Möglichkeiten, die sich auf einmal eröffnen; daher die Stadt von einhundertfünfzigtausend Menschen mitten in der Wüste, wo noch vor zwanzig Jahren nur ein Lehmpalast und einige Zelte standen. Die eigentlichen konservativen Elemente sind einerseits die wahhabitische Religion (die zum Beispiel das bei anderen Mohammedanern längst eingebürgerte Kino verbietet; dem strengen Wahhabiten ist es untersagt, sich ein Bildnis vom Menschen zu machen; und so durften auch die Kinder der deutschen Ärzte keine Puppen mitbringen; diese wurden am Zoll von den Beamten mit sichtbarer Genugtuung kurzerhand zerstört) – und andererseits der Mangel an Schulbildung. Der Kommunismus dürfte hier eines Tages ein fruchtbares, jedenfalls ein ungeschütztes Feld finden. Die Ungleichheit ist groß und wird immer größer. Wir sehen sie von unserem Fenster aus – aber die Leute selbst sehen sie nicht, weder die reichen noch die armen, die alles in dieser Welt für gottgewollt halten. Erwacht einmal das Bewußtsein für die Verantwortung des Menschen, wird auch der Koran nichts mehr aufhalten können. Vorläufig genügt es, wenn der König einen Streik einfach verbietet. »Der König« ist die Macht – freilich mehr Symbol als Person, auch wenn er in jeder Stube als lächelndes Staats-*pin-up* hängt und sehr menschenfreundlich aussieht.

Wie sehr das Volk den Alleinherrscher, den selbstbewußten Potentaten braucht, davon künden viele Geschichten, die man uns zumal vom alten König Ibn Saud erzählt. In ihnen spielt sein Zorn eine besonderer Rolle; sie ist das wahrhaft königliche Attribut, die Legitimation der Herrscher von Agamemnon bis heute. Dazu gehört auch die Willkür, mit der der König strafen und lohnen kann. Gnade und Großmut existieren nicht ohne sie. In einem verfaßten Rechtsstaat gibt es sie nur jenseits des Rechts. Ibn Saud zahlte noch sämtliche Gehälter aus dem Ärmel seiner Abbah, seiner »Hosentasche« würden wir sagen, – eben weil es keine Gehälter waren. Wie ihm die Menschen begegneten, wie ihm die Freunde rieten, wie seine Menschenkenntnis befahl – so teilte er seine Huld aus. Den Weg von seinen Gemächern (oder seinem Prunkzelt) bis zum Amtssitz war von Almosenempfängern gesäumt – und selten ging einer leer aus. Abends hatte er keinen Pfennig mehr von dem, was er morgens zum Geschenk erhalten oder als oberster Richter »eingenommen« hatte. Als die Amerikaner während des Zweiten Weltkrieges mit ihm Staatsverträge abschließen wollten, was ein Minimum an Staatskonstrukt und Staatskontinuität voraussetzt, fand er sich auf ihr Drängen bereit, ein Budget aufstellen zu lassen. Alles wurde von seinen Beratern berechnet, vorgetragen, von ihm gebilligt. Als nun seine »Dienstbezüge« drankamen, begriff er zuerst nicht, was die Leute wollten, und als er es begriff, jagte er sie alle zum Teufel. Ein König ist kein König mehr, wenn ihm jemand vorschreiben kann, wieviel er von seinem Geld für sich ausgeben darf. Im übrigen soll er einmal gesagt haben: Wer unter meiner Herrschaft nicht reich wird, der wird es nimmermehr! – Ein weiser und wirklicher König!

Zur Zeit ist es hier so trostlos – bei Regen und Kälte –, daß auch ich nichts besseres zu tun wüßte, als schnell viel Geld zu verdienen – und dann nichts wie raus! Ich wollte, wir könnten jetzt wenigstens reiten, aber da wir keinen eleganten *dress* haben, würde keiner dieses Bedürfnis begreifen. Snobismus, das ist ein tragbarer Vorwand. Sich bewegen wollen und die Wüste sehen – das nicht!

Heute ist auch noch der elektrische Strom ausgefallen. Wir haben uns also wieder ins Bett gelegt und gelesen – bis man uns, bitte, endlich zum König führe! Das Essen wird spät serviert, und der Nachmittag endet früh mit Sonnenuntergang in baldiger totaler Finsternis: erneuter Stromausfall. Im königlichen Palast ist das wohl anders. Gestern hörten wir noch von einer Musterfarm, die die Amerikaner für den König eingerichtet haben: Kuhställe mit *air-conditioning*. Bezeichnenderweise verschwindet alle dort erzeugte Milch im Palast. Und draußen hat jeder zweite Mensch Tuberkulose!

Wer hätte das gedacht: Die Wüste ist untergegangen, das Hotel eine – obendrein leckende – Arche Noah. Neben meinem Bett, in das ich mich wieder verzogen habe, stehen drei Näpfe, in die es melodisch und rhythmisch herniedertropft. Seit 36 Stunden fehlt der Strom; wir frieren; der schwere Teppich ist mit Wasser gesättigt und gibt das Naß großzügig an die Umgebung ab; auf den Straßen stehen metertiefe Seen. Und all das heißt: Die Regierung des Königs ist gesegnet, Alah sei gelobt! Denn der Wasserspiegel von Riad war schon so tief gesunken, daß man die Tage zählen konnte, bis die Stadt verdursten würde. Aus *Arabia deserta* wird *Arabia felix*.

Was machen die anderen Bewohner des Hauses, die nicht lesen und schreiben? Nach dem Abendbrot, das auf Petroleum gekocht und spät gereicht wurde – im Schein von blakenden »Dauerbrennern« (Konservenbüchsen mit ölgetränkter Baumwolle gefüllt) –, saßen sie mit angezogenen Beinen auf den Prunksesseln in den zugigen Hallen und luden uns zum Gespräch ein: persische und irakische Honoratioren, die auf eine Audienz beim König warten und die im Gespräch mit Vater unzählige gemeinsame Bekannte auftun. In der Ferne leuchtet – so unglaublich, daß sie nicht einmal Neid erregt – die Prachtstraße zum königlichen Palast; tausende von Birnen bescheinen den überschwemmten Asphalt; ringsum die dunkel schweigende Wüste.

Wir fahren zum deutschen Leibarzt des Königs und seiner unglücklichen Frau. Das hohe Gehalt, die Tatsache, daß sie zum königlichen Haushalt gehören, der sie vollkommen und üppig versorgt, tröstet nicht über die totale Vereinsamung, nimmt vor allem ihr nicht die Angst, wenn sie tief bis auf den Boden verschleiert auf dem Markt immer noch als Kuriosum umjauchzt wird. Wieder hören wir Geschichten davon, wie der König auf Jagd geht: mit dreihundert Autos und Wohnwagen, die mit Klimaanlage und Bad versehen sind, dreitausend Mann Begleitung, Falkenbeize (die Falken stellen die Antilopen, fallen auf sie nieder, hacken ihnen die Augen aus, und dann hetzt man das im Kreis irrende Wild zu Tode); oder davon, wie der Masseur des Königs, ein ägyptischer Athlet und Narr, sich dadurch ein zusätzliches kleines Vermögen verdient, daß er sich von den Prinzen in den Bauch boxen läßt und mit dem Schädel eine massive Tür einrennt; oder davon, wie ein königliches

Gastgeschenk aussieht: ein mit Zwirn verschnürtes Päckchen von hundert Rial-Geldscheinen. Der Arzt erzählt aber auch von den Schwierigkeiten seiner Arbeit. So hatte er vor zwei Tagen einen Pockenfall entdeckt und dessen Isolierung zu bewerkstelligen versucht. Das Gesundheitsministerium hatte auf einmal keinen Wagen; das Militärhospital hatte keine Ordre; die Polizei versprach zu kommen, kam aber nicht. So ging denn unser Arzt zum »Arzt der Paläste«, einem angesehenen Syrer und Leibarzt des ehemaligen Königs. Nach einstündiger Unterredung veranlaßte dieser, daß ein Lastwagen mit Schaumgummimatratzen zur Verfügung gestellt werde. Der Leibarzt des Königs mußte selbst mit hinausfahren. Man lud den schwerkranken Mann auf und brachte ihn zum Krankenhaus. Dort wurde er in die dafür vorgesehene Isolierstation eingeliefert. Als unser Arzt ihn eine Stunde später aufsuchen wollte, hatte man ihn in ein Zelt geschafft, weil man die weitere Mühe, die Gefahr und vor allem die Verantwortung scheute; im Zelt angekommen war dann der Unglücksmann fortgelaufen – und ist bis zur Stunde nicht wiedergefunden.

Bei noch immer totaler Finsternis gehen wir schlafen. Laß Dir gestehen, daß die Chronologie zwar noch im großen und ganzen stimmt, daß sie aber nichts mehr, ja, eigentlich etwas Falsches sagt. Sie suggeriert, daß in dieser Wiedergabe alles enthalten sei. Du liest hier nur eine Auswahl, die ein immer müder werdendes Gedächtnis besorgt – ein Gedächtnis, das einfach nicht mehr zu halten vermag, was ich alles höre und sehe. Und manches unterdrückt der Takt.

Heute waren wir zum Lunch bei Seiner Majestät – zusammen mit den persischen Gästen aus unserem Hotel, die aber weit hinter Vater zurücktraten. Diese Einladung drückte sozusagen die Kenntnisnahme von unserer Anwesenheit aus. Ein Offizier holte uns ab. Der Regen hatte aufgehört, und die Prachtstraße war von den tiefsten Pfützen befreit. Am Wege sahen wir eingestürzte Lehmmauern und Häuser. Vor dem Garten des Königs stiegen wir aus und gelangten durch einen wahren *paradeisos* mit Vogelgezwitscher, Rosenstöcken, Dahlien, Oleander zu einem knallroten Portal. Die Wachen öffnen. Man führt uns an langen Reihen von Schranzen (unter ihnen befindet sich der deutsche Leibarzt!) und Bittstellern vorbei in einen prächtigen Warteraum. Die Pracht ist uns bekannt und zeichnet sich nur dadurch von der bisher gesehenen aus, daß sie statt in Barock oder Moderne in Empire gehalten ist, mit einem echten Teppich – 20 mal 30 Meter in einem Stück geknüpft – und einem großen massiv-goldenen Weihrauchbrenner versehen ist. Die Wände sind mit glänzender Ölfarbe gestrichen, vielleicht, weil diese teuer ist, vielleicht um des Feen-Grotten-Glanzes willen. Sie sind fensterlos – gegen die Hitze und gegen Attentatsversuche. Nach kurzem Warten werden wir zum König geführt, der in heller Abbah und mit mandelförmiger Sonnebrille in einem großen leeren Saal thront, in einer wahren *salle aux pas perdus*. Die Größe des Raums und die Dicke der Teppiche verschlucken jeden Laut. Der König gibt uns mit liebenswürdigem, gar nicht zerimoniellen Lächeln die Hand, bittet uns, Platz zu nehmen, und erkundigt sich – das ist hier immer das Erste – nach der Gesundheit. Den Dolmetscher spielt der Chef des Protokolls, den Vater stets mit *Your Excellency* angeredet hat, der sich jetzt aber untertänigst dem König zu Füßen auf den Boden hockt. Die Pausen, die durch das Dolmetschen entstehen, geben dem Ganzen eine natürliche Feierlichkeit und beiden Seiten Gelegenheit, sich eine angemessene Antwort zurechtzulegen. Vater scheint mir genau das Richtige zu treffen – eine Mischung aus Schmeichelei und sachlicher Mitteilung, was eine Kunst fordert, die man sich nicht einfach zulegen kann, sondern die jahrzehntelanger Übung entspringt. Am Eingang sitzt ein Beduine, der das goldene Schwert des Königs auf dem Schoß trägt. Auf des Königs Wink eilt er herbei, bekommt etwas ins Ohr geflüstert und entfernt sich wieder – rückwärts gehend. Bald, ich habe nicht wahrgenommen, auf wessen Zeichen, erhebt man sich, um zum Essen zu gehen. Das Bankett findet im blauen Spiegelsaal statt, der von Neonschnörkeln so hell erleuchtet ist, daß man versteht, warum der König Sonnengläser trägt. Dieser sitzt mit seinem Onkel allein an der Kopfseite der hufeisenförmigen Tafel. An dem einen Schenkel folgt dann Vater, an den anderen ihm gegenüber der Gouverneur und Prinz. Die Tafel hat Gedecke für etwa hundert Gäste; die Hälfte bleibt diesmal frei. Der Tomatensaft, der auch auf den leeren Plätzen bereitgestellt ist, wird von den schwarzen Dienern (mit weißen, meist löchrigen Baumwollhandschuhen, weißer Tracht, weißem Turban und grünen Aufschlägen) wieder kassiert und wohl an die Wache, die zahllosen Chauffeure, das offenbar unkontrolliert wuchernde Palastpersonal verteilt. Man ißt gut, maßvoll und schnell.

Das beste am Menü waren die Milch und das Joghurt von der Musterfarm. Ich habe zu maßvoll genossen, und so wurde mir, weil ich nicht bis zum rechten Augenblick ausgetrunken hatte, die Kostbarkeit unter der Nase weggeräumt. Wohltuend war, daß man ganz ungestört aß: Es gab überhaupt keine Unterhaltung, weil vorgelesen wurde – arabische Nachrichten, wie ich mir später sagen ließ. Ab und zu wurden meinem Vater kleine Botschaften vom König überbracht, oder der König befahl dem Vorleser, einen Passus zu wiederholen. Daß der König meinem Vater von dem für ihn selbst zubereiteten, geschälten und geteilten Früchten reichen ließ, durfte man als eine besondere Ehre ansehen. Gleich nach dem Essen wurde die gesamte Tafel verabschiedet. Der König bedeutete meinem Vater, daß er ihn demnächst alleine sprechen wolle. Und so sitzen wir wieder da und warten.

Am Nachmittag beginnen die Ereignisse sich zu überstürzen. Die Sonne kommt für einige Augenblicke heraus; ein wärmlicher Wind vertreibt die Wolken und trocknet die Lehmwüste; wir brechen aus dem Hotel aus – zum ersten Spaziergang seit Tagen. Es geht am Bahnhof und seiner riesigen Sendestation vorbei, die den Bahntelegraphen ersetzt. Ein Zug steht auch da, modern, etwas zerwüstet. Wir sehen einen Hund und dann noch einen über einen fernen Hügel schleichen, und weil wir kein anderes Ziel haben, halten wir unsererseits darauf zu. Die Hunde, gelb und dünn wie Rehe, sind scheu, bewegen ständig ihre schakalartigen Ohren und haben einen hungrigem Blick. Wir brechen häufig durch die nur oberflächlich getrocknete Lehmschicht ein, und ich weiß schon: ich werde später unsere Schuhe in einer Pfütze waschen müssen. Vom Hügel aus übersehen wir die ganze Oase, die sich viele Kilometer lang aus Palmen und Lehmmauern an der tiefsten Stelle eines flachen Tales hinzieht. Über uns kreisen die Geier. Wir atmen tief und fühlen uns wohl in der leichten, trockenen Wüstenluft. Gegen Dunkelheit kehren wir zum Hotel zurück, das noch immer ohne Strom ist. Bis zum Abendbrot krieche ich wieder ins Bett – und schon trifft das nächste Ereignis ein: das Licht flackert auf, sechs-, siebenmal, verlöscht wieder und bleibt schließlich an. Der Abend ist gerettet. Wir lesen gierig in unseren Büchern bis tief in die Nacht und hören, wie es von neuem heftig zu regnen beginnt.

Am Morgen ist der Strom wieder fort, das Frühstück ist karg, unsere Laune gedämpft. Um 9.30 Uhr werden wir plötzlich, nein, endlich zur Audienz abgeholt. Wieder derselbe Warteraum. Aber wir entdecken noch eine Uhr mit kaleidoskopischem Zifferblatt, wie man sie an amerikanischen Benzinstationen sieht. Eine viertel Stunde später sind wir im Gemach des Königs – mit ihm, dem Dolmetscher und einem seiner Minister allein. Der König begrüßt zunächst Vater. Dieser stellt ihm dann mich als seinen »Sohn und Sekretär« vor und fragt, ob ich dabei bleiben dürfe. Der König steht auf, umarmt mich und sagt zu Vater: »Ihr Sohn ist auch mein Sohn.« Die Verhandlung geht *medias in res*, und für Augenblicke schwindelt mir ob der hohen Aufgabe, die man Vater zu übertragen sucht. Das Vertrauen grenzt an Zumutung.

Die Unterredung dauert fünfviertel Stunden. Gedankenvoll fahren wir heim und arbeiten dreieinhalb Stunden gemeinsam an einer englischen Aufzeichnung, die ich noch heute Abend mit der Maschine abschreiben und bei Hofe übergeben werde. So etwas macht der »Sekretär«, nicht der umworbene Staatsmann. Zur Erholung fahren wir mit unserem Auto durch und um die Stadt. Unser Fahrer macht das ausgezeichnet. Wir sehen von allem etwas: alte und neue Paläste, den gedrängten Marktplatz, zerfallene Gärten, Beduinenzelte, Schmutz, Elend, Spieler, lachende Menschen. Eine ganze Siedlung hat man aus den großen Kisten, die zur Verpackung der Cadillacs gedient hatten, gebaut. Der Himmel ist so tief verhangen und die Straßen mehr für *amphibious vehicles* als für unseren Oldsmobile, mehr für Badehose als für schwarzen Anzug, aus dem ich seit Wochen nicht herausgekommen bin. Fotos können wir also nicht machen. Der Regen hat viele der Häuser eingerissen. Takt verbietet uns, genauer hinzusehen. Auch Teile der stolzen Paläste, deren Zinnen und Türme mit romantischen Zacken in den Himmel ragen, sind eingestürzt. Die Stadt ist aber auch sonst in »zerbombtem« Zustand, wie das der Chef des Protokolls genannt hatte. Aufgrund der Baupläne des Königs sind ganze Viertel eingeebnet, Bulldozer haben breite Straßenzüge durch das Lehm-Labyrinth gewalzt, überall ragen Betonpfeiler aus den braunen, bröckeligen Ruinen. Von ihren Steinsockeln aus versuchen struppige Polizisten den im Schlamm mahlenden Verkehr zu regeln. Sie sind hilflos. Die weißen hochbeinigen Muskatesel machen die Sache flinker und besser als die Autos – »nicht hierfür gebaut«.

Überall sieht man schöne Menschen, langhaarig, braun, mit tiefliegenden, langwimprigen Augen und gestutzten Bärten, die den hageren männlichen Schnitt ihrer Gesichter betonen – wie auf archaischen griechischen Vasen. Sie sind mit Lumpen behängt, aber ihr Lächeln, die Offenheit ihres Blicks kleidet sie schöner als alles, was abendländische Kultur ihnen schenken könnte. Außer unserem Sudanneger, dem König und dem einen oder anderen seiner Beamten habe ich hier noch keinen fetten Menschen gesehen.

Die Frauen sind tiefverschleiert. Bei den Mädchen unter zwölf Jahren sieht man manchmal wenigstens noch die Augen, für die zwei Schlitze in das dunkle Tuch geschnitten sind. Man begegnet ihnen an den öffentlichen Brunnen, wo sie die Ziegenschläuche oder die Blechkanister füllen.

Unser Fahrer macht an einer Straße halt, wo etwa fünfzehn Menschen, alt und jung, am Boden sitzen und ein Spiel spielen. Sie werfen mit unnachahmlicher Grazie vier Palmenstöcke in die Höhe, diese fallen fächerartig auf den Boden und zeigen dabei die grüne oder die braune Seite. Aus den Kombinationen ergeben sich irgendwelche Rechte, einen Stein in den vorgezeichneten Erdenmulden vorzurücken. Hierbei gilt jederman gleich – der Sieben- und der Siebzigjährige –, alle lachen, sind mächtig aufgeregt und durch unser Zusehen nicht im mindesten geniert. Was es doch für Freuden auf dieser Welt gibt – wie harmlos und heftig und kostenfrei!

Oft sehen wir einzelne Beduinen auf einem Berg hocken – ganz allein. Vielleicht sind sie hinaufgeklettert, um zu beten, und sind nun dort geblieben, schauen träumend ins Weite und denken an etwas Gutes zu essen. Oder sie fahren auf einem Lastauto vorbei und singen selig gegen den Fahrtwind an – ein melodisches, urtümliches, kindhaftes Rufen, so, als trieben sie Kamele vor sich her; sie scheinen kein Ziel zu haben, das Fahren allein genügt und hat Sinn; es ist alles, was von ihrem Nomadentum übrig geblieben ist. Oder sie sitzen in Haufen zusammen – auf nackter, steiniger Erde, eine geschlossene Welt mit ihrem Schwatz umschließend, Armut und Elend draußen lassend; es ist ja nie anders gewesen.

Welche tiefen Wandlungen stehen diesen Menschen noch bevor! Wie ist es möglich, daß ein solches Zelt, das kein Zelt, sondern ein mit Lumpen behängter krummer Stock ist, neben einem solchen Zementpalast steht und ein einziger Friede beide umgreift, *ein* Himmel über beiden steht, *ein* Tag über ihnen untergeht?! Blinde, pokkennarbige, unterernährte Menschen, Kinder und Greise in einem Wust unverstandener Veränderungen. Bei aller Betriebsamkeit – es steht kein erkennbarer, ordnender Sinn über dem Ganzen, schon gar nicht über dem Leben dieser Stadt. Wenige, ganz, ganz wenige sehen wir arbeiten – in dieser Jahreszeit, in der es doch darauf ankäme, in der die Oase grünt, in der das Wasser da ist für die Lehmziegel und in der eine Temperatur herrscht, die Anstrengung erlaubt. Hier und da wäscht einer einen Cadillac in einer Pfütze.

Ich bete um gutes Wetter für den morgigen Tag, der voraussichtlich mein letzter ist, damit ich zu Fuß und mit der Kamera noch einiges erobern kann.

Ja, morgen soll es wirklich heimgehen, das heißt, wenn die Rollbahn trocken genug ist. Unsere Perser, mit denen wir uns gut angefreundet haben und mit denen es sich trotz ihrer hohen Würde gut blödeln läßt, haben noch keine Erlaubnis vom König bekommen abzufliegen und versuchen nun, mir Angst zu machen: Vor einer Woche sei nicht daran zu denken! Wir werden sehen, Inschallah.

Wir fahren wieder zum Basar und stapfen im Lehm umher. Die Bilder sind trotz der Trübheit des Himmels bunt und bewegt. Der Ausschuß westlicher und östlicher Industrie, schlechtes Handwerk und die von mir beliebäugelten Abbahs werden zum Kauf geboten. Dazwischen Wechsler mit Stapeln von wohlgeordnetem Geld – vom Maria-Theresien-Taler über den Louis d'Or zu Dollar, Sovereign und Blechmarke ist alles vorhanden. Hier und da liegt ein Esel mit prophylaktisch geschlossenen Augen am Boden. Die Menschen steigen über ihn hinweg, ein Sinnbild von »Islam« – Ergebung. Am Abend verspricht man mir die Abreise für den nächsten Tag. Beim Packen morgen früh meldet man, es sei kein Flugzeug da. Wir machen einen langen Spaziergang in die Wüste bei strahlender Sonne und versuchen, uns mehr zu freuen als zu ärgern, was ohne weiteres gelingt.

Arabien, Land der Wunder. Gegen Mittag kommt der Sekretär des Königs und berichtet, daß ich doch fliegen könne: mit dem Privatflugzeug Seiner Majestät bis Dahran, von wo aus die verschiendensten Linien nach Beirut oder Kairo gehen. Zur Belohnung für solche Botschaft schenke ich ihm einen versteinerten Seeigel von der Größe eines Kinderkopfes, ein Prachtfossil, das der Gute neben seinen Kamin zu stellen verspricht. Ich hatte es am Morgen in der Wüste gefunden.

In fünf Minuten habe ich gepackt. Wir fahren an Seiner Exzellenz' Haus vorbei, wo mir das Abschiedsgeschenk des Königs übergeben wird: eine goldene Armbanduhr mit königlichem Wappen, eine Abbah mit goldener Bordüre, Aghal und Kheffiye. Ich bin vor allem über die arabische Tracht glücklich – einen Gegenstand zum Zeigen, Inbegriff von Luxus, wenn Luxus heißt: etwas Teures, was man weder braucht noch gebrauchen kann. Dann geht es zum Flugplatz.

Nach zehn Minuten bin ich – mit Briefen bewaffnet: an den Flugplatzdirektor von Dahran wegen meiner Weiterreise, an den Hoteldirektor wegen meiner Unterbringung, an die Missionschefs in Kairo und Beirut wegen eventueller Schwierigkeiten mit meinen Visen – allein hoch oben in der Luft, selber König in der zweimotorigen königlichen Maschine. Wieder irritieren mich die unerklärten Chiffren menschlicher Tätigkeit mitten in der Wüste – hier und da große Öllachen, Brände, regelmäßige Spuren, die weder Leitungen, noch Straßen, noch Gebäude sind. Wir fliegen so hoch, daß die riesigen Sanddünen aussehen wie die Ribbel, die am Nordseestrand bei Ebbe zurückbleiben. Darüber ein Gewimmel von ARAMCO-Aktivitäten.

In Dahran ziehe ich ins Hotel, dessen mir ja bekannter Direktor *absent minded* und dadurch unfreundlich wirkt. Ich habe einen Chevrolet zur Verfügung und fahre, da Dahran selbst gesperrt ist, ans Meer. Auf dem spiegelglatten Strand legt der Fahrer hundert Meilen Geschwindigkeit auf, das sind einhundertvierundsechzig km/h. Dem kleinen Mann aus Somali macht das mehr Spaß als mir. Ich bitte ihn zu halten. Das Wasser ist klar, tiefblau und angenehm temperiert, aber der hohe Salzgehalt macht mich fast blind, und so bleibe ich nicht lange darin.

Die Farben der abendlichen Wüste sind unvergleichlich. In unseren Breiten, bei unserer Vegetation, bei unserer dickflüssigen Luft gibt es nicht dieses angreifende, sieghafte Leuchten. Wir wissen darum nicht, daß Sand eine berückende Farbe hat, die sich obendrein von Quadratmeter zu Quadratmeter ändert.

Nach dem Abendessen bummle ich zwischen den Nissenhütten umher und wäre, wie der alte Thales, fast in einen Brunnen gefallen wegen der »Dinge da oben«. Der Sternenhimmel ist ganz schwarz, nicht blauschwarz, und auf diesem lichtlosen Grund steht der Orion gewaltig und fraglos. Die Sterne flimmern hier nicht. Und du meinst, sie schauen gerade dich an.

Als ich am Kino vorbeikomme, das die US Airbase für ihre Soldaten eingerichtet hat, frage ich einen Sergeanten, wie man da hinein komme. Ohne zu antworten, kauft er zwei Billets – eins für mich und eins für sich. Wir unterhalten uns gut bis zum Anfang eines sehr bunten, sehr kindlichen, sehr unhistorischen Historien-Films und gehen danach gemeinsam heim. Ich verabschiede mich optimistisch »für immer« und befürchte seither, daß ich ihm morgen wieder begegne.

Das Schlafzimmer hat zwar ein Fenster, aber nur um Licht einzulassen, was wieder durch einen unbeweglichen Vorhang verhindert wird. Luft erhält man durch eine Klappe, die durch einen
Schacht mit einer Luftkühlmaschine verbunden ist. Die aber läßt
sich nur in der einen Richtung schließen. So weht die ganze Nacht
ein fauchender, schaler Wind. Ich habe also nicht gut geschlafen.
Im Badezimmer, das viele dunkle Ecken hat, stinkt es nach Erbro-
chenem, und zum Frühstück gibt es ein faules Ei, was ich erst
merke, als ich es schon im Munde habe. Das verdirbt einem den
schönsten Sonnenaufgang über der Wüste, mit schmalem, schwin-
denden Halbmond in der erglühenden Ferne.

Als ich um 8 Uhr wieder beim Flughafendirektor, einem strengen Oberst, erscheine, wurde mir in aller Ruhe mitgeteilt, das
nächste saudische Flugzeug fliege am Dienstag – das ist in vier Tagen. Ich protestiere mit Zurückhaltung und verlange, mit dem heute Mittag abgehenden MEA-Flugzeug zu fliegen. Dazu habe er keine Ordre. Alles Zappeln und Zittern brachte mir nur eine verge-
bende Geste und das Versprechen, daß man in Riad anfragen werde.
Aber der mitgegebene Brief bestätige doch, daß die Ordre unterwegs sei. (Das glaube ich zwar selbst nicht, aber das ist auch nicht
wichtig. Wichtig ist, daß es *bestätigt* ist.) Wütend setze ich mich in
mein Auto und fahre auf der ARAMCO-Straße durch die amerikanische Industrielandschaft nach Daman und von dort nach Katif,
das mein amerikanischer Sergeant mir als romantische Oase geschildert hatte. Um 11.30 Uhr wollte ich zurück, um 12.30 Uhr in
der Luft sein.

Die Affinität von Naturwüste und Industriewüste ist verblüffend,
und, ich muß gestehen, das Ergebnis ihrer Mischung geradezu
schön. Die regelmäßigen ausgedehnten Wohnblocks, die runden,
wie erstarrte Reptilien aussehenden Nissenbaracken, die gewaltigen
silbrigen Öltanks, die kugelförmigen, zylindrigen, konischen Körper, die zwischen roten Funkmasten und viereckigen aufgeräumten Geräteparks umherstehen wie auf Gemälden von Salvador Dali,
das Ganze immer wieder unterbrochen von dreißig- bis fünfzig-
Meter-hohen Erdgasflammen, die scharlachrot in den Himmel
züngeln, Metallstutzen, die große Feuerfetzen auswerfen unter
einem weichen, geschlossenen, schwarzen Qualm, ringsum der gelbe Sand und darüber ein makellos blauer Himmel, ja, und davor
eine hellgrüne Trift von Klee oder eine dunkelgrüne Palmensilhou-
ette!

Wir fahren auf schnurgerader Straße mit Radiomusik aus der ARAMCO-Station, so daß ein Hauch von Amerika in der Luft liegt und mich ganz krank macht mit Erinnerung. Die Wegstrecke von Daman bis Katif ist schlimm; wir fahren schritt durch die Oase; das geht auf dem weichen Boden so leise, daß wir unter dem Gequake der Frösche unsere eigene Panik hören. Die Palmen stehen tief im Wasser; es ist dunkel wie in einem Urwald. Dann und wann begegnet uns ein Mann oder ein Kind auf einem Esel, nur zweimal ein anderes Auto. Katif, kaum zehn Meilen von Daman entfernt, ist durch Welten von diesem getrennt – und das alles, weil es keine Straße gibt: Lehmboden, weiße hohe Mauern, ein gespenstig echtes Basarleben, tiefverschlammte Gassen, grelles Licht und dunkle Schatten. Auch hier europäischer und japanischer Warenausschuß, Billiges aus Persien und Indien, aber mit der Patina des Landes überzogen, verstaubt vom langen Hängen, verblichen in der Sonne.

Die Sorge um meinen Rückflug verkürzt den Genuß. Ich komme zurecht, um ohnmächtig zuzusehen, wie die MEA-Maschine ohne mich nach Beirut fliegt. Man zuckt die Achseln: noch immer keine Antwort aus Riad.

Ich bade wieder im Meer, suche verzweifelt im Kursbuch nach Verbindungen, die mich rechtzeitig nach Deutschland bringen könnten, und finde über meinem Ärger nicht die Ruhe zu schreiben oder zu lesen. So wenig habe ich vom Orient gelernt – keinen »Islam«.

Nach dem Mittag habe ich einen Engländer ans Flugzeug gebracht, der nach Riad flog, um Paläste zu bauen. Er hat einen Hilfeschrei an Vater mitgenommen. Von ihm habe ich etwas über die Bürokratie gelernt, mit der sich die neue Staatshoheit bekleidet: Man braucht hier für einen behördlichen Arbeitsgang immer vier Beamte – einen, der weiß, durch wen und wie man es macht; einen, der mit unerhörter Großmut alles verspricht und in die Wege leitet; einen, der es obstinat nicht ausführt und den Staat durch seine Korrektheit vor Korruption und Ausbeutung rettet; und einen schließlich, der Gnade übt und einen vor dem Selbstmord bewahrt. Mit dieser tröstlichen Lehre ausgestattet, bin ich noch einmal ans Meer gefahren, um zu schwimmen. Dabei brannte mir die Sonne ins Gesicht, und vielleicht glaubt Ihr mir bei der Rückkehr nun doch, daß ich in der Wüste war.

Man hält immer noch einen Schlag mehr aus als den letzten. Wieder habe ich zwei Flugzeuge ohne mich nach Beirut fliegen sehen. Ein Telegramm an Vater hat noch keine Hilfe gebracht. Jedenfalls lerne ich auf diese Weise die Vorsokratiker gründlich kennen; sie sind das einzige noch ungelesene Buch, das ich bei mir habe. Aber ich lese es so unkonzentriert, wie ich schreibe und schlafe. Gestern Abend verfolgten mich Urwaldgeräusche bis Mitternacht – die Basketballteams der USA-Airforce beim Training. Heute lassen mich die Familiengespräche von nebenan nicht schlafen. Ich habe einen Wildwestfilm intus und zwei Tassen Kaffee nach dem Abendmahl, weil er hier so unwiderstehlich gut gemacht wird und das übrige Essen nichts taugt. Warum sollte ich auch schlafen, wo doch morgen wieder ein ganzer Tag umzubringen ist!

Und nun fliege ich doch – und sage adieu, um Dich wiederzusehen.

Dein Hartmut

Eine Stadt als Schauspiel*

Mit dem Motorrad nach Paris
1956

Seine Reiseberichte sollte man im voraus schreiben: Was man auf eine Fahrt mitnimmt – an Vorstellungen und Absichten, an Fragen und Freuden –, läßt sich noch sagen; was man heimbringt, ist ein Chaos.

Ich bin noch zerknattert von 600 Kilometern unablässiger Motorradfahrt, und in dieser Benommenheit durch Kälte, Lärm und Erschöpfung wird alles, sogar das Motiv der Fahrt, unwirklich und fremd. Ich tue gut, gleich jetzt davon zu reden, denn dieser Zweifel an der Vernünftigkeit der ganzen Unternehmung hat sie von vornherein begleitet, geprüft und geprägt – und schließlich auch gefördert, wohl mehr als ich bekennen mag. Jedenfalls hat sich bestätigt, daß man nicht um der Gemeinsamkeit willen reisen sollte. Wenn man die Reise nicht auch allein und also um ihrer selbst willen machen könnte, sollte man sie sein lassen. Der Wunsch, es möchte ein Freund dabeisein, um mit mir zu genießen, steigert die Freude – jedes sofort und widerstandslos in Mitteilung verwandelte Erlebnis entgeht der Sehnsucht, die ihm Tiefe geben könnte. Die wirkliche Gemeinsamkeit vollzieht sich vielleicht doch nur in Geist und nicht durch Gegenwart; sie tritt darum erst voll in der Erinnerung auf. Aber jetzt ist noch nicht »Erinnerung«, sondern Grenzübergang, Austrag, Ent-innerung. Auch noch, als ich dies schreibe.

Ein denkwürdiger Umstand dieser Reise ist, daß ich sie mit meinem jüngeren Bruder *und seinem Motorrad* gemacht habe. Mein Bruder heißt Hans-Georg, das Motorrad heißt Max. Aber die Maschine hat für diesen Versuch, sie zu vermenschlichen, nur Verachtung. Sie läßt sich elegant durch den Verkehr lenken, ausschließlich mit Esso-

---

* Dieser Text handelt von dem eigentümlichen, nicht nur etymologischen Zusammenhang von Fahren, Gefahren, Gefährten und Erfahrungen. Ein sehr viel jüngerer Bruder stellte das Gefährt, sein Motorrad, und ich das Fahrgeld, das bei meinen damaligen Verdienstverhältnissen allzu knapp war. Das Ergebnis: eine permanente und aufregende Flucht vor den Spannungen zwischen den Brüdern in die Spannungen des Theaters.

Super füttern, von Rivalen und Kennern bewundern, sechs oder sieben Stunden lang pausenlos mit 100 bis 120 Stundenkilometern fahren, ja, wenn das Benzin ausgegangen ist, durch einen geheimnisvollen Druck auf die Zuführungsleitung dazu bringen, noch zwei oder drei weitere Meilen herzugeben, – aber sie läßt darum nichts, wirklich gar nichts, von ihrem Anspruch ab, den Menschen zu beherrschen, seine Vorsicht zu überwältigen, ihn zu einem Teil ihrer rasenden Funktion zu machen.

Es ist gut, ein großes Ziel zu haben. Daß wir nach Paris wollten, hat Straßburg mühelos zur »Etappe« degradiert.

Wir sind am Nachmittag aus Hinterzarten fortgefahren, waren am Abend in Kehl und ließen uns von einem angetrunkenen Zollbeamten raten, diesseits des Rheines zu übernachten, weil das billiger sei. Die Stadt Kehl und das »Hotel zum Schwert« werden ihm diesen Rat nahegelegt und gelohnt haben. Danken sollten sie es ihm nicht, jedenfalls nicht solange sie nicht erfüllen, was sie versprechen. Ich habe selten so schlecht geschlafen wie auf diese gute Empfehlung hin – trotz des reichlichen und köstlichen Weins, den wir in Straßburg noch spät in einer gemütlichen »Winstub« genossen hatten, und trotz des langen Fußmarschs heim ins Hotel, der mir wegen des Gesprächs mit dem Bruder in lieber Erinnerung ist: des letzten Gesprächs *on my terms*. Das Münster wirkte in der kalten Dunkelheit höher und hoheitsvoller als am anderen Tag; da sah es ernst und alt aus und schien die Verantwortung für die ganze Stadt zu tragen. Von deren Einheitlichkeit war ich wieder beglückt und bedauerte, nie hier studiert zu haben.

Dann begann eine lange und kalte Fahrt auf langweiligen Straßen durch ungezählte Städte mit großen grauen Kathedralen und unregelmäßigen Gassen; dazwischen verwahrlosende Barockschlösser, in die die Gendarmerie oder ein Altersheim eingezogen waren; hier und da eine Festung, Mauern, Tore, Wälle und Gräben. Nur in St. Nicolas und in Nancy haben wir haltgemacht. Die Kathedrale von St. Nicolas kann, wie oft in solchen Städten, mühelos das Vielfache der örtlichen Bevölkerung in sich aufnehmen. Die nutzlos gewordene Größe, der verwitterte Stein, von dem der billige Zierat späterer Zeit kraftlos abfällt, unverstandene Ungesetzmäßigkeiten, die kühne Regelwidrigkeit, mit der sich das Längsschiff um die Krümmung des Hügels legt, an dem die Kirche hängt, haften durch ihre Unausgeglichenheit, ihre Kompromißlosigkeit in der Erinnerung. St. Nicolas und einige auf dem Rückweg gestreifte Kirchen (in Sens und Troyes) haben mich jedenfalls mehr erregt als das wohlgeordnete, glatte, gewohnte Erlebnis von Notre-Dame de Paris. Nancy hat außer dem Palais Stanislas (Lechinsky) und der Porte de la Graffe wenig zu bieten. Wir nahmen einen *vin chaud*, der in der Kaffeemaschine hergestellt und in einer Wartesaaltasse gereicht wurde. Dazu eine *baguette* (»one of those funny breads you buy by the foot«, wie unsere amerikanischen Freunde in Paris sagten). Wir nahmen mit einem Bummel um das Schloß vorlieb. Die Bewältigung gewaltiger Masse durch kluge Gliederung könnte die Bauwerke des Absolutismus auch uns zum Vorbild machen, die wir den gleichen Bedarf an öffentlicher Verwaltung haben wie das Ancien Régime. Die Ordnung der Komplexe und Fassaden ist für das Auge befriedigend. Ihr Prinzip hat sich über die Anlagen der Fürsten hinaus in der Struktur der Bürgerhäuser und Plätze, der Straßen und Gärten fortgesetzt. Wie tot und oft nur-pompös sind dagegen die Werke der modernen Diktaturen und des heutigen internationalen Kapitalismus.

Dann begann es zu regnen. Hans-Georg zog seinen marsmännisch behelmten Kopf etwas ein, gab tüchtig Gas und tauchte nach zwanzig Minuten mit einem strahlenden »siehste!« auf der anderen Seite der nassen Wolke wieder auf. Freilich, die nächsten Wolken waren schon in Sicht, und erst in Paris zeigte sich der Himmel wieder freundlich.

Zur Fahrt im Regen gehört, daß man ankommt und die Leute, zu denen man will, nicht da sind. Wir ließen uns von einer originalen *concierge* die Fenster zeigen, die zu den von den Freunden H. bewohnten Zimmern gehören, und kamen zu dem Schluß, daß dort mit Unterkunft ohnedies nicht zu rechnen sei. Wir stellten unser Gepäck bei der hilfreichen Person ab und suchten nach einem billigen Hotel. Die Schwierigkeit besteht nicht darin, ein solches überhaupt zu finden – den Preis sieht man einer solchen Einrichtung schon von außen an –, sondern unter ihnen eines, in dem man auch alleine schläft.

Wir kamen nach langen Irrfahrten auf das Hotel zurück, in dem ich vor einem Jahr schon einmal gewohnt hatte, trugen uns ein und versuchten es – durch den Anblick des Zimmers ernüchtert – noch einmal bei den H. Die waren tatsächlich inzwischen heimgekehrt. Sie hatte sich mit einer Erkältung ins Bett gelegt; er kochte Nudeln, die wir nicht mit ihm zu teilen vorzogen. Es fand sich ein Earl Gray. Dieser, ein gutes Gespräch und vor allem die Aussicht, von der nächsten Nacht an in der Pariser Waldorfschule übernachten zu können, in der die beiden H. Lehrer sind, richteten uns wieder auf. Da sie selber zu Ostern fortfahren wollten, sollte uns schließlich auch ihre »Wohnung« zur Verfügung stehen. Vermutlich wären wir dort genauso krank geworden wie unsere Freundin, und jedenfalls wurde sie dort nicht gesund, sondern lag noch fest und fiebrig, als wir nach Tagen Paris wieder verließen.

Die Wohnverhältnisse der Stadt sind unvorstellbar. Es erstaunt selbst alte Pariser, daß das anspruchsvolle Großstadtleben in ihnen funktioniert. Die Aborte liegen für mehrere Parteien gemeinsam auf den Treppenabsätzen, drei Stufen hoch in die Wand hinaufgebaut, und zwingen den Benutzer in eine Haltung, die die Natur für dieses Geschäft nicht vorgesehen hat. Daß die Abwässer an ihren Ort fließen, daß nicht das Gas zum Wasserhahn herauskommt, daß die bloßliegenden Lichtleitungen nicht alles in Brand setzen, daß ein Brief richtig bestellt wird und nicht jedermann verkehrte Rechnungen für Dinge bezahlt, die er nie verbraucht hat, bleibt ein Wunder, ein *miracle*, kein *merveille*. Nach einem ausgiebigen Abwasch, mit dem wir unsere Dankespflicht an die Freunde abstatteten, brachen wir zu unserem Nachtquartier auf. Die schon im Malte Laurids Brigge geschilderten Verkehrswogen, die sich nachts über den Traumleib des Schläfers wälzen, sind auch über uns hergegangen,[*] – übrigens, nachdem wir unser Zimmer schon besetzt fanden und nun noch einmal, zu Hans-Georgs ohnmächtigem Zorn, in ein anderes Hotel umziehen mußten, das noch schmuddliger und zugleich teurer war.

Es ist nicht sinnvoll, hier chronologisch fortzufahren. Die Zeit bändigt das Chaos der Erlebnisse nicht. Nach einer weiteren Nacht in einem noch mieseren Etablissement mit Fenstern nicht auf einen

---

[*] »Daß ich es nicht lassen kann, bei offenem Fenster zu schlafen. Elektrische Bahnen rasen läutend durch meine Stube. Automobile gehen über mich hin. Eine Tür fällt zu. Irgendwo klirrt eine Scheibe herunter, ich höre ihre großen Scherben lachen, die kleinen Splitter kichern. Dann plötzlich dumpfer, eingeschlossener Lärm von der anderen Seite innen im Hause. Jemand steigt die Treppe. Kommt, kommt unaufhörlich. Ist da, ist lange da, geht vorbei. Und wieder die Straße. Ein Mädchen kreischt: Ah tais-toi, je ne veux plus. Die Elektrische rennt ganz heran, darüber fort, fort über alles. Jemand ruft. Leute laufen, überholen sich. Ein Hund bellt, was für eine Erleichterung: ein Hund. Gegen Morgen kräht sogar ein Hahn, und das ist Wohltun ohne Grenzen. Dann schlafe ich plötzlich ein.« (Rainer Maria Rilke: Malte Laurids Brigge, Zürich 1948, Niehans & Rokitansky, S. 8)

Omnibus-durchdonnerten Boulevard, sondern auf eine Passage, in der die Stöckelschuhe der Frauen von sechs Uhr morgens an wie ein gewaltiges internationales Ping-Pong-Turnier schallten, sind wir in der Waldorfschule auf Feldbettstellen untergekommen und, mit ausgiebiger Waschgelegenheit (einer großen Badewanne mit freilich nur kaltem Wasser), recht glücklich, ja, schließlich auch gegen den Straßenlärm unempfindlich geworden. Wir lebten von Nescafé und Croissants zum Frühstück, einer Handvoll Pommes frites auf offener Straße im Laufe des Tages, Brot, Käse und Rotwein am Abend. Einmal luden uns unsere vergnügten Amerikaner zu einem Picknick im Parc du Luxembourg ein zwischen belustigt zuschauenden Parisern. Soviel zur Notdurft des Leibes.

Unser menschlicher Umgang, auf das Ehepaar H. beschränkt, und die Malerin de J., die wir in ihrem zauberhaften Atelier besuchten und bei viel Portwein jene kühnen Gespräche führten, die nur bei der ersten Begegnung gelingen, wenn man seine stärksten Thesen wie von ungefähr aufeinander abschießt und dabei fabelhafte Treffer erzielt. Und auf jene zufällige Begegnung mit den Freunden aus Amerika, die ich vor sechs Wochen ebenso zufällig in Göttingen getroffen hatte wie jetzt im Hof des Musée Cluny: ein Professor mit Frau und drei lebhaften Töchtern. Wichtig und wohltuend waren wohl nur die Plauderstunden mit dem Freunde H. Einen so gewaltigen Erlebnis-Strom wie Paris kann man nicht alleine ausschlürfen, und zu zweit hindert man sich daran, es zu wollen. Der Bruder war entweder genauso entzündet von den Wahrnehmungen wie ich oder gänzlich unberührt. Der Freund H. hörte aufmerksam zu und fragte mich beharrlich aus – bis auf den Grund meiner Erfahrung. Sein still zuhörendes Weib gab dann die von ihm oft versagte Bestätigung.

Der eigentliche Gegenstand der Reise aber waren das Theater, einige sorgfältig ausgewählte Museen, eher zufällig aufgesuchte Kirchen, Buchläden (von denen es in dieser Stadt mehr gibt als im übrigen Europa zusammen) und das immer wieder unsere ganze Aufmerksamkeit fordernde Straßenleben. Ich bin zum Kummer meines Bruders immer zu Fuß gegangen. Die Wege sind ein Teil der Erfahrung, die zu machen ich doch nach Paris gekommen war. Ich wollte nicht nur romantische Spaziergänge zu klassischen Stätten unternehmen – am Seine-Ufer entlang und um die Ile de la Cité, über die Champs-Elysées und die Place des Vosges, durch die Friedhöfe Père-Lachaise und Montparnasse – so schön das alles ist mitsamt Panthéon und Dôme des Invalides, Arc de Triomphe und Tour Eiffel! Paris aber ist mehr: Unzählige alte und prächtige Bahnhöfe, Brücken und Métro-Tunnel, die Läden am Ostermorgen und die Halles in später Nacht, die Rue des Sts. Pères und die Unserer Frauen von den Feldern, das Quartier Latin mit der Sorbonne, die Cafés mit den Völkern und Rassen aus aller Welt … ein Leben, das schnell, selbstbewußt und anmutig dahinströmt wie die französische Sprache.

Die Universität wirkt auf den Neudeutschen »verrottet«. Ob man hier ernsthaft und geordnet studieren kann? Nun, was man im Hörsaal versäumt, holt man im Leben nach, im großen Gespräch, das diese Stadt ist. Ich zum Beispiel beginne über das Verhältnis von Armut und Freiheit nachzudenken – angesichts der Clochards, die auf den Gittern der Métro schlafen oder mitten auf dem Trottoir. Das Elend der Betrunkenen in New York oder Washington, der Anblick der Slums von Chicago und Boston haben mich nur elend gemacht.

Unser Theatervergnügen schien wie von weiser Hand geordnet. Zuerst sahen wir Cyrano de Bergerac, auf dessen Schwächen ich erst bei dieser hoffnungslos romantischen Aufführung gekommen bin. Die Bühne quirlte von raffinierter Bewegung, und aus dem Zentrum eines jeden Sprudels wurde jeweils gesprochen – schwer auszumachen, von wem. Ein Straßenkampf von Cyrano mit zwanzig Banditen auf einmal wurde als Schattenspiel gezeigt – größer- und kleinerwerdende Gestalten, Degen, die die Brust durchstoßen und dann, losgelassen, auf und nieder wippen. Am Ende des vierten Aktes ein Fourth-of-July-Raketenfeuer und eine veritable Schlacht auf offener Bühne: ein müder Schimmel, Pulverdampf, Dunkelheit. Am Ende des fünften Aktes der Klosterhof mit weißen Nonnen, grünem Licht und fallenden Blättern. Das Stück trotzt der Theatralik – die anrührende Geschichte des schönen Geistes mit dem häßlichen Gesicht, der seine Gabe einer wohlgestalten Larve zur Verfügung stellt; die geliebte Frau liebt den Geist und den Leib in einem, während beide Männer am Zweifel zugrunde gehen, ob sie für sich allein überhaupt geliebt werden können. Der Dichter entscheidet sich für den Geist – und begeht damit eine Ungerechtigkeit. Beide Männer lieben ja aufrichtig und mit ganzer Seele. Die Seele aber ist weder Wortgepränge noch Wohlgestalt. Cyranos Tapferkeit – die Tapferkeit seines Verzichts – mehr als seine buchstäblich berauschende Beredsamkeit macht, daß wir die Ungerechtigkeit hinnehmen. Ja, die Entsagung, die »fureur triste« käme mit weniger Worten aus:

> … et pourtant il n'est pas égoiste!
> Ah! que pour ton bonheur je donnerais le mien,
> Quand même tu devrais n'en savoir jamais rien,
> S'il se pouvait, parfois, que de loin, j'entendisse
> Rire un peu le bonheur né de mon sacrifice!

Irgendwo haben wir alle unsere lange, ungestalte Nase, die unseren Schmerz lächerlich zu machen droht. Der große Geist hat Grund, die Häßlichkeit zu fürchten:

> Ah! non, cela, jamais! Non, ce serait trop laid,
> Si le long de ce nez une larme coulait!

wie umgekehrt die Schönheit alle Gunst fürchten muß, die ihr alleine gilt:

> … demander pardon…
> De t'avoir fait d'abord, dans ma frivolité,
> L'insulte de t'aimer pour ta seule beauté!

Als Roxane später erkennt, daß sie Cyranos Seele und nicht Christians Angesicht geliebt hat, und dies dem gealterten, zu Tode verwunderten Helden bekennt, weist er sie panisch zurück:

> … Non! car c'est dans le conte
> Que lorsqu'on dit: Je t'aime! au prince plein de honte,
> Il sent sa laideur fondre à ces mots de soleil.
> Mais tu t'apercevrais que je reste pareil.

Ich fürchte, diese kühnen Härten hat unsere Aufführung verspielt.

Am Abend darauf sahen wir Jean Louis Barrault in einem Ein-Mann-Stück von Vauthier. Ein Dichter kehrt in ein billiges Hotelzimmer zurück, um dort noch einmal die Inspirationen seines Erstlingswerks, das er einst dort konzipiert hat, zu erfahren. Draußen heulen die Lokomotiven und knattern die Züge über die Weichen. Von nebenan hört man zuweilen das Kichern und Stöhnen von Liebenden oder den brutalen Streit eines Ehepaares. Ein stummer *garçon* des Hotels, nach dem geklingelt wird und der nur dadurch »gegenwärtig« ist, daß er dann nicht kommt, repräsentiert die in sich geschlossene Vergangenheit. Bis zur Hälfte des zweiten und letzten Aktes schien es um den Topos Leben oder Werk, Mensch oder Dichtung zu gehen, darum, wie eines dem anderen abgerungen werden muß, eines den Preis des anderen zahlt. Es gibt keine Rückkehr und kein Bewahren, die Dinge sprechen nur einmal und von selbst; sie lassen sich nicht beschwören; es kommt nur das Echo der eigenen Sehnsucht zurück. Dann erschießt nebenan ein Streitender oder ein Liebender den anderen. Die Illusion der Zwiesprache mit den Gegenständen und der eigenen Erinnerung wird durch die Gewalt der Gegenwart zerrissen. Aller Zauber endet in einem Wortchaos, alle Spannung in sich überschlagender Schauspielerei. Mich befällt Atemnot, und ich weiß nicht, ob aus Ekel oder Bewunderung oder Verwirrung – oder weil ich auf einem Stehplatz, eingezwängt zwischen sich reckenden Zuschauern, einfach nichts mehr zu atmen finde. Barraults Spiel ist kein »Spiel« mehr; er stellt nicht X in der Situation Y dar, sondern erschafft einen Menschen, eine absolute Existenz oder auch eine s. v. v. »konkrete Idee«. Da das Stück schlecht, seine Pointe unverständlich, sein Ethos abstoßend ist, bleibt nichts als die Person, ein auf sie verengtes, gesteigertes Dasein auf der Bühne. Ich habe mich hinterher gefragt, ob sich nicht Theater überhaupt darauf zurückführen läßt – ob nicht alles übrige nur ein Mittel ist, das der einen Möglichkeit dient oder im Wege steht: der Möglichkeit, einen Menschen zu schaffen für den Dichter, einen Menschen zu sehen für das Publikum. Im Leben sind wir selbst immer in irgendeiner Weise beteiligt; das Theater dagegen ist eine platonische Anstalt. Und ich hätte gerne mit Platon darüber gerechtet.

Am Théâtre National Populaire, in dem es die berühmtesten Schauspieler (Maria Casarès, Gérard Philippe, Jean Vilar) und die großzügigsten szenischen Experimente gibt, bot man uns »Marie Tudor« von Victor Hugo. Gide soll, auf die Frage, wer der größte französische Dichter sei, geantwortet haben: »Malheureusement Victor Hugo«. Ich erfahre an mir beides – die starke Wirkung des Stücks und das Bedauern, daß es so wirkt. Die straffe Regie ließ über den dramatischen Effekten, die sie hervorbrachte, das Mißverständnis verzeihen, das sie den Charakteren antat. Marie Tudor (die Katholische) kann von Hugo so nicht gemeint sein. Der von ihm formulierte Konflikt – »grande comme une reine, vraie comme une femme« – war vom ersten Augenblick zugunsten des Weibes entschieden.

Der gewaltige Theaterraum im Palais Chaillot sieht aus wie der Plenarsaal der Vereinten Nationen. Die stilisierten Bilder werden von der Bühne gleichsam ins Publikum »geschüttet«, so daß man guttut, in der letzten Reihe zu sitzen, von wo aus man die gewalttätigen Wunder unversehrt überschaut. Weil die Aufführung hier mit unfranzösischer Pünktlichkeit und obendrein um 20 Uhr anfing (während sonst kein Theater vor 21 Uhr beginnt), kamen wir zu spät und wurden nicht vor Ende des ersten Aktes eingelassen. Man drückte uns einen *récit* der Handlung in die Hand und führte uns auf breiter Rolltreppe in ein riesiges Foyer, wo man die Ereignisse auf der Bühne über eine Lautsprecheranlage mithörte. Der Eindruck war in dem dämmrigen Raum außerordentlich, und als wir das Spiel später sahen, war es um die Dimension der eigenen Phantasie ärmer.

In der Comédie Française erlebten wir zwei Stücke, die »Femmes Savantes« und »L'amour médecin« von Molière. Wieder ein ganz anderes Theater – von der Tradition getragen, eine strenge Gemeinschaftsleistung, in der alles Virtuosentum unterdrückt wird, statische Bilder von außerordentlicher Sicherheit des Geschmacks und der Wirkung. Die relative Unbewegtheit des Spiels erklärt man gern mit den Zuständen auf der Bühne zu Molières Zeiten: Dort war der Raum durch Zuschauer eingeengt, die zum Teil mitten in der Szene saßen. Vor allem die Kokotten begehrten diesen Platz, weil sie dort die Aufmerksamkeit ihrer Kundschaft am leichtesten auf sich ziehen konnten. Molière soll die Plätze auf der Bühne schließlich – aus eigener Tasche – aufgekauft haben. Das beendete diese Einrichtung. Wie so oft bei historischen Erklärungen ist dies freilich nur die halbe Wahrheit. Die Vorgänge, die wir sahen, waren ja bewegt, nur in einer anderen Weise; das große Kostüm weitet die Geste; die Einheitlichkeit des Dekors und die Feierlichkeit der Verssprache entfalten ein großes Pathos; die Charaktere sind hart gegeneinander gesetzt; das Geschehen wirkt darum gespannt, überhöht, hochdramatisch. Bei Molière wird im übrigen ungeniert moralisiert, und *das* macht seine Stücke so menschlich, nicht ihre jeweils mögliche Aktualisierung.

Die »Femmes Savantes« haben mir die höchste Bewunderung entlockt, »Le Chien du Jardinier« von Lope de Vega den tiefsten inneren Anteil. Ich hatte das deutliche Gefühl, es gehe um mich. Diesen geheimnisvollen Egoismus bringen wir in die edelsten Erschütterungen ein. Man kann ihn wohl nur sühnen, indem man ihn bekennt. Es war wieder im Marigny-Theater mit Jean Louis Barrault und seiner Frau Madeleine Renaud in den Hauptrollen. Man muß das Stück noch einmal lesen, um die ganze Zauberei zu begreifen, die da mit uns getrieben wird. Die Geschichte handelt davon, wie eine Liebe an der Eifersucht erwacht und aktiv wird. Eine Gräfin-Witwe liebt ihren Sekretär. Als Frau von Geist und Stand darf sie nicht erobern und besitzen wollen, was sie begehrt; aber sie kann auch nicht dulden, daß es anderen, Geringeren zur billigen Beute wird. Ihre Liebe verfährt nun wie der Hund des Gärtners, der vor seinem Fraß sitzt – der niemanden heranläßt, vor lauter Wachsamkeit selber auch nicht fressen kann. Alles, was sie in der Ebene der natürlichen Liebe erreicht, setzt sie aus Scham sofort in Geist und Spiel um, bis der verzweifelte junge Mann endlich ausbricht: Il faut ou laisser manger les autres ou manger soimême! Aber die Distanz wird nicht ungestraft aufgegeben. Der nun eröffnete Zugang zur Liebe der Gräfin gefährdet zugleich *sein* Leben und *ihr* Glück. Es gibt in dieser Lage, im Leben wie in der Dichtung, nur eines – die wissende Trennung, die Verwandlung des einen Schmerzes in einen anderen. Eine Tragödie freilich sollte dies nicht werden, und so endete die Geschichte in einer barocken Buffonerie mit Anagnorismos und allen Enthüllungskünsten der späten romantischen Komödie. Als der Vorhang fällt, verneigen sich drei Brautpaare anmutig vor dem Publikum.

Die folgende Pantomime, extra für Barrault-Baptiste geschrieben, das schlichte Melodrama eines Rennpferdes, verbrauchte viel gutes Talent für eine nur schwache Wirkung. Ich wäre lieber mit dem Eindruck der Fabel von Lope de Vega nach Hause gegangen, wo eine Flasche Burgunder mir den Traum fortspinnen half.

Ostern in Notre-Dame zur Hochmesse. Vier Bischöfe und ein Erzbischof zelebrierten vor dem stumm und stetig kreisenden Volk – einem seltsam unbeteiligten Bahnhofspublikum. Die Orgel spielte Bach. Die Säule, an der ich lehnte, strahlte Kälte aus und erzeugte so den Schauer, der sonst fehlte. Ich bin eineinhalb Stunden reglos im Halbdunkel eines unverstandenen Vorgangs verharrt – und habe mich dabei wohlgefühlt.

Gegenüber auf der anderen Seite der Seine schloß sich in St.-Julien-le-Pauvre, in der schönsten, wohl auch ältesten Kirche von Paris, ein griechisch-orthodoxer Gottesdienst an: Kerzenlicht, Weihrauch, süßlicher Gesang.

Am zweiten Ostertag sind wir nach Chartres gefahren. Auf dem Hinweg schlachtete ich eine weitere Illusion: Versailles. Man weiß eigentlich schon vorher, wie es sein wird; aber man muß es sich

beweisen (wie man ja auch weiß, daß es bei den Bouquinistes nichts
Aufregendes mehr zu finden gibt, und stöbert doch bis zur Verstim-
mung in ihren Auslagen). Die Stadt Versailles ist häßlich; die Auf-
fahrt zum Schloß führt an Tankstationen und sich weit in die Straßen hinein ausbreitenden Cafés vorbei und erinnert an das Vorge-
lände der Niagara Falls: Parkplätze, Polizisten, erwartungsvolle Kellner, Touristen-Busse – und wir auf dem infamen Motorrad. Hans-
Georg blieb am Tor, während ich weiter vordrang – trotzig und
unsicher über das, was ich mir da selbst antat, wenn ich so, mit
innerem und äußerem Schutzdreß, in das Allerheiligste der politischen Geschichte Frankreichs eintrat. Der Spaziergang durch den
Park stellte meine Unbefangenheit wieder her, der Blick über die
(abgelassenen) Wasserbecken, in denen nackte rostige Röhren lagen,
befreite von beidem: Beklemmung und Hochmut.

Zwei Stunden später waren wir, ziemlich durchfroren, in Chartres. Hier hätte man mehrere Tage bleiben müssen, nur um zu
schauen. Verstehen kann man wohl erst nach Jahren, wenn überhaupt – dieses geistig-geistliche Bilderbuch, diese steingewordene
andere Welt, diesen grauen Koloß vor einem grauen Himmel über
einer grauen Stadt, diesen dunklen Innenraum aus Licht und Pfeilern. Wir sind unehrlich oder betört oder begnadet, wenn wir behaupten, dies würdigen zu können.

Und dann Johannes der Täufer am Nordportal! Er hat mich tiefer
bewegt als irgendetwas anderes auf dieser Fahrt. Betrachte ich die
Fotografie, die ich mir von ihm gekauft habe, scheint sie mich an
einen lebenden Menschen zu erinnern, dem ich allzu kurz begegnet
bin: ich will teilhaben an dem, was ihn schmerzt, will ihm seine
Traurigkeit wegtrösten, will, daß er mich wahrnimmt. Dort aber, in
Chartres, gebot er Abstand. Ich muß die Fremdheit aushalten, die er
und Chartres mich spüren lassen. Das ist ehrlicher und befriedigen-
der als gefühlige oder gelehrte Annäherung.

Ins Museum sind wir nur selten gegangen. Im Louvre habe ich
mich auf die griechischen Vasen, die archaische griechische Plastik
und die Assyrer beschränkt – drei Vormittage lang, einen davon
allein. Das hat seine Vorzüge: Man erklärt nicht nur, was man selbst
schon weiß (und womit die Geduld des anderen meist schon
erschöpft ist), sondern denkt aus, was man sagen könnte, wäre
ein Freund dabei (und unbegrenzt neugierig). So habe ich vieles »für ein nächstes Mal« gelernt, auf das ich nun mit Zuversicht
hoffe.

Das Musée Rodin war enttäuschend. Die einstige Begeisterung, die neben den alten Griechen eigentlich nur den Schöpfer der »Bürger von Calais«, des »Age d'airain«, des »Fugit Amor« als großen Bildhauer gelten ließ, lag wie eine etwas beschämende Pubertätserscheinung hinter mir. Ich war abgestoßen von der allzu unmittelbaren, unverhüllten oder betont verhüllten Aussage, von der Ungeniertheit des Effekts. Es schien ein Widerstand zu fehlen. Die archaische Kunst offenbart ihn; die klassische ringt mit ihm; danach ist er überwunden – wie es scheint für immer. Zwischen Hellenismus und Neuzeit lautete die Aufgabe anders: nicht müheloser Schein, nicht totale Äußerung, sondern Verinnerlichung, das Hineinnehmen der Idee in den Stein. Meisterhaft sein hieß nun demütig sein, wodurch der Gegensatz von Gestalt und Gehalt, von Geist und Natur wieder fruchtbar wurde – bis er sich in der Verabsolutierung der Kunst verlor. Im Musée Cluny habe ich Beispiele mittelalterlicher Kunst gesehen, die den Unterschied zwischen dem Kunstwerk als Bewältigung und dem Kunstwerk als Dienst treffend illustrieren.

Das letzte, was wir in Frankreich genossen haben, war die vom Menschen gezähmte Natur, das, was wir »Landschaft« nennen. An einem strahlenden Sonnentag: Fontainebleau, Sens, Troyes, kleine geschlossene Städtchen wie der Faubourg de l'Ecueille, Schlösser wie das von Brienne, romantische arme Dörfer mit dicken Kirchen, entlaubte Wälder, ockerfarbene Äcker, gesäumt von dunklen Tannenhecken und weißen Steinhaufen, eben aufgehende Saat, endlose Pappelalleen... Die aufgeräumten Dörfer im Elsaß kamen uns heimisch vor. In Colmar wurde noch einmal eingekehrt – eine eher rituelle Stärkung vor dem Zollübergang. Bei der Schwester in Freiburg fanden wir Quartier für die letzte Nacht und den ersten wirklich tiefen Schlaf seit acht Tagen.

Mythische Höhen – liebliche Täler*

Ein Fußmarsch über die Alpen
1956

> Fanden sie dort Kronion, der hoch auf des Gargaros Gipfel
> Schauenden Auges saß, umkränzt von duftender Wolke.
> *Homer*

Goethes Behauptung, man reise nicht, um anzukommen, ist geistreich und wirkt immer wieder aufregend, weil sie selten stimmt. – Diese schlecht verhüllte kleinmütige Korrektur an einem großen Gedanken könnte allein schon genügen, einen rechten Klett (zum Etymon *chlad – haften, heftig beharren, insistieren) dazu zu bringen, mitten im zweckbestimmten 20. Jahrhundert doch noch einmal dies zu versuchen: die Alpen unzeitgemäß – wie Hannibal oder Konradin oder Seume – zu überqueren, wandernd, weil Wandern das Unterwegssein intensiviert, gesellig, weil man über dem Gespräch das Ziel aus dem Auge verliert, eingebettet irgendwo in die Sommerferien, so daß die Gewalt der Termine aufgehoben ist. Das Motto unserer »Reise« war: »Das Ding um seiner selbst willen tun.« Einige völlig zwecklose bis geradezu zweckwidrige Zutaten wie die Lektüre der Ilias oder das Bestimmen der Alpenflora oder die Mitnahme des Hundes Rolf (des »Fenris-Rolfs«) sollten das bekräftigen und uns für die Dauer der Unternehmung vergessen lassen, daß wir am Ende doch wieder dem grünen Opel und der mütterlichen Kultur anheimfallen würden.

Abkürzungen gab es zunächst nur auf dem Papier – in einem Sammelbrief vom 12. 7. von Ernst Klett → EK an Philipp-Wolff Windegg → PW, Hartmut Hentig → HH, Bernhard Bueb → BB und Michael Klett → MK. Alles andere wollte seinen Umstand und sein Eigengewicht haben: die Ausrüstung, das Studium von Geologie und Historie, das Kartenlesen und Vordenken der Route, die Auswahl der Medikamente, das Futter für den Hund, die ungefähren Etappen. Das war beileibe nicht »Planung«, das war Sicherung des Spielraums, der Leichtigkeit.

---

* Dieser Bericht schildert eine von Ernst Klett erdachte Fußwanderung über die Alpen – vom Vierwaldstädter See zum Maggiatal. Die dabei geführten Gespräche sollten hauptsächlich von den Göttern Griechenlands handeln – gespeist durch die Lektüre der Ilias.

Jetzt galt es die Stiefel besohlen, die Zähne plombieren und einen tiefen Schluck griechischen Götterglaubens aus W. F. Otto nehmen, bevor alles miteinander strapaziert wurde.

Pünktlich zur abgemachten Stunde stürzte eine – von Energie knisternde – Spitze Klett'scher Männlichkeit die enge Stiege des Tübinger Hauses Klosterberg Nummer 8 hinauf, beschloß mit windigem Leichtsinn, dem HH alle nicht gewußten griechischen Wörter als *hapax legomena* durchgehen zu lassen (so daß er kein Lexikon mitzuschleppen brauchte), und schon war man – in gutem Gespräch mit EK – über die Schwäbische Alb unterwegs zum fünften Mann (PW) oder auch, je nach Temperament, zu dem Weine »Ab der Leutschen« (verzeiht, ihr Welschen und ihr Deutschen!) oder zu den Lachs-Forellen, die uns in Basel erwarteten.

Den HH gewann der PW mit einem Nescafé für sich, den er in seinem Arbeitszimmer anbot – und durch den Anblick der von ihm verfaßten Bücher. Da hatte man einen Vorgeschmack der Leistungen, die von PW auf der Fahrt zu erwarten sind.

Wohlgesättigt und durch die Schweizer Preise eingeschüchtert, haben wir die vorgesehenen Einkäufe langsam und lustlos erledigt, zumal Klett'sche Grundsätze einer sachdienlichen *Co-Op*eration im Wege standen.

Bis Amsteg war die Unterhaltung der Schweizerischen Geschichte gewidmet – mit Höhepunkt beim Anblick des Tell-Denkmals aus dem Ende des vorigen Jahrhunderts, eines bronzenen Amalgams aus Dante und Marlon Brando. Die Wirkung sollte keiner unterschätzen, gar belächeln. Die Preußen wie die Schwaben haben da ernstzunehmende Entsprechungen!

Ein Schild »Frische Bachforellen« brachte dem Hotel »Zum weißen Kreuz« den Vorzug vor anderen Absteigemöglichkeiten ein. Damit hatten wir uns freilich auch für laute Zimmer zur Gotthard-Straße, einen Wasserfall, eine eiserne Eisenbahnbrücke und einen deutsch–schweizerischen Zwischenfall entschieden: Rolf attackierte die Hotelkatze, und die eingreifenden, Ordnung schaffenden Kommandos beiderseits steigerten ihn zu einem uns noch lange beschäftigenden Drama. Noch fehlte der Hunger auf die Bachforellen. So machte man denn zunächst einen Spaziergang die Schlucht hinauf. Das Menu, »reichlich serviert«, mundete und mündete in einem Gespräch über Hemingway und Nihilismus. So kommt es meistens, wenn man satt ist.

Am anderen Morgen begann die Wanderung – »kniefrei« an Leib und Gemüt, in etwas zu forschem Schritt auf die Etzli-Hütte zu, die auf 2052 m Höhe liegt und uns also 1500 m Aufstieg abfordert. Ein Hexenkraut, das bestimmt werden wollte, ein noch aufzugebendes Geburtstagstelegramm und ein der Post gegenüberliegendes Gasthaus vereinten sich zu einem letzten Anschlag der Zivilisation auf unsere Aufbruchsbereitschaft; bald hatten wir auch das alles endgültig hinter uns gelassen.

Die Kolonne zog sich schnell auseinander, nachdem wir in gesunden Schweiß geraten waren. Jeder spielte sich in seine Rolle ein: Entweder man lästert die Sonderlinge, die da in unerfahrener Hast vorauseilen; oder man verachtet still die Nachzügler; oder man bedenkt das Ganze von der Mitte her – besonnen und besorgt. Wir durften für die etwas kühle Dunstigkeit des Himmels dankbar sein, wie denn überhaupt das Wechseln des Wetters der Fahrt gut bekommen ist. Die Leuchtkraft und Farbigkeit des vierten Tages wäre ohne die nebelgraue Steinwelt der ersten Tage nicht so überwältigend gewesen, nicht so dankbar genossen worden.

An einer Alm glaubten BB und HH schon eine besonders tragische, einem klassisch geschulten Sinn unmittelbar einleuchtende Form des Urner Mysteriums zu erleben (man sagt, daß hierzuland den viehtreibenden Sennen manchmal ihre Herden bei einer Biegung des Weges völlig verschwinden und sich oft erst nach Stunden wieder einfinden): Sie sahen auf einmal etliche Säue, die sich rosa und wohlig, aber wie verzaubert von den grünen Matten abhoben. Die Zählung ergab – gottlob – ein Schwein mehr als die Verwandlung ihrer lieben Gefährten gefordert hätte. Und am nächsten Absatz sahen sie auch in der Ferne die beiden komtemplativen Mitglieder der Gesellschaft, PW und MK, denen der eigenbrötelnde und botanisierende EK dicht auf den Fersen war: in Menschengestalt.

Mitten im Geröll – die Alpen werden alt und zerbröseln – fanden wir die Etzli-Hütte, einen urigen Hüttenwart mit seiner Frau, skatspielende Buben, eine kühle Stube und einen großen Topf heißen Tees. Das Allerwichtigste war geschafft: EK hatte eigene und fremde Zweifel an seiner Konstitution widerlegt und, wie das Väter bis zum 50. Lebensjahr tun sollten, selbst seinen Sohn weit übertroffen.

Nach einem Mittagsschlaf haben wir den ersten Gesang der Ilias gelesen. Schon beim 5. Vers – »So ward Zeus' Wille vollendet« – erbat sich EK einen Bleistift und Notizzettel, und HH wußte, was für ein Kampf bevorstand. Der in der Hand des Dichters überfeinerte Anthropomorphismus der griechischen Götter, ihre Machtlosigkeit gegenüber dem Schicksal, ihr »Mangel an Würde« (die von uns immer als sittliche Würde verstanden wird) – das alles soll die Götterwelt als unglaubwürdig erweisen. Aus unseren Religionen und Philosophien, die vom Orient her bestimmt sind (auch wo wir das längst nicht mehr wahrnehmen), sind wir gewohnt, die Gottheit als der Welt gegenüberstehend, sie überschreitend zu verstehen, und weder der Pantheismus eines Spinoza noch die als in der Welt waltend gedachte Vernunft der Aufklärung haben diese Dualität aufheben können, sondern sie nur verlagert. Gewiß war das Griechentum nicht das ungebrochene Paradies, das der Neuhumanismus in ihm entdeckte und an das er, allem Augenschein zum Trotz, hartnäckig glaubte. Die Griechen haben den tragischen Widerspruch, der sie heute so modern macht, deutlicher erfahren und ausgedrückt als je ein anderes Volk in der abendländischen Geschichte. Aber der Widerspruch setzte mitten *in* der Götterwelt ein und entstand nicht erst *zu* ihr. Wer die Götter Griechenlands als Spiegelung der Realität auffaßt, darf dies freilich nur, wenn er eine tiefere Bedeutung von Realität zugrunde legt. In allen Auseinandersetzungen mit EK um die Götterwelt scheint es HH darum zu gehen, daß man diese Bedeutung der Realität erkennt, erfahrbar macht – so, daß nicht mehr der alte *logos physikos* oder die W. F. Otto'sche Schwärmerei da steht, wo EK's Frage auftrifft: »Ja, was sind denn diese zankenden, neidischen, allzu menschlichen Götter anderes als die spöttenlnde und willkürliche Erfindung einer späten Zeit und ihrer überreifen Dichtung?« Nun, die Götter sind das Erscheinungsbild, die ideogrammatische Deutung einer unheimlichen, aber bejahten Welt, in der der Mensch seine eigentümliche Aufgabe hat, und diese ist die gleiche von Homer über Herodot und die Tragiker bis zu Platon: *to phronein*, also: erkennen, Vernunft walten lassen, Maß halten, verstehen.

Durch den Gegensatz zur transzendierenden Wahrheit ist »die Realität«, also unsere Wahrnehmung der Welt, so versachlicht, so entzaubert, daß wir Göttliches nicht in ihr unterbringen können und in den Göttern Homers nichts anderes sehen als schnöde Vermenschlichung. Goethe hatte mehr recht, wenn er vom Theomorphismus der Griechen sprach: Die Griechen vermenschlichten nicht die Götter, sondern sie vergöttlichten den Menschen. – Aber auch das läßt noch zu viel von der Spannung zwischen Sollen und Sein übrig, die unseren Religionen eigen ist. Bei den Griechen geht es um das Anschauen und Deuten des Daseins, das für sie noch allen Widerspruch und alle Willkür, alle Gesetzlichkeit und alle Gunst, alle Macht und alle Verführung hatte, die wir in der Ethik, in der Metaphysik, in der Ästhetik auflösen.

Um das alles einmal unabhängig von unseren philosophischen Positionen auf uns wirken zu lassen, ohne mit der »Wut des Verstehens« (Schleiermacher) zu zerstören, worum es hier geht – nämlich die denkbar tiefste Bedeutung zu erfahren, die die Götter Homers für ihren Schöpfer und ihre Gläubigen haben konnten –, dazu war es gut, in die Welt der Berge aufgestiegen zu sein. Hoch über den Tälern unserer gewohnten Welt mochten wir unsere hemmenden Denkgewohnheiten ablegen. Ein Gewitter, wie wir es in der kleinen Steinhütte der Robiei-Alm erlebt haben, konnte helfen, den Zeus nicht als »Macht« im Sinn der anthropologischen Religionsgeschichte zu sehen und nicht als ein Phänomen der Physik, sondern als zugleich Erscheinung-und-Wahrnehmung eines bestimmten Teils der Wirklichkeit. Oder die starre Mittagsglut auf der Alm am Fuße des Basodino konnte uns bang auf den Einbruch eines *deima panikon* warten lassen. Oder das schauervolle Verstummen der Bergwelt, wenn die Sterne aufgehen, oder das gewaltige Toben eines Wildbachs, oder eine Wiese, besät mit dem betäubenden Blau der Enziane, mochten an die Figuren, Formen, *ideai* erinnern, unter denen die Griechen dies alles wahrgenommen haben: nüchterner als die monotheistischen Religionen, großzügiger als *modern science*. Eris und Eros begleiteten uns auch ungebeten. In Nebel, Dämmerung, Zwielicht, bei unverständlicher Verirrung und auf glückhaft wiedergefundenen Pfaden gab Hermes beiden Gelegenheit, uns gründlich zu verwirren.

Für den Griechen geschieht nichts – weder Entscheidendes noch naturhaft Gleichmäßiges – ohne die Götter; mit dieser Vergeistigung der Vorgänge bekundet er, welchen Rang er ihnen einräumt; er will nicht explizieren; das Wunder erstaunt ihn, es »interessiert« ihn nicht, wie den Ovid; ja, das Wunder ist ihm lieb, es widerspricht weder seiner Intelligenz, noch seiner Neugier, noch der allgemeinen Vernunft. Das alles versetzt ihn, den Hörer Homers, auf eine andere Ebene des Bewußtseins, die wir nicht einfach ergrübeln und erzweifeln können, sondern nur erfahren, indem auch wir es für möglich halten, es unseren eigentümlichen Freuden, Verwandlungen und Gefahren unterwerfen.

Die Götter Homers können *wir* wohl nur negativ begreifen. Wir stehen vor dem Dilemma aller theologischen Hermeneutik: Entweder ist alle religiöse Erfahrung gleich, dann sind die Vorstellungen, die mit den unseren nicht übereinstimmen, nicht wirklich religiös – sind Aberglaube auf verschiedenen Stufen der Verfeinerung; oder religiöse Erfahrung ist jeweils verschieden, dann können wir keine Religion ergründen, ohne sie uns zu Eigen gemacht zu haben. Die Götter Homers *sind* nicht lächerlich, weil sie uns so *scheinen*. Gleichzeitig ist es nicht unwichtig, daß sie uns so scheinen, denn das allein korrigiert unsere Frage.

Ein Spaghetti-Gericht bringt uns auf die Erde zurück. Jeder vertrat sich auf seine Weise die Beine und schaute wohl zur Börtli-Lücke hinüber, durch die wir am nächsten Tag nach einem Anstieg von 500 m in das Felleli-Tal gelangen sollen. Man schlief – unterschiedlich – gut, jedenfalls von anderen Leuten ungestört, die sich als Mitglieder des Schweizer Alpen-Clubs (SAC) in besseren Räumen unterbringen ließen. Einem späten Eindringling widerfuhr dabei ein gut-Urner Verschwinden seines Rucksacks. Bei der Suche danach kam er schließlich selbst abhanden. Am anderen Morgen blieben wir unrasiert und nur halb gewaschen, und als wir das erste große Schneefeld in weit auseinandergezogener Gruppe überquerten, sahen wir ganz aus wie die Nanga-Parbat-Expedition in der Frankfurter Illustrierten. Als BB, HH und Rolf die Paßhöhe überschritten, stoben weiter unten drei Gemsen davon; das Murmeltier vom Dienst pfiff Alarm; und Rolf hatte das Nachsehen. Der beißende Wind verdarb uns, der Vorhut, das wohlgemeinte Warten auf die Nachzügler; wir stapften schließlich weiter; die anderen werden mächtig auf uns geschimpft haben, als sie eine dreiviertel Stunde später auf dem Kamm ankamen und uns nur noch als kleine Punkte im Geröll weit unten ausmachen konnten. Die Aristokraten und Hundeherren waren diesmal alle auf einer Seite, auf der oberen. Rolf mußte es büßen: Die Akustik eines griechischen Amphitheaters trug ihm das harte Kommando von der Höhe zu, und schon jagte das treue Tier davon. In zehn Minuten legte er bergan soviel zurück, wie wir bergab in einer Stunde geschafft hatten. Die EK und MK begründeten ihre Unmenschlichkeit damit, daß man den charaktervollen Rolf in so »asozialer« Gesellschaft nicht habe belassen wollen. Welcher Gott wäre nun dafür zuständig?!

Aufregend war die Entdeckung einer Alpenanemone, die zu bestimmen den gelehrten Botanikern nicht gelang. Eine rechte Genugtuung für den naiven Betrachter. Es war, als wolle die Blume sagen: ich bin keine Pusatilla Sulfuria Alpina, sondern ein schönes Geschöpf und am rechten Ort – ganz anders als ihr; dies hier ist kein Labor.

Die Rasten mehrten sich, und unsere Unterhaltung befaßte sich mit der Frage, was weiter werden solle: Wir waren noch alle so frisch, daß das nach oberflächlichem Kartenbefund gleichmäßig ansteigende Tal, das wir am nächsten Tag durchmessen sollten, uns schon heute lockte. Der Ausblick auf die nahe Tresch-Hütte einerseits und das Tal hinauf nach links, wo sich düstere Wolken sammelten, andererseits bestimmten uns zur Einkehr, obwohl die Hütte nach BB's genauer Beobachtung keine Tür hatte! EK's Daimonion und MK's Faulheit vereinigten sich zum gleichen Schluß, und ein Grieche hätte plausibel geredet, der der ratenden Gottheit ein perfides Motiv für einen guten Zweck unterstellte. An BB's Beobachtung hingegen wäre ein anderer Gott schuld gewesen.

In der Hütte, die nach Urner Brauch doch wieder eine Tür hatte, hausten zwei kleine Mädchen mit Knorr-Suppe und Haferflocken. Der Hunger war groß, und PW's Exorzismen erfolgreich. Wir schlürften mit Behagen ein warmes, schleimiges Naß, das unter anderen Umständen jedes Klett'schen Hohns wert gewesen wäre. Vor allem aber hatte PW Geburtstag, und so beschlossen BB und HH, zu Tal zu gehen und ein Festessen heraufzuholen. Mit leerem Rucksack liefen sie so behende hinab, daß es zu keinem Gespräch kam; beim Aufstieg fehlte später der Atem dazu. So wurde auch dies eine von den erstrebten Unternehmungen »an sich«. Natürlich haben BB und HH im CO-OP eingekauft. Es war der erste Laden in einem Dorf, das aus nicht mehr als 20 Häusern bestand und drei Kilometer weiter entfernt war, als sie geglaubt hatten. Daß ihnen die drei Obengebliebenen entgegenkamen, war eine wohltuende Anerkennung, und die drei Flaschen Veltliner, die man alsbald zu trinken begann, ein Lohn, der reichlich lohnet.

Die Bude hatte sich mit allerhand finsteren Leuten bevölkert, die sich um den Herd drängten. Wir mußten uns vor diesen mit EK's ausgezeichnetem Risotto nicht schämen.

Die drei Zurückgebliebenen hatten im Schiffskatalog weitergelesen – gleichsam das Äquivalent zu 20 Pfund 1000 m steil den Berg hinauftragen.

Nach einem Vollbad im kalten Bach schlief HH vielleicht besser als die anderen, aber nicht gut.

Nach dem Frühstück und der Homer-Lektüre brachen wir bei leichtem Nieselregen auf. Das Tal war steiler als erwartet, vor allem aber war es der dritte Tag. Warum sollte der besser sein als die anderen? Das Ziel – die Felleli-Lücke und Andermatt, also von 1400 auf 2400 und zurück auf 1400 Meter.

Nachdem Rolf die letzte Gemse verscheucht hatte, waren wir allein – verlassen auf einem regennassen Geröllfeld, das weglos und chaotisch aussah wie nach einer Gigantomachie. Bergkristalle, die wir nicht aus dem Gestein lösen konnten, ein durch Rationierung unnütz gesteigerter Hunger, Kälte und Warten auf die erschöpften Nachzügler, widersprüchliche Meinungen und Erwartungen an die Fortsetzung des Unternehmens, die schlecht verhohlene Vorstellung, wie dieselbe gestern ausgegangen wäre – hätte man dem Leichtsinn der Nimmermüden nachgegeben –, das waren ziemliche Salzklumpen in der schon versalzenen Suppe, und so standen wir, nach EK's trefflicher Bemerkung, da, wie die letzten Dachsteiner, bevor es rutschend zu Tal ging: nach dem Oberalp-Paß...

Das Tal ist ein Sammelbecken der Scheußlichkeiten: Mililtärbaracken, Telefgrafenleitungen (wie man denn in der Schweiz die Berge überhaupt nur noch durch ein Gewebe von elektrischen Drähten und Förderkabeln sieht), Bahnkörper, Autostraßen und Verteidigungsstollen. Wir waren für den Zug zu spät, für alles andere zu früh. Viele Telefonate bei Tee und heißer Zitrone brachten uns schließlich in die Fänge eines mürrischen Hoteliers und Taxifahrers, der PW zu seinem Anschluß nach Göschenen und uns in eine fatale Herberge brachte. – Ja, PW verließ uns, mit Halbschuhen und Skihosen, weil seine anderen beim Gletscherrutsch unheilbar geplatzt waren, – und doch wohl vergnügter als wir. Seine im Zusammenhang mit dem Königtum oder den vier Aposteln entwikkelte Theorie von den vier Punkten, die den fünften bestimmen, hat uns eingeleuchtet, und wenn Rolf nicht an seine Stelle treten kann, bleiben wir jetzt reichlich unkoordiniert zurück.

Eine doppelte Portion Entrecote und ein seltsamer »Malanser« (ein Zwischending zwischen Malvasier und Harbanser) tröstete uns etwas. Aber wer wirklich des Trostes bedarf, weiß, daß »etwas« gerade genug ist, um einen völlig trostlos zu machen. – Diesen Nachruf unserem Freunde PW, mit dem das Gespräch über den Symbolismus noch ausgetragen werden muß! Das Hotel war so fatal, weil es so laut war: Aller Verkehr, der von irgendwo nördlich der Alpen nach irgendwo südlich der Alpen und umgekehrt geht, dröhnte unter unseren Fenstern vorbei. Die Wasserleitung röhrte. Ein Zug donnerte in den Bahnhof. Kirchenglocken läuteten zu einer Kindsbeerdigung. Rolf gab bellend kund, daß er auf die Straße wolle.

Nach einem deftigen Einkauf (in Erinnerung an die Hunger- oder Felleli-Lücke vom vergangenen Tag) ging es mit der Bahn durch den Gotthard-Tunnel – aus dem wir in Airolo in strahlender Sonne auftauchten. Nach der eben überstandenen Götterdämmerung war jeder Schritt auf der besonnten regenabweisenden Asphaltstraße ein Auferstehungsfest. MK schritt uns weit voran, EK nahm Hut und Sonnenbrille in Betrieb, und BB und HH waren bald nur noch mit Hose und Schuhen bekleidet. Bei Ossasco, einem rechten Tessiner Dorf aus fünf Häusern und einer Kirche (es gab uns eine krude Vorahnung von den urtümlich mythischromantischen Dörfern, die wir im Bavona-Tal erleben sollten), ging es steil den Berg hinauf.

Ein kleiner Hang mit Walderdbeeren, ein Bach, der Schatten von riesigen Lärchenbäumen lockten zur Rast. Später bringt uns lautes Hilferufen von MK zum Halten: EK will »Bernhard, Bernhard« gehört haben, und das ist auch die einzige mögliche Auslegung. BB und HH stürzten mit Verbandszeug ins Tal zurück. Nach etlichen hundert Metern sehen sie, wie oben die Buben ihre Ziegen zusammenrufen. Das also war's, und Echo hat kundig eine Täuschung daraus gemacht, auf daß man auch ihrer gedenke.

Auf 2300 m Höhe winkt die Cristallina-Hütte. Ein auf der Karte verzeichneter See ist noch gefroren und mit Schnee bedeckt. In seinem Ausfluß baden BB und HH und nennen es Lohn für die gute Tat, die sie beinahe getan hätten. Danach der herrliche Dritte Gesang, während die Sonne hinter der Bergwand verschwindet.

»Erste Wolken am Himmel des jungen Glücks« – nicht ein Eifersuchtsduett wie in der Dreigroschenoper, sondern die Warnung, daß Hunde in den diesseitigen SAC-Hütten nicht aufgenommen werden. Daß Rolf dennoch zugelassen wird, ist ein Tribut der weiblichen Hüttenverwaltung an unsere Männlichkeit. Rolf knurrt auch bei jedem kleinsten Geräusch im Haus, und als um Mitternacht zwei späte Wanderer einkehren, gibt es einen ziemlichen Aufstand.

Der fünfte Tag mit dem Ziel Basodino-Hütte ist so schön wie der vierte, und unsere Route geht ja auch nach kurzem Anstieg nur noch bergab. Auf der Höhe nehmen wir so nebenbei noch zwei

Gipfel, unseren höchsten Punkt mit 2800 m und einem Blick auf das ferne Matterhorn.

Das Tal, in das wir jetzt kommen, ist das erste, in dem es überhaupt keine elektrischen Leitungen gibt. Die Schönheit ist fast schon kitschig: zu viele Enziane viel zu schön angeordnet, Steine, Moose, Blumentuffs – »viel zu schön« nicht, weil man der Schönheit überdrüssig würde, sondern weil sie sich nicht sagen läßt, weil sie alle Mitteilung narrt, die man unbedacht oder zuchtlos doch immer wieder versucht.

Vor uns liegt der Basodino – breit und groß mit einem herrlichen Gletscherlatz und Bilderbuch-Spitze. Den ganzen Tag waren wir seiner Lockung ausgesetzt – und da muß sich dann der eine die Schuhsohle halb abreißen, der andere den Fuß verknacksen, und der dritte hat sowieso schon Genickstarre, damit ja nichts aus dem Aufstieg wird.

Vor der Hütte sitzen merkwürdige halbnackte Gestalten; einer pflückt an einem Hang – kaum 200 Meter entfernt – ganze Sträuße Edelweiß; neben der Hütte hocken zwei Frauen mit ihrem Hund, den man nicht einläßt. Der Hüttenwart, ein drahtiger, entschlossener Geselle, ist auch hart gegen Rolf und seine Besitzer. Mit »wovor issa Hund!« wird unsererseits beschlossen, Rolf in eine Sennhütte zu sperren. Später ziehen EK und HH mit ihm dort ein. Ein laut rauschender Wasserfall direkt neben der Hütte begleitet ein spätes Gespräch, während die Sterne aufgehen und die Berge um unser vorzeitliches kleines Tal schwarz und ernst in die Nacht wachsen.

Um 6 Uhr in der Frühe schlägt Rolf an: Die Tür ist mit etwas Gewaltigem verdunkelt. Es ist ein junger Stier, der hierher gehört oder seinen Herrn sucht.

Ein Morgenbad im Wasserfall, köstlicher Milchkaffee, von dem freundlich gestimmten Hüttenwart gereicht, Aufbruch. Wir wollen wenigstens bis zum Fuß des Basodino-Gletschers. Das Motto des Tages: Spaziergang, besser noch englisch: *a stroll*. Wieder diese narrende Schönheit der Berge und des Bachtals, das wir hinaufsteigen. BB und HH dringen auf einem Schneefeld am Rande des Gletschers weiter vor, bis sie der Gedanke, es möchte von unten gefährlicher aussehen, als es tatsächlich ist, umkehren läßt. In der Tat finden sie nach vergnügtem Rutsch EK in gelinder Empörung und fortgeschrittener Generalstabsplanung zu ihrer Rettung. Dem *aipys olethros*, dem »jähen Verderben« entronnen, genießen wir ein Bad, die mitgebrachte Schokolade und die letzten Sonnenstrahlen, bevor sich der Himmel langsam auf das nächtliche Gewitter vorbereitet. Der nicht bestiegene Berg bleibt ein Trauma, das spätere Heilung verlangt.

Bei einem guten Piemonteser Wein schwatzen wir uns mit zwei Schweizern fest. Es beginnt mit der Betrachtung von Karten und endet mit Politik. Ausfälle – durch den Wein enthemmt – auf die Klett'sche Position sind erfolglos. Am anderen Tag erfährt HH, daß er mit EK's Urbanität und nicht mit seinen Meinungen im Streit gelegen habe, die auch beim Wein die Klett'schen bleiben.

»Doch so bitter wir litten, mag nun das Vergangne ruhen. | Notgedrungen wollen wir lieber die Seele bezwingen« (Il. 17, 113f.).

In seiner Almhütte mit Rolf allein mochte HH das alles bedenken. Es wurde eine Nacht eines King Lear würdig: Ein Gewitter, durch das Rauschen des anschwellenden Wasserfalls untermalt und beständig gemacht, Blitze, die durch das Steindach allseitig hereinleuchteten, Hagelkörner und Regen, die auf das Nylon-Cape eindrangen, ein verängstigter Rolf, der sich schweigend an mich drückte, die wohlige innere Wärme, der sich in Schwere und Einheit umsetzende Rausch.

Wenn nicht schon das Vorfeld des Gletschers die Ehrfurcht vor der Gewalt des Zeus anschaulich bestätigt hätte, hier in dieser Nacht hätte man erfahren können, daß er der gewaltigste aller Götter ist. Das kleine Tal, in dem die Alm lag, war am Morgen tief überschwemmt, der Bach braun und wütend. HH watete barfuß zur Hütte; dem Rolf ging das Wasser bis zum Hals. Immer neue Wolken kamen die Schlucht herauf gezogen – und das war gut, denn irgendwann mußte das da unten »alle werden«. In der Tat wurde es um zehn Uhr hell, und noch während des ersten Abstiegs nach Campo riß der Himmel auf, und die Sonne fiel über das erfrischte farbige Land. Auf der Höhe von Campo am Fuße der kleinen Kapelle bot sich ein Ausblick auf das Bavona-Tal. Da mochte man an diesem engen Ausschnitt begreifen, wie den Herrn die Versuchung angekommen ist, die Erde mehr zu lieben als das himmlische Reich. Wäre er nach Forolio gekommen und nicht in Eboli umgekehrt, er wäre dieser Versuchung vielleicht doch noch erlegen: dem Zauber der Einfachheit, der anmutigen, zeitlosen Schönheit des Ortes mit dem hohen Wasserfall als dem Sinnbild des Menschlichen (»uns aber ist es gegeben...«). *Das* hätte den Herrn gerührt – mehr als die Schätze und Reiche des Satans.

Die Vegetation wurde immer dichter, von tropischer Üppigkeit; und von unten drängten die Menschen nach mit ihren scheußlichen Werken – Staudämmen, Straßen, Leitungen und Seilwinden.

Der Opel und Emil waren uns entgegengekommen, und die »Reise als Selbstzweck« hatte sich damit eigentlich erfüllt, hätten wir nicht zum bassen Nichtbegreifen des Fahrers darauf bestanden, bis zum Ziel zu marschieren.

In Maggia sitze ich heute in einem weiten Zimmer mit Blick auf einen paradiesischen Garten; um mich laufen die Eidechsen am Boden umher, und alles hat so sehr seine eigene Gegenwart, daß es nicht recht wäre, die noch fehlenden neunzehn Gesänge Homers abzuwarten, um diesen Bericht zu schließen. – Dort oben waren wir den Göttern manchmal ganz nah, am meisten, wenn wir es gar nicht wußten. Hier ist Menschenwelt; reich, glückhaft und gut.

Me ta podia[*]

Eine Wanderung durch Hellas
1958

Tübingen, 23. Juli, 5.30 Uhr Aufstehen. Hans Wolfram hilft mir beim Abschreiben eines Antrags an die Deutsche Forschungsgemeinschaft. Roland macht das Frühstück. Drei Minuten vor Abgang des Zuges sind wir auf dem Bahnhof. Im Zuge: endlich Zeit, unsere Reise zu planen. Aber weil die voraufgehenden Nächte alle kurz waren, münden diese Bemühungen in Traumduselei.

In München Umtausch des Reisegeldes und ein vergeblicher Versuch, in der Nähe des Bahnhofs einen Würfel Rama für unser Reisebrot zu kaufen. Butter gibt es. Aber sollen wir unsere so knapp budgetierte Reise gleich mit solchem Luxus beginnen!? Man bietet uns auch Schmalz an – dessen Reste wir heute zum Mittag auf unser italienisches Brot träufeln. Wir halten in dem relativ leeren Zug unliebsame Abteilgäste durch allerlei kurzweilige Manöver ab und bringen es bis Bologna zu langgestrecktem Schlaf. Brennero, gelati, orangeada, bambini – alles wie in Hans Scholz' »Am grünen Strand der Spree«. Schon so etwas kann das Reisen zum Vergnügen machen. Man sieht und urteilt, ohne daß man handeln müßte oder daß es Folgen hätte.

In Bologna haben wir einhundert Minuten in der wärmlichen Nacht verbummelt – beeindruckt von den ehrwürdigen Palazzi und Straßenzügen, die zwischen »Romeo und Julia« und Brechts »Galileo Galilei« alles Denkbare heraufbeschwören. Dazwischen modernstes Italien, das immer gleich dreimal so modern ist wie die Moderne anderswo, und *neo verismo*: Schmutz, Stacheldraht, Uringestank, Autowracks.

Von Bologna an ist der Zug überfüllt; wir steigen mehrfach um: in Pescara, in Bari. Das Meer begleitet unsere Fahrt mit dem Versprechen einer frischen Brise. Ölhaine, Weinberge, Feigenbäume.

---

[*] Dieser Bericht schildert einen Fußmarsch der drei Brüder Hentig durch ein touristisch noch unerschlossenes Griechenland – »unerschlossen«, obwohl uns, wie man lesen kann, damals schon ununterbrochen »der Tourismus« geärgert hat. »Me ta podia« heißt »zu Fuß«.

In Brindisi vor allem eins: Hitze. Wir suchen nach billigen Obst-händlern und bemühen uns um Stempel bei der Paßbehörde. Das beschäftigt uns bis zur Abfahrt der »Angelika«; mit beidem sind wir schließlich gut versorgt. Auf der »Angelika« beziehen wir das oberste Deck. Das Meer, ja, das ist »blau, so blau«! »... und es zieht sich so entlang«, so daß wir uns hinlegen, in die Sonne blinzeln, schlafen, alles geschehen lassen. Am morgen sind wir in Korfu, wo wir von 8 bis 10 Uhr anlegen und auch an Land gehen. »We did Korfu« mit Graf von der Schulenburg und ohne Menekrates; statt seiner eine Wassermelone und das Gefühl von Ferien. Die eifrig im englischen Stil exerzierenden griechischen Soldaten wirken wie Spielzeug. Was kann unter diesem Himmel ernst sein? Um den Rest unserer Melone balgen sich die Kinder.

Nach ausgiebiger Pausanias-Lektüre und etwas Salust mit Hans Wolfram, der diesen für ein Examen braucht, gelangen wir nach Ithaka. Ach, wer wollte nicht König dieser Insel sein! Die Küste ist steil, die Berge unerwartet hoch, die Vegetation karg, die Häuser bescheiden und in griechischem Blau-Weiß. Es gibt ergötzliche Sze-nen beim An- und Ablegen. Warum immer alle Hühner mitreisen müssen südlich der Alpen? Inzwischen sieht es an Deck aus, als habe sich »The Family of Man« vollständig auf Deck versammelt. Nach-dem wir Kephallenia passiert haben, kommt steifer Wind auf und es dämmert. Rezinierter Wein hilft vom Tag Abschied nehmen und befördert das Gespräch mit den Mitreisenden: Holländern, Fran-zosen, Griechen, Deutschen. Wenn sie, einer nach dem anderen, in ihre Schlafsäcke kriechen, wird der für uns wichtigste Ort (Andrōn) – wir schleichen da immer in die Erste Klasse ein – wieder zugäng-lich sein.

In der Nacht vom 25. zum 26. Juli: Einfahrt in den Golf von Korinth. Der Wind schreit in den Halteseilen des Mastes und der Funkantenne; er scheint nachzulassen. Über uns ein unvergleichli-cher Sternenhimmel. Kein Wunder, daß die Griechen, überhaupt alle Völker unter diesem südlichen Himmel, so viel mehr von den Sternen, ihren Namen, ihren Schicksalen und ihrer Botschaft an die Menschen wußten (und noch wissen?) als wir.

Um 5 Uhr morgens: der Kanal von Korinth. Wir stehen vorne auf der Kommandobrücke. Vor uns der schnurgerade Schacht. Schwarze, geglättete, senkrecht emporsteigende Wände, spärliche elektrische Lampen in unregelmäßigen Abständen und am Ende das Ausmünden des dunklen Wasserstreifens in den hellen Golf von

Salamis – ein strenges, einfaches Bild von weniger einfachen Gedanken und Gefühlen begleitet. Vorbei an Salamis, das, groß und kahl, eine rechte Heimat für den Aias ist.

Links die Eleusinischen Öl-Mysterien: Tanks, Rauch, Schiffe. Vor uns Athen im Dunst. Wir sind schneller an Land, als wir aufs Schiff gekommen sind. Es ist 8 Uhr morgens, und die Sonne beginnt heiß in den Staub, den Lärm, das unverstandene und verständnislose Gewirr zu scheinen. Es gelingt uns, noch vom Piräus aus telefonisch mit der American School of Classical Studies Kontakt aufzunehmen. Die dortigen Chicagoer Freunde sind im Begriff, den Bus zu besteigen; sie werden nicht zurück sein, bevor wir aus Athen abreisen; und sie werden ihrerseits schon wieder abgereist sein, wenn wir zurückkommen.

Wohin uns wenden? Wir fahren kühn nach Athen hinein und steigen auf dem »Platz der Verfassung« aus. Aber damit sind unsere Probleme nicht gelöst. Die sich hilfreich in unsere Beratungen einmischenden Griechen können so wenig für uns tun, weil wir nicht wissen, was wir wollen. Zwei Schweizer Buben von der »Angelika« schließen sich unserer Ratlosigkeit an. Wie findet man einen Professor Weidemann in einem hiesigen Telefonbuch, wenn das griechische Alphabet kein »W« hat? Schließlich landen wir in einer Jugendherberge, die von jungen Leuten aus allen Ländern bevölkert wird. Man nimmt uns auf – und dort wohnen wir noch heute, leidlich sauber, mit fließendem Wasser, sogar Dusche und Kochgelegenheit. Der polyglotte Wirt ist uns gewogen, weil wir freiwillig in die Unordnung eingreifen, den Waschraum säubern, die Mülleimer ausleeren.

Zunächst Besuch bei Professor Broneer, der uns viele hilfreiche Auskünfte gibt. Es ist mittlerweile 12 Uhr. Als wir aus den kühlen Räumen seines Instituts treten, umfängt uns Sonnenglast – eine buchstäblich sengende Hitze. Man hat das Gefühl, daß sich die Härchen auf der Haut kräuseln.

Da der Lykabettos direkt hinter dem Institutsgebäude aufsteigt und wir nordeuropäische Narren sind, machen wir uns daran, ihn zu erklimmen. Weiter oben ist es selbst den Kakteen zu heiß und trocken. Auf dem Gipfel dagegen bringt der Nordostwind Kühlung, und von nirgendwo sonst könnten wir uns so ausgiebig über die Lage der Stadt und ihre markanten Punkte orientieren!

Unten nimmt dann eine Melonen-Tradition ihren Anfang, die wir seitdem fortsetzen: Wassermelone gegen Durst, Honigmelone (honey dew) als Genußmittel (im Verhältnis 1 : 5), Cantaloupe zum mitnehmen, weil sie klein und leicht ist. Erfrischt beginnt ein erster Rundgang: Olympieion, Ilissostal (eine großzügige Einfassung seiner Ufer hat den einst romantischen Bach nicht verschönt; kein Strauch verbirgt die Abfälle; das Wasser selbst – eine stinkende Schmutzrinne), Hadrians-Tor, Lysikrates-Denkmal, Dionysos-Theater, Asklepieion, Stoa des Eumenes, Theater des Herodes Atticus. Und noch immer versagen wir uns die Akropolis, die jetzt in der Nachmittagssonne erstrahlt. Aufstieg zum Philopappos. Der Anblick der Burg wird immer erregender. Es sieht aus, als könne ihr die Zeit nichts anhaben – weder die Jahrhunderte, die von ihr genommen, noch die Jahrzehnte, die ihr zugetragen haben. Über die Leuchtkraft des Marmors ist viel gesagt worden. Wer das gesehen hat, braucht diese Beschreibungen nicht, wer das nicht gesehen hat, weiß mit ihnen nichts anzufangen. – Die eigentliche »Besichtigung« sparen wir uns noch auf.

Wir schlafen vorzüglich und sind um 6 Uhr mit dem Bus nach Sunion unterwegs. Die Armut der attischen Landschaft, von der schon Thukydides berichtet, ist erstaunlich. In kleinen Taleinschnitten sammelt sich spärliches Grün – Wein und Oliven –, hier und da hellgrüne Pinien, eine Agave, ein Kaktus und immer wieder der rührende Oleander, der aus dem trockensten Boden noch anmutige Blüten zaubert. Rechts das unvorstellbar blaue Meer. Auf dem Kap krabbeln schon einige Menschen herum. Nachdem wir lange genug auf das Meer hinausgeträumt haben und die Sonne nicht mehr erlaubt, auf das grell zurückstrahlende Gestein zu blikken, ziehen wir in nördlicher Richtung an der Küste entlang. Wir schwimmen in einer verlassenen Bucht. Heute, am Sonntag, ist halb Athen auf der Küstenstraße unterwegs. Viele haben ein Sommerhäuschen am Wasser; viele campieren im Schatten eines dürftigen Baums am Straßenrand; viele sind da, um ihr Geschäft daraus zu machen: Sie verkaufen Eis oder Obst, Schwämme oder Lotteriescheine, Souvenirs oder Kaugummi – oder laden zu einem Foto oder auf die Personenwaage ein.

Laurion und seine Geschichte, die wir im unvergleichlichen Baedeker studiert haben, liegt trostlos in der Mittagsglut. Wir marschieren tapfer weiter nach Thorikó, wo wir mit dem Anblick eines griechischen Theaters belohnt werden, genauer: von ihm aus auf die begrünte Bucht und das Meer. Im Hintergrund die »ekboladen« (Auswürfe) der alten Silberbergwerke. Wir finden Eingänge antiker

Schächte, Wachtürme, Tempeltrümmer – und sind weit und breit allein. Noch einmal wird gebadet – ein Haut- und Augenreiz – beides im doppelten Sinn des Worts. Wir haben Tauchermaske und Schnorchel dabei, und ich sehe zum ersten Mal die üppige Flora unter Wasser, die in so krassem Gegensatz zu der Dürre »oben« steht. Sonnengesättigt trotten wir eng an die schattenspendenden Oleanderbüsche geschmiegt nach Laurion zurück – ich von meinem Schuhwerk geplagt.

In der Herberge machen wir uns Eierkuchen. Von Melone allein kann man nicht leben. Ein guter Einfall treibt uns danach zum Theater des Herodes Atticus, wo die Thesmophoriazusen des Aristophanes gegeben werden. Wir sind spät dran, können gerade noch Billets für die billigsten Plätze ganz oben kaufen, werden aber beim Betreten der Orchestra sofort in die erste Reihe, genau in die Mitte – wo Hadrian gesessen haben muß! – gewiesen und erleben eine bunte kräftige Aufführung zu einer Musik, die Carl Orff geschrieben haben könnte – mit viel Um-pa-Um-pa und eingehender Melodik. Alle Wirkungen des offenen Theaters sind genutzt einschließlich Fackeltanz und berauschender Akustik, so daß wir uns fragen, warum man je diese Form des Theaters aufgegeben hat.

Am anderen Morgen (28. 07.): Deutsches Archäologisches Institut, Griechisches Kultusministerium, Jugoslawische Botschaft, Reisebüros – alles mit Erfolg absolviert. Wir haben nun ein Passe-partout – ausgefertigt »eis tous Germanikous spoudastas adelphous HENTIG« (für die Brüder HENTIG, deutsche Studenten), mit dem wir alle Museen und Ausgrabungsstätten kostenlos besichtigen können. Nach kurzer Siesta erproben wir dieses Sesam-öffne-dich an der abgesperrten Agora. Professor Broneer hat uns einen vorzüglichen Übersichtsplan gegeben, der uns zu Sorgfalt anleitet. Das Prytaneion zu betreten, in dem Sokrates seinen Amtskollegen so tapfer Widerstand leistete, oder das Bēma (die Rednerbühne), auf dem Perikles seine Reden gehalten hat, oder das Bouleuterion oder die Heliaia, das bewegt nicht nur den Altphilologen – wie an anderer Stelle das Podium auf der Pnyx und das Gefängnis des Sokrates, auch wenn der so bezeichnete Ort mehr durch Legende als durch historische Zeugnisse ausgewiesen ist. Die Stoa des Attalos ist eines der unbedeutendsten Bauwerke um die Agora. Wir wollen es den Amerikanern gut auslegen, daß sie dieses Gebäude und nicht ein anderes wiederherzustellen sich unterfangen haben. Im ganzen stört sein allzu vollkommener Anblick, aber die sorgfältige Rekonstruktion, der hier wirklich erfahrbare Segen einer überdachten Säulenhalle, die vorzüglich ausgestellten und erklärten Funde und nicht zuletzt ein General Electric *waterfountain* mit eisgekühltem Wasser stimmen uns bald dankbar. Nirgendwo kann man soviel lernen wie gerade bei den Amerikanern, die selber noch soviel Freude daran haben. Europäer verwalten ihren Kulturbesitz, und dazu genügen offenbar Katalognummern am Gegenstand und gelehrte Ausführungen in der Fachliteratur.

Ich verbringe Stunden mit den Vasenfunden, Akroterien, Stelen, Brunnenfassungen, Pithoi, Glasurproben, Terracotten (darunter ein Kinderkackstuhl, der das Kind bis zur Brust einschließt), Modellen der Anlage, Inschriften (die einen Griechischlehrer meines Grades zur Verzweiflung bringen, weil er sie nicht lesen kann; aber der hat ja auch schon seine Schwierigkeiten mit den griechischen Majuskeln auf Schildern, Anzeigen, Bussen; er muß die Wörter jedesmal buchstabieren, weil er eine andere Schreibweise gewohnt ist).

Nach dieser befriedigenden archäologischen Exkursion besteigen wir nun endlich die Akropolis – zum ersten Mal. Es ist eine Stunde vor Sonnenuntergang – jetzt schon etwas darüber schreiben? Nein, noch nicht!

Heim geht es durch die basarartigen Straßen der Altstadt. Dort gibt es viel zu sehen, und meist kauft man dort auch billiger ein. Jeder von uns hat sein Herz schon an bestimmte Gegenstände gehängt, die er mitnehmen will, wenn das Geld bei der Rückkehr dafür noch ausreicht. Nach dem knappen Abendmahl geht es zurück zur Akropolis. Gestern war sie angestrahlt, und wir haben vom windgekühlten Philopappos aus auch dieses Geschenk der Technik genossen – nicht ohne eine Flasche Wein und einen Seitenblick in ein Freilichtkino, das zu unseren Füßen Affen, Faul- und Gürteltiere vorführte. Heute soll es nur Mondschein geben. Aber man läßt uns mit unserem Permit nicht ein: »Studien nicht bei Nacht.« Wir haben also unseren gestrigen Aussichtspunkt wieder aufgesucht; im Kino lief »Ein Platz in der Sonne«; wir hatten »einen Platz im Mond«.

29. Juli. Die Akropolis in der Frühe. Wir haben das Heiligtum in der ersten Stunde vollständig für uns allein. Unser Wohlbehagen wird etwas durch die Entdeckung herabgestimmt, daß Hans Wolframs Leica vierzig Bilder nicht aufgenommen hat, die er gemacht zu haben meinte. Der Film war in der Kartusche geblieben. Ich zeige den Brüdern alles, was ich über den Parthenon weiß und hier an der

Wirklichkeit überprüfe. Waren meine Studien bisher Feste des Intellekts und Dienst an der Geschichte, so ist, was ich jetzt treibe, das bare zeitlose Sinnenglück. Aber natürlich auch: Freude an der Bestätigung, am Wiedererkennen, am Belehren. Die Brüder sind aufmerksam und alles andere als passive Mitgenießer. Eines vor allem war bisher unvorstellbar: wie das Licht in und mit der Architektur spielt. Kein Zweifel – die Alten haben dies gewußt und kunstvoll in ihr Werk einbezogen.

Mittagsruhe in der luftigen Attalos-Stoa nach einem Tomatenfrühstück in Hadrians Bibliothek. Danach das Nationalmuseum. Wir müssen uns sputen. Morgen früh geht es zu Schiff nach Aigina; von dort mit einem Motorboot nach Epidauros, dann in die Argolis; der große Fußmarsch von dort über die Berge nach Bassai wird die Festigkeit unserer Vorsätze auf die Probe stellen. Heute noch: Schauglück.

Das Nationalmuseum ist »Museum«, und doch wirken die Grabstelen vom Dipylon und vom Kerameikos, die großen geometrischen Vasen, die abstrahierenden Menschenfiguren von den Kykladen aus dem zweiten Jahrtausend vor Christus wie unmittelbare Lebenszeichen, nicht wie archiviertes Kulturgut. Die Größe und Kühnheit der Vasen überrascht wie die Kleinheit und damit Präzision vieler Reliefs und Plastiken, die man von Abbildungen kennt. Nicht weniger bewegt die stille Vergangenheit der frühen klassischen Periode. »Die Archaik zieht uns an, weil sie ein uns verständliches Prinzip anwendet, eine verwandte Situation spiegelt.« Hat der gedruckte Museumsführer damit recht? Und haben wir darum wiederum das Recht, an der Klassik vorbeizusehen – an ihrem hohen Anspruch an sich selbst und den Betrachter? Welche Anmaßung hebt uns auf eine Ebene mit den Künstlern des neunten, achten, siebenten, sechsten Jahrhunderts? Wie vieles, was ihnen unausweichlich, eine schwierige, aber beglückende Entdeckung und immer voller Ernst war, ist bei uns willkürliches Konstrukt, ästhetisches Experiment, bestenfalls Ausflucht.

Wir kehren über die Akropolis heim. Das kleine dortige Museum hatten wir am Vormittag besucht; seine archaische Abteilung war geschlossen, so daß ich meinen »Blonden Epheben« nicht im Original gesehen habe. Wir machen uns einen kräftigen Schmarrn, telefonieren mit Professor Louvaris, der unseren Aufenthalt auf dem Athos am Ende der Reise für uns vorbereiten will, packen um und erleichtern uns um zwei Rucksäcke, in denen Überflüssiges und

Schmutziges zurückbleibt. Von nun an tragen wir abwechselnd einen Rucksack für drei.

30. Juli. Abfahrt um 8 Uhr morgens vom Piräus. Nach eineinhalbstündiger lustiger Fahrt kommen wir nach Aigina, dem bunten Hafenstädtchen an der Westküste der gleichnamigen Insel. Von einem Vorgebirge grüßt die letzte Säule eines Tempels der Aphrodite vom Hafen, alles übrige hat der Held Kapodistrias zur Aufschüttung einer Mole benutzt, die neben den antiken Molen ins Meer ragt und eine blitzweiße kleine Kapelle trägt. Im Hafenbecken drängen sich Fischer- und Transportboote. Touristen gibt es dort nicht, sie kommen tags und fahren abends wieder zurück. So, wie wir die Stadt sehen, mag sie auch schon Lord Byron gesehen haben.

Mit einer siebenpfündigen Wassermelone versehen (man hat sie an einer Balkenwaage für uns ausgewogen) wandern wir zum anderen Ende der Insel – zum Tempel der Aphaia. Der Weg führt durch die angenehm ländliche, weiß gekalkte Stadt; im schattigen »Dorfpark« sitzen die Frauen und klöppeln schwatzend und mit verblüffendem Handgeschick; gern lassen sie sich bewundern; alles grüßt freundlich; in den Läden und Werkstätten wird emsig gearbeitet; die Häuser sind einfach, aber auffallend gepflegt. Es ist noch heute zu sehen, daß dieses Volk von den Myrmidonen – den Ameisen, die Zeus zu Menschen werden ließ – abstammt. Ein Mercedes liest den zusammengekehrten Unrat auf, nein, den Eselsmist! Einmal nur überholt uns ein Auto – ein amerikanisches. Zur rechten Seite der Straße eine von Kapodistrias gegründete Waisenanstalt. Später wurde sie zur Kaserne. Heute ist sie Zuchthaus. Ein Gegenstand für kulturkritische Melancholien.

Die Landstraße führt zwischen Pistazienhainen, Feigenbäumen, Weingärten, Johannesbrotbäumen hindurch. Laut dröhnt das Gezeter der Zikaden. Man muß sie – hier – gehört haben, will man so manche Stelle bei Theokrit und Homer *richtig* verstehen. Da sitzen die

Ältesten alle des Volks auf der Zinne des skaiischen Tores,
Nahmen bejahrt am Kampfe nicht teil, doch sprachen im Rate
Trefflich und glichen zusammen Zikaden, die tief in den Büschen
Lassen vom Baum herab die Stimmen ertönen... (Il. 3, 148ff.)

Nein, leises Gezwitscher war dies nicht!

Es ist warm aber nicht unangenehm; außer am ersten Tag, als wir uns so töricht in der Pansstunde auf den Lykabettos wagten, haben

wir bisher noch nie ernstlich »geschwitzt«. Obst steht am Wegrand
bereit; ein Feigenbaum hält uns seine reifen Früchte hin; Johannes-
brot schmeckt hier wie Honigwabe – anders als in der Kindheit auf
dem Weihnachtsmarkt. »Im Schatten des Rucksacks«, wie Roland
sagt, marschiert es sich überhaupt recht gut. Auf halbem Weg sehen
wir einem Mann zu, der mit seinem Esel Wasser aus einem tiefen
Brunnen göpelt. Wir lassen unsere Flasche füllen; er bringt uns
Gurken; wir schenken ihm eine Postkarte; er bringt uns Tomaten;
wir schenken ihm einen unserer Trinkbecher; der Mann bringt uns
noch mehr Tomaten – und am andern Tag, bei unserer Rückkehr,
erwartet er uns schon, ruft uns herein, deckt einen kleinen Tisch,
bringt Mandeln, Feigen, Wasser, und unsere Unterhaltung in immer
wieder anders ausgesprochenen griechischen Nomina und Verben
ist heiter und freundlich.

Bald nach einem Klosterhof, vor dem kleine Tabernakel mit Li-
monadenflaschen stehen (Opfer? – Nein, sie enthalten Öl für die
Lampe), winkt endlich in der Ferne der Tempel, der uns einen Tag
und eine Nacht allein gehören soll. Allein außer den Steinmetzen,
die hier »Prothesen« für die Trümmer herstellen, fleißige, stille,
selbstbewußte Leute. Einer vertreibt seine abendlichen Mußestun-
den, indem er die Ruinen skizziert. Stolz auf das Werk seiner Vorfahren, genau wissend, wohin welche Schätze gekommen sind (das
Wort »kleptesthai« kommt in seiner Darstellung mehrfach vor) und
voll Verachtung für seine amerikanisierten jungen Landsleute, die
mit Auto, Kofferradio und Fotoapparat für zehn Minuten herein-
lärmen und wieder davonbrausen.

Der Tempel ist ein Kleinod, zur Hälfte zerstört, mit noch ste-
hendem innerem doppelstöckigem Säulenzug, eingebettet in Pinien
auf einer kleinen Anhöhe – Athen gegenüber, das am Abend fern
aufleuchtet. Die Pinien duften – um so mehr, als die Bäume alle zur
Gewinnung des Harzes für den Rezina-Wein schwer verwundet
sind. In ihrem Schatten halten wir zwei Stunden Siesta. Dann wird
erst einmal im Meer geschwommen und getaucht. Die gründliche
Besichtigung der »Archäologie« geschieht am Abend im horizontalen Licht. Immer wieder findet man neue Durchblicke und kann
sich kaum vorstellen, daß der heile Tempel, der doch fast ohne diese
war, schöner gewesen sein soll. Immer wieder entdeckt man die
größte architektonische Erfindung der Griechen, die dorische Säule,
neu. Immer wieder bewundert man, wie sie zugleich mit und gegen
die Landschaft gebaut haben.

Als die Sonne untergeht, steigen wir wieder ab zur Bucht. Bauern dreschen da den Weizen, den sie einem Acker aus purem Stein abgerungen haben, auf offener Tenne mit drei im Kreis galoppierenden Pferden. Wir nehmen ein richtiges Abendbrot zu uns: gebratenen Fisch, Brot und Wein. Der Vollmond geht auf. Wir ziehen hinauf zum Tempel, um dort zu schlafen. Als ich mich auf dem fast zwei Meter breiten Architrav eingerichtet habe, kommt Athene geflogen und setzt sich mit großen Augen für einen Augenblick zu mir. Unten schimmert das mondbeglänzte Meer.

Morgenröte hat uns geweckt. Jetzt sind wir in der Stadt Aigina und warten – nach Antike tauchend (der Meeresgrund ist bedeckt mit Scherben und Säulenresten) – auf unser Boot nach Epidauros.

3. August. Es ist schwer, die Zeit für Aufzeichnungen zu finden. Mit dem ersten Morgendämmern stehen wir auf und marschieren nach einem eher pflichtgemäßen Frühstück ab – meist gerade bei Sonnenaufgang, der uns die schönsten Anblicke (und dem Bruder Hans Wolfram Aufnahmen) erlaubt. Wir halten bis 12 Uhr durch, anfangs noch etwas steif und die am Vortag wundgelaufenen Füße spürend, dann immer beschwingter, aber auch zunehmend von der Sonne angegriffen. Von 12 bis 16 Uhr schlafen wir im Schatten eines Baumes, der heute eine für Licht und Wind völlig undurchlässige Steineiche (oder Prinos) ist, und marschieren dann in den Abend hinein, dessen Farben- und Schattenspiel uns stets begeistert. Wie ganz verschieden ist bis jetzt jeder Tag von jedem anderen gewesen. Jeder hat uns eine gänzlich neue Landschaft gebracht; jeder schenkt uns neue Erfahrungen mit den antiken und den heutigen Griechen. Als wir mit dem Boot von Aigina zuerst im neuen, dann im alten Epidauros anlegten, sahen wir die ersten Orangen- und Zitronenhaine. Wo es sie gibt, gibt es auch Walnußbäume, Granatäpfel, Melonen- und Tomatenfelder. Wir zogen ein Tal hinauf, dessen Gewässer durch ein künstliches Netz von Röhren über die ganze Talsohle verteilt wird. Die Üppigkeit tat dem Auge wohl und war doch nicht größer, als bei uns selbstverständlich ist. Weiter oben wuchsen Olivenbäume, und schließlich mündete die Agri-Kultur in abgeernteten Weizenfeldern, auf denen die Esel und Schafe trockenes Stroh weideten. Wir hatten unten eine große Wassermelone gekauft, um oben nach zwanzig Kilometern mühseligen Aufstiegs zu einem abendlich belebten und erleuchteten Dorf zu kommen, wo die Melonen zuhauf vor den Läden lagen. Bei aufgehendem Mond erreichten wir das Asklepieion, zu dem das berühm-

te Theater gehört. Das Theater selbst lag im Schatten. Vor ihm rechts ein Wasserhahn: sprudelndes, fast kaltes Wasser. Ach, über uns, daß wir derartiges fast immer als erstes entdecken!

Das Glück, angekommen zu sein, die kühlende Vollwäsche, der abendliche Windhauch, die erfrischende Melone – dies und die völlige Menschenleere vertiefen das Erlebnis: in der obersten Reihe des Theaters zu sitzen und zu beobachten, wie sich das Mondlicht Stufe für Stufe vom westlichen Analemma vortastet, den Blick in die heroische Landschaft schweifen zu lassen, in der Stille auf die Schreie der Eulen zu lauschen. Solche Augenblicke schenkt wohl nur unsere Art zu wandern. Der Fußschmerz ist vergessen, ja er und die Mühsal, die zu alledem gehört, macht die Wonnen erst spürbar. Alles wahrhaft Schöne braucht seinen Anweg.

Nach genauerem Studium der Anlagen marschieren wir am anderen Vormittag nach Nauplia weiter. Ein Motorrad mit Beiwagen hält an und nimmt uns drei große Kerle plus Rucksack mit. Nach eineinhalb Kilometern platzt ihm der Reifen. Fahren soll eben nicht sein! Gern hätten wir dem armen Teufel geholfen, wie er uns. »Den pirasi!« »Macht nichts!« sagt er und schickt uns lachend weiter. In heißer Mittagsglut kommen wir nach Nauplia und schwimmen eine gute Stunde lang in den Golf hinaus. Am Fuß des sonnenbestrahlten Felsens kann man nicht bleiben. Wir versuchen in den Anlagen auf einer Bank zu schlafen. Später gehen wir ins Museum, wo wir die bescheideneren, aber oft gerade darum besonders belehrenden Funde aus der Argolis sehen, warten darauf, daß die Geschäfte um 17 Uhr öffnen. Wir brauchen eine neue Karte. Als kurz vor 18 Uhr der Ladeninhaber erscheint, hat er nichts, was uns nützen könnte. Wir kehren ein zweites Mal bei der freundlichen Feuerwehr am Ortseingang ein, die so köstliches kaltes Wasser bietet, und verlassen die Stadt, ohne auf die Burg gestiegen zu sein. Einer der Feuerwehrleute fährt den fußkranken Roland eigens auf seiner Vespa nach Tiryns, das sich mitten in den Tomatenbeeten aus der Ebene erhebt – zwischen einer Molkerei und einem modernen Gefängnis. Wir »erobern« es anhand des alten Baedeker, den Eduard Spranger mir mitgab – aus dem Jahre 1919 –, und marschieren dann, so lange es noch hell ist, auf einer kleinen Seitenstraße dem Heraion zu. Die umzäunten Melonen- und Baumwollfelder, die dichten Zitronenhaine geben uns keine Möglichkeit, den Schlafsack auszurollen. Schließlich nimmt uns ein zweirädriger bunter Pferdewagen auf. In Bervaka werden wir vor einer Schenke abgesetzt. Wie immer ruft und grüßt alle Welt freundlich. Als »jermani« sind wir stets herzlich willkommen und hier zu einer Limonade und langem Gespräch mit zwei Kaufleuten eingeladen. Die Dorfhonoratioren – sozusagen der hiesige Rotary Club vom Polizisten bis zum Gastwirt selber – sitzen in der Runde und bewundern sich und uns. Zwei sprechen ausgezeichnet Deutsch, und bald sind wir bei der Politik. Der Krieg hat in den meisten Gegenden unser Ansehen nur gefördert, verlebendigt. Man ist erstaunlich gut unterrichtet und urteilt selbstbewußt. In der reichen Argolis leugnet man den Kommunismus: Hier gibt's sowas nicht! Aber weit oben in den Bergen, heute, ergab ein in Scharaden sich vollziehendes Gespräch mit einem anderen Schenken, der uns zu einem Glas Wein hereinrief, spontane Sympathien für Rußland. Und daneben treffen wir immer wieder Leute, die Hitler für einen Gesandten Gottes halten, gleich nach Christus. Er war ein armer Maler, er ist zum »Imperator« geworden, hat der ganzen Welt Widerpart geleistet, sein Volk vereint und den Virginiatabak bekämpft. Was will man mehr! – Hier, in Bervaka, gab man jedem von uns eine Melone und ließ uns durch einen Buben zur Schule führen, wo sich eine Petroleumlampe und ein großer Krug Wasser wie von selbst einstellten. Das Lob der griechischen Gastlichkeit kann man nicht oft und laut genug singen. Wir schlafen köstlich.

Nach kurzem Marsch am anderen Morgen gelangen wir zum Nationalheiligtum von Argos: Viele viele Steine! Auf einem Eselspfad arbeiten wir uns am Rande der Ebene nach Mykene vor. Bei der schönen Helena stoßen wir auf eine scheußliche, im Bau befindliche Straße, die uns in der Mittagsglut zur Burg hinaufführt. Viel versprechen wir uns davon nicht. Links liegt plötzlich das sogenannte Schatzhaus des Atreus, das gewaltige von Schliemann ausgegrabene Kuppelgrab. Wie immer in den letzten Tagen hatten wir den Ort ganz für uns allein. Das war hier besonders wichtig. Der Raum wirkt durch die in ihm gespeicherte unendliche Zeit. Auch nur zwei oder drei schwatzende Touristen würden das erhabene Bewußtsein auf der Stelle vernichten: Hier bist du an der Stätte, wo die großen Tragödien stattgefunden haben, wo Thyestes und Atreus, Agamemnon und Klytämnestra, Elektra und Orest gelebt, geliebt und getötet haben. Wir sitzen am Rand auf den Steinen, lauschen auf die Stille, klettern immer wieder mit dem Blick die sich schließenden Steinkränze vom Boden bis zum Zenith des Bauwerks hinan – und sind kleine ehrfürchtige Menschen.

Auf der Burg suchen wir Schutz vor der Sonne und vor einem plötzlich sehr heftigen Wind. Es gibt nur eins von beiden – im östlichen Torweg, der gerade uns drei faßt. Unsere eindrucksvoll zerschundenen Füße strecken wir abwehrend allem, was da andringen könnte, entgegen und schlafen bis 15.30 Uhr. Dann suchen wir Ur-Mykene (Perbati) auf, das zwei Stunden hinter der Burg im Gebirge liegen soll. Wir verfehlen den Weg und kehren um 18 Uhr um, dennoch beglückt von einem wunderbaren Spaziergang, der mit seinen Düften und Stimmungen (Balsam, Lavendel, Pinie, Eukalyptus, *sagebush*) stark an Kalifornien erinnert. In einer Tränke haben wir ein Vollbad genommen, und das ist hierzulande auch immer ein Bad der Seele. Im Abendschein besichtigen wir die Burg. Sie ist so zyklopisch, wie wir sie uns vorgestellt haben. Mehr als Staunen will nicht aufkommen. Als letztes geht's zur Zisterne hinab: über hundert Stufen bis auf den Grund; wir tasten uns in völliger Finsternis voran, denn eine Taschenlampe haben wir nicht dabei.

Der Abstieg von der Burg, der abendliche Marsch durch die still gewordene Ebene nach Argos abseits von der Straße, ein Melonenmahl bei einem Bauern – das alles hinterläßt gute Erinnerungen an die etwas gefürchtete Argolis. Wir schlafen im ernsten, aus dem Fels gehauenen antiken Theater von Argos. Scharfe Oliven ersetzen das Zähneputzen. Wann wer den letzten Kern gespuckt hat, weiß am Morgen keiner zu sagen.

Seit 6 Uhr sind wir im Anstieg – wieder ist es ein einfacher Eselspfad – über das Artemision-Gebirge nach Mantinea. Ein aufgeräumt wirkendes Tal, gepflegte Häuser und Terrassen, rote, wenn schon steinige Erde, vereinzelte Tennen, tief grüne Hecken, Steineichen, Arbutus und Birnbaum, darüber die farbigen Felsen mit tiefen, wechselnden Schatten. Die Menschen sind hier scheuer als in der Ebene, aber nicht unfreundlich, wenn sie auf ihren Eseln vorbeireiten. Die Dreschtennen – das ist meine archäologische Entdeckung! – sind ganz gewiß der Ursprung der Orchestra des griechischen Theaters: Auf ihnen hat Thespis seine Chöre tanzen lassen. Hinter uns bleibt Argos mit seiner romantischen Burg, und ein Bauer reicht uns jedem eine Traube zum zweiten Frühstück.

Mühsam erklimmen wir die Paßhöhe. Auch hier baut man noch Wein! Die üppige Flora läßt auf fleißige Bergquellen schließen. Ein Bäuerlein gesellt sich zu uns. Wir können uns nicht unterhalten, aber er läßt sich auch nicht abschütteln, durch keinen noch so forschen Schritt. Er führt uns zu einer Kehre unter einer gewaltigen

Platane – unter ihr eine von den vielen noch folgenden schöngefaßten Quellen. Ein Blick auf Karyá, das sich in einer Nische an den Berg geklammert hat. Die Sonne erleuchtet es von hinten durch die Lücke des Kammes – ein unvergleichliches Bild, eines von jenen, die man nur im Sinn und nicht in der Kamera heimbringen kann. Wir waschen und rasieren uns, immer wieder den Vorbeireitenden den Platz zur Tränke freimachend. Einer, der viel und ernst von *polemos* (Krieg) redet, hält uns eine Spiegelscherbe aus seiner Rocktasche hin. Er bewundert unser Gilette-Geschick.

Im Dorf sitzen die Ortsgewaltigen vor dem Kafeneion. Der Menschenauflauf wird in wenigen Minuten durch den Popen vervollständigt. Der in jedem Dorf zu findende amerikanische Grieche ist auch gleich zur Stelle, ein vornehm sonnenbebrillter Herr; er läßt uns einen Kaffee kommen, der hier überall nach türkischer Art serviert wird, und, ausgestattet mit gutem Rat und einem gewaltigen Laib Brot, das ganz auf diesem Berg Artemision entstanden ist, machen wir uns ans Hochgebirge. Am Ortsausgang sehen wir mit staunen eine mit brausender Wasserkraft betriebene Mühle!

Weit oberhalb der Stadt nach dichtem Eichen- und Platanenwald treten die zwei Hauptquellen aus dem Berg. Wir nehmen ein Vollbad und erklimmen, solchermaßen erfrischt, die Höhe (1700 m) gerade rechtzeitig, um auf der Westseite den Sonnenuntergang zu erleben. Etwas weiter unten finden wir eine steinerne Schafhürde und, umbimmelt von fernen und nahen Herden, schlafen wir ein. Leider plagen uns bald die Mücken und tun es so lange, bis (mich wenigstens) die Kälte ohnedies nicht mehr schlafen läßt. Wir sind darum lange vor Sonnenaufgang schon wieder unterwegs. Der Abstieg in ein wieder ganz andersartiges Tal beim Morgenlicht ist eine helle Freude. In Tsipianá (Nestani) kaufen wir uns ein Frühstück zusammen und Halva für unterwegs. Auf englisch als Deutsche angesprochen und als solche bestätigt, haben wir immer nur Gutes zu erwarten.

In der Ebene geht es lange Strecken zwischen Schaf- und Ziegenherden einher. Hat der Grieche einmal seinen Fremden, so läßt er ihn nicht los. Die Schafe werden also in Trab gesetzt, um mit uns Schritt zu halten. Dieses Tal ist für uns das »Tal der Tauben«. Neben jedem Haus, es meist weit überragend, steht ein Taubenschlag. Die Tauben sind hier das bevorzugte Federvieh: Sie finden leichter Nahrung in einem weiteren Umfeld, als am Boden laufende Hühner das können. Unter den hier und da verstreuten kleinen Baumgruppen hört man das schnelle Klick-Klack der Wasserräder, und beim alten Mantinea winkt man uns über die geradezu schmorenden Felder zu Melonen, Tomaten und Gurken heran. Die Reste der Stadt befriedigen uns; die Bauern hingegen befriedigt, daß wir für ihre Vergangenheit Interesse haben. Seit Jahrhunderten pflügen sie schließlich in dem von Ton- und Marmorscherben durchsetzten Grund der Antike. Am schönsten ist der Ausblick auf den sich deutlich abzeichnenden Grundriß der Stadt von einer benachbarten Höhe aus, die wir dazu eigens erklommen haben.

Durch die abendliche Ebene ziehen wir weiter nach Tripolis, lassen uns vorher noch einmal zusammen mit einer Schafherde tränken. Ein Mann hält mit seinem Fahrrad an und nestelt umständlich zwei Äpfel hervor, entschuldigt sich, daß er nicht drei habe. Die Stadt ist hell erleuchtet und geschäftig. Wir finden sofort jemanden, der uns zu Herrn Evangelos Michalopoulos führt, dem Vertreter von Gritzners Nähmaschinen. Seine Adresse hatte uns dessen Freund in Bervaka gegeben. Herr Michalopoulos spricht nur gebrochen Französisch, ist beeindruckt von unserer »courage« und bestellt den unvermeidlichen Gasttrunk. Durch lockende Gartencafés (oder Café-Gärten?) in kühler Neonbeleuchtung, aus denen der orientalische Singsang der Lautsprecher tönt, ziehen wir zum Ort hinaus in die mondlose Sternennacht. An einem Seitenweg ertasten wir ein Lager zwischen Disteln und Dornen. Aber was hat hier keine Stacheln!

Es ist kühl geworden und wird gegen 3 Uhr nachts vollends kalt. Da die Strecke zwischen Tripolis und Megalopolis nur auf asphaltierter Straße zu bewältigen ist und auch sonst öde zu sein verspricht, entschließen wir uns, dort zu »anhaltern«, können also eine Stunde länger schlafen. Eine Pumpe findet sich in der Nähe und, frisch rasiert und wohlgemut, ja singend, machen wir uns auf den Marsch. Aber Autos kommen nicht – oder fahren vorbei. Überall ist man sehr erstaunt über uns Fußgänger. »Was ist passiert?« ist die erste Frage, nicht: »Woher?« und: »Wohin?« Erst als wir den Paß von 800 m längst hinter uns haben und in die Ebene von Asea gelangt sind – Asea bleibt auf halber Höhe mit gewaltigen Mauerresten liegen, ihm gegenüber im Süden schimmert der Taygetos –, nimmt uns ein Auto auf. Wenige hundert Meter hält es erneut für eine bunte Truppe von Pilgern an, die zu irgendeinem Kloster wollen. Deren Weihkerzen sind in der Hitze schon ganz krumm geworden oder hängen zerbrochen an ihrem Docht herab; aber die Leute können noch wacker verhandeln. Erst nach einer halben Stunde Geschrei und nachdem der Fahrer schon mehrfach ohne sie angefahren ist, wird man handelseinig. Mit uns hatte der Fahrer gar nicht über Geld gesprochen. Auf halbem Weg helfen wir ihm dafür, Zementsäcke abladen. Ganz verstaubt fahren wir weiter – an ebenso verstaubten Eselskarawanen vorbei. Auf einem vollbepackten Tier, das selbständig seinen Weg zieht, hocken die Hühner, die auch hier mitreisen; einem anderen folgt sein Fohlen; an wieder einem anderen ist ein Hund angebunden; auf einen vierten Esel sitzt eine Frau und spinnt. Manchmal sehen wir auch Rinder. Sie sind stärker und gepflegter als die Pferde und von der Gedrungenheit und Kleinheit ihrer Vorfahren, die man auf der Vase des Euphronios oder auf dem Parthenonfries sehen kann.

In Megalopolis herrscht Pans Stille. Wir wandern zur alten Stadt hinaus. Hinter einem Pinienbaum, der steif in die flimmernde Luft ragt, öffnet sich nach Norden – genau wie in Epidauros – das Theater mit herrlichem Blick auf das Gebirge, davor der Fluß, der wie ein Skelett daliegt, ein totes Bett, aus dem die Vögel aufflattern. Der Kranz des Theaters ist von Eichen schattig umstanden, und wir beschließen, hier zu ruhen – mit dem Blick auf den Tempel des Zeus Sotēr, also von Zeus dem Retter, am anderen Ufer. In der Tat: er rettet! Zu seinen Füßen tritt der Fluß noch einmal aus dem Gestein aus, einen Meter breit – klares Wasser, aus dem wir trinken, in dem wir baden und schließlich unsere gesamte Wäsche waschen. Alles, auch die Bluejeans, trocknet auf den heißen Steinen »while you wait« in weniger als zwanzig Minuten. Noch einmal löschen wir den Durst, wie immer amüsiert im Gedanken an den Rat des alten Baedeker: das solle man in Griechenland nur durch Kaffee, Tee oder Suppe tun! Es macht uns überhaupt Spaß, unsere Art zu reisen mit der von ihm vor fünfzig Jahren für »jüngere Herren« vorgestellten zu vergleichen.

Nach kurzem Schlaf soll es nach Andritsaina weitergehen. Morgen sind wir dann in Bassai.

Es ist mir eingefallen, daß man ein Buch über Griechenland ganz anders schreiben sollte – in anderer Einteilung: Gerüche, Tiere, Menschentypen, Schlafstätten, Bäume, Arten von Wasser, Geräusche, Dinge, die man entbehren kann, Dinge, die man mitbringen sollte, Gesprächsthemen, Wein- und Käsesorten, Vorurteile – und wie man sie los wird. Unser unsystematischer Reisemodus legt das nah. Die Alternative »Griechenland *mit* Säulen« oder »Griechenland *ohne* Säulen« ist falsch. Man kann das Erlebnis des lebendigen Griechenland nicht planen, man muß Ziel und Zweck haben, sich und den anderen sagen können, was man vorhat. Der Besuch alter Stätten ist ein allen verständlicher Grund. Das andere »passiert« dann von allein.

Es ist schon 17 Uhr, als wir von Megalopolis, der Heimat des Polybios, aufbrechen. Es geht über den Helissos, über Felder, auf denen die Bauern um große Säulentrümmer herumpflügen müssen, an spinnenden Mädchen vorüber in das arkadische Hochland.

Wunderbar sind die Abende. Aber vor uns liegt eine Stadt, die wir im Morgenlicht, der Sonne zugekehrt, erleben wollen. Wir beschließen also Halt zu machen. Eine Bäuerin bereitet uns Spiegeleier; Brot, ein mit viel Öl angerichteter Salat und ein eifriges Gespräch mit dem intelligenten Bauern machen ein richtiges Gastmahl daraus. Er bekommt dafür unser schönstes Taschenmesser. Wir schlafen auf seinem Dreschplatz – weich und warm, aber schwer von Mücken geplagt.

An anderen Morgen besteigen wir die Burg und Stadt Karytaina mit byzantinischen Kirchen und allem, was man über der humanistischen Begeisterung für die Antike zu vergessen geneigt ist und das doch Griechenland auch ausmacht: fränkisches Feudalwesen mit mittelalterlichem Kastell, Rittersaal, Wappentor. Tief unten rauscht der Alpheios, den wir wenig später badend genießen. Er ist »eiskalt«. Auch dieser Umweg – die Burg des Geoffroy de Carytina ist 600 m hoch – »hat sich wieder einmal gelohnt« wie Hans Wolfram trocken feststellt. Danach geht es stramm bergauf. Links das Lykaiosgebirge, rechts, in der Schlucht, immer wieder der sprudelnde, grüne Fluß, um uns zum Teil richtige Eichenwälder, in den fruchtbaren Taleinschnitten Feigen, Mais, Wein, auch Erdnußfelder, auf den ausgedörrten Kuppen Prinoseiche, Disteln, kleine Weizenäcker, Ziegen und Schafe mit ihren Hirten.

Gegen Mittag lädt uns ein Lastwagen auf. Wir können es nicht hindern – der Mann freut sich so, uns »helfen« zu können. Einer der drei Buben, die hintendrauf stehen und singen, stellt zu seiner Freude fest, daß nun alle blond sind, und fährt uns dabei mit der Hand über die Köpfe. In der Tat gibt es hier mehr blonde Menschen als anderswo in Griechenland. Später entspinnt sich ein edler, aber staubiger Wettstreit mit einem anderen Lastwagen, bis wir endlich in Andritsaina mit seinen kalten Quellen und uralten Bäumen anlangen. Wir kaufen unseren Proviant ein und steigen auf steilem

Eselspfad gleich weiter über den 1300 m hohen Paß nach Bassai. Der Wind weht kühl, später zieht sogar Nebel vom Ionischen Meer herauf. In die arkadische Landschaft habe ich mich buchstäblich verliebt. Große Wolken – etwas Ungewöhnliches nach vierzehn Tagen mit vollkommen wolkenlosem Himmel – steigern das Bild ins Heroische; dunkelblaue Berge im Dunst; davor die säuberlichen Terrassen, die Tennen, auf denen das rötliche Getreide vom goldenen Kaff durch Worfeln im Wind getrennt wird, kleine steinerne Häuschen mit ebenfalls steinernem Dach – ähnlich wie im Tessin –; und rundherum die köstlichsten Tieridyllen.

Nach drei Stunden taucht plötzlich der Tempel vor uns auf: in grauem Kalkstein, mit vollständigem Peripteros, eigentümlich lang (sechs Säulen in der Front, fünfzehn Säulen an den Seiten) und – noch auffälliger! – in Nord-Süd-Richtung. Im Inneren hat der Baumeister des Parthenon hier seine eleganteste Lösung eines durch die alte Anlage bedingten Raumproblems geliefert: statt der freistehenden Säulen antenartige Vorsprünge mit ionischen Halbsäulen. Der Stein ist bei näherem Hinsehen vielfarbig. Das Abendlicht spielt in den Kaneluren. Ich bin über die Maßen beglückt, streichle die Säulen mit Augen und Händen, entferne mich von der Ruine, um sie als Ganzes zu sehen und um mich dem Detail erneut zu nähern. – Wir haben den Tempel für uns allein. Wir schlafen in der Cella gut und lang nach der erfrischenden Wäsche an der benachbarten Quelle. »Wenn es nur heute nacht kein Erdbeben gibt!«, ist Rolands Gutenachtwunsch unter den zum Teil stark nach innen geneigten Säulen.

Am Morgen: Abstieg zum Alpheiostal über Andritsaina, wo Hans Wolfram und ich uns mit Hirtenstöcken ausstatten. Die Bitte, eine Aufnahme von dieser oder jener romantischen Hirtengruppe zu machen, wird von den verantwortungsbewußten Brüdern abgelehnt: »Ziegen und Türken zerstören alles«, heiße es in einem griechischen Sprichwort; diese, wenn schon vergnüglich anzusehende Pest dürfe man nicht noch verherrlichen. Der wahre Grund freilich ist: die Fotografen sind mit ihren Filmvorräten bisher leichtfertig umgegangen. Daß die streng riechenden Vierbeiner die arkadischen Wälder auf dem Gewissen haben – und keine neuen hochkommen lassen wollen –, das steht freilich auch fest.

Später gesellt sich ein Mann zu uns, der aus seinem eigenen Marsch noch etwas herausschlagen will, indem er uns »führt«. Lange halten wir ihn für nur freundlich bemüht und erdulden sein lautstarkes Geschrei. An einer Quelle bleibt er schließlich resigniert sitzen. Später kommt uns der Gedanke, er könne einfach einsam gewesen sein und *parea*, Unterhaltung, gesucht haben. Wir sind beschämt. – Morgen hoffen wir in Olympia zu sein. Heute werden wir unseren Durchschnitt von dreißig bis fünfunddreißig Kilometer pro Tag erheblich überschreiten. Wir fühlen uns stark und wohl außer an den Füßen, die ungeahnt viel Fläche für immer neue Blasen haben.

Den ganzen Tag über begegnen wir auf unserer schmalen, sich windenden Straße keinem Auto – nur Eselskarawanen, die, nachdem sie im Orient aussterben, wohl hier ihre letzte Heimat behalten werden. Wir versuchen, für uns zu bleiben, uns also schneller oder langsamer zu bewegen als die grauen Lastträger und ihre Treiber. Anknüpfungspunkt für Gespräche ist unsererseits die Frage nach der nächsten Quelle, von seiten der Griechen die Frage nach der Uhrzeit. Wasser ist stets die erste Gabe der Gastlichkeit. Für uns werden immer – vor unseren Augen – die uns gebrachten Gefäße gereinigt; manchmal trinken die Griechen uns erst einmal ermutigend vor. Kinder, denen wir Bonbons schenkten (wir haben dazu einen ganzen Beutel voll dabei), kamen uns gestern eine lange Strecke Wegs nachgelaufen – mit einem Krüglein Wasser. Die Quellen sind einfach und schön in Stein gefaßt. Für Menschen gibt es einen Strahl, für Tiere ein Becken; daneben Bänke von Stein und Schatten zum Ausruhen. Oft liegen die Quellen etwas abseits vom Wege, und nur der Fußgänger erreicht sie oder erfährt davon. Immer wieder freut es uns, daß wir uns diese Art zu reisen vorgenommen haben. Im Karyá scheinen wir die letzten Nichteinheimischen seit Pawsanías (so heißt heute der alte Pausanias) gewesen zu sein; an diesen jedenfalls behaupten sich die Bauern zu »erinnern«. Was das wohl wieder für ein Mißverständnis war?!

»Bergauf bergab«, wie es im Baedeker heißt, an Ruinen alter und neuer Orte vorbei, gelangen wir nach Greka. Es liegt oben am Berg, und nach siebenundvierzig Kilometer Marsch sind wir zu müde hinaufzusteigen. So lassen wir uns wieder von einem blauäugigen Bauern und seiner jungen sympathischen Frau in einem Gehöft am Wegrand ein Abendessen bereiten: Spiegeleier, Brot, Melone; der Wein kommt vom Nachbarn. Die Bewohner der Umgebung und Vorüberreitende bleiben stehen; nach einer Stunde ist der kleine Vorhof der gesellschaftliche Mittelpunkt der weiteren Umgebung; jedem Ankömmling wird das Interessanteste wiederholt

– von denen, die es schon verstanden haben: »Drei Brüder aus Deutschland zu Fuß (me ta podia) aus Athen in elf Tagen! Heute kommen sie von Apollon – morgen gehen sie zu Zeus nach Olympia!« Bilder unserer Schwestern und Eltern wandern von Hand zu Hand. Der kräftige Wein (ebenso kräftig geharzt und etwas nach Ziege riechend) macht uns redeselig und begabt. Mit einer Petroleumlampe werden wir zum Dreschplatz begleitet, wo wir vor aller Männer Augen ein *grand coucher* veranstalten. Fast gleichzeitig ziehen wir den Reißverschluß unserer Schlafsäcke zu – das mit großer Spannung erwartete Finale! Dann erst verlassen uns die Griechen, und wir bleiben mit Mücken und Sternen allein.

Unausgeschlafen geht es in der Frühe weiter. Der Tag ist drükkend heiß und windstill. Unterwegs erleben wir einen Töpferofen in vollem Betrieb. Man heizt uns zuliebe extra ein. Krystana. Makrysia. Bauern geben uns von den Trauben, die sie gleich zum Trocknen auslegen: Hier entstehen die Korinthen. Gastlichkeit für die Deutschen – »Kopf-ab«-Geste für die »Inglisch«. Durch den Fluß können wir nicht mehr waten. Der steinige Grund verlangt erst suchendes, dann kräftiges Auftreten; dazu sind unsere Füße zu wund. Wir setzen also mit einer »warka« (einer Barke) über. Wir lagern zum Mittagsschlaf im großen Ölhain südlich des Tempelbezirks. Dann Rundgang in der Altis und ein erster Besuch des Museums. Im Hauptraum sieht man den Göttervater mit Ganymed aus Terrakotta, die Nike des Paionios, die Giebelfiguren des Zeustempels mit dem unvergleichlichen Apollon – in wechselnder Abendbeleuchtung. Der Hermes bleibt für mich ein Stück neunzehntes Jahrhundert, und die Nike wäre es, wenn ihr die Zerstörung nicht die Flügel, den Palmenzweig, die Lockenpracht, den Schleier genommen hätte. – Warum bewegen uns die Fragmente, die großen Säulentrümmer so viel mehr, als die vollständigen Werke es vermocht hätten? Bringen wir diese Empfindung – daß die Antike ein Torso ist – schon mit? Ist die Atmosphäre des verwalteten Tempelbezirks feierlich, gar heilig oder nur das Ergebnis der seltenen, von Parkwächtern geschützten Bäume, der historischen Ahnung, der Größe der chaotischen Blöcke? An den Gebäuderesten jedenfalls kann ich »Schönes« nicht finden; es geht keine Forderung davon aus wie in Bassai oder auf der Akropolis oder auch in Aigina. Von Forderung aber lebt die Kunst.

Wir kehren also mit unserem Passierschein in das Museum zurück. Hier kann man verweilen und reicher werden, im Tempelbezirk kann man verweilen und ausruhen. Wir tun beides – einen ganzen Tag lang, nachdem wir in der Mitte des Flusses auf einer Sandbank und einem improvisierten Pfahlbau gegen die Ameisen – gut geschlafen haben. Es ist ja Sonntag, und hier haben wir reichlich Wasser, haben Wind und Schatten – und rechts und links Korinthenfelder. Mögen derweil die Füße heilen. Morgen geht es wieder in die Berge, auf Kalavryta zu.

Nein, Sonntag war es nicht: Wir haben uns um zwei Tage verrechnet. Um so einfacher gestalten sich unsere weiteren Pläne. Nach einem gewaltigen Einkauf halten wir ein üppiges Mahl zum Abschied von Olympia: Brot, Oliven, Tomaten, Korinthen – und sogar Margarine. Gut eineinhalb Liter Krasi sollen den Schlaf fördern, um den wir nach der ungewohnten Ruhe besorgt sind. Er tut es auch. Wir erwachen gestärkt, ja, auch an den Füßen haben sich Wunder vollzogen. Durch den heiligen Hain geht es in nördlicher Richtung die Berge hinauf. Noch lange sehen wir unter uns den Kronos-Hügel. Ich habe Zeit, meine gestrigen Gedanken über unser Verhältnis zu den Ruinen, Trümmern, Scherben der Alten Welt zu überdenken. Hölderlins Hyperion, den ich in diesen Tagen wiedergelesen habe, hilft mir dabei. Für Hölderlin war Griechenland die Kindheit des Menschen, Natur, ursprüngliches heiles und ganzes Dasein, verlorenes Paradies, un–wieder–holbare Vergangenheit. »O mir, mir beugte die Größe der Alten wie im Sturm das Haupt, mir raffte sie die Blüte vom Gesicht.« Das steht neben: »Ich ziehe durch die Vergangenheit wie ein Ährenleser über die Stoppeläcker, wenn der Herr des Landes geerntet hat; da liest man jeden Strohhalm auf...« Warum kann Hölderlin nicht in der Gegenwart leben? Warum braucht er die Stoppelfelder der Vergangenheit? Warum demütigen wir uns – wie er – vor der Größe der Alten? Was hätte Hölderlin empfunden, wenn er vor den wirklichen Trümmern – nicht vor den erträumten – gestanden hätte? Wir sollten uns nicht nur hüten, unsere Gebrochenheit an ihnen zu rechtfertigen; wir könnten auch heil werden an ihnen, wenn wir sehen, was das Licht, was der hohe Himmel, die so heitere wie heroische Landschaft gleichsam von selbst hervorbringen, und andererseits, wie wenig davon bleibt – ein wandernder Schatten auf dem Gesicht des Apoll, der Glanz auf dem Scheitel des Theseus, die Sprachlosigkeit einer überwältigten jungen Frau im Giebelfeld eines Tempels, der nicht mehr steht. Die Reste sind nicht nur Gegenstand der Sehnsucht, sie sind vor allem Maßstab, geben zu denken auf: was der Mensch sei.

Wer das eine für Armut, das andere für den Preis der Hoffnung hält (»O, hätt ich doch nie gehandelt! um wie manche Hoffnung wär ich reicher!«), versäumt hier das Beste. — Und nun weiß ich nicht, ob mich das von Hölderlin trennt oder ihm näherbringt.

Unser Weg geht indessen auf Lala zu. Da hält, ungebeten, neben uns ein 8-Tonnen-Lastwagen — beladen mit Melonen —, und der Fahrer fordert uns auf, aufzusteigen. Wer kann da widerstehen! Wir sitzen auf dem Dach über dem Führersitz und werden, Melonen schmausend, auf abenteuerlichen Wegen in die entlegensten Bergnester gefahren, wo der Fahrer seine Fracht aus der Ebene verkauft. Wir dienen ihm dazu als Maskotte und Reklame. Die Dorfbewohner laufen zusammen; die Kinder starren uns staunend an; der Dorfamerikaner wird geholt, damit er das Äußerste aus uns heraushole; aber schon hat sich verbreitet, daß wir »tris adelphi jermaniki«, drei deutsche Brüder, sind, die zu Fuß durch Griechenland wandern. Einer wiederholt dem anderen: »Me ta podia.« In jedem Ort gibt man uns den einheimischen Wein zu kosten, bis uns ganz schwindelig wird. Die Leute merken's und freuen sich und behaupten: Nur ihr *ouzo*, der übliche Anisschnaps, könne da helfen, heilen, das Gleichgewicht wiederherstellen. In einem der Dörfer werden wir zum Mittagessen eingeladen, in einem anderen repariert man unsere Schuhe, wieder in einem anderen waschen wir uns — stets umgeben von allem, was nur irgend von seinen Pflichten fortkommt, und das sind viele in diesem Land, in dem die Männer von morgens um 7 Uhr an im Café sitzen und Karten oder noch lieber die alten Brettspiele spielen. Auch die Frauen, die eigentlich arbeiten müssen, finden sich mit ihrer Spindel ein oder tun so, als müßten sie gerade jetzt Wasser am Marktbrunnen holen.

Später (nach Nemouta und Koumani) kommen wir nach Pholoë (im Palaio-Kastro-Gebirge). Davor erstreckt sich eine Hochebene, die viele Kilometer tief nur mit Eichen bestanden ist. Man muß seinen Marsch durch Griechenland im steinigen Attika begonnen haben, um so überrascht und beglückt zu sein wie wir von diesem Wald, den es so auch in Deutschland nicht gibt.

Das Melonenfahrzeug hat uns an diesem Tag auf unserer eigentlichen Route kaum fünfundzwanzig Kilometer vorangebracht. Wir beschließen also, uns von ihm zu trennen. Man kann an einem Tag so viele Melonen essen, daß man meint, für den Rest des Jahres genug zu haben. Durch steiles Bergland geht es auf Kalavryta zu. Wie werden wir uns in die kleine Landschaft von Tübingen oder

Bonn wieder einfinden nach soviel Größe, Einsamkeit, Intensität der Natur? Bis in die höchsten Täler begleiten uns die freundlichen Geräusche Arkadiens – die Glocken der Herden, die virtuosen Pfiffe, mit denen die Hirten ihre Tiere dirigieren, das erschütternde I-aaen der Esel, das Rauschen des Erymanthos unten in der Schlucht, das unerwartete Rieseln einer Quelle. Die Hänge sind nicht kahl, sondern von einem Flaum von Farnkraut überzogen. Überall stehen gewaltige vereinzelte Eichen, Kastanien, Platanen. Die oft übermannshohen Disteln sind wahre Kunstwerke: blau, gelb, rosa sind ihre gefährlichen Stachelsterne und ebenso feingliedrig wie widerständig. Die Erde leuchtet rot und braun. In der Tiefe grünen die Täler.

Gegen 11 Uhr sind wir im antiken Psophis. Eine alte Quadermauer und die in den Torgängen oder Häuserwänden wiederverwendeten Säulenstümpfe, eine Kirche an der Stelle, an der der heidnische Tempel gestanden haben mag, sind seine einzigen Zeugen. Ein junger Mann kommt uns nachgelaufen, um sein jüngst im Athener Goethe-Institut gelerntes Deutsch an uns zu probieren. Es erstaunt uns immer, wie alle Griechen in ihre schöne, aber meist arme Heimat zurückkehren, sei es aus Amerika, sei es aus Athen. Selten begegnet uns ein Fahrzeug. Es sind fast immer Autobusse, die hupend und stets überladen daherstauben. Wohin man hier nur dauernd unterwegs ist?!

Nach sechsundvierzig Kilometern: Nachtruhe. Am anderen Morgen machen wir einen Abstecher zum Kloster Hagia Lavra, wo uns eine Schar von griechischen Studenten in ihren Kreis aufnimmt und sich begeistert von mir den Anfang der Odyssee aufsagen läßt – immerhin etwa hundert Verse! Ich nenne mich hier *archaiologos* – und das ist stets eine gute Einführung, die jeder versteht.

Kalavryta heißt soviel wie Schönbrunn und ist von einem Bach durchzogen, der uns erfrischt, bevor wir – morgen in der Früh – den Chelmos (2355 m) besteigen.

In Kalavryta hat man uns nichts von dem spüren lassen, was dieser Ort gegen Deutschland vorzubringen hat: Während des Zweiten Weltkriegs sind alle Männer über fünfzehn Jahren erschossen, die Häuser niedergebrannt und selbst die Klöster und Mönche nicht verschont worden. Man entschuldigt uns und sagt: Hitler. Wenige Menschen und Völker haben diesen Unterschied zu machen gelernt. Dafür sind wir dankbar. Aber annehmen können wir es nicht. Niemand darf sich zwingen lassen zu morden, erkläre ich, so gut ich kann; ich erzähle, daß ich selber Soldat gewesen sei, aber gottlob nur auf bewaffneten Feind habe schießen müssen. Mit »Polemos nix gut!« beendet man das Gespräch. Uns ist es recht. Um 16 Uhr brechen wir auf. Auf dem rutschigen Eselspfad kommen wir nur mühsam voran. Vor uns, sichtbar, der Gipfel, hinter uns die nur halb wiederaufgebaute, wenig anziehende Stadt. Bald umfängt uns dichter Fichtenwald. Wir kommen an prächtigen Quellen vorüber. Kurz vor Dunkelheit finden wir einen geschützten Schlafplatz in einer Talmulde. Wir machen ein wärmendes Feuer und essen das mitgebrachte frische Weizenbrot mit Käse und Tomaten. Grüne Zweige auf der Glut erzeugen für eine Stunde schützenden Rauch; dann kommen die Mücken. Um 4.30 Uhr, in völliger Dunkelheit, machen wir uns zum Aufstieg fertig, verstecken den Rucksack und krakseln den weglosen bewaldeten Berg hinan. Um 7 Uhr die letzte Quelle, um 8 Uhr schon auf dem kahlen Gipfel! Auf der anderen Seite schauen wir zur Styx hinab, die weit unten in einer Schlucht entspringt und nach einem Fall von 200 m im Geröll versickert. Der Baedeker erinnert an die Stelle im Hesiod, an der Iris mit goldener Kanne in der Styx das Wasser schöpft, bei welchem die Götter den unlösbaren Eid schwören. Über der Schlucht liegt ein schillernder Dunst – die irisierende Iris mit goldener Kanne!

So kalt wie hier oben werden wir es lange nicht mehr haben, und da der Ausblick heute nicht sehr klar ist (nur Kyllene und Olonos, die schönen Nachbarberge, sind sichtbar), steigen wir bald wieder ab. Die nächsten Stunden sind eine Tortur: Geröll am steilen Hang, blutige Knöchel, Ungewißheit, ob wir auf dem richtigen Weg sind. Nachdem wir unseren Rucksack wieder aufgenommen haben, begehen wir die Torheit, eine Abkürzung zum Kloster Megaspelaion zu »nehmen«. Wer nimmt, was er nicht hat, zahlt drauf – mit einem langen Umweg in ein Seitental. Dort rasten wir unter einem mit reifen Früchten bedeckten Maulbeerbaum. Er und ein Vollbad unter einem Wasserfall – in einer »Sitzbadewanne« aus dickem Moos – entschädigt für erhebliche und unnütze Anstrengung.

Das Kloster Megaspelaion liegt auf einem tief in den Felsen eingeschnittenen Tal, das sich bis zum Meer hinabzieht. Wir sehen es noch im Abendlicht und sind enttäuscht; wir wollen nicht recht glauben, daß dies wirklich Megaspelaion ist. Wir schlafen im Fuß des steil aufsteigenden Felsens am laut gurgelnden Wildbach. Der kühlt uns vor dem Schlafengehen gründlich ab, so daß wir den Schlafsack gegen die Mücken fest schließen können. Anderthalb

Liter Krasi sollen ebenfalls helfen, dem Sö-sö der Mücken möglichst schnell in den Schlaf zu entgehen. Im Laden, in dem wir ihn kauften, hat man unser Deutschtum mit »Bravo« und die Tatsache, daß wir drei Brüder sind, mit »Bravo-Bravo« quittiert.

Beim morgendlichen gepäckfreien Aufstieg zum Kloster erleben wir plötzlich eine große Überraschung: Das eigentliche Kloster hatten wir in der Tat noch gar nicht gesehen; es war in einer Felsnische versteckt. Und da hing es nun – aus Beton, Glas und Stahl, ein »Schönblick«-Hotel mit Terrassen, Balkons und Liegestühlen. Die Mönche haben die einst christlich geübte Gastlichkeit zu einem blühenden Gewerbe weiterentwickelt. Es mag ihnen recht gewesen sein, daß das alte Kloster aus dem siebzehnten Jahrhundert im Jahre 1934 abbrannte. Und wie die zahlreichen Räume vermuten lassen, mehr noch die teppichklopfenden Frauen (!), die Stallungen für die Esel und Maultiere, mit denen die Besucher vom Bahnhof der Miniatur-Zahnradbahn abgeholt werden, ist ihre Rechnung aufgegangen. Die Mönche selbst tragen ihren wohlgekämmten Bart, ihre Lockenpracht spazieren und sehen so schön wie fromm aus. Nur ein Novize im Overall schien arbeiten zu wollen. Die anderen gottesfürchtigen Männer waren zu würdig, um auch nur die Dreiviertelstunde den Berg hinauf- oder hinabzusteigen: sie ritten auf ihren Pferdchen und hatten einen Knecht dabei. Daß es hier nicht immer so üppig zugegangen ist, läßt eine kleine Kapelle mit spartanischem Chorgestühl ahnen, die das Feuer verschont hat. In den Dörfern haben die Papádes ein eher armseliges Leben; sie sehen schmuddelig aus; ihre umständliche Tracht verhindert sowohl Arbeit wie Sauberkeit. Der Baedeker schreibt, daß sie dem Volke an Bildung nicht überlegen seien, ihm an Mutterwitz und Besitz sogar nachstünden, »was aber ihrem Ansehen nicht schadet«.

Die Aussicht ins Tal ist erquicklich, wenn man nicht zu nah über die Brüstung hinabblickt, denn da das Kloster keinen Hinterhof hat, wird aller Schmutz nach vorne ausgekübelt.

Wir bleiben nicht lange. Die Reliquien, die man uns im Inneren zeigen will, und das Glas Wasser mit Marmelade, das man den Gästen bietet, meinen wir von der Heiligen Laura her zu kennen. Wir ziehen dankend weiter. Ein Bursche reitet im Carajo an uns vorüber, um seinen Anteil an dem eben eingetroffenen Publikum zu bekommen. Eine Ziege, die man am Morgen an unserem Schlafplatz einfing, hängt nun gehäutet zum Verkauf, und der Besitzer wehrt wedelnd den Fliegen. Wir selber können nicht widerstehen, mit der Spielzeugbahn zu fahren, die stampfend auf uns wartet. Das Tal zwischen Megaspelaion und Diakophtó ist ungewöhnlich schön. Wir hätten es ohne Ruß und mit Gemach zu Fuß genießen sollen.

Unten lagern wir unter einem romantischen alten Brückenbogen, halten große Wäsche für die Zivilisation, in die wir nun zurückkehren, und rasieren uns; Roland schneidet mir sogar die Haare. So ist's nicht nur ein Ferien-, es ist ein Feiertag. Über uns erhebt sich ein Gebirge wie auf einem chinesischen Bild, auf dem die Perspektive durch ein ständiges Übereinander von Gipfeln und Wipfeln dargestellt ist. Auch die Pinien wirken chinesisch. Wir wollen heute noch nach Sikyon gelangen, um wieder etwas Antikes zu sehen. Die Reste des alt-archäischen Städtchens Boura konnten wir im Dikkicht der Zitronengärten nicht finden. Morgen Korinth, dann wieder Athen, von wo aus Delphi und Delos in gesonderten Expeditionen aufgesucht werden sollen. Die großen Anstrengungen sind damit vorbei. Unsere Gesundheit ist nach wie vor ausgezeichnet, obwohl es auf unserem Weg kaum ein Wasser gegeben hat, das wir nicht gekostet hätten, und auch keine bekannte oder unbekannte Frucht.

Wir marschieren an der Küste entlang. Auf dem blauen Wasser fahren ferne weiße Luxusdampfer. Dahinter erkennt man den leicht umwölkten Parnaß. Davor schwarze Zypressen. Lauter Postkartenbilder. Verdorben wird das Paradies durch die Zivilisation: auf der Asphaltstraße Hitze, Gestank, rasende Fahrzeuge; alle zweihundert Meter ein Café oder eine Tankstelle oder ein Campingplatz. Diese sind freilich durch die Weitläufigkeit des Geländes, das Verbot, mit Wagen einzufahren, und durch die vielen Bäume eher verlockend als abstoßend. Überall sprudelt Wasser aus kunstvollen Leitwerken über die üppigen Pflanzungen. Die Flußbetten dazwischen sind leer – breite, unordentliche Kiesbänder. Dem Meer wird kein Tropfen Süßwasser geschenkt.

Später nimmt uns ein Lastauto nach Weló mit, von wo aus wir auf dämmrigem und staubigem Pfad nach Wasilikó, dem einstigen Sikyon, hinaufsteigen. Mein Bedarf an Trauben ist für heute gedeckt; Brot und Oliven sollen die Substanz nachliefern. Das ganze Dorf ist uns beim Einkauf behilflich oder doch zugegen. Ein junger Mann begleitet uns höflich zu den Ruinen. Wir schlafen wieder im Theater, das sich gewaltig nach Nordosten öffnet, gerade auf die im Licht schimmernde Bucht zu – und später in die aufgehende Sonne hinein. Meine Sympathie für Sikyon erklärt sich aus meiner Antipathie gegen dessen Rivalen Korinth, und diese wiederum aus dem Thukydides. So erfreuen mich die »ansehnlichen Reste« (Baedeker), vor allem das Stadion, in dem nun die Pferde grasen. Früh geht es nach Alt-Korinth weiter, dessen Akropolis uns von weitem den Weg durch Wein- und Obstgärten weist. – Daß drei Männermägen soviel Trauben zu halten vermögen! Wir können uns der Gaben der erntenden Bauern nicht erwehren – und wegwerfen können wir sie erst recht nicht. Ein Weiblein schenkt jedem von uns aus ihrem Sack eine Handvoll in Aniswasser geweichte Weizenkörner. Aus den Häusern tönt die Lautsprecherübertragung eines Gottesdienstes. Die Dörfer sind gefegt. Man geht in die Kirche. Sollte heute schon Freitag, der 15. 08., Mariae Himmelfahrt, sein?

Für uns wird's ein Feiertag, als wir bei Professor Broneer in Alt-Korinth einkehren, ein ordentliches amerikanisches Mahl bekommen und dabei einen alten Kenner Griechenlands mit unserem Bericht in unstillbares Staunen versetzen.

Ich hätte es wissen müssen: In Griechenland waltet Nemesis, der Ablauf von Koros (Sättigung), Hybris (Übermut), Ate (Verblendung und Sturz). Wir waren allzu zuversichtlich. Ausgerechnet im antiseptischen Haushalt des amerikanischen Freundes befällt mich eine Ruhr. Nun habe ich seit sechzig Stunden nichts gegessen und fühle mich erbärmlich: auf dem schönen Mykonos, auf Delos, auf den Schiffs- und Bootsfahrten, die mir sonst so lieb sind. Auch darin haben die Griechen recht: daß sie die Seele in den Bauch verlegen. Ist der nicht in Ordnung, ist's die Seele auch nicht. So wird wohl dieser Teil meines Berichtes trübselig ausfallen.

Zunächst haben wir vom Hause des Professor Broneer aus Alt-Korinth besichtigt. Waren es die Vorboten meiner Krankheit oder wäre es auch sonst so gewesen: daß mich dies alles nicht wirklich interessiert hat – daß mir die Einbildungskraft fehlte, mir vorzustellen, wie auf diesen Fundamenten dieses und auf jenen jenes gestanden habe. Vorhandenes erfreut mich eher und ist's auch noch so unscheinbar, zum Beispiel der noch erhaltene Stucküberzug über den sehr alten Säulen des sogenannten Apollontempels oder einige wirklich schöne, nicht nur korinthische Kapitelle. Schon die Fülle der Ausgrabungen müßte jeden beeindrucken. Mich ließ sie ungerührt. Anders die Besteigung von Hoch-Korinth! Die Wahl dieses Felsens macht ihrem sagenhaften Gründer Sisyphos, dem Sehr-Schlauen, alle Ehre. Er ist alles beherrschend: fast 600 m hoch, direkt neben dem Meer aufsteigend. Mühelos erblickt man von dort den Isthmus; der Ostteil des korinthischen Golfs ist nicht minder unter Kontrolle (wie verständlich werden mir jetzt die Operationen des Phrynichos im zweiten Buch des Thukydides), und aus Athen kann bei einigermaßen klarer Sicht kein Schiff ausfahren, ohne daß man es hier wahrnimmt. Antike, byzantinische, venezianische und türkische Anlagen häufen sich aufeinander und machen aus dem Berg eine Burganlage, die nur in den Dimensionen eines amerikanischen Breitwandfilms untergebracht werden kann. Ich habe dergleichen noch nicht gesehen. Auf der höchsten Spitze war einst ein Tempel der Aphrodite: Sie steht über der Athene, aber Athene übersteht sie – in geordneter Dauer. Erst bei Dunkelheit kehren wir heim, so daß wir den Besuch des gepriesenen Museums auf den anderen Morgen verschieben müssen. Und dann versäumen wir auch noch unseren Bus, weil unsere Uhren falsch gehen. Auf den nächsten wartend, blicken wir auf den Strand. Die Weingärten ziehen sich fast bis ans Wasser – und die Trauben werden zum Trocknen auf dem Kiesstrand ausgelegt.

Zwischen Korinth und Athen dehnt sich ein einziger Olivenhain – buchstäblich Millionen von Bäumen. Bei einer Invasion konnten die Spartaner unter hinreichenden militärischen Sicherungen wohl viel von dem kostbaren Baumkapital zerstören, aber beileibe nicht alles. Sie hatten keine Motorsäge. Viele der Stämme haben zudem einen Durchmesser von über einem Meter. So »lese« ich hier in der Geschichte des Peloponnesischen Krieges weiter.

Die Küste ist schön, aber auch hier auf lange Strecken durch Reklame entstellt: stereotype weiße Bänder mit schwarzen oder blauen oder roten Blockbuchstaben, in denen die lustigsten Umschreibungen meist amerikanische oder deutsche Firmennamen stecken: BRAVO = ΜΠΡΑΒΩ, NYLON = ΝΑΪΛΟΝ, WESTINGHOUSE = ΟΥΕΣΤΙΓΧΑΟΥΣ, BLAUPUNKT = ΜΠΛΑΟΥΠΟΥΓΚΤ. Das größte Vergnügen bereitet mir eine Reklame für eine Kondensmilch: DOSE MOU / ΔΟΣΕ ΜΟΥ, was eigentlich heißt: Gib mir (davon) und was wir natürlich als Deutsche ganz anders lesen.

Unbeschreiblich ist Eleusis. Der Philhellene wendet sich mit Grausen ab. Wie karg die attische Landschaft ist, weiß man erst, wenn man aus Arkadien kommt: nacktes graues Gestein – und die scheußliche Großstadt Piräus-Athen. Umgekehrt ausgedrückt: Man muß unbedingt in Attika mit seiner Griechenlandreise beginnen, damit man nicht gleich vor ihm flieht.

Diesmal sind wir diejenigen, die als letzte das Schiff über das schon angezogene Fallreep besteigen. Das Wasser ist im Hoheitsgebiet der Stadt schwarzgrün und wird draußen auf einmal irgendwo wieder blau. Es geht an Kap Sounion und an vielen anderen kleinen und großen Inseln vorbei, auf denen kein Murmeltier leben möchte. Und doch sind fast alle bewohnt, die größeren unter ihnen bis in die fernsten Winkel von sorgfältig geschichteten Mauern durchzogen – in jahrtausendelanger Termitenarbeit. Tief in der Nacht kommen wir auf Mykonos an. Wir stapfen über die malerisch gelagerten, schlafenden, singenden und essenden Leute im Zwischendeck. Ihnen ist dieses Reisen so selbstverständlich wie uns das im Bus oder mit der Bahn. Das Meer mit den Inseln ist ihr Land, und die vielen Dutzenden von großen Schiffen, die täglich hinausfahren, sind immer vollbesetzt. In Mykonos werden wir von einem Boot an Land gebracht – ein einfacher Satz, der ein ganzes Drama enthält: Gedränge, Geschrei, Gestikulieren, getrennte Paare und völlige Ungewißheit, was daraus wird. Wir gehen durch die schmalen Gassen – ein doppelseitig bepackter Esel paßt hier nicht durch –, freuen uns an den romantischen Durchblicken und legen uns hinter den berühmten Windmühlen schlafen.

Am anderen Morgen setzen wir nach Delos über – ich in kläglichem Zustand. Es ist Sonntag. Auf dem Weg zum Hafen kommen wir an erleuchteten Kapellen vorüber. Wir treten in eine von ihnen ein und finden sie mit alten Ikonen ausgestattet. Plötzlich steht ein Pelikan mitten in der Gasse.

Im Hafen bunte Boote und bunte Menschen. Nach einer Stunde heftig schaukelnder Fahrt sind wir auf Delos – der eindrucksvollsten Ausgrabungsstätte, die ich bisher gesehen habe. Ostia, Pompeji, Herculaneum zusammen geben keine so gute Anschauung vom Leben einer antiken Stadt wie dieses Zentrum von Handel und Heiligkeit. Ich lege mich im schattigen »Haus des Dreizacks« hin, während die Brüder die Insel weiter durchforschen. Im Museum sehen wir am Nachmittag eine Sammlung vollendet schöner archaischer Torsi, gute Vasen und sehr viel hellenistisches Routinewerk. Meine Aufnahmekraft ist schnell erschöpft. Mit Fieber und Schüttelfrost werde ich im Hotel einquartiert. Die Brüder wollen auf dessen Dach schlafen. Von 1 Uhr mittags an, wenn die Boote nach Mykonos zurückgefahren sind, hat man die Insel ganz für sich – mit flachen Badebuchten, viel Wind und wenig Schatten. Wir kehren erst am andern Mittag zum idyllischen Mykonos zurück.

Die Mühlen sind in Betrieb: Ihre hübschen dreieckigen Segel sausen nur so durch die Luft, und man kann im Inneren zusehen, wie das Korn gemahlen wird. Wenn man Lust dazu hat. Ich schleppe mich zu Niki Galounis, dem Freund von Wolters, und denke: Gut, daß es Freunde von Freunden gibt. Roland geht tauchen; er entdeckt bunte Schwämme, neue Fischsorten, ein Meeresgemüse, wie er es an anderen Küsten Griechenlands nicht gefunden hat.

Beim Einschiffen in der Nacht: die gleichen dramatischen Szenen wie beim Ausschiffen. Wir finden in einem Rettungsboot Platz zum Ausstrecken. Über uns der schwankende Sternenhimmel. Im Nachbarboot singt ein Pärchen zweistimmig Schuberts »Lindenbaum« auf Griechisch. In Athen esse ich meinen ersten Haferschleim, der mir wieder etwas Kraft gibt, das Byzantinische Museum zu besuchen und seinen vorzüglichen Aufbau zu bewundern. Wer kann guten Gewissens »Byzantinismus« sagen und damit krause Pedanterie, akribische, unfreie Wirrnis meinen, wenn er diese kräftigen Vereinfachungen, die tiefsinnige Zusammenfassung, den lebendigen Symbolismus dieser Epoche in all ihren Kunstzweigen gesehen hat? Natürlich ist mit »Byzantinismus« vor allem ein Lebensstil, eine Verwaltungsform, eine politische Repräsentanz gemeint, aber auch sie muß man mißverstanden haben, wenn sie aus derselben Geisteshaltung stammt. Ein hübsches Detail auf einer Ikone: Heilige umstehen Christus und verstellen mit ihren gewaltigen Heiligenscheinen den Blick auf den Herrn; eine hinter ihnen stehende Frau zieht sich an einer dieser massiven Goldscheiben hoch wie an einem Mauerrand, um hinübersehen zu können.

Im Deutschen Archäologischen Institut finden wir Post, die uns die Geburt des Neffen Nikolaus in Santiago berichtet. Diese feiern wir durch frische Wäsche und ein Duschbad. Wie elegant man in Athen ist, fällt uns, da wir's selber zu sein uns bemühen und aus der Provinz kommen, doppelt auf: In Athen elegant, auf dem Lande sauber und ehrlich.

Wir sind auf dem Athos. Es wird höchste Zeit, daß ich die seit Tagen versäumten Aufzeichnungen wieder aufnehme, bevor dieser ganz neue und abschließende Teil unserer Reise beginnt. Bei der Rückkehr nach Athen drohten uns Müdigkeit und Überdruß zu überfallen – verstärkt durch die Hitze, die Hetze und die Häßlichkeit der Großstadt, durch den fremden Lärm und durch die eigene Krankheit. Aber wir hatten viel zuviel zu tun: kleine, aber mit Umsicht und darum Umstand vorgenommene Einkäufe (eine

Kaffeemühle, Kupferkannen, Fummelketten, eine bunte Tragtasche aus Ziegenwolle), ein Besuch bei Professor Louvaris, bei der Botschaft und beim Außenministerium, um unseren Aufenthalt auf dem Athos zu sichern, und nicht zuletzt ein schöner Ausflug zum byzantinischen Kloster Kaissariani. Es liegt romantisch-verlassen in nur etwa einer Stunde Entfernung von der letzten Busstation. Eingebettet in Bäume, die die staatliche Forstverwaltung am Hymettos mit besonderer Sorgfalt pflegt (zwanzig Soldaten und ein Militärauto waren beschäftigt, mit Gießkannen Wasser an die Eukalypten, Kiefern und Oleanderbüsche auszuteilen), zugänglich, überschaubar gibt es einen schönen Eindruck vom klösterlichen Leben, wie man es in Daphni, dem vielbesuchten und hochgerühmten, umsonst suchen mag. Hinter dem Kloster sprudelt eine Quelle, und auf dem reinlich gekehrten Dach halten wir im Schatten einer großen Pinie unsere Mittagsruhe.

An der Quelle war übrigens der Unterschied von Stadt- und Landbevölkerung besonders deutlich. Auf dem Peloponnes hatte man, sobald man uns von Ferne auf eine Wasserstelle zugehen sah, die Kinder nach Hause gejagt, damit sie ein Glas holen und wir uns nicht unter die Traufe bücken müßten; Esel und Herden wurden beiseite getrieben. Hier füllten zwei Männer unbekümmert ihre sechs Blechkanister, und ein Mädchen befeuchtete umständlich sein Taschentuch, bevor der Fremde seinen Schluck nehmen konnte. Unser Interesse an diesem Unterschied hat uns zu freundlicher Geduld mit alledem verholfen.

Am meisten sollten uns in diesen Athener Tagen die beiden Oedipus-Dramen beschäftigen. Um es gleich zu sagen: die Aufführungen haben enttäuscht. Man hat sorgfältige »Theaterleistungen« gezeigt, geschmackvoll, verhalten, ohne gestriges Pathos, ohne langweiliges Deklamieren. Aber gerade das reicht für diesen Gegenstand nicht aus, abgesehen davon, daß das Neugriechisch wie Prosa klingt und die Gestik nicht zur Höhe und Fremdheit des Geschehens paßt – die Gestik, die wir täglich auf den Straßen sehen, wenn sich zwei über eine hingefallene Melone oder einen eingedrückten Kotflügel streiten: offene Handflächen weit nach vorn gestreckt – »da hast du die Bescherung!« Man weiß sehr wohl, wie man Leid auf der Bühne darzustellen hat; man weiß nicht so gut, was wirklich großes Leid ist; und man scheint gar nichts davon zu wissen, wie Leid als Gegenstand der Dichtung aussieht. Wir erlebten die Anstrengung zur ästhetischen Wirkung, wir erlebten keine Anstrengung zur Kunst.

Am Chor waren Absicht und Willkür gleichermaßen zu durchschauen; seine Bewegungen waren ohne Notwendigkeit, am zweiten Abend – im *Oedipus auf Kolonos* ganz unverhohlen auf den – beträchtlichen – Schau- und Hör-Effekt angelegt. Zu einem geschlossenen Eindruck von »Chor« kam es schon deshalb nicht, weil zuviel vom Text auf einzelne Sprecher verteilt war, – mit welcher Folgerichtigkeit, ist schwer zu beurteilen, wenn man den Wortlaut nicht versteht. Daß diese Tragödie nicht »aus dem Geist der Musik« entstand, spürte man gerade dort, wo der Chor wirklich sang. Doch war es schön, die beiden Stücke ganz und hintereinander im alten unveränderten Rahmen zu sehen – ohne Bühnendekor, ohne Modernismen, ohne Umdeutungen, ja, es wurde am Ende deutlich, daß der *Oedipus Rex* auch durch ein minderwertiges Spiel nicht zu zerstören, daß der *Oedipus auf Kolonos* dagegen mit unseren Mitteln überhaupt nicht aufführbar ist: ein Mysterienspiel.

Ganz früh sind wir mit dem Bus nach Delphi aufgebrochen. Dorthin kommt man in drei Tagen eben nicht zu Fuß – und mehr Zeit bleibt uns nicht. Das Reisen mit dem Bus ist uns seither zuwider: Man ist in der falschen Gesellschaft, man leidet am Staub, an der Hitze, am Lärm; man sieht einen Wegweiser »Plataiai 5 km« und kann dort nicht hin, so daß einem das alte Plätäerherz weh tut; man fährt durch Theben, wo die Burg des Kadmos, des Oedipus, des Epaminondas stand, und hält nicht einmal an; man sieht auf dem Berg die gewaltigen Ruinen von Eleutherai, man passiert Haliartos, ohne weiteren Anteil zu nehmen. Nur die lange gerade Straße durch das in der Hitze flimmernde böotische Ackerland – das einzige in Griechenland, das bisher diese Bezeichnung verdient –, die hat man übergenug vor Augen. In Livadi hätte ich gerne am Trophonios-Orakel aus den Quellen der Lethe (des Vergessens) und der Mnemosyne (des Erinnerns) getrunken, vor allem aus der letzteren zur Stärkung meines erlahmenden Gedächtnisses. Wir haben uns mit Trauben und einem städtischen Wasserhahn begnügt.

In Delphi treffen wir in der Mittagshitze ein und lagern mit vielen anderen an der Kastalischen Quelle, die gewaltig aus dem alten Fels hervorsprudelt. Über uns mächtige Platanen. Ein Franzose zeigt uns, wie man einen Hitzschlag bekommt. Am frühen Nachmittag: Museumsbesuch. Aus der Fülle seien nur die Reliefs vom Schatzhaus der Siphnier hervorgehoben und zwei ungewöhnlich anmutige Akanthos-Kapitelle, auch Inschriften von den Wänden des Athener Schatzhauses – die Homerischen Hymnen mit Noten-

zeichen darüber! Dann geht es in den Tempelbereich, den wir zuerst studieren und – mit zunehmender Menschenleere und seitlich
einfallendem Abendlicht – mehr und mehr genießen. Wir sehen
hier unser zehntes griechisches Theater. Am beglückendsten wieder: das Ganze, die durch die Zeit gewobene Einheit, die mit überwältigender Sicherheit gewählte Lage hoch oben am Hang mit dem
Blick ins Pleistostal über den gewaltigen Ölhain hinweg, dessen
vordere Hälfte schon im tiefen Schatten der Felsen liegt, während
der hintere silberblau glitzert – bis hinunter zum Meer.

Zu Fuß steigen wir nach Arachowa hinauf, etwa zehn Kilometer
oberhalb von Delphi. Der Weg dorthin ist wie zum Lob des Wan-
derns erdacht: ein romantischer Eselspfad durch Weinberge abseits
der Autostraße. Vor uns die hohe Nacht, hinter uns die Silhouette
der Berge gegen den abendroten Himmel. Ein Reiter mischt leichten Duft von Pferdeschweiß in die laue, bewegte Luft. Wir treffen
auf Quellen und können nach Herzenslust trinken.

In Arachowa wollen wir in einem zünftigen, also nicht touri-
stischen Lokal den neugeborenen Neffen feiern, und das gelingt
vollkommen: köstlicher Hammelbraten, mit Thymian gewürzter
Tomatensalat, ein schwach rezinierter roter Wein, ein solider Hunger – und Nacht im Weinberg. Wir schlafen auf den wohlgeglätt-
teten Fundamenten der Tholos nah bei Athena Pronoia, der Vor-
ausdenkenden, und am Morgen besteigen wir eine der Phädriaden,
der Leuchtenden Felsen, die ihren Namen nicht umsonst haben, –
jedenfalls bis dahin, wo man den ganzen heiligen Bezirk unter sich
sehen kann und die nun schon wieder wimmelnden Besucher zu
geziemender Unsichtbarkeit verkleinert sind. Vor unserer »schwanger« machenden Felsennase (»schwanger« ist eine hentigsche Zu-
sammenziehung aus schwach und bange) rauschen drei Geier in
weiten Kreisen über der Tiefe.

Die Rückreise scheint endlos zu dauern; wir versäumen, gottlob,
den 20-Uhr-Zug nach Saloniki, können also vorher noch einmal
richtig essen und haben im späteren Zug ein Abteil fast für uns. Es
ist Morgen, als wir am Fuß des Olymp vorbeifahren. Wir grüßen zu
den Göttern hinauf. Und: Was wäre Griechenland ohne Thessalien,
wo es tatsächlich Kuhherden, Weizenfelder, Tabak- und Baum-
wollplantagen gibt und nicht nur Touristen!

Im Bus und in der Bahn habe ich mit Bewegung den Hyperion
zu Ende gelesen: ein ganz und gar deutsches und zugleich europäisches Buch, in den die »sentimentalische« Haltung des modernen

Abendländers zu sich und der Welt in einer »naiven« Weise gespiegelt ist. Darin liegt der unsterbliche Reiz des Neuhumanismus. Wir sind auch sentimentalisch, aber wir sind es wissend und zynisch. Für uns ist hinfort Hellas weder Hoffnung noch Sehnsucht, noch Beispiel, sondern bestenfalls Zuchtmeister – Zuchtmeister nicht in den Idealen der Menschheit, wohl aber in der Wahrheit über uns selbst. Hyperion kann uns nur noch durch seine Fremdheit belehren, die ernst, schön, ergreifend ist, aber zu nichts verpflichtet. Fallmerayer, den wir zur Vorbereitung auf den Athos gelesen haben, spricht schon zwei Generationen nach Hölderlin und zwei Generationen vor uns die neuen Einsichten aus, die seitdem nur wiederholt worden sind, kraftloser und künstlicher.

In Saloniki finden wir einen Händler, der uns Halva *en gros* verkauft und unser Gepäck in Verwahrung nimmt. Wir besehen die Stadt – den Weißen Turm, die Hagia Sofia mit ihren Mosaiken, den römischen Torbogen und die geheimnisvolle Rotunde mit ihrer Kuppel von den Ausmaßen des Pantheon und byzantinischen Mosaiken, die man nur nach geraumer Zeit der Gewöhnung an die Dunkelheit erkennt; dazu die Basilika Pannhagia Achiropoietos (»Nicht von Hand gemacht«).

Mit dem Bus fahren wir weiter durch einsames thrakisches Bergland voller Eichenbusch, in dem hier und da noch ein alter großer Baum steht, wie um zu zeigen: So kann eine Eiche werden, wenn man sie läßt. Der Mais ist geerntet und trocknet golden auf den Zäunen, an den Fensterkreuzen, in den Ästen der Pflaumenbäume. Eine Busfahrt durchs Bergland (in 800 bis 1000 m Höhe) ist, was meine Primaner ein »existentielles Erlebnis« nennen würden: die Fahrbahn voller Steine wie ein ausgetrocknetes Flußbett, Nadelkurven, Abgründe, ein in allen Fugen krachendes Gefährt, Esel quer auf der Fahrbahn, Ziegenherden, die panisch vor dem Kühler herjagen, Staub, Wind, sich erbrechende Kinder, flatternde Hühner und ein ohrenzerreißendes Radio – sechs Stunden lang. Unterwegs, in einem winzigen Bergnest, steht ein modernes Denkmal für Aristoteles: »Stagiros, seine Heimat«. Die Entfernung zwischen Saloniki und Jerissos am Isthmus des Athos beträgt 130 km. Dort schlafen wir am Meer – wir schlafen gut.

Ein Boot bringt uns am anderen Morgen an der Ostküste entlang zum Pantokrator-Kloster, wo wir eben eine kühle Quelle mit ein paar Schildkröten teilen und ich Roland die Haare schneiden werde.

Von allen Reiseabschnitten ist dieser letzte, den wir auf dem Heiligen Berg verbracht haben, am schwersten zu beschreiben, vielleicht weil ich mich seit Wochen in dem immer gleichen Schreibschema geübt habe: das Gewußte und Vorgestellte mit der Wirklichkeit zu vergleichen. Vom Athos hatte ich kaum mehr als eine poetische Ahnung. Die Eindrücke sind buchstäblich nicht zu »fassen«: zu vielseitig, zu fremd, zu stark. Nirgends hat uns die Kenntnis des Neugriechischen so sehr gefehlt wie hier, obwohl wir nun schon ganz lange, aber eben nur ungenaue und oberflächliche Gespräche führen können. Natürlich ließe sich das Ganze als ein großartiger Spaziergang darstellen, als ein herrliches Naturereignis, gerade so, wie Fallmerayer es tut:

Ein mehr als zwölf Stunden langes, zwei bis drei Stunden breites und durch eine schmale niedere Landzunge an den Kontinent gebundenes Bergeiland erhebt sich in isolierter Majestät über die tiefe Flut des strymonischen Golfes. Das ist der Berg Athos. Langgestreckt ist die Halbinsel, nicht flach, auch nicht wellenförmig hingegossen, noch als schiefe Ebene nur auf einer Seite aufsteigend, auch nicht ein mit Hügel- und Felsengewirre unregelmäßig ausgefülltes Konglomerat; haldig und sanft steigt es von beiden Strandseiten gegen die Mitte empor und läuft sattelförmig mit wachsender Höhe und Steile in langen Windungen fort wie ein Tempeldach, und am Ende strotzt, leibig und wohlgenährt, von drei Seiten rund aus dem Wasserspiegel heraussteigend und auf der vierten bis zur halben Höhe mit dem Waldgebirge verwachsen, einsam und frei die riesige Athoskuppel in die Lüfte, auf der Plattform ein weithin sichtbares Kirchlein, das höchste und luftigste Gotteshaus der morgenländischen Christen, zugleich Sitz der Sommerlust, der Andacht und der Windsbraut für die Athoniten. Man denke sich eine Augustnacht in Purpurflor und mit allen Reizen des Südhimmels angetan, den glatten Spiegel über bodenloser Tiefe, mildhauchende Seelüfte über die Gärten und Söller fächelnd, Nachtigallen im Rosenbusch, das lange Walddunkel und die Wachtfeuer auf der Bergspitze; oder wie das Morgenrot und der erste Sonnenstrahl goldfunkelnd auf die Felsenkrone fällt und weit unten auf dem Kastanienwalde noch schweigsame Nacht oder kaum das erste zweifelhafte Dämmerlicht über den Klosterzinnen liegt!
Ein felsiges, schroff und mühevoll zu erklimmendes Nadelholzgebirge, quer über den Isthmus streichend, hütet wie ein Säulengang das Tor zur immergrünen Baumregion des Athos, und wenn der Fremdling nach Überschreitung dieser Querwand über tiefe Schluchten und Hügel aus wildem Rosmarin den Hochpfad erklommen hat, tut sich eine Szene auf, deren Schönheit man wohl empfinden, aber nicht beschreiben kann. Wie ein langer Silberfaden läuft über Sattelkamm und Berg-

schneide durch hellgrünes Gebüsch und dichtverwachsenes efeuumrank-
tes Baumgewühl der Hochpfad mitten durch die Halbinsel bis zum hohen Athoskegel. Bald schroff und ohne vermittelnden Übergang, bald
sanft und in verlorenen Halden senkt es sich zu beiden Seiten des Weges
in romantischen Vorsprüngen und verschlungenen Talwindungen oder
in weithin, amphitheatralisch ausgebogenen Prachtfächern über Wald-
öde, über lieblich bebautes Einsiedlergehöft, in dunklen Waldschatten,
hier zum singitischen, dort zum strymonischen Golf hinab; die Sonne
blitzt auf dem Wasserspiegel und lockt, durch die laubigen Bäume fal-
lend, eine Träne wehmutsvoller Erinnerung aus dem Auge des fremden
Wanderers. Tief unten am Strande, in weiter Entfernung voneinander
abgesondert, durch Wald und Vorgebirge getrennt, auf grüner Matte
ausgebreitet oder auf meerumbrandetes Gestein mittelalterlich hingezau-
bert, oder in waldüberhangenen Schluchten, an rauschenden Silberbä-
chen, zwischen Limonengärten und langwipfligen Zypressen heimatlich
verborgen, erscheinen die Mönchskastelle mit hohen Mauern, mit gewölbten Torgängen, mit Glockenhaus, mit wart- und zinnenbekränzten
Festungstürmen und eisenbeschlagenen Doppelflügeln zur Hut der byzantinischen Heiligtümer wider feindliche Gewalt. Das von der Natur
zu beiden Seiten des Pfades in der Senkung der Bergflügel eingehaltene
Ebenmaß, der bei aller Mannigfaltigkeit der Schwellung, bei allem
Wechsel der Schatten, des Lichts, der üppigen Szenerie doch überall
gleiche Abstand vom Bergkamm gibt dem Auge die volle Herrschaft
über die wunderbare Doppelpracht. Der schlankstämmigen Pinie und
der Weißtanne mit hellgrünen langen Nadeln begegnet man nur am
Felsenportal des Eingangs und auf der oberen Region des Steinkegels.
Der langgestreckte Raum zwischen beiden ist ein zusammenhängender
Laubwald von Platanen, Buchen, Grüneichen, Öl-, Feigen-, Nuß- und
Kastanienbäumen, von Zypressen, Weinreben, Lorbeer- und Haselstau-
den, von Mastixstrauch, von immergrünen »Arbutuskirschen«, Maulbeer-
und Obstbäumen aller Art – hellgrünes, luftdurchfächeltes Berggewand,
wo die Myrte, die Rosenhecke, der Weißdorn, der Smilax, die Coro-
nilla, die schattige Globularia und das saftige Grün der Efeuranke auf
dem Boden, über der Steinwand und am lebendigen Kastanienbaum alle
Räume füllt; wo Duft, Farbenpracht und Schmelz der Blumen überall
den Sinn berauscht, wo es überall quirlt und rieselt und in langen Fäden
von der waldigen Hügelterrasse fällt und fortrauscht mit Gemurmel im
Erlbusch! Reitet man von der Hafenbucht herauf, die prächtige Abtei
Xeropotamo vorüber, durch romantisches Waldgeschlinge zum Höhen-
kamm, rechts am Pfade, eine grüne Alpenwiese mit Zaunwerk künstlich
eingefriedigt, Sennhütte und Hürde neben Brünnlein und Bächen; es ist
Mittagsglut, die schweigenden Lüfte, das Bienengesumme, der Wanderer sitzt am Born, Kastanienlaub und Alpenflor schwanken im Wasser-

spiegel: »wie der Morgentau in der Sonne, so schmilzt ihm die Seele in der Brust«.[*]

Das stimmt – und ist noch sehr viel mehr als die hier geschilderte »Natur«, es ist auch Geschichte und Übernatur und ein heftiges persönliches Erlebnis. So bleibt es bei einer Chronik unserer Wanderung.

Wir sind mit dem Boot frühmorgens von Jerissos (Hierissos) an der Ostküste des Isthmus abgefahren, von trägen Delphinen und Reihern begleitet – am zerfallenen Durchstich des Xerxes und, wie wir meinten, »vielen« Klöstern vorbei bis zum Kloster Pantokratora. Tatsächlich ist diese Nordostküste am wenigsten von den Mönchen besiedelt. Hier und da sieht man die Frankentürme, die die Insel in den Kämpfen mit den Mohammedanern schützen sollten, aber nicht weniger dazu dienten, das Land auszubeuten. In viele dieser Burgen sind später Klöster eingezogen.

Von Pantokratora aus geht es ins Land hinein auf den Grat zu, auf dem ganz in der Mitte die Hauptstadt liegt, der Vatikan der Ostkirche, wo die Synode und der Gouverneur ihren Sitz haben und wo man sich zunächst anmelden muß. An diese waren ja unsere Empfehlungsschreiben gerichtet. Eine laue Brise, beschattete Wege, Quellen und immer andere Düfte machen uns den steilen Weg selbst in der Mittagszeit angenehm. Überhaupt sind hiermit die wichtigsten Dinge schon genannt: Gerüche, Schatten, Wasser – alles in solcher Fülle und Dichte, daß die Halbinsel schon dadurch wie ein Paradies wirkt. Der Duft von Weihrauch und Gewürz ist manchmal so stark wie in der Kirche oder im Kaufladen.

Gegen Abend gelangen wir nach Karyais. Der Gouverneur ist nicht zu Haus; am anderen Morgen werde er wiederkommen, ruft man uns nach, als man den Brief von Professor Louvaris gelesen hat. Bei der Synode geht es uns nicht besser. Der Hohe Sekretär ist fort, und wir werden von bärtigen Bediensteten abgefertigt, das heißt man nimmt mir hundert Drachmen ab (die Brüder, als Studenten, zahlen nicht), stellt den Begleitbrief »An die zwanzig Klöster« aus, die uns nun in vollem Umfang Gastlichkeit »schulden«, und schickt uns nach Koutloumoussiou, dem nächsten Kloster – in Eile, denn um 18 Uhr werden hier überall die Pforten geschlossen. Im Kloster

---

[*] Jakob Philipp Fallmerayer: Hagion-Oros oder der heilige Berg Athos, in: Hellas und Byzanz (hg. von Hans Eberl), Weimar 1943, (Böhlau), S. 47 – 51.

führt man uns in ein Gästezimmer, das reinlich aussieht – nicht ohne uns gebeten zu haben, die Ärmel herunterzukrempeln; nackte Haut ist hier unschicklich. Man bringt uns den Willkommensgruß – einen Schluck Raki, Loukuumia und ein Glas Wasser. Später ruft man zum Abendbrot. Es gibt Gemüse und etwas verschimmeltes Brot, über das die anderen Gäste – zwei Deutsche und ein Österreicher – unziemlich, wie wir finden, schimpfen. Wir schlafen wenig, von Wanzen heimgesucht und vom Schlag der Stundentrommel stündlich unterbrochen. Die erste Stundentrommel hatten wir unterwegs im Kloster des Propheten Elias gesehen. Eine Stundentrommel ist ein etwa zweieinhalb Meter langes Holz, das in der Mitte gegriffen und über der Schulter gehalten wird, während man mit einem Hammer im Takt darauf schlägt. Viele Stundentrommeln hängen auch fest an einem bestimmten Ort. – Das Kloster des Propheten Elias ist ein russisches Kloster und von zaristischer Pracht, aber im Aussterben begriffen, wie die meisten Klöster hier: Von zweihundert Mönchen waren nur noch zwölf Greise übrig geblieben – ohne Aussicht auf Nachwuchs. Man lebt hier in allem von der »Substanz«. Seit über hundert Jahren ist außer ein paar Telegrafenmasten nichts hinzugekommen, keine Arbeit an Gebäuden, Wegen, Wasserleitungen geleistet worden – und, wie wir erfahren mußten, auch keine an der einst reichen Liturgie und den unermeßlichen unerschlossenen Buchschätzen.

Am anderen Tage wollen wir früh in die Kirche Protato von Karyais, aber sie ist schon zu, als wir um 5.30 Uhr eintreffen. Später finden wir noch Einlaß und sind enttäuscht: Dies ist nun doch Byzantinismus, tote Wucherung. Bis wir noch einmal beim Gouverneur vorsprechen, schweifen wir durch die verlassenen Gärten und führen uns ein kräftiges Frühstück von Trauben, Feigen und Haselnüssen zu. Mit byzantinischer Unaufrichtigkeit, wie Fallmerayer sagen würde, läßt sich der Gouverneur wieder verleugnen, diesmal umgekehrt: Gestern sei er da gewesen und heute in aller Frühe abgereist. Nun tun wir ein Gleiches. Ein junger Mönch zu Pferde begleitet uns ein Stück und läßt sein Roß unsere Rucksäcke tragen. Im reichen und reinlichen Kloster Iwiron erwartet uns eine Bohnensuppe und ein Lager für den Mittagsschlaf. Dann besehen wir die beachtliche Kirche, deren alte Fresken leider völlig von Kronleuchtern und anderem Messingbehang verdeckt sind. Die Fresken stellen in allen Kirchen die Mutter Gottes, den Pantokrator, das Jüngste Gericht, Szenen aus dem Neuen Testament und dazu unzählige Heiligenlegenden dar. Im Vorraum sind überall die Martyrien zu sehen.

Wir wandern am Meer entlang, baden alle zwei Stunden, ziehen an anderen Klöstern vorbei, hier und da an romantischen Holzfällerlagern. Die Stämme werden aus dem Inneren von Maultieren herbeigeschleift, behauen und verladen, die Leute campieren im Freien und machen sich lustige Feuer. Wir begegnen keinen »Europäern«, denen die Wege zu beschwerlich sind, selten einem Mönch und manchmal den Pferde- und Holzknechten, denen die Halbinsel nunmehr gehört. Im Wettmarsch mit der Sonne geht es zur Heiligen Laura, einem Kloster, das fast an der Südspitze liegt. Längst haben wir den Kampf verloren; es ist dunkel und kaum zu hoffen, daß wir, wenn wir ankommen, noch Einlaß finden. Verbissen stolpern wir weiter. Da künden die ersten Mauergehege und Zypressen von der Nähe dieses ältesten und schönsten Klosters. Noch brennt irgendwo Licht. Wir klopfen an das große Holztor. Bange Minuten. Der Oleander duftet betäubend, der Mond scheint, überall rauscht Wasser in marmornen Becken. Dann Geräusche. Man hat uns vernommen, fragt wer und wieviele wir seien. Und bis wir durch die Hinterpforte und romantische Gewölbe und Höfe herein- und hinaufgeführt worden sind, ist der Tisch schon für drei gedeckt mit Reisbrei, Oliven, Wein, frischgeschnittenem Tomatensalat und Zwiebeln. Wir schlafen besonders gut bei den freundlichen Leuten, besehen am Morgen, nach einem guten Kaffee, die besonders schöne Kirche, die Schätze der Bibliothek, das Refektorium mit einem eindrucksvollen riesigen Steintisch. Dort bekommen wir ein noch warmes Brot in die Hand gedrückt, dessen Duft schon den ganzen Morgen den hellen Hof durchzog.

Auf besonders steilem Pfad über die Südspitze zur Heiligen Anna. Gerade an der richtigen Stelle sprudelt eine gewaltige Quelle. Wir rasten unter großen Tannen und Platanen – unter uns am schroffen Felsabhang das azurene Meer. Zwischendurch begegnen wir einer Herde von halbwilden jungen Pferden, einmal Stieren (keinen Kühen!). Ebenso halsbrecherisch steil geht es zum Kloster hinab. Wir treffen die Mönche beim Kerzenmachen und bekommen wieder Bohnensuppe – wie immer kalt und mit einem Schuß Öl darin. Es ist Fastenzeit. Aber auch hier schmeckt es uns gut, vor allem das ungewöhnlich dunkle Brot. Unser heutiges Ziel ist der Heilige Dionysios. Wir verfehlen das Kloster gründlich, versteigen uns hoch in die Berge und sehen es später voll Verdruß unten am Meer liegen.

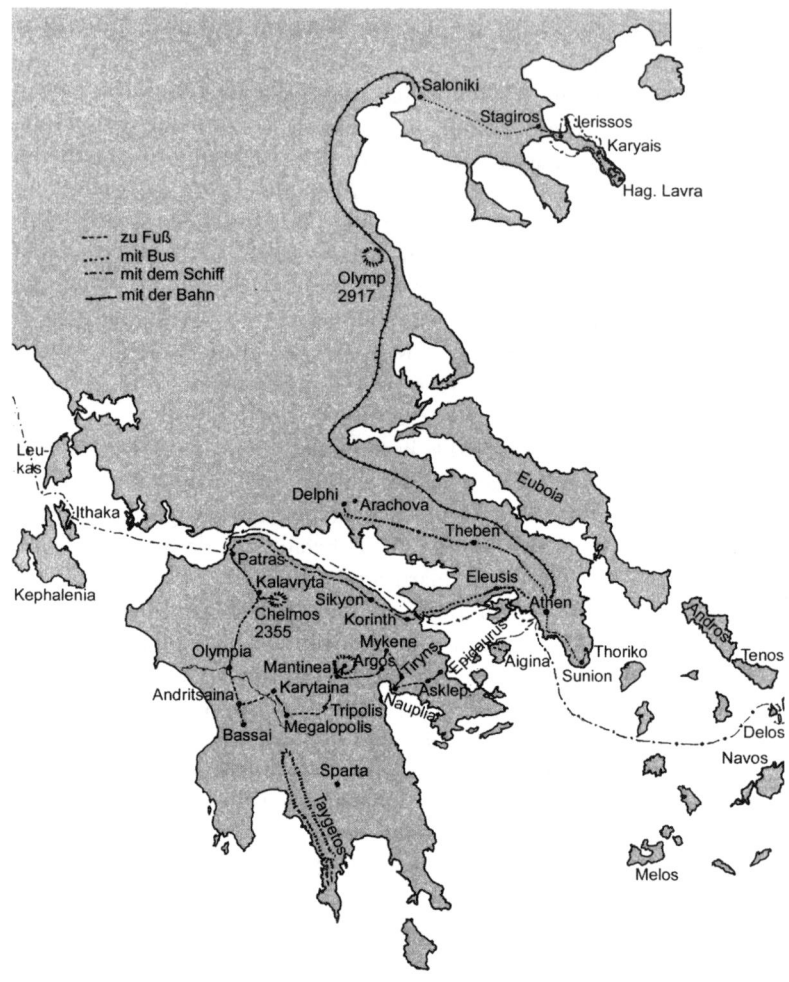

Irgendwo im Norden brennt der Wald. Die Rauchwolke hat sich vor die Sonne geschoben, und so haben wir von nachmittags 3 Uhr an intensives Abendrot. Mit hängender Zunge erreichen wir dieses besonders gastliche Haus – gerade vor Torschluß. Des guten Weines voll, fallen wir auf unsere Betten. Die Gardinen wehen in unsere Kammer, die über das mondbeglänzte rauschende Meer hinaushängt.

Um 4 Uhr gehen wir zur Messe, um 5 Uhr zurück in den Wald zum Bach, marschieren noch ein anstrengendes Stück Weg zum Kloster Grigoriou, und seitdem sitzen wir und warten auf unser Boot, das bei der bewegten See seine Zeit braucht. Es geht nach Daphni und von dort nach Tripiti, das Jerissos gegenüber an der Westseite des Isthmus liegt. So sind wir einmal ganz um den Athos herumgelangt – den größten Teil des Wegs zu Fuß. Es fehlt nur die Besteigung des Berges selbst, aber dazu mangelt es nicht allein an Zeit – meine nur mit Bindfäden zusammengehaltenen Schuhe hätten das nicht mehr ausgehalten.

So endet dieser Bericht. Die Abenteuer noch nicht, denn die Bootfahrt wird alles andere als normal sein. In Saloniki werden wir zu guter Letzt ins türkische Bad steigen und abwaschen, was nicht mit nach Deutschland zurück soll.

Grenzgänge[*]

Eine Reise mit Primanern nach Berlin
1959

I n dem Fragebogen, den wir für den Senat der Stadt Berlin ausfüllen mußten, stand unter der Rubrik »Zweck der Reise«:

Eine im antiken Sinne »politische« Erziehung zu geben, ist das Bemühen
der humanistischen Gymnasien. Daß sie im Schulraum verabfolgt wird,
daß sich der wissenschaftliche Stoff ständig vordrängt, weil er abfragbar
ist, daß wir in Westdeutschland überhaupt in einer politisch »vorsichti-
gen« Atmosphäre leben, – dies und anderes mehr schwächt die Ergebnisse unserer guten Absichten sehr. So scheint es eine glückliche Ergän-
zung und besonders gebotene abschließende Ermahnung zu politischem
Verhalten zu sein, wenn eine Oberprima, bevor sie ihre theoretische
Schule verläßt, um meistens weiterer theoretischer Ausbildung nachzugehen, noch einmal eine wenn auch begrenzte politische Erfahrung
macht. Berlin bietet eine solche Erfahrung (und verbindet sie mit anderen erfreulichen und lehrreichen Erlebnissen). – Im wesentlichen sollen die Schüler Berliner Luft atmen, das heißt, viel mit Berlinern reden,
sie im täglichen Leben – im Verkehr, in den Lokalen, in den Geschäften
– beobachten, Berliner Theater besuchen, den Berliner Aufbau sehen,
die Grenze zum Ostsektor häufig kreuzen, auch dort Gespräche führen
(mit aller Reserve), dortiges Theater besuchen, dortige Architektur, dor-

---

[*] Aus: Frankfurter Hefte / Zeitschrift für Kultur und Politik / Oktober und November 1959.
In der Zeit des kalten Krieges wurden Reisen von Schülern, vorzüglich der
Oberstufe, nach Berlin offiziell gefördert, in der richtigen Wahrnehmung, daß
nichts so sehr für den Westen wirbt wie die abstoßenden Seiten des real existie-
renden Sozialismus. Diese Absicht freilich genügte dem Tübinger Gymnasial-
lehrer der Alten Sprachen HvH nicht. Ein Blick in die Provinz der DDR, ein
Besuch in Potsdam, unmittelbare Gespräche mit Studenten und Professoren –
alles sollte durch meinen einstigen akademischen Lehrer, nunmehr Rektor der
Ostberliner Humboldt-Universität, Professor Werner Hartke, vermittelt werden –
standen auf dem Programm, kamen aber nur zum Teil zustande. Besser gelungen
ist dies zwei Jahre später. (Diese zweite Reise ist unter dem Titel »Berliner Gespräche. Beobachtungen aus Anlaß einer Studienfahrt« in meinem Buch »Die
entmutigte Republik / Politische Aufsätze«, München 1980 [Carl Hanser], S. 60
bis 88 abgedruckt.)

tige Litfaßsäulen, dortige Buchläden sehen – und die Reste der gemeinsamen Geschichte und Geschicke; ja, sie sollen einmal die Trennung Berlins von der Bundesrepublik physisch erleben, die Länge und Enge des Schlauches spüren, an dem Berlin hängt und der jederzeit abgewürgt werden kann.

Die Leitung sieht für jeden Tag ein gemeinsames Ereignis vor, zu dem auch der gemeinsame Omnibus zur Verfügung steht. Im übrigen scheint der obenangedeutete Zweck des Vorhabens nur durch individuelle Kontakte zu erreichen, und die Schüler werden sich weitgehend einzeln die Stadt erlaufen.

Mit solchen Absichten im Sinn, mit Heimweh nach dem Kurfürstendamm im Herzen, mit dem Schrecken des Aufstehens im Gesicht, mit Kiaulehn in der Tasche, mit *no iron*-Hemd, Butterstullen und einigen knapp formulierten Grundsätzen im Gepäck wird der Bus bestiegen: um sechs Uhr früh. Die Gesellschaft ist bis zum Mittag noch müde und ab Mittag wieder müde; außer Skat keine Ereignisse bis zur Grenze. Fräulein E. liest Ringelnatz; die anderen kommen vierzehn Stunden ohne Lektüre aus. Sie sind gereift. Außerdem gibt es einen Fahrer mit Lederjacke und ohne Stirn. »Jeder Jüngling hat einmal…«, – jedenfalls spielt Herr Z. fast die Rolle, die er gerne spielen möchte; er belehrt uns als erfahrener Ostzonenfahrer, wie man sich verhalten muß: Seemannsgarn, Symplegades, Scylla und Charybdis. Es gibt offenbar mehr davon, als man erleben kann, wir jedenfalls haben nichts davon erlebt: Der Grenzübergang verlief ohne Zwischenfall, ja ohne Umstand und im Detail sogar ausgesprochen »heeflich«. Und wir wissen so wenig von der wirklichen Art dieser Menschen und Einrichtungen, daß wir nicht einmal sagen können, ob wir das Fehlen jeglicher Schikane bedauern oder begrüßen sollten: Haben wir bei diesem Grenzübergang die Wahrheit erfahren oder sie versäumt? Vielleicht ist diese Ratlosigkeit gerade die Wahrheit: Es gibt hier kein erkennbares System außer der Willkür.

Die Dörfer jenseits der Zonengrenze (Übergang bei Hof) sehen haargenau so aus wie auf unserer Seite. Die gleiche Wäsche hängt zum Trocknen, die Vorgärten sind in gleicher Weise bestellt, die Menschen sind gleich gekleidet und gehen, ohne sich nach uns umzuschauen, ihrer Arbeit nach. Aber es gibt Spruchbänder, – und das ist überhaupt der Unterschied: eine Welt der Reklame bei uns, eine Welt der Propaganda dort. Wir werden das noch genauer verstehen lernen, wenn wir in Berlin sind.

*

Unterwegs lese ich in meiner engeren Umgebung die eine oder andere Stelle aus dem Kiaulehn vor. Ein gescheites, amüsantes Buch; nichts für Leute, die ständig in Berlin sind und sich täglich ihren eigenen Kiaulehn schreiben; nichts für Leute, die Berlin nicht gut kennen, denn sie werden nur informiert oder unterhalten, aber sie können nicht mitreden, und dazu fordert Kiaulehn auf; er rechnet ebenso auf unsern Widerspruch wie auf geheimes Einverständnis; – ja, und vor allem ist es kein Buch für Alt-Preußen und Hohenzollern.

*

Einfahrt über die Avus bei Dunkelheit. Vor uns der Funk-Turm, im Kleid seiner roten Warnlichter von nun an Funkel-Turm. Um neun Uhr sind wir in der Unterkunft, in den Räumen, die unter den Sitzen des Olympia-Stadions neu, wenn auch einfach eingerichtet sind. Es weht ein kalter Wind, und das Stadion öffnet sich wie ein riesiges Ohr gegen den rauschenden Nachthimmel. Wir schnuppern die »Berliner Luft«, die berühmte – ja man geniert sich, es zu wiederholen – »Champagnerluft«: wirklich nach nichts, – nach Luft, in den Anführungszeichen von Bewußtsein, Geschichte, Feuilleton und Paul Lincke.

Das Lokal, in dem wir essen, will fein sein, und so sind die Kellner unfreundlich und die Portionen jedenfalls für den Abschluß der Tagesfahrten zu knapp. Man schläft früh ein, – einige schon, während Kiaulehn die Berlinerin beschreibt: Johanna Eunicke (und Maler Franz Krüger); Königin Luise; Marlene Dietrich; Claire Waldoff; Blandine Ebinger und Hildegard Knef; – Katzenphlegma, Raubtierschnurren, träge Grazie. Nun hat man ein Beobachtungsthema für den nächsten Tag und ein Traumthema für die Nacht.

*

Während des Frühstücks telephonisches Ringen um Theaterkarten und die Anlage unseres Programms. Ein uns von der Stadt zur Verfügung gestellter Führer – ein an sich selbst gelangweilter Student – zeigt uns: Spandauer Gefängnis, Siemens-Stadt, Ernst Reuter-Kraftwerk, Juliusturm, Schloß Charlottenburg, Unter den Linden, Forum Fridericianum, Museumsinsel, Rathaus, Neu-Kölln, Sperlingsgasse, Graues Kloster, Marien- und Nikolaikirche, »Alex«, Stalin-Allee, Sowjet-Denkmal im Treptower Park, Tempelhofer Feld, Schöneberg, – und für mich dazwischen Kindheitserinnerungen:

Märkisches Museum, wo wir an trüben Sonntagen als Kinder hingingen und (zu Zeiten der Nazis!) von Vater die Folterinstrumente gezeigt bekamen, Jannowitzbrücke, Werdersche Kirche von Schinkel (über die ich mein erstes kunstgeschichtliches Referat als Schüler gehalten habe), die einstige Warschauer Allee (in der wir im April 1945 reihenweise die »Deserteure« der Wehrmacht an den Laternen baumeln sahen)..., und so geht es weiter: Havel und Spree, Trümmer und Neubau, Ost und West.

Wir begreifen sehr schnell, worum es in den nächsten Tagen gehen wird: ein ständiges Wechselbad, nicht nur zwischen den Sektoren, sondern auch innerhalb jeder einzelnen Erfahrung. Man könnte daraus eine Kunst machen – die Kochkunst des *sight-seeing* –: salzig und süß, gewürzt und bitter, heiß und kalt. Wie albern aber, wenn der Führer im heutigen Wilmersdorf Reste des märkischen Dorfes zu erkennen behauptet, wenn er Siemensstadt und Tempelhof für eigentümliche Berliner Erscheinungen ausgibt, nie aber ein einziges Berliner Wohnhaus erklärt oder Herrn Hobrechts Apotheose der Mietskaserne zitiert, jenes preußischen Bauassessors, der die soziale Mischung der Bevölkerungsschichten durch diese Form des Zusammenlebens von Vorderhaus und Hinterhof, von Beletage und Mansardenwohnung zu betreiben suchte. Was ein »Berliner Zimmer« ist, wie etwa das Treppenhaus unserer Wohnung Händelallee 26 aussah, wie Makart in Preußen wirkt, wie die Polizeivorschrift, und das Gründer-Geld und das mißverstandene Vorbild von Paris das Aussehen und den Wohnstil beeinflußt haben, – kurz, welche Probleme einem planenden und rationalisierenden Zeitalter mit dem Auf- und Umbau einer Großstadt gestellt sind, davon haben wir bei dieser Gelegenheit nichts erfahren.

Dafür haben wir eine gute Einführung in das Berlinern bekommen, jene etwas zähe Sprachmasse mit den trockenen Stellen, die sich am Ende als Witze entpuppen. Der Zusammenhang zwischen Siegesgöttin (der unproportionierten Dame auf der Siegessäule, die als einzige Berlinerin keine »Verhältnisse« hat) und Nitribitt wird uns erst beim nächsten Besuch aufgehen, wenn wir ohne Mädchen reisen.

*

Das Denkmal der Sowjets im Treptower Park wie die Stalin-Allee stellen jene Art von Belehrung dar, die einem nur durch die Erfahrung und nicht durch Bild und Bericht zuteilwerden. Der nationale

Kitsch ist mir immer undurchschaubar gewesen: ist er ursprünglich, dann müßte er auch uns berühren; ist er berechnet, dann ist er fehlberechnet oder doch von grober Fahrlässigkeit, denn die leere Geste verbraucht sich, Rubinglasleuchter, Goldmosaik und primitive Symbolik erzeugen gedunsene, aber schwache Reaktionen. Man muß sie immer neu aufblähen, und das ist unrationell; hier spürt man jeden Augenblick, den man zulange geblieben ist, die tödliche Kluft zwischen dem Heldenpathos und der doch wohl noch nicht vergessenen fürchterlichen Wirklichkeit.

*

Am Nachmittag zerstreut sich die Gesellschaft. Einer hatte sich schon am Vormittag selbständig gemacht, um von nun an dem Interzonengeschäft nachzugehen. Berlin ist für manche von vornherein Tanger oder Hongkong; das Preisgefälle, die Wechselkurse, die Zollücken, die Mentalität der Verkäufer und die Qualität der Waren sind nach acht Tagen eifrigen Studiums in schweißtreibendem Grenzgang bis ins einzelne ergründet und genützt. Andere stürzen sich auf das politische Berlin, andere auf die Kultur, andere auf die Halb- und Zwischenwelt, das Vergnügen, auf die Verwandten, auf Aschinger...

Eine kleine Gruppe kehrt mit mir zum Forum Fridericianum zurück. Es ist zu kalt, um sich irgendwohin zu setzen und genau zu referieren, Kiaulehn zu lesen. Die ausgebrannte »Kommode« (Friedrichs Bibliotheksbau), deren geschwungene Fassade aber noch steht, die genau nach den alten Knobelsdorffschen Plänen wiedererrichtete Staatsoper (ohne den Bühnenaufbau des Neunzehnten Jahrhunderts), das Prinz Heinrich-Palais (Universität), an dessen einem Flügel heftig herumgebessert wird, die Hedwigskirche, noch ohne Grünspan auf der wiedererstandenen Kuppel, die, um zwei Stockwerke ent-protzte ehemalige Dresdner Bank, der Durchblick auf die baukastenneue »Neue« Wache und das Zeughaus, an dem die Schlüterskulpturen eben frisch aus der Luftschutzumkleidung wieder ans Licht getreten sind, – das gewährt einen geschlossenen und ästhetisch tiefbefriedigenden Eindruck: ein Teil jenes »anderen Preußen«, das wir jetzt nach der Niederlage entdecken. Aber es bleibt unheimlich in dieser unpreußischen Welt der tönenden Propaganda, die auch die Geschichte, die Tradition, die nationale Reminiszenz als Spruchband mißbraucht.

Wenige Schritte weiter am Fuße des kolossalen Doms, der die geschichtlichen Stile kopiert hatte und darum keine eigene Geschichte annehmen wollte, ja der nicht einmal recht zur Ruine geworden ist, der nicht verfallen kann, sondern nur vergessen werden, liegt der große Marx-Engels-Platz. Dort stand einst das Schloß. Nun streift ein kalter staubiger Ostwind darüber hin, an den Pappfahnen vorbei, und man fürchtet sich, ihn zu überqueren, man fühlt sich beobachtet, man gehört da nicht hin. Der Blick kann frei über abgetragene Ruinen und Rasenflächen zum roten Rathaus schweifen. Der Bau war früher eingeschlossen, der ärgerliche Turm überragte zwar alles, aber sonst konnte man nur senkrecht an den Wänden hochsehen. Heute bietet sich das Gebäude wie Versailles von weitem an und ist doch nur eine Riesenbrauerei.

Während sich die Jungen die Schaukästen in der Eingangshalle der Universität ansehen – Aufrufe zu Arbeitseinsatz und Wehrertüchtigung mit Handgranate, Karabiner, Stacheldraht und den zum Sex-appeal der Bürgerkriege gehörenden Hemden (Kriege mit Uniform, Revolutionen mit Hemd!) –, versuche ich den Rektor zu sprechen. Für heute umsonst.

An drei weiteren Theaterkassen im Ostsektor gelingen uns noch einige gute Fischzüge. Am Alexanderplatz bedient uns ein besonders liebenswürdiges Fräulein. Wir bekommen für die ganze Gruppe Karten für den »Guten Menschen von Sezuan« – und entdecken erst später, daß er am selben Tag stattfindet wie »Michael Kramer«, für den uns der rührige Stadtverordnete von West-Berlin Karten besorgt hat. (Übrigens hatte ich nicht genug Geld dabei; ich ließ die Karten hinterlegen. »Sie brauchen nur den Namen anzugeben, sonst nichts,« versicherte das Fräulein, das mir ersparen wollte zu gestehen, daß ich aus dem Westen bin, was sie doch längst erkannt hatte.)

Für den heutigen Abend habe ich einen Stoß Theaterkarten für »Das Ei« (im Schloßpark-Theater Steglitz) bekommen, und mit Recht macht das schmissig gespielte, frech komponierte Stück große Freude. Die anderen versorgen sich selbst mit Schillers »Räubern« oder einem ostzonalen Film. Auch das ist eine förderliche Folge unseres liberalen Reisestils: Hier muß jeder einmal selbst planen, – auf einem großen Terrain, voller Möglichkeiten, voller Unbekanntem wie das Leben, nur harmloser.

*

Als wir abends in der Unterkunft wieder zusammenkommen, teilt jeder seine Entdeckungen und Abenteuer mit, und jeder hat das Gefühl, daß er das einzig wahre Erlebnis gehabt habe. Ich zum Beispiel mit meinem Ostzonenfilm von der Novemberrevolution: »Nationales Kunstwerk«, Breitleinwand für Massenszenen, Panzerkreuzer Potemkin-Effekte und das Pathos vom »Hitlerjungen Quex«. Alle menschlichen Ereignisse dienen der propagandistischen Mise-en-scène. Kinder werden von Heldenmüttern unter dem Pfeifen der Revolutionskugeln geboren, und der junge Held selbst – ein magerer Käthe Kollwitz-Typ, aber mit der Zuversicht und dem Feiertagsernst des Treptower Denkmals –, ein sowjetisches Zopfmädel und die Keller-Idylle mit Emailkaffeekanne bei den »Müttern«: das hat sich von Hitler an ununterbrochen fortgesetzt. Wie weit kann ein ganzes Volk gehen im kollektiven Verschweigen der Wirklichkeit, in der es lebt? Die Klischees sind offenbar unerschöpflich, denn das Publikum lacht, ja applaudiert, wo es soll, und auch die Empörung weht deutlich durch den fast leeren Saal von den vorderen Bänken her, wenn Herr Noske die Revolution verrät. Meine beiden Begleiter sind kaum zu bändigen mit ihren Protestreaktionen, und so ist denn der Film für mich dadurch sehr aufregend geworden. Eine gute Gelegenheit, vor dem Schlafengehen alle noch einmal ausdrücklich vor jeder Demonstration zu warnen.

Die Frage nach der Wirkung solcher Filme geht mir noch lange durch den Sinn. Wo tragen diese Menschen ihre Probleme hin, die der westliche Mensch in den Kinos ablädt? Heldenlied eignet sich schlecht zur Identifizierung, und der brechtsche Verfremdungseffekt (den man dort nun auch im Kino anzuwenden versucht) ist vertan, wo man nichts Glaubhaftes zu lehren hat. Wir werden noch oft staunen, wie einfallslos die Propaganda ist. Oder haben wir vielleicht nur vergessen, daß das ihre eigentliche Natur und Kraft ist? Einfälle können ablenken, aber nicht abstumpfen, und darum geht es offenbar. Gelingt es?

*

Die Jugend im Ostsektor trägt auch Lederjacken und noch engere Niethosen als die des Westens. Die Haare sind noch so lang wie in der Nachkriegsreaktion auf den Militarismus. Sie würden auch gerne Moped fahren und Rock 'n' Roll tanzen. Man sieht zwar keine Liebespaare auf offener Straße, und wenn Frauen und Mädchen Hosen tragen, dann ist das Ausdruck, nein Folge der wirklichen

Arbeitswelt, nicht saloppe Verwischung der Grenzen, aber der Westen bleibt chic, man tanzt nicht ewig Polka, und mit Achtzehn fallen die Zöpfe: dann kommt die Giulietta-Masina-Frisur, der »Windstoß«, – oder man *ist* eine Hilde Benjamin.

Einmal haben wir uns in einen Ostberliner Amüsierbunker begeben zu Krim-Sekt von der Unstrut und lila-livrierter Kapelle. Ansätze zu »gelockertem« Tanzen wurden von einem *arbiter moralium* durch leichtes Klopfen auf die Schulter abgestellt. Aber man amüsiert sich auch so bei »intimer Beleuchtung und fescher Musik«, und die Leutnants von drüben sehen gut aus in ihren tadellos geschnittenen Uniformen. Was verstehen wir davon? Bei so trüben Gedanken hat einer Schnaps (das ist schon beinahe zitierfähig), und wie soll man dem als moderner Pädagoge anders beikommen, als dadurch daß man selbst so viel davon wegtrinkt wie möglich? Wir schlafen kurz, aber gut.

*

Am folgenden Vormittag fahren wir nach Dahlem zu den Westberliner Sammlungen. Das klingt wie Bildungspflicht, und da zugleich eine Abschiedsparade für einen englischen General direkt vor unserm Stadion stattfindet, fällt manchem die Entscheidung schwer (außer Nachtruhe keine Pflichtveranstaltung!). Aber als wir dann feststellen, daß man beides haben kann (eineinhalb Stunden Museum und eine Stunde britisches Preußentum), ist alles bereit und wird nicht enttäuscht.

Mit meinen Trabanten beschränke ich mich auf die mittelalterliche Abteilung; die Mehrzahl dringt zu Renaissance, Barock und Impressionismus und zu Nofretete vor. Eine Madonna, fast lebensgroß in Lindenholz, bemalt, aus dem vierzehnten Jahrhundert: Gewand, Haar und Haltung sind die Rhetorik des bildenden Künstlers, der hier weder die Wirklichkeit abbildet, noch die Wahrheit symbolisiert, sondern seinen Gegenstand interpretiert und steigert. Kunst als Steigerung, Kunst als sinnhafte Belehrung und willkürlich erzeugte, gesammelte Erfahrung, – wo wäre das moderner und wirksamer, reiner und vorbildlicher als hier? Was die Großen von heute bewußt treiben, was den Brecht und Eliot, den Chagall und den Nolde, was den Strawinskij als richtige Einsicht leitet oder bestätigt, das tritt aus dem anonymen Grund dieser ganzen Epoche, die die Kunst noch nicht über ihren Gegenstand gehoben hatte, mit Selbstverständlichkeit hervor. Der inhaltlose Hintergrund aus Gold, die Farben, die sich selbst und nicht der Bewältigung des Lichteffekts gehören, die festumrissenen bedeutsamen Gestalten verdichten die Aussage so, daß der Betrachter hört, der Bedenker empfindet, der gedankenlos Begegnende fragt und deutet, – daß der ganze Mensch sich stellt. Wird »entepente« (C. F. v. Weizsäcker) daran nicht zuschanden – »Erforschung des Ausdrückbaren durch das Mittel des Ausdrucks« –, weil es doch für den Menschen im Gegensatz zur Wissenschaft nicht darauf ankommt, was es alles noch gibt und geben kann, sondern daß er das Vorhandene, Einfache und Wichtige versteht und gebrauchen lernt? Er wird mit der »Stenographie einer reinen Struktur« nichts anfangen können, sie wird zum Tapetenmuster, noch bevor sie ihn erstaunt oder schockiert. Dies (wie der »Gute Mensch von Sezuan« am Ende unseres Berlin-Aufenthaltes) hat uns belehrt, daß Kunst als künstliche Natur, Kunst als *art pour l'art*, Kunst als psychoanalytisches Diagramm, Kunst als Radargerät des Absurden, nicht unsere Aufgabe, sondern eine Ausflucht ist – wenigstens für uns! Breughels köstliche Illustration der Sprichwörter, die wir eingehend studieren, liefert uns dem Leben wieder aus. Je drastischer sie sind, umso besser lassen sie sich vor allem merken.

*

Am andern Morgen haben wir unsere Kunstbetrachtungen in der Galerie der Modernen Kunst am Bahnhof Zoo fortgesetzt. Die Probleme lagen hier ganz offen in der Vielfalt und eigentlichen Widersprüchlichkeit der Stile und Gegenstände zutage. Die reine Abstraktion mutet selbst die Jungen vorgestrig an, wenn sie ihnen auch noch immer frech zu sein scheint. Dabei macht Klee eine Ausnahme, weil er mit Assoziationen, nicht mit reinen Zufällen arbeitet. Wir einigen uns auf die kunstgeschichtliche Rolle dieser Epoche – die Kunst vom Naturalismus zu reinigen (zu dem der Impressionismus nur eine raffinierte Unterart ist, die naturalistische Wiedergabe der Wirkung, statt des Gegenstandes selbst) – und kehren beglückt zu den Expressionisten als den Wahrern des uralten, ureigenen Auftrages der Kunst zurück: »Nicht Sichtbares abzubilden, sondern Unsichtbares sichtbar zu machen«. Wir beschließen spontan, in beide Museen noch einmal zurückzukehren.

*

Nach dem Besuch in Dahlem (an Niemöllers Kirche vorüber und der Freien Universität) gab es gemeinsames Mittagessen. Auch die Leute von der Parade waren befriedigt. Danach ein letzter Vorstoß bei den östlichen Theaterkassen. Nun sind wir wohlversorgt. Noch für den selben Abend Felsensteins Zauberflöte; etliche Jungen stellen sich für Galileo Galilei erfolgreich an; einige sehen Michael Kramer.

Bis dahin stöberten wir noch in ostberliner Buchhandlungen, in denen wir uns aber nicht wirklich zurechtfinden. Die Produktion an naturwissenschaftlicher, technischer Literatur ist unübersehbar. Die schöne Literatur ist fast zur Hälfte mit Übersetzungen aus dem Russischen bestückt, und die übrigen Namen sind uns unbekannt. Die berühmten Prachtausgaben sind gerade nicht zu haben; Lizenzausgaben mit in den Westen zu nehmen, ist zu riskant; gute Drucke und Bildbände gibt es auch nur gegen Vorzeigen des Ausweises. Mit Pamphleten wie »Der Sputnik und der Liebe Gott«, »Unheilige Raketen in heiligen Himmeln« fange ich meinen Einkauf behutsam an; ein wiederaufgelegter Makarenko scheint in der gewünschten oder ungefährlichen Richtung zu liegen, und so gelingt es mir, »nebenbei« vier Schallplatten mit den Liedern aus der »Mutter Courage« zu kaufen. Andere scheitern tags darauf mit dem gleichen Wunsch. Ich trage meine Beute von da an offen im deutlich erkennbaren grauen Packpapier des Ostsektors umher, an den Legionen von Polizisten vorbei, die es dort gibt, und verberge sie erst im Westen unter dem Regenmantel vor der Zollfahndung.

*

Ich rekognosziere im Pergamon-Museum und erlebe das Ende einer Führung durch eine Studentin, die mit ungewöhnlichem Geschick, ja mit geistiger Anmut und bescheiden vorgebrachten, guten, weil wirklich verstandenen Kenntnissen an den Schätzen entlangführt, die dort in überschaubarer Ordnung und Zahl neu aufgestellt sind. Ich bitte sie, unsere Gruppe am andern Tag zu führen, und sie sagt zu. Zu meiner besonderen Befriedigung treffe ich eine Anzahl eigener Leute, die von selbst gerade hierher gefunden haben.

*

Ich versuche dann, im Ostsektor etwas zu Essen zu bekommen, weil das Abendprogramm ja gleich anschließt. Im Bäckerladen kein Glück: »Ausweis!« In einem Schnellimbiß beobachte ich, wie die

Würstchen an der Theke ausgeteilt werden. Die beschäftigten Mädchen schauen kaum auf; fast niemand zeigt einen Ausweis. Aber wieder werde ich gefragt. Die westliche »Dekadenz« ist uns ins Gesicht, in die Stimme geschrieben. Ich darf mit Westgeld bezahlen, nachdem man mich zuerst entrüstet abgewiesen hat. Unter den 150 Augen der Umstehenden kaue ich meine Ration. Wir sind getrennt durch die Art, wie man ein Würstchen kauft! Hier muß man verstehen, was das für das Ulbricht-System bedeutet: den Zwangskurs an der offenen Tür durchhalten. Aber man muß auch verstehen, wie das auf die Bevölkerung wirkt. »Die aus dem Westen kaufen bei uns für ein Viertel von dem ein, was es uns selber kostet!« Ich habe das nicht ausnutzen wollen; ich hatte nur Hunger – und keinen Ausweis. Aber man liebt mich nicht.

Am Buffet der Theater wird aus Propagandagründen kein Ausweis verlangt. Die Preise sind dort, wie immer im Theater, sehr hoch. Aber für den Westler immer noch ein Pappenstil. Da fahren die Autos mit den westlichen Nummernschildern schon um sechs Uhr abends vor, und dann wird ein protziges Menu vertilgt, bevor die Vorstellung beginnt. Für die Ostberliner bleibt wenig übrig, und auch das ist ihnen kaum erschwinglich. Der arme Verwandte zu sein, ist eine leidige Rolle und verdirbt auf die Dauer den Charakter. Letztlich arbeitet auch das Herrn Ulbricht in die Hände. In der Provinz weiß man nicht, wie schlecht das Geld ist, ja man erlebt wohl, daß es sich deutlich und beständig bessert; man lernt, damit zu leben. In Berlin weiß man, wie schlecht es ist, – und man lernt, auch *damit* zu leben, und das ist viel schlimmer. Wer einmal in einem Berliner Warenhaus zugesehen hat, wie eine Frau eine Handvoll Ostgeld eintauscht und so viel wiederbekommt, daß sie gerade Kaffee trinken kann, dem vergeht das Triumphieren über unsern Wohlstand.

Felsensteins Zauberflöte ist ein Monstrum. Persische Miniaturen auf dem Vorhang, eine indische Königin der Nacht ganz in blau à la Krishna, chinesische Nebelberge, Reisbauern und Pinien für Papagena, drei barocke Damen, römische Priester vor polynesischen Totems von Isis und Osiris singend und ein großer Rokokobogen mit Putten und Korkenziehersäulen... Am Ende kommen die drei Knaben »jung, schön, hold und weise« in einer Wolkengondel vom Plafond herabgeschwebt und streuen Blumensträuße unter das begeisterte Kraft-durch-Freude-Publikum. Man kauft ein Programm, man mietet ein Opernglas, man versteht etwas von der Sache (man schätzt »seinen« Mozart), man ist tadellos gekleidet: man achtet sich selbst und will geachtet werden. Die Machthaber des Arbeiter- und Bauernstaates haben nichts Besseres anzubieten als die Illusion der Bürgerlichkeit: Plüschsessel, livrierte Platzanweiser, Garderobieren (30 Pfennige) und den treudeutschen Toilettenmann (20 Pfennige)! Die musikalische Leistung ist hervorragend, ganz große Stimmen, die man fünfhundert Meter weiter westlich hinter dem Brandenburger Tor nicht mehr kennt.

Überhaupt das getrennte Theaterleben: hier ein Dutzend, dort ein Dutzend guter Bühnen; gelegentlich das gleiche Stück nocheinmal (»Volpone« zum Beispiel), manchmal der selbe Titel (»Sturm« von Shakespeare und von XY), häufig dieselbe Absicht (Frontstadttheater!), gegenseitige Konkurrenz (viele Ostberliner Schauspieler wohnen im Westen und sind durch die hohen Gagen hinübergelockt worden), und gemeinsam das Publikum, das noch immer das gute Theater ausmacht.

Am andern Morgen – Freitag – sind wir in der Modernen Galerie. Danach Führung durch das Hansa-Viertel, die Interbau-Ausstellung vom Jahre 1957. Die bestellte Führung ist nicht zur Stelle, und so zieht es mich zur »Staatlichen« (Porzellanmanufaktur), wo man uns in dem modernen Ausstellungsraum eine kleine Einführung in die Geschichte des Porzellans, die Herstellungsprobleme und die hier erzeugten Muster gibt. An der Verkaufsstatistik (Verhältnis von modernen einfachen zu teuren historischen Mustern) ist nicht so sehr Kultur als Wohlstand abzulesen. Die Angst jedoch, es möchte einer von unseren Leuten mit seinem Parka eine Rocaille-Tasse (Stück 92 Mark) herunterfegen, überwiegt das Interesse für jene eigentümliche Methode der absolutistischen Fürsten, zugleich ihre Privatschatulle anzureichern, einer ästhetischen Liebhaberei zu frönen, ihren kulturellen Ehrgeiz zu befriedigen und volkswirtschaftlich gesunde Maßnahmen zu treffen. Wir verlassen nach kleinen Einkäufen den gastlichen Betrieb.

*

Unser Führer durch das Hansa-Viertel, ein Student von der Technischen Hochschule, macht seine Sache gut, vor allem, wenn man ihn durch Querfragen von seiner »Platte« abbringt. Die Belehrung über die Möglichkeiten und Schwierigkeiten moderner Städteplanung ist unerwartet ergiebig. Das ist wohl vor allem der Tatsache zu danken, daß es sich hier um ein wirkliches Experiment handelt.

Wenn die Ergebnisse nicht überall befriedigen (wie uns die klugen Feuilletonisten vor eineinhalb Jahren haben wissen lassen), dann ist auch das für uns lehrreich. Belustigend oder verstimmend ist es zu sehen, wie wenig die Menschen den Ansprüchen oder Vorgaben der modernen Architektur folgen. Berlin sei »nicht die Stadt von morgen, sondern die von heute abend«, hatte Kiaulehn gelästert. Hier haben wir's: Wilhelminische Gardinen und Geranientöpfe hinter den Glaswänden deuten auf alten Wohnplunder in der Tiefe; Wäsche jedenfalls dürfte man auf diesen Balkons nicht mehr trocknen; und wollte sich einer aus dem Fenster lehnen – er könnte es nicht, sie lassen sich nicht öffnen, nur kippen.

Der Tiergarten, der in die Wohngebiete eindringt, wird, auch wenn er wieder »erwachsen« ist, seine alte Geschlossenheit nie mehr haben; dadurch, daß die Hochhäuser ihn so unverschämt überragen, wird er Vorgarten und Blumenbeet bleiben, nicht wieder die schützende Welt sein, die er für uns Kinder einmal war.

*

Besonders eindrucksvoll ist die katholische Kirche mit den Fresken von Kowalski, während die Kaiser-Friedrich-Gedächtniskirche ein wenig zuviel Förderung von Aluminiumkonzernen, Adenauer, Holzmagnaten, Mosaikfabriken und Hohenzollern bekommen hat. Wenn Gott sich von der Industrie unterstützen läßt, kommt nicht einmal guter Geschmack dabei heraus.

*

Abschluß dieser Neu-Stadt-Besichtigung: Kongreßhalle. Mittagessen im Stadion, und für mich etwas Ruhe in »Paris Bar«, mit Zwiebelsuppe und *pommes frites*. Am Nachmittag gemeinsamer Besuch im Pergamon-Museum. Der Pergamon-Altar ist noch nicht wieder aufgestellt (gottlob?). Wir sind fast allein, und die uns führende Studentin macht ihre Sache gut. Wir erleben nicht nur die Emanzipierung der Skulptur vom Bauteil zur selbständigen Plastik, die EroEroberung des Räumlichen, das Heraustreten des Gegenstandes vor den Betrachter und die Wandlung der Kunst von Sein zu Wirkung – also alles, was uns als »Entwicklung« der Kunst geläufig sein, was sich uns im Nacheinander erklären will –, sondern wir begreifen auch, daß es jenseits dieser geschichtlichen Abfolge noch ganz andere und vielleicht wichtigere Begründungen für Form und Gehalt der künstlerischen Äußerung gibt, die so garnicht erfragt werden können. Das Schreiten des Jünglings von Naxos (erste Hälfte des sechsten Jahrhunderts), das Lächeln (?) der archaischen Berliner Göttin mit dem Granatapfel, der Ernst, ja die Melancholie, die über der Stele aus der Sammlung Giustiniani liegt, lassen uns auch fragen »woher?« und »warum?«, aber die Antwort liegt im Gegenstand selbst.

Die thronende Aphrodite oder der Torso des Hopliten von Samos geben mir noch einmal Gelegenheit zu meinem Lieblingsthema: *Nomos* und *Physis* in der Kunst. Die Falten der Göttin fallen, wie es unter günstigen Umständen möglich wäre: geordnet, regelmäßig, symmetrisch – aber nicht genau. Daran nehmen wir die Freiheit der Kunst wahr, das, was sie – nach Aristoteles – »philosophischer« macht als die Geschichte, die *historia*, die Forschung. Die Kunst stellt dar, was sein könnte, nicht was ist oder sein muß.

Wir sollten nicht meinen, weil wir Humanisten sind, verstünden wir dies alles. Vieles befremdet, manches bleibt lange verschlossen, einiges für immer. Aber als Humanisten sollten wir wissen, daß die Wirkungen nicht von allein geschehen, daß wir fragen müssen und daß wir der Kunst Zeit schulden – um so mehr Zeit, je einfacher das Werk erscheint. Die humanistische Bildung soll den Blick für die Grundform und den Grundinhalt öffnen. Hier nimmt sie uns in ihre Schule. »Denn so waren seine Füße, so seine Hände, so der Blick seiner Augen, das Haupt und oben die Hände« (Odyssee, IV, 149–150) sagt Menelaos, als er in Telemach den Sohn des Odysseus erkennt. Erkennen und Sichtbarmachen, im Umriß erscheinen lassen und so vor das Bewußtsein bringen, was ganz nur in der Erfahrung zu haben ist, das ist griechische Kunst, das ist platonische Philosophie, das ist der Blick des Thukydides auf das Treiben der Menschen.

*

Drei Stunden hat uns die Studentin geführt. Wir haben die Haarbüschel unter Perikles' Helm gesehen, sind dem Cäsar von Friedrichs Schreibtisch in Sanssouci begegnet und kennen nun den verwandelten Constantin Chlorus (den Blassen).

Unsere Gruppe ist zusammengeschmolzen, und das riesige Marzipan-Ei, das einer bei sich hat, teilt sich gut. Auch die gelangweilten Museumsdiener werden beteiligt; in jedem Zimmer sitzen ein bis zwei und wirken besonders drohnenhaft in einem Staat, in dem einen der Bedarf an Arbeitskräften von jeder Plakatsäule anschreit.

Sie müssen bis zehn Uhr abends sitzen und die stummen Steine hüten, weil die arbeitende Bevölkerung ja auch Gelegenheit haben soll, die von der Sowjet-Union geretteten Kulturgüter zu bewundern. (»Manchmal kriegt ein Betrieb n' Kulturrappel«, und dann werden die müden Leute zur Erfüllung des Kultur-Solls durch das Museum geführt; aber ich habe auch andere Gruppen einfacher Leute in ernster Anstrengung sich um diese fremde Bildung mühen gesehen.) Eine gastlich gereichte Tasse Leitungswasser beschließt diesen befriedigenden Besuch.

*

Die Hälfte von uns geht heute in die »Distel« (ein Ostberliner politisches Kabarett), morgen die andere Hälfte. Vorzügliche, »gut gezielte« Leistungen. Was der Westen dabei abbekommt, ist wenig, aber das Lachen vergeht einem, weil es entweder garnicht oder zu gut trifft. Wir lauschen angestrengt in den Applaus hinein. Die morbide Remilitarisierungsszene aus Westdeutschland bekommt einen anhaltenden spontanen Beifall, – die Art von Beifall, bei der man plötzlich meint: das hört nicht mehr auf! Und dann wird aus dem Publikum eine Einheit, es klatscht im Rhythmus, bis das Programm von allein fortfährt. Bei uns hätte man »Buuu« gemacht wegen »zu dick aufgetragen« oder gepeinigt geschwiegen oder geklatscht, weil die Nummer zu Ende ist. Aber ich glaube, nicht nur wir haben auf den Applaus gelauscht, sondern alle, die im Saal waren, – und das, nicht die Intensität des Beifalls, wie ich erst meinte, unterscheidet westliches und östliches Publikum. »... nur eins vielleicht ist noch bekanntzumachen: / Dir ist erlaubt, aus dir herauszugehen. / Und wenn du lachen mußt, dann darfst du lachen. / Dein Vorgesetzter wird's schon nicht gleich sehen.«

Es geht gegen den tierischen Ernst, die institutionalisierte Humorlosigkeit des Regimes. Man hat es schwer, in einem autoritären Staat Satire zu machen und Satire zu belachen, und darum gerade lohnt es sich, dahin zu gehen. Von der überraschenden politischen Schärfe abgesehen, war das Programm mit Berliner Tempo auf großstädtischer Höhe gespielt. Die Klempner-Symphonie, der Betriebsvorgang, bei dem durch Bierpausen Verlustzeiten entstehen, die man dann gleich nach der fortschrittlichen »Seifert-Methode« wieder einholt, um für die dafür eingesteckte Prämie neues Bier zu kaufen (ad infinitum), der Kultur-Referent mit dem geplanten Humor, das Lied von dem flotten Egon aus Westberlin [reimt: ihm –

schiem (schieben), intim – liem (lieben), von driem (drüben) – jeb-
liem], der Balance-Akt (sechs Stunden und vierzig Minuten zur
Vorbereitung, davon vierzig Minuten zum Einstudieren des Tricks
und sechs Stunden, um den Kaderleiter zu überzeugen, daß es nicht
politisch gemeint ist), – dies und der unter den Schülern von da an
sprichwörtlich gewordene Bi-ba-bo-be-busen sei östlichen und
westlichen Sauertöpfen empfohlen.

*

Am Samstag noch einmal in Dahlem. Zu viel Museum? Warum
nicht Flüchtlingslager? Und wie war das doch mit dem Plan, nach
Potsdam zu fahren? Nun, die Antwort darauf fand ich bei meiner
Rückkehr in Tübingen: »Wir bedauern sehr. Nur Verwandte können einladen.« Vielleicht, wenn es mir gelungen wäre, Rektor H.
früher zu sprechen; er hätte helfen können. Und in die Flüchtlingslager hat uns der sonst auf politische Wirkungen so bedachte Senat
der Stadt nicht eingeladen. Er wird Gründe haben. Außerdem sind
Bilder zum Ansehen gemacht – und Flüchtlinge nicht. Hat man ein
Recht, neugierig zu sein, wo man nicht handeln kann? Aber ich
gestehe, es bleibt eine Lücke.

*

So betrachten wir denn die prächtigen deutschen und französischen
Impressionisten, die Romantiker, die eigentümlich entfernte und
inflationierte Hochrenaissance. Was die Kunst in der Vervollkommnung und der daran anschließenden Überschätzung ihrer Mittel, in
der zunehmenden Selbstentfaltung und Selbstbespiegelung verloren
hat, das hat der dargestellte Mensch gewonnen: »Man in his pride«,
teure Gesichter auf teuren Kleidern, häßlich und brutal, vergeistigt
und hinreißend schön, adelig bis hinunter zum Reitknecht, bür-
gerlich bis hinauf zu Kaiser und Papst.

*

In der Mittagspause, die die Crew in der atemberaubenden Lebens-
mittelabteilung des Ka-De-We verbringt, gelingt mir ein Treffen
mit Rektor H. der Ostberliner Humboldt-Universität. Er sagt mir
Hilfe für Montag zu, um acht Uhr früh. Dann fährt er mit seinem
schönen Auto davon.
    In der Ausstellung christlicher Kunst finde ich einige unentwegte
Tübinger wieder – und einige kostbare alte Bekannte: die Thomas-

Christus-Gruppe aus Elfenbein (elftes Jahrhundert), die Christus-Johannes-Gruppe aus Sigmaringen, die Verkündigung an die Hirten aus dem Perikopenbuch Heinrichs II. Ein Vergleich mit den Naumburger Stifterfiguren ist bei westdeutschen Abiturienten offenbar nicht mehr statthaft. »Was ist das? – Nie gehört!« Nun, dafür sind wir alle in Ravenna gewesen, in Athen, Rom, Paris.

*

Auf dem Heimweg begegnen mir die Zollsünder G. und M., mit Ostschallplatten vom Zoll erwischt und der Frage: »Wo habt Ihr das Ostgeld her?« Der Eins-zu-Eins-Tausch an der Grenze, amtlich belegt, war also keine ganz törichte Vorsicht.

*

Wer gestern im »Biedermann« oder im »Galilei« war, geht heute in die »Distel«. Ich treffe Berliner Freunde und lerne im Gespräch mit ihnen. Fast jeder unter uns hat so seine Besuche zu absolvieren; das entlastet das Budget und dient dem Zweck der Reise. Wie die Stimmung in Berlin ist? Man ist hellwach, vernünftig, und »uns kann keener« heißt etwas ganz anderes als »uns könnse alle«. Ich habe manche getroffen, die meinen, hier sei »auf die Dauer« nicht gut bleiben, und das Wort verliert nicht an Gewicht, weil es etwa bei Kempinski, in Berlins teuerstem Speiselokal, gesprochen worden ist. Aber nach Kiaulehn sind das keine Berliner: Nur wer hier und sonst nirgends leben kann, den rechnet er dazu. Mit meinen Berliner Freunden, die bezeichnenderweise von sich aus noch nicht im Ostberliner Theater waren – in diesem Fall mit dem Gefühl: es entgeht mir ja nicht; in andern Fällen, weil man sich fürchtet, weil man sich lieber vormacht, es sei unmöglich (viel zu gefährlich!), als sich auf die Auseinandersetzung einzulassen –, mit diesen Freunden waren wir in »Hoffmanns Erzählungen«. Felsenstein hat hiermit ein Wunderwerk geleistet: Die gewaltigen Mittel, deren er sich im staatlich subventionierten Theater bedienen kann, sind alle und in vollkommener Weise der Sache dienstbar gemacht. Was uns den Ausdruck »opernhaft« beschert hat, das Vordringen der musikalischen Mittel vor die Handlung, oder die übertriebene Ausstattung, oder die nicht bewältigte Theatralik, – das ist hier gemeistert; bei einem nur eben brauchbaren und raffinierten, nicht, einmal wirklich guten Stück mit eingängiger, wirksamer und gewiß nicht großer Musik ist ein Höchstmaß von geistiger und sinnlicher Anspannung erreicht. Allein wie die Bewegung der Gäste bei Lutter und Wegner die Bewegung der Musik, die Bewegung der äußeren Handlung und die Bewegung der inneren Entwicklungen und Emotionen unterstützt; oder wie die Sänger, die (bis auf den Freund Eugen) lauteres Gold in der Kehle hatten, zu höchsten schauspielerischen Leistungen gezwungen werden; wie der Realismus der Bühne das Programmatische absorbiert, weil er zutrifft; oder wie der Hoffmann, die vierfache Stella, der Zwerg (der breiter war als hoch) den Bogen von Operette über Spuk zu Tragik schlagen können; wie die Dinge, die außerhalb der Bühne vorsichgehen (der Don Giovanni oben im Theater), unheimlich hineinspielen und eine gleichsam vierte Dimension eröffnen, – das ist eines aufmerksamen Studiums wert.

*

Am Sonntag besuchen wir den Gottesdienst in der Marienkirche im Ostsektor. Der Raum ist entgegen den Warnungen keineswegs überfüllt. Wie sich später herausstellt, ist gut die Hälfte der Anwesenden »zu Besuch« – wahrscheinlich aus Westberlin –, denn sie nehmen an der anschließenden Führung durch die Kirche teil.

Probst Grüber hält eine sehr starke Predigt über 2. Buch Mose 31,15 bis 35. (Warum hat er 25 bis 29, das blutige Strafgericht durch die Leviten, ausgelassen?) Der Widersacher Gottes sind zweierlei: die Gottlosen, offene, aber erkennbare Feinde, und die Heuchler, die sich unter frommem Gehabe verbergen, auch vor sich selbst. Wer da behauptet, es gehe ohne Gott, und verführt andere dazu, das Heil so zu suchen, der begeht Aarons Sünde. Der Tanz um das Goldene Kalb als eine Art Frömmelei ist die gefährlichere Gottlosigkeit (es ist so menschlich, den Wohlstand zu heben, und wie könnte Menschlichkeit Gott mißfallen?). Mächtiger *Grimm* (»Mose warf die Tafeln Gottes aus seiner Hand und zerbrach sie unten am Berge«), die *immanente Strafe* (»er zermalmte das Gold zu Staub, warf es ins Wasser und gab es dem Volke Israel zu trinken«), die künftige Erfüllung der *Gerechtigkeit* (»ich werde ihre Sünde wohl heimsuchen, wenn meine Zeit kommt heimzusuchen«), – das sind gewaltige Donnerkeile in einer totalitären Welt, und sie treffen umso wuchtiger, als sie den Westen mitschlagen. Wir waren erstaunt über den freien Mut, mit dem hier den Machthabern ihr Anspruch verwiesen wird, und über die Triftigkeit, die die Vorwürfe gegen den goldenen Westen von hier aus bekommen. Wer da heute Karl Barth verlästert, der höre sich eine Predigt »drüben« an, und er wird verstummen.

Die Kirche selbst, aus dem vierzehnten Jahrhundert, – ein für die Süddeutschen selten gewordener Anblick östlicher Backsteingotik – ist wiederhergestellt und bietet mit der Kanzel von Schlüter und mehr noch mit dem Totentanz aus dem fünfzehnten Jahrhundert kostbare kunstgeschichtliche Kostbarkeiten.

*

Anschließend bummeln wir zur Nationalgalerie hinüber. (Das ehemalige Kaiser-Friedrich-Museum, jetzt Bode-Museum, ist noch nicht wiedereröffnet.) Eine ungepflegte kleine Studentin führt uns. Sie und wir »absolvieren« gleichermaßen. Wir sind schau-müde; wir lernen etwas über Farbe und machen uns Gedanken über Romantik und Trümmer; aber wir wären doch lieber in Potsdam.

Einige besichtigen den Dom (mit Stahlhelm), andere gehen ins Zeughaus, wo außerdem noch die November-Revolution verherrlicht wird, da gibt es denn einen ganz roten Führer durch ganz rote Angelegenheiten. Im Haus der Sowjet-Union (oder für deutschsowjetische Freundschaft?) sind die Sputniks in »lebens«großen Modellen ausgestellt; in einem Nebenzimmer sehen wir den Schachspielern zu; gleich läuft das Hauskino an und oben gibt es Bibliotheken wie im Amerika-Haus. Die Menschen, die sich hier aufhalten, machen keinen besonders sowjetisierten Eindruck; sie machen sich zunutze, was ihnen kostenlos geboten wird, sie sind vergnügt und bei der (ihrer) Sache. Sie tragen alle wieder Abzeichen am Revers, die unsereins nicht kennt, und würden wohl, wenn man mit ihnen redet, mehr aus dem Knopfloch als aus dem Herzen antworten. Das tun sie ja nun seit sechsundzwanzig Jahren. Man ist im übrigen auf Berliner Art freundlich, – ein wenig schnodderig für den, der es nicht gewohnt ist, aber nicht mehr so mürrisch wie vor zehn Jahren.

*

Der Tag endete mit dem »Guten Menschen von Sezuan«. Für mich und manchen andern war es der Höhepunkt unserer Reise. Mag das Gespräch mit den Studenten der Humboldt-Universität am andern Tag auch wichtiger gewesen sein. Es ist wie bei der Predigt von Probst Grüber: die Wahrheit ist umso gewaltiger, als sie sich über die Spaltung in Ost und West völlig hinwegsetzt. Das hier trifft uns alle gleichermaßen. Einem meiner Nachbarn aus dem Uhland-Gymnasium war das Stück und das Spiel zu einfach. Aber wenn einem dann die Stimme versagt und das Herz stockt, – ist das dann nicht viel schlimmer, viel ernster, als wenn wir die komplizierte Frage der atomaren Bewaffnung stellen und nicht lösen können? Und ist Einfachheit wirklich schon ein Einwand in unserer dekomponierenden Welt?

Shen Te: Ja, ich bin es. Shui Ta und Shen Te, ich bin beides. Euer einstiger Befehl / Gut zu sein und doch zu leben zerriß mich wie ein Blitz in zwei Hälften. Ich weiß nicht, wie es kam: gut sein zu andern / Und zu mir konnte ich nicht zugleich. / Andern und mir zu helfen, war mir zu schwer. / Ach, eure Welt ist schwierig! Zu viel Not, zu viel Verzweiflung! / Die Hand, die dem Elenden gereicht wird / Reißt er einem gleich aus! Wer den Verlorenen hilft / Ist selbst verloren! Denn wer könnte / Lang sich weigern, böse zu sein, wenn da stirbt, wer kein Fleisch ißt? / Aus was sollte ich nehmen, was alles gebraucht wurde? Nur / Aus mir! Aber dann kam ich um! Die Last, der guten Vorsätze drückte mich in die Erde. Doch wenn ich Unrecht tat / Ging ich mächtig herum und aß vom guten Fleisch! / Etwas muß falsch sein an eurer Welt. Warum / Ist auf die Bosheit ein Preis gesetzt und warum erwarten den Guten / So harte Strafen? Ach, in mir war / Solch eine Gier, mich zu verwöhnen! Und da war auch / In mir ein heimliches Wissen, denn meine Ziehmutter / Wusch mich mit Gossenwasser! Davon kriegte ich ein scharfes Aug. Jedoch Mitleid / Schmerzte mich so, daß ich gleich in wölfischen Zorn verfiel / Angesichts des Elends. Dann / Fühlte ich, wie ich mich verwandelte und / Mir die Lippe zur Lefze wurd. Wie Asch im Mund / Schmeckte das gütige Wort. Und doch / Wollte ich gern ein Engel sein den Vorstädten. Zu schenken / War mir eine Wollust. Ein glückliches Gesicht / Und ich ging wie auf Wolken. / Verdammt mich: alles, was ich verbrach / Tat ich, meinen Nachbarn zu helfen / Meinen Geliebten zu lieben und / Meinen kleinen Sohn vor dem Mangel zu retten. Für eure großen Pläne, ihr Götter / War ich armer Mensch zu klein.

Wenn uns einer das einmal so gesagt hat und wir es ihm so glauben können wie da an jenem Abend im Theater am Schiffbauerdamm, dann haben wir etwas erfahren, das viele Schuljahre aufwiegt.

Das Publikum war zum großen Teil offenbar von den Betrieben geschickt und hätte lieber die »Lustige Witwe« gesehen; nach der Pause konnten wir auf bessere Plätze vorrücken, weil die »total ausverkaufte« Vorstellung von dem Pflichtzuschauer verlassen worden war.

Es ist mir nicht begreiflich, warum es noch Bühnen in Deutschland gibt, die von den hier vorgeführten Möglichkeiten glauben absehen zu können, die sich mit weniger begnügen wollen als mit dem Attentat auf den ganzen Menschen; die nicht gelernt haben, daß »Theaterspielen« etwas für den Jahrmarkt, die Posse, die Oper ist und nicht fürs Theater.

*

Unser letzter Tag beginnt für mich mit Rektor H. Er klagt über die Verhärtung in Westdeutschland. Ich gebe ihm recht. Aber mit wie anderen Gefühlen werden wir die selben Dinge gesagt haben! Es sei doch alles eine Frage der Rangordnung, der Reihenfolge! Ulbricht habe ihm selbst versichert, daß die Reisesperren zum Beispiel (unser spezielles Thema, weil auch H. mir im Herbst nicht zu einer Genehmigung für eine harmlose Radfahrt durch Thüringen hatte verhelfen können), – also daß die Reisesperren Folge und nicht Ursache sind, Folge einer Kriegspolitik des Westens, von der wir am Nachmittag noch viel hören werden. Und nun soll ich Herrn Ulbricht glauben? Er habe es nämlich selber gesagt! Wie groß hier der Abstand ist, kann am besten der ermessen, der die Remilitarisierung der Bundesrepublik so hartnäckig mißbilligt wie ich. Wir haben Angst, wir verlassen uns auf Lösungen, die keine sind, wir haben vielleicht zu wenig politische Phantasie, – aber wir sind keine Militaristen, wir wollen niemanden angreifen, wir wollen und werden keine Revolutionen entfesseln, wir sind keine Feinde, die man wie Aussätzige ausschließen müßte. Wir sind auch nicht soviel dümmer als unsere Landsleute im Osten, daß wir uns ständig von amerikanischen Imperialisten und dem starken Strauß mißbrauchen und hinters Licht führen ließen. Und wir sind besorgt über die Nazis.

Zu schweigen von dem, was sonst in der Zone zu mißbilligen ist: hier, mit den Reisen, haben wir's mit einer symptomatischen Unaufrichtigkeit des Systems zu tun, wie ehrlich auch einzelne an Ulbrichts Darstellung glauben mögen, weil sie keine anderen Informationen haben oder ihnen nicht glauben können, wie Rektor H., der ja die westliche Morgenpresse auf seinem Schreibtisch liegen hat.

*

Wir verabreden mit einer Dame aus dem Rektoratsbüro, daß wir eine Vorlesung über Zeitgeschichte am Nachmittag hören dürfen, und daß uns der Professor und die Studenten noch für Fragen zur Verfügung stehen werden.

*

Im Bundeshaus – ein Punkt im offiziellen Programm der Stadt Berlin für Schulklassen – werden uns einige Filme aus der DDR vorgeführt, die das Regime durch die Art und den Gegenstand der Propaganda vernichtend treffen (junge Pioniere in der Schule und freiwillige militärische Ausbildung unter dem Titel »Waffen in unserer Hand«). Ein Stück westlicher Gegenpropaganda ist eine Antiklimax, man zeigte sie besser nicht, denn sie ist nur im Gegenstand besser (der 17. Juni), nicht in der Machart und in der primitiven Verwendung von Sentiment und Ressentiment, in der Aufbietung würdiger Deklamatoren. Es ist doch unsere Stärke, derer man nirgends so deutlich innewird wie in Berlin, daß wir Propaganda nicht brauchen! Zugleich begreift man, wie impotent unsere Beziehungen zur östlichen Hälfte unseres Volkes sind, und daß das Brandenburger Tor am Revers, die forensischen Anstrengungen am Tag der Deutschen Einheit und die Gedenkminute nicht ausreichen.

*

Die Diskussion bei Kaffee und Zigarren lockt die Leute vom Uhland-Gymnasium hervor; sie hauen kräftig ein. Thema: Politische Erziehung. Wie tief wirkt das, was wir da in Filmen aus der DDR gesehen haben? Die Veranstalter meinen, die Jugend nehme das drüben nicht so ernst; sie verschaffe sich mit dem Hurrageschrei eine Art Alibi für die Dinge, die ihnen wichtiger sind: Berufsausbildung, Studium, Stellung, Sicherheit. Aber in einer solchen inneren Spannung zu leben, in einer ständigen Gefahr unter ständigen ernsten und eigenen Entscheidungen, in ständiger Begegnung mit Unrecht, durchschauter Lüge, geheucheltem und wirklichem Angebot, ist das nicht eine politische Schulung, die implicite mehr Erfahrung mit der äußeren Macht und dem eigenen Vermögen, der bewußten und unbewußten Freiheit gibt als unsere gesamte theoretische pathetische politische Erziehung, – ja als die selbstverständliche Freiheit, in der wir achtlos existieren, in Wohlleben verpackt (vorwurfsvoller Blick auf die Kaffeetassen vor uns, die uns die Freiheit schmackhaft machen wollen)?

Anderes Thema (das sich daraus ergibt): Die Errungenschaften. Bekämpfen wir vielleicht zu sehr den Sozialismus statt des Ulbricht-Staats? Sind nicht unsere natürlichen Bundesgenossen (und ohne solche werden wir überhaupt nichts erreichen!) die »Revisionisten«? Die aber sind überzeugte Kommunisten, und wir werden ihre Hilfe nicht bekommen, wenn wir die Gesellschaftsordnung, die in fünfzehn Jahren drüben entstanden ist (schon länger als Hitlers ganzes Tausendjähriges Reich gedauert hat), einfach auskehren wollen. Nun, die Bodenreform bleibt, die volkseigenen Betriebe können nicht und sollen nicht privatisiert werden (versichert man uns), aber die einleuchtend geschilderte Macht der Betriebsbürokratie mit allem, was daran hängt (Arbeitsnorm, Urlaub, Beförderung undsoweiter aufgrund von Gesinnung) soll gebrochen werden. Wir sind einverstanden.

*

Weiteres Thema: Die uns erstaunlich anmutende Redefreiheit (Probst Grüber und die Distel als Beispiele). Sie wird als Spezialität von Berlin erklärt oder mit einem »ab und an läßt man das zu«. Eher wohl ist die zum System erhobene Systemlosigkeit verantwortlich, – und natürlich wird in Westdeutschland nur berichtet, wann und wo die Freiheit geknebelt worden ist, nicht, wie sie fortbesteht. Aber eins ist wichtig: Man darf Ostberlin nicht mit der Zone gleichsetzen!

Nach dem Mittag bei Aschinger oder im Ka-De-We kommen wir beim Senator für Wirtschaft und Kredit zu einem Lichtbildvortrag über den Aufbau Berlins wieder zusammen. Schablone, – langweilig. Und dann zur Humboldt-Universität!

*

»Die Philosophen haben die Welt nur verschieden interpretiert; es kommt darauf an, sie zu verändern.« Diese Abneigung von Marx gegen das Interpretieren und Nur-Wissen wird mancher teilen, aber als Leitspruch für eine Einrichtung, die Erkenntis hervorbringen und klären soll, wirkt sie auf meine Abiturienten »deplaziert«.

Bis wir Einlaß in die zweite Hälfte der zweistündigen Vorlesung finden, erklärt uns die Dame vom Rektoratsbüro Studiengang, Stipendienwesen und die erzieherische Aufgabe, die sich im Studium fortsetzt.

Dann Begrüßung durch Professor B. und seine etwa zweihundertfünfzig Studenten. Oberflächliche und tendenziöse Zusammenschau der Ereignisse von November 1947 bis April 1948, – Volkskongreß für Frieden und Einheit und Londoner Konferenz. Die imperialistischen Absichten, die Hintertreibung der Wiedervereinigung, Remilitarisierung und Präventivkrieg-Parolen des Westens, hämisch belegt durch Zitatfetzen von obskuren oder auch illustren westlichen Journalisten (und ab und an von Lucius D. Clay), ergeben sich wie von ungefähr, – als sei er, der Herr Professor, selber erstaunt, »wie gut das alles paßt«. Die Hörer schreiben mit. Sie lachen, wo es gefordert ist, und sind empört, wenn Hoover von asiatischen Horden spricht, gegen die man ziehen müßte. Der Friedenswille, die Korrektheit, die staatsmännische Klugheit des Ostens, die durchgehende Aggressivität, Verlogenheit und Dummheit des Westens ergeben ein so primitives Bild, daß man sich auf einem Jungvolk-Heimabend fühlt und nicht an einer deutschen Universität. Wir halten durch. Ich sitze, gottlob, vorn und sehe nicht, wie meine Jungen aufmucken, tuscheln, beunruhigende Notizen machen.

Gegen die Unwissenschaftlichkeit richtet sich der erste Angriff unserer Leute, als wir mit dem Professor und fünf Oststudenten am Ende zurückbleiben. Ein typisches Dilemma wird alsbald deutlich: Wir haben alle Möglichkeiten, uns zu informieren, aber wir sind genau deshalb schlechter »in Form«: Schablonen sind leichter zu handhaben, sie beunruhigen nicht, und wenn sie nicht passen, ist der andere schuld. Die Studenten kommen ihrem Professor sogleich zu Hilfe, und wir diskutieren, bis wir drei Minuten vor Sieben als schnaubende, erregte (hungrige) Rotte hinüber in die Staatsoper stürmen, wo um sieben Uhr »Figaros Hochzeit« beginnt.

*

Fazit der Unterredung: Wir haben keinen Grund, uns unterlegen zu fühlen. Im Detail sind wir schlechter beschlagen (auch mit spezifisch westlichen Informationen); im Grundsätzlichen sind wir freier, vielseitiger und auf die Dauer sicherer; der Versuch, unsere Gegenfragen auf umständliche Einzelerörterungen abzuziehen, war irritierend und hätte mehrfach das Gespräch gesprengt, wenn ich nicht abgewinkt hätte. Auch das gehört zu unserer Überlegenheit, daß wir sagen können: Es tut uns leid, daß wir so heftig miteinander reden, daß wir uns nicht mehr trauen können, daß wir so unterschiedlich informiert sind. Wir haben nie böse Absichten unterstellen müssen, aber ständig schlimme Unterstellungen abzuweisen gehabt. Diese Position möchte keiner von uns preisgeben, nur um uns die (vordergründigen) Eingeständnisse zu ersparen (»davon wissen wir nichts«, »das mißbilligen wir auch«, »hierin sind wir uns untereinander garnicht einig«).

Bei späterer Lektüre von Crossmans China-Bericht ist mir aufgefallen, wie sehr sich die Gespräche zwischen Vertretern der östlichen und der westlichen Welt in ihrer Struktur überall gleichen, vor allem darin, daß wir Kompromisse suchen, uns öffnen, das Gemeinsame, wenn nötig, konstruieren; die Kommunisten aber bestehen auf der grundsätzlichen Trennung; ihnen gilt: »Wer nicht für mich ist, ist wider mich« (und diese Worte werden nicht sympathischer dadurch, daß sie an anderer Stelle sinnvoller gebraucht worden sind). Ja der Kommunist fügt hinzu: »... und er *kann* es garnicht, weil er durch sein System determiniert ist«.

*

Man muß das Ulbricht-System durch den Marxismus widerlegen: die Nomenklatur sprengen; auf Definitionen bestehen; von unbeweisbaren Absichten auf beweisbare Fakten lenken; und immer wieder die Grundfrage stellen: Warum der Zwang, warum die massive Massenbeeinflussung, warum die Isolierung, warum die Flüchtlinge, warum verschwinden Menschen, warum lest ihr nicht auch unsere Zeitungen, unsere wissenschaftlichen Veröffentlichungen, warum kommt ihr nicht zu uns, warum dürfen wir nicht nach Potsdam, warum laßt ihr euch an dieser Forschungsstätte Dogma, nein Propaganda vormachen, statt Quellen zu studieren? Auch hierauf kommen uns manche geschlossene und endgültige Antworten: Wir hier im Osten haben nicht in einer überkommenen Ordnung zu leben, sondern wir müssen gegen eine feindliche Welt draußen und Mißverständnis, Mißtrauen, Widerstreben im Innern eine neue Welt bauen. Die Diktatur ist ein Übergang. Wir antworten, daß uns das zu riskant ist: daß wir gewisse Übel in unserer Welt in Kauf nehmen, wenn uns die Freiheit bleibt.

Aber da ist schon das Wort, das sie drüben so anders gebrauchen: »Freiheit« ist für sie die Freiheit der Gesellschaft; Freiheit ist, wenn sich der Mensch durch sinnvolles Planen gegen die Übel der Welt durchsetzt und sich nicht von ihnen das Gesetz des Handelns aus der Hand nehmen läßt. Der Mensch ist in eine verhängnisvolle Selbstentfremdung geraten und muß sich befreien. Der Mensch ist gut, die Umstände sind schlecht. Aber auf die Brecht-Moral glauben wir uns besser zu verstehen als die Marxisten, gerade weil wir sie nicht nur mit dem politisch-ökonomischen Vorzeichen gelesen haben. Wir wissen, was es mit der gestrigen Parabel aus Sezuan auf sich hat.

*

Und doch genügt das alles nicht. Wir müssen wissen, wie es zur deutschen Spaltung gekommen ist. Wir müssen genau sagen können, warum die Grotewohl-Regierung nicht rechtmäßig ist. Wir müssen die Fassade der Friedensangebote, der Konföderation, der gemeinsamen Verhandlungen durchstoßen und genau aufzeigen können, was dahintersteht. Ja wir müssen nicht nur wissen, wie wir die Vorgänge zu deuten haben und was wir zu ihnen sagen, sondern wir müssen auch die Darstellung der andern Seite kennen, sonst haben wir nach drei Sätzen den Zusammenhang verloren.

Mit all dem Wissen wollen wir nicht rechtbehalten, sondern das Gespräch führen. Daß es nicht abreißt, darauf kommt es an. Es hat keinen Sinn, diese Menschen von der Falschheit all dessen überzeugen zu wollen, was sie tun und denken. Die fatale Wirkung solcher Versuche haben wir eben in diesem Gespräch am eigenen Leib erfahren und haben uns gewehrt. Wehe, wenn das dann noch Erfolg hat! Es verdirbt den Charakter, wenn man ständig überführt und zum Schämen in die Ecke gestellt wird. Das hat das deutsche Volk einmal vor vierzig und einmal vor vierzehn Jahren durchgemacht; es hat sich rechtfertigen müssen, wo es sich nicht rechtfertigen mochte und konnte.

Wieviele nun von denen, die da mit uns gesprochen haben, und wieviele von denen, die da nicht mit uns gesprochen haben, glauben, daß sie eine so unfehlbare Regierung haben, wie sie es zu unserm Vergnügen behaupteten? Wieviele glauben ihrer Presse und an unsere westliche Unfreiheit? Wieviele glauben an die Kriegstreiberei Amerikas und die absolute Friedfertigkeit der UdSSR? Kein Mensch kann das sagen. Man hat freiwillig und mit großer Verve diskutiert. Aber wer hatte Angst vor wem?

Auf die letzte Frage, welchen Eindruck Ostberlin auf uns gemacht habe, welches unser positivstes und unser negativstes Ergebnis gewesen sei, habe ich geantwortet: »Das Beste, daß man so reden kann, wie Probst Grüber; das Schlechteste, daß man so schlecht reden darf wie dieser Professor.« Die fünf allein mit uns zurückgebliebenen Studenten sahen sich gegenseitig an und gaben uns für dieses eine Mal recht. Wir schieden mit einem kräftigen Händedruck, dem wir beiderseits mitgeben wollten, was wir den Worten nicht anvertraut hatten.

*

Wir selbst waren sehr erregt: Wie groß doch die Entfernung zu gleichaltrigen deutschen Menschen, denen man keine falsche Absicht unterstellen darf, nach fünfzehn Jahren geworden ist, wie tief die Vergiftung, wie radikal verschieden der Ausblick auf die Zukunft! Wir haben gemerkt, wie unsere Informationen gefärbt sind, – ja, auch unsere! Wir haben es nicht so sehr durch die Widerlegung der anderen erfahren, sondern gerade an der Ähnlichkeit des Tons, in dem sie und unsere Zeitungen reden. Wir hören nichts Gutes von drüben, wir hören garnichts, was das Leben dort positiv ausmacht in siebzehn Millionen Vorstellungen und siebzehn Millionen Lebensleistungen; wir hören nicht, wofür, sondern nur, wogegen sie sind oder sein sollten. Aber so ist das Leben nicht; es läßt sich nicht »negativ« leben. Wir haben gemerkt, daß wir nicht durch mangelnde Wendigkeit, fehlende Schulung, wie es immer heißt, unterlegen sind, sondern durch Taktgefühl und das Bedürfnis nach sauberer Diskussionsführung; wir sagen einem andern nicht ins Gesicht: Du lügst!, und wir bleiben bei der Sache. Wir haben auch gemerkt, wie fatal das Verbot der Kommunistischen Partei, die nicht eingelösten Wahlen in Vietnam, das Auftreten von Ex- und Neo-Nazis in Westdeutschland sich auswirken.

Jedenfalls wollen wir die als rhetorische Falle gemeinte Einladung nach Westdeutschland doch noch einmal ernstlich aussprechen. Nach solchen Gesprächen will man handeln.

*

»Figaros Hochzeit« war ein festlicher Ausklang unseres Berlin-Aufenthaltes. Beglückt durch das herrliche Gebäude, eine konventionelle, aber großentfaltete, stilvolle Aufführung, die versöhnende Wirkung der Musik; interessiert an der politischen Ausbeutung des Beaumarchais im Programmheft; amüsiert, wie gut der Arbeiter- und Bauernstaat das höfische Leben beherrscht, wie prächtig der Kapelle der bürgerliche Frack steht. Nicht jede Diktatur kann das durch schieren Aufwand leisten: sie bedarf auch der Tradition und eines anspruchsvollen großstädtischen Publikums.

*

Früh brechen wir am andern Morgen auf. An der Grenze keine Schwierigkeiten, dafür aber bei der Abrechnung, die fünf ganze Stunden in Anspruch nimmt: für jeden eine individuelle Kalkulation, – Zeichen kapitalistischen Verschleisses.

Wir sind zufrieden, weil wir Vieles, Schönes, Bedeutendes erlebt haben. Aber auch, weil wir auf dieser Fahrt selbst in voller Freiheit gelebt haben, ein jeder Herr seiner Entscheidungen und doch in Gemeinschaft, – so vergnügt, wie die Vernunft, so vernünftig, wie es das Vergnügen zuließ; und weil dieser Weg sich bewährt hat.

Von Asgard nach Nifelheim[*]

Zu Fuß und zu Pferd durch Island
1959

Dem »starken Klettir« gewidmet

Europa ist noch lange nicht fertig, auch das westliche nicht: Einen ganzen Tag haben wir in Hamburg auf EKs Paß gewartet. Sein Besitzer hatte mit weltoffenen Nordländern gerechnet – und nicht auch noch mit einer bummeligen deutschen Post.

»Erstklassige« Fahrt nach Kopenhagen. Man lernt auch Geographie am besten *by doing*. Der kürzeste Weg ist von Femarn nach Gedser, Seeland. Nachts um 2 Uhr auf dem Trajekt ist es noch ziemlich hell. Kopenhagen empfängt uns in herrlichster Sonne. Das *dictum* unseres Freundes E. (»Ich liebe London ja sehr – aber Kopenhagen gehört doch zu den drei ganz großen Städten neben Paris und Rom«) fordert zur Widerlegung heraus. Diese aber will nicht gelingen. Was man würde aussetzen können, ist zugleich immer auch zu loben: die weltstädtische Entfaltung – die macht, daß der Romantiker Danzig und Lübeck vorzieht; die altmodische Verhaltenheit – die Kopenhagen »arm« erscheinen läßt neben jeder westdeutschen Großstadt. – Wir gelangen am Ende unseres Stadtbummels in einen zauberhaften Park, in dem Hans Christian Andersen mit erzählender Gebärde im Schatten alter Linden sitzt. Wir können nicht einmal sagen, was wir alles gesehen haben. Es ist wie die Bekanntschaft mit einer Schönen, die man um so mehr wiederzusehen hofft, als man nicht weiß, wer sie ist.

An Bord (Abfahrt Punkt 12 Uhr – warum eigentlich müssen auch Schiffe so pünktlich sein?) gibt es ein kaltes Büfett – üppig und fett. Die Menschen drängen sich und haben recht: Es ist die letzte Mahlzeit, die sie mit vollem Appetit einnehmen werden. Bis zum Abendessen lege ich mich in meine Koje und lasse mich danach auf meinen ersten Pernod ein. Erst ein Cordon Rouge, mit dem wir unbegreiflicherweise auf Skagerak anstoßen, vermag den widerwär-

---

[*] Zu dieser Reise hat mich mein Freund und Verleger Ernst Klett eingeladen. Er hatte mir die nordischen Sagen – mit Hilfe seines Autors Gerhard Nebel und einzelner Bände aus dem Eugen Diederichs Verlag – erschlossen.

tigen Geschmack fortzuspülen. – Nach zwei weiteren Stunden beginnt das Schiff zu stampfen.

Das Frühstück vertraut sich mir bis zum ersten Toast an. EK flieht schon nach dem Einstich in die Grapefruit. Ich halte mich, in fünf Wolldecken gehüllt, den ganzen Tag auf Deck im Liegestuhl auf. Grauer Himmel, steifer Wind, gegen den auch die Möwen ermatten, das Heck mal hoch über dem Horizont, mal Klafter darunter. Der »Starke Grettir« in dem ich lese, entfällt meinen Händen, nachdem mein Blick schon lange ohne Beziehung am Gedruckten hängt. Das Fleisch ist willig, aber der Geist ist schwach. Ich schleppe mich immerhin jedesmal noch zur Reling, habe jedoch seit 24 Stunden keinen einzigen Gedanken gedacht. Man müßte sich den Bewegungen der Wellen anpassen – nun bewegt sich einmal das Schiff gegen sie, und wir bewegen uns obendrein gegen das Schiff. Am besten fühle ich mich in der Badewanne. Und wohl dem, der etwas zu kotzen hat, wenn er kotzen muß. Das sind Gleichnisse, die noch jenseits dieses Elends Sinn haben.

»Elend« gemahnt an Grettir, den zu Friedlosigkeit verdammten Isländer: elend, eli-lendi, im fremden Land, heimatlos. So stelle ich mir die vor, die über diesen Ozean eh und je fahren, um in den sturmzerzausten Eisländern zu leben. Das müssen Kerls gewesen sein, »Karlar« heißen sie auf isländisch, was man an einer bestimmten Tür lesen kann (Gentlemen).

Ich will EK in Kabine 63 besuchen; an der eigenen Tür endet meine Kraft; ich falle in die Koje zurück und schlafe, bis wir am Morgen in den Firth of Forth einfahren.

Als wir das Land betreten, sagen EK und ich beinah gleichzeitig »endlich«, als hätten wir's allzu lang entbehrt. Wir marschieren aufs Geratewohl in die Stadt und gelangen auf die große Princes Street, von dort zum Schloß. Wir bestaunen die schottische Krone, die Charles II. zuletzt getragen hat. Wir sehen das Zimmer der Maria Stuart und den Meg of Mons, eine dicke Kanone aus dem 15. Jahrhundert (»Visitors are urgently requested not to touch nor in any way to interfere with the guns«). Wir wandeln durch das eindrucksvoll kitschige War-Memorial für die gefallenen Schotten des Ersten Weltkrieges (zweihunderttausend!); die einzelnen Regimenter führen je ihre kriegerische Geschichte auf. Wir treten bei St. Giles ein. Wir besuchen das beschauliche klassizistische Grabmal von Hume, das Gefängnis der Covenanters und das unvermeidliche Nelson-Denkmal. Wir erklimmen den Sitz von König Arthur, 822 Fuß über der Stadt, wo uns der Wind fast umpustet. (Wenn der Wind so bleibt, dann wehe uns für die nächsten Tage!) Unserer schlechten Kenntnisse in der englischen Geschichte überführt kaufen wir »1066 and all that« und lernen eifrig »good kings« von »bad kings« unterscheiden. Mit heißem Gesicht, gutem Hunger, zwei elastischen Bauchbinden kehren wir zum Schiff zurück.

14. 7. Zwischen Schottland und den Orkneys hindurch treiben wir mit dem Wind auf das weite Nordmeer. Die Sonne scheint, und die Möwen kreisen ohne Flügelschlag um das Schiff. Der Wind trägt sie schneller, als wir fahren. Das ist für mich Grettir-Tag. Die Sagas, an die ich mit mehr Pflichtgefühl als gutem Willen herangegangen bin, beginnen mich zu ergreifen. Nein, nicht die Sagas – die erzählten, erzählbaren Geschichten –, sondern ihre Helden: große, einfache, meist schweigsame Gestalten, die das Schwert führen und ihre Handlungen nicht erklären. Eben daß sie, in denen Furcht und Freude, Haß und Hoffnung nicht anders walten als in uns, dies nicht tun, berührt uns: Sie sind auf unser Verstehen, unser Einverständnis angewiesen – inmitten der stabreimenden Weisen und spröden Sentenzen, die der eine Recke zum anderen spricht:

> Äste-Feind, der Ostwind,
> Ewig pfeift vor'm Steven.
> Aufwühlt Ägirs Wellen,
> Eisige, Sturmes Meißel.
> Stets in Meerschwans Steuer
> Frostige Stürme tosen.
> Brandend flog ums Bugspriet
> Brüllende See in Fülle.

»Seinen Kummer vergißt man am besten, indem man auf den nächsten wartet.« »Es gibt kein deutlicheres Wahrzeichen für Unglück, als nicht verstehen, das Gute anzunehmen.« Als Atli unversehens in seiner Haustür von seinen Mördern durchbohrt wird, sagt er: »Die breiten Spieße, sie werden Mode«, und fällt vornüber auf die Schwelle. Im Wortwechsel wie in der Erzählung waltet größte Sparsamkeit. In einem Kapitel – etwa dem, das überschrieben ist »Thorstein Dromund verspricht Grettirs Tod zu rächen« – ist keine Silbe zuviel: das nackte Urgestein des Grauens. Wenn der starke Grettir, der unwiderstehliche Totschläger, das Dunkel und das Alleinsein fürchtet in einem Land, in dem ein halbes Jahr lang beinah ständig Nacht ist, und dies zugibt, weiß man genug von der Hinfälligkeit des Menschen.

Im Schutz der englischen Küste ist unsere Weiterfahrt ruhig und bleibt so bis zum Ende der Reise. Ob ich meine einstige Seetüchtigkeit inzwischen wiedererlangt habe oder nur verschont geblieben bin, muß bis zur Heimreise ungewiß bleiben. Dafür geht es in der Lektüre gut voran. Ich lese Gerhard Nebels »Die Not der Götter«, ein berserkerisches, leidenschaftliches und weitschauendes Buch über den Mythos der Germanen. Heil und Unheil bestimmen deren Welt. Beide sind willkürlich. Dies macht, daß die Germanen mit Schuld nicht zurechtkommen, daß Kampf und Kampfbereitschaft alles sind – Tapferkeit zum Tod. Die Vorstellung, die Welt sei auf einer schiefen, zum Abgrund hin abschüssigen Ebene gebaut – und auch die Götter müssen untergehen! –, zeugt von tiefer Melancholie, die ihrerseits die Kargheit des Landes, die Düsternis des Meeres, die Zerrissenheit des Himmels hier im Norden spiegelt.

An Bord ist die Welt freilich anders: sanges- und eßfreudige Isländer, schwer einzuordnen und wenig leutselig. Die Nächte sind kurz, von Tageslicht und Tagesbeschäftigung eingeengt. Mahlzeiten in unbarmherziger Folge und von unbarmherziger Qualität. Am letzten Abend – eingeladen ist man zu 18.40 Uhr – gibt der Kapitän eine Cocktailparty. Kaum sind alle Menschen mit *drinks* versorgt, als sie an die Fenster stürzen und auf Deck: Wir fahren mitten zwischen den Westmann-Inseln, die der Küste Islands vorgelagert sind, hindurch. Steil ragen die Felsen rechts und links aus dem Wasser, nein, hängen aus dem Nebel herab, schwarzer, feuchter Stein, oben mit einem kräftigen altmodischen Grün bezogen, von weißen Möwen umkreist, mehrere hundert Meter hoch. Sollte das Ereignis die Ansprache des Kapitäns ersetzen, der offenkundig zu einer solchen nicht fähig war?

Am anderen Morgen liegen wir – von drei Uhr an – vor Reykjavik. Der Anblick von Hochhäusern, Tanks, grüner Dachpappe, rotem Wellblech, ungeordnetem Baracken- und Häuserwesen unter totgrauem Himmel ist entmutigend. Wir werden in den Hafen eingeschleppt. Es regnet. Großzügige Zollkontrolle, Autogewühl, Scharen von Verwandten und Freunden, die die Ihren abholen und nicht anders aussehen als Abholer in Quebec oder Kapstadt. Wir nehmen ein Taxi, das uns vom Heck unseres Schiffes zu dessen Bug bringt, wo unser Hotel steht. Die Autos fahren links, obwohl der Verkehr sich jetzt erst entfaltet und die Wagen fast ausschließlich amerikanischer, deutscher und tschechischer Herkunft sind. Der Gang zum Touristenbüro führt an den berühmt zahlreichen Buchhandlungen und ebensovielen Denkmälern vorbei. Bis zum Mittag verhandeln wir über unsere bis dahin noch offenen Reisepläne. Die Witterung, die Ponys, die Führer, die Kosten, die Geographie waren für uns Imponderabilia. Sie bleiben es auch jetzt. Zehn Ponys müsse man nehmen, heißt es. Zehn Ponys aber gibt es nicht überall und nicht zu jeder Zeit. Bis Mitte der nächsten Woche werde es dauern, bis wieder welche hier zur Verfügung stehen. Derweil könnten wir mit dem Bus oder dem Mietauto im Land herumfahren oder auch ein Sportflugzeug chartern. Dies alles weisen wir empört zurück und beschließen, zunächst zu Fuß zu marschieren. Bei dem ständigen Regen, der Kälte, dem Fehlen fast jeglicher Unterkunfts- und Verpflegungsmöglichkeit brauchen wir freilich mehr Ausrüstung, als wir bequem tragen können. Ein Packpferd wäre also gut. Aber ein solches gibt keiner her, angeblich aus Liebe zum Tier. wir meinen: aus Liebe zum Geld. Der Besitzer will mitgehen und mitverpflegt sein – und das gewiß nicht mit Trockenfisch und Trockenbrot, wie wir uns vorgenommen haben. Ein dicker Düsseldorfer stellt sich vor. Ungläubig und etwas mitleidig hat er unsere Pläne mitangehört. Daß man hier nicht wandern könne, es seit Menschengedenken jedenfalls nicht getan habe (und Menschengedenken reicht weit in Island!), kommentiert er mit: »Is eben noch jar nich richtig orjanisiert hier!« Er entscheidet sich für den Touristenbus. Wir befreunden uns mit der Vorstellung, eine Woche lang zu Fuß zu gehen.

Am Nachmittag erreichen wir dies: Ein Jeep wird uns im Inneren des Landes aussetzen; dort werden wir acht Tage wandern; an einem vereinbarten Treffpunkt nimmt uns der Jeep wieder auf und bringt uns zu den Ponys, die im Süden des Landes für die letzten acht Tage zur Verfügung stehen. Während der ersten Hälfte brauchen wir kein Zelt, weil es unterwegs mehrere Schäferhütten gibt. Wir sind bereit, notfalls unter unserer Regenhaut zu schlafen. – Einkäufe, Kartenstudium.

Den Abend verbringen wir bei Freunden von EK, Verwandten seiner Frau. Unser Gastgeber führt, wie viele Isländer, seinen Stammbaum auf den Skalden Egil, einen alten Saga-Helden und Sänger, zurück. Der Skalde Egil lebte im 11. Jahrhundert. Die Abstammung ist schriftlich belegt, wie überhaupt bei diesem Volk alle Ereignisse sorgfältig aufgezeichnet sind: Geburt und Tod, Erdbeben, Vulkanausbrüche, Kriege, Hunger, Pest. Ein Volk der Schreiber und Leser! Der Verleger EK rechnet aus: Wenn ein Buch hier in Island in einer Auflage von 3000 Exemplaren erscheint, dann bedeutet das auf die Zahl der Leser umgerechnet soviel wie eine Millionenauflage bei uns. (An Bord allerdings waren wir fast die einzigen Leser, und wer sonst noch las, hielt einen amerikanischen Krimi in Händen.) Der Whiskey bringt das Gespräch schnell in Fahrt, fast zu sehr. Wir erkundigen uns nach dem Fischereikrieg zwischen England und Island, der von den Isländern mit großer Leidenschaft geführt wird. Unser besonnener und hochgebildeter Gastgeber macht uns klar, wie unrentabel der Kampf für die Engländer ist. Die englischen Fischer werden von ihrer Regierung geradezu angewiesen, je 24 Stunden innerhalb der neuen Hoheitsgewässer zu fischen; freiwillig täten sie's nicht. Die Isländer stören sie dabei dauernd, so daß an einen normalen Fang gar nicht zu denken ist. Vollends abschreckend sollte es sein, daß die Engländer im Winter oder bei Sturm nie einen schützenden Hafen anlaufen können. Eine kleine Kampfschrift des isländischen Außenministeriums läßt ahnen, daß es England vor allem um das Prestige geht, nämlich um die Tatsache, daß Island »einseitig« die Erweiterung seiner Hoheitsgewässer erklärt hat.

Wir erfahren von unserem Gastgeber noch viel Wissenswertes oder Kurioses, etwa über die isländische Prohibition, die man allmählich zurücknimmt, die aber nicht ganz verschwinden will – und soll: wie ein Tabu. Am Mittwoch werden nur »leichtere Weine« ausgeschenkt; in Reykjavik ist der Ausschank auf zwei oder drei Lokale beschränkt; Bier ist gänzlich verboten. Also zeitliche, »geographische« und qualitative Eingrenzung des Übels – keine pädagogische. Statt dessen trinkt man natürlich um so mehr *hard liquor*, der sich zu einem nationalen Notstand zu entwickeln droht. Die Jugend, die sich kein Bier im Lokal bestellen kann, nimmt eine Coca Cola an der Theke und einen Schnaps auf dem Klo.

Interessant waren vor allem die Ausführungen über die isländische Sprache, die aufgrund ihrer grammatischen Struktur keine Fremdwörter verträgt. Ausnahmen bilden solche, die sich in die ausgebildeten Flexionsformen des Isländischen einfangen lassen. Alles andere muß übersetzt werden: Elektrizität = Bernsteinkraft, Atombombe = Kernkraftsprenger und so fort. Ein Volk, dessen Sprache sich seit tausend Jahren nur geringfügig und in der Aussprache geändert hat (so daß alle Isländer noch heute die Sagas so lesen, wie sie aufgeschrieben worden sind), das in seiner wichtigsten Äußerung, der Sprache, zu solcher Reinheit genötigt ist, dessen notvolle Geschichte der letzten 800 Jahre und die glanzvolle davor zu gemeinsamer Bewahrung und Erfahrung drängt, dessen Landschaft die Lebensweise und das Gemüt sammelt und vereinfacht – ein solches Volk hat Anspruch auf nationales Selbstbewußtsein. Um so mehr bekümmern den Gast die »Amerikanisierung«, die Riesenautos, die mit Exportgütern vollgestopften Läden, die sichtbare körperliche Untüchtigkeit der Bevölkerung, die gespenstisch blassen Mädchen in den Geschäften, die gebleichtes Brot und Treibhausfrüchte, fremde Konserven und fremde Illustrierte verkaufen.

Eine halbe Stunde vor Mitternacht knipst unser Gastgeber – zum Zeichen, daß es nun eigentlich dunkel sein müßte – das elektrische Licht an. Die zehnjährige Tochter der Gastgeber sitzt noch selbstverständlich dabei, als wir uns anschicken heimzugehen.

Im Hotel packen wir, nehmen ein heißes Bad, das direkt aus den Quellen von Hveragerdi (Reykir) in einer großen Pipeline herangebracht wird und die ganze Stadt von 70.000 Einwohnern winters und sommers zentral beheizt. Reykjavik (Rauchbucht) ist also trotz seines Namens eine rauchlose Stadt.

Am anderen Morgen (17. 7.) nimmt uns der Jeep auf. Ein Geographielehrer, dessen kleiner Graukopf voller Auskunft steckt, fährt uns durch jämmerliche Vororte, die nach Alaska aussehen. Immer noch hängt der Regen über dem ausgedehnten Land. Die Höhen der Berge ahnen wir nur. Graue, schwarze, rote Lavamassen in großen Klumpen oder als poröses kleines Geröll, ja, als feiner Kies bilden die Kegel. Dazwischen weite Mondlandschaft, krause Gebilde wie Ofenschlacke hundertfach vergrößert, mit hellgrünem Moos überzogen. Dann wieder weite Täler mit verstreuten weißen Bauernhäusern in einem dichten Rasenpelz. Ponys und Schafe, die einzeln oder zu zweit überall im Land herumweiden bis zu den einsamsten Gletschern. »Herdentier« ist eine üble Nachrede der Menschen, eine Folge von dem, was wir aus den Schafen gemacht haben. Alle hundert Kilometer ein Zaun, der das Zusammentreiben zur Schur erleichtert. Manchmal verwildern die Schafe, leben mehrere Jahre ganz im Freien, Winter und Sommer. Am Rande des Vastna-Jökull (jökull = Gletscher) pflegte man sie mit der Büchse zu jagen. Die Wiesen sind vom Frost aufgebrochen. Will man in Island Heu haben (und es nicht mit der Handsichel einholen), muß man pflügen und »Gras anbauen«.

Straßen sind Fahrbahnen, die aus der Lava herausgeschürft und durch Bulldozer geglättet worden sind, jedenfalls in der Nähe der

Stadt. Wo Aufschüttungen notwendig waren, hat man aus dem umliegenden Gelände Geröll und Asche zu einer schmalen Fahrbahn zusammengescharrt. Das Land sieht dadurch verwundet aus, denn auch die kleine Moosdecke über der Lava braucht Jahrzehnte, um nachzuwachsen.

Im Reykirgebiet erleben wir unseren ersten Geysir. Die Gesteins- und Erdschicht über dem »Feuer« ist dünn. Bohrt man ein Loch, um einen Telegraphenmast einzulassen, beginnt es zu dampfen. Nach einem halben Jahr muß man, die Pfosten und das Loch versetzen. Die Hitze nimmt beim Bohren je Meter einen Grad zu. Ein Geysir funktioniert folgendermaßen: Heiße Dämpfe drängen durch ein Erdloch nach oben. In der Öffnung läuft in diesem feuchten Land ständig Wasser zusammen und wird – kochend – langsam nach oben gedrückt, bis die heißen Dämpfe explosiv entweichen und das Wasser mit sich herausreißen. Wenn der Druck abgelassen ist, strömt das Wasser wieder nach. Bei großen Öffnungen dauert das Aufkochen bis zu 24 Stunden, bei kleineren 5 oder 10 oder 30 Minuten. Den Austritt, der drei Minuten lang unter gewaltigem Zischen erfolgt, kann man beschleunigen, indem man ein Stück Seife in die Öffnung wirft, deren Schaum das Loch überdeckt und dadurch den Druck erhöht. Ringsum werden die Treibhäuser mit den heißen Dämpfen geheizt. Erregend schön sind einige Krater. Einer liegt unterhalb des Weges; der Durchmesser des oberen Randes beträgt 300 Meter, der des Bodens 100 Meter; der Krater selbst ist 150 Meter tief. Das Gestein ist farbig – schwarz, grau, rot. Unten hat sich blaugrünes Wasser gesammelt; oben wächst leuchtend grünes Gras; weißer Nebel braut am Rand. Ein einsamer Vogelschrei tönt aus der Stille herauf. Krater auf ebener Erde, ohne Aufwurf, sind, wie unser Geograph uns belehrt, auf »Explosionen«, nicht auf Ausbrüche zurückzuführen. Vulkan hatte gleichsam einen trockenen Husten.

Mehrfach durchfahren wir Gletscherflüsse, die geädert, in opalisierendem Grau, unsere Fahrt begleiten. Der Gullfoss, der größte Wasserfall des Landes, ist viel kleiner als der Niagara, aber nicht weniger eindrucksvoll – vornehmlich durch seine völlige Einsamkeit.

Am letzten Bergbach muß der Wagen umkehren. Hose aus und bis zum Oberschenkel durchgewatet! Nach kurzem verregnetem Marsch erreichen wir eine Hütte. Es ist kalt, und ich rolle mich sofort in meinen Schlafsack ein, schlafe zwölf Stunden durch, während »Glam« über das Dach reitet und dumpf poltert wie in der Grettir-Saga. EK versucht noch zu lesen. Es ist zu kalt. Er versucht zu schlafen. Es ist zu kalt. »Im Sommer müßte es hier schön sein!« denkt man unwillkürlich. Aber es ist Sommer.

Am Morgen (18. 7.) bringt uns Tee neuen Lebensmut. Der Nebel wird gegen die Fenster gepeitscht. EK »jaspert« (Die großen Philosophen), ich schreibe dieses. Um 11 Uhr brechen wir auf. Zuerst besteigen wir Asgard(fjöll) direkt hinter der Hütte. Der Blick reicht weit trotz des Nebelregens. Es sieht aus wie am zweiten Schöpfungstag, wie EK bemerkt: »Und die Wasser sammelten sich unter den Himmeln.« Vor uns ein kohlschwarzer Tafelberg, ein Krater. Rechts davon Gletscher mit einem eigentümlichen hellbraunen Schimmer.

Von Asgard geht es nach Nifelheim, wie die Gegend zwar nicht heißt, aber ist. Auf dicken Moostuffs stapfen wir weiter bis auf 1200 Meter, über Schneefelder, an einer tiefen Klamm vorüber, zu den Schwefelquellen. Dort meint man direkt auf der Hölle zu stehen. Das Wasser brodelt gelblich auf der Oberfläche; hellgrauer Ton lagert sich ab; rot und violett glänzt das Gestein. Lavablöcke, die frisch gespalten wie schwarzes Glas glänzen, liegen umher. Die Sonne durchbricht die Nebelschwaden nicht, und so sind Aufnahmen unmöglich. Oft sieht man keine 50 Meter weit. Dann reißt der kalte Dunst auf und gibt einen Ausblick auf »Sesam« frei. Ich hülle meinen Kopf in die amerikanische Gummiplane, weil der Wind so schneidet – und neben mir kocht der Abgrund. Eine Quelle dampft mitten aus einem Schneeferner heraus, durch mehrere Meter Eis hindurch. So nah die Gegensätze! Unser Geograph berichtet von einer Eruption mitten im Gletscher. Die Lava wurde zurückgehalten, und nur gewaltige Aschfontänen spritzten in die Höh. Bis nach Schottland sei der Staub getragen worden. So etwas fürchten die Isländer mehr als den zähen Lavafluß. Zwei ganze Jahre lang (1947 bis 1948) hat ein solcher sich aus dem Hekla ergossen, glühend rot, ein Fest für den Tourismus und die Farbfotografen. Frühere, in den Chroniken verzeichnete Ausbrüche haben mehrere Jahre ununterbrochen gewütet. Man hielt Hekla für den Eingang der Hölle. Bei dem letzten Ausbruch flossen aus dem kilometerlangen Tunnel über eine Milliarde Kubikmeter Lava.

Oben am Gletscherrand machen wir halt. Hier und da wächst noch Moos 30 bis 40 Zentimter dick und vom Wind zu wellenförmigem Wachstum gepeitscht. Der Schrei der Brachvögel hat aufgehört. Sie scheinen neben dem Schaf das einzige Tier zu sein, das im Mittelland haust. Nicht so sehr die Kälte läßt sie hier ungern leben – in Reykjavik ist das Klima im Winter milder als in München, und in den tiefen Tälern bleibt der Schnee immer nur wenige Tage –, es ist vor allem die lange Dunkelheit, die die Tiere scheuen. Man erzählt uns von einer Möwenart, die so sehr auf langes Tageslicht angewiesen ist, daß sie im Winter in der Antarktis weilt! Anderswo gibt es noch Füchse, die sich nicht recht gute Nacht sagen können, weil die Nacht entweder nie aufhört oder nie anfängt. In küstennahen Gebieten sieht man Seeschwalben und einen schwarzen Vogel mit dickem Kopf, gelbem Schnabel und weißem Bauch.

Als wir nach sechs Stunden zur Hütte zurückkehren, finden wir sie von Isländern bevölkert, die uns mit Kaffee, Fladenbrot und geräuchertem Lammfleisch bewirten. Nach einer Stunde verlassen sie uns wieder, gottlob, und nun haben wir unsere verdiente Studienstille. Wir genießen noch drei schweigsame Lesestunden, Klett mit Jaspers, ich mit Tacitus, der ein glänzender Schriftsteller und eben doch ein verbitterter Moralist ist, der Politik nicht als Politik verstehen will. Einer so ausschließlich moralischen Beurteilung des Weltgeschehens verschreibt sich nur der Inaktive. Die große Rhetorik besiegelt die Resignation. Thukydides ist überzeugt, daß wer die richtige Erkenntnis der Tatsachen und Motive habe, die Welt ändern könne. Tacitus mag das einfach nicht glauben. – Als wir uns um 10 Uhr mit einem stärkenden Abführmittel zum Schlaf gerüstet haben, kommt neuer Besuch, der aber im Zelt zu lagern vorzieht.

Nach Frühstückstee, -brot und -lektüre starten wir. Das Wetter hat sich nicht geändert. Wir waten durch mehrere Bäche in Unterhose oder überhaupt nur im Hemd – Szenen, die EK allein für des Fotografierens wert hält, während ich allen Gesetzen dieser Licht-Kunst zum trotz dunkle Bergklötze auf grauem Wolkenhintergrund über grauem Geröll festzuhalten suche: majestätische Finsternis. Der dünne, im Nichts verhallende Schrei der Brachvögel macht die Menschenlosigkeit physisch spürbar. Nach einer Stunde Marsches stellt sich die Frage, ob wir dem »richtigen Weg« oder einer Abkürzung folgen sollen. Die letztere führt durch mehrere Flüsse, Sumpfwiesen und über *rock lava*, wie die Karte belehrt. Wir entscheiden uns ungleichen Muts für die Abkürzung. Da die Landschaft weitläufig ist, es an markanten Punkten nicht fehlt, ist die Orientierung nicht weiter schwierig. Man sieht immer schon den

Bergkegel, den Gletscher, die Steinwand, neben denen das Ziel liegt. Der Boden verlangt ganze Aufmerksamkeit – scharfes Geröll, »Gletscherpampe«, glitschige Moosflächen, Moostuffs, auf denen man wie auf einem Trampolin federnd schreitet. Der so an den Boden gefesselte Blick wird durch zauberhafte Flora zwischen den seltsamsten bunten Steinen entschädigt. Die Blumen wirken in der Isolierung durch das Gestein schöner als in jedem Beet. Außer gelegentlichen Enzianen und Wollgras erkenne ich freilich keine wieder. Oft kann auch der kundige Botaniker Klett nur die allgemeine Familie nennen.

An einem Bach mit hellgrünem Ufer rasten wir im Angesicht einer gewaltigen Abraumhalde, die – in der heute ab und zu durchstoßenden Sonne – ständig ihre Farbe wechselt, nicht ihre grausame Unbegehbarkeit. Stumm kauen wir herunter, daß wir die falsche Entscheidung getroffen haben. Aber mein ständiges Vorauseilen und ostentatives Warten, bis der Gefährte mich eingeholt hat, verraten genug von meinem inneren Räsonnement. Als Klett herzhaft zu fluchen beginnt, den Düsseldorfer zitiert (»Is eben noch jar nich richtig orjanisiert hier!«) und sich ein Kettenfahrzeug wünscht, da biete ich ihm an, seinen Rucksack mit zu übernehmen. Das fehlte noch gerade! – daß ich ihm seinen Zorn abkaufen will.

Rechts und links, am Rand des breiten Tals, erstrecken sich die großen Gletscher unheimlich leuchtend, ungewiß, wo sie anfangen, mit Wolken und Himmel vermischt. Wir fassen unser Ziel fest ins Auge und stapfen weiter ins Lavafeld hinein: große verschmorte Klackse (petrifizierter Riesenschiß), später aufgebrochen, zersplittert. Ein auf der Karte verzeichneter Krater hat diese sich kreisförmig ausbreitende Scheußlichkeit auf einer Fläche von 30 Kilometer Durchmesser herausgeblubbert, ein Ruin für Schuhe, Fußgelenke und Laune. »Beinahóll« steht auf der Karte, und obwohl das »Gebeinshügel« heißt, bin ich sicher, daß es »beinahe Hölle« bedeutet. Bestätigt durch die Tatsache, daß wir freiwillig hineingegangen sind! Irgendwann stoßen wir auf die Grettirshellir, die Grettirshöhle, eine längliche Lavablase, die man am einen Ende betritt, und am anderen Ende, wenn auch nur geduckt, verlassen kann. In ihr liegen gewaltige Gebeine, mindestens Pferdeknochen. Es tropft unheimlich in den Seitenkammern. Grettir ist nicht zu Haus und wohl überhaupt nie hiergewesen. Sicher aber hat einer der alten »Ächter«, einer der Friedlosen, Ausgestoßenen in diesem Loch Schutz gesucht. Eine unheimliche Reihe von übermannshohen Steinmännern, die im Nebel den Schaftreibern zur Orientierung dienen, begleiten den weiteren Weg. – Schwefeldüfte führen uns die letzten 5 Kilometer. Auf dampfendem Plateau liegt die nächste Hütte, bodenbeheizt. Endlich können wir unsere Kleider trocknen. Tee wird im Erdloch gekocht, vor der Hütte ein heißes Bad in einem kleinen, aus Lavasteinen zusammengebastelten Bassin genommen, das von den warmen Quellen gespeist wird. Danach noch einmal Tee. Warmer Schlaf – kein Tacitus, kein Jaspers. Als ich kurz nach 23 Uhr zufällig aufwache, erlebe ich gerade den Sonnenuntergang.

Gestern (20. 7.) haben wir uns bei schönem Wetter getrennt, um jeder für sich das ihm Gemäße zu tun. EK hat botanisiert und aufregende Funde getan, hat die Umgebung erforscht und im Tacitus und Jaspers so weit vorangelesen, daß – wie der Abend beweist – ein Gespräch darüber zwischen uns einstweilen nicht möglich ist. Ich habe dafür meine innere Unruhe am Berg ausgetobt. Es war der schönste Tag bisher und wird es vielleicht bleiben. Wie schreibt man über »Schönstes«? Das ist keine Sache der Stilmittel. Vergleiche und Metaphern – die Berge erscheinen »wie modelliert«, die Farben »spielen« im Wechsel des Lichts, die Weite »flimmert«, die Tiefe »saugt«, der Gletscherrücken in seiner glänzenden Breite »zerreißt fast das Auge« – nutzen nichts, wenn es die innere Erregung ist, die man mitteilen sollte, die Wirkungen mehr als die Ursachen. Auf dem Rauthkollur, dem Rotkopf, habe ich im Schutz des Steinmännchens meine trockenen Zwetschgen gegessen und bin nach kurzem Besinnen über diesen Tag und das, was vor 15 Jahren geschehen ist, wieder den Berg hinuntergestolpert. Auf freier Höhe im kalten, tönenden Wind denkt man dichter und kürzer.

Im Eilmarsch, Eilstolper, komme ich gerade zurecht, um EK die pflichtgemäßen Sorgen des Expeditionsleiters zu ersparen. Nach einem im Krater gekochten Reismahl etliche Seiten Jaspers, während Klett den Verfall Roms unter Tiberius weiter beobachtet. Klett liest vor. Da hört man es – noch in der Übersetzung: Es ist die Sprache, die Tacitus zum großen Autor macht – frisch, dicht, schockierend.

Heute (am 21. 7.) Weitermarsch zu einer der Gletscherzungen des Langjökull. In einem »Urtal« wartet eine kleine Hütte, im sogenannten Tal der Diebe. Hier stahlen sich die Ächter Schafe, die im Sommer wie Maden auf dem Riesenleib der steil abfallenden Hänge kleben. Der Marsch war bei noch freundlichem Wetter erfreulich. Seitdem wieder tiefe Wolken. Wir durchschweifen die Umgebung, schlafen und lesen, lesen und schlafen.

Dann haben wir ein Problem: Soll man eine Fleischbüchse öffnen, die von Björn Shefflein und Petrarina Björnson am 05. 07. 59 laut Aufschrift in der Hütte hinterlassen worden ist? Ich finde: nein, weil wir erstens nicht in Not sind und zweitens die Büchse noch lange halten wird. Ich setze mich durch. Nun kocht wieder die Knorrsuppe.

Die ganze Nacht faucht der Wind über das Dach, unter dem ich unmittelbar liege. Die Träume sind ausführlich und grotesk. EK ist nicht besser dran. Er hat den schlechteren Schlafsack und schläft darum einen dünnen Schlaf am Abhang des Frierens.

Bis 11 Uhr vormittags lesen wir. Dann hellt das Wetter etwas auf – Zeichen zum Abmarsch. Einige herrliche Augenblicke, wenn die Sonne zwischen gewaltigen Wolkenkloben durchstößt und wir uns, im Streitgespräch über Platon eifernd, auf einen Stein setzen. Der Weg führt 32 Kilometer an einem wilden Gletscherbach entlang. Der »Weg« sage ich? Mal sind es Lavablöcke, die wie großflächige Panzersperren über die Heide ausgestreut sind; mal stapfen wir von Moospolster zu Moospolster; mal geht es auf, nein in den grundlos verschlungenen Schafpfaden voran, die oft bis zu einem halben Meter tief und höchstens 20 Zentimeter breit kilometerlang durch das Gestein führen; mal bezeichnet »Weg« nur das Fehlen von besonderen Hindernissen – weiche Flächen von abgelagertem Sand und Geröll. Die Schafe sehen uns aufmerksam entgegen und flüchten in scheuen, schnellen Sprüngen. Vögel begleiten uns mit einem wehmütig klingenden Piepen – es soll uns offensichtlich von ihrer Brut fortlocken. Ab und zu schnattert eine Schnepfenart warnend über unseren Köpfen. Am See später steht ein Schwan auf, schlägt mit den Flügeln und schreit heiser, anhaltend und laut wie eine Gans. (Endlich kann ich meinen Schülern erklären, wie »Schwanengesang« klingt!) Sonst keine Lebewesen – es ist, wenn ich richtig rechne, der dritte Tag, an dem wir keinen Menschen gesehen haben, ein entbehrliches Geschlecht.

Dafür reiben wir uns aneinander. Jaspers' Gabe sei es, sich »liebend und kämpfend auseinanderzusetzen«, hatte Klett gestern von jenem gesagt. Das trifft auf ihn selbst zu. Wenn wir heftig miteinander werden, dann, so scheint mir, nicht weil wir nicht ertragen, daß der andere recht habe, sondern aus Sorge, daß er uns mißverstehe.

Nach einigen Regenschauern gelangen wir zur Hütte am Hvitarvatn (am Weißwassersee), in den der Langjökull zwei große blaue Eiszungen hineinhängt, jede einen guten Kilometer breit.

Das Haus ist mit zehn jungen dänischen Naturforschern bevölkert, die uns gleich einen Tee und später etwas von ihrer Suppe bringen. Sie haben mehr und anderes vom Land gesehen: die nördlichen Fischerhäfen, wo Tausende von Frauen und Mädchen in elenden Baracken während des Sommers buchstäblich Tag und Nacht den Heringen Kopf und Schwanz abschneiden; den Mükkensee; die großen geologisch interessanten Lavafelder südlich davon. Nun wollen sie die südwestliche Gletscherzunge des Langjökull erforschen. Ich hätte Lust, bei ihnen zu bleiben.

Wir braten uns zwei Handvoll Pilze, die wir unterwegs aufgelesen haben, das weitaus köstlichste Mahl dieses Jahres.

»Dicke Suppe« hängt am anderen Morgen überm Land, überm See, auf dem die nordischen Singschwäne (whooping-swan) und einige bläuliche Eisbrocken schwimmen, über den tiefgrünen Weiden, auf denen Hunderte von Ponys grasen. Die Dänen messen um 12 Uhr mittags 6 Grad Celsius. Wir stecken den Kopf tiefer in die Lektüre, Tacitaspers oder Jaspitus. Um 2 Uhr stürmt mit vergnügtem Lachen unser Geographielehrer die Treppe herauf in unsere Dachklause und bringt mit seiner freundlichen Art auch freundliches Wetter herein. Wir werden bis Mitternacht mit ihm unterwegs sein, im Jeep, durch die weiträumige Landschaft, in der sich nur die Perspektiven zu ändern scheinen und die Beleuchtung, – eine Landschaft, die zur Hälfte aus Himmel und Wolken besteht, darunter scharfe Silhouetten, Schatten, Tiefe. Gletscher und Vulkan, Wasser und Feuer haben es geformt. Große Flächen und bizarre Plastiken. Geometrische Aschkegel, vom Eis zernagt. Lavageköse inmitten des Schneefeldes. Selten ein Stück Grünland, meist Sumpf oder Heide. Dazwischen graue, wütende Flüsse. Einmal steigt aus einer Wiese Dampf auf. Wir fragen, ob das heiße Quellen seien. Es ist der Wasserstaub des Gullfoss: Mitten im Land stürzt der Strom plötzlich beinahe 100 Meter tief ab.

Unversehens begegnen wir unserem Freund Stefan E., der eine Busladung von fotografierwütigen Deutschen, meist Frauen, im Lande spazierenfährt. Wir überlassen ihn seinem Geschick, um dem unseren in die Hände zu fallen: Auf dem halben Weg durch einen reißenden Fluß bleibt unser Jeep stecken. Er wühlt sich mit den Hinterrädern immer tiefer ein. Das Wasser steigt im Wagen bis in die Höhe des Sitzes. Hose aus, vergebliche Versuche mit einem Wagenheber. Schließlich heißt es, Hilfe suchen. Zum nächsten Anwesen sind es gottlob nur 5 Kilometer. Dort gibt es sogar ein Telefon. Ich kann unserem Lehrer den Gang nicht abnehmen, weil man dort nicht englisch spricht. Nach zwei Stunden kehrt er mit einem russischen Jeep zurück, dem er unterwegs begegnet ist. Vorn sitzt ein ur-isländisches Ehepaar. Man zieht uns heraus. Hinter unserem Jeep, dessen Motor auch unter Wasser noch läuft, steigen ganze Geysire auf. Einmal reißt das Tau. Dann sind wir frei. Keine Bezahlung.

Unserem forschen Vorbild folgt noch schnell ein Trupp Schafe. Mit kühnem Satz springen sie (freiwillig!) in die eisigen und reißenden Fluten, schwimmen die gut 50 Meter zum anderen Ufer und schütteln sich dort wie die begossenen Pudel. Unser Freund erklärt uns, wie die Schafzucht gehandhabt wird. Im Winter bleiben die Tiere im Stall der einzelnen Bauern. Dort werden sie von den wenigen Zuchtwiddern besprungen (von diesen haben wir heute einige geradezu mythische Exemplare gesehen – die Hörner dreimal um Auge und Ohr gewunden, der Leib breit genug, um zwei Odysseuse in ihrem Vlies zu verbergen). Im Frühjahr werden sie ins Weite des Inneren gelassen. Ihnen gehört für den Sommer ganz Island. Die einzige Begrenzung ist ein Zaun quer durchs Land, um die Schafe des Nordens von denen des Südens zu trennen. Im Herbst kommen die Bauern zu Pferde zusammen und machen eine große Treibjagd. Jeder bringt Knechte mit im Verhältnis zur Zahl seiner Schafe. Am Sammelplatz werden die Schafe, die an Ohrmarken kenntlich sind, sortiert – Abertausende. Die Jungen, die dann schon recht groß sind, bleiben noch – von allein – bei ihrer Mutter. Wir haben oft staunend beobachtet, wie sie, selbst schon so groß wie die Alte, sich unter diese knien und brutal mit den Hörnern in den Euter stoßen. Das Eintreiben der Schafe ist die einzige Verwendung, die man noch für die Ponys hat. Die anderen hält man aus schierer Liebhaberei. Einige Gestüte züchten sie auch für den Export und den Tourismus. Wenn übrigens ein Schaf frühzeitig – vor der Schur – ausbricht, läuft es sich die Wolle selbst ab. Wir sind mehrfach solchen zottelig-schlampigen Tieren begegnet.

Nach einem homerischen Mahl (ein halber Ochse für uns drei) in einer Wirtschaft am Gullfoss gelangen wir in die Zivilisation zurück. Wir fahren durch geschichtliches Land – Skálholt, wo große Teile von Laxness' »Islandglocke« spielen und der letzte katholische Bischof ermordet wurde. Reiches Weideland. Farmen wie in Pennsylvania, weiß mit rotem (Wellblech-)Dach und Silos. Und doch soll Landflucht herrschen. Das Leben hier draußen ist, gemessen am

Städtertum, doch zu unbequem. Große Strecken ehemals frucht-
barsten Bodens sind versandet, als die wenigen einstigen Wälder
abgeholzt wurden. Aber auch diese Ödnis ist schön. Trostlos wirkt
sie erst durch die Zutaten der Menschen: zerfallene Zäune, Telegrafenmasten, Blechbuden, ein verrostetes Ackergerät. Durch diesen »Schrott« wird sie verharmlost, nicht nur verhäßlicht: Sie verliert
ihren Ernst, ihre Furcht-barkeit.

Wir finden mit einiger Mühe die Farm, von der aus der Ritt
beginnen soll. Der Bauer (kein Grettir-Abkömmling, sondern Grettir selbst) ist ein prächtiger Wikingertyp – rote lockige Haare, ein
männliches klares Gesicht –, an dem man sieht, was Kirk Douglas
nicht kann und nicht ist. Sein einziger Sohn (unter fünf Töchtern)
zeigt die gute Rasse in verfeinerter Form: die Frau hat geistige
Strenge mit eingebracht. Beim Kaffee erwarten wir Halldór, unseren Begleiter. Es heißt, er spreche und verstehe kein Wort Englisch
oder Deutsch. (Unser Düsseldorfer in Reykjavik: »Wie woll'n Se
sich eigentlich verständigen? Isländisch – ist doch das Letzte, wat et
an Sprache jibt!«) Halldór ist »Trainer«, der die etwa 200 Ponys
dieser Pferdefarm zureitet, ein Spezialist, der wie ein rohes Ei behandelt wird. Kurz vor Mitternacht erscheint er, ein »Glam«, der
Knecht aus Hebbels »Heideknaben«, ein vierschrötiger, finsterer
Karlar. Er will nur losziehen, wenn wir wenigstens zehn Pferde
mitnehmen, und wir merken allmählich, worauf es hinaus soll: daß
wir wenn nicht das Zureiten, so doch die weiteren Akte der Gewöhnung vornehmen und bezahlen sollen, die ohnedies an den
jungen Ponys vorgenommen werden müssen. Wir handeln ihn in
einer Stunde mühsamen Gesprächs auf neun Pferde herunter. Außerdem müssen wir den Mann verpflegen, müssen also unsere ganze
asketische Proviantordnung umwerfen und auf den »Knecht« abstellen. Das »einfache Leben« ist ein Luxus, den nicht jeder goutiert.
Gottlob beansprucht der Mann nicht, in unserem Zelt zu schlafen.

Wir übernachten in einem Dorf, in dem wir auch am anderen
Morgen einkaufen können und eine Katastrophe beseitigen: Der
Film ist beim Zurückspulen in die Kartusche gerissen. Ohne Dun-
kelkammer in diesem nachtlosen Land keine weiteren Aufnahmen!
Die nervenzerreibende Operation gelingt im Liebhaberlabor eines
jungen Mannes.

Aufbruch erst nach gewaltigen Packmanövern und noch gewal-
tigerem Mahl, das ich gleich beim Antraben bereue. Der Knecht hat
vier Handpferde (davon zwei mit dem lächerlichen Gepäck bela-

den), ich führe zwei weitere Pferde, EK wird von dieser Plage verschont. Ein Islandpony ist eigentlich kein Pony, sondern ein kleines Pferd, kräftig gebaut mit dichter Mähne (es hat mindestens ein Dutzend guter Roßhaarbesen auf seinem Nacken) und einem bis auf den Boden reichenden Schweif. Die Packpferde werden mit dem Halfter an den Schweif des Vorderpferdes gebunden. Eine Kunst, die nicht immer gelingt: Nach zehn Minuten stand unser Zeltpferd schon für sich in der Landschaft und erwog die Rückkehr.

Das Reiten macht mir eine solche Freude, daß ich nicht verstehe, wie ich so lange – seit dem Ende des Krieges – damit habe aussetzen können. Die Ponys unseres Bauern sind auf Trab eingeritten. Paß gehen sie nur nach Eingriffen, die selber anstrengender sind als das Traben. Dieses muß man aussitzen, weil der Ponyschritt zu klein ist. Dafür ist der Stoß aber nur leicht. Besondere Schwierigkeiten bereiten die beiden Handpferde. Sie wetteifern mit dem Sattelpferd, wollen sich davorschieben oder laufen quer, wenn man sie kurz hält. Mein rechtes Bein wird von drei PS/Pferdestärken zerquetscht. Hohe Reitkunst – behutsame Maulfühlung, Hilfen mit Schenkel und Sitz – wird illusorisch, wenn man damit drei Pferde regieren soll, von denen jedes etwas anderes will. Die Ponys des Knechtes Halldór laufen – vor lauter Ehrgeiz – im spitzen Winkel gegeneinandergelehnt wie Giebelbalken eines nordischen Hauses.

Wir sind hier in der Nähe des Hekla, des jüngsten tätigen Vulkans. Die Luft ist feucht und durch den Golfstrom vorgewärmt. Die rösche haushohe Lava, die aussieht wie Bleigüsse zu Silvester, trägt Kappen von grünem Moos. Vor uns leuchten einzelne Berge auf, die der Isländer alle mit Namen nennen kann und deren Alter er zu schätzen versteht, so wie wir etwa sagen: Diese Kirche stammt aus dem 15. Jahrhundert.

Pferde wiehern uns entgegen. Neben einer Farm mitten in der Lava bauen wir unser Zelt. Dort ist es geschützt, und ringsum dehnt sich grüne Weide. Um das typische drei- oder vierschiffige Islandhaus herum mit den dicken Steinwänden und der Grasbedeckung (gegen Kälte und Aschenregen) hat man frisch gemäht. In der Lava befindet sich ein kleiner Kartoffelacker. Sogar »Wald« ist da, ein mannshohes Birkengebüsch. Die Scheide zwischen Asche und Erde, zwischen Wüste und Kultur ist messerscharf. – Nun liege ich bäuchlings im Zelt, das Gesicht dem Bach, dem gewaltigen Burfell-Berg und dem nördlichen Abendrot zugewandt. Um uns grasen die

Ponys und hoppeln mit ihren zusammengebundenen Vorderfüßen alle drei Minuten ein paar Schritte vorwärts. Es wird kalt. Ich muß das Zelt schließen und kann nicht mehr abwarten, bis der nachdenkliche Lavamann, der 100 Schritt vor unserem Zelt steht, seine Gedanken zu Ende gedacht hat und auch schlafen geht.

Zum Frühstück »buhlen wir« mit Haferbrei (von Hermann Buhl sagt man, er habe die Fähigkeit gehabt, auf einmal ungeheure Mengen zu essen und damit 4 bis 5 Tage auszukommen). Halldór hat schon beim Bauern gespeist. Der Himmel ist nach wie vor bedeckt, es geht ein kalter Wind aus süd-südost. Der zweite Reittag – man weiß das – ist Leidtag. Die Muskeln sind verkatert, die Sitzfläche empfindlich, schmerzbereit. Außerdem soll es unsere längste Etappe werden, sieben volle Reitstunden, die Pausen nicht gerechnet. Das Gepäck ist nun doch umgeladen worden – unser Verdacht (daß die unbeladenen Pferde nur der Gewöhnung halber mitgeführt würden) war unbegründet. Statt seiner plagt uns der unsinnige Reitstil des »Knechtes«: ein unberechenbarer Wechsel von scharfem Paßgang, Trotteltrab, Zuckelschritt und Pausen nach jeder Stunde mit 5 bis 10 Minuten Weidezeit. Zudem das ständige Drängeln der Handpferde, das alle, Ponys und Reiter, ermüdet. Wenn ich wieder einmal nach Island fahre, werde ich ein Pony kaufen, es mit mir selbst und einem Schnappsack beladen, kürzere Strecken reiten und das Pferd dabei mehr schonen als die jeweils abgelösten Tiere unserer Karawane.

In einem Fluß, der den Pferden bis an die Brust geht, hole ich mir quatschnasse Füße. Ein gewaltiger Regenguß hebt das Unglück – homöopathisch – auf. Danach beschäftigt mich ausschließlich die Landschaft. Ein frecher Vogel begleitet uns – die Isländer nennen ihn mit einem Namen, der im Deutschen soviel wie Regenpfeifer ergibt. Sein provozierendes Meckern läßt mich »Himmelsziege« vermuten. Aber was weiß schon ein Altphilologe von Vögeln! Die Berge stehen in einem tiefen Schlackenbrei und zeigen schwarzgrüne, schwarzrote, schwarzweiße Kombinationen, je nachdem, ob Moos, Schnee oder Lava auf den Aschenkegeln liegt. Man darf nicht vergessen, daß alle Berge hier »nackt« sind von Fuß zu Gipfel, das heißt, es gibt keine Bäume und Sträucher, und so wirken sie körperhaft wie Skulptur. Ihre Größe wird durch die Weite der Täler nur allmählich mitgeteilt; erst wenn man sie erreicht und womöglich ersteigt, ermißt man sie ganz. Zwei Stunden lang geht es durch ein Bild von Salvador Dali: Naturpagoden, organische neben geometrischen Schattenrissen. Ich schaue mich nach der brennenden Giraffe um, aber mein Blick fällt nur auf EK, der tapfer gegen die Unbilden des Reitens ankämpft und bei jedem Absitzen ein erfrischendes neues Kraftwort bereit hat. Als wir um 7 Uhr abends bei Landmannahellir, der Höhle der Männer vom Distrikt »Land«, ankommen und unser isländisches Räucherlamm mit einer ETO-Suppe wärmen, bricht erneut der Regen los. In einem »Kofi« (Kofen) finden wir Schutz und werden versuchen, gegen die Eindrücke des Tages anzuschlafen.

Es gelingt: Zwölf Stunden liegen wir in Morpheus' fester Umarmung. Ich höre sogar EKs Schnarchen nicht mehr. Draußen das alte, graue, nasse Wetter. Unser Wegpensum ist heute klein; wir können es uns leisten, ein Loch in der Wolkendecke abzuwarten. Es geht weiter durch Mondlandschaft. Wo die Lava am schwärzesten ist, die Gottverlassenheit am größten, öffnet der Himmel seine Schleusen wieder über uns. Unterwegs viele große Seen, auf denen einsame Schwanenpaare schwimmen. In den einen See ist ein recht frischer (vielleicht 200 Jahre alter?) Lavastrom hineingezischt und hat viele kleine, krause Inseln gebildet. Ein Kratersee mit tiefrotem steilem Rand, ein weiterer Vulkan, wie er im Bilderbuch steht (Fudji *en miniature*: 30 Meter hoch, das Loch 10 Meter breit). Nach Osten blicken wir über eine 100 Kilometer lange Seenkette; im Norden bleibt immer – boshaft arrangiert – ein kleiner Durchblick auf sonnenbeschienene ferne Gipfel frei.

Wir biegen um den letzten Berghang vor unserem heutigen Ziel, Landmannalaugar (die Quellen der Männer vom Distrikt »Land«). Unser Entsetzen ist nicht auszumalen: 20 bis 30 Zelte, 5 Omnibusse, Jeeps, dichte Haufen von Menschen, die gerade zusehen, wie ein Auto im Fluß absäuft. Für eine Viertelstunde sind wir dann die Attraktion. Wir nehmen Haltung an für die Fotos. EK mit großem Regenumhang und seitwärts gestreckter Linker sieht aus wie ein Standbild des Prinzen Eugen, sofern man sich seine Hohenzollernnase wegdenkt. Wir erfahren, daß all diese Menschen und Fahrzeuge gar nicht hierbleiben wollen, sondern nach Osten weiterfahren, daß aber der breite und über Nacht angeschwollene Tungnaafluß sie daran hindert. Wir mit unseren Ponys schaffen den Übergang spielend, während man vom Ufer, von vorgeschobenem Posten aus, fotografisch auf uns schießt. Unser wahres Ziel (die Ponyweide) ist, gottlob, noch einen Kilometer weiter das Tal hinauf in anderer Richtung.

Das Gefühl beim Durchschreiten eines reißenden und über Schulterhöhe reichenden Flusses ist eigentümlich. Man weiß nicht, was sich bewegt, das Wasser, das Ufer, das Pferd, der Boden. Mitten drin glauben meine beiden Handponys unbedingt dort gehen zu müssen, wo mein Reitpony geht. Es gibt ein beängstigendes Gerempel. Aneinandergebunden steigern die Tiere ihre Panik und ihr Ungeschick. Es bleibt mir nur, die zudringlichen Gesellen loszulassen und ihnen einen kräftigen Tritt in die Rippen zu geben. In buchstäblich »rauschendem« Galopp stürmen sie an Land.

Eine Hütte steht am Fuß einer etwa 200 Meter hohen Lavawelle, die von einem roten, von Schwefelquellen umdampften Kegel ausgeht. Davor eine grüne Wiese und nebeneinander eine eiskalte und mehrere heiße Quellen, die zu einem mannstiefen, langsam strömenden, klaren Bach von Badewannentemperatur zusammenfließen. Darin sitzen, geschützt gegen den kalten Winter, – ein unbeschreiblicher Genuß!

Die isländischen Landvermesser, die mit (ihren) Frauen in der Hütte wohnen, bieten uns Kaffee und Butterbrot. Wir sind geborgen. Und nun gehen uns die Augen auf für die unerhörte Schönheit dieses Tales. Dichter müßte man sein! Ab und zu bricht ein einsamer Strahl durch und läßt einen fernen Fleck in all seinen Farben aufleuchten.

Wir besteigen den Blakunur hinter der Hütte, einen fast 1000 Meter hohen Kegel aus stumpfer, celadongrüner Asche. Die Fernsicht reicht trotz der Wolken bis zum Vatnajökull, dem größten Gletscher Islands, etwa 100 Kilometer entfernt. Der deckt ein Gebiet so groß wie Baden. Tief gestaffelt die schwärzlichen Höhen, die gleißenden Seen, das silbrige Flußgeäder. Als wir heimkommen, sind die Isländer noch bei ihren alten Beschäftigungen: sie kochen und essen und lesen im Gästebuch. Später gibt es Lieder zur Gitarre – »Old Man River«, »Horch, was kommt von draußen rein« und Grieg. Unser Troglodyte (der »Knecht« Halldór) fängt die Pferde ein. EK liest aus Tacitus vor: wie die Legionen dem Princeps in einem Geheimbrief vorschlagen, man möchte doch jedem Feldherrn, den man hinausschickt, schon im voraus den Triumph in Rom bewilligen, damit dieser nicht durch mutwillige, leuteschindende Unternehmungen erworben werden muß. Inzwischen ist der Himmel frei. Nach dem Essen steige ich noch einmal auf unseren Berg, aber nun ist die Ferne von Dunst verschluckt. Also ins Bad und ins Bett. (26. 7.)

»Ungeheuer ist viel, / Nichts ist ungeheurer als der Mensch« – wenn er schnarcht zum Beispiel. Und dies aus sieben Rachen auf einmal gegen meinen armseligen Schlaf. Daß wir in vulkanischem Gebiet sind, hätte dieses gurgelnden, fauchenden, eruptiven Beweises nicht bedurft. Ich suche um die Hütte herum nach einer davor geschützten Lagerstatt. Das Zelt aber kann ich weder auf der Lava noch in der sumpfigen Wiese aufbauen. So rolle ich es neben der Hütte auf einen Flecken trockenen Flußkies' aus und schlafe unter dem rotgoldenen Halbmond ein, während die Sonne sich zu erheben beginnt.

Das Wetter ist zum ersten Mal schön, das heißt die Sonne scheint dauerhaft, wenn auch ein wärmlicher Dunst dem Land Farbe und Umrisse raubt. Wir haben heute wieder getrennte Ziele. EK sucht Ruhe, Sonne, Tacitus; ich Gipfel, Ausblick, Unbekanntes. Ich erklimme den Suthurnamur (1951 m) und einige *minores*. Bei diesen Kraxeleien überlege ich mir die nächste Islandfahrt: mit fünf bis sechs Jungen, um einiges härter als die unsere, weniger kostspielig, rationeller, weil ich nun weiß, was ich will und was sich erfüllen läßt. Es müßten Jungen sein, die der Anstrengung nicht ausweichen, sich nicht vom Regen verdrießen lassen, die bereit sind zu einem ganz einfachen und ganz elementaren Erlebnis: der vom Menschen nicht berührten Landschaft. Das kennen wir in Mitteleuropa nicht mehr. Fahren wir bei uns aus den Städten aufs »Land«, so ist es ein von Menschen bebautes. In den Bergen entgehen wir den Elektrizitätsleitungen, den Straßen, der Eisenbahn, der Forstverwaltung nur auf kurze Strecken. Wir wissen nicht mehr, wie Gott die Erde ursprünglich gemacht hat.

Auf einem Moospolster strecke ich mich aus, völlig entkleidet und völlig gewiß, daß außer dem wachsamen Vogel mich hier niemand sehen wird. Dieses Moos werde ich in Deutschland vermissen: Man steigt vom Pferde, löst die Riemen und läßt sich ins Weiche fallen; die Nacktheit und harte Kontur des Landes kleidet es beharrlich und sanft ein; es rahmt die zahllosen kleinen und großen Bäche mit seinem frischen Grün, macht aufmerksam – »Achtung, hier fließt Wasser!«; es schafft optische Übergänge vom toten Staub zum lebendigen Wasser; es lebt bei alledem bescheiden von nichts – von seiner eigenen Verwesung.

Aufbruch um 15 Uhr. Der Fluß ist etwas gefallen. Ich erkühne mich mit meinen Handpferden an der Linken, den eigenen Fuchs kurz freigegeben, eine Fotografie im Reiten zu machen, davon, wie

EK die Fluten durchschreitet. Eigentlich schließen sich Reiten und Fotografieren gegenseitig aus.

Wir kehren leider auf demselben Weg zurück, der uns hergeführt hat, weil auf dem südlicheren die Flüsse nicht passierbar sind (im Sommer stehen sie am höchsten), auf dem nördlicheren kein Gras für die Pferde wächst. »Pferde« sage ich immer wieder – so sehr haben wir uns an den anderen Maßstab gewöhnt. Isländisches Wetter, isländische Tageszeit, isländische Ponys beginnen zur Norm zu werden.

Aber daß der Weg der gleiche ist, hätten wir gar nicht bemerkt, weil Sonne und Sicht ihn verändern. Die Seen und die im Dunst dahinter aufragenden Berge lachen und leuchten jetzt – und die wilden Schwäne darauf haben einen guten Grund, im Sommer herzukommen: Wo könnten sie schöner aussehen als hier, wenn die Sonne von Süden einfällt! Gegen 6 Uhr abends erreichen wir den Lodmundur, einen Berg. Wir lassen die Ponys zurück, um ihn zu besteigen. Nach einigen hundert Metern merke ich, daß ich den Apparat nicht mitgenommen habe. Ich verschmähe die Umkehr, nicht ohne mir bei EK, dem Verächter des Fotografierens, Deckung geholt zu haben. Diese Faulheit muß sich rächen! Der Aufstieg ist so steil, daß ich nicht mehr zurückzusehen wage, und EK, der sich gern viel zumutet, in einer Bergschrunne mit leichtem Erbrechen hängen bleibt. Ich erreiche den Gipfel über ausgedehnte Moosmatten und habe einen Ausblick wie noch nie von einem Berg. (Bei uns stehen sich die Berge gegenseitig im Weg, wo sie hoch sind; wo man weit schauen könnte, sind sie nicht hoch genug für das, was man sehen möchte.) Nach Osten blicke ich auf Berge und Seen, die gewiß seit Jahrhunderten kein Mensch betreten hat, ein für den Menschen »totes« Gebiet, das jetzt im Abendlicht sein eigenes Leben – für die Götter – lebt. Wozu ist ein Land da? Alle Antwort, ja schon die Frage ist Frevel. Aber diese möchte doch hingehen: dazu, daß jemand in vielen Jahren einmal einen solchen Blick darauf tun kann. – Nach Südosten: die Täler, durch die wir geritten sind, und in der Ferne die Höhen um Landmannalugar. Plötzlich dieser erregende Moment, wo man nicht mehr Landschaft, sondern schon »Geographie« sieht, den Übergang zur Landkarte. Darüber ein windstiller, mildblauer Himmel, darunter das hellgrüne Moos, das den ganzen Gipfel bedeckt. Und nun kommt es mir doch sinnvoll vor, daß ich keinen Apparat dabeihabe: Solche Eindrücke sollte man für sich allein ertragen und bewahren können, sie nicht profanieren, den anderen keinen kodakromen Abglanz davon geben wollen.

Mitten in meinen Betrachtungen höre ich ein Keuchen. Der Troglodyt ist mir schwitzend in seinen Gummistiefeln nachgestiegen. Mit Riesenschritten nimmt er den Berg, um – am fast senkrechten Hang – mit ebensolchen Schritten wieder hinabzustampfen. Unten finde ich EK in Meditationen über das »Unvermögen der meisten heutigen Menschen, auf schickliche Weise alt zu werden« versunken, aber erholt und umgänglich wie je. Wir trinken Unmengen Tee und essen aus dem gemeinsamen Blechnapf. Nebel fällt. Der tiefen Sonne kann man ins Angesicht schauen, und jeden Augenblick ist der Fenriswolf zu erwarten, der sie verschlingt.

Unruhige Nacht – die Ponys wirken wie Gespenster auf der Wiese.

Früh (am 28. 7.) weiter durch die Aschwüste, in der nichts verharmlost ist, und in der selbst die Thymianpolster aufhören, die sonst auch in der größten Ödnis wie große Kaffeehauben auf dem Geröll sitzen. Um 12 Uhr erst verschwindet der Nebel; von da an ist es warm und staubig. Die Tiere spüren, daß es heimgeht und sind kaum zu halten. Nun bin ich dankbar für die häufigen Haltepausen, um meinen Arm aus dem Krampf der Zügel- und Halfterhaltung zu lösen. EK hat endlich nicht mehr mit der Trägheit seines Falben zu kämpfen. Zu unserer Linken sehen wir ständig den Hekla, schneebedeckt und unschuldig; zur Rechten einen gewaltigen Gletscherfluß, grau und ungestüm. Wann wird man hier die ersten Elektrizitätswerke bauen? Die Landvermesser, denen wir überall im Land begegnet sind, haben eben dies vor.

Um 5 Uhr sind wir beim Holar-Bauern. Eine Bitte um Milch wird mit einer Einladung zum Kaffee beantwortet. Wir sitzen in der guten Stube, und der Troglodyt unterhält sich mit dem Bauern über Pferde. Wir verstehen kein Wort und können auch keines sagen außer »tak«, was danke heißt. Die Melancholie wird durch die aufgetragenen Gaben der Gastlichkeit, vor allem das dreimalige Auffüllen der Milchkanne unterbrochen. An der Wand hängt das Bild eines Ponys, von einem Gran'ma-Moses-Primitiven gemalt. Etwa hundert Bücher im Schrank und ein Harmonium sorgen offenbar für Unterhaltung, wenn in langen Winternächten die Petroleumlampe brennt und die Wasserheizung zischt.

Um 6 Uhr brechen wir entschlossen ab. »Tak, tak, tak«, da gehen sie zum Baden. Das Wasser ist eiskalt und regt die Blutzirkulation an, so daß ich jetzt gern noch einmal an den bäuerlichen Kaffeetisch zurückkehrte. – Nun steht das Zelt, und die Kinder, zwei blonde

Mädchen (mit geradem Zopf hinten in der Mitte), treiben auf einem Pony die Kühe zur Tränke. Ich will die Ponyfohlen besuchen, die sich als Kälber erweisen.

Vor dem Einschlafen beinahe zwei Stunden Kant. Jaspers' Darstellung ist bewundernswert klar. Zugleich wird in ihr die Ferne der philosophischen Spekulation vom wirklichen Leben deutlich. Vom Wort »Gegenstand« heißt es: »Sein eigentlicher Sinn ist der durch die Einheit der Synthesis in kategorialer Form gedachte Gegenstand.« Kant gebrauche das Wort auch für »das weniger als Gedachte«, ein sprachliches Heurema, das ich sofort übernehme: für den Gegenstand dieser Aufzeichnungen.

Eine große Flasche Milch bringt den nächsten Tag in Gang. Nein, das hat davor schon ein Kurzbad im Eisbach getan, der direkt aus dem Vulkan geflossen kommt. Der graue Himmel hemmt die Bereitschaft zu letzter Fröhlichkeit; kein Sonnenspiel wird die Ödnis verzaubern. Auf dem Ritt geht mir durch den Kopf, was ich in meinem Bericht vernachlässigt habe:

— Die Gastlichkeit der Isländer; eben ist man vor dem Haus vorgeritten und hat noch gesehen, wie die Bäuerin dem Mann beim Heuen half (in Arbeitshosen); eben ist der erste Schwatz (meist über Pferde) zwischen den Männern getauscht, da wird man in die gute Stube gebeten, wo ein frisches Tischtuch aufgelegt und für die drei Gäste gedeckt ist; die Bäuerin (nun in einem Sonntagskleid) trägt Kaffee, Kuchen und belegte Brote auf, anmutig garniert und in barbarischer Fülle;
— Auskünfte über unsere Karawane; wie die Pack- und Ersatzpferde am Schwanz des Vorderpferdes angebunden brav mitlaufen; wie geschickt die Ponys mit zusammengebundenen Vorderfüßen umherhoppeln; wie temperamentvoll, stark, wohlgebaut sie sind; daß wir vier Falben, einen Schecken, einen Fuchs, einen Braunen, einen Rappen, einen Apfelschimmel – kurz alle Farben – beieinander haben; wie unleidlich es ist, daß man zu dritt auf neun Pferden nicht anders als im Pulk daherreiten kann, zumal wenn die Pferde gewohnt sind, mit der Nase auf der Kruppe des Vorderpferdes zu laufen;
— unsere Verpflegung; eigentlich wollten wir »zünftig« leben, wie wir es in den Sagas gelesen hatten: getrockneten Fisch, Milch vom Bauern, kostbares, eingetrocknetes Brot; den schon mit einigen Zweifeln eingekauften Stockfisch haben wir auf der ersten

Hälfte der Reise mit Unbehagen gerochen und auf der zweiten mit Erleichterung in Halldörs Magen verschwinden sehen; dafür war das Schwarzbrot köstlich, das uns 15 Tage lang begleitete und am 16. Tag noch so gut schmeckte wie am ersten – ergänzt durch die gebrannten Mandeln, die Kletts Mutter ihrem Ernst mitgegeben hatte und die ihrem Aussehen nach so trefflich in diese vulkanische Landschaft passen; im übrigen wurde täglich eine Cadbury im Verhältnis drei zu vier geteilt, alas!, zu meinen Gunsten;

– das Wasser Islands; es gibt kein köstlicheres auf dieser Welt; es hat jeden Tee gut schmecken lassen;
– Mücken und Fliegen; von diesen hatte Wolfgang E. behauptet, es gebe sie nicht; richtiger ist: sie stechen in dieser Jahreszeit nicht; ihr nächtliches Sö-sö (im Sturzflug auf mein Ohr) ist so lästig wie überall auf der Welt;
– die Gefährdungen und Beglückungen der Gemeinsamkeit; aber nein: davon handelt ja dieser ganze Bericht!

Wir machen einen kleinen Umweg über Keldor, wo uns ein altes Islandhaus gezeigt wird, dumpfe Räume aus Erde, Stein, ein wenig Holz; enge Schlafkammern mit sechs Betten; Steinherd unter offenem Windloch; unterirdischer Fluchtweg zum Fluß. Das alles stammt zwar meist aus dem 18. Jahrhundert, wird aber auch vor tausend Jahren nicht anders gewesen sein. Rührend ist die kleine bäurische Kirche aus dem Jahre 1875, einer Zeit, aus der es bei uns nur Scheußlichkeiten zu geben scheint. Ringsum stehen die Wiesen hoch im Gras oder sind gerade gemäht. Man hat sie mit hellen Lavasteinen sauber gesäumt; dahinter beginnt die schwarze Aschenwüste, so, daß die »Oase« reicher wirkt, als sie ist. Die elektrische Küchenausstattung von Westinghouse freilich... Ach, man muß nicht über alles urteilen wollen!

Zurück in Kirkjubar, auf der Ponyfarm, werden die letzten zwei Fotos auf den Widder und den Bauern abgeschossen. Der erstere will nicht, läuft fort und wird von den Kindern und Knechten für mich »erjagt«. Als er da in auswegloser Enge steht, gesenkten Hauptes, keuchend, aller patriarchalen Würde beraubt, ist es mir peinlich, ihn zu »erlegen«.

Halldórs ernstzunehmendes Lob über unseren Umgang mit den Pferden ist ein unerwarteter und wohltuender Abschluß.

Im kleinen »Hotel« von Hella (sprich Hetla) schlafen wir wie überall in Island in zu kurzen Betten und warten anderntags den Transport nach Reykjavik ab. Die geplante Besteigung des Hekla wird auf die nächste Reise verschoben.

Sellfoss, der Ort, zu dem uns am anderen Morgen das Milchauto bringt, ist, wie Hella, eine Mischung von Chantytown und Mushroom-City. Die bunten Farben, mit denen man die Wellblechhäuser, die Zäune und Läden bemalt hat, verstärken nur den Eindruck der Schäbigkeit. Bruchbude und Warenhaus, Busdepot und Kino, Tankstelle und Nationalbank – was am Rande der amerikanischen Zivilisation romantisch wirkt, hier wirkt es aufreizend: Ihm fehlt beides, die »Tradition« und das wirtschaftliche Fundament. Ein trauriges Los: Erst haben sich die tüchtigsten Isländer gegenseitig totgeschlagen, so daß nur noch »Lumpengesindel« (Laxness) übrig blieb; dann hat ihnen die dänische Zwingherrschaft das Rückgrat gebrochen; und nun versetzt ihnen amerikanische Prosperity den Ungnadenstoß.

Zwischen Hella und Reykjavik finden wir wenig Schönheit. Die Reise endet mit einem Bad im Hotel Borg, einem Besuch im Souvenirladen und dem Museum für Landeskunde, mit Geschäften auf dem Touristenbüro, mit unbeherrschter SPIEGEL-Lektüre.

Die »Gullfoss« liegt im Hafen, Nase an Nase mit der »Sellfoss«, und wird völlig entladen. Ein (hübsches) Pony und die alten Passagiere scheinen alles zu sein, was sie statt der alten Fracht wieder mitnehmen will.

Casa Wubu oder das erfundene Dasein*

Eine Reise mit Schülern ins Tessin
1960

> Angeregt von den Schlagzeilen der letzten Wochen haben auf der Straße spielende Kinder in Frankfurt ein neues Spiel erfunden: Sie spielen »Kasavubu«. Laut »Lumumba« und »Kasavubu« schreiend versuchen sie, einander zu haschen. Eine Spielregel gibt es – in Anlehnung an das Geschehen im Kongo – nicht.
>
> *Notiz aus der WELT vom 13. 9. 60*

Erfindung ist eine mindere Kategorie für Epistemologen und exakte Wissenschaftler; Moralisten verwerfen sie; Pädagogen sind sich wieder einmal »nicht einig«; aber dem Techniker ist sie das Brot und dem Dichter der Wein des Daseins; ihr Werk lebt sosehr *aus* der Erfindung, wie es *für* sie lebt; Erfindung steht jenseits von Kausalität und Teleologie; in ihr verknüpfen sich Sinn und Freiheit mühelos – und auch der Unsinn bekommt sein Teil: in ihr ist die Welt ganz! Casa Wubu, amen.

Daß wir dies wissen würden, wer hätte das vorhergewußt! Und damit beginnt die große, köstliche Improvisation: Sieben junge Leute sagen »ja« zu einem Plan, der keiner ist; vierzehn Eltern nehmen vorlieb mit vagen Adressen (von Famagulli bis Fumagalli, von »Turin« bis Tessin – »an einem Ort, an dem die Gemeinschaft selbstverständlicher, die Gegenstände unseres Denkens weniger sebstverständlich sein werden als in der Schule«), mit einem verspäteten, liebenswürdig-unverbindlichen Brief, der kaum die Daten erwähnt und die Vorhaben: Arbeit am Vormittag; Freiheit am Nachmittag, Gemeinsamkeit am Abend. Die empörendste Unsicherheit bietet das Wetter dieses Sommers, und allein die Karte, die uns Herr Klett von seiner neuerworbenen Wildnis mitgibt, hat feste Konturen: Die wahre, die nicht-erfundene Welt ist das Grundbuch – Rousseau und Marx hätten sich bei uns überzeugen können.

---

* Ernst Klett hat im Tessin eine verlassene Gruppe von Almhütten – ganz aus Stein – mit dem umliegenden verwilderten Gelände gekauft. Eine Gruppe von Tübinger Schülern hat mit mir die Hütten bewohnbar, das Gelände begehbar gemacht – und wir haben dabei geistvoll geblödelt. Aus Kasawubu, dem großen Gegenspieler von Lumumba in den Wirren des Kongo, gleich nach seiner Entkolonialisierung, wurde Kaiser (Kaisa) Wubu und daraus wiederum die Casa Wubu – der Name für die Haupthütte und vieles andere mehr.

Daß der alte Clausewitz meint, ein Unternehmen habe überhaupt erst dann wirkliche Chancen, wenn es mit einer »Friktion« beginne, darüber bin ich im vorigen Sommer belehrt worden; ich halte nach ihr Ausschau. Bernhard tut dies nicht, rammt die unschuldige Tür seiner Garage mit dem Kotflügel meines VW und erzeugt so die verheißungsvolle Kalamität. Man scheuert den Wagen tüchtig, damit man sie auch sieht.

Gruppe I (Bernhard, Klaus und Eva) lesen mich auf der Straße in Allensbach auf – rechtzeitig bevor mir die Demoskopie die letzten Unwägbarkeiten austreibt. Unser Frohsinn ist »rot und oben offen« wie der VW; man badet, man läßt Grenzen hinter sich und die Täler des Ernstes. Fahren macht hungrig, vorwitzig, gemeinsam. Wir raten uns an erfundene Persönlichkeiten auf G (St. Gallus) und M (Morpheus) heran und erklimmen den Gotthard mit un-erfindlichen Geräuschen beim Schalten; der angestaute Übermut wird am Medizinball ausgelassen. Die Straße ist häßlich – voller Menschen, die nach Menander »an sich schon ein Grund zur Traurigkeit« sind: und nun noch die Überlandmasten, die Bunker, die Straßenbefestigungen und Tankstationen! – Im übrigen: Richtige Pässe sollte man nur zu Fuß und wenn möglich allein überschreiten; durch einen Paß kommt man in ein anderes Land, man läßt sich selbst zurück. Aber in der Flut der Autos, in der gleichen Benzinwolke, im gleichen Kurventempo, unter den gleichen Verkehrsregeln wird keine Veränderung bewußt – bis wir am See sind, bis die südliche Bauweise, die fremden Schilder, die veränderte Flora zu uns dringt, – feuchte Wärme, Kongo.

Wir finden Casenzano und die Familie Fumagalli, die ihr bestes tut, um einen guten Eindruck auf uns zu machen. Es gelingt ihr. Mit einem riesigen Bund verrosteter Schlüssel ausgerüstet stampfen wir den steilen Berg hinter dem Haus hinan. Wenn irgend etwas nicht erfunden ist an dieser Unternehmung, dann ist es der Aufstieg zu den Monti – jedenfalls der erste. Wenn man sich dranhält, kann man in 30 Minuten oben sein. Aber was sind Minuten gegen Schweiß und Schweigen, die das Ihre beweisen. Der Weg ist mit jedem Schritt anders und an jeder Kurve doch wieder der gleiche. Kastanien, Haselnußsträucher, Buchengestrüpp hängen tief auf den von Farnkräutern und Brombeeren gesäumten Pfad; manchmal geht es durch Bäche, dann an ausgeholzten Lichtungen vorbei; im obersten Viertel liegt die Quelle, die wir zur »Hälfte« des Weges erklären – sicher der älteste Selbstbetrug des Menschen, seit er aus dem Paradies in die Mühsal verstoßen wurde. Wir straucheln weiter. – Und da, im Dschungel der Anstrengung, bricht plötzlich der Schrei hervor – aus mythischem Urgrund – ereignishaft, unerklärlich und unaufhaltbar; halb singend gefaßt, halb aller Fassung entledigt skandieren die vier Bergsteiger: »Wir wollen unsern alten Kaisa Wubu wieder ham...« – Das ist's! Im tiefsten Innern haben wir's immer gewußt – nun bricht sich die Wahrheit bahn!

Man findet etwas, was *ist*. Man erfindet etwas, was *sein kann*. Und hier geschieht es, eine Möglichkeit wird entdeckt: Kaisa Willem, Kaisa Wubu, Kasa Wubu, Casa Wubu – bei der wir jetzt, kurz nach halb sieben Uhr, anlangen, – steinern verschlossen, Brennesselumwuchert, widerstrebend, zurückgezogen hinter einer Wiese auf einem kleinen Plateau.

Welches der fünf Häuser beziehen? Die besseren sind verriegelt. Die Türen, die sich öffnen lassen, führen zu Unrat – Dunkelheit, Schimmelgeruch, Geräusch von sich verkriechendem Getier, Spinnenstille. Die anderen trotzen Fumagallinas sämtlichen Schlüsseln und Klaus' sämtlichen Gewalttaten. – »Erfindet etwas!« – denn es fängt an zu regnen und Klaus und ich müssen noch einmal zu Tal, um weiteres Gepäck zu holen und vor allem Gerät: Spaten, Sense, Säge . . .

Wir laufen mit dem Gewitter um die Wette, durchwarten den schlimmsten Regensturz im Auto, bündeln die Siebensachen kunstvoll, keuchen unter der Regenhaut doppelt schwitzend wieder hinan und wissen, daß das alles ganz unwichtig wäre, läge nicht unter uns der metallisch glänzende See, über ihm die kohlschwarzen Berge und zwischen ihnen und dem fahlblauen Himmel schmerzlichleuchtende Wolkenfetzen. Mein Wortbild ist ganz falsch – adjektivische Kleckserei, während es in Wirklichkeit große Substanz ist: Hier kann man lernen was die alten Philosophen mit dieser Kategorie meinten. Das Herz klopft in dieser Erfahrung, und man weiß zwischen Freude und Anstrengung nicht mehr recht zu unterscheiden.

Oben haben inzwischen die zwei Zurückgebliebenen ein Haus erfunden – eine Möglichkeit zur Wirklichkeit gemacht. Warmes Feuer, von unten erstrahlte Gesichter, ein Stapel Käsebrote und ein Schluck aus der Quelle, die wir im Dunkeln aufspüren. Der Raum ist ganz aus Stein. Zu unsern Häuptern Holzbündel zum Trocknen über die Balken gelegt, rußgeschwärzt wie die Steindecke, durch die der Rauch abzieht. Nebenan in »gewölbter Kammer« hängen

hunderte von kräftigen Kreuzspinnen mit ihren weißen Cocons –
Kaisa Wubus Spinnkammer. Wir spüren das Verwandte in ihrer
Tätigkeit und schließen die Tür mit Respekt.

Auf Hauklötzen und Stein halten wir unser erstes Mahl. Wir sind
müde und nur die Augen gehen auf Entdeckung aus, an den Wänden entlang, über verrostete Geräte, einen alten Filzhut (»mit dem
Schußloch«) über Feuerhaken und Schlangenhaut. Wir lesen noch
einige Erzählungen der Chassidim:

Das Stammeln
Rabbi Levi Jizchak kam einst in eine Herberge, wo viele Kaufleute
eingekehrt waren, die zu einem Markt fuhren. Der Ort war fern von
Berditschew, so kannte niemand den Zaddik. Am frühen Morgen wollten die Gäste beten; da sich aber im ganzen Haus nur ein einziges Paar
Tefillin[*] fand, zog einer nach dem andern sie an, sprach in Eile das Gebet
und reichte sie dem Nächsten. Als alle fertig waren, rief der Rabbi zwei
junge Leute zu sich heran; er wolle sie etwas fragen. Sie traten näher, er
sah ihnen ernsthaft ins Angesicht und sagte: »Ka-sa-sa, wu-bu-bu.« »Was
wollt ihr?« riefen die Jünglinge, erhielten aber nichts zur Antwort als die
gleichen wirren Laute. Da hielten sie ihn für einen Narren. Nun aber
redete er sie an: »Wie, versteht ihr die Sprache nicht und habt doch
soeben zu Gott dem Herrn in ihr gesprochen?« Einen Augenblick
schwiegen die jungen Leute bestürzt, dann aber sagte der eine: »Habt ihr
nicht ein Kind in der Wiege liegen sehen, das die Stimme noch nicht zu
gliedern vermag? Habt ihr nicht gehört, wie es allerlei Geräusch mit
seinem Munde macht: Ka-sa-sa, wu-bu-bu? Alle Weisen und Gelehrten
können es nicht verstehen. Wenn aber seine Mutter hinzukommt, weiß
sie sogleich, was die Laute meinen.«
Als der Breditschewer diese Antwort vernahm, begann er zu tanzen vor
Freude. Und wenn er sich in den folgenden Jahren an den »Fruchtbaren
Tagen« mit Gott mitten im Gebet nach seiner Art unterredete, pflegte er
ihm diese Antwort zu erzählen.

Der tüchtige Bernhard hat eine Laubschütte auf dem Dachboden
des Nebenhauses bereitet und die drei Meter ermittelt, bei denen
die Einsturzgefahr unter 50 Prozent liegt.

Was knabbert so spät – –? Kaisa Wubus Holzwürmer? Ratten?
»Klabotermann«? – Später klärt uns Hans Wolfram auf, es sind Sie-
benschläfer, die unsere ungewohnten Veranstaltungen mit achtungs-
vollen Hinweisen auf ihre Gegenwart begleiten. – Wir schlafen

* Gebetsriemen

sogar in dieser Nacht, schlafen durch Klaus' erfundene Nachtgespräche hindurch in einen sonnigen Morgen hinein.

Diesen begrüßen wir mit »Kaisa-Wubu«-Rufen – mit dem Ruf des Übermuts, des Tatendrangs. Wie deutlich kann der Schrei das alles sagen: mutigen Anfang, überzeugende Mitte, beglücktes Ende des Tuns, nützliche Entdeckung und beherzten Verlust, Wiedererkennen, wenn man in Brombeergefilden sich verliert, Sammlung zum Essen, Ablösung am Bad, Warnung am abgeschiedenen »Ort«. Aber auch Genaues kann das Wort bezeichnen: »Kasa wubu aufs Brot oder bloß Butter?« – »Ob die je den Wubu aus der Quelle wieder herauskriegen?« »He, macht da oben keinen solchen Kasa Wubu! Das fällt uns alles in den Reis!«

Es gibt die sonderbarsten Theorien über Entstehung und Entwicklung von Sprache: durch Vereinfachung oder Differenzierung, durch Faulheit oder Rationalität, durch Analogie oder Entlehnung. Aber durch den Akt der Willkür hat sie noch keiner erklärt – aus Spiel, aus reiner, unbegründeter Lust und Dialektik, aus Konjunktur und Krise. Im übrigen wirkt ein ursprünglicher Trieb zur Sonderung, zur Chiffrierung derer, die am gleichen Feuer hocken, aus einem Topf essen in einem Raum schlafen und so hoch über der übrigen Welt leben, daß selbst die Flugzeuge unter ihnen bleiben. Wären die anderen noch drei Tage später gekommen, sie hätten uns nicht mehr verstanden. – Und wer außer uns Casa Wubiern weiß, was -te und -ke,* Blitzableiter, Opo und Pop, jenuch des Flirts, kannsteham und kannstewashaste, nu sind wir mal wieder so weit, ansitzen, subtiler Schnappsack, Brimbeern, Unterchen und Oberchen, Wurscht (nicht für Gleichgültiges sondern für völlig Unbekanntes), jemanden an vier verschiedenen Stellen eröffnen, fetischieren bedeuten – und daß der einzig ernstzunehmende Rivale von Kaisa Wubu nicht Lumumba, sondern der große Zampano ist!

Eine Trägerkolonne geht vor dem Frühstück ins Tal und besorgt die Einkäufe, Bringt die Karte zur Post, die den Eltern mitteilt, daß man heil in Allensbach angekommen ist, hört sich das Fumagallina-Gegacker über das Öffnen der verschlossenen Türen an. In den Rucksäcken bringt sie mit (Reihenfolge!): Wein, Käse, Brot, Butter, Reis, Spaghetti, Rilke (cornett) beaf, Milch, Tomaten und Gurken, Zucker, Salz und Zigaretten. Man bricht die verschlossenen

---

* Dem Leser sei dies wenigstens verraten: -te ist das Konzentrat von »bitte«, -ke das von »danke«.

Türen und beschließt, die erste Hütte – die Casa Wubu – zu beziehen. Sie hat einen haltbaren Dachboden, einen Abzug für den Rauch und sogar eine kleine Verbindungsstiege. Sonst nur Gerümpel.

Wir schaffen alles hinaus, ordnen das Material – Holz, Stein, Eisen, Unrat. Und von nun an beginnt sich jeder Augenblick seine eignen Aufgaben zu stellen; es gibt keine Kommandos, keine Anweisung, sondern allenfalls einen Verzicht – »gut, tu du das, dann tue ich das«. Einer hebt eine Abfallgrube aus – das scheint beinahe das wichtigste. Vor dem Haus entsteht ein Steintisch, fest in die Erde gefügt, kunstvoll behauen; im Halbkreis darum mit Blick ins Tal eine Steinbank; unter dem Nußbaum ein Spültisch, an Faltbecken und Spüli erkennbar; neben dem Eingang eine Außenfeuerstelle. Im Haus ist einstweilen vor Staub noch nichts zu sehen; aus ihm taucht später Eva mit ihrem Reisigbesen auf, und nach einer Weile besehen wir die Bescherung: Oben wird ein Schlafraum erst für uns vier, später für die sechs Männer eingerichtet, die Mädchen beziehen den Gynaikōn nebenan; unten richten wir die Wohnstube ein, legen einen einigermaßen vitalen Terrazzofußboden; eine Feuerstelle entsteht; Klaus geht mit der Sense ins Farn; unterdessen verbrennt die Almen-Schlaraffia in der Grube. Kaisa-Wubu-Schreie – Entdeckungen – Erfindungen: Sonnenschirm und Fahnenstange, Wohnzimmerbeleuchtung und Türschild, Lehnstuhl und Sägebock, Kleiderständer, Rechen, Himmelbett und Tellerregal, Besen aus Ginster und Donnerbalken mit Lehne und Talblick – und aus Wirbeln von Schmutz taucht eine versunkene Welt zu neuem Leben auf. Nichts, was sich nicht erfinden ließe! Die Welt der Möglichkeit, die neben der Welt der Notwendigkeit aufblüht. Was ist dagegen ihr Vorhandensein, das sie sonst für ihre Stärke ausgibt, mit dem sie uns sonst so kräftig und stolz umfängt!

Man erfindet einen Bach um die Ecke – und findet ihn dann auch wirklich; man erfindet eine Badewanne in seinem zerklüfteten Bett und gibt sie Bernhard in Auftrag; man findet nur vier Pilze und die gute Laune erfindet die Freude über vierzig dazu; man findet ein verlassenes Haus fünf Minuten weiter oben, erfindet es auf der Karte innerhalb von Kletts Grenzen und entfindet ihm ein ganzes Arsenal großer und kleiner Bretter, ein poliertes Staatsmöbel, einen Korb Äpfel.

Man werkelt so den ganzen Tag *para moiran* am Notwendigsten, um immer beim Lustigsten oder Gemütlichsten zu enden. Wir haben nur eine kleine Hemmung: den Nachkömmlingen nicht alle Arbeit fortnehmen! – an Quelle und Dächern, an den Holzvorräten und dem großen hölzernen Eßtisch.

Das Wetter ist verschwenderisch schön – und in der Mittagspause gehen wir alle auf die Wiese unterhalb der Häuser zu dem, was Frau Klett »so etwas Physikalisches« genannt hat – nicht das Drahtseil selbst (an dem das Holz zutal befördert wird), sondern den ihm mitgeteilten Ruck, der emsig die vielen hundert Meter hinauf und hinunter eilt: eine Art Casa-Wubu-Mechanismus – ein dreister, lächernder, überflüssiger und präzise arbeitender Unsinn.

Danach Casa-Wubu-Seiltanz. Erfindung wird hier auch dem letzten Glied des Menschen abgerungen: Die »Gebärde an sich« wird erfunden – auf dem Seil endet alle Zweckmäßigkeit.

Wir nehmen ein köstliches Bad im Wildbach, genießen den köstlichen Reis, den uns Eva gekocht hat, und schauen dabei über den See mit den nun aufblühenden Lichtern der Städte Locarno, Orselina, Ascona. Noch fahren einige beleuchtete Schiffe umher. Zum Wein versammeln wir uns um das Feuer und sind bald auch am Sternenhimmel so zu Haus, daß uns Fremdkörper auffallen – Echo I, der seine Bahn über uns zieht. Heute liest Klaus Kurzgeschichten von Borchert, Schnabel, Böll. Vom Feuerschein durchflackert bekommen sie eine Tiefe, die sie sonst wohl nicht hätten; und dann: sie sind wirklich kurz.

Noch ein solcher Tag – so besonnt und so eifrig, so erfinderisch und so erfolgreich wie der erste – unterschieden nur durch die Spaghetti, die den Reis abgelöst haben, und den Cervantes, der gottlob nicht kurz ist.

Am dritten Tag fahren wir zum Wasserfall im Maggiatal. Der Fluß liegt wie sein eigenes Gerippe zwischen den im Sonnenglast zitternden Bergen. Bei der Schlangenfarm halten wir. Die Besitzerin hat gerade ihren Papagei mit dem Schlauch abgespritzt und muß sich von ihm heftig beschimpfen lassen. Die namenlosen Nattern und Vipern liegen unheimlich in ihren Glaskästen, und die Echsen und Wasserschildkröten wollen sich auch nicht bewegen in der dröhnenden Mittagsstunde. – Über die heißen weißen Felsen klettern wir zum Fall hinauf. Er ist schwächer als in vergangenen Jahren, und so können wir gefahrlos unter ihm hindurch. Das Wasser, das gut 50 Meter tief fällt, peitscht sausend auf die Oberfläche des eiskalten Beckens. Hinter dem »Schleier« in gewölbter Grotte schaukeln die begehrten Hölzer – Wale und Zierfische, Torsi von

Arp oder aus der Steinzeit. Sie sind mit dem Wasser heruntergekommen, sind hinter den Fall geraten und haben sich – unablässig trudelnd – aneinander zu seltsamen abstrakten Gestalten abgerieben. Ich schäme mich meiner frechen Beute – aber die anderen finden auch jeder noch genug, um sich gegenseitig zu beneiden. Eine große schwarze Schlange mißbilligt den Raub, den sie nicht verhindern kann; und das Casa-Wubu-Gebaren der Jungen, durch die surrealistischen Trophäen überhöht, scheucht sie vollends in ihren Felsspalt zurück. Sonne, Steine, kühlend feuchter Hauch – das kann einen ganzen Tag so erfüllen, daß auch nicht ein Lot Verdruß oder Langeweile mehr darin Platz hätte.

Wir fahren Bernhard nach Lugano und kaufen ein. Dann Wettfahrt mit der aus anderer Richtung nach Casanzano stoßenden Gruppe II. Wir verlieren – ich glaube auf der ganzen Linie: Der Empfang muß niederdrückend gewesen sein – erst gar nichts und dann eine Casa-Wubu-Horde, die in erdrückender Begeisterung über sich selbst daherstürzt, ohne rechten Blick für die automüde, stadtblasse, ziviltragende Unangekommenheit der anderen. Aber eine gute Mahlzeit versöhnt die Neulinge bald, der Rauch des Feuers stinkt sie ein, der Wein läßt sie unsere Sprache verstehen, die Welt, die sie verlassen haben, liegt genau so tief unter ihnen wie unter uns, und die Sterne sind ihnen genau so nah. Und dann kam auch noch der Herr von Bassompierre zu Hilfe!

Am andere Morgen macht man sich an die Quelle! Burchard – Physiker! – hat so seine Meinungen darüber, Bernhard auch, und ich auch. An die Quellen zu gehen ist ein mindestens ebenso ursprüngliches Bedürfnis des Menschen wie anderen das Wasser zu trüben, und dann mit scheinheiligem Diminutiv so zu tun, als könne man es nicht. Sancho Plancha I und II stehen bald tief (und tief befriedigt) im Schlamm. »Ich bin der große Schlampano!« Das Wasser, das aus feuchter Steinwand in ein kleines Becken von etwa einem Kubikmeter Inhalt fließt, haben sie abgelassen und die ganze Umgebung aufgerissen. Sie graben eifrig, sie reden eifrig, sie *denken* sogar eifrig; sie sind mit Schmutz bespritzt, von Schweiß überströmt – und wir anderen verkneifen uns taktvoll die schlimmsten Befürchtungen. Am Abend aber beteiligen wir uns doch alle am Steinetragen, und schon am nächsten Morgen ist die Quelle wieder klar, das wohlgefaßte Steinbecken ist gefüllt, der Vorplatz gefestigt und trocken, der Weg zum Bad wieder frei... Man kann den Ort fast nur noch mit homerisch-heiligen Worten beschreiben.

Nun sieht es in Casa-Wubu-Ville so aus:

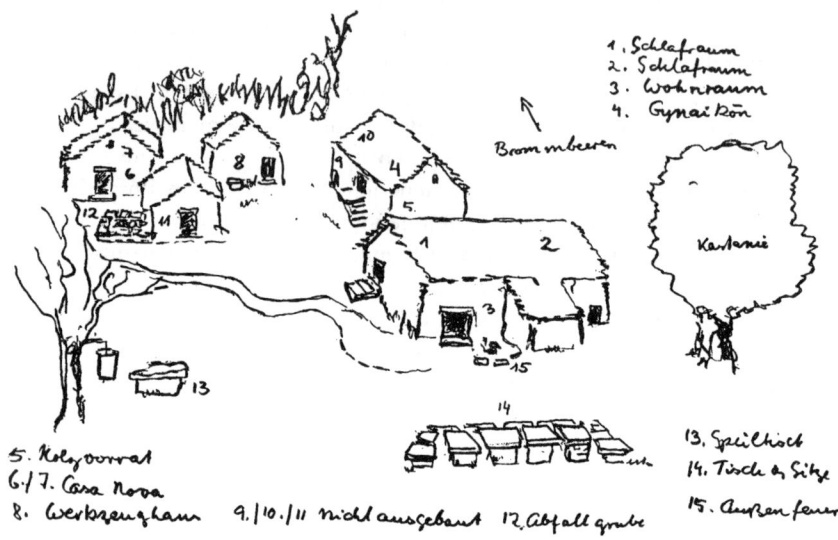

Die so gut getane Arbeit verführt uns am Abend zum Singen. Eva
hat ihren Schatz an französischen Liedern noch nicht geöffnet, und
so geraten wir unversehens in die Sperrzonen des Gemüts; es wird
für 24 Stunden un-gemütlich. Rettung bringt die Wasserfallunter-
nehmung Nummer II. Als wir heimkommen, gibt es wieder viele
Neuigkeiten zu bewundern; auch hat man sich über die bei meinem
morgendlichen Gang auf den Tamaro entdeckten Brombeertriften
hergemacht. Es beginnt die Zeit der nachmittäglichen »Sammlung«
– die einen sammeln sich, die anderen den Nachtisch. Beides
kommt allen zugute. Zum Beispiel hören wir Katja zu, wenn sie uns
moderne Lyrik vorführt und in sie einführt – und hinterher machen
wir süßsaure Schweinerei in unseren Eßgeschirren. So geht manch
erfundenes Dasein aus dieser Sammlung hervor:

Ritter de la Mancha, der sich selbst erfindet und uns an seiner Erfindung
teilnehmen läßt (Eva); die »ganz und gar sinnliche Sprache«, die sich die
Dichtung erfindet, das steuerlose Phäakenschiff des unbewachten Wortes, mit dem die Bennschen Gedichte auf ziellose Fahrt gehen (Katja);
das erfundene Europa von Jaspers, das uns helfen soll, mit dem geschun-
denen Europa fertig zu werden (Bernhard); die konstruierte, unanschau-
liche Denkwelt, in der die Physiker ihr Casa Wubu treiben und die bis in
die Kunst reicht, in die Politik, in die Moral, und in die aus »Verrat« eine

Erfindung der Vergangenheit für die Zukunft macht (Hentig I); die nicht erfundene Geschichte vom Marschall von Bassompierre (Hentig II), die uns eine Parabel vom Erfindungsreichtum der Liebe gibt; die etwas angestrengte und darum anstrengende Erfindung des Antichrist (Burchard), die auch durch die beste Absicht nicht vor der Kritik derer bewahrt wird, die sich am Tage zuvor die guten Erfindungen eines Heinrich Heine einverleibt haben (Ernst).

Waren diese abendlichen Seminare bei flackernder Kerze bloßer Überbau, oder haben sie mitgebaut an unserem Dasein? Nun: Die Freude an literarischer Erfindung ergreift uns so heftig, daß wir sie selbst beim Apfelschälen am großen Tisch weitertreiben: Jeder liefert »reihum und um« einen Satz, und es zeigt sich, daß neue Kombination von alten Stücken auch Erfindung hervorbringt. Was sich zum Beispiel zwischen Blitz und Bitzableitern* und Siebenschläferinnen alles zutragen kann, geht unter kein rotes Schnupftuch.

Gestehen wir es: Es hat inzwischen zu regnen begonnen – just als (oder weil?) Bernhard zu einem Schwof in Lugano aufbricht. Und der Regen fördert Erfindungen eigener Art: Spätes Aufstehen mit Frühstück ans Bett; 23-Seiten-lange Briefe; Singen mit fiasco und ohne Fiasco (»dicke Dondäne« und »il y a longtemps que je t'aime«); Gespräche von der Art:

A: Was donnert da eigentlich so?
B: Die Schweizer Armee spielt ›neutral‹.
C: … und spart sich die Hälfte durch Echo.
D: Von wegen: das ist Schweizer Touristendienst: der Landregen soll nach Gewitter klingen.

Aber er bleibt Landregen, dringt durch die Dächer und drückt den Rauch in die Stube. Nachts liegen wir in eigentümlichen Sinuskurven um die Tropfstellen herum; tags steigt ab und zu ein Mutiger aufs Dach und schichtet die Steine so um, daß es auch anderswo tropfen kann. Törichte Prophezeihungen provozieren die Regengeister, und als Bernhard in der Badehose von seinem Fest heimkehrend einem Bergweib begegnet, ist sie so entzückt, daß sie auch die »Madonna mia« anruft, sie möge es bei diesem Wetter belassen. Erst am Montag bringen wir (vom Milchmann!) ein neues Wetter mit: Es ist versöhnend gut, und wir haben alle Grund, auf den Dächern in der Sonne herumzuwurachen.

* Bitz ist der Spitzname von Bernhard.

Ganz ungestört durch den Regen haben inzwischen Burchard und Ernst die Casa Nova ausgebaut. Als unsere Notwendigkeiten zu Ende gingen, das heißt nur noch in Trägerkolonne und Holzmachen bestanden und die zwei Sägen und Äxte nur einen Teil von uns beschäftigten, fingen sie mit dem gänzlich Überflüssigen an – aus gleichsam »schenkender Tugend«.

Dabei ist vielleicht das schönste Werk dieser Tage entstanden neben dem Blasebalg von Klaus – echte Casa-Wubu-Arbeit zwecklos und schön. Am letzten Abend weihen wir mit *vino typico del paese*, Tel.Nr. 3708, und Bratwürsten den neuen Raum ein. Am prasselnden, schießenden Feuer löst sich auch die härteste Verstockung, und es kann gesagt werden, was sonst verschluckt werden muß. Denn vielleicht ist es doch nicht ohne Sinn zu sehen, daß die Welt für niemanden ganz ohne Abgrund ist und daß Casa-Wubu-Schreie den anderen wohl rufen, aber nicht nahe bringen können. Und soll denn der Dank nicht gesagt sein, nur weil auch die erfindungsreichste Sprache nicht erfindungsreich genug ist, um ihn richtig und ganz zu sagen? Ja, gehört es nicht zu den vornehmsten Aufgaben des Wortes, an das zu erinnern, was es nicht sagen kann? Bei Buber steht die Geschichte von dem, was die Seele uns lehrt:

> Rabbi Pinchas führte oftmals das Wort an: »Die Seele des Menschen wird ihn belehren«, und bekräftigte es: »Es gibt keinen Menschen, den die Seele nicht unablässig belehrte«.
> Einst fragten die Schüler: »Wenn dem so ist, warum hört der Mensch nicht auf sie?«
> »Unablässig lehrt die Seele«, beschied sie Rabbi Pinchas; »aber sie wiederholt nicht.«

Später bauen wir uns einen Pferch um das Außenfeuer, mit der Bettlehne aus dem erfundenen Haus, mit Heu und Schlafsäcken; und dann kreist der Napf mit dem Apfelmus und schmeckt nach allem, was in diesen Tagen gut war, und nach allen, die unserer Sache gut waren. – Eva, Klaus, Bernhard bleiben dort liegen unter dem unerhörten Himmel, denn was von der Nacht noch übrigbleibt, ist zu kurz, als daß man noch frieren könnte.

Der Abschied ist früh, nüchtern, entschlossen. Die Türen haben neue Schlösser, eine korrekte Aufschrift in schwarzer Farbe; die Ordnung am Platz soll ihn vor gedankenlosem Mißbrauch schützen; ein Schild bittet höflich, keinen Schaden anzurichten. Aber was den Ort eigentlich behütet, das wissen nur wir – der Geist Kaisa Wubus.

Denn das ist das Geheimnis des erfundenen Daseins: daß es nur dem Erfinder gehört, nur er allein hat Zugang, er allein weiß, wo seine Schätze liegen.

Wir kehren über den St. Bernardino heim. In Zillis gibt es K. u. K. (Kirche und Kaffee), in Liechtenstein grimmige Soldaten, in Dornbirn keine *cerini*, an der Grenze eine kleine Stockung des Bluts – aber de Gaulle, von hinter dem Wasserfall, täuscht den Grenzposten über den fehlenden Paß hinweg – des Unfugs letzte helfende Tat; und dann verschluckt Nifelheim die Sonne des Südens, die Dicke-Dondäne und den Born der Erfindung...

Ach, – wir wollen unsern alten Kaisa Wubu wieder ham!

Me to kaïki[*]

Mit dem Segelboot um die Kykladen
1961

Wenn es dich aber nach Schiffahrt auf wildem Meere gelüstet,
Wann das Pleiaden-Gestirn die mächtige Kraft des Orion
Flieht und sich niedersenkt in des Meeres umdunstete Tiefe,
Alle Winde erheben sodann ihr wirbelndes Wehen,
Laß dann die Schiffe nicht länger auf dunklem Meere verweilen...
Ziehe das Schiff auf den Strand hinauf und verwahr es mit Steinen
Rings, daß es so vor der Wut der feuchten Winde geschützt ist...
Harre der günstigen Stunde zur Ausfahrt, bis sie herannaht...
Hesiod

Für H. B.

Tagebücher, Erinnerungen, Bekenntnisse als Gattung der Literatur sind notwendig irgendwo unaufrichtig. Diese Unaufrichtigkeit wird auch dadurch nicht aufgehoben, daß man sie zugibt. Ja, man sollte sie nicht aufheben wollen, denn sie ist nicht ohne Reiz und schon gar nicht ohne Sinn. Sie muß nur dem Schreiber bewußt bleiben, und er muß die Menschen, die er in seine Darstellung einschließt, darauf hinweisen dürfen, daß sie ihm bewußt ist. Von dem, was zwischen Menschen außer dem Gespräch, den gemeinsamen Handlungen, Mahlzeiten, Erlebnissen vor sich geht, werden diese Blätter nicht handeln. Dabei ist es oft heftiger und nachhaltiger in der Wirkung und eigentlich immer bedeutender. Aber man kann nicht darüber reden, wiewohl nicht darüber zu reden diesen Bericht um die Hälfte seiner Wahrheit bringt. Πλέον ἥμισυ παντός – die Hälfte ist mehr als das Ganze. Die griechische Weisheit gilt auch für dieses griechische Reisetagebuch.

Der Bruder Roland beginnt unsere Reise. Er fährt allein mit dem Zug nach Athen, um uns ein Schiff, ein richtiges *kaïki*, zu kaufen; wir schätzen, daß er dazu 1000 Dollar, eine Woche, etliche Beziehungen und eine ihm von Natur nicht eigene Geduld braucht: Mit Griechen über ein Schiff zu verhandeln, das doch ein gutes Schiff sein soll und dem Besitzer lieb sein muß – welch ein kühnes Unter-

---

[*] Dieser Bericht ist ein Bruder zu dem über die Wanderung »Me ta podia« – mit einem Schiff, eher Fischerboot, das fünfzehn Sommer lang das Gefährt meiner Seefahrten in der Ägäis sein sollte. »Me to kaïki« heißt »mit dem Schiff«.

nehmen! Er ist mit guten nautischen und so gut wie gar keinen neugriechischen Sprachkenntnissen, leichtem Gepäck und einem für
Südländer wohl aufregenden und schwer widerstehlichen nordischen Wesen ausgerüstet. Wir andern drei – der Bruder Hans Wolfram, der Freund Helmut Birn und ich – kommen in einer Woche
mit dem VW nach, getrieben von Neugier und einem schlechten
Gewissen; denn *unsere* Freuden beginnen ja schon in dem Moment,
in dem wir im Volkswagen die Stadt Tübingen verlassen.

Am 28. 7.   Abfahrt am späten Vormittag. Wir erreichen bei Dunkelheit San Nazzaro am Lago Maggiore, tasten uns den dicht ver-
wachsenen Weg zur Casa Wubu (s. S. 238) hinan und sind beglückt,
daß es diesen Ort gibt, daß wir unsere Reise so beginnen dürfen.
Der Himmel ist südlich klar, der Mond kommt herauf, ein kräftiger
Rotwein ersetzt das Gespräch und vertreibt die düsteren Gedanken,
die uns beim Lesen von Kennedys Rede gekommen sind.

Am 29. 7.   Wir schlafen aus. Es ist ja der erste Ferientag. – Auf der
italienischen Seite baden wir im bewegten See. Die Straßen sind
gut; wer hätte darin auch mehr Erfahrung und eine ältere Tradition
als die Menschen dieser Halbinsel! – Wir genießen jede Kleinigkeit,
durch die sich südliches von nördlichem Leben unterscheidet, selbst
auf der tödlich geraden Autostrada del Sol oder in so unprofilierten
Städten wie Varese, wo wir uns verbilligte Benzinscheine besorgen:
Anders als im Lateinunterricht schafft hier der ACI (Automobilclub
Italiano) Erleichterung – durch sein Coupon-System. In Varese ist
gerade Markt mit viel Viktor Emanuel im Hintergrund und vielen
kleinen *horreurs*, die wir vergeblich zu begehren begehren: Am Ende
trinken wir doch lieber einen guten Capuccino. – Die Poebene
durchrasen wir auf der großen Zollstraße. Wer nur die unendlichen
Mengen Obst ißt, die hier erzeugt werden!? Dann Mailand. Wir
haben uns für das Auto, für billiges Benzin und damit für Tourismus entschieden; so geht es also herzhaft (pecca fortiter) an den
Dom heran; einen Brocken wie den Palast oder die Festung der
Sforza lassen wir buchstäblich links liegen. Der Dom ist, was man
sich unter ihm vorstellt: Die Maßlosigkeiten Aschschurs und Man-
hattans vereint mit den Wucherungen von Ankor Wat und Boro-
budur. Dieser Stil kam Vasari so barbarisch vor, daß er ihn nur von
einem Barbarenvolk herleiten konnte – also von den Goten zum
Beispiel. Und noch zu Goethes Zeiten konnte man (obwohl man es

inzwischen besser wußte) nicht unterdrücken, das Abstruse, Überladene in der Kunst einfach »gotisch« zu nennen. Das Aufregendste daran ist freilich, daß die Maßlosigkeit erfüllt ist: Auf keinem Pfeiler fehlt die Fiale, auf keiner Fiale der Heilige, und für die Coca-Cola-Buden auf dem Dach gibt es sogar WCs, die in irgendeinem Strebebogen, sagen wir unter der heiligen Urinia, untergebracht sind. Es wimmelt von Menschen und Tauben, und zwischen den einsam in den Himmel ragenden gotischen Gestalten drängt sich ein gewaltiges Hochhaus, ein Silo, ein Fabrikschornstein empor. Neoverismo ist in Italien nicht so sehr ein neuer Stil, eine Erfindung der Kunsttheorie, – er ist einfach unvermeidlich. Das Grauen dieser Großstadt hat jedenfalls ein Film wie »Rocco und seine Brüder« eher untertrieben als übertrieben: In drei Zelluloidstunden läßt es sich nicht einfangen – darüber belehren uns hier schon dreißig Minuten.

In Bologna viel *due torri* und imposante aber uns unverständliche Gebäude im Halbdunkel. Wir wollen weder alles sehen noch alles wissen. Wir kaufen Tomaten, Brot und Wein. In den Zeitungen steht in großen Lettern etwas, was Bourghiba getan hat. Wir verstehen es nicht und werden in den nächsten fünf Wochen auch nichts darüber erfahren. Auf der Provinzstraße nach Florenz finden wir einen Seitenweg, einen Strohhaufen, eine milde Nacht.

Am 30. 7. Florenz... We did it in three hours. Wir haben uns nur dem Dom (»mit Marmorfassade«), dem Palazzo Vecchio und einer unverständlichen Kirche (Orsanmichele, »Marmorfassade, Fresken, Mosaike«) gewidmet – dem Ponte Vecchio und dem Stadtbild. Und natürlich sind wir an den Marmor- und Bronzemonstren vorübergezogen, die den Platz vor den Uffizien zieren. Die Entfaltung von Macht und Reichtum der Medici übertrifft auch kühne Erwartungen. Ihren Geschmack vermögen wir nicht zu teilen, auch nicht den ihrer Zeit und ihrer so viel gerühmten Kultur. Aber sie interessieren uns darum nicht weniger; ja in ihrer mutwilligen Emanzipation, in ihrer Aufwendigkeit und in dem freilich bewußten, kraftvollen, ja genüßlichen Schmarotzen auf den Einfällen, den Form- und Denkleistungen anderer Epochen sind sie uns sehr nah. Daß sie das nicht alles selbst aufbringen mußten, sondern für etwas schlechthin Gültiges halten durften, hat sie für ihre eigentlichen wissenschaftlichen, politischen, wirtschaftlichen Leistungen frei gemacht. Nicht zuletzt sind sie uns verwandt durch ihre gesteigerte Sinnlichkeit. Amerikanische Soziologen sprechen davon, daß unsere Gesellschaft *over-sexed* sei. Die des *quattro-* und *cinquecento* in Italien (und sonstwo) war es sicher nicht um ein Haar weniger. Michelangelos David ist der Marlon Brando seiner Zeit mit all der Anerkennung der brutalen Macht des schönen jungen Leibes; das sage ich nicht, weil er nackt ist; es steht vielmehr alles schon in seinem Gesicht. Hier hat ein Künstler, der der Vergeistigung im höchsten Maße fähig, ja ihr eigentlich verschrieben war, sich bewußt der Sinnlichkeit ausgeliefert. Und die Qualen, die der Mensch heute unter dem Sexus leidet und die ihm in Nabokovs und Norman Mailers Höllen angerichtet werden, die sind in den Szenen von dem Jüngsten Gericht des Florenzer Baptisteriums genau vorweg genommen. – Lernen wir wirklich mehr von denen, die »vollkommener« gelebt haben als wir – »gefaßter« jedenfalls in dem, was uns beunruhigt? Warum wenden wir uns an unsere Vorstellung von der klassischen Antike, an die Polisidylle mit ihrer totalen (und utopischen) Demokratie, an die Griechen mit ihrer lebendigen (weil hedonistischen und zugleich geometrisch einfachen) Sittlichkeit, mit ihren Naturphilosophen und schönen Statuen? Warum nicht an das Mammutreich Persien oder an die Ägypter mit ihrer notwendig zentralistischen Verwaltung, ihrem Arbeitsbeschaffungsproblem, ihrer Expertokratie, ihrem späteren Alexandrinertum; warum nicht an das ausgehende, überreife Mittelalter mit der Not, die ihm eine unglaubwürdig werdende Metaphysik bereitet, an die Renaissance mit ihrem überhöhten Selbstbewußtsein und dem Schwindelgefühl, das dieser Höhe entspricht? – Hilfe ist zu erhoffen, wo die Natur der Schwierigkeit bloßgelegt wird, nicht wo die Lösungen scheinbar mühelos da sind.

Es geht unbarmherzig weiter. San Gimignano ist bloßes Bild für uns so wie Siena mit seinem schönen Brunnenplatz: Wir haben nicht erkundet, was die Wölfin mit der einen Stadt zu tun, was es mit den Türmen der anderen für eine Bewandtnis hat. Der Dom (»mit Marmorfassade«) stößt uns ab. – Innen viel Zebrastreifen und viel Päpste, die hohlwangig und mürrisch herabsehen. Kein Wunder, wenn sie so seit Jahrhunderten die im Boden eingelassenen faden Moralismen aus Judentum, Antike und Abendland lesen müssen! Energische Ausfälle gegen die »Fortuna« sollen dem Menschen helfen, besser zu leben. Hier wird für das »Heil der Seele« statt für den Menschen und sein Wohl gesorgt und damit auch das Christentum mißverstanden. Durch Monte Pulciano, an Perugia vorbei bis Assisi begleitet uns dieses streitbare Thema. Dort enden die Fragen vor dem Grab eines wirklichen Heiligen. – Wir finden nach einigem Suchen im Dunkeln ein Lager ohne Stroh und schlafen auch so gut.

Am 31. 7. Morgenkaffee und ein Bad in der Brandung helfen dem Tag auf die Beine – in zügiger Fahrt am Meer entlang nach Süden. Bari, gleichsam von hinten betrachtet, verbindet die uralte materielle Armut des italienischen Südens mit der seelischen Armut der Moderne. Wir wenden uns mit Grauen von dem, was auch »christliches Abendland« ist, zum Castel del Monte, einem Jagdschloß Friedrichs II., der sehr moderne Zweifel an jenem Begriff gehegt hat. Die Anfahrt durch Olivenwälder, zwischen denen die kunstvoll aus Stein geschichteten *trulli* (Wohn- und Vorratshütten) hocken, erfreut mehr als der unmittelbare Anblick. Das Ganze wirkt verwahrlost, vereinsamt, unverstanden. Ein dicker Mercedes steht davor und ein ebenfalls dicker deutscher Tourist. Er hält uns zunächst für Amerikaner und hat, als er hört, daß wir aus Tübingen kommen, nur eine Frage: »Welcher Verbindung gehören Sie an?« – Nun, was gut Württembergia ist, pflegt eben seine Beziehungen zur staufischen Geschichte! – Auf der allerletzten Strecke mache ich schlapp, und Bruder Wolfram fährt uns in Brindisi ein. Wir tanken ein letztes Mal unter Augustus' ausgestrecktem Arm, erledigen Paß- und Passageprobleme und haben noch zwei Stunden Zeit für die Stadt, in der ein Volksfest im Gang ist und die Heiligen mit Schützenvereinskapelle abwechselnd durch die Straßen getragen werden. Das offizielle Geleit ist schweigsam und mürrisch, die Menge, einige Polizisten und fünf Luftballonverkäufer folgen der bunten Statue vergnügt und schwatzend. In einem Café erquickt uns mehr noch als der vorzügliche Capuccino die junge Bedienung: fünf Griffe auf einmal, jeder von akrobatischer Genauigkeit und obendrein elegant und überlegt. Was für eine Rasse, die das alles zugleich vermag: hart, genau, »efficient« arbeiten und hingegeben faul sein, Kunst und Kitsch in unendlicher Variation hervorbringen, Armut und Anmut vereinen, das Inferno der bloß technischen Zivilisation aushalten und den geheimen Einklang mit der eigentlichen Natur des Menschen – mit der Kultur – wahren!

In einem entlegenen Viertel sehen wir in einem Hinterhaus einen Amateurboxring in schwitzender Tätigkeit wie in »Rocco und seine Brüder«, in einem Keller eine Schiffswerft, an allen Ecken immer neue »Archäologie«; es riecht nach Wein und gerösteten Erdnüssen,

und in dem angestammten Gewebe süßer, warmer Gerüche er-
schnuppern wir immer wieder einen kühlen, salzigen Meereshauch;
Augenweide, Nasenweide, Lichterglanz, Lockrufe, Plüschgiraffen,
Papierschirme, Riesenpuppen ... bis in die Puppen! Beim Einkaufen essen wir uns schon an den vielen Proben satt, die uns verfüh-
rerisch geboten werden.

Als wir in die Fähre einfahren, fallen die »shoe shiners« über uns
her – die 6- bis 12jährigen Jungen; hier wollen sie für das Aufkleben
des Zettels mit den Initialen des Bestimmungsortes ihre 50 Lire
verdienen. Geschrei und ganz offenkundig routinierte und gerade
darum so herzerweichende Blicke entlocken uns unser letztes deutsches und Schweizer Kleingeld. Weiß der Kuckuck, wie sie es ein-
lösen. Aber man traut es ihnen glatt zu. – Als irgendwo die Polizei
auftaucht, sind sie im Nu über den drei Meter hohen Drahtzaun
geklettert und hängen dann irgendwo über dem Hafen an einer
Mauerbrüstung, von wo aus sie das Aktionsfeld überschauen.

Die Fähre, ein moderner Dampfer, schluckt ganze Straßen von
Autos leer. Wir genießen an Deck unseren billigen Wein, und das
Gespräch, das sich beim Autofahren verstockt oder banal wird,
kommt bei windiger, mondbeglänzter Seefahrt wieder in Gang. Für
den Schaden haften wir ohnedies selbst, wie uns das Billett sagt:

> The Carrier or the ship has no liability for the death of a passenger, or
> for any other personal injury suffered by him, or for loss or damage to
> his luggage when these events arise or result from:
>
> 1. shipwreck, collision or stranding even caused by an error in naviga-
>   tion or a fault of the master, crew, pilots or other servants in the
>   management of the ship;
> 2. fire;
> 3. perils, danger and accidents of the sea or other navigable waters;
> 4. act of God...

und sogar:

> 13. suicide, drunkenness or disappearance of the passenger during trans-
>   port...

Da können wir ruhig eine Aussprache über den Sinn des Lebens
riskieren.

Am 1. 8. Als wir bei Morgensonne Korfu anlaufen, sind wir über-
nächtig und 2 1/2 Stunden später in Igumenitsa kaum geneigt, bei
starrender Hitze und Zikadenschrei weiterzureisen. Aber Griechen-

land gibt uns schnell den Mut wieder: Es geht ins Gebirge hinauf, an einem lockenden Fluß entlang; wir baden in vielen Bergbächen, im Acheloos und einmal auch im Golf von Amphilochoi; die Menschen sind freundlich ohne Aufdringlichkeit, sie winken alle, erklären uns mit Freude bei unseren Einkäufen, was dies oder das auf Griechisch heißt.

Den Abstecher nach Dodona überlegen wir uns nicht lang. Aber wie anders sind solche Ziele, wenn man sie zu Fuß erreicht! Wir schämen uns wohl ein wenig unseres Touristentums und nehmen den Vorwand zu frühem Aufbruch gern wahr, den der uns in Athen erwartende Bruder gibt. Dabei sind wir allein am heiligen Ort außer einigen Arbeitern, die das große, roh wiederhergestellte Theater für ein »festival« herrichten sollen. Im Herbst wird hier die »Iphigenie« des Euripides gezeigt. Zwei Eichen in der Mitte des Tales vermögen nichts von der düsteren Stimmung zu erzeugen, die diese Stätte nach alter Vorstellung umgibt. Wir halten unser erstes griechisches Mahl mit Oliven, Tomaten, Brot und einer Melone.

Später zermürbt uns die auf lange Strecken aufgerissene Straße, durch die eines Tages ein gefährlicher Besucherstrom ins Land gelockt werden wird. Wir müssen dem Bruder telegraphieren, daß wir später als erwartet eintreffen werden. Die Bäder in den Flüssen, die zum Teil so klar sind, daß wir mit Genuß daraus trinken, entschädigen kaum dafür. Wir schlafen abseits im Olivenhain mit Retsina und Mücken.

Am 2. 8. Die Ruinen von Stratos sehen wir, ohne anzuhalten, die von Kalydon und Amphilochoi überhaupt nicht, dafür eine schöne Brücke aus türkischer Zeit. Endlich die Fähre über den Golf von Patras und von da an ständiges Wiedersehen mit bekannten Städten. Manches, zum Beispiel die alte Brücke von Diakophtho, ist dem Autofahrer nicht zugänglich. Und das wird zum Anlaß einer in sich geschlossenen Geschichte.

Diese Geschichte muß gut werden, den Wert von, sagen wir, einer Leica haben. Warum? – nun, das wird man sehen.

Wir fahren an der Nordküste des Peloponnes entlang. Es beginnt, sehr heiß zu werden. Die ersten Läden schließen. Wir halten in Akrata, um Brot für unsere Mahlzeit einzukaufen; Käse haben wir noch. Nun fehlt uns ein stiller, schattiger Platz an einem der hier mündenden arkadischen Gebirgsbäche. Sie erreichen die Küste nie im Sommer. Das Wasser wird in Hunderten von kleinen Erdrinnen in die einzelnen Teile der schmalen Ebene geleitet, die dem Gebirge vorgelagert ist. Die Wasserversorgung für die Städtchen und Dörfer wird noch weiter oben abgezapft. Wer also etwas von dem Wasser haben und womöglich darin baden will, muß schon ein Stück Weg am Bachlauf entlang ins Land hinein. Hans Wolfram meldet nach der Karte, daß die Styx (»die Verhaßte«), die unmittelbar in einer der Falten des Chelmos entspringt, von einem befahrbaren Weg etwa 20 Kilometer begleitet wird. Vor drei Jahren haben wir von oben in die Styx geschaut, aber gebadet haben wir darin noch nicht. Welcher Grieche, der bei ihr schwor, hatte das schon getan? Und nun sollten wir beides haben! Wir fragen nach der versteckten Abzweigung, denn unsere Karte ist sehr ungenau. Die Auskünfte widersprechen sich. Der Besitzer eines kleinen Kafeneion erklärt uns mit viel Gesten, wo es nach Pyrgos geht – dem ersten Dorf an der bewußten Straße. Er fragt dreimal zurück: »Nach Pyrgos?« – Was wollen diese Fremden in Pyrgos! Aber es erscheint uns noch schwerer, ihm zu erklären, daß und warum wir in der Styx baden wollen. – Wir meinen schließlich, seine Darstellung verstanden zu haben: zurück bis Akrata, dann über die Bahn links hinauf … da hat er uns auch schon einen Führer besorgt, oder vielmehr: der hat sich selbst besorgt. »Dieser junge Mann wird euch dorthin begleiten.« Er ist adrett, und noch teilen wir die Freude der Griechen an »parea«, Geselligkeit.

Unterwegs in Akrata werden Melonen und Tomaten gekauft; dann geht es auf kurvenreichem, eingleisigem Weg den Berg hinan. Das Bett der Styx bleibt tief unter uns, und wir sehen bald ein: mehr als eine schlichte Landpartie kann daraus nicht werden. Nach 10 Kilometern erreichen wir Pyrgos, fünf in der Mittagssonne ausgestorbene Häuschen; auch die Ziegen haben sich in irgendeinen der kargen Schattenspender verdrückt.

Unser einsilbiger Führer hat etwas zu fragen. Wir verstehen einander nicht. Neues Studium der Karte. Wir zweifeln nun sogar, ob das da unten überhaupt die Styx war, denn die Karte läßt plötzlich auch andere Deutungen zu. Die einzige Übereinstimmung, die wir alle untereinander erzielen, ist, daß nun Valimi kommt und daß wir dort nicht hin wollen, weil es gewiß nicht an der Styx liegt und die Straße danach nicht weiter geht. Was nun? Einfach umkehren? Das Gesicht verlieren? – Unser Begleiter macht es uns leicht; er bedeutet uns, daß, wenn wir umkehren, er weiter nach Valimi gehen werde. Also da wollte er hin! Nun, da er wenig von unserer *parea* gehabt hat, so ist ihm in dieser gottverlassenen Gegend doch wenigstens ein guter »lift« gegeben worden. Wir suchen ihm zum Dank und Abschied noch eine Postkarte aus unserem Geschenkbeutel aus, einen Mecki, der von einem Widder den Berg hinabgestoßen wird. *Evcharisto − evcharisto poli!* Dank, vielen Dank! Er betrachtet das Bild, und während ich wende, schlägt er sich wegab in die Büsche.

Wir streben zurück an einen Bachübergang weiter unten mit hohen Pinien, einem Weinberg und schönem Blick über das heroische Tal. Wir strecken schon die Hände zum lecker bereiteten Mahl − da fehlt Wolframs Leica. Sie hatte, wir erinnern uns, unter dem rechten Vordersitz gelegen, zuletzt bestimmt vor dem Broteinkauf; da war der Wagen einmal unbewacht gewesen, aber an einer Stelle, an der wir genug Aufsehen erregt hatten und unser Gefährt sozusagen unter dem Schutz der Öffentlichkeit stand. Dann war der Führer eingestiegen. Als wir die Tomaten kauften, war Wolfram im Wagen geblieben... So tasten wir uns an den Vorgängen zurück. Der Verdacht verdichtet sich auf den Führer. Er hatte nichts als ein Bandmaß in der Hand gehabt, sowohl beim Einsteigen wie beim Aussteigen. Er hatte uns in den Tomatenladen begleitet. Aber nun fällt uns ein, was uns hätte auffallen sollen: er hatte sich merkwürdig betriebsam mit dem linken Arm unter seinem Hemd zu schaffen gemacht, und Helmut und Wolfram wollten nun auch bemerkt haben, wie seltsam gekrümmt er dagesessen habe. − Ihm nachzufahren hat keinen Sinn. Unseren Wagen hört man auf Kilometer. Wer so schlau stiehlt, läßt sich nicht so dumm fangen. Wir bleiben wie gelähmt sitzen, kombinieren weiter, versichern uns unsere Beobachtungen, essen mit langen Zähnen. Ich erzähle, wie Freunden einmal Ähnliches in Griechenland passiert sei und wie die ganze Dorfgemeinschaft sich zusammengetan und dem Dieb offenbar so Angst gemacht habe, daß noch in der folgenden Nacht die Kamera »wiedererschien«. Ja, aber unser Fall ist eben ganz anders! Man kann nicht einmal schimpfen: Wie *konntest* du nur...! und: Warum *hast* du nicht...!, denn Hans Wolfram tut einem viel zu leid, ich mußte auf den Weg achten, und Helmut kann auf dem Rücksitz ohnedies kaum hinter seinen langen Gliedern hervorsehen.

Wir kehren gegen 2 Uhr nach Akrata zurück. Mittagsstille. Niemand scheint uns mehr zu kennen, niemand könnte uns hier helfen. Wir suchen den Besitzer des Kafeneion in Aijira. Es ist nur noch seine Frau da; mit Hilfe einiger englisch sprechender italienischer Gäste die ein Lexikon haben machen wir ihr klar, daß wir ihren

Mann brauchen, um zu erfahren, wer der junge Mann gewesen sei, den er uns mitgegeben habe; dieser habe uns auf die und die Weise den Photographenapparat gestohlen. Sie versteht den Diebstahl so schnell, wie man ein Datum versteht, und bedeutet uns, ihr zu folgen. Nunmehr teilt sie mit größter Geläufigkeit ohne jede Rückfrage eine offenbar komplette Geschichte des Falles jedem mit, der uns begegnet; wir werden so gut wie garnicht mehr gefragt, sind nur noch Objekt des Geschehens, Indizie, die man neugierig, wenn auch wohlwollend betrachtet. Zwei dickliche Mädchen mit Sonnenbrille sind die ersten, die »bestätigen«, daß es diesen jungen Mann zu der und der Stunde mit uns am Kafeneion gegeben habe; dann ein Kaufmann, der zuversichtlich die Geste des Ergreifens und Abführens mit sich in Verbindung bringt. Die Zahl derer, die uns folgen, wird immer größer. Die verschlafenen Insassen einiger weiterer Kaffee- und Limonadebuden bekommen ihr Teil zugerufen und rufen ein weiteres zurück. Ziel unseres Zuges ist die *choriophylaki*, die Polizei. Unsere Für-Sprecherin holt den langen Polizisten, Typ Willy Birgel, aus dem Bett. Unrasiert, im Pyjama, mit hangendem Bauch, hört er sich die Sache an und beschließt nach einigen entscheidungsvollen Minuten, daß der Fall seines Eingreifens wert ist. Wir möchten unten auf ihn warten.

Das tun wir im Kafeneion gegenüber und bestellen für ihn mit. Nach einer halben Stunde erscheint er in von Bedeutungsbewußtsein gestraffter Haltung, mit Sonnenbrille und glattem Kinn. Dann wird verhört – weniger wir als die Umstehenden. Sooft jemand feststellt, er habe gesehen, wie der junge Mann bei uns einstieg, ertönen befriedigte, schmatzende Zurufe, als ob damit erwiesen sei, daß er der Dieb ist und daß man ihn nunmehr gewiß fangen werde. Wir fahren nach Akrata zurück, wo es eine große Choriophylaki gibt. Neun Polizisten zählen wir im Laufe der nächsten Stunde. Sie sind in einem soliden militärischen Quartier untergebracht mit vorschriftsmäßigen Sandkästen in den Ecken für den Fall eines Brandes – und weißgescheuerten Dielen. Im Flur lesen wir: »Die guten Bürger unterstützen die Obrigkeit«. Wir gehen hinüber in den Melonenladen; der Verkäufer und andere »erkennen uns wieder« und haben den »Dieb« gesehen. Wieder lange Unterhaltung aller vor einem Kafeneion; ein Zeuge spendiert die Runde.

Gegen 16 Uhr ist das ganze Dorf im Bilde, und nun kann man den Fall dem Polizeioffizier (Nr. 10) vortragen. Über seinem Amtsstuhl hängt das Bild des Königs. Er reicht uns die Hand, läßt Stühle bringen. Er ist der erste, der fragt, ob wir sicher seien, daß der Apparat im Wagen war, und läßt sich den »Vorgang« beschreiben. Eine polizeiliche Aufnahme der Person und des Tatbestandes (wer wir sind, was wir wollen, wie der Apparat aussah und wie er heißt) bleibt freilich aus.

Dann fahren wir an den Tatort: der Hauptmann, ein Wachtmeister, der Ladenjunge (zur Identifizierung des Diebes) und ich. Wolfram und Helmut bleiben zurück, um für das Dorf die schuldige *parea* zu machen. Der rote VW klettert munter die kleine Straße hinan, und es macht mir Freude, ihn in seinen schönsten Gangarten vorzuführen, weil meine Mitreisenden so offensichtlich von ihm entzückt sind. Unterwegs wird jeder Eseltreiber angehalten, eine alte Frau im Weinberg verhört, die Hirten mit einer Trillerpfeife herangepfiffen. Wer hätte den roten Volkswagen nicht gesehen! − Ja, ein junger Grieche mit weißem Hemd und Khakihosen war dabei... Nein, zurück ist er nicht gekommen.

In Pyrgos großer Aufenthalt; die vorher so verstummten Häuser sind belebt mit Alten, Kindern, Hühnern und Hunden. Hier die Stelle, wo wir umgekehrt sind: anhalten, aussteigen, besichtigen. Im Nachmittagslicht ist das Land wie verzaubert, erhaben schön, ganz abweisend gegen unsere kleine Diebessuche. Valimi. Nach den ersten Fragen erhebt sich großes Geschrei. Der Wachtmeister wird vorgeschickt auf ein Gebüsch zu, wo sich das Geschrei fortsetzt. Ich denke mir: Hier ist alles möglich − jetzt haben sie den Dieb! Aber sie haben nur einen Mann gefunden, der den Dieb *nach* unserer Umkehr gesehen hat. Immerhin! Voll Stolz über die Bedeutung, die ihm unvermutet zukommt, spendiert uns der Mann eine Runde Kaffee. Noch bevor der Kaffee fertig ist, bringt man einen weiteren Mann, der im knappen Verhör offenbar Entscheidendes aussagt. Ich kann fragen, soviel ich will, ich werde nur beschwichtigt, daß man ihn gewiß noch heute ergreifen werde! Weiß man denn, wer er ist, wo er wohnt, war er hier, wo hat man ihn gesehen, mit oder ohne Kamera? − Nichts wird mir gesagt, weil man mir offenbar die »perfekte Sach'« bescheren will. Außerdem verstehe ich zunächst immer, wenn sie »avto« sagen, Auto, und dabei ist *avto* schlicht »er« − der Dieb. Die Bergbauern sind (mit Recht) amüsiert über den Fall. Sie bewundern wohl den kühnen jungen Mann und helfen doch wacker mit, ihn zu fangen. Fremden darf man nichts stehlen − das steht fest − auch wenn sie sich noch so dumm anstellen. Irgendwo weiter oben im Dorf telephoniert man. Der Abend fällt ins Hochtal, Rauch steigt auf, Leute kommen von der Arbeit, grüßen und streicheln den VW. Nach dem Telephongespräch heißt es freudig: »Aphikamen!« »Wir habens erreicht!« – Was? Den Dieb noch nicht, die Kamera auch nicht... Gleichwohl: *aphikamen!* Hier wird zu viel geschwätzt, Kaffee getrunken, herumgesessen, sich an der eignen Wichtigkeit erfreut. Wie soll man da je einen Dieb fangen!

Heimfahrt zur Polizeistation, wo inzwischen zwei deutsche Damen, seit Jahrzehnten mit Griechen verheiratet, aufgetrieben worden sind und sich eifrig als Dolmetscherinnen betätigen. Nun kommt das Protokoll. Zuerst die Frage, ob wir die strafrechtliche Verfolgung des Diebes wünschen, was wir verneinen; wir wünschen uns nur die Kamera zurück (leise Verachtung in den Mundwinkeln der Umstehenden). Dann wird das Evangelium hereingetragen, damit wir darauf den Eid schwören, »daß der Apparat vorher wirklich da war« (leises Mißtrauen um die Nasenflügel). Dann erhebt man die Personalien der Dolmetscherin (leise Langeweile breitet sich aus); schließlich die unseren. ὁ κύριος Χάρτμουτ φὸν Χέντιγκ τοῦ Βέρνερ-ὄτω... Das »von« wird erklärt und der Onkel Eisenlohr, ehemaliger deutscher Gesandter in Athen, erwähnt. Dann fällt auch der Name Leica und ihr in Drachmen unheimlich vervielfachter Preis.

Nach zwei Stunden ist eine lange Geschichte zu Papier gebracht und unterschrieben. Die örtliche Telephonzentrale wird noch einmal aufgeschlossen, damit wir Roland in Athen Bescheid geben können, daß wir nun erst am folgenden Tag eintreffen werden. Durch ein Spalier von Neugierigen werden wir auf unseren Einkäufen und schließlich von einem Wachtmeister zu einem geeigneten Lagerplatz geleitet auf einer kleinen Anhöhe unter Pinien mit klarem Wasserlauf dabei. Wir häufen ein hohes Lager aus Piniennadeln, genießen unsere Mahlzeit wieder und tauschen Berichte aus. Der Wein muß heute mehr als Durstlöschen! »Auf eine gute Gechichte!« Wir denken an Toni in Chicago. Wir erzählen Helmut die Geschichte und lachen, lachen so laut, daß wir den Jeep erst hören, als er neben uns bremst. Wir springen auf – man kommt, um uns abzuholen. Der junge Mann sei gefaßt worden. Ob es der richtige ist? Ob er die Kamera überhaupt hat – oder noch hat? Es sind erwartungsvolle Minuten. In der *Astynomia* sind alle Beteiligten wieder versammelt, auch die Dolmetscherinnen. Es ist 11 Uhr nachts. – Und da liegt auf dem Schreibtisch des Polizeikommandanten tatsächlich die φωτομηχανή, ὄνομα Λάϊκα, κιβώτιον ἀπὸ δέρμα, χρῶμα καφές.* An der Wand steht der Dieb.

Die Leica wird dem Besitzer feierlich ausgehändigt, und dazu werden zwei Reden her- und hinimprovisiert über die Tüchtigkeit und Hilfsbereitschaft der griechischen Polizei und die Freundschaft unserer beiden Völker. Die Damen bekommen ein Angebinde aus Deutschland, die Polizei eine Ansicht von Tübingen, Willy Birgel ein Bild von der Zollernburg, die taten- und redefertige Frau vom Kafeneion ein rotes kunstseidenes Tuch. – Während die letzten schriftlichen Dinge erledigt werden, fällt der Dieb vor uns auf die Knie und fleht die deutschen Damen an, bei uns Fürbitte zu leisten. Aber noch bevor wir zu Wort kommen, erhält er eine harte Abfuhr. Man befiehlt ihm, die Postkarte herauszugeben, die wir ihm schenkten: dieser Gabe sei er nun unwürdig (ἀνάξιος); zwei Jahre werde er sitzen müssen, erklärt die Polizei; und es ist offenbar, daß sie sich diesen Brocken nicht wird nehmen lassen durch westeuropäischen Weichmut. Gleichwohl machen wir Ansätze dazu und geben der (reichlich akademischen) Überzeugung Ausdruck, daß dieser junge Mann einer Verführung erlegen sei, die zu stark für ihn war, und daß das Gefängnis ihn nur verderben werde... Stolz erklärt man uns, daß das griechische Recht nach dem Vorbild des deutschen verfaßt sei, und so gehe denn die Angelegenheit von hier an den Staatsanwalt; die Polizei könne da nichts weiter tun. Wir lassen uns wenigstens den Namen des Diebes und die zuständige Untersuchungsbehörde notieren und kehren zu unserem Nachtlager zurück. Wir beschließen vor dem Einschlafen, dem Staatsanwalt zu schreiben mit Hilfe unserer athenischen Freunde.** Mögen die Gesetze in Deutschland und Griechenland die gleichen sein, die Menschen, die sie handhaben, sind es gewiß nicht! Das hat der heutige Tag auf das liebenswürdigste bewiesen.

Als wir zu unserer Lagerstätte im Pinienwald gelangen, hat ein Hund unser Abendbrot gestohlen. Hermes, der Gott, der Gelegenheiten schafft, hat heute seinen guten Tag.

Am 3. 8. Am Morgen bekommt der Wagen auch eine Wäsche; am Mittag sind wir auf Akrokorinth; am frühen Nachmittag endlich bei Roland, der seit seiner Abreise keine Nachrichten von uns bekom-

---

* Fotografenapperat Marke Leica, braunes Lederfuteral.
** In Athen gelingt es später nicht, irgend jemanden für diesen Plan zu erwärmen.

men hat und tapfer verzweifelte, trotz der guten Nachrichten, die er für uns bereit hält, denn – wir haben ein Schiff!!

Wir fahren direkt zu unserem *kaïki* hinaus. Es liegt im Hafen von Vouliagmeni auf halbem Weg von Athen nach Sounion. Wir trösten Roland mit einer Portion Schaumeis, und er darf uns – ungeachtet unseres eignen Mitteilungsdrangs – erst einmal alle seine Abenteuer erzählen, von seinen Bekanntschaften, Plänen, Beobachtungen, Bedenken. Er zeigt uns die Markthallen, die uns beim ersten Besuch verborgen geblieben waren, und weist auf die Kioske, in denen man hier telephonieren, Tabak, Hüte, Zimtstangen, Bruchbänder, Schlangen und Kanarienvögel (in der Tüte) kaufen kann; hier ein Restaurant, in dem man billig, dort eins, in dem man schnell speist. Vor allem aber versteht er unser *kaïki* zu loben. Es ist ein 6 1/2 m langes, 2 1/2 m breites »zünftiges« (im Gegensatz zu »schnittiges« oder sportliches) Segelschiff mit Gaffelsegel von etwa 16 qm und Focksegel von etwa 3 qm; es hat einen etwas alten und lauten, aber verläßlich anmutenden Dieselmotor von 5 PS, der ganz in das Achterdeck eingelassen ist, sodaß wir hinter der Kajüte eine große, geschlossene Fläche zum Schlafen von vier Mann haben. In der Kajüte sind zwei Kojen, Schrank, Wasserbehälter, Schubkästen, Haken und ein überflüssiges (? – ja, über-flüssiges) Klo mit Pumpe. Das Schiff ist weiß, mit braunem Deck, trägt den Namen Klota und hat zwischen charaktervollen Ankerhörnern einen noch an die antiken Schiffsformen gemahnenden Bug (dem einer venezianischen Gondel vergleichbar, nur nicht so hoch). Der Mast ist etwa 8 m hoch vom Boden des Schiffes gerechnet. 65 cm des Schiffes liegen unter Wasser. Wir finden es rundum sympathisch und nehmen sofort darauf Quartier. (Nur rot müßte es sein, murre ich inwendig, aber das kann man später sagen und noch später ändern.)

4.– 6. 8.   Die nächsten drei Tage gehen mit dem Abschluß des Kaufvertrages hin, mit Wechselbanken, Advokaten, Notaren, Hafen- und Steuerbehörden, Katasteramt – in kaltem Papierkrieg. Wir legen unsere letzten Geldreserven zusammen, weil die Dame Klota teurer war als erwartet. Wir hatten 4000 DM bereitgehalten, und nun kostete sie 6000 DM. Billigeres und gleichwohl für uns Geeignetes war nicht zu haben, und allein, sie ausfindig gemacht zu haben, ist eine Glanzleistung des Bruders. Wir zögern nicht eine Minute. Wichtig ist es, die nun noch anfallenden Verkaufssteuern (10% des Objekts), die Rechtsanwaltskosten, die Notarkosten von uns auf den Verkäufer abzuschieben. Die Wiener Gattin des Rechtsanwalts ist uns dabei eine große Hilfe. Wir haben Erfolg und feiern ihn und Rolands Geburtstag in einem griechischen Lokal mit *arni pilaff*, Lamm mit Reis, und Retsina.

Zwischendrein wird das Boot fertig gemacht, werden die Taue geordnet, die Anker geprüft, die Batterie und der Generator reinstalliert, die Tanks ausprobiert, gefüllt oder ausgeschieden und durch Behelfskanister ersetzt, ein Seil für das Großsegelschoot gespleißt, eine neue Anordnung der Blöcke getroffen und das Messingschild »Klota« abmontiert. Hans Wolfram ersetzt es durch ΔΙΟΝΥΣΟΣ in geraden Lettern von roter Ölfarbe am Bug. Der neue Schiffspaß ist für 200 Drachmen auf die antike Form des Namens ausgestellt. Dann werden die Vorräte in einem Pantopolion auf dem Markt, einem abenteuerlichen Lebensmittellager eingekauft: 7 Büchsen Fleisch, 7 Büchsen Tomatenmark, 4 kg Reis, 4 kg Spaghetti, 4 kg Oliven, 4 kg Olivenöl, 4 kg Käse, 4 kg Zwiebeln, (vorerst) 10 Liter Retsina, Halva, Büchsenmilch, Kaffee, Tee, Zitronen, 6 Riesenmelonen und am Ende noch ein Block Eis. Einmal wird auch − »nebenbei« − die Akropolis besucht, die sich selbst aber sehr schnell zum Hauptereignis macht. Ein andermal sehen wir im Hafen die alte Wilhelm Gustlof, die jetzt »Völkerfreunde« heißt und »Kraft durch Freude« für die DDR macht. Wir sind durch das viele Laufen, Warten, Vertröstet- und Enttäuschtwerden, durch die immer neuen Entdeckungen, Reparaturen, Ausgaben, und vor allem die guten Ratschläge am Ende ziemlich irritiert und drängen auf Ausfahrt. Die Nächte im Hafen sind überdies laut, und zum Wochenende strömen unerträgliche Menschenmassen zum kühlenden Bad ans Meer heraus. So fällt es schwer, das Unken der *old sailors*, wir sollten den nächsten Tag und ruhigere See abwarten, vor allem aber die erste Fahrt nicht zu anspruchsvoll anlegen, nicht ganz unwillig abzuschütteln, sie nicht zum Anlaß eines trotzigen Widerstandes zu nehmen zugunsten einer Sache, die wir selbst garnicht wollen. Wir geben nach und kühlen unseren Mut im aufgebrachten Wasser, das uns mit Meeresleuchten umsprüht.

Am 7. 8.   Um 4 Uhr steigen wir ins Wasser, um die Anker zu lichten, und verlassen die Bucht gegen 4.30 Uhr im ersten Dämmerlicht. Draußen ist der Wind gerade recht zum Segeln − Kurs auf Ägina. Wir stellen den Motor ab und bedienen lerneifrig die seemännisch benannten Taue, Ruder, Haken und was es sonst gibt. Ich lege mich bald weniger seemännisch aufs Achterdeck und kotze über Bord: gelben, scharfen Magensaft. Die Wellen sind beachtlich und schlagen alle 10 bis 15 Minuten einmal tüchtig übers Deck. Die anderen halten stehend durch, kochen Kaffee auf unserer Gasbombe. Wir kommen gut in Fahrt auf die in der Morgensonne leuchtende Küste von Ägina zu. Wir sehen von ferne den Tempel. Um 8.30 Uhr: unser erstes Landemanöver in einer kleinen, stillen Bucht etwa eine Seemeile vor dem Ort Marina. Das Boot wird in dem klaren blaugrünen Wasser zwischen weißlichen Felsen vierfach verankert. Wir baden und tauchen, holen Seeigel und Avalones herauf, begutachten die Fischlage. Sie scheint uns nicht schlecht. Zunächst gibt es jedoch andere Pflichten. Mit Großreinemachen bis in die letzten Winkel verdienen wir uns ein gutes Mahl unter dem Sonnensegel und eine Siesta. Um 16 Uhr bricht Roland mit der Harpune auf. Um 17.30 Uhr wollen wir dann – so lautet die Verabredung – zum Tempel hinauf. Um 17.45 Uhr ist Roland noch nicht zurück. Ich gehe in Richtung Marina an der Küste entlang bis zum zweiten Vorsprung und kehre zurück in der Hoffnung, er sei inzwischen wiedererschienen. Helmut geht in der anderen Richtung. Am Boot treffen wir uns wieder: kein Roland. Wieder und weiter eilen wir an der Küste entlang, diesmal den Blick auf den heraufschimmernden Grund geheftet, gelbe Schwimmflossen, helle Haut, blaue blitzende Harpune suchend. Wir gehen die Wege oftmals – eigentlich nur um wiederzukehren, hoffend, daß Roland inzwischen erschienen ist. Aber am Schiff hören wir dann nur das bedrohliche Glucksen der Skylla: Wasser schwappt eine Felsengrotte zu und entrinnt mit unheimlich röhrendem Laut. Wie, wenn so ein Unwesen Roland gefangen hat? Und die Grotten von Ägina werden zu Fallen, zu Ungeheuern, zu den schlimmsten Ungeheuern: zu Menschen...

Dann ging das Fragen los. So wollte einer plötzlich wissen, ob die Scylla ein Menschenantlitz habe, und ich log:
Ja, es ist menschlich. Es ist ein Abgrund, eine Schlucht, aber in der Mitte hat sie ein Gesicht, ein graues. Und sie hat Augen und ein Maul, das brüllt, und viele lange Schlangenarme.
Ernst Schnabel, Der sechste Gesang

Wir denken daran, ein Motorboot zu mieten, die Küste entlang zu fahren. In Marina ist ein Menschenauflauf. Irgendetwas muß geschehen sein. Im Laufschritt erreichen wir den Strand, aber es sind nur Leute, die auf das Schiff nach Athen warten. Wir fragen jedermann, ob er Roland gesehen habe. Jedermann ist ein Deutscher, und jedermann hat ihn nicht gesehen. Die Motorboote im Hafen von Marina sind nicht besser als unser eigenes. Im Laufschritt kehren wir zurück, um den Dionysos (nein: »die« Dionysos? – Pest, das ist jetzt egal!) klar zu machen. Wir haben die Anker schon an Bord, da erscheint oben auf dem Felsenrand der Bruder.

Das Gleichnis vom verlorenen *Sohn* mag stimmen. Der verlorene *Bruder*, der da zurückkehrt, stellt zwar die Welt wieder her, aber nicht unseren Gleichmut; er löst nicht Liebe aus, sondern den Zorn-nach-der-Angst. Roland hat sich beim Fischen so weit nördlich an der Küste entlang vorgearbeitet, daß er an Land zurückzukehren beschloß. Disteln, Steine, Irrwege haben ihn aufgehalten. So einfach ist oft die Erklärung für unverständliches Leid.

Wir brauchen jetzt eine neutrale »Tat« und steigen zum Tempel hinauf. Wir sind die letzten Besucher bei kitschig schönem Sonnenuntergang. Die Zikaden hören eben auf zu schreien, leichter Wind rauscht durch die hellgrünen duftenden Seekiefern. Am Johannisbrotbaum halten wir eine kleine Nachernte, und aus dem Weinberg gelangen wir mit wohlgefülltem Wassersack heim zum Schiff. Dort wird aus Treibholz ein Feuer und auf dem Feuer ein Reis mit Fleisch und viel Zwiebeln bereitet. Roland »lebt von eigener Scholle«, die er am Mittag heimtückisch vom Schiff aus harpuniert hat. Dann Trauben, Retsina, Sterne.

Am 8. 8. Seit 8 Uhr vor dem Wind mit Kurs auf Poros unterwegs. Der Wind ist gut, die See ganz ruhig. Wir lesen, schauen, schreiben, denken in uns hinein. Noch immer zittert die Angst von gestern in uns nach. Es gehört zur »Substanz« einer solchen Fahrt, daß sie mit Menschen geschieht, um die man so bangen kann – so, daß das Bangen nicht sinnlos geworden ist, wenn sein Anlaß vorübergegangen ist. Roland erwähnt ein englisches Sprichwort, daß man alle anderen Dinge auch mit Schurken zusammen tun könne, Segeln aber nur mit *gentlemen*. Wie so oft trifft auch hier das flache *understatement* die Wahrheit besser als das bedeutungsvolle Ausloten der Tiefe. Und doch wäre es nicht genug, wenn wir vier nur gentlemen wären.

Noch lernen wir von Roland ständig die ναυτικὴ τέχνη – die Kunst des Seefahrens –, was Halsen und Wenden sind, wann man sie anwendet, wie man mit der Seekarte umgeht und in welcher

Bedeutung die Präpositionen »bei«, »an«, »vor« mit »Wind« verbunden werden; auch bekommen Wind und Wellen selbst so etwas wie eine Persönlichkeit; und mit dem Focksegel oder mit dem Großschoot oder dem Ruder hält man so Fühlung wie mit einem Pferd. Aber schon kommen mir Zweifel, wie lange ich das wohl so treiben könnte: zu reisen um des Reisens willen. *Me ta podia* (wörtlich: »mit den Füßen«: zu Fuß) haben wir bestimmte Ziele angestrebt, wir waren auf sie vorbereitet, ihr Wert stand gegen den Unwert mancher Mühe, manchen Irrtums, mancher Eintönigkeit. *Me to kaïki* (zu Schiff) geht es κατ' οὖρον, »wie der Wind weht«, und wenn auch Poros Reste von antiken Tempeln aufweist und Troizen antike Kanalisation und Epidavros palaia persönliche, Salamis geschichtliche Erinnerungen, so ist das doch alles nur Beigabe. *Diese* Fahrt muß sich ganz auf den verlassen können, der unserem Schiff seinen Namen gibt: Dionysos Lyaios, den Löser von Sorge und Bedacht. Es ist nichts Apollinisches an ihr, kein klarer Zweck, sondern einfaches Sichhingeben an das Element. Und darin liegt nun doch auch ein Zweck. Hierin kann das von Pflichten sonst so bedrängte Gemüt heilen und vielleicht auch die vom Willen überforderte Freundschaft.

An der Ostküste der Insel Poros (»Durchfahrt«) gehen wir in einer Bucht vor Anker. Ein Feigenbaum lockt vom Steilufer her; mit Flossen und Tauchermasken schwärmen wir aus. Der Baum trägt keine Früchte, und das Meer gibt wieder einmal keinen Fisch her. Aber wir haben ja Vorräte und Freude daran, sie zuzubereiten.

Unsere Lektüre ist mittelmeerisch, griechisch oder nautisch: Kazantzakis »Alexis Sorbas«, Henry Miller »Der Koloß von Maroussi«, Ernst Schnabel »Der sechste Gesang«, Göran Schildt »Im Kielwasser des Odysseus«, Joseph Conrad »Geschichten vom Hörensagen«, Lord Byrons Gedichte; eine neugriechische Grammatik, eine Phraseologie für Reisende »Say it in Modern Greek« und der »Mediterranean Pilot«, eine amtliche Darstellung des Mittelmeeres und seiner Küsten für die Seefahrt. Dazu kommt das Studium der Karten des deutschen hydrographischen Instituts. – Reparaturen an der Pumpe, Flicken eines Segels, Kleinreinemachen. Um 5 Uhr nachmittags segeln wir weiter. Vor der Einfahrt in die Hafenbucht von Poros liegen zwei verlassene kleine Inseln. Auf der einen, Burzi, erheben sich Ruinen einer sternförmigen Festung. Wir werfen den Anker aus, schwimmen unsere Kleidung im Wassereimer an Land. Man braucht hier Hosen und Schuhe wegen der Disteln und Dornenbüsche. Die hier in voller Frucht und halber Reife stehenden Feigenbäume werden gründlich geplündert und ein Vorrat an Bord genommen, wo er von Tag zu Tag köstlicher wird.

Später versuchen wir an der Ostseite der Landenge, die den Hafen von Poros umgibt, zu landen – an mehreren Stellen, und jedesmal sitzen wir unversehens auf Steinen auf, die nah an die Oberfläche ragen; dann heiß es jedesmal: Alle Mann über Bord und die kostbare Schiffshülle verteidigen! Die Steine sind glatt; wir hängen halb unter dem Schiff und oft ganz unter Wasser; es wird immer dunkler; die Befehle kommen immer ungeduldiger und sind immer wichtiger; aber, um besser manövrieren zu können, haben wir den Motor angestellt und verstehen einander überhaupt nicht mehr. Eine humor-zerschmetternde und angstschweiß-treibende Unternehmung, selbst im kühlen Wasser. So – nun sitzen wir richtig fest! Als es dann doch weiter geht (heiliger Dionysos Lyaios!), fährt uns der Kapitän glatt »davon« – so schön ist es, »davon«gekommen zu sein. Wir beschließen nun, den Hafen selbst anzulaufen, und haben es nicht zu bedauern. Man pumpt uns eine Pumpe, und so bekommen wir das Schiff endlich einmal ganz leer. Dann kaufen wir ein. Bei einem Zacharoplasteion bestellen wir Loukoumades, die vor unseren Augen gesotten werden, eine Art Krapfen in Honig und Zimt gewälzt: süßer Lohn der Angst!

Poros ist ein hübscher Ort, der mit seinen kleinen weißen Häuserquadraten eine Felshöhe erklettert wie ein Pueblo. Auf ihr steht der Kirchturm, mit dem Heiligen Geist durch Fernsehantenne verbunden. Davor, am Kai – liegen bunte Schiffe aller Art und Größe; hier spielt sich auch das am Abend erst voll erwachende Leben ab. Vor einem der Cafés wird getanzt, stets nur von Männern, die sich in sehr anmutiger und zum Teil akrobatischer Choreographie nach orientalisch klingenden Rhythmen bewegen. Besonders fasziniert uns ein Solotänzer. Wir werden sofort an einen Tisch gebeten und machen bei Fisch, *pommes frites* und Wein eine überwiegend pantomimische *parea*. Einer unserer Gastgeber ist Friseur und lädt mich zur Rasur am andern Morgen ein. Ein anderer begibt sich für uns auf die Tanzfläche und tanzt mit zwei anderen den Samikos. Sie lachen viel und freuen sich über uns, am meisten aber über Roland, als er kurz entschlossen Hemd und Hose auszieht und einem anderen Tänzer ins Meer nachspringt, der sich eben den Rausch etwas auskühlen will, ein wahrer Tarzan und offenbar der beste Schwimmer am Ort. Aber Roland schlägt ihn im Schmetterlingsstil. Zu der nun ausbrechenden Begeisterung steuern wir ein Bild vom Tübinger Faß bei, dem wir 8 m Höhe und 20 m Länge verleihen, und eine große Aachener Printe, die ich zufällig mit eingepackt habe: ἄτοπον τι (etwas Seltsames), aber grade deshalb als ξένιον (Fremden-Geschenk) geeignet. Weinselig gehen wir zu Bett. Wir schlafen alle vier auf Deck und zum ersten Mal alle vier auf einmal gut.

Am 9. 8. Früh setzen wir nach Galata über, um von dort zu den Ruinen von Troizen zu wandern, das 10 km entfernt auf dem Peloponnes liegt. Es marschiert sich leicht nach so viel Auto- und Seefahrt, ohne Gepäck und im Frühschatten der hohen Gartenmauern und später der Oliven- und Zitronenhaine. Feigen, Wein, Mandeln am Weg und alle 2 km eine Wasserstelle vermehren unser Wohlbefinden. Am Ausgang des Ortes Gamala weist ein Schild einen schmalen Pfad zur »Archäologie«; es geht in einer Schlucht bergan zu einer abenteuerlichen *via mala*, einer von der Natur gebildeten Diavologephyra – Teufelsbrücke. Wir folgen dem Lauf des Bergbachs. Es weht ein kühlender Wind; wir steigen auf einem Treibpfad in der Schattenseite hinan. In einem tiefen und klaren Wasserkessel nehmen wir ein Bad. Mit Rilkegefühl (»und bis in die Fingerspitzen so nach dem Bad sein«) geht es noch einige hundert Meter weiter, bis es unwahrscheinlich wird, daß hier in dieser wilden Schlucht je eine Stadt gelegen hat: »Du kannst nicht troi zen, nein nein, das kannst du nicht...«, und so kehren wir um. In der Tat haben wir unten eine Abzweigung versäumt. Wir suchen tapfer, bis wir just in der Stunde des Pan auf den Grundmauern des alten Pantempels stehen und an der Stelle vielleicht, an der sich eine der größten Liebestragödien abgespielt hat – die zwischen Phaidra und Hippolytos.

In zünftigem Eilschritt kehren wir zum Boot zurück und finden Schatten und Wind unter dem Sonnensegel. Die Siesta wird durch die Hafenbehörde gestört, wir müssen wieder einmal etwas stempeln lassen. Dann wird Fleisch eingekauft, 1 Kilo Lamm (Helmut: »Was haben Sie da für Knochen gekauft?«). Der Wassertank wird neu gefüllt. Um eine Stunde verspätet fahren wir aus mit gutem Segelwind. Die Küste des Peloponnes liegt verdüstert im Süden. Ziel ist eine Bucht im geschützten Südwest der Insel Tselevinia (nicht Zellophania, wie Helmut hartnäckig sagt). Es wird so schnell dunkel, daß wir uns an die Küste des Peloponnes heranmachen, um unter Umständen dort Schutz zu suchen. Aber die Brandung ist zu stark. Wir erreichen Tselevinia gerade noch rechtzeitig, um sicher ankern zu können. Die Bucht ist ruhig, gleichwohl schwankt das Schiff. An Land zu schwimmen, Holz zu sammeln, unser »Lamm ins Trockene zu bringen« scheint uns zu mühsam, und so müssen wir das Tier auf Butangas schmoren. Um 9 Uhr brechen wir die fetttriefende, mehr uns als das Schaf zermürbende Kocherei ab und genießen ein gar nicht so schlechtes Ergebnis mit stark retsiniertem Krassi. Als wir die Lampen löschen, geht der Sternenhimmel über uns auf.

Am 10. 8. Roland springt morgens immer gleich mit der Harpune über Bord und kommt heute auch mit einem Fisch, später mit einem zweiten nach oben, einem Rochen, dessen röchelndem Sterben wir frivol zusehen, Als erstes wird ihm der Stachel herausgeschnitten. Der Operation hält er mit archaischem Lächeln stand. Wir verbinden das Morgenbad mit der Eroberung der Inseln. Am Felsen wird eine Bahn durch die Seeigel freigelegt, Holz gesammelt, Kaffee gekocht. Gegen 9 Uhr fahren wir mit frischer Brise nach Hydra weiter; wir halsen zum ersten Mal – mit Erfolg – und machen gewaltige Fahrt. Wir suchen eine Bucht auf, 100 bis 200 m hoch ragen die Küstenfelsen um uns auf. Wir erklettern sie, entdecken ein verlassenes Gehöft, eine homerische Schafhürde, Feigenbäume, Blick auf das azurene Meer und den fernen Ort Hydra.
So wie Henry Miller es schildert, kann ich es nicht schildern. Er ist Hymniker, Gefühlsberserker, ist selbst der Kolossos, den er beschreibt, und bringt mit seiner Sprache und der Magie seiner Person die Dinge dahin, wo sie uns schlagen, ja erschlagen. Dagegen sollte man nicht ankämpfen:

> »Doch diesen Zauber zu brechen, erforderte eine Kraft und eine Magie,
> die der seinen glich; man kam sich blöd und impotent vor, wie immer,
> wenn es einem gelingt, die Macht der Illusion zu vernichten. Magie läßt
> sich nicht vernichten – das einzige, was man vermag, ist, sich selbst zu
> vernichten, die geheimnisvolle Antenne zu durchschneiden, die einen
> mit den Kräften jenseits unseres Begriffsvermögens verbindet.«
> *Henry Miller, Der Koloss von Maroussi*

Aber noch weniger darf man die Magie erzwingen, wo sie nicht ist. Bei uns geht es einfach zu, Roland häutet seinen Fisch, Wolfram liest, Helmut sitzt auf dem Vorderdeck und schaut seit Stunden vor sich hin. Aber vielleicht ist das alles auch nicht »einfach«. Es ist nur nicht ausgelöst, nicht von der Rute berührt, die das Ereignis freigibt: es ist da, aber in der Wortlosigkeit gefangen.

Am Nachmittag fahren wir zu der Stadt Hydra aus. Der Hafen liegt in einer geschlossenen Bucht, die von alten Befestigungsanlagen flankiert ist; die Häuser steigen hier noch dichter und steiler den Berg hinan als in Poros; im Hafen ein Schiffsgewimmel, dessen »Buntheit« nicht Kunst, sondern Tatsache ist; am Kai sitzen viele Touristen und genießen auf den reinlichen Vorplätzen der Cafés die allmählich einsetzende Kühle. Am Rande des Hafens wird gerade ein künstlicher Walfisch von gut 50 m Länge aufgepumpt, ein gewaltiger Gummischlauch, der zum Transport von Öl oder Benzin dient. Wir erledigen unsere Einkäufe, geben auf einer Postkarte den Athener Freunden unsere weiteren Pläne bekannt und verlassen schleunigst den allzusehr dem Tourismus ergebenen Ort: Da hat man uns schon verführt, ein Trachtenhemd zu kaufen; da will ein deutscher Student mit uns nach Athen fahren und trägt uns das auf Englisch vor; da behandelt uns eine Verkäuferin, als ob wir ihre säumigen Freier wären; da steht in dem Kafeneion, in dem ich unsere Wasserflaschen füllen lasse, zu lesen. – »Es ist verboten, die Küche zu betreten«, womit ein alter griechischer Brauch mitteleuropäischen Ängstlichkeiten zum Opfer gebracht ist, denn in Griechenland ist es durchaus üblich, sich sein Menü über den Kochtöpfen selbst zusammenzustellen.

In einer Bucht nördlich der Stadt, in einem vor 150 Jahren etwa angelegten, heute verfallenen und verlassenen Kriegshafen gehen wir für die Nacht vor Anker, machen an einer alten Kanone fest, kochen zwischen romantischen hölzernen Schiffsleichen unsere Spaghetti und trinken unseren Wein. Wir schlafen arglos ein unter dem unerhörten Sternenhimmel, der uns jedesmal wieder überwältigt, sobald wir unsere Laternen löschen. Es ist Neumond, und kein vordergründiger Glanz hindert die Seele, sich tief hineinzustürzen – hineinzutrinken in diese geordnete Unendlichkeit. Zum ersten Mal in meinem Leben beobachte ich den Gang der Gestirne, von Nacht zu Nacht vergleichend, wie sie gegeneinander fortschreiten. – Gegen Mitternacht kommt Wind auf. Das Boot zerrt unregelmäßig und ungeduldig an der Kette wie ein unruhiges Tier. Dann plötzlich schlägt der Bug auf. Alle Mann über Bord und das Schiff von den Steinen abhalten, den Motor anwerfen, wenden, neu verankern. Wir treten beherzt in die Seeigel, die wir am Tage so peinlich vermieden haben, und bezahlen mit diesem Manöver die Freiheit, die allezeit zwischen Wagemut und Nachlässigkeit lebt. Der Wind hat auch am Morgen nicht nachgelassen und weht die Feuerung unter dem Teekessel davon. Nervös besteigen wir das Schiff zu unserer bisher längsten Fahrt.

Am 11. 8. Wir tuckern aus dem Hafen heraus; draußen werden die Segel aufgezogen. Heute lernen wir endgültig, daß das Meer und nicht so sehr Griechenland das eigentliche Erlebnis unserer Reise ist. Wir haben bei nordöstlichem Kurs etwa nördlichen Wind. Das Festland hinter uns entfernt sich kaum, und für mehrere Stunden kann ich die Insel Hagios Georgios nicht ausmachen, die die andern schon lange zu sehen behaupten. Mittagssonne ohne Sonnendach, dafür Böen, die uns über und über mit Wasser beschütten. Der Mann am Steuer versucht, möglichst wenig vom Wind abzufallen, das heißt, die Rechte mit dem Ruder und die Linke mit dem Groß-schoot sind aufs Äußerste angespannt. Mittagessen: Ein paar nach Dieselöl schmeckende Feigen stillen einen Hunger (der sich nur aus Gewohnheit einstellt) auf der Stelle. Gottlob ist keiner seekrank, obwohl die Dünung alles bisher Erlebte übertrifft, ja alles, was wir meinten dem Schiff zumuten zu können.

»Lobe das kleine Schiff, doch tue die Fracht in das größte...«

Ach, guter alter Hesiod! Ich sagte, das Meer sei »Gegenstand« dieser Reise. Nun, es ist das *griechische* Meer. Miller behauptet mit Recht: Griechenland mit seinen 8 Millionen Einwohnern, von denen ein Viertel in Athen lebt, sei ein großes Land. Es könne ganz Amerika und Europa verschlucken. Das gilt schon für das Land; und erst recht, wenn man das Meer hinzunimmt! Wenn es ein »mare nostro« gibt, dann ist es die Ägäis, und sie gehört zu Griechenland. Ich habe – gestehe ich – meinen Paß fahrlässig im Auto vergessen; wenn die Behörden danach fragen, werde ich sagen: Wozu Paß? Ich bleibe doch innerhalb desselben Landes! – obwohl ich ein richtiges Meer überquere und oft den halben Tag lang nichts vor mir sehe als den offenen Horizont.

Am Abend bei Sonnenuntergang nähern wir uns der Insel Hagios Georgios; wie der Rücken eines riesigen Dinosauriers, der sich für ein Weltzeitalter schlafen gelegt hat, ragt der kahle Felsen heraus. Und seit einem Weltzeitalter scheint hier niemand gewesen zu sein. Wir tasten die Küste nach einer geschützten Stelle ab. Irgendwo zwischen Brust und rechtem Vorderbein des Untiers finden wir eine Höhlung. Roland bringt in der Fastdunkelheit tauchend die Anker an. Wir kochen Haferbrei und Tee, die mehrfach umkippen, und ich kann die Heiterkeit, die Helmut für dieses Kombüsenchaos fordert, ebensowenig aufbringen wie für seinen Tadel. Mit dem Kopf auf den Planken sehen wir Sternen, Satelliten, Meteoriten zu, die den Himmel feurig bemalen, Menetekel für eine unruhige Nacht. Das Schiff rumpelt; innen schwappt das Wasser; Brandung klatscht gegen die Felsen. Dann »heult der Wind in den Wanten«, wie es im Buch steht. Wie der Arzt das Ohr auf die Brust des Kranken, so legen wir das unsere auf den Schiffsleib – gespannt auf den ersten Aufschlag wartend. Die Seile der Buganker (wir liegen mit dem Heck zum Fels) ächzen, Böen wirbeln Wasserstaub über die bewegte Bucht; der Wind hat total gedreht. Wir warten den Morgen kaum ab.

Am 12. 8. Mit innerem Erbleichen (für das äußere sind wir schon zu braungebrannt) entdecken wir, daß das eine Ankertau gerissen ist. Hätte das andere auch nur nachgegeben, das Boot wäre wohl am Felsen zerschellt. – Nun haben wir den Meltémi, den bei Göran Schildt so dramatisch geschilderten Nordwest. Wir ziehen in eine andere Bucht, die geschützter liegt, um Kaffee zu kochen, das Focksegel zu flicken, zu pumpen. Roland schießt schnell noch einen kapitalen Fisch, eine gute Mahlzeit für zwei, ein *hors d'oeuvre* für vier. Er macht die Fahrt als Leiche mit. – Im Dunst sehen wir fern Keos und etwas südlich davon Kythnos. Je nach dem Wind soll die eine oder andere angelaufen werden. Der Sprung ist diesmal noch etwas weiter als am Vortag, aber der Wind ist günstig. Wir setzen tapfer beide Segel und bekommen prächtige Fahrt. Das Schiff schwingt sich, rollend wie ein Hochspringer, über die Wellenberge und taucht in die Täler, daß es eine Lust ist. Kann man das schildern? Die Conrads und Melvilles haben es mit Genie und Ausdauer getan; seitdem gibt es nur noch Klischees für eine Sache, die gleichwohl in jedem Moment anders ist. Wer da am Steuer sitzt und das Schoot bedient, hat die Aufregung eines Hindernisreiters. Und wenn die Welle einmal uns nimmt, statt daß wir die Welle nehmen, dann hat man gleichwohl keine Schuld, und es schimpft niemand, denn hier hat man es ohnedies immer mit dem Stärkeren zu tun. Unsere Hemden und Hosen sind je 5 Minuten klatschnaß und 2 Minuten halbtrocken; Gänsehaut und wohliges Brennen der Sonne lösen sich ab. Eine große, zweimastige Yacht überholt uns in 400 m Entfernung. Wie kann man nur schneller sein als wir, die wir fast schon fliegen!? Hoppla! – da fliegt der van-Gogh-Hut davon (den wir bei den alten Schiffsleibern gefunden hatten). Ja, *das* ist »fliegen«! Das Schiff tut nur so. Es dauert tatsächlich 10 volle Stunden, bis wir eine Bucht von Kythnos erreichen. Unter fünf unbekannten Punkten, die wir aus zwei Seemeilen Entfernung ansteuern können, haben wir die richtige gewählt – echte τύχη, nicht providentia, Vorsehung, Schicksal. Die Bucht ist dreiviertels geschlossen. In der Mitte liegt ein griechisches Gegenstück zur Kapelle von Wasserburg am Bodensee. Kiesstrand, Sandgrund, reinlich geschichtete Terrassen, Steinmauern, die als Schafzaun dienen, Feigenbäume und spärliche Weingärten, Ziegen, zwei, drei entfernte Häuser, zwei Brunnen, ein verlassenes kleines Boot. Wir gehen vor Anker, endlich einmal rechtzeitig bei Sonnenuntergang! Der Wind hört auf, an uns zu zausen. Wir sind alle dick mit Salz verkrustet und schon ganz schwerhörig. Alle Sachen werden schnell zum Trocknen auf den noch heißen Kies gebreitet, zwei Mann zum Wasser- und Brotholen deputiert. Aber schon kommen die Menschen zu uns: erst ein ganz alter Mann in türkischen Pluderhosen und blauem Hemd mit der stummen Geste der totalen Frage, die wir seitdem so oft beobachtet haben: »Was denn nun? Was soll das Ganze? Wozu gibt es euch?« – die »Frage an sich«. Dann Frauen mit Körben, Mandeln, Feigen, Trauben, und als wir uns mit Gegengaben erkenntlich zeigen, bringen sie nicht mehr Gaben, sondern Ware. Wir haben unsere Not, uns ihrer Angebote zu erwehren, und bald wird ein harter Handel daraus. Zwei Taschenmesser, Parfum, Sulamith-Wülfing- und Mecki-Postkarten, ein Pflaster auf einen kaputten Finger, Bonbons, Seife, Angelschnur und Geld gehen denn auch diesen Weg. Dieweil wandert der Fisch in die Pfanne, und, umstaunt von den Leuten, lassen wir es uns gut schmecken. – Sie sind, gottlob, nicht nur die überwältigend gastlichen Fremdenfreunde, sie haben auch ihren gesunden Erwerbssinn und sagen gerade heraus, was sie wollen: Jetzt bitte eine Tasse Neskaffee trinken, dann einen Rasierapparat haben, dann einen Bleistift für den Jungen, schließlich ein Kopfschmerzenmittel und, wenn wir unseren Kaffee ausgetrunken haben (die Büchse ist noch halb voll), bitte auch die Büchse. Um jedes Bedürfnis erhebt sich ein langes Rätselraten, Zeigen, Scharade, endliches Begreifen oder endliches Nichtverstehen – und für jedes Stückchen muß einer zum Boot durchs Wasser steigen. Wir schlafen an Land ein, während die Sterne zu Helmuts Mundharmonika sich melancholisch zu drehen beginnen; und wir schlafen gut.

Am 13. 8. ist Ruhetag, Waschtag, Fischtag und wie immer Sonnentag. Wir liegen an einer Mauer unter dem Sonnendach, auf dem die Eidechsen herumhuschen und lustige Schattenspiele spielen. Wir sind still mit uns selbst beschäftigt, sind die dicke Salzkruste losgeworden, die wir uns in den letzten Tagen zugelegt haben, und vielleicht sind wir deshalb etwas schutzlos; – jedenfalls kann ein einziges unbedachtes Wort das ganze Paradies verderben.

Am Nachmittag steigen wir ins Land. Es ist menschenleer und doch bis in die letzten Winkel von ihnen bewohnt. Die Bergbuckel sind ganz von sorgfältig geschichteten Mauern um die einzelnen Weidebezirke durchzogen und in Terrassen gestuft, um das wenige Wasser zu halten – eine Myrmidonenarbeit, allein der chinesischen Mauer vergleichbar. Zur Zeit wächst nichts als trockene Disteln, Salbei und Thymian, die mit betäubendem Duft zwischen den Steinen emporstarren. Ab und zu treffen wir auf einen Schafstall in mykenischem Stil – gedrungene, quadratisch geschichtete Steinhütten. Nur am Bachlauf entlang klettern die Feigen- und Mandelbäume nach oben, und hier und da scheuchen wir ein Volk Rebhühner auf, ein paar Eidechsen – und keine von den Schlangen, vor denen wir immer wieder gewarnt worden sind. Roland erklärt treffend, daß es für sie am Tage auf den Steinen viel zu heiß sei.

Vom höchsten Punkt der Insel aus haben wir einen weiten Blick zu allen Nachbarinseln. Ein von Steinen gefaßter Weg führt zu einer Kapelle weiter, die, bäuerlich einfach, von uns einstimmig zur schönsten erklärt wird, die wir in Griechenland gesehen haben. – Wann ist wohl hier zuletzt ein Fremder gegangen? Wer hat hier den heiligen Konstantin und die heilige Helene gegrüßt? Wer hier aus diesem Brunnen getrunken? – Unten ist gerade Schafschwemme im Meer. Die Tiere werden kräftig unter Wasser getaucht und geschüttelt. Und für uns ist es Zeit, den gefangenen Fisch zu bereiten, die Milchflasche aus dem kühlenden Brunnen zu ziehen, das große runde Bauernbrot zu schneiden. Eben geht die Sonne unter.

Die Nächte – sie verdienen so ausführlich geschildert zu werden wie die Tage. Unter den gleichen Sternen widerfährt uns doch jede Nacht anderes und immer Großes. Wer nicht immer erschöpft und tief schläft, fängt seine Spiele mit den Gestirnen an, sucht und findet neue Figurationen, treibt seine eigene Poesie: er sucht zunächst alle gleichseitigen Dreiecke zusammen, dann die Quadrate, dann regelmäßige Fünfecke, Sechsecke und ihre aparten Abweichungen, schließlich Schriftzeichen, lateinische und griechische, – um am

Ende selbst vor ihnen zum Zeichen zu werden: Alle Sterne fallen auf mich zu, ich bin der Gemeinte, hilflos und endgültig, und es hat keinen Sinn, zwischen Traum und Wirklichkeit zu unterscheiden.

Am 14. 8.   Totale Windstille; es ist, als ob das Meer, das in der Nacht noch matt geatmet hat, nun verendet sei. Wir gehen einstweilen auf Fischzug aus, beschließen dann, mit dem Motor auszufahren und werden bald mit einer Brise belohnt. Am Südkap von Kythnos schneiden sich zwei Winde, die Gaffel schlägt unentschlossen hin und her – und bricht am »Gelenk«. Wieder muß der Motor angelassen werden, und wieder folgt alsbald der Wind. Wir segeln vor dem Wind und bekommen solche Fahrt, daß wir sogar reffen, ein Manöver, das uns bisher in unserem Repertoire noch gefehlt hat. Wir umsegeln das Kap des Kyklopen, und ich bin sehr dafür, daß dies hier seine Insel ist und nicht Sizilien, wo ich nicht bin. Da liegen vor der Küste von Seriphos große Steinbrocken, die er nach Odysseus geworfen haben mag, und da ist so mancher melancholische Felsen, von dem aus er seinen Liebesschmerz für die schöne Galatea gesungen hat und durch sein Lied hat bannen können. Die Insel scheint noch weniger Einwohner zu haben als Kythnos. Gleichwohl sehen wir einen kleinen Hafen am Fuße der Erzstollen mit einem richtigen Dampfer. Die Erde ist von Eisen rot gefärbt, die Formationen sind anders, rauher als auf Kythnos. Die eigentliche Stadt liegt am Südostrand in einer tiefen Bucht und hoch oben auf einem steilen Berg wie ein Schlagsahnetupfen. Gleich neben dem winzigen Pier baut einer Boote und ist bereit, die Gaffel in einer Stunde für 50 Drachmen (7 DM) wiederherzustellen, während wir die Stadt ersteigen, auf gemauerter Treppe. Am Weg stehen ungezählte Kapellen und manches Brunnenhaus, das von einer Mineralquelle gespeist wird; und auch der Schopf des Berges trägt eine kleine Kirche. Die Bewohner des Ortes grüßen uns lebhaft und freundlich, viermal »kali-spera«, für jeden von uns eins. Die Häuser sind wieder wie ein Pueblo geschichtet, und oft ist die Hauptstraße von der Haustreppe nicht zu unterscheiden. Diese über tausend Menschen verlassen in der Arbeitszeit jeden Morgen den Berg, um am Abend in ihr winziges, reinliches Gehäuse zurückzukehren. Die Abfälle werden auf der Straße verbrannt – was trocknete hier nicht innerhalb von Stunden zu Zunder?! Noch nach Sonnenuntergang glüht der ganze Fels. Jeder Kubikdezimeter ist genützt: unter den Treppen leben Hühner und Esel, an den Balkons hängen die Blumen, auf den Dächern, soweit sie es aushalten, sitzen am Abend die Menschen. Was bewohnt ist, ist weiß gekalkt. Einige verlassene Häuser stehen wie verfaulte Zähne im strahlenden Gebiß. Von oben haben wir einen herrlichen Blick über die Bucht. Am Bergrand hocken vier Windmühlen, der Schrei der Esel hallt herzzerreißend in die Dämmerung, vor der Kirche riecht es betäubend nach Weihrauch, und beim Bäcker gibt es ofenwarmes, krustiges Landbrot. Wir eilen zum Schiff hinab, nehmen die neue Gaffel in Empfang und erreichen eben noch beim letzten schwachen Abendlicht die kleine, verlassene Sandbucht, in der wir festmachen. Der Fisch wird gebraten, Stille, Sterne.

Am 15. 8. Früh küßt uns die Sonne wach. Wir entdecken ein kleines Paradiesgärtlein auf dem Grunde unserer Bucht: Brunnen, Trauben, Mandeln, Johannisbrot. Spätes Frühstück um 8 Uhr. Tauchen nach Seeigeln und anderen Meerwundern. In See um 9 Uhr.

Eine Fahrt bei heftigem oder widrigem Wind ist ein spannendes und herausforderndes Ereignis, bei Windstille ist sie nervenaufreibend. Aber heute – bei mäßiger Brise – haben wir einen vergnügten und geruhsamen Tag. Wir haben alle Zeit, uns mit dem zu beschäftigen, was uns am meisten angeht: die Stacheln der Seeigel aus der Fußsohle herausoperieren, Mandeln aufschlagen, rasieren, die tägliche Pflichtstunde mit der griechischen Grammatik absolvieren, lesen, Tagebuch schreiben, einige Schrauben nachziehen, Wasser pumpen, die Füße ins Wasser baumeln lassen, den Bauch in die Sonne strecken. Ich habe Henry Miller beendet und gehe zu Göran Schildt über. Endlich wieder ein normales Buch, das wirklich etwas über Griechenland sagt und nicht nur über den Autor. Ein wenig Axel Munthe ist freilich dabei und die nördliche Verliebtheit in die südliche Fremde – ein Umstand, der selbst erst die Verfremdung erzeugt. Zugleich aber ist da gesunde Rationalität am Werk, gesund, indem sie ihre Grenzen sieht. Wir vier verstehen noch sehr wenig von diesem Land und nehmen das hin wie eine etwas blamable und darum möglichst wenig zu beredende Tatsache. Schildt sucht das Nichtverstehen ständig zur Sprache zu bringen und entscheidet sich dabei einmal für Romantik und einmal für Domestizierung – und oft genug auch für eine sympathische Selbstironie. Er fährt mit seiner Frau Mona zum Teil auf derselben Route wie wir, und auch für sie in ihrem Segelboot sind das Meer und die Sterne so sehr Ereignis wie Griechenland und seine Menschen.

Gegen 1 Uhr setzt totale Flaute ein. Wir bleiben eine Weile still auf dem Meer liegen und tuckern dann mit dem Motor weiter. Die Insel Siphnos bietet uns bei Kastron, einer antiken Hafenbefestigung, einen kleinen Port, von dem aus wir die Höhen mit ihren Windmühlen, verfallenen Türmen und leuchtenden Dörfern besteigen können. Um halb vier Uhr sind wir auf dem Marsch. Kilometerweit windet sich eine breite, gemächliche Treppe aus unbehauenem Marmor durch sorgfältige Terrassenkulturen, an der antiken Mauer und unzähligen rechteckigen, türkischen oder venezianischen Stil bekundenden Taubenhäusern das Bergtal hinan. Die Kirchen und Kapellen sind zu Mariae Himmelfahrt mit griechischen Fahnen geschmückt. In den Dörfern herrscht äußerste Reinlichkeit; der Boden ist ganz mit Marmorplatten in natürlichen und gleichwohl künstlerischen Mustern ausgelegt und die Fugen weiß nachgezogen; in kleinen Aussparungen oder großen Tonkübeln wachsen blühende Hibiskussträucher »wie jemalen«; der Himmel ist von betäubender Bläue über den strahlend weißen Häuserwürfeln und vielmündigen, aus Ton gedrehten braunen Kaminen. Es gibt mehr Idylle, nein Schönheit, als man aufnehmen kann. Ganz oben an der alten Windmühle holt uns der Müller (der, wie es sich gehört, gerade seine zwei Esel belädt) einen kühlen Trunk aus seiner Zisterne, und weil wir uns so schnell von dem schönen Ort mit den freundlichen Menschen (ξένοι εἴσασθε; χαίρετε!... χαίρετε! ... καλά ... καλά! Ihr seid Fremde? ... Seid gegrüßt! ... Gleichfalls! ... Gut! ... Gut geht es!) nicht trennen wollen, nehmen wir vor einem Pantopolion einen Kaffee ein. Der Besitzer erklärt uns, woher der offenbare Reichtum der Insel stammt: von allen Inseln hat Siphnos den besten Ton. Es ist die große Töpfermetropole Griechenlands. Er zeigt uns eines von den (reichlich groben) Stücken, die hier hergestellt werden und die wir von nun an überall wiedersehen. Auf dem Heimweg, den wir aufs Geratewohl durch die Berge wählen, entdecken wir noch eine andere Quelle des Wohlstands – die Weizen- und Obstkultur auf den abertausend Terrassen. Durch ein romantisches Bachtal und unzählige Gärten schmarotzen wir uns unseren Weg zum Boot zurück, wo wir dem Obstmahl einen Fisch und ihm ein kräftiges Fleischmahl folgen lassen. – In der Nacht schlägt Helmut Alarm. Gottlob blinden! Er läßt die Nervenanspannung heraus, die die unentwegt neuen Eindrücke, Sonne, Wind und eine etwas zerrupfte Diät uns allen antun.

Die »Vielfalt« der Eindrücke? Ja, die Sorge, die Inseln möchten sich alle mehr oder weniger gleichen, ist völlig vergangen. Jede hat ihr eigenes Gesicht, weil sie ihr eigenes Gestein hat. Das gibt ihr zunächst andere Konturen – flache Kuppen auf Kythnos, unregelmäßige, eigenwillig modellierte Formen auf Seriphos, hohe, spröde Berge und Felsen auf Siphnos. Sodann bestimmt das Gestein nicht nur, was angebaut wird, sondern auch wie, in welcher Terrassenform. Wege und Mauern sind anders gefügt, die Küsten anders geschnitten, die wenigen Bäume anders verteilt, der Reichtum der Menschen unterschiedlich.

Am 16. 8.   Die Siphnier liebten wir schon wegen ihres Schatzhauses in Delphi. Die Melier besuchen wir um Thukydides' unsterblicher Darstellung ihres tragischen Untergangs willen. Vor allem aber müssen wir einen größeren Hafen anlaufen, denn wir haben eben unsere letzte Wassermelone in uns hineingeschlürft.

Wir fahren in der Mittagsglut südlich um Kimolos herum. Die Küste leuchtet so, daß es wehtut hinzusehen. Unmittelbar dahinter liegt Melos, eine zum Teil heute noch vulkanische Insel, die mit bizarren, an Island erinnernden Felsen und Riffen ins Meer ausgreift. Das Gestein ist porös, bröselig und vielfarbig, vom weißlichen Gelb über Karminrot zu Schwarz-violett, und auch hier bestimmt es, wie wir sehen werden, ganz das Bild der Landschaft. Wir fahren gegen 16 Uhr in die große Bucht ein, in der einst die Athener mit ihrer Flotte vor Anker gegangen sein mögen, um »big stick« Politik zu machen, eine gewaltige Szenerie für ein so gewalttätiges Ereignis. Die Bucht ist mehrere Meilen tief und fast ganz geschlossen. Sie läßt sich mit der Bay von San Francisco oder dem Golf von Rio de Janeiro wenn nicht im Ausmaß so doch in Wirkung und Erhabenheit vergleichen. Von der steilsten Stelle grüßt die weiße Stadt herab. Um einen weiteren Vorsprung herum finden wir den Hafen. Palaio Chori – die alte Stadt – soll mehrere Kilometer vom Scheitel der Bucht aus landeinwärts liegen. Wir setzen etwas hart am Pier auf, weil die Ankerkette reißt, und während Roland mich dafür beschimpft, fällt mir auch noch die Schraube zum Landeschekel ins Wasser. Uff! – Nun taucht unser Kapitän Anker und Schekel wieder herauf – und damit ist unsere Einführung bei der staunenden Bevölkerung von Adamas (so heißt der Ort) perfekt. Während wir die Anmeldung bei der Hafenbehörde erledigen, hat sie Gelegenheit, ihre Schaulust gründlich an uns zu stillen. Und wir möchten unsererseits staunen, wie unentwegt Erwachsene und Kinder stumm und ohne jede Hemmung staunen können. Einen Versuch, von hier aus die »archaia« zu Fuß zu erreichen, geben wir bald auf, machen das Boot noch einmal flott und halten auf das Innerste der Bucht zu. Am Landesteg einer Saline machen wir fest. Stumpf, aufgerissen, staubig, amorph dehnt sich hier das Land vor uns. In großen viereckigen Becken wird kilometerweit Salz durch Verdunsten gewonnen; eine Alaunmine und die Auswürfe anderer Bergwerke verunstalten die Gegend. Nach einer knappen Stunde Marsches kehren wir um, noch vor Palaio Chori, das weder »archaia« hat, noch Palaio Chori heißt. Ich schäme mich dieser mißlungenen Expedition und versuche das *mishap* wieder gut zu machen, indem ich alle zum Abendessen in eine Taverne einlade. Vorher kaufen wir Obst, Melonen, Zwiebeln, Tomaten bei einem liebenswürdigen Gemüsemann; er ruft einen Knaben, der uns zu einem Lokal führen soll, wo wir sicher noch etwas zu essen bekommen, denn der Ort ist von Menschen überschwemmt, die hier das Schiff nach Athen abwarten; und es gibt nur vier kleine Eßlokale.

Einen anderen Knaben schickt er voraus, uns einen Platz zu sichern. Die winzige Taverne gehört einem Mann, der im Kriege für die deutsche Besatzung Brot gebacken hat. »Kamerad«, sagt er zu uns und »Eier mit Kartoffel« und »gut, extra prima«. Wir nehmen auf dem winzigen Vorplatz neben einer kleinen griechischen Gesellschaft Platz und holen uns mehrfach Eiswasser, bis das Gericht für alle vier auf einem Teller aufgetragen wird, dazu ein kräftiger Retsina. Die Nachbarn reichen uns Trauben, und als sie fortgehen, mit einer Postkarte von Partenkirchen beschenkt, bringt uns der Wirt noch den Wein, den sie übrig gelassen haben. Wir geben ihm zum Abschied eine Ansicht der Zollernburg; er möge sie unter das Konterfei des Königs von Schweden und der Zarenfamilie hängen, die seine Taverne schmücken. »Super-extra prima« findet er das, als wir ihm erklären, dies sei die Burg des Kaisers.

Wir erleben gerade noch die Abfahrt des großen Schiffes nach Athen und kehren mehr betäubt als gesättigt aufs *kaïki* zurück, wo wir unseren Halvavorrat aufessen und sogar noch zu Aachener Printen greifen. Ein Bad im leuchtenden Meer soll den Schlaf fördern.

Am 17. 8. In der Tat: im Hafen ist *gut* schlafen – aber nicht *lange*. Noch im Dunkel brechen Wolfram und ich zum alten Theater auf, das hinter Tripete liegen soll. Wir haben heute mehr Glück, finden einen steingesäumten Eselspfad, der durch romantische Landschaft den Berg hinauf führt an einem sehr tiefen, womöglich noch antiken Brunnen vorüber, wo wir uns mehrere Eimer Wasser überschütten. Das Theater hängt am Hang 200 m über dem Meer. Es ist klein, wohl in römischer Zeit erneuert und nur zum Teil erhalten. Aber seine Lage ist schöner als die irgendeines anderen der zwölf Theater, die wir in Griechenland gesehen haben. Als »Kulisse« dient der Sund und ein dahinter sich eben in der Morgensonne badendes Gebirge. Die Fundstelle der Venus und einige Katakomben liegen in der Nähe. Eindruck machen freilich sonst nur die unregelmäßigen Steine der kunstvoll zusammengesetzten Kyklopenmauern, dem vielbewunderten Stück am Fuß des delphischen Tempels vergleichbar. Unterwegs esse ich meine erste griechische Kaktusfrucht. Helmut und Roland ist inzwischen der Teil Marthas zugefallen. Sie haben das Boot ausgepumpt, Öl nachgefüllt, die Deckplanken neu genagelt, die Betten gelüftet und eingebaut. Wir tanken Wasser und fahren auf spiegelglatter See davon. Unterwegs baden wir vom Boot aus, unter uns Abgründe von Blau.

Der heutige Tag will uns daran erinnern, daß wir mit kleinem Schiff ein großes Meer befahren. Wir sind ganz mit Nautik beschäftigt und exerzieren alle ihre Möglichkeiten durch. Erst Windstille mit Motor, bis wir seinen proletarischen Lärm nicht mehr hören mögen; dann geht der Treibstoff aus und muß aus dem Reservekanister nachgefüllt werden, wobei Luft in die Einspritzdüsen gelangt; fieberhaftes Kurbeln, Anspringen des Motors und erneutes Absacken; als die Maschine endlich wieder läuft, klingt sie uns wie Musik; aber da brauchen wir sie auch nicht mehr, denn nun kommt Wind auf. Nach einer Stunde ist er so günstig, daß wir meinen, bis Santorin durchsegeln zu können; nach weiteren zwei Stunden müssen wir das Großsegel einholen, weil wir sonst bei dem scharfen Wind umzuschlagen drohen; wir biegen nach Norden ein – den großen Sprung nach Santorin wollen wir nun doch nicht wagen; Kurs auf Pholegandros; wir kommen in Lee der unheimlichen Insel mit dem unheimlichen Namen und müssen nun das Großsegel doch wieder aufziehen, aber diesmal gerefft; nach zwanzig Minuten nehmen wir das Reff wieder heraus, weil wir zu wenig Fahrt haben und uns die gewaltige Dünung zu schaffen macht; am Südkap der Insel wird dann der Wind ganz steif...

Die Hafenbucht bietet zwar Schutz gegen die Dünung, aber nicht gegen den Wind, der von den Bergen herunter in das Wasser peitscht. Wir sind uns nicht schlüssig, wo vor Anker gehen. In einer windgeschützten Bucht machen uns hilfreiche Griechen scheu, die uns »von oben herab« warnen. Wir tuckern noch einmal auf das winzige Pier zu, an dem vier kleine Boote zappeln. Dreimal setzen wir zur Landung an. Einmal faßt der Anker nicht, und wir stoßen hart auf. Wolfram fällt beinah ins Wasser, als wir wieder absetzen; wir kommen mit den Tauen der anderen Schiffe nicht klar und werden wieder abgetrieben; der Motor lärmt, und auch die von Zorn geschwellte Stimme des Kapitäns bringt keine Klarheit in die Situation. Wir setzen zum vierten Mal an – und nun ist schon das ganze Dorf am Pier und beteiligt sich winkend, schreiend, Seile haltend an dem schwierigen und doch eigentlich lächerlichen Manöver. Erst die Tauchaktionen, mit denen Roland die Anker verlegt, retten unser Prestige. Wir zittern vor Aufregung und sogar vor Kälte. Im Kafeneion sind wir dann Gäste eines Athener Bankangestellten, der gut deutsch spricht. Wir bieten unsere Aachener Printen an, und die Wirtin sorgt dafür, daß auch der letzte Bewohner etwas davon bekommt: die Speisung der Fünftausend ist ein geringes Wunder dagegen. »Poli orea« »sehr schön« war das. Dann geht es in die Kajüte, wo wir gemütlich Tee und Haferbrei kochen. Draußen singt die Dorfjugend alles, was sie für schön hält, von La Paloma bis zum Schlager aus »Sonntags nie«. Wir warten das Ende nicht ab und legen uns unter den auf uns gerichteten Taschenlampenkegeln schlafen.

Am 18. 8.   Aufbruch um 5 Uhr – einmal nicht von der Sonne wachgeküßt. Wolfram übernimmt das Ruder. Wir fahren zum ersten Mal nach Kompaß, weil sich Santorin immer wieder im Dunst verzieht. Die andern halten noch einen kleinen Morgenschlaf an Deck, Roland die Backe auf die harten Planken gedrückt.

Es ist überhaupt Zeit, die Mannschaft und ihre Gepflogenheiten etwas genauer zu schildern.

Der Jüngste – Helmut – ist unser *handiman*; er hilft überall und hilft immer freundlich, ohne Aufwand und Ingrimm. Am besten bedient er das Fall des Großsegels, und am liebsten schneidet er Tomaten und Melonen, weshalb wir ihn zu unserem Melonidas ernannt haben. Aber er sucht auch spontan das Handtuch, wenn der Taucher mit Gänsehaut an Bord kommt, und verteilt die alten Dekken gerecht, auf denen wir an Bord sitzen. Er bringt uns auf hoher See schwäbisch bei, was »trielen« heißt und was »räs« ist (zum Bei-

spiel ein alter Käse); er entwickelt eine nautische Casawubu-Sprache[*] und alle möglichen Theorien zur Lebensführung. Er besteht
auf einer Art spanischem Hofzeremoniell, auch bei trivialen Verrichtungen; die gute Laune verläßt ihn nie, dafür gelegentlich seine
Logik – ein erfreulicher Fortschritt bei einem solchen Erzjuristen,
wenn er nicht das, was übrigbleibt, gleichwohl für Logik hielte. Er
rasiert sich nicht, weil er es nicht braucht. Seinem Humor entspricht
sein Glück: am liebsten springt der Motor an, wenn Helmut die
Kurbel dreht. Seinen Beitrag zum Ernst der Lage leistet er durch
den Verlust einer Zahnplombe und durch nächtliche »Aufstände«,
bei denen er Havarien, Raubüberfälle, Mann-über-Bord-Panik und
dergleichen aus seiner Brust entläßt. Er wird von Tag zu Tag dün-
ner. Er steht oft stundenlang vorn am Bug, langgliedrig, braungebrannt, den Blick in die Ferne, und wenn er sich bei einer besonders gut genommenen Wellenhürde mit Entzücken zu uns zurück-
wendet, dann wissen wir alle, daß Seefahrt nicht Not sondern Lust
ist.

Der Zweitjüngste ist unser Kapitän. Der Bart, der ihm inzwischen gewachsen ist, gibt ihm auch äußerlich das dazugehörige Ansehen, während seine eigentliche »auctoritas« – wie es die alte Be-

---

* Casawubu-Sprache siehe oben S. 238ff.

MÖVENBROT ist, wenn man ein frisches Brot kauft und ein älteres »für die Möven« aufhebt (es wird nach drei Wochen in einer Notlage dann doch von uns
gegessen).

MANDELSTEIN ist (ein Stein zum Aufklopfen von Mandeln), wenn man ihn entweder an Bord genommen oder am Ufer vergessen hat.

BABO-HAND ist, wenn man seine Hand von Dieselöl, Ruß und Fischgestank
durch Babo gereinigt hat.

HEBERLEIN ist (ein Gerät zum Heben der heißen Töpfe), wenn man es nicht
neben sich liegen hat und den anderen energisch auffordert, es einem »zurück-
zugeben«.

MIT DER BOMBE LEBEN ist, wenn man, ohne an Bomben und C. F. von Weizsäk-
ker zu denken, auf der Gasbombe etwas kocht.

PFLICHTFEIGE ist eine der von mir mühsam gesammelten Feigen, die man nicht
einfach wegwerfen darf, bloß weil sie inzwischen nach Dieselöl schmecken,
Man ißt sie! Man? – der HvH!

FLOSKELN sind einfach Schwimmflossen, wenn einem nichts Alberneres einfällt.

ANDRONEN ist, wenn man sich erleichtert (männlich; Etymologie ungesichert ob
von Drohnen, thronen oder der Aufschrift ΑΝΔΡΩΝ an gewissen Orten).

ANDRONIKUS ist ein hierin Gesiegt-habender oder Erfolgreicher.

STAPHYLISMUS ist, wenn man sich staphylia (Trauben) kostenlos aneignet.

SISSYFU(R)Z ist wenn man aus einer Kondensmilchbüchse von der Marke Sissy
eine Portion mit prustendem Geräusch in die Kaffeetasse geblasen bekommt.

deutung des Wortes will – ihm durch Sachkunde und Sachwaltung zukommt. Er übt sie kollegial, und nur in Notlagen ist er das Schiff (le navire – c'est moi!), leidenschaftlich eingespannt in den Vorgang, die Mitte der Tat, identisch mit der nautischen Notwendigkeit. Er werkelt zäh an den Schwächen und Schäden des Schiffs und hat dabei einen seiner Entschlossenheit und seinen Flüchen entsprechend guten Erfolg. Er ißt zu wenig und schläft, wenn die anderen fest schlafen, nur leicht wie eine Amme; wenn die anderen wachen, schläft er unbekümmert wie ein Gegenstand. Er ist von uns allen der leutseligste, speist uns mit immer neuen lehrreichen Geschichten und Tatsachenwissen. Bei Fußmärschen marschiert er gelegentlich hintenan, wie das einem Seemann zusteht.

An Helmut wird unsere Seefahrt zum Spiel, an Hans Wolfram zur Prüfung. Hier ist alles zugleich auch moralische Leistung, gerade weil er es selbst nicht will: Sonnenbrand, Lektüre, Fußschäden, Kartenstudium, das stille Mitbedenken unserer sachlichen und menschlichen Lage. Er ist unser ausdauerndster Steuermann. Zwiebeln schneidet er in der freien Hand; er ist ein Held im Topfreinigen und wäscht sich vor dem Schlafengehen die Füße. Melonen ißt er am sorgfältigsten, Spatenstich um Spatenstich gleichsam; er photographiert mit genauem Umstand und Überlegung. Sein Haar ist widerborstig – Drahthaar, wie sein Wille. Seine Strümpfe sind am vierten, seine Unterhose am siebenten Tag über Bord gegangen, und seitdem spart er beiderlei Art von Kleidungsstücken. Wo Kraft gebraucht wird, ist Hans Wolfram aufgerufen, wo Güte, ist er immer schon da.

Ästhetische, sachliche und moralische Kompentenz sind somit verteilt. Was bleibt dem Schiffsbesitzer und Fahrtunternehmer übrig als sie absolut zu respektieren und großzügig Geld und Humor für beides aufzubringen, selbst wo er sie nicht hat! Dazu rasiert er sich alle zwei Tage, kocht und trinkt viel Kaffee und »dient gerne den Freunden«, wenn auch »leider mit Neigung«, was er denn auch mit Kant'scher Verdrießlichkeit quittiert. Ein Mittel freilich hat er, mit dem er sich doch zum Herren der Reise macht – dieses Tagebuch, dem er sich in psychologisch genau berechneter Stunde widmet. Da hat er etwas, womit die anderen rechnen müssen und doch noch nicht rechnen können. Allerdings ist er hierin ein wenig durch das sehr anmutig geschriebene Buch von Göran Schildt entmutigt; aber eben »Literatur« kann er nicht schaffen wollen, sondern nur Gedächtnishilfe – für die drei anderen und sich – und eine Art Versprechen an die übrigen Freunde: daß man ihnen von dem und jenem erzählen könnte, wenn sie Lust darauf haben.

Neben der Mannschaft die Sachschaft; unsere besten Freunde: die Lanolincreme, Babo-Scheuerpulver, der Gasbrenner (»Bombe«), das Sägemesser, der Wassertank (»Möve«)...

Ich lese gerade »The Voice of the Dolphins«, Szilards geistreiche Kritik an der heutigen Weltpolitik. Scheinbar sagt er bevorstehende Entwicklungen voraus; in Wirklichkeit ist die Vision von Zukünftigem ein Kunstgriff, durch den er die Gegenwart bloßlegt: so kann er wie von Tatsachen reden, wo er Urteile fällt, und wir werden zugleich zu einer Freiheit gezwungen, die das Denkmodell immer beansprucht und auf die die sogenannte Realität allzu bereitwillig verzichtet. – Hierfür vermisse ich nun doch auf dieser Fahrt den Gesprächspartner, obwohl gerade auch dies einer der Gesichtspunkte war, unter denen sie geplant wurde: Wir wollten wirkliche Delphine sehen und uns nicht über erdachte Delphine unterhalten.

Das »einfache Leben« wirklich einfach zu leben, ist weniger eine Verführung als eine Kunst: es ist nichts Einfaches. Den Tag hinzubringen mit den bloß notwendigen und nicht bedeutungsvollen Verrichtungen, die Lücken des Daseins nicht ausfüllen zu wollen mit der Gewichtigkeit des Gedankens, das Selbstverständliche nicht zu unterhöhlen mit der tiefsinnigen Frage – das fordert von uns schon Verzicht, den zu leisten ich in diesen Tagen nur unwillig lerne. Und dabei: was gibt es für gute Themen, zu denen der καιρός nie wieder so kommen wird! – Warum der Sternenhimmel ›schön‹ ist; was das Ausgraben von Altertümern bedeutet; wie wir der Weltgeschichte so straflos entrinnen können; warum Joseph Conrads Resignation tapferer ist als Henry Millers *bravado*; wie überhaupt das Verhältnis von Literatur und Wirklichkeit ist; wie sich die alten Griechen zu den neuen verhalten; und warum am Ende das Gespräch doch wieder notwendig ist. – Aber das scheitert daran, daß offenbar nur ich so empfinde, und so erfüllt sich der Grundsatz der Reise von allein: Er-fahren, nicht er-gründen, sich κατ' οὖρον bewegen – wie der Wind weht –, nicht nach Plan; jetzt schauen, später verstehen.

Bei gutem Segelwind gelingt uns der Sprung von Pholegandros nach Santorin an einem einzigen Tag, ganz ohne den Motor zu gebrauchen. Unterwegs müssen wir pumpen; die hierdurch aufgewühlte, von Dieselöl und Schmiere durchsetzte Bilge erzeugt Übelkeit, die ich zum Teil an Deck einfach ausschlafe und später im

Schlepptau des Schiffes fortbade. Die anderen folgen dem Beispiel und erfinden dabei eine Art Wasserski ohne Skier.

Die Geschichte und äußere Lage von Santorin wird von Schildt wie folgt beschrieben:

Aber auch für den nüchternen Beobachter ist Santorin ein bemerkenswerter Ort, allen Vulkanologen wohlbekannt. Neben Krakatau im Stillen Ozean dürfte es die einzige bekannte Insel sein, die buchstäblich explodiert ist. Sie hieß in der Zeitendämmerung Kalliste, das heißt die sehr Schöne, oder Strongyle, die Runde, und war eine kreisrunde Insel mit einem zentralen Kraterkegel und fruchtbaren bebauten Abhängen, die sich nach allen Seiten langsam zum Meere hinabsenkten – also etwa wie Stromboli in unseren Tagen. Um die Mitte des zweiten Jahrtausends vor Christus kam die große Katastrophe: der ganze Mittelteil der Insel flog in die Luft oder versank in die Tiefe, so daß sich ein ovaler, zehn Kilometer breiter Abgrund öffnete, in den das Meer durch eine gewaltige Bresche im Südosten hereinbrach, eine so gewaltige Eruption, daß auch weit entfernte Nachbarinseln der Zykladen von Asche und Bimsstein bedeckt waren. Als sich allmählich neue Siedler zu dem Orte wagten, fanden sie nur eine Ruine des alten Kalliste, einen Ring mit Flächen, die immer noch sanft zum Meere abfielen und bald ebenso reiche Wein- und Olivenernten brachten wie früher, aber innerhalb der neuentstandenen Lagune oder Kaldeira, wie sie genannt wird, einen senkrecht abfallenden Abgrund und einen Schrecken einflößenden Leerraum. Seitdem ist die Insel immer bewohnt gewesen, obgleich neue Eruptionen den Ring in drei kleinere Inseln zerbrochen haben, neue Eilande aus dem Meere gestiegen sind und der Südteil der Hauptinsel mit der Hafenstadt Eleusis von der Tiefe verschlungen wurde. Der antike Name Thera wurde im Mittelalter in Santa Irini umgewandelt, daher der heutige Name Santorin. Im neunzehnten Jahrhundert stieg eine schneeweiße Marmorinsel, augenscheinlich ein Stück Meeresboden, in der Kaldeira empor, verschwand aber nach einigen Jahren wieder, und die Insel Kaimeni, die jetzt den tätigen Krater markiert, bekam ihr Aussehen beim letzten Ausbruch 1930.

Wir kommen von Nordwesten zwischen Aspronisi und der Hauptinsel Thira in den Golf ein. Die Felswände sind vielschichtig und mit weißen, gelben, schwarzen, rötlichen Streifen durchzogen. Im letzten Abendlicht legen wir am Fuße von Fira an und erklimmen nach (diesmal einfachem!) Festmachen die 300 m hohe Wand auf Griechenlands berühmtester Treppe. Unser Schiffchen ist das kleinste im Hafen und wird brüderlich von schweren Lastseglern in die Mitte genommen. Oben finden wir die selbst schon romantische

Stadt in einem eigentümlich romantisierenden Zustand. Sie hängt nicht nur am äußersten schwarzen Felsenrand, sie tut es mit Mutwillen; sie ist nicht nur alt, sie verfällt stetig weiter und stirbt doch nicht. Sie lebt – wie alle arrivierte Romantik – von der eigenen Verwesung. »Dismal« »schaurig« nennt der Mediterranean Pilot den Anblick und hat doch nur zu registrieren, was dem Auge des Seemanns auffällt; er meint die unheimliche Lage und schließt doch in die Topographie eine psychologische Diagnose mit ein. Eine νόσος καλίστη, eine »schönste Krankheit«, würde Platon das genannt haben, was diesen Ort befällt: den Tourismus, der mit der Tyrannis die Scheinblüte gemeinsam hat. Viele alte Häuser sind verlassen, eingestürzt, eben alle die, die einst dem Dasein selbst dienten und nicht der Schaustellung. Ihre Tonnengewölbe sind heute die Steinbrüche für die neuen Gebäude – Hotels, Kaufläden, Touristenpavillons, Postamt und Kraftwerk. Wir finden gleichwohl noch einige recht verwinkelte Geschäftsgassen und am Ende den Weg zu einem alten, offenbar venezianischen Kastell, wo die Katzen schreien und ein kühler Abendwind geht. Über der Bucht steht der Mond. Betäubt von soviel Romantik tappen wir den langen Weg wieder hinunter mit einem Topf voll Eier und je einer Postkarte für die Eltern, denen nun doch eine Nachricht zukommen soll, daß wir noch leben.

Am 19. 8.   Die Nacht ist für mich unruhig. Der erste Eselsschrei, der in den Felsen vielfach widerhallt, fegt die letzten Brocken Schlafs um 5 Uhr beiseite. Ich störe die anderen auf. Ein Bad im Meer mit Tauchermaske zeigt mir den Abgrund, über dem wir hängen. Es geht fast senkrecht in die Tiefe des unterseeischen Kraters – und man sieht es! Dem Taucherblick verliert sich sonst der Meeresgrund von der Küste fort ins Uninteressante – hier saugt er steil ins Gefährliche, Tödliche hinab. Auf dem blauschwarzen Wasser schwimmen kleine Bimssteinbrocken. Der Blick in die Kabine bringt ein anderes Entsetzen. Sie steht halb voll Wasser, und so müssen wir uns mit dem Pumpen, und da es nicht funktioniert, mit der Pumpe befassen. Derweil kommen andere Schiffe an, fahren über unser Anlegeseil, und überhaupt sieht es zunächst nicht gut aus mit unserem heutigen Wandervorhaben. Wir wollen ja zum antiken Thera marschieren. Aber erst als der steile Anstieg schon von der Sonne beschienen ist, kommen wir fort. Es ist Samstag, und der Eselsmist – eine Wochenproduktion – wird gerade mit großen Schwüngen von der Treppe gefegt.

Unser Weg führt über Pyrgos zum Kloster des Propheten Elias, das weiß und quadratisch den höchsten Berg der Insel krönt. Vom Kraterrand zum Meer fällt das Land sanft ab und besteht aus einem einzigen, durch Terrassen gestützten Weingarten. Schwer liegen die Reben auf dem heißen, trockenen Bimsstein, dicht eingestaubt wie auch die wenigen Feigenbäume und Kakteen. Ab und zu ein Tomatenfeld; die Früchte an den vertrockneten Stauden sind nicht größer als Erdbeeren. – Tugend ist gesättigte Begierden: wir haben bald genug von den Trauben und erklimmen nunmehr in tadelloser Enthaltsamkeit den glühenden Klosterberg. »Seelenkatapult« hatten die Schildts es genannt; heute ist die Anlage »radargesteuert«, und hinter dem wenig ansehnlichen Heiligtum pocht der Generator für die drahtenen Himmelsohren. Der Blick von dort ist freilich erhaben – man sieht nicht mehr Landschaft, sondern Geographie. Ein Mönchlein reicht uns Wasser aus der Zisterne und vergißt nicht, den Bienen etwas zu geben, die den Eimer umsummen. Wir danken ihm mit einer Karte von Sulamith Wülfing; uns seine Reaktion auszumalen, beschäftigt uns sicher nicht weniger als ihn die ungewohnte religiöse Sinnlichkeit. Immerhin: »Schön wie eine fränkische Madonna« sagen die Griechen, weil ihre eigenen Heiligenbilder von so hieratischer Strenge sind.

Auf weit vorragendem Promunturium lag einst das antike Thera, das Hiller von Gärtingen ausgegraben hat. Hans Wolfram registriert unser 13. griechisches Theater. Apollontempel, Herakles-Heiligtum und Hermes-Grotte, dazu der Tanzplatz für die Gymnopädien – all das ist so zerstört, daß ich nichts damit anfangen kann. Aufschlußreicher ist, wie eng die Gassen waren – kaum je mehr als 1.20 m breit – und dabei waren die massiv aus Stein gefügten oder in den Fels gehauenen Häuser zum größten Teil zweistöckig. Überhaupt wird sich die antike Stadt von der modernen griechischen Inselstadt kaum unterschieden haben – es sei denn durch die weiße Tünche. Auch im alten Thera finden wir überall Reste von der für Santorin kennzeichnenden Bauweise – das Tonnengewölbe –, die heute in Beton weitergeführt wird.

Ein freundlicher junger Wärter zeigt und entziffert für uns die »bustrophedon« (von rechts nach links und links nach rechts) in den Fels eingemeißelten dorischen Huldigungen für schöne Knaben, die ältesten Zeugnisse in griechischer Schrift. Unser Mittagsmahl: ein Stück trocken Brot, Feigen und Weintrauben auf dem steinigen Weg zur Kapelle des heiligen Nikolaus, die aus der wohlerhaltenen *cella* eines antiken Tempelchens besteht, mit der alten Steindecke aber ohne den Säulenumbau. An Windmühlenleichen auf ausgestorbenen Weinäckern vorüber kommen wir rechtzeitig an eine Zisterne, aus der ein Bauer Wasser für uns schöpft.

In Fira besuchen wir das Museum mehr aus Pflicht denn aus Neugier; der Wärter läßt uns zerlumpte Gestalten ohne Geld ein, und so müssen wir uns schon für die höchst mittelmäßigen Funde interessieren: 15–20 kopflose Büsten, Konfektionsware, in völlig stereotyper Haltung, das Gewand im Napoleonsgriff. Schön sind allein einige geometrische Vasen. – Aus dem Hafen fährt gerade ein Dreimastschoner unter Panamas Flagge und ungedämpftem Motorengeknatter aus, was wir »unflahulik«[*] finden. – Wir kaufen uns eine zweite Pumpe und tanken Wasser, Dieselöl, süßen Santorin-Wein. In einem Mauerwinkel am schmalen Pier kochen wir ein dickes Fleisch-und-Spaghettigericht.

Am 20. 8.   Auf zappelndem Boot erwachen wir früh, setzen zur Insel Nea Kaimeni über, wo ein Schwefelbad unsern Bootsleib reinigen soll. Aber der Vulkanauswurf, aus dem die Insel besteht (von Schildt treffend als Riesenkokshaufen bezeichnet), scheint inzwischen gänzlich erkaltet, und so tuckern wir bei scharfem Wind zur gegenüberliegenden Insel Thirasia, wo wir in geschützter Bucht unter leuchtend roten Felsen Kaffee trinken, bevor es auf die stürmische See hinausgeht. Der Wind will eigentlich, daß wir nach Kreta fahren, aber der Kalender, den Roland führt, mahnt an die Heimreise, und so rollen wir gegen den Wind nordwärts auf Ios zu. Alle zwei Minuten gibt es eine Dusche, und mehrfach verschwindet der Bug unseres Schiffchens ganz unter den Wellen.

Ios gehört zu den immer seltener werdenden Orten, deren Schönheit noch nicht entdeckt, »touristisch erschlossen« und damit verdorben ist. Schildts haben sich gefragt: »Warum ist Santorin, das hinsichtlich landschaftlicher Extravaganz eine Insel wie Capri himmelweit übertrifft, nicht einer von Europas meistbesuchten Touristenorten?« – und indem sie sich schriftlich wundern, heben sie den Anlaß zum Wundern auf: Heute *ist* es einer der meistbesuchten Touristenorte, und Schildts haben das Ihre dazu getan! Hat man jedoch die »Schwalbennester« (wer sagte das nicht von Santorins kühnen Behausungen!) der Vulkaninsel einen Tag lang bewundert,

---

[*] ein von Roland importiertes gälisches Wort für etwas, was Unbehagen auslöst.

hat man die Bucht in allen Tagesbeleuchtungen überschaut und den am Ende doch nur süßen und gar nicht »vulkanisch-feurigen« Wein zu zwei Mahlzeiten getrunken, dann bleibt nicht mehr viel zu erleben auf der Insel. Schon ihr einfacheres Gegenüber Thirasia verspricht entweder mehr Geheimnis oder erhebt weniger Anspruch: trocken Brot statt Kaviar. Seine Köstlichkeit wollen wir darum verschweigen. Und so auch die von Ios. Es bietet eine anmutige Bucht mit einer liebens- und darum sehenswürdigen byzantinischen Kirche der heiligen Irene, die vor dem kleinen, sauberen und belebten Hafen auf einem Felsvorsprung liegt. Wir finden eine abgelegene Seitenbucht mit Sandstrand, Feigenbaum und fast völliger Windstille und halten ein Mahl und eine allzu lange Siesta, sodaß es zu einem Marsch zu Homers Grab zu spät wird. Wir beschließen, am anderen Morgen mit dem Schiff hinzufahren und heute den Ort zu besehen, über dessen Höhenkranz sich eine flinke Windmühle dreht. Dort kaufen wir Tomaten und einen Block Eis bei einem der schon nicht mehr zu zählenden prächtigen Griechen, die man zum Freund haben möchte, ja, die schon Freunde sind, sobald man nur mit ihnen spricht. Sie suchen die guten Tomaten für uns aus, sie schicken jemanden, um das Eis zu holen, sie bieten uns Wasser, zeichnen die Route auf, schenken Rat und ein immer erfreuendes, offenes Lachen. Ich bilde ihm zuliebe meinen ersten dreigliedrigen griechischen Satz. Ob er richtig ist, weiß ich nicht; aber der Mann versteht sofort und hilft.

Helmut hat inzwischen eine mustergültige Feuerstelle gebaut, und das Mahl wird lecker bereitet, während ich noch einmal an den Felsen entlang tauche und Tintenfische, Seeschlangen, Seesterne, Seeigel, Seegurken und die Fülle der nur von Roland zu benennenden Seewunder bestaune, ja sogar ein gutes Dutzend wohlpatinierter 12-cm-Granaten. Ich erbeute zu meiner Seeigelkollektion einen Triton, den Roland mir zu einem Blasinstrument aufbohrt. Der in Eis gelöste Santorin-Wein und festes Land unter uns sorgen für einen guten Schlaf, den am Morgen das Gamelankonzert einer vorüberziehenden Ziegenherde beendet.

Am 21. 8. Zum Frühstück braten wir eine angeschwemmte Riesenaubergine, sammeln unsere Töpfe mit reifen Feigen voll, reinigen das Boot und räumen ein. An der Heiligen Irene vorüber verlassen wir den Ort, von dem wir gern glauben wollen, daß der wandernde Homer sich gesagt hat: Hier ist es gut, hier will ich bleiben bis an das Ende meiner Tage.

Der Ausflug zu Homers Grab ist ein Abenteuer. Gleichwohl: auch wenn wir vorher gewußt hätten, welche Mühe es uns kosten würde, wir wären dem großen Dichter diese Huldigung nicht schuldig geblieben. Die Nordküste von Ios hat so viele kleine Buchten, daß man ohne genaue Kenntnis oder Führer einfach »probieren« muß, welche die richtige ist. Der Wind bläst heftig von Norden, und so können wir die erste Bucht nur schwimmend erreichen. Aber noch bevor wir in das romantische Tal einsteigen, sehen wir, wie uns das Schiff nachkommt. So muß Roland zurückbleiben, um die Anker zu sichern, und wir stürmen im Eilschritt den Berg hinan, wo ein verlassenes, steinernes Gehöft die ehrwürdige Stelle zu verheißen scheint. Wir finden unter Oliven- und Feigenbäumen, die ihre nicht geernteten Früchte fertig getrocknet für die Zellophanpackung auf den Steinacker fallen lassen, nicht Homer, – sondern einen einsamen Jäger mit Hund. Er reicht uns Wasser, zeigt stolz seine Beute und bietet an, uns zum Grab Homers zu führen: eine gute Stunde Wegs. Wir weisen auf unser *kaïki* und überzeugen ihn, daß es so nicht geht. Diesmal lassen wir uns jedoch genau beschreiben, wieviele Buchten noch folgen und was wir dort im einzelnen sehen werden. Bevor wir das Schiff besteigen, das nun den Anker bis nahe an das Ufer geschleift hat, halten wir Weinernte in einem verwilderten Garten.

In der richtigen Bucht – wir wissens's ja nun von dem Mann – tobt die Brandung so heftig, daß ich beschließe, allein an Land zu schwimmen, mit der Kamera und Rolands Soris im Plastikbeutel. Der Aufstieg ist dornig und steinig wie nur je der Weg zum Grab eines Großen, und ich muß mich obendrein eilen, weil die andern derweil im Kreis herumfahren müssen. Ich finde auf nacktem Bergrücken einen hohen Steinhaufen, in der Mitte aufgerissen. Im Innern liegen einige Marmorblöcke; ringsum Stille, starrende Distelbüsche, eine kleine Quadermauer, erhabene Einsamkeit mit weiter Sicht über das bewegte Meer. – Ich kehre mit schmerzenden Füßen zurück, schlucke viel Salzwasser in der Brandung und komme heil an Bord. Die aufgewendeten Mühen fallen stark ins Gewicht für den Beweis, daß *dies* hier das Grab Homers ist. (Ein kleiner Stein davon, in meiner Badehose an Bord gebracht, wird zu meinen Seelenschätzen gehören.)

Wir haben uns damit zwei Stunden aufgehalten. Diese Zeit fehlt unserer Zuversicht, als wir nach sechs Stunden immer noch nicht die schützende Südküste von Naxos erreicht haben und die Sonne schon untergeht. Wie soll ich diese Fahrt beschreiben? – eine Fahrt direkt gegen den Nordwind, der uns Brecher auf Brecher über das Schiff jagt und in alle Fugen hinein. Es gibt keinen Tropfen in diesem Teil des Mittelmeers, der mir nicht über das Gesicht gelaufen wäre. Die anderen sitzen nicht weniger naß in der Kajüte, Roland mit stoischer Gleichgültigkeit auf dem Deck im Windschutz. Ab und zu will der Motor aussetzen; uns stockt der Atem. Dann hieße es zurücksegeln, irgendwo im Dunkeln mit unsicheren Manövern Schutz suchen. Was hat Dionysos gegen Naxos, wo er einst die Ariadne fand? Aber bevor man die Mythologie ausdenken kann, hat einem der Wind den Atem gestohlen. Dabei haben wir doch den Hesiod brav studiert:

> Fünfzig Tage, nachdem sich am Himmel die Sonne gewendet,
> Bis zum Ende des Sommers, der so erschlaffenden Tage,
> Kommt die geeignete Zeit für die Menschen zur Seefahrt, du wirst dann
> Weder Schiffbruch erleiden, noch tötet das Meer dir die Leute ...
> Dann sind klarer die Lüfte, und mühlos gleitet die Seefahrt.
> Ziehe dein eilendes Schiff dann ruhig, den Winden vertrauend,
> Nieder ins Meer und bring die Fracht auch vollends in Ordnung,
> Eile jedoch aufs Schnellste, dann wieder nach Hause zu kommen.

Fünfzig Tage nach dem 21. Juni, das ist der 10. August; – wir sind mitten drin in der »geeigneten Zeit«, und so gilt wohl für uns, was folgt:

> Falls es nicht so die Absicht des Erderschüttrers Poseidon
> Oder der Göttergebieter Kronion Verderben beschlossen,
> Denn bei ihnen liegt die Entscheidung von Heil oder Unheil.

Sie haben gütig entschieden: Wir erreichen im letzten Dämmerlicht den bergenden Strand, wo die Menschen aus den entfernten Gehöften sich einfinden, diskret und freundlich. Sie sind besorgt über unser Verbleiben in der windigen Nacht und wollen uns schützende Höhlen weisen. Ein altes Mütterchen ist nicht davon abzuhalten, Holz mit uns zu sammeln. Die Buben Adami und Georgios holen Wasser. Und dann sitzt alles um uns herum, während wir die erste Mahlzeit seit der Aubergine halten. Der Strand hat weichen Sand, und das Schiff kann so nahe herangeholt werden, daß wir nur bis zu den Schenkeln und nicht immer bis zur Brust eintauchen müssen, wenn wir etwas von ihm holen. Ein Brunnen ist 150 m entfernt. Hier kann man bleiben. Wir schlafen, vom unermüdlichen Wind umzaust, mit dem Blick aufs Meer, das in der Ferne festlich beleuchtet ist: eine Fischerflotte, die mit ihren großen Benzinlampen die Fische an die Oberfläche lockt.

Am 22. 8. Am Morgen, bei Sonnenaufgang, wartet in züchtiger Entfernung schon der erste Grieche auf seine *parea* – ein Gespräch. Bald kommen die Kinder dazu. Wir fahren heut nicht weiter, halten große Wäsche, ruhen im Schatten unseres Sonnensegels, für das wir zwei niedrige Steinmauern aufgeführt haben. Helmut pumpt, Wolfram scheuert die Töpfe, Roland tankt nach, ich wasche das Boot. Wir lesen und genießen die erzwungene Muße; nur der Wind, der uns nun mit Böen von feinem Sand überfällt, mahnt daran, daß wir der Not nur ausgewichen und nicht entronnen sind. Am Nachmittag wandern wir in verschiedenen Abteilungen verschieden weit ins Innere der Insel, die landschaftlich schönste von allen, die wir gesehen haben. Es gibt hier am Südrand keine Wein- und Ölkulturen, dafür abgeerntete hellgelbe Getreidefelder zwischen braunen Steinmauern und dunkelgrünen Büschen. Hier und da wächst eine Prinoseiche wie in Arkadien, mit den gleichen, schöngeschwungenen Bergen im Hintergrund. Eine Spezialität von Naxos sind kleine Tennisbälle, die die Brandung aus den Spitzen von Seegras zusammenrollt und die den ganzen Strand bedecken.

In unserer Bucht hat man Ausgrabungen gemacht, die ἀγάλματα (Statuen) aber schon fortgeschafft. Die Akropolis des alten Naxos lag nur 5 km weiter östlich. Ein Mann will wissen, daß die Flotte des Xerxes eben hier am Fuße dieses Berges haltgemacht habe auf der Überfahrt nach Griechenland.

Ich lese den Szilard zu Ende, und es gelüstet mich, ihn zu übersetzen. Aber ein Gespräch mit Helmut über das Verstehen und das Verhältnis von Forschen und Lehren bringt mich wieder zur Einsicht, daß es meine Aufgabe nicht ist. Interpretieren macht mir nur Freude und gelingt mir nur dann, wenn ich die Sache selber noch nicht verstanden, noch nicht in Besitz genommen habe. Die Wiedergabe und Weitergabe des Gewußten, wie sie Roland vollendet meistert und genießt, ist mir eine unliebe Pflicht. Wenn Lehren darin besteht, bin ich kein Lehrer.

Und ebenso die bloße Wiederaufnahme: So scheitere ich auch an einem Buch wie »Alexis Sorbas«. Von den drei Büchern über Griechenland (von Schnabels Sechstem Gesang abgesehen, das ja nicht von Griechenland oder Griechischem handelt sondern unmittelbar von uns) ist es das einzige, das von einem Griechen verfaßt ist, von einem modernen Griechen, der mit nervösem Selbstbewußtsein um jeden Preis das Griechentum in den Hafen der Menschheit einbringen will. Das, was da auf Rowohlts billigem Papier, unter dem Geleit von kraftmeiernder Lebensphilosophie, in kraftloser Sprache als Griechenland erscheint, soll die Welt selbst sein. Sein Griechenland will am allgemeinen Maßstab gemessen werden; es soll nicht selbst Maßstab für die übrige Welt sein wie bei Henry Miller, und nicht unsere (ihrer Beschränkung bewußte) eigene Welt zum Maßstab haben wie bei den Schildts. – Vielleicht tue ich dem Buch unrecht, wenn ich es in diese Reihe stelle, aber es bringt griechische Landschaft, griechische Geschichte, griechische Götter so aufdringlich ins Spiel, daß man nicht umhin kann, hier ihre Wahrheit zu prüfen; *dieses* Griechenland haben die anderen redlicher geschildert.

Am 23. 8.   Sehr früh brechen wir zum Ort Naxos auf, der an der Westküste gut auf der Mitte liegt. Die blaue Kulisse der charaktervollen Berge verschiebt sich langsam und stellt immer neue Bilder von gründlicher Tiefe. In Naxos kaufen wir ein. Gewiß würde ich den Ort genauer schildern, wäre er nicht unser »dutzendster« Hafen auf den Kykladen. So geht es weiter um das Nordkap herum zum *Hormos tu Apollonos*, zum Hafen des Apoll, einer kleinen, üppigen Bucht mit 5 bis 10 Häusern, einem schmalen Kai und so viel Grün, wie man zu dieser Jahreszeit in Griechenland nur beieinander sehen kann. Eine kräftig umgrünte Quelle im Ort gibt an, daß es gut mit dem Wasser steht, und dasselbe tun die riesigen Stapel riesiger Zwiebeln im Hafen, die Terrassen, auf denen Erdnüsse, Bohnen, Süßkartoffeln und höher hinauf auch Wein gebaut werden, vor allem aber der Frohmut der Menschen, die den lieblichen Ort bevölkern. Ariadne kann sich hier nicht allzu unwohl befunden haben! Wir marschieren zum Steinbruch hinauf, wo ein archaischer Kuros von 8 bis 10 m Länge noch unfertig, am Fels »angewachsen«, daliegt. Ein Apollon mit Bart? Archäologen definieren Apoll als bartlosen Jüngling; dieses Standbild jedoch war für Delos bestimmt, dem der Ort zugewandt liegt und das ein Apollonheiligtum war; das alte Naxos dagegen, wo es auch andere Heiligtümer gab, lag direkt nach Süden; also doch ein Apoll? Freilich! Er hat eben keinen Bart sondern ein zu langes Kinn oder Mumps, oder er sollte an der Stelle noch weiter behauen werden; und so hat denn alles seine Ordnung in dieser Disziplin, auch die Ausnahme. (C. F. von Weizsäcker hat mir darum von diesem Koloß erzählt, als er mir einmal demonstrieren wollte, was der Unterschied zwischen normativer und empirischer Wissenschaft ist.) Aber für mich hat er einen Bart – und gleichwohl möchte auch ich, daß es ein Apoll sei. Und so wird mir wieder einmal deutlich, daß ich für strenge Wissenschaft nicht tauge.

Wir schlagen uns den Magen noch mit den süßesten Trauben voll, die wir bisher in Griechenland gefunden haben, photographieren (auf seinen Wunsch) einen Germano-Manen (kurz Ger-Manen) am Wege, kaufen herrliches Schwarzbrot und Wein und wagen mit gestärkter Seele den großen Sprung nach Delos – etwas spät und bei mäßigem Gegenwind. Es schmeckt wieder nach Abenteuer.

Etwa drei Seemeilen vor Delos setzt der Motor aus, nachdem wir eine Strecke mit Segel und Motor zugleich gefahren sind. Nun haben wir so gut wie gar keinen Wind. Die Sonne geht unter. Eine halbe Stunde kurbeln wir, bis es gänzlich dunkel ist. Eine weitere Stunde – mondbeglänzte Zaubernacht; der Mond steht im gleichschenklichen Dreieck zu Venus und Mars. Dann wird der Wind stärker, und die Aussicht auf einen Sturm treibt uns der »mechani« wieder in ihre öligen Fangarme. Als wir beim Öffnen des Treibstofffilters feststellen, daß dort kein Benzin mehr läuft, entdecken wir zufällig, daß der Zuleitungshahn abgestellt ist. Wir drehen ihn zuversichtlich wieder auf – aber inzwischen hat sich die *mechani* einen anderen Grund für ihr Stillstehen ausgedacht; nun läuft sie nur noch auf einem Zylinder. Außerdem müssen wir wieder Wasser pumpen. Nachdem wir alle in Motorenöl gebadet sind, als Gesalbte unseres willkürlichen Herrn, und nachdem die Taschenlampe auch versagt, brechen wir das Unternehmen ab, versuchen, uns mit dem Segel gegen den Wind zu halten, legen uns schlafen. Roland bleibt am Steuer. Um 2 Uhr 30 geht der Mond unter; gegen 3 Uhr 30 weckt mich der Steuermann, weil er nicht erkennen kann, wie weit das Land entfernt ist; ich eile an den Bug: es sind knappe 20 Meter und das »Land« ist ein Fels vor der Südspitze von Delos. Wir kreuzen zu zweit zwischen Rhinea und Delos hin und her und verlieren beim Halsen jedesmal 20 von den 30 Metern, die wir mühsam gewonnen haben. Bei Sonnenaufgang bricht die Gaffel, und wir flüchten uns – geschlagen – hinter den nächsten Felsvorsprung; der Wind weht nun scharf von Nord.

Am 24. 8. Frühstück, Ausbreiten der nassen Decken, Kleider, Matratzen. Aufbruch zu dritt in die »Archäologie«, während Roland am Motor werkelt. Die Ausgrabungen sind in den letzten drei Jahren weitergegangen, die Rekonstruktionen vervollständigt. Im ganzen Terrain herrscht gallische Ordnung. Schön ist das alles nicht, aber doch wohl auch nicht bloß ermüdend, wie es uns an diesem ermüdeten Vormittag vorkommt. Nirgends ist es so leicht möglich, sich eine antike Stadt in der Phantasie wieder herzustellen wie hier: Die sehr engen, sorgfältig gepflasterten Straßen zwischen den mehrstöckigen Häusern, das Fehlen jeglicher Grünanlage, die Stoai, die Ladenreihen (shopping center), die Lagerhallen, die Hafenkontore, die Villen der Reichen, die Innenausstattung dieser luxuriösen und doch immer dem Praktischen verhafteten Wohneinheiten: mit Ölpressen, Mühlen, Zisternen, Wasser- und Abwasserkanälen. Dazu zwei Theater und vor allem die Tempelstadt, an der wieder zu lernen ist, daß »Schatzhaus« und Tempel das gleiche sind. Hier haben die Athener, da die Naxier, dort die Delier selbst ihre Gaben für den Gott aufgestellt; hier auch konnten sie in der Not wieder bei ihm borgen. Alle Verwandten des Apoll haben ebenfalls ihr Heiligtum, und inzwischen ist sogar die Fassade des Isistempels und manches hellenistische Gebäude wieder errichtet. Das Museum ist aufgeräumt; seine archaischen Torsi sind noch immer das Beste, was Delos zeigt. – Als wir zum Schiff zurückkehren, kann nur eine Wassermelone über Rolands Ergebnislosigkeit trösten. Wir halten Mittagsschlaf auf den heißen, schattenlosen Felsen bei kühlendem Wind.

Am Nachmittag, nach kleinem Fischfang, brechen Roland und ich auf, um Hilfe zu holen. Evtichia (εὐτυχία – Gutglück) läßt uns die eben in der Abfahrt begriffene Kalliope (... ἡ δὴ προφερεστάτη ἐστὶν ἁπάσων)* dazu bewegen, uns wenigstens in den heiligen Hafen zu schleppen. Das war die letzte Gelegenheit heute. Der Schiffer verspricht uns, morgen einen Mechaniker herüber zu bringen. Bei dem starken Sturm, der die Brandung hoch aufgischten läßt, ist an ein Abschleppen nach Mykonos nicht zu denken. Die Touristen haben inzwischen die Insel verlassen, und wir bummeln im Abendlicht noch einmal durch die Ruinen hinauf zum Kynthos-Heiligtum, dem ältesten pelasgischen Bauwerk von Delos. Aus kyklopischen Steinen ist ein Dachfirst über einem Felsspalt errichtet, darunter brütet ein breiter Opferstein mit Blutrinne. Wir sind guter

---

* ... die die vorzüglichste ist unter allen Musen.

Dinge, weil nun Aussicht auf Fortkommen besteht, und auf einmal ist sogar die »Archäologie« von Delos wieder interessant. Am Strand finden wir eine geschützte Stelle für ein Feuer und ein kräftigendes Reismahl. Der Mond, dreiviertels voll, leuchtet uns zu Bett auf dem endlich einmal ruhigen Deck des Schiffes.

Am 25. 8. Um 7 Uhr kommt ein Boot mit Frauen, die ihre »souvenirs«, die hierzulande gewebten bunten Taschen, Hemden, Rökke, Decken, auf dem Kai ausbreiten; eine halbe Stunde später bringen Barkassen die Touristen von zwei Dampfern, die in der Bucht vor Anker gegangen sind: Hunderte von gepflegten Menschen in allen Graden der Bekleidung. Wir betrachten sie ebenso verwundert wie sie uns: ein Mann mit weißem Hemd und Bügelfalten in den *shorts*, rasiert und glattgekämmt ist eine andere Spezies als wir. Viele kommen so nackt daher, als wüßten sie, daß man beim Betreten der Insel Rock und Hose kaufen kann.

Seitdem warten wir auf den Mechaniker. Wir warten seit 36 Stunden. Für Tätigkeit sorgt allein Roland mit Fischfang: wir müssen die Fische ausnehmen, schaben, am rauchenden Feuer braten, verzehren, verdauen. Diesmal hat er auch eine Muräne gebracht, die die alten Römer als Delikatesse schätzten, wenn sie in frischem Olivenöl gebraten ist. Zur moralischen Aufrichtung machen wir uns nach ausführlichem Studium des Griechischen an die Ausbesserung der Schiffseinrichtung, zunächst an die Matratzen, weil sie sich gleichsam in trauter Heimarbeit reparieren lassen. Außerdem wird Holz gesammelt, getaucht, geschlafen, die Zukunft bedacht. Ein Trost: der Meltemi ist so stark, daß wir auch mit heilem Motor nicht von hier fort könnten. Roland und ich überqueren schwimmend den »Sund« (nach Rhinea); eine starke Strömung treibt uns nach Süden ab über die submarine Archäologie hin – über Haufen antiker Vasen, Säulenkapitäle, Anker, Blechbüchsen, Zeitungen; man meint zu fliegen. – In der Nacht, es ist fast Vollmond, gegen 3 Uhr eine Mondfinsternis. Sollen wir nun noch drei Tage untätig liegen bleiben, wie die Athener vor Syrakus, bis zur totalen Niederlage?

Am 26. und 27. 8. Inzwischen sind wir schon vier Tage auf Delos. Der Wind hat nicht nachgelassen, und wir erleben, was wir sonst bei Conrad nur lesen; wie der Sturm nicht nur an den Wanten sondern vor allem an den Nerven zerrt; nicht-weiter-können bei einer Unternehmung, die eigentlich nur aus Weiterkommen besteht; ausgeliefert sein an etwas, das man nicht einmal durch Opfer zu gewinnen oder zu beschwichtigen vermag. Obendrein sieht alles ganz harmlos aus, weil die Sonne scheint; in unseren nördlichen Breiten würde es dazu hageln, der Himmel wäre dunkel und bedrohlich – und hier bläst uns stattdessen der Wind nur den Kaffee aus der Tasse. Wie schlimm es steht, läßt sich daran ablesen, daß seit drei Tagen kein Boot mehr aus Mykonos herübergekommen ist. Das letzte hat uns unsern Mechaniker gebracht. Er hat nicht nur unseren Motor, sondern auch den einer anderen Barkasse und die Lichtmaschine des »Hotels« repariert. Die Einspritzdüsen waren verstopft, und wir haben von ihm gelernt, wie man sie reinigt. Er ließ den Motor bei offenem Deck laufen, und alles ist dick mit Öl bespritzt. Wir schließen gleich einen Ölwechsel an, scheuern, waschen, bringen die Gaffel einigermaßen in Ordnung und sind klar für die Ausfahrt, sobald der Wind es zuläßt.

Um Delos haben wir uns nicht gekümmert und kennen es nun gleichwohl recht genau; wenn man zum Kap geht, um die gewaltige Brandung zu beobachten, kommt man zu den abgelegenen neuen Grabungen; wenn man Holz sammelt an der alten Hafenanlage entlang, entdeckt man Höfe, findet man schöne Scherben; wenn man zum Harpunieren nach Süden auszieht, trifft man auf verlassene Verlassenheit – riesige Marmorbadewannen unter reifenden Feigenbäumen in einem antiken Peristyl; wir schöpfen Wasser aus einer antiken Zisterne, waschen uns in antiken Steinkübeln, suchen Windschutz in antiken Apodyterien, in den Stoai, in mit Stuck überzogenen antiken Boudoirs; wir holen Brot bei den Wächtern, vorbei an den Phalli des Dionysostempels an dem Riesentorso des Apoll, an den archaischen Löwen; wir schwimmen im heiligen Hafen... Was ist antik – was Gegenwart? Die Eidechsen sind so alt wie der Kynthos und so jung wie der heutige Tag, und die Sonne:

> The Isles of Greece, the Isles of Greece,
> Where Delos rose and Phoebus sprung!
> Eternal summer gilds them yet;
> But all, *except the sun*, is set.
> *Byron*

Wir haben uns die größten und schönsten Häuser ausgesucht (das Haus am See; das Haus der Masken) und scheuen uns nicht, von den 365 Millionen antiker Steine, die hier herumliegen, ein kleines, zwanzigpfündiges Souvenir mitzunehmen. – Die Wächter sehen uns wohlwollend beim tränenreichen Abkochen zu und der Mond bei den abendlichen Streifzügen an die Nordküste oder auf den Berg, von wo aus wir das Wetter studieren. Aber die weiße Wolke, die über Tinos schwebt und Meltemi bedeutet, bleibt!

28. 8.   Sie sitzt auch heute noch da, am fünften Morgen, wenn ich recht zähle. Aber der Wind hat etwas nachgelassen und unsere Vorräte sehr. Gestern mußten uns Gedichte von Byron den Tee versüßen, denn wir haben keinen Zucker mehr:

> The Sweets of Life...
>
> T'is sweet to see the evening star appear,
> T'is sweet to listen as the night winds creep
> From leaf to leaf, 't is sweet to view on high
> The rainbow, based on ocean, span the sky
> .... 't is sweet to put an end
> To strife; 't is sometimes sweet to have our quarrels
> Particularly with a tiresome friend...

Die Sachen gut unter der Gummiplane verpackt und unter freundlichem Winken von Nicki Galounis, unserm Freund von 1958, fahren wir aus; er findet es nicht unsinnig, aber auch nicht gerade selbstverständlich. Und hätten wir nicht fünf Tage auf diesen Moment gewartet, wir wären vielleicht doch geblieben. Es mag eine gute Fügung gewesen sein, die den Motor gerade in jener Nacht vor Delos gestoppt hat. In welches Abenteuer wir uns aus Unkenntnis, Ungeduld, Unbedacht begeben hätten, wer will das wissen!

Nunmehr wissen wir es selbst. Vor zwei Stunden sind wir auf die Haut durchnäßt und blau gefroren unter Griechenlands nimmermüder Sonne am Leuchtturm von Syros in der ersten und nur darum besten Bucht eingelaufen. Wir haben eine Rekordzahl von 45 Eimern aus dem Boot gepumpt, an den Felsen gekauert eine ganze Dose Halva aufgegessen, weil wir uns einer Tröstung, ja einer Belohnung für wert hielten, und haben eben zu allem Überfluß festgestellt, daß dies noch gar nicht die Küste von Syros ist sondern eine kleine Insel, die von dem Hafen durch eine wütend gischtende Passage (von knapp einer Seemeile) getrennt ist. Kaum waren wir südlich um Rhinea herumgekommen, gerieten wir in eine gewaltige Dünung. Daß es rauh und feucht zugehen würde, war uns klar. Aber nach 1 1/2 Stunden setzt dann der Meltemi wieder ein, reißt uns die Fockschoot weg und spült mehrfach so gründlich über das Boot, daß wir nur staunen, was es aushält. Der Motor tuckert regelmäßig weiter. Helmut flieht aus dem Elend des kalten Decks in das Elend der dumpfen Kajüte, wo sich der gestohlene Mahlstein losgemacht hat. Was rumpelt und pumpelt in meinem Bauch... ? Syros ist im Dunst noch nicht zu sehen, als Rhinea schon aus unsern Blicken schwindet. Dabei ist der Dunst selbst kaum wahrzunehmen, man meint ständig den offenen Horizont zu sehen. Insgeheim rechnet jeder aus, von wann an er wohin schwimmen wird: von hier aus noch zurück ... jetzt besser zum Felsenriff dort im Süden ... nun schon besser nach Syros...

Daß wir nicht haben schwimmen müssen, hat uns nicht übermütig gemacht. Wir sind fest entschlossen, nur bei gutem Wind oder gar keinem von Syros aufzubrechen. Die Ankunft im großen Hafen von Syros ist übrigens eine Art Einlauf ins Ziel nach einem Marathonlauf, Herrmann Buhls Rückkehr vom Gaurisankar, Hillary's vom Südpol: Helle Haufen versammeln sich am Kai und machen aus ihrer Bewunderung für die kühnen »Jermani« keinen Hehl. Der Hafen liegt voller großer Schiffe, die seit Tagen nicht auszulaufen wagen. Wir pumpen eindrucksvolle Mengen Wasser aus dem Boot und hängen uns und unsere klatschnassen Sachen zum Trocknen – geschäftig, um zu verbergen, daß die Bewunderung auf allzu guten Grund fällt, daß sie tröstet für den ausgestandenen Wahnsinn.

Syros liegt wieder an steilem Hang und ist kein Ort mehr sondern eine richtige Stadt, die erste, seit wir Athen verlassen haben. Der Kai ist von Laternen und Kafe-neon-licht hell beleuchtet: Ein Zacharoplasteion (Konditorei) neben dem anderen preist hier mit Leuchtschrift seine Loukoumia (türkischen Honig) an, eine Spezialität von Syros. Große und kleine Jachten, Fischerboote, ein Trawler, ein Tanker aus Monrovia nehmen uns kameradschaftlich in die Mitte. Später kommen mehrere Passagierdampfer: das wahre, lebendige Griechenland – ewig fahrendes, sich wiedersehendes, sich trennendes Volk mit Reisebündeln, Hühnern, Geschrei, Eleganz und Armut. Noch bevor die meist sehr modernen Tausendtonner anlegen, gehen die weißbefrackten Loukoumia- und Pistazienverkäufer mit einem Ruderboot gleichsam durch die Hintertür an Bord und fallen dem Publikum in den Rücken – ein Heidenspektakel! Unsere Einkäufe sind ganz auf Reparatur gestimmt: Nägel, Draht, Seil, Nadeln, Garn, Farbe. Außerdem – in einem dunklen Drang – werden die Lebensmittelvorräte ganz neu angelegt, und der Schiffsunternehmer fragt sich am Ende, wozu?, wo wir doch in zwei Tagen spätestens in Athen sein werden! Die Gaffel wird zum Schreiner gebracht, der sich gleich an die Arbeit macht und in anderthalb Stunden, gegen 20 Uhr, fertig zu sein verspricht. Wir machen das Schiff zur Ausfahrt klar und suchen schließlich ein abgelegenes, zünftiges Restaurant, wo die Leute vom Ort essen, dort, wo der Kai in den Hafen übergeht. Wir bewältigen zu viert sieben Portionen, die wir über den Kochtöpfen verschieden zusammenstellen, und trinken entsprechend dazu. Ein großer Happen Loukoumia versiegelt uns gegen das Leben – Licht und Lärm – am Kai.

Am 29. 8.   Am andern Morgen hat der Wind nur wenig nachgelassen. Wir flicken eifrig, brechen aber, um unseren Sitzkater zu überwinden, um 16 Uhr, als die Sonne niedriger steht, kurzerhand aus – zu einem Bummel durch den nichttouristischen Teil von Syros, zunächst am Hafen entlang, wo jede Gasse einen anderen kräftigen Geruch hat, nach Fisch, Öl, Retsina, Gebackenem, Getrocknetem, durch die industrielle Vorstadt mit ihren Spinnereien und Loukoumia-Fabriken hinaus ins Gebirge. Wir hatten Angst, daß Syros uns langweilen, nein abstoßen müsse, ein bloß lästiger Zwangsaufenthalt werde. Aber immer wieder gibt es Steigerungen auf diesen griechischen Inseln. In verlassenen Gärten großer Villen genießen wir erhabene, böcklin'sche Romantik, Feigen, Kaktusfrüchte, Mandeln und am Ende die endgültig köstlichsten Trauben unserer Reise (von denen Helmut mit Recht bedauert, daß sie zu Loukoumia verarbeitet werden) – eine in diesen Aufzeichnungen schon stereotype Aufzählung, und doch alles, was uns Nordländern den Süden süß erscheinen läßt. Zwischen den hohen Mauern der Gärten riecht es nach warmen Piniennadeln und Eselsmist – nach Kalifornien; und hinter den Mauern klappern leise die Göpel.

Wir erklettern den höchsten Berg der Insel, schauen nach Westen auf kleine Hafenbuchten am Ausgang der fruchtbaren Täler, in denen die Kulturen sorgfältig von Schilfhecken eingefriedet sind, schauen auf Terrassen und Wege, vereinzelte Kirchen und ein sich befriedendes Meer, dort, wo wir hinwollen. Hier oben auf dem Kamm müßte ein heftiger Wind wehen, und weil er es nicht tut, sind wir guter Dinge für den anderen Tag. Auf dem Heimweg über einen anderen Sattel zaubert uns die Abendsonne leuchtende Farben aus dem Gestein; die Berge bekommen eigentümliche Schatten; die Felsen speien die Glut wieder aus, die sie am Tage geschluckt haben; was das Mittagslicht in seinem Glast zu Formlosigkeit zusammengeschweißt hat, entfaltet sich wieder zu plastischer Gestalt. – Es wird dunkel, und wir stolpern das letzte Stück auf steilem Saumtierpfad hinab. Da liegt auf einmal die erleuchtete Stadt vor uns – ein Wunder zu schauen. Henry Miller lobt das Lichtmeer von Athen, und der Tübinger ruft »ah«, wenn er abends über Degerloch die alte Weinsteige nach Stuttgart hinabfährt, und beides wird hundertfach von Manhattan übertroffen, nein, der Unvollkommenheit überführt. Dies hingegen ist im Wortsinn unvergleichlich – eine regelmäßige Unregelmäßigkeit der Lichter, die sich zum Hafen hinab kunstvoll verdichten, bis sie am Kai zu einem einzigen Lichtbogen zusammenschmelzen, der sich flackernd im Wasser spiegelt. Das hält dem Sternenhimmel Widerpart, durch seine Einfachheit!

Wir gelangen von oben in die Stadt, durch den Hintereingang gleichsam. Die Leute sitzen vor den Häusern auf dem Rinnstein oder der Türschwelle. Endlose Kinderscharen begleiten uns mit ihrem »yes« und »kaputt« und »Kamerad« – ein Arbeiterviertel ohne Proletariat: Dazu ist man zu arm und der Himmel zu offen.

Wir essen bei unserem gestrigen Wirt, werden zuvorkommend bedient und genießen die überaus schmackhaften Gerichte trotz des durch Obstgenuß herabgesetzten Hungers. In der Nacht soll es weitergehen.

Am 30. 8.   Wecken um 2 Uhr 45. Wir schlürfen einen heißen Kaffee und verlassen die gespenstisch tote Hafenkulisse, in der die Straßenlichter in geheimnisvollem Rhythmus zucken. Die See ist bewegt, aber die Spritzer, die der Wind über das Deck fegt, haben uns wenig an. Roland sitzt am Steuer, Wolfram schläft in der Kabine, Helmut an Deck; ich wache in die schönsten Stunden der ganzen Reise hinein: Ganz langsam dämmert im Osten der Morgen, die Küste links steigt gewaltig im Mondschein auf, der Motor arbeitet gut, das Salzwasser, das mir ins Gesicht schlägt, hat Zeit zum Trocknen, bis der nächste Spritzer kommt; mit der rechten Hand halte ich mich fest, und die sonst so unnütze Linke kann noch nützlich sein, indem sie die schützende Zeltbahn über dem Schläfer neben mir zusammenhält. Dann kommt stärkerer Wind von Nord.

Wir setzen die Fock. Kurz nach Sonnenaufgang löse ich den durchnäßten Steuermann ab.

Wie die Schönheit von Griechenland uns immer noch Steigerungen geboten hat, so vermag Griechenmeer seine Schrecken zu steigern. Innerhalb einer halben Stunde sind wir in der Seenot, in der man den Göttern Hekatomben verspricht. Es kommen die Stunden, in denen es mir schwer auf die Seele fällt, den Eltern Birn ihren hoffnungsvollen Neunzehnjährigen abgenommen zu haben – zu so ungewissem Ausgang. Es quält die Frage, wie man sich beim Schiffbruch verhalten wird – nicht wie richtig, sondern wie anständig. Zunächst glaube ich mich am Steuer bedauern zu müssen, wo mich jeder Brecher überschüttet. Ich zittere sechs Stunden ununterbrochen, eingespannt zwischen der Linken, die das Steuer, und der Rechten, die das Schoot umkrampft, an dem ich mich halte. Aber als die beiden Brüder in der Kajüte zu kotzen beginnen, weiß ich, daß ich einen guten Posten habe. Dort drinnen steht das Wasser allen bis an die Knöchel, die schwärzliche Suppe spritzt hoch in den Motor, verdampft und erzeugt einen erstickenden Geruch. Mitten auf See müssen wir pumpen und 2 Meilen vor Keos den Benzinbehälter nachfüllen. 1 1/2 Meilen davor sackt der Motor ab. Wir kurbeln umsonst – und wir segeln umsonst: Auch beim dritten Ansetzen kommen wir immer nur südlich an Keos vorbei. Zum ersten Mal auf unserer Fahrt werden wir zur Umkehr gezwungen; Odyssee; alle Widrigkeiten auf einmal; kein Ausweg. Da scheucht im tiefsten Elend ein Schwarm Delphine unsere Sorgen für einen Augenblick davon. Sie umtummeln unser Boot, 10, 12 Stück, als wollten sie mit uns spielen. Oder sind sie schadenfroh, nehmen sie gleichsam Rache an Dionysos? – Auf der Überfahrt von Ikaria nach Naxos wollten einst tyrrhenische Seeräuber den Gott in Fesseln legen und als Sklaven nach Italien verkaufen: Da fielen plötzlich die Fesseln von selbst ab, Efeuranken und Weinreben schlangen sich um Mast und Segel des Schiffes, das nun stille stand. Da erkannten die erschrockenen Seeräuber die Macht des Gottes, stürzten sich ins Meer und wurden in Delphine verwandelt.

Wir wenden nach Osten und halten auf eine Bucht von Kythnos zu. – Die Wonnen eines trockenen Strandes, eines auf heller Flamme brutzelnden Mahles, eines sicheren Nachtlagers, eines nahen, kleinen Weinbergs ... sie kennt man nur, wenn man so »noch einmal davongekommen ist.«

Am 31. 8. Morgenstunde hat nicht immer Gold im Munde – sondern manchmal auch Sand, Sand im Haar, im Auge, im Ohr, in der Marmelade, in der letzten Ritze des Schlafsacks. Ein unregelmäßiger, heftiger Wind wirbelt in der kleinen Bucht; richtige Wolken jagen über uns hin; draußen schäumt das Meer. Der Tag beginnt nicht mit Zuversicht. Wir machen uns jeder an seine Arbeit, nachdem wir unsere von Salz gesteiften Kleider im Viehbrunnen gespült haben. Gegen 11 Uhr hat Roland den Motor so weit, daß er uns zum Kurbeln ruft. Wasser war in die Kolben gedrungen. Zehn Minuten später schafft Wolframs starker Arm das nötige Moment für die Zündung. Mit wahrem Indianergeheul begrüßen wir das Geräusch. Ein trockenes »en taxi« (in Ordnung) schließt nach einer weiteren halben Stunde die Operation ab, eine feuchte Melone folgt. Wir warten nun auf Nachlassen des Sturms.

Am 1. 9. Heute wollten wir in Tübingen zurück sein. Wenn wir es in einer weiteren Woche schaffen, sind die Dinge gut gelaufen. Einstweilen stürmt es so, daß wir daran verzagen. Zunächst wollten wir wieder in der Nacht eine Ausfahrt versuchen. Als ich mich um 2 Uhr aus den tiefen Höhlen des Schlafs heraufarbeite, schlägt der Wind so heftig auf das Schiff, daß der Kapitän und ich den Plan aufgeben und die anderen weiterschlafen lassen. Am andern Morgen sucht eine kleine Fischerflotte von Keos kommend in unserer Bucht Zuflucht. Die Fischer zeigen uns ihre Boote und wie sie mit den Lampen die Fische an die Oberfläche und in ihre Netze locken; sie erklären, es sei ausgeschlossen, heute weiterzufahren; und wir lernen von ihnen, daß der Sturm »fortuna« (φορτοúνα) heißt – à la bonne heure! So bleibt uns nichts als eine Landpartie in den nördlichen Teil der Insel. Wir kommen an einem Maulbeerbaum vorüber, den Helmut genüßlich plündert; innerhalb von zehn Minuten sieht er aus wie Ben Hur nach dem Wagenrennen. Am Ende gelangen wir zu einem Ort, wo eine Windmühle sich mehr flink als fleißig dreht. Im Dorf selbst führt uns ein vielgereister alter Grieche in seine Motormühle, die ihren romantischen Schwestern die ernste Arbeit genommen hat. Hier sind wir das Ereignis des Tages, werden zum Bäcker und vom Bäcker zum Gemüsehändler, vom Gemüsehändler zum Kaufmann geführt, wo sich schnell viel Volks versammelt. Wir lassen uns Wasser reichen und von einer Frau das Spinnen vorführen. Als wir das Dorf verlassen, werden wir von einem Halbwüchsigen energisch zurückgerufen. Man lädt uns zum Whisky ein.

In der guten Stube eines der wohlhabenden Bürger, der als Schiffs-
mechaniker weit gereist ist, wird uns das Getränk – hier sicher ein
rarissimum – mit Mandeln gereicht, und wir machen ausführlich
parea. Wie gut, daß wir ein kleines Spielzeug für die Tochter in der
Tasche haben! Auf dem Heimweg beschenken uns die Bauern mit
Mandeln und getrockneten Feigen, und wir müssen zugeben, daß
Kythnos sein Äußerstes tut, um uns den unfreiwilligen Aufenthalt
so angenehm wie möglich zu machen.

Am 2. 9. Der Meltemi stellt uns auf eine harte Probe. Nicht unsere
Geduld sondern die Fahrsicherheit hat Maßstab unserer Entschlüsse
zu sein, und der Sturm ist nicht geringer sondern stärker geworden.
Hier muß sich der *Geist* der Mannschaft bewähren. Ich erfahre
dabei, wie unendlich schwer es ist, der ältere Bruder, der ehemalige
Lehrer, der Schiffsbesitzer, der Geldgeber und *zugleich* der Gefährte
zu sein, zumal wenn die eigenen Empfindungen jederzeit bloßlie-
gen: Kamerad unter Kameraden ist man dann nicht mehr, auch
nicht *primus inter pares*. Das Gefälle des Lebensalters von 36 zu 19 ist
so groß, daß keine Intelligenz und Phantasie es auszugleichen vermag; die Jüngeren unterwerfen sich den Äußerungen des Älteren
wie den Launen eines Sultans, und es ist die Muße, die das ans Licht
bringt. Die Fährnisse der See scheinen ein Kinderspiel im Vergleich
zu denen der Seele.

Gestern, nach Anbruch der Dunkelheit, haben der Kapitän der
Fischerflotte und ein anderer »Prominenter« mit dem Boot bei uns
angelegt, um *parea* zu machen. Sie brachten Kaffee und Zucker mit
und setzten zu einem Marathongespräch an. Im Vordergrund a) das
Wetter, b) das Schiff, c) Geldfragen: wieviel was wo kostet, wieviel
wer wo womit verdient. Das Wetter werde in den nächsten Tagen
ungünstig bleiben; und unser Schiff sei einigermaßen schlecht (zu
teuer, zu klein, der Motor zu schwach – was, da er in England
hergestellt ist, Gelegenheit zu einigen politischen Ausfällen gegen
Albion und Sympathiekundgebungen für Deutschland gibt); die
Armut Griechenlands lasse sich leicht am Reichtum Deutschlands
ermessen (auf geheimnisvolle Weise ist auch daran England schuld).
– Unseren Wohlstand neidet man uns offenbar nicht, sondern bewundert ihn. Die Spaltung Deutschlands ist allen deutlich bewußt,
aber um die wahre Meinung über diesen Zustand und über die
beiden Teile aus unseren Gesprächspartnern herauszuholen, reichen
unsere Griechischkenntnisse nicht, obwohl sie sicher recht einfach

ist. Sie scheiden spät mit dem Rat, im nächsten Jahr bei ihnen auf Salamis ein größeres Schiff zu kaufen und in den Dodekanes zu reisen, wozu unser Dionysos nicht ausreicht. Und Kreta: »Nix gut für Jermani!« – dazu die Geste des Halsabschneidens.

Heute bleibt uns nur die immer mehr ausgesogene Lektüre, ein wenig Arbeit am Boot, ein Streifzug ins Gelände. Nicht einmal zum Schwimmen haben wir Lust, weil der Wind so heftig weht. Es gelingt immerhin, ein Telegramm an Helmuts Eltern über ein Ortstelephon irgendwohin aufzugeben und auf einem längeren Marsch eine richtige Mühle in Tätigkeit zu erleben. Der Müller mit weißer Zipfelmütze hat mich den Berg heraufsteigen sehen und kommt mir entgegen. Er zeigt mir seine *ergasia*, und wir halten ein langes Gespräch am gemächlich kreisenden Mühlstein. Draußen sausen die gerefften Segelflügel, und der Müller kann mir genauer sagen als jedes meteorologische Institut, wie die Windkurve in den letzten 48 Stunden ausgesehen hat. Drinnen knarren die gewaltigen Achsen; voll Stolz weist der Müller darauf hin, daß hier noch alles aus Holz gemacht ist. Er genießt seinen Beruf, zu dem er sich ein selbstgesponnenes wollenes Wams angelegt hat und eine saubere Schürze: So sitzt er am Hebel der ehrwürdigen Maschine, »steuert« die Winde und sieht zu, wie das Mehl in feinem Rinnsal vor ihm in den Kasten läuft. Er führt mich dann in seine Stube, setzt mir Brot und frischen Ziegenkäse vor und holt noch eine Traube aus dem Weingarten vom geschützten Südhang. Er zeigt mir alle seine Bilder, und es bekümmert meine Seele, daß ich seine Sammlung nicht um eine Postkarte von Deutschland vermehren kann. Immerhin meint er, der Wind lasse etwas nach, und so eile ich zu den andern, die dasselbe von den Fischern erfahren haben. Wir beschließen, sofort aufzubrechen. Gegen 15 Uhr sind wir klar. Einigermaßen gefaßt geht es in eine See hinaus, die uns in den ersten acht Tagen noch die Seele aus dem Leib geschreckt hätte. Und noch immer gefaßt erreichen wir das Lee von Keos, tanken nach und finden im letzten Dämmer eine Attika zugewandte Bucht. Mit dickem Haferbrei im Bauch legen wir uns schlafen.

Am 3. 9. und 4. 9.   Um 3 Uhr nachts geht es weiter, in unseren längsten, letzten und lästigsten Tag der Seereise hinein. Bis 9 Uhr sitze ich am Ruder. Brecher auf Brecher geht über uns her, und ist man einmal naß, so kann man sogar dankbar dafür sein, denn das Wasser ist warm im Vergleich zu dem eindringenden Wind. Die

Insel Makronisi will und will nicht näher kommen. Die Sonne geht und geht nicht auf. Als uns der Gegenwind praktisch auf der Stelle hält, sackt auch der Motor ab. Dann mehrere Stunden lang alles zugleich: Segel setzen; Segel reffen; Fockschoot reißt; pumpen, stehend im offenen Boot; Reparatur am offenen Motor; Brecher; der Pumper fällt alle drei Minuten auf den Mechaniker und drückt ihn tief in die öligen Eingeweide des Motors; Brecher... Als wir 12 Stunden später in eine Bucht von Attika einfahren, haben wir dem Tempel von Sounion kaum mehr Beachtung geschenkt als einem vorüberziehenden Schwarm von Delphinen.

Wir kochen zum letzten Mal ab, setzen zum letzten Mal die Segel, um eine Aufnahme zu machen, kurbeln zum letzten Mal an und tuckern dann ängstlich im Lee des Landes die letzten vier Stunden nach Vouliagmeni. An erleuchteten Jachten vorüber fahren wir in den Hafen ein, und als wir festgemacht haben und an Land steigen, da ist uns die Rückkehr selbst noch nicht glaublich, ist alles viel zu einfach, dünkt uns die Welt ein wenig schamlos, weil sie garnicht um uns gebangt hat. Dann läßt der Wind nach, und am andern Tage dehnt sich der saronische Golf wie ein Spiegel, um das Unglaubliche durch das Widersinnige zu bestätigen. Die Leute meinen, ein solcher Sturm sei unerhört in dieser Zeit, und der Hafenwächter erklärt, diese »fortuna« sei aus »Europa« gekommen, was uns deutlich macht, wie weit wir noch von zu Hause entfernt sind. Time-Magazine bringt uns immerhin die schlimme politische Lage gleich auf den Hals, der wir so lang entgangen sind: Deutschland ist nun auch noch durch eine Mauer geteilt!

Wir beeilen uns. Nach 48 Stunden haben wir das Boot an Land aufgebockt, von Tang, Seepocken, Salzbelag gereinigt, die Holzteile geschmirgelt und neu gelackt, die Farbe ergänzt, Segel und Ruder eingeholt, die Bezüge gewaschen. Das Wasser läuft von alleine ab: wir haben uns auf Ios ein ganz richtiges Leck geholt, als das Schiff nachts (wie wir meinten) im Sande scharrte. Wie Zigarrenkistenholz so dünn ist die Schiffswand an der einen Stelle geschabt. Reiter-über-den-Bodensee-Gefühl.

Am 5. 9. Wir bringen den Wagen zum VW-Dienst und brechen am Nachmittag auf. Eigentümlich: in einem Auto zu sitzen, das ohne kurbeln, sicher, mühelos, schnell dahinfährt ... und kein Wind kann uns etwas anhaben! Es geht westwärts über den bewaldeten Kithairon, in dessen einsamen Tälern noch heute der

Mörder des Laios flüchtend irrt, in die fruchtbare böotische Ebene, wo Frauen am späten Abend auf den Baumwollfeldern hocken, während die Männer längst wieder im Kafeneion sitzen bei Wein und Brettspiel, durch Theben – eine Provinzstadt mit solidem Handwerk, wo die Schmiede, Sattler, Schuster ihre Arbeit halb auf der Straße verrichten, an Plataiai, Oinoe, Haliartros, Orchomenos vorbei… Was fällt dem Gebildeten bei diesen Namen ein? Spielen wir das Spiel lieber nicht laut! – In der Nähe von Levadia liegt das Orakel des Trophonios, in dem die Quellen der Mnemosyne und der Lethe entspringen, Gedächtniskraft und Vergessen schenkend. Ich bin vom »Nachteil der Historie« mehr überzeugt als von ihrem Nutzen und trinke »Vergessen«: Was hilft es mir, beim Anblick des großen steinernen Löwen mich an den Anlaß und den Ausgang der Schlacht von Chaironeia zu erinnern, wenn ich die Kränkung des Freundes oder den eigenen Unbedacht nicht vergessen kann! Und so steige ich nicht einmal aus, als wir durch Askra, Hesiods Heimatstadt, fahren! Das Trophonion-Heiligtum ist von einer christlichen Kapelle überdeckt, die Wasser von Mauerwerk umbaut: »Zur Quelle des Lebens« steht über einem Torbogen, der zu einer steilen Treppe führt, und erst als wir oben sind und kein Wasser finden, geht uns auf, daß wohl die Verheißung Christi gemeint sei. Von dem erleuchteten Schrein aus blicken wir hinab in die tiefe, dunkelnde Schlucht, in der die Fledermäuse flattern. Wir übernachten an geschütztem Berghang und werden durch eine Lerche geweckt, die unser Lager umflattert.

Am 6. 9. Trauben zum Frühstück. Unterwegs begegnen wir viel Zigeunern. Als wir einmal anhalten, um sie von fern zu photographieren, kommen zwei Kinder vom Flußufer hergelaufen. Aus den schmutzigen kleinen Gesichtern schreit es »drachmi, drachmi!«, schmerzlich, hungrig, unverhüllt. Ihr Betteln ist – anders als bei den Griechen – ohne Scham und ohne Charme. Sie reißen sich gegenseitig die Bonbons weg, die wir ihnen geben – mit der Gier des Bettlers, der unter Armen lebt!

Die große Zollstraße nach Saloniki verführt uns, an den Quellen der Aphrodite, Artemis, Daphne, ja sogar der Musen vorbeizurasen. Nur bei den Thermopylen halten wir an. Wie und wo die Schlacht stattgefunden hat, können wir nicht rekonstruieren. Statt dessen halten wir eine Kopfwäsche in dem, was besser »Kryopylen« hieße. Am Fuße des Olymp, der vorschriftsmäßig eine Wolkenkappe trägt, werden wir beim Sammeln von Mandeln überrascht: bittere Mandeln im doppelten Sinn des Worts, und das Erlebnis macht uns ehrlich bis zur Heimkehr. Umso besser schmecken uns die Mandeln, die uns später ein Bauer beim Mittagessen schenkt: Wir können die Gabe erwidern und nehmen ihr doch nichts von ihrer beglückenden, selbstlosen Anmut. Ein Volk, das so schenkt, so grüßt, so lacht, hat nicht nur eine schöne, sondern auch eine starke Seele, und die Gelassenheit und Unmittelbarkeit seiner Gebaren überdauert auch die Hektik der modernen Zivilisation – ganz wie der kleine Esel dieses Bauern, der an der Fernstraße steht, halb auf dem Fahrdamm, die Nase im Verkehr, es wackeln nur die Ohren im Fahrtwind der großen Lastwagen: So bleibt auch die Kindhaftigkeit der Griechen unberührt von den Paraphernalia des 20. Jahrhunderts, in deren Mitte sie leben.

Der Abschied ist verwirrend, denn: das Meer, die Menschen, die Landschaft – das war doch die Reihenfolge unserer Erlebnisse! Das eine liegt weit hinter uns. Von den Menschen trennen wir uns an der Grenze durch die uns gänzlich verschlossene slawische Sprache. Die Landschaft begleitet uns weiter.

Man bekommt Lust, ein kleines Lob auf das vielgeschmähte Autofahren zu singen. Man sieht nicht Bilder, die sich unmerklich verwandeln, wie beim Wandern, sondern erlebt gerade die Übergänge, die sichtbare Verwandlung: von Kurdistan zu Altösterreich, von der Levante über den Balkan zu Europa. So sind wir ganz mit Schauen beschäftigt: gelbe Sonnenblumenfelder, roter Pfeffer in dicken Bündeln an den winzigen Häusern, Kürbisfelder, schwarze Wasserbüffel, graue Burgen, grünbraune Flüsse; ein Stier, der zum Beschlagen auf den Rücken gelegt ist, mit angepflockten Beinen. Roland bemerkt, auch in Persien sei es nicht orientalischer als hier, wo wir auf schlechter Straße langsam an den Esel- und Ochsenkarren vorüberfahren, an Minaretts, an Frauen in Pumphosen, an Männern mit Filzhut, roter Leibbinde, Schnabelschuhen und Pelzjacke, an Brunnen mit arabischer Schrift, an Türkengräbern.

Außerhalb von Skopje, das in zwei Hälften zerfällt, ein modernes, ehrgeiziges, westliches und ein dichtgedrängtes, unheimliches, lebendig orientalisches, – wenige Kilometer jenseits der großen römischen Wasserleitung – schlafen wir im Stroh. Ein Mann bringt uns Wasser, ist zurückhaltend und freundlich wie alle Menschen hier. Ganz früh, noch in völliger Dunkelheit, brechen die Wagen und Reiter auf, singt einer, fahrend, sein Lied.

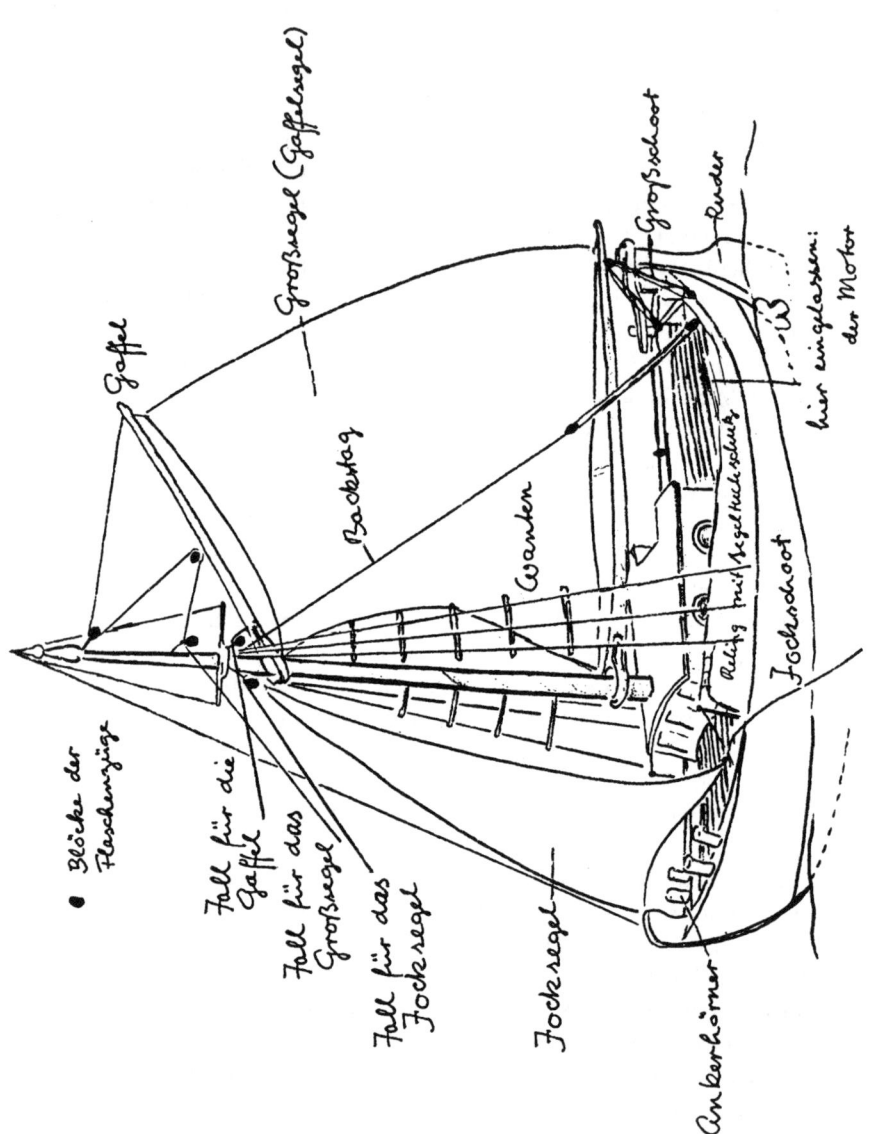

Großsegel (Gaffelsegel)

Gaffel

Großschoot

Ruder

hier eingelassen:
der Motor

Backstag

Wanten

Auflag mit Segeltuchschutz

Fockschoot

Blöcke der
Flaschenzüge

Fall für die
Gaffel

Fall für das
Großsegel

Fall für das
Fockesegel

Fockesegel

Ankerhörner

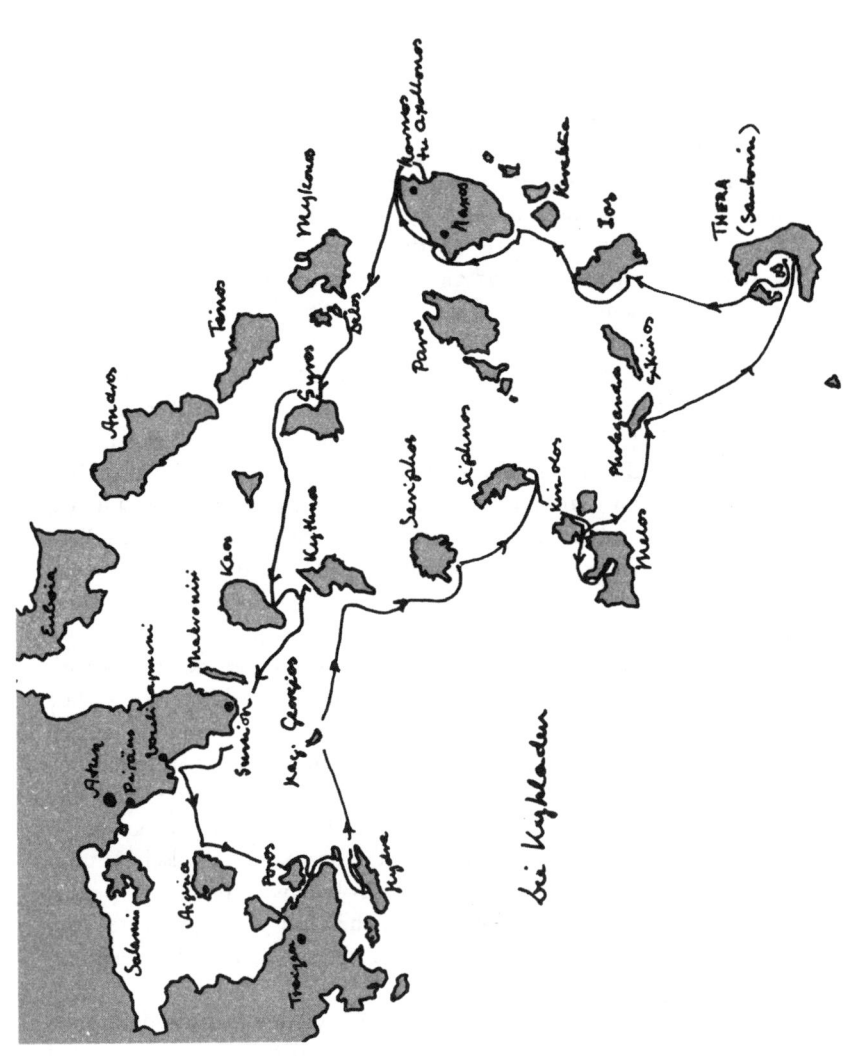

Die Kykladen

7. 9. Auf Wegen, die Nerven und Auto strapazieren, geht es nur langsam voran. Aber immer wieder versöhnen uns die winkenden Menschen: ein ganzes Volk, das lachend grüßt – welch ein überwältigender Eindruck! Vor allem freuen uns die Kinder mit ihren blonden Querköpfen, ihren sauberen Hemden, ihren Schulmappen aus Kunstleder. Oft ruft man uns »Kamerad« zu oder sonst ein Wort aus dem Krieg, und wer etwas deutsch kann, hat es damals als Bäkker oder Koch bei der deutschen Truppe gelernt und bekennt es gern. So hat der Krieg die Völker auch miteinander verbunden! – Das Regime, der Kommunismus, paßt so wenig hierher, daß man ihn nur den mißmutigen und machtbeflissenen Beamten ansieht. Alle anderen scheinen immun: durch ihre Armut. Es ist eine angestammte, kontrastlose und gleichsam gesunde Armut: zu arm, um die Kinder zu uniformieren, zu arm für Spruchbänder, zu arm für Reklame, zu arm, um die Männer vom Vormittag an in den Cafés hocken zu lassen; und sie essen hier ein kräftiges einfaches Brot, die Gärten sind gepflegt, die Reben hängen am Stock, die Strohhaufen sind sorgfältig geschichtet; Arbeit ordnet und trägt das Leben. Und doch haben die Menschen Zeit – nicht nur die Abgestumpftheit und Demut vor den Schaltern, im Angesicht einer unmenschlichen Bürokratie, sondern eine vermenschlichte Zeit: auf dem Büffelkarren liegend in den Himmel schauen; spinnend dabeistehen, wenn drei Kühe an der Böschung weiden; an der Bahnschranke ohne Ungeduld warten, bis der Fernzug vorüberkommt.

Belgrad, die Lichtburg, die elegante Metropole, der zivilisatorische Wasserkopf, die Hauptstadt Titoniens im Ausklang der großen Konferenz, mutet uns unwirklich an. Wir durchfahren sie in der Dunkelheit, innerlich betäubt von allzu langer Fahrt, äußerlich betäubt von der Traumwelt, die sie darstellt. Kann diese Stadt das Tageslicht aushalten? Wie muß jeden Morgen das Erwachen sein – das Erwachen aus einer Neurose, in die der Nationalbolschewismus dieses Volk an dieser Stelle zwingt. Bolschewismus: die Preisgabe höchster Ansprüche; Nationalismus: die Usurpation höchster Ansprüche – das sind die schlimmen Kräfte, aus denen diese gespenstige Welt hervorgeht.

Ein Gespräch unter uns über das Wesen der Jurisprudenz geht fehl und wird es solange, bis wir das Wesen des Gesprächs geklärt haben. Wir schlafen kurz am Rande eines gewaltigen Waldes, abseits der Autobahn.

Am 8. 9.   Slowenien; altes österreichisches Grenzland; Schlösser; Gutshäuser; bunte Marktplätze. Daß eine Straße ein Kunstwerk sein kann, mag man an der herrlichen Autobahn von Laibach nach Jesenice ablesen. Dann ein Stück Italien bei Tarvisia: erster Regen nach fünf Wochen! Wir stellen die Heizung an, kochen im Auto einen Kaffee, genießen Mitteleuropa mit Brötchen und viel Butter, und Salzburg mit Klößen und Nockerln. Herrgott, ist das alles gut! – Und von da an: kilometerverschlingende Nacht, Träumen, Erinnerung...

....

Da ist etwas mit den Tauen geschehen,
man ruft dich, und du bist froh,
daß man dich braucht. Das Beste
ist die Arbeit auf den Schiffen,
die weithin fahren,
das Tauknüpfen, das Wasserschöpfen,
das Wändedichten und das Hüten der Fracht.
Das Beste ist, müde zu sein und am Abend
hinzufallen. Das Beste ist, am Morgen,
mit dem ersten Licht, hell zu werden,
gegen den unverrückbaren Himmel zu stehen,
der ungangbaren Wasser nicht zu achten
und das Schiff über die Wellen zu heben,
auf das immerwiederkehrende Sonnenufer zu.

Ingeborg Bachmann

Fahrt ohne Grund[*]

Zu dritt auf der Insel Rab
1962

> Hier war ich glücklich.
> Aus gar keinem Grund,
> Wie man glücklich ist ohne Gründe.
> *Hilde Domin*

Wirst Du Dich an diesen Nachmittag erinnern? Natürlich wirst Du. Es ist etwa der fünfte Tag, der Tag nach dem großen Regen. Aber wer weiß, wie groß die Regen sein werden, die noch kommen. Du wirst sie miteinander verwechseln. Und darum beschreibe ich Dir den Augenblick genauer: Ihr sitzt in unserer »Grube« zwischen wildem Taxus, Steineichen, Dornengestrüpp und Kiefern. Ihr versucht die Harpune zu reparieren – einer der Fangarme hat sich losgerissen. Es dauert schon sehr lange, und Ihr wißt nicht, wie froh ich bin, daß es so lange dauert: In zwanzig Minuten wird die Sonne untergehen, und dann kann kein Hund (auch keine »Katze mit Würde«, wie sie hier herumlaufen) verlangen, daß ich noch ins Wasser steige, wie Ihr es wohl von mir erwartet. Um mich her dampfen noch immer – achtzehn Stunden nach dem ersten, sechs Stunden nach dem letzten Gewitterschlag – die Schlafsäcke und Kleider; es riecht nach Wolle, Fisch, Piccadilly-Tabak, gemischt mit dem in der Abendstunde süßlich gegen das Wasser andrängenden Inselduft: nach trockenem Harzlaub, unbestimmbaren würzigen Kräutern, Kiefernnadeln, Schafen.

An diesem Nachmittag beginne ich die Aufzeichnung. Mein weicher Bleistift (der nach jeder fünften Zeile gespitzt sein will) legt mir eine »harte« Berichterstattung nahe. Aber die wirst Du Dir selber geben. Laß mich dagegen festhalten, was Dein »Fahrtenbuch« gar nie enthalten kann – eben weil Du mit Harpunen beschäftigt

---

[*] Wenn eine Reise keinen Grund, allenfalls einen Anlaß hat, kann ihr das das Genick brechen: Dann muß jeder Augenblick die Rechtfertigung für die Anstrengung, die aufgewendete Zeit, die unausbleiblichen *mishaps* hervorbringen. Zwei Tübinger Studenten und Freunde fragten mich, ob ich sie auf einer Reise zu »ihrer« Insel begleiten wolle; im übrigen seien sie auf mein Auto angewiesen. Auf der Insel Rab suchte mich ständig der Verdacht heim, ich sei aus keinem anderen Grund dabei, als um ihnen die Reise zu ermöglichen. Wie sieht dann der Weg, das Meer, das romantische Eiland aus? Jede fünfzehnte Fahrt darf durchaus auf diese Probe gestellt werden.

bist. Und weil Du nicht betroffen bist. Ich stelle mir Deine Eintragungen vor: ohne Negationen, ein Bild ohne Schatten, »positiv«. Du schreibst da von den Fischen, die Ihr gefangen habt, aber Du schreibst nicht, daß der alte Hentig nie einen fängt; oder daß Jürgen (genannt Hase) und Hentig sich anfangs viel gestritten haben, aber nicht, daß sie am Ende aus Kleinmut darauf verzichten; oder daß Du eine junge Ratte auf unserem Brotsack hast harpunieren wollen, aber nicht, daß Du tagelang nur die Dir dabei zugezogene Wunde geschmeckt hast; oder daß wir Seesterne gefischt haben, aber nicht, daß es eigentlich Mord war und obendrein gänzlich überflüssig.

Wer in der Ordnung ist, der braucht auch keine Gründe; der fotografiert die Welt; dem genügt ihr Abbild, denn es enthält schon den Sinn: Er ist ja selbst in diesem und ist nützlich – sich, den Freunden, den Sachen.

Ich aber sitze nutzlos herum, und jede meiner Wahrnehmungen enthält eine bange unausgesprochene Frage: Ich beobachte drei Krabben, die neben mir auf dem leicht überspülten Stein hocken; ihre Scheren brechen mit vernehmbarem Knicks und Knacks etwas von der grünen Kruste des Felsens los und führen es im Wechsel der Arme rhythmisch und appetitlich zum Mund; ich sehe zwei Krähen nach, die mit scharfem Fluglaut über mich hinziehen, den hohen, phantastisch gebildeten Wolken entgegen; ich denke über die kommenden Tage nach und darüber, daß die Melancholie, die sich zwischen »Lolita«, der mageren weißen Katze, dem kühlen unbeteiligten Element unter mir und eben diesen Zeilen zusammenbraut, sie nicht noch weiter gefährden darf; ich mustere das Arsenal möglicher Ereignisse und Verhaltensweisen und wie sie vor einer noch späteren Erinnerung bestehen werden (ein Lieblingssport von Humbert Humbert), zum Beispiel wie wir dereinst unseren Abschied vom »Kätzer« stilisieren werden (gerührt von den Skrupeln, die uns für Augenblicke befallen haben, werden wir aus dem grausamen Akt eine gute Tat machen. »Wer kann sagen, wie oft wir einem Hund das Herz brechen, wenn wir aufhören, mit ihm zu spielen?« Lolita S. 3); ich denke mir aus, wie wir in wenigen Tagen mit dem nächtlichen Dampfer an unserer Bucht vorüberfahren werden und wie ich dann zur Schnapsflasche greife, weil das Vergeudete und das Genossene wetteifern, mir wehzutun und mich zu fragen: Wozu?; ich habe die Vorstellung von einer kurvenreichen Heimfahrt im Auto und abermals versäumten Nockerln, weil sich eine Reise durch vier verschiedene Staaten eben nicht nach einer

Portion geschlagener Eier richten läßt. – Aber wonach richtet sie sich? Wonach hat sie sich gerichtet?

Ich gehe über die Gegenstände, Gedanken, Gespräche der letzten Tage zurück – Bestandsaufnahme. Aus dem, was war, zu erkennen suchen, was sein sollte; Humanismus, mit dem alles so didaktisch begonnen hat und zu dessen besonderen Eitelkeiten es gehört zu »scheitern«. Schon unsere Erinnerungen werden sich nicht decken, und so hat es einen guten methodischen Sinn, hier aufzuzählen, was sich meinem rücktastenden Forschen aufdrängt: schwarzer Tauernpaß mit Sternen (von denen man nicht schreiben darf) und ein Stück Hentig-Pietzckerschen Dauergesprächs, das sich mit uns die Straße hinaufwindet aus den Niederungen des Historismus (und der Erkenntnis-Unfreiheit) in die dünne Luft von Jean Gebsers aperspektivischer Welt; viel Umleitung; viel Engpässe; aufgerissene Wegstrecke; mehr Dunkel, als wir durchmessen können; St. Martin und St. Michael – St. Michael und St. Martin; uneingestandene Beruhigung, wenn der andere fährt: weil es rechtfertigt, daß er unser dabei nicht achtet; verschlafene Grenzkontrollen; Ermüdung; ein off-the-road-Lager à la Yougoslavie: ebenes Land, ostelbische Luft (die Du nicht kennst), eine Nachteule und dem quer und gekrümmt schlafenden Jürgen eine Chance, sich zu strecken; erstes Frühstück (noch immer Cervelat); Industrie von Jesenice mit volkseigenem Braunkohlengeruch; später kein Wasser zum Waschen, aber auch keine Verkarstungen. Dann endlich das Meer. Rijeka.

Hier werde ich von Euren Erinnerungen übersprudelt (und die Methode der Bestandsaufnahme ist nicht mehr anwendbar). Sie engen Eure Wahrnehmungen ein und widerlegen die meine. Ich spüre, das eben ist Wahrnehmung: eingeengt sein auf dieses und jenes. Das »Ganze« ist nicht ohne Auswahl und Gliederung. Das Motiv unserer Erfahrung, nach dem wir suchen, steckt immer schon inwendig in der Erfahrung selbst. In der Altstadt atmet *Ihr* die Wohlgerüche vergangener Erlebnisse *à la recherche du temps pas encore perdu*. Da gibt es ein Schiff, das an der gleichen Stelle Wein aus gleichen Fässern auf gleiche Weise in seinen Transportleib füllt, und Ihr erinnert Euch an Euer damaliges Pumpen und Trinken, und es ist darum jetzt alles dreimal so schön. *Ich* sehe: Wein ist eine Fracht wie Kies oder Koks. Ich sehe, daß ich, gemessen an Euch, nur wenig sehe: häßliche Wohnblöcke, Silos, einen imponierend angefüllten Hafen, rostige Schiffshüllen in den Werften, großstädtischen Verkehr...

Wir halten am Wolkenkratzer. Alle Welt versteht soviel Deutsch, daß sie ihr Geschäft mit uns machen kann. Es beginnt mit dem Mann, der uns einen Parking-Coupon verkauft und Rechenschaft über das gibt, was er mit seinem Trinkgeld anfangen wird. Die Menschen sind freundlich, aber ohne die griechische Offenheit, ohne die italienische Zudringlichkeit, ohne Neugier. Den Kommunismus nimmt man äußerlich überhaupt nicht wahr – es sei denn an den vielen Denkmälern, die mit bronzener Geste in die schon abgelegte Zukunft weisen. Jugoslawien als Motiv? Nein, mehr als in fünf Sätzen zu sagen ist, haben wir darüber nicht erfahren und nicht zu erfahren gesucht.

Also weiter an den Vorgängen und Tatbeständen entlang. Hitze – und der Verdacht, ganz falsche Sachen mitgenommen zu haben. Viel zuviel Gepäck. Niedergelastet mit der vorausgedachten Erfüllung vorausgedachter Bedürfnisse. Damit kein Motiv unverhofft aufkomme! Und dazu die ersten Auseinandersetzungen, wie man die Kosten begleicht. Werdet Ihr meine Einladung je richtig verstehen? Und darf ich also auf ihr beharren? Sie ist eine Hilflosigkeit, und nichts macht hilfloser als sie. Ich meine ja nichts als dies: daß ich dankbar bin, daß Ihr *mich* mitgenommen habt, und daß ich Angst habe, Ihr möchtet eines Tages Gründe haben, es zu bereuen. Diesen Gründen will ich vorbeugen, Euch eine kleine Rückendekkung geben gegen solche Reue.

Auf unserem Schiff sind nicht viel Menschen. Das halbe Dutzend Touristen (in Nivea-Wolke gehüllt, mit Shorts, aus denen unförmige Beinmassen hervorquellen) werden uns Rab nicht verderben. (Das umgekehrte Humbert-Spiel: so tun, als sei man noch unwissend über die inzwischen längst aufgeklärten Tatbestände; es ist das Spiel, das alle Literatur spielt, seit Jahrtausenden; es läßt uns die vorgetäuschte Ungewißheit zum Beweis dafür werden, daß uns Gewißheit möglich ist; kommt nicht alles heraus, wie es hätte gewußt werden können?!) Slivović am Bug des Schiffes. Eine milde Nacht zieht über den weißlichen Felseninseln herauf. Wir werden in den acht Tagen auf Rab immer Mondschein haben. Buchten mit immer geheimnisvolleren Häfen (die alle nicht die Stadt Rab sind) – Seeräubernester an das nackte Steilufer geklebt und blaß von innen erleuchtet. Helle Menschen am Kai, die das Anlegen und Ablegen beobachten. Kinder, die schnell einmal das große Haltetau berühren, während es unter Geschrei wieder eingeholt wird: Verführung durch das Flüchtige, Stärkere, das immerfort Verlassende.

Nach viereinhalb Stunden die Bucht von Rab. Angstvolle Geographie, solange wir auf das Kai zufahren. Jürgen hat Visionen von der Insel im Kopf, die er uns nicht mitteilen kann. Visionen sind nicht Landkarten. Das ist nicht ihre Aufgabe. Sie klären nicht, sie verführen. Sie sind »primäre Motivation«.

Die Stadt ist schön und erschreckend: wie konnte ein solches Juwel auch »touristisch unerschlossen« bleiben! Scharnow- und Hummel-Reisen (Marke Marienkäfer) liefern hier ihre Vertragsurlauber gleich ladungweise ab, Reiseleiter und Trinkgeld inbegriffen. Ferien-Kolonialismus, *empire-building* durch *travelagencies*. Wir enteilen dem allen durch die romantischen reinlichen Gassen, an Plakat-Agaven vorbei, über eine gepflegte Promenade mit Papierkörben aus Plastik, Aussichtsbank und Betonbadeanstalt. Auch Flucht ist ein Motiv.

Ein Kloster und – doch Sterne! Darunter verlockendes klares Wasser vor einem Nachtmahl, das wir auf einem äußersten kleinen Landesteg halten. Ende des Weges, Ende der Menschheit, Anfang der Unsrigkeit.

Die Sonne weckt uns und führt in die Insel-Isolierung ein, in der alle Motivation scheinbar aufhört: Von nun an will sich alles selbst gehören. Auch der Gepäckmarsch durch das unwegsame Gelände in steiler Vormittagsglut ist nicht mehr Anweg, sondern schon die Sache selbst.

Beglückende Eintracht: wie in der Regeltechnik, sagen wir eines Nervensystems, die Impulse geheimnisvoll rückgekoppelt sind und 30.000 Entscheidungen einer einzigen Zielhandlung dienen, so haben hier drei verschiedene Willen unauffällig daran gearbeitet, daß wir an der einen schönsten Stelle der Insel herauskommen. Die schönste Stelle möge bitte die zweitschönste sein – ohne Zugang für andere. So unerreichbar ist sie freilich auch nicht, daß wir verhungern und verdursten müßten. »Und voll mit grünen Sträuchern hängt das Land in den See« – das ist keine Dichtung mehr, ich weiß, und nicht einmal eine sachliche Entsprechung zum Hölderlin-Vers; aber es mag den Rang dieses Eindrucks angeben. In steiler Felswand ragt die Insel aus dem Wasser. Früher einmal wurde die Bucht als Ankerplatz gebraucht. Geschichtete Steine zeugen von einstigen Landeanlagen. Aus dem Fels hat man große Steinpfähle gehauen – zum Festmachen der Taue. Ein Hafen, in den heute niemand mehr flüchtet; haifischsichere Camping-Idylle; Nudistenstrand... Wer kann sich dem so entstandenen Tiefsinn entziehen!

Wir zelten in der Hasen-Grube im Scheitel der Bucht, rings von Dickicht umschlossen; wir breiten unsere Canvas- und Aluminium-kultur aus, trotzend dem Tiefsinn – und der Scham. Wir lassen uns selbst geschehen. Alles läuft ab wie nach einem uralten Plan. Die Frage: wozu? kommt nicht mehr dagegen auf.

Fischfang mit der Harpune. Hase bringt die erste Beute, die ersten Erfahrungen aus dem Wasser herauf. Maßstab, wenn nicht Motiv: »Flossengroße Fische«, wie sie Roland gefangen haben soll. Aber ganz abgesehen von diesem aufreizenden Anspruch eines Unbeteiligten (ich tauche ja nur nach Avalones und Seeigeln) macht sich hier doch eine Motivation selbständig. Wenn die schwäbischen Nöxe blau vor Kälte und bibbernd nach stundenlangem Unter-Wasser-Jagen an Land kommen, spüre ich: das geht über sich selbst hinaus.

Süße Kraftnahrung: Nuts! (= »der schiere Unfug«). Auf den heißen Felsen liegen und sich wieder erwärmen; es nie zu heiß haben unter einem drei Tage lang makellos blauen Himmel; guten Hungers sein, lesen, schreiben, malen, träumen und nicht träumen können.

Einkaufsmarsch nach Rab, gewürzt durch die Angst vor dem Entdecktwerden (wegen *camping out of bounds*); eine ausgesprochene Lust- und Luxusangst, um es schöner zu haben. Markt in Rab. Frauen, die fünf Kartoffeln und acht Zwiebeln zu verkaufen haben. Ein Non-Stop-Geschäft, wo man alles bekommt, nur kein Brot, das morgens um fünf im einzigen (wohl staatlichen) Brotladen zu haben ist. Am Wegrand erstehen wir Tomaten von einem Bauern; ein junger Bursche von achtzehn bringt Hase die Wörter und Halbsätze bei, die man während der acht Tage auf einer jugoslawischen Insel braucht; auch einen sicher sehr deftigen Fluch, den er unter Erröten hervorstößt. Weißt Du ihn noch? – Abbau möglicher Motivation; Eindeutschung der Fremde. Der Junge zeigt uns den Brunnen auf halbem Weg und wie man sich seiner ungeniert bedient.

Über einer knoblauchgewürzten Kalbsleber zieht ein Sturm auf, dichte Wolken, eine Staubhose auf der Terrasse des Lokals, erste Donnerschläge. Wir zahlen schnell. Beim Förster, 30 Minuten oberhalb unserer Bucht, nehmen wir Wasser auf. Unnötig: der Himmel gießt es uns kübelweise direkt ins Zelt. Zwölf Stunden Unwetter, auf das wir uns nicht eingerichtet haben. Unmotiviert, nichts motivierend. – Das war gestern Nacht.

Und nun ist die Harpune auch fertig; Ihr entsteigt der verschlammten Grube; Ihr »nötigt« mich ins Wasser; Ihr schießt einen Fisch »für die Katz«.

Ich tue auch sonst gut, von jenen schönen Tagen zu schreiben, den vergnügten, wohlschmeckenden Mahlzeiten, dem herb-herzhaften Wein, den zwei Gesängen aus der Ilias und den vielen »Strophen« aus Max Frischs gedanken- und bilderreichem Tagebuch. Die Nächte sind anders. Nicht nur, weil es regnet und weil der Hase schnarcht. Können Menschen überhaupt nahe beieinander schlafen, ohne sich zu stören – nicht nur am Schlafen, sondern am Sein?, – ohne daß sie sich gegenseitig in die wehrlose Phantasie einfallen?, – ohne daß alles, was schon im Wachen ein Problem ist, im Halbschlaf endgültig zum Mißverständnis wird? Wie groß ist der Abstand zum anderen, der da neben dir liegt? Daß du es nicht weißt, vom Schlafenden nicht erfragen kannst, macht ihn zum Abgrund. Am Schlaf des anderen erfahren wir, wie sehr wir Spiegelungen sind in seinem Bewußtsein – ausgelöscht, bodenlos, ohne Grund und Gründe, wo es sich vor uns verdunkelt.

Wieviel besser wäre es gewesen, überhaupt nicht zu schlafen, nach Lopar zu wandern, von Mitternacht bis Sonnenaufgang, statt in das Labyrinth der Halbträume zu geraten und sie schließlich in Schnaps zu ertränken. Das hat auch den Tag noch zerstört.

Heute habe ich mich in das Wachsein ergeben, nein, es ist mir verordnet. Ich habe »kein Auge« zugetan; ich habe in den abgründigen Himmel gestarrt; ich habe der Nacht getrotzt. *Nicht* weil der Hase so mörderisch röhrt und röchelt, sondern weil, als ich ihn zum drittenmal wecken wollte (ein qualvoller Entschluß, der sich selbst eine Stunde lang gebiert), die Gedanken einmarschierten. Gedanken, Fragen, Zweifel: Warum nur bin ich hier!? Hellwach zog ich aus unserer Grube aus, um dem nachzudenken.

Ich habe nachgedacht und bin krank davon geworden; es ist das beste Ergebnis, das Nachdenken mir je gebracht hat. Krank sein, »mir-ist-nicht-gut« – das versteht jeder sofort. Ich weiß zwar nicht, was daran zu verstehen ist, begreife nicht, warum es verständlicher sein soll, wenn einer die Tomaten von gestern auskotzt, als wenn er sich selbst auskotzen will. Aber es ist so. Ich fühle mich vergiftet und werde die letzten zwei Tage durch meine unmotivierte Krankheit vor meiner motivsüchtigen Gesundheit zu retten suchen, die Euch pesten muß. Dich, den Psychiater, dürfte das eigentlich nicht verwundern: wie aus Denken Schlaflosigkeit, aus Schlaflosigkeit

Kranksein wird. Und doch konntest Du mich heute nach meinem Auszug seelenruhig fragen, ob ich gut geschlafen habe. An Freundlichkeit und Redlichkeit, an Kraft und Willen fehlt es Dir nicht. Aber gerade das ist so entmutigend: Wenn ein Mensch wie Du mit soviel Güte nichts sieht, wer könnte es dann!?

Und so sind zwei Motive eingebrochen in die Felsen-Meer-und-Honigbrot-Idylle: erstens selber die Dummheit nicht weitertreiben, die man dem anderen verwehrt; und das heißt, dies alles nicht sagen, es in Krankheit hüllen, redlich unredlich sein; zweitens mit drei heilen Nervenfasern nach Hause kommen, und das heißt, sofort abreisen, eigentlich schon abgefahren sein. Ich habe es mir überlegt: Um vier Uhr im Mondschein allein aufbrechen. Ihr schlaft so tief.

Gottlob hat mich mein Vater preußisch erzogen, und das heißt auch: zum Bleiben. Gottlob habe ich ein mütterliches Erbteil von Weichheit – und Angst vor »Katastrophen«. Und, gottlob, gibt es den Homer. Am späten Nachmittag komme ich zu unserem Lager; wir sprechen wieder; wir lesen zusammen in der Ilias und dort, wie der eine Held sich schlaflos wälzt:

Warf sich bald auf den Seiten umher, bald wieder aufs Antlitz,
Bald auch rücklings nieder, und schließlich sprang er vom Lager
Auf und wandelt trauernd am Strand. Das steigende Frührot
Fand ihn immer schon wach, wenn Meer und Ufer erglänzten...

Und wie der andere

Kam und umfaßte die Knie des Peliden und küßte die wilden,
Mordenden Hände, die ihm soviel Söhne erschlagen...

und wie sie beide erkennen:

... man richtet ja doch nichts aus mit bitterem Jammer.
Also spannen es ja den armen Menschen die Götter,
Kummerbelastet zu leben, sie selber aber sind leidlos...

Wie ein Magnet, der über Eisenfeilspäne geht, so ordnet das Gedicht die verwirrte Erfahrung zu einfacher Einsicht und gibt ihr Macht.

Und so hat sich wieder alles gewandelt, oder vielmehr: nicht gewandelt – es hat seinen Sinn gefunden; das letzte Motiv ist die Aufhebung der Motive. Grundlos leben, die Tage in sich selber aufgehen lassen, Fischfang weder um des Fisches noch um des Fanges willen, vielmehr: damit man die Frage nicht stelle.

Vieles kommt zu Hilfe: der Wechsel von Regen und Sonne, der Umzug in das Haus mit dem offenen Dach, in dem wir fortan wohnen, der Gang der Sterne, der nun in seinem viereckigen Ausschnitt lehrhaft deutlich wird, das Lagerfeuer, die Schmortöpfe, die Wanderung über die Steinfelder des Kamenjak, die Heimkehr durch das verwunschen unverwunschene Land. Meine Bestandsaufnahme bringt keinen Grund hervor, nur Sachen, Zuständigkeit ohne Beziehung zu unserem Willen und Geschick, Dinge, die von ihrem Namen leben, nicht von ihrer Bestimmung.

Bis in der letzten Nacht auf dem Marsch durch den Mond die Beglückung des Anfangs wiederkehrt! Als wir auf dem halben Weg zum Brunnen anhalten, Ihr rasten müßt und Eure Pullover auszieht, überwältigt mich der Vers von Brecht, den wir am Abend zuvor miteinander gelesen haben:

... und die Natur sah ich ohne Geduld.

Hätten wir doch diese Geduld! – Die Notwendigkeit der Empörung und die Wut des Denkens nehmen sie uns immer wieder; sie berauben uns damit unseres eigentlichen Heilers. Ich bin Romantiker allein in der Musik und allenfalls in der Literatur; was ich hier über die Natur zu sagen versuche, ist unromantisch und wird verständlich nur, wenn ich »Natur« als den Gegensatz zu »Unnatur« auslege, nicht als Gegensatz zu Geist oder Kunst oder Geschichte (wie Brecht es wohl meint). Natur, die uns nicht natürlich macht, sondern zu dem, was wir unabänderlich und jeder für sich sind. Hätte ich Geduld mit ihr, ich würde auch in einen Einklang mit jener anderen Natur kommen. Auf unserem nächtlichen Gang wurde diese Einsicht zum Entschluß. Es ist ein junger und noch schwacher Entschluß. Du mußt ihn schonen. – In jener Nacht aber war er offenbar stark genug, jene andere Natur, die Weltordnung, geneigt zu machen: Sie stiftete ein wenig Glück, ein einfaches Gelingen für den Rest der Fahrt. Man erreichte das Schiff; man fuhr unter Gesang in die Nacht hinaus; man ließ das Erlebte hinter sich auf dem dunklen Inselrücken, in tiefer Bucht, jenseits des aufschäumenden Wassers; man sah Felsen entgegen, die eben im Morgenlicht erstrahlten; man setzte sich vergnügt einem heftigen Wind aus in der Erinnerung an alte Fährnisse, die von der Verwandtschaft von See und Seele zeugten; man bestieg den getreuen Volkswagen; man aß Salzburger Nockerln und lieferte die Gefährten ungefährdet wieder an ihr eigenes Dasein ab.

Wozu das alles, danach frage ich nicht mehr. Wie der Tor von Hofmannsthal, der so spät klug wird, weiß ich nur:

> ... und daß es so schön war,
> daran bist Du schuld.

Peiratisch leben, oder: Über den Zusammenhang von Erlebnis, Erkenntnis und Mitteilung

Der Versuch, eine Lücke zu erklären

1991

πεῖρα der Versuch, die Probe, die dadurch erlangte Erfahrung;
das Wagnis, die Unternehmung, der Anschlag, der Überfall
πειράω versuchen, verführen, sich bemühen, prüfen, ausforschen, erfahren
Gustav Eduard Benseler: Griechisch-Deutsches Schul-Wörterbuch 1898

Zwischen 1962 und 1987 gibt es keine Reiseaufzeichnungen in diesem Buch. Ist der Hentig in der Zeit nicht gereist, oder hat er in der Zeit nur nicht darüber geschrieben? In der Einleitung ist angedeutet: in den »Schubladen« (die bei mir Aktenordner sind) liegen noch Berichte – handgeschrieben und darum nur für mich selbst lesbar; diese müßten abdiktiert, redigiert und reduziert werden, auf die Richtigkeit der Angaben und der Schreibweise von Namen kontrolliert. Was nur eine neue Frage weckt: Warum hat er das nicht getan? Waren die Länder nicht interessant, die Fahrten und Gefährten es nicht wert?

Ich vergewissere mich, indem ich die größeren und wichtigeren Reisen aufführe: 1963 eine zehntägige Reise nach Schweden im Auftrag des Deutschen Bildungsrates; 1967 eine sechswöchige Forschungsreise durch die USA zusammen mit dem Assistenten Gerold Becker: von Curriculuminstitut zu Curriculuminstitut; 1969 eine Vortragsreise nach Indien, Indonesien, Japan – wieder mit Gerold Becker; 1971 eine erste Reise nach Mexiko zu Ivan Illich mit Gerold Becker; 1972 eine zweite Reise ebendahin mit dem Assistenten Cord Rathert; 1978 eine Reise mit Schülern in die Provence; im selben Jahr eine Dienstreise durch die USA im Auftrag der OECD als sogenannter »examiner« zusammen mit Torsten Husén, Michael Young, Peter Karmel; 1979 eine Autoreise nach Polen mit Ernst Klett und seinem Enkel Philipp; 1981 eine zweiwöchige Schiffsreise nach Finnland; 1982 eine (illegale) Radfahrt durch Mecklenburg; 1983 eine zweiwöchige Reise nach Israel; 1983/1984 eine dreiwöchige Reise durch Java; dazwischen zahlreiche kleinere Reisen nach Norwegen und in die Schweiz, nach England und Italien; nach 1987, dem Jahr meiner Emeritierung, eine Reise nach Instanbul und von dort aus ins Innere Anatoliens mit Rolf Kruczinna; ein Jahr später nach Leningrad und von dort aus nach Tallinn (Reval) zusammen mit meiner Schwester – zum Geburtsort und zur Heimat unserer Mutter; und wieder kürzere Aufenthalte in Israel und Holland, Peru und Ungarn.

Ein Bericht über manche dieser Fahrten und Gefährten hätte dieses Buch bunter, das verbindende Band deutlicher gemacht: Reisen als eine Form der Selbst- und Welterfahrung in einem. Das hat in der Tat während jener Jahre nicht aufgehört, über die in diesem Buch nichts steht; es ist vielmehr eine weitere Funktion hinzugetreten. Ich war nun auf das Reisen als Anlaß nicht nur des Sehens und Erlebens, sondern auch von Studium und Mitteilung aus: als Hochschullehrer auf der Suche nach Beispielen für die von mir geforderte pädagogische Reform; als Lehrer an der Laborschule für die Wunder anderer Länder und Lebensformen, mit denen ich mein Unterrichtsfüllhorn füllte. Wie meine Latein- und Griechischstunden aus den Reisen nach Rom (mit Etrurien und Campanien), nach Neapel (mit Pompeii und Paestum), nach Griechenland (mit all seinen Inseln) gespeist wurde, so später mein Religionsunterricht aus den Eindrücken, die ich aus Palästina mitbrachte. Ich habe sie nun unmittelbar ausgeteilt – und mein Gedächtnis war noch gut genug dafür. Es gab in den Jahren, in denen ich meinen Beruf am intensivsten ausgeübt habe, nicht nur keine Muße für das Ausarbeiten eines schriftlichen Berichts, es gab vor allem keinen Anlaß dazu: Die Freude am Ausschütten des Mitgebrachten wurde mir unmittelbar – vom Moment meiner Heimkehr bis zum Aufbruch zur nächsten Reise – zuteil.

Das Sprichwort »Wenn einer eine Reise tut, dann kann er 'was erzählen« hat einen guten, aber banalen Sinn; eine Pointe (und eine sprachlogisch richtige Form) hätte es, wenn es hieße: »Wenn einer eine Reise getan hat, *will* er 'was erzählen.« Man genießt zweimal: indem man erlebt und indem man berichtet. In meinem Beruf verdoppelte sich der zweimalige Genuß noch einmal: Erstens war schon das Erlebnis intensiver in der Voraussicht der späteren Wiedergabe und möglichen Wirkung; zweitens bin ich – meine Freunde werden das nicht weniger erstaunlich finden als meine Feinde – ein geborener Empiriker, das ist einer, dessen wichtigste geistige Erlebnisse sich *peiratisch*, also suchend-versuchend und nicht planend-geplant einstellen.

Das griechische Wort *empeiria* ist aus *peira* gebildet, was ein kühnes, in seinem Ausgang ungewisses Unternehmen bezeichnet: *trial with possible error*. Das lateinische *periculum* (Gefahr) hängt damit zu-

sammen und ist seinerseits mit dem althochdeutschen *fara* »Nach-
stellung, Gefährdung« verwandt. Wie man weiß, ist der Pirat ein
peirates, einer der auf offenem Meer Anschläge verübt.

Daß unter den Philosophen meine Vorliebe Platon gilt, widerspricht meiner »Piraterie« nicht. Platon, der Erfinder des Idealismus,
hat wie kein anderer die Sinne ernst genommen: Weil, was sie
wahrnehmen, solche Gewalt über uns hat, müssen wir »uns«, das ist
unser Bewußtsein, durch eine besondere Übung schützen. Diese
nannte er, in der Nachfolge des Sokrates, Philosophie. Man muß
hinter den – wechselvollen, unbegrenzten, verführenden – Erscheinungen das aufsuchen, was sich selbst gleich- und damit uns zu
eigen bleibt. Das Schöne lernen wir an den Schönen erkennen, das
Gute am tauglichen Ding, die Unsterblichkeit der Seele an den
Schrecken und Wonnen unseres sterblichen Ich. Nie wäre Platon
eingefallen, jemandem den Weg der Erkenntnis anders zu weisen als
von der Wahrnehmung zur Wahrheit. Eine Lehrerausbildung zum
Beispiel wie die unsere, die mit der Theorie beginnt und nicht mit
der Beobachtung der Erscheinungen (die man dann am Maßstab des
Gedachten mißt und kritisiert, um auch diesen – seine Zuständigkeit und seine Evidenz – an den Phänomenen zu prüfen) – eine
solche Lehrerbildung hätte er für töricht gehalten.

Daß wir die Wirklichkeit immer aufgrund einer geistigen Vor-
gabe erkennen, ficht den Primat der Empirie nicht an, sondern nur
die Tauglichkeit »reiner« Erklärmuster: Weder sind die Begriffe da,
bevor wir bestimmte Dinge wahrnehmen, noch können die Begriffe allein aus der Wahrnehmung hervorgehen.

> »Daß alle unsere Erkenntnis mit der Erfahrung anfange, daran ist gar
> kein Zweifel; denn wodurch sollte das Erkenntnisvermögen sonst zur
> Ausübung erweckt werden, geschähe es nicht durch Gegenstände, die
> unsere Sinne rühren und teils von selbst Vorstellungen bewirken, teils
> unsere Verstandestätigkeit in Bewegung bringen, diese zu vergleichen,
> sie zu verknüpfen oder zu trennen, und so den rohen Stoff sinnlicher
> Eindrücke zu einer Erkenntnis der Gegenstände zu verarbeiten, die Er-
> fahrung heißt? Der Zeit nach geht also keine Erkenntnis in uns vor der
> Erfahrung vorher, und mit dieser fängt alle an.
> Wenn aber gleich alle unsere Erkenntnis mit der Erfahrung anhebt, so
> entspringt sie darum doch nicht eben alle aus der Erfahrung.«
> *Kant, Einleitung zur Kritik der reinen Vernunft*

Und: »Begriffe ohne Wahrnehmung sind leer«, sagt uns eben dieser
deutsche Idealist.

Woraus Erkenntnis erwächst, hat Platon in seiner vorbegrifflichen Sprache trefflich als »Gestalt« oder »Bild« (eidos) bezeichnet. Es ist das, als welches wir das Gesehene sehen – nicht die einzelnen Sinnesdaten, sondern Sinnfiguren. Und die gibt es: Hand und Baum, Brille und Auto, Sonne und Wasser. Solchen Einheiten, mit denen sich dann bestimmte Erfahrungen verbinden – Berührung und kühler Schatten, der Blick des anderen und Bewegung, Licht-Wärme und gewaschen werden –, entnimmt das Kind / der Mensch die Gewohnheit, auch anderes als Einheit zu sehen. Empirie geht in sich »idealistisch« vor.

Unser Auge kann 9 (neun) schnell erkennen, wenn die neun zu zählenden Objekte so angeordnet sind:

```
    •   •   •

    •   •   •

    •   •   •
```

Sind sie verstreut, etwa so:

```
   •           •


        •
   •          •


   •       •

•              •
```

müssen wir zählen. Im ersten Fall haben sie »Evidenz«; wir »erkennen« sie »wieder«, sagt Platon. Im zweiten Fall müssen wir die Figur konstruieren. Aber auch in ihm ist Wiedererkennen möglich, wenn sich die Figur wiederholt – zum Beispiel in einem Sternenbild, das wir allnächtlich sehen.

Die konstruierte Neun ist die Theorie der sinnlich wahrgenommenen. *Theorein* heißt: sehen mit dem Auge des Geistes – das Erschauen von etwas Gedachtem, eine Vorstellung der Figur. Für die Figur gibt es einen Namen, einen Begriff, einen Urteilssatz. Finde ich diese, habe ich das Gefäß der Wahrnehmung. Es ist sowohl Voraussetzung als auch Ziel der Erfahrung, und häufig genug muß ich mir dieses Gefäß selber machen: Wer etwas wiedergeben will, muß etwas erkennen; wer etwas schenken will, muß es erwerben – oder rauben!

Wenn ich in ein neues Land reise, bringe ich Vorstellungen mit: Diese Stadt liegt an der Nahtstelle von Abendland und Morgenland;

sie war das zweite Haupt der christlichen Welt und deren letztes Bollwerk gegen den Islam; die in ihr befindliche Hagia Sophia war erst eine Kirche, dann eine Moschee und ist jetzt ein säkularisiertes Museum; hier haben die Sultane ihre Paläste gehabt; meine Schüler Murat und Güll kommen aus den Vorstädten dieser 8-Millionen-Metropole – sie wollen nicht zurück zu »Häßlichkeit, Schmutz, Armut und Enge«, wie sie sagen.

Mindestens das also kenne ich schon und werde es darum auch sehen, weil ich es erwarte. Aber es wird nicht das Wichtigste sein. Das Wichtigste entsteht aus der Differenz zwischen dem Baedeker-Wissen und den Phänomenen. Ich mache mich darum am liebsten ohne Führer auf und zu Fuß. Alles, was ich brauche, sind Landkarten und Stadtpläne – und Zeit. Und weil ich den »reinen Mustern« mißtraue, erlaube ich mir auch einen Blick auf die Ansichtspostkarten am Zeitungskiosk: da »sehe« ich, was hier zu sehen ist.

Das ist ein mir vertrautes Verfahren: Die Begegnung mit fremden Ländern ist nicht anders als die Begegnung mit neuen Schülern. Als die Laborschule ihre ersten Schüler aufnahm (sie waren von einem Computer aus der fünffachen Zahl der Bewerber ausgesucht worden – so, daß sie die Sozialstatistik einer durchschnittlichen nordrhein-westfälischen Stadt wiedergaben), habe ich mich geweigert, Einsicht in die »Personalakten« der mir zugewiesenen Lateiner zu nehmen. Ich wollte nicht wissen, wessen Eltern der unteren Mittelschicht angehörten, nur Volksschulbildung besaßen, Mitglieder der evangelischen Kirche waren – oder sich zur Oberschicht zählten, das Gymnasium besucht, die Kirche verlassen hatten. Ich wollte selber beobachten, was das für ein Kind ist, unabhängig vom soziologischen und psychologischen Erkennungsvokabular: bildungsfern oder -nah, emanzipiert oder traditional, mit elaboriertem oder restringiertem Sprachcode und so weiter. Viele Kollegen fanden meine Weigerung schockierend. Die Tatsache, daß ich die Mehrzahl meiner Schüler falsch eingeordnet habe – ich erfuhr es nach einem halben Jahr, als ich die ersten Beurteilungen schreiben und mir ein genaues Bild von den Eltern machen mußte –, gab meinem Verfahren recht. Ich hätte an den einzelnen Kindern bei voller Kenntnis ihrer Herkunft vielleicht nicht weniger beobachtet, aber ich hätte das Gesehene anders bewertet – mit Staunen oder Sorge oder Unmut. »Du sollst dir kein Bildnis machen«, hat mich Max Frisch gelehrt, weder von Gott, noch von den Menschen – noch von den

Ländern. Meiner peiratischen (mehr als empirischen) Einstellung zur erfahrbaren Welt habe ich früher einmal in einem Bild Ausdruck gegeben, unter dem man den Beruf des Erziehers sehen solle, – nicht unter dem des Töpfers oder des Bildhauers, nicht unter dem des Gärtners oder des Wegführers (Mentors), nicht unter dem des Auslesens oder der Initiation, sondern unter dem der Seefahrt – möglichst auf einem kleinen Segelboot:

»Da gibt es Mächte, unbestimmbare oder nur in Grenzen bestimmbare Elemente; es gibt ein nicht von mir gemachtes aber verstehbares, weil von Menschen absichtsvoll und kunstreich konstruiertes Gefährt; es gibt vermutlich ein Fahrziel; man kann die Elemente nutzen und dabei geschickt, zu kühn oder zu feige sein; man kann ihnen erliegen; es ist gut auf jemanden zu hören, der sich darauf schon versteht; es ist gut, ihn zu fragen, die eigenen Unsicherheiten und Schwierigkeiten zuzugeben; es ist gut, ständig zu beobachten und seine Beobachtungen mitzuteilen; es ist gut, auf alle möglichen Fälle vorbereitet zu sein; ›wenn…, dann…‹ – so sehen die ersten Erkenntnisse aus; gutgehen wird es nur, wenn alle auf dem Boot zusammenarbeiten und zusammenhalten, wenn jeder das Seine tut; Arbeitsteilung, Zuständigkeit, Sonderkompetenz und darum Planung und Verständigung sind nötig; für den Notfall, aber auch damit man die nicht schon so beschränkte Bewegungsfreiheit noch weiter einengt, ist es gut, Ordnung zu halten; man muß die Dinge schnell finden können, und sie müssen in brauchbarem Zustand sein; es gibt außerdem vieles, was einfach Spaß macht, man muß es nur zu seiner Zeit tun; man kann für manches ein ›Gefühl‹ entwickeln, das mehr hilft als sagbares Wissen; man kann selbst Neues entdecken, Verbesserungen erfinden, die die alten Seeleute an Bord gar nicht mehr suchen; man kann nicht nur den Kurs, sondern auch das Ziel ändern … und so fort. Und all dies teilt sich nicht so sehr durch ›Belehrung‹ mit – es kommt aus dem Umgang mit der Sache.« *Erkennen durch Handeln, S. 70f.*

Im Fragebogen der Frankfurter Allgemeinen Zeitung habe ich vor zehn Jahren auf die Frage »Wer oder was hätten sie sein mögen?« geantwortet: Ein Sänger / Ein Seefahrer / Ein Schauspieler. Gegen die zweite, hier interessierende Antwort habe ich auch heute nichts einzuwenden – außer gegen den aus der Frage mitgedachten Konjunktiv: ich hätte Seefahrer sein mögen. Nein: ich bin es ja gewesen – zu einem guten Teil meines Lebens.

Eingesammeltes – aufgeräumt[*]

Eine Autofahrt durch Irland
1987

Irisches

Ginster; aus Feldsteinen geschichtete Steinmauern mit Grasnarben darauf; noch kahle Bäume mit von Knöterich und Efeu umhüllten Stämmen und wohlgeschichteten Krähennestern in der Krone; klitzegrüne Weiden von unzähligen Schafen bevölkert – schwarzköpfigen und weißköpfigen, gehörnten und ungehörnten, mit langem flockigem und langem seidigen Fell – und unglaublich possierlichen Lämmern; Krähen in gewaltigen Schwärmen; St. Patricks Kreuz mit dem Ring um die vier Balken; *juniper-tree* für den schwarzbrennenden Großvater von Joan Baez; Hecken – ausgewachsen oder frisch zu tödlicher Geradheit gestutzt; Dörfer mit kahlen Häuserfronten – Armut ohne Anmut; Kleinstädte mit *western look*: viel Reklame, viel *saloons* (hier *pubs*), viel geschäftiges Treiben im Windschatten der kleinen Geschäfte.

Ereignisse ersten Ranges

Trinity College am Ostersonntag morgen – wohltuende Klarheit im Palladio-Stil, schöne Patina des Gesteins, wohltuende Einheitlichkeit, Würde und Brauchbarkeit in einem; dazu die unglaubliche Bibliothek aus dem 18. Jahrhundert, gefüllt mit Scharteken der Saecula davor bis zurück zu dem Book of Kells und dem von Durrow, deren schönste Blätter nicht die aufgeschlagenen, reich ornamentierten, sondern die Schriftseiten sind.

Powerscourt Gardens – eine Anlage des Earl of Powerscourt aus dem Anfang des vorigen Jahrhunderts: ein Spiel von Kunst

---

[*] Muß eine Reisebeschreibung chronologisch vor sich gehen? Muß sie aus ganzen Sätzen bestehen? Muß sie Reflexionen enthalten? – Genügen nicht einzelne Funde, Erinnerungsstücke, Anstöße? Daß ich hier nur größere und kleinere Brocken eingesammelt habe, mag auch daran liegen, daß ich während meiner ganzen Professoren- und Laborschul-Zeit – fünfundzwanzig Jahre lang! – für die Aufzeichnung von Reisen keine Zeit gehabt habe und darum aus der Übung war.

und Natur, Architektur und Landschaft, Nähe und Ferne, Flora und Gestein, Himmel und Wasser – französische Kunstgärtnerei und englischer Park in einem, wie ich es noch nie gesehen habe.

Die Cliffs of Moher – nach einer entbehrungsreichen, herabstimmenden Anfahrt durch die Burrens, eine allmähliche Versteinerung der Wiesen, meilenweite Halden von Geröll, zwischen denen noch immer ein paar Kühe weiden, flach ins Meer abfallend, von gelegentlichen Kastellen unterbrochen, *burren* wie *barren*: tot; dann plötzlich der Blick auf die Steilküste – über 200 m senkrecht abfallende, schwarzglitzernde, von der Brandung unermüdlich, aber ohnmächtig bespülte Felsen, an deren Rand sich nur wahnsinnige oder junge Menschen (das ist wohl dasselbe) begeben, um lustvoll hinabzublicken; Möven, Mövenschrei, ein sanfter Wind von Westen, eine überwältigende Abendsonne.

Das Gut von Graf und Gräfin D. in Rosetown, Athgarvan/Carlow County: von der kleinen Straße biegt eine gewundene Allee über die grünen, wie Rasen wirkenden Weiden zu einem grauen, von Efeu umrankten Haus inmitten eines Blumengartens ab; wo man hinblickt, Schafe und Lämmer hinter dem gepflegten Zaun; Stallungen für die Rennpferde mit flaschengrün bemalten Halbtoren; die Gastgeber kommen uns freundlich entgegen; im Inneren die Reste ostpreußischer Pracht zu einer neuen einfachen und würdigen Wohnkultur zusammengestellt; es gibt den »Osterzopf« wie in alten Tagen von Skandau.

Ein Spaziergang über die einsamen Berge von Oughterard im Westen des Landes; Ausgangspunkt ist Sweeney's Hotel; eine Karte von Hand gemalt und in der Lounge ausliegend begleitet uns; wir verlassen ihre Grenzen bald hinter dem malerischen Wasserfall; danach auf schmaler Straße, die wir mit Gesang und Gespräch füllen; rechts und links die braungrauen Hänge eines moorigen Mittelgebirges; Kühe und Schafe – und wir.

Der im Zickzack abfallende Wasserfall vor Falls Hotel in Ennistymon, das selbst eine kleine Sehenswürdigkeit ist.

Die irischen Menschen; hilfsbereit, aufgeschlossen, unaufdringlich, überaus liebenswert. Der Postbote bei Oughterard, der uns – von Wagen zu Wagen – einen Prospekt reicht, die Männer in den Wicklow Mountains, die uns Streichhölzer bringen, die Verkäufer des *whisky-decanters* und des dazugehörigen Korkens – als Beispiel.

Cashel Rock – eine Kathedrale (sic!) aus dem 11. und 12. Jahrhundert mit wenigen Nachbauten, offenem Himmel, einer großen Befestigungsmauer, allein auf einem steilen Fels über der Stadt; Krähen, hier von mir Raben genannt, fliegen ein und aus; düstere romanische Skulpturen blicken in die strahlende Karfreitagssonne.

Beobachtung und Ereignisse zweiten Ranges

Bei Christa und Peter B, wird uns gezeigt, wie Lämmer zur Welt kommen, ihre Mütter oder die Mütter die Lämmer verfehlen und man sie kunstvoll zusammenbringt.

Puppi B.s Nachbarn haben eine Pferdezucht: die Stuten und die Fohlen in den reinlichen Boxen lösen Entzücken in der verdrängten Reiterseele aus.

In Sweeney's Hotel tritt die kleine Serviererin auf wie die Menschenpuppe in »Hoffmanns Erzählungen«; mindestens zweimal während der Mahlzeit kommt sie an den Tisch und fragt: »Is everything to your satisfaction?« und geht trippelnden Schrittes davon, nachdem wir ihr versichert haben, wie zufrieden und glücklich wir sind.

Im Speisesaal des Falls Hotel / Ennistymon herrscht eine Atmosphäre wie auf dem Zauberberg; eine schusselige kleine Mamsell huscht zwischen den alten und neuen, den jungen und vertrottelten Gästen hin und her und bringt alle Bestellungen durcheinander; ein Wandgemälde: es verewigt in der Form einer Karikatur die ohnehin ewige irische Schwarzbrennerei; im Treppenhaus jugendstilige Legendengestalten.

Im ersten Lokal abends in Dublin: ein irischer Barde singt im oberen Stock alles, was wir von Baez bis Garfunkel und auch sonst als *English/Irish ballad* kennen.

Irische Geldnoten: unlesbar.

Ein Bulle wundert sich über die einsamen Spaziergänger und dreht uns sein wunderlich gekräuseltes Wollhaupt zu; als ich beschließe, ihn nicht zu vergessen, wendet er sich gelangweilt ab.

Zwei Cockerspaniels versöhnen uns mit einem überaus häßlichen Haus. Die vielen anderen häßlichen Häuser haben hoffentlich auch Spaniels.

Alle alten Straßenschilder sind aus Gußeisen und geben die Entfernungen in Meilen an; alle neuen sind aus Blech und zählen die Kilometer.

In allen Gemeinschaftslokalen, auf dem Schiff, in den Straßen, in den Hotel-Lounges herrscht eine freundliche Atmosphäre, fröhlich ohne Lärm.

Zerfallenes Gemäuer am Wegrand sind immer Abteien. Wenn sie wiederhergestellt sind, sehen sie aus wie schlechte Neugotik.

Was uns durch glückliche Fügung gut gelungen ist

Wir erreichen die Fähre sieben Minuten vor Abfahrt nach einer zehnstündigen abenteuerlichen Fahrt.

Die erste Nacht in Dublin in verbilligtem Komfort.

Die oben geschilderte Anfahrt zu den Cliffs, die auch andersherum hätte erfolgen können.

Der Fußmarsch in die Berge statt der Autofahrt an den Seen entlang – auch hier hätte es umgekehrt sein können und wäre schlechter gewesen.

Reifenreparatur in Athlone, verbunden mit *fast-food*-Mahlzeit und gründlichem Händewaschen.

Das Wetter.

Die zwei wohlplacierten Aufenthalte in Prosperous – überhaupt die Anordnung der Besuche meiner Freunde.

Der krönende Schluß der Reise in Cashel Rock.

Die Abteien Kilmacduagh bei Gort und Cloranacnoise, zwei einander ähnliche Anlagen, die eine mitten im Wiesenland, die andere am ausgedehnten Shannon River – mit vielen alten Kreuzen, Rundtürmen, mit ihrerseits spitzen Hüten, fast geschlossenen Grabkammern mit Stalagmiten und obszönen Stalaktiten.

Rund zwei Dutzend viereckiger Wehrtürme – 10 x 10 m im Grundriß und 40 bis 50 m hoch, gestaltlos, die bare Wehranlage.

Rund ein Dutzend runder Campaniles, die zugleich Fluchttürme für die Mönche waren – alles von der Denkmalspflege denkbar gut betreut.

Der Liffey-Fluß in Dublin, in dessen fast stillstehendem Wasser sich die Stadt romantisch spiegelt, die National Gallery voller Renaissance-Schinken, im Treppenhaus eine Galerie bedeutender, sich aber gegenseitig die Aufmerksamkeit stehlender Porträts (die wenigen im Hause der Grafen D. hatten es da besser!).

Hier und da ein schönes Haus von diesem Typ.

Der Kontrast von grünen Wiesen, grauem Stein und braunen Farnen, Gräsern, Brombeerhecken auf den Mooren.

Hoffnungsloses

Guinness' *beer stout*, uns wird's nicht schmecken.

Der Verkehr in Dublin oder in Newbridge oder anderen, auch kleineren Städten zur *business*-Zeit.

Das irische Brot.

Die neuere irische Architektur: Häuser aus dem Neckermann-Katalog für Selbstzubastelndes, unterschiedlich und trostlos vermischt mit gleichen Produkten von Sears & Roebuck (so kommt es einem vor); der Porzellan- oder Pseudokupfer-Blumentopf, die Volants und das Rouleau werden gleich mitgeliefert.

Die schönen Anwesen sieht man nicht, man muß sie hinter den großen Portalen und den gewundenen Anfahrten durch dichte Boskette vermuten.

Anreise und Rückreise durch Frankreich

Die Normandie – viel schöner, als ich auf dem Hinweg wahrgenommen habe: voller großer Buchenwälder, langer Alleen, die zu verborgenen Schlössern führen, hübsche Kleinstädte und, ach: die unglaublichen Kathedralen von Rouen, umgeben von wackeligen Fachwerkhäusern aus dem Mittelalter!

Kelchförmige Wassertürme alle 5 km.

Viel erotische Reklame.

Péage (Gebührenpflicht) auf den Autobahnen.

Unzählige Soldatenfriedhöfe aus dem Ersten Weltkrieg mit grimmig-realistischen Plastiken.

Sanfte Wiesenhänge auch hier voller Schafe und Lämmer.

Emma und Charles Bovary's Haus in immer neuen Varianten, nicht ganz so viele Renault-Vertreter − aber alle ohne »bouchon« für unseren Tank.

Schönes Wetter.

Ein wichtiger Nachtrag

In Irland gab es 1968

5,572 Millionen Rinder
1,063 Millionen Schweine
4,077 Millionen Schafe
134 Tausend Pferde und Ponys

Die Große Enzyklopädie der Erde

Im Paradies – keine Selbstverständlichkeiten*

Ein Aufenthalt in Cuernavaca/Mexiko
1990

Lieber F.

Es gibt zwei Dinge, die man nur schwer oder gar nicht beschreiben kann: das Chaos und das Paradies. Das Paradies – das ist ja: wenn alles, was im Chaos nicht an seinem Platz und darum häßlich oder unverständlich ist, wieder in seine ungestörte Schönheit, in sich selbst und seine glücklichste Beziehung zu allem anderen zurückgekehrt ist. »Zurück-«, das ist gut biblisch, weil man *vor* der Vertreibung aus dem Paradies nicht wissen konnte, was dieses ist. – Und nun bin ich in einem solchen. Es ist ungefähr die fünffache Steigerung von Yvonnes Haus und Leben in Forio.

Wo soll ich beginnen? Mit der Annäherung aus dem nur noch heimweh-schönen, erinnerungs-seligen Chicago. (Davon, wie es dort war, erzähle ich Dir mündlich.) Ich konnte von meinem Flugzeugfenster aus »Geographie« treiben: die großen quadratischen Felder von Illinois, die glitzernde Riesenschlange des Mississippi, die Prärien von Texas, den Golf von Mexiko, die breite menschen- und städteleere Lagunenküste ausmachen; dann wieder Nutzlandschaft – noch totaler, noch geometrischer als im nordamerikanischen Middle-West; endlich die Berge – gewaltige »bemooste« Kolosse mit feinen gewundenen Rinnsalen; erste Dörfer und Städte und die sie verbindenden Straßen – und dann die Ebene von Mexico-City, einen bunten Alptraum: Siedlungen, Fabriken, Wolkenkratzer, Parks, Verkehrsadern für 20 bis 25 Millionen Menschen!

Wir mußten eine halbe Stunde über dem Ganzen kreisen – kaum höher als 500 Meter, so daß man alles recht genau besehen und auf sich wirken lassen konnte. Kein Wunder, daß Ivan Illich über das

---

* In zwei langen Briefen habe ich einem Freund geschildert, was ich bei meinem dritten Aufenthalt in Cuernavaca im Frühjahr 1990 erlebt habe. Ich war Gast bei Ivan Illich und Valentina Boremans, der in jenen Wochen dauerhafteste Gast von vielen, die das gastliche Anwesen besuchten. Nichts kann in Mexiko so interessant sein wie Ivan und *sein* Cuernavaca, eine Idee, mehr als ein Ort – die Idee der *conviviality*. Dieser Briefbericht trüge die Überschrift: »Cuernavaca re-revisited« mit gleichem Recht wie der zweite, als Buch veröffentlichte, die seine.

»Wohnen« im Unterschied zur industrialisierten »Unterbringung« (housing) mehr weiß als deutsche Soziologen, die in Dahlem sitzen oder auch in Enger oder Frankfurts Weststadt. – Später, beim ersten Frühstück, erzählt mir Ivan, was es einem Koloß wie Mexico-City überhaupt möglich macht zu leben. Präsident Echeveria (der vorige) hat eines Tages einfach zugegeben, daß er das Problem der »Unterbringung« der Massen nicht mehr lösen könne und also auch nicht mehr wolle – die Staatsverwaltung sei dem nicht gewachsen. Von da an nicht etwa Chaos und natürlich nicht Paradies, aber erste Ordnungen nach sinnvollen, den Menschen angemessenen Mustern. Die einzelnen, sich als Lebensgemeinschaft auf ihrem Territorium empfindenden Ansammlungen organisieren ihre Welt selber: Straßen und Wege werden getrennt behandelt (und schon hat man eine Fußgängerzone!); Abfall wird nicht beseitigt, sondern verwertet oder vermieden; man hat kein Abwassersystem – man hat auch keine Wasserleitung in jedes »Haus«, sondern gemeinsame öffentliche Wasserstellen, verbraucht also nur soviel, wie man nach Hause tragen kann, und das ist nicht mehr, als der Boden wieder aufnimmt; man bekommt nichts vom Staat gebaut – man wird mit Rohmaterial beliefert und macht, was man macht, selbst; das ist Arbeitsbeschaffung-und-Stadtverwaltung in einem...

Diese Preisgabe des Zentralismus hat Mexico-City vor der seit Jahren erwarteten Katastrophe bewahrt. Aus der unwirtlichen Metropole mit *slums* und *suburbs*, Transportwegen (monströsen Autopisten mit jeweils acht Fahrbahnen und stets nur in der einen *oder* anderen Richtung), Straßenbrücken, Verkehrskreiseln und vom Regen durchspülten und unterwühlten Nebenwegen entsteht langsam eine Art Föderation von Dörfern oder Vierteln (*barrio* ist das spanische Wort und entspricht dem lateinischen *vicus*) mit eigener Identität und Lebensart. – Ich muß mir das unbedingt »vom Boden aus« ansehen, bevor ich am 22. Februar hier in Mexiko das Flugzeug wieder besteige.

Den Anfang dazu habe ich gemacht, als ich am Flughafen der Empfehlung von Ivan, »einfach ein Taxi« nach Cuernavaca zu nehmen, widerstand. Ich habe mich, wacker meine zwei Koffer schleppend, zur Metro durchgefragt, bin innerhalb dieser zweimal umgestiegen, kam so tatsächlich zum Busbahnhof Tasqueñia, bestieg dort einen alternden Greyhound (Bus) und erlebte an meinem Fenster eine Stunde lang Mexico-City und eine weitere Stunde lang die Talfahrt nach Cuernavaca. Mexico-City liegt auf 2700 Metern über dem Meeresspiegel (also in Zugspitzhöhe); Cuernavaca auf etwa 1800 Metern. Dort bin ich dann wieder in einen kleineren Bus nach Ocotepec umgestiegen und habe mich in diesem zum Barrio de los Ramos und zu Valentinas Haus durchgefragt.

Ivan stand am oberen Ende des kleinen Fußwegs, war aus dem Haus getreten, weil er »das Gefühl hatte«, jetzt komme der Hartmut. Er hielt mich dann aber für einen Packesel (auf 500 Meter Entfernung und mit schlechten Augen) und ging ins Haus zurück – in ein in rötliches Ocker (amarillo) und Bougainvillea auffällig gekleidetes Anwesen. Dieses muß ich jetzt schildern – nach einer Pause, denn mein Rücken schmerzt: Flugzeuge und Busse haben gründlich verkehrte Sitzgelegenheiten.

Ich bin noch einmal in den Garten gegangen, um mir alles für diese Beschreibung ordnend zu vergegenwärtigen. Stelle Dir einen Garten vor 80 mal 100 Meter im Geviert an einem hier noch sanften, oberhalb des Grundstücks immer steiler werdenden Südhang. Ganz unten liegt die Fast-Millionenstadt Cuernavaca, die man, gottlob, weder sieht noch hört. Ivans und Valentinas Garten befindet sich inmitten anderer solcher, die alle mexikanischen »Bauern« gehören und deren einziger Besitz dies meist ist. Er ist von einer hohen, sehr ordentlich, nein geradezu schön geschichteten Mauer umgeben: Adobe-Ziegel (d. i.: aus luftgetrocknetem Lehm) mit einer festigenden Mörtelschicht dazwischen, die ihrerseits durch kleine gebrannte Ziegel befestigt und zugleich verziert ist.

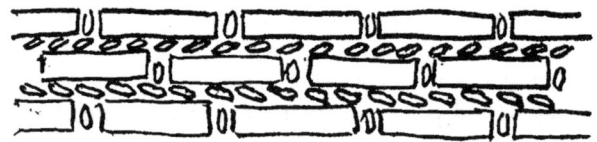

Auch die aus vulkanischem Gestein – aus Lava oder Bims – errichteten Gartenmauern sind in dieser Weise anmutig und belebend verfugt.

Auf dem Areal finden sich acht recht verschiedene ebenerdige Lehmhäuser – etwa in dieser Verteilung (Skizze S. 339).

Um diese Häuser herum befinden sich mit Kacheln belegte Terrassen, Rasenflächen und viele Hunderte verschiedene Bäume und Büsche. Ich habe sie mir von Ivan, dem einstigen päpstlichen Gewürzmeister (immerhin!), einzeln bezeichnen und in ihrer Funktion

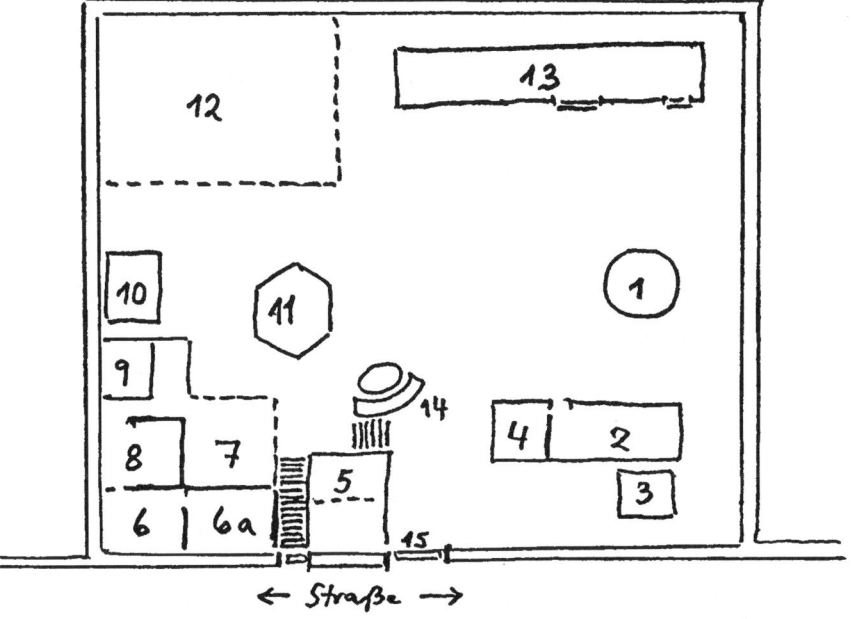

1. Valentinas Haus 2. Küche und offener Eßplatz 3. Haus des Gärtner-ehepaars Don Cruz und Doña Lucia 4. Waschküche und Gerätehaus 5. Pförtnerhaus mit dem Computerzimmer 6. mein Wohn-Turm mit offenem Dachgarten, unter diesen beiden ein Gästezimmer inmitten einer großen Bibliothek 7. Patio 8. offene Küche 9. Bad und Klo 10. Gästehaus 11. Bibliothek und Arbeitsraum 12. Gemüsegarten 13. Ivans Haus mit der großen Bibliothek 14. sprudelnder Brunnen mit Becken zum Sich-reinlegen 15. Tor zur Straße

erklären lassen. Fast jede Pflanze hat eine besondere Bewandtnis – als Rausch-»Gift«, Gewürz, Gemüse, Beilage, Frucht, Zierde: Japanische Kirsche, Witwenschwanz (Cola de viuda neben der Cola de novia, dem Brautschwanz), Avocado pellejo (»zum Reinbeißen«, das heißt: die Haut ist so zart, daß man das kann), Pata de vaca (Kuhfuß – wegen des hufförmigen Blattes, eine Art Catalpa), Oleander, Magnolie, bittere Orange, Pampelmuse, Pirul (eine Mimosenart), Jacaranda (der große violettblühende Baum, der Cuernavaca buchstäblich auszeichnet), Papyrus, Nelkenbaum (es ist die Gewürznelke; schon das Blatt riecht so, wenn man es zerdrückt), Camarón (rot- und gelbblühender Heckenbusch), Aloë (eine Agave, deren

Blattinneres – einen durchsichtigen Glibber – ich auf Stirn und Nase auftrage, wo ich in Folge meiner hochmütigen Ablehnung des mir gebotenen *sombreros* einen Sonnenbrand habe), Guava oder auch Guayava (die unseren »tropisch« genannten Getränken neben der Maracuya den vorherrschenden Geschmack gibt), Anisbusch, Feuerbaum (tabichin, seine Blätter werden ganz rot), Palo de primavera (Frühlingsmast) und sein weißblühendes Gegenstück, der Palo de flojo (»schlapper Mast« mit der naheliegenden obszönen Bedeutung), Jasmin (hier ist's der kleine spanische; vor ihm surrt ständig ein Kolibri), Frangipani (auch an diesem tut er's – und ich tät es auch, schon wegen des betörenden Duftes), Bottle Brush (seine Blüte sieht in der Tat wie eine rötliche Flaschenbürste aus), Guaje (ein Baum, dessen Schoten man auf dem Markt als Salatgewürz kauft; sie sind relativ teuer und schmecken wie ganz milder Knoblauch), Rizinus, Ingwer, wilde Dattelpalmen, Bananenpalmen, zig Sorten von Kakteen (darunter Mescal, von dem das Mescalin stammt), zig Sorten Rosen, zwanzig verschieden getönte Arten von Bougainvillea, Hibiscus, Trompetenbaum, Yucca, Kaffee, Bambus, Elefantenohr, Datura (ein Rauschgift) und so fort und so fort.

Die Üppigkeit der Tropen ist für uns immer neu überwältigend, und immer haben sie – in Mexiko, in Kolumbien, in Indonesien, in Madras – etwas gemeinsam: die unerhörte und doch so harmonische Farbigkeit, die Intensität der Gerüche, die offenbar mühelose Kultivierbarkeit der einzelnen Geschöpfe der Wildnis.

Am ersten Abend sitzen Valentina, Ivan und ich – nach dem Rundgang – auf den Stufen seiner Bibliothek und sehen in den dramatisch beleuchteten westlichen Abendhimmel: schwarze, bizarre Bergsilhouetten, Wolkenfetzen, safranfarbener Hintergrund. In dem Augenblick, in dem die Sonne hinter dem Horizont verschwunden ist, beginnt das Konzert der Zikaden. Unser Gespräch verstummt. Ich schlürfe meinen Tequila mit Limone. In weniger als zwanzig Minuten bricht die vollständige Nacht herein, und der rote Vollmond geht hinter uns auf. Dakkar, der alte Hund von Valentina, springt auf und bellt ins Dunkle. Er »greift ein«, wenn die Katzen sich allzu vernehmlich lieben oder ein anderer Hund Grund zu Trauer und also zum Heulen hat. Dakkar ist die inkarnierte Moral.

Ein anderer Gast von Ivan hat die Herstellung der Abendmahlzeit übernommen: der ehemalige Kultusminister des Schahs von Persien. Er kocht einen delikaten Reis mit Dillspitzen, und wir häufen frischen Joghurt darüber. Es gibt einen spanischen Rotwein. Mexiko durfte keinen anbauen. Pizarro hat alle Ölbäume und Weinstöcke abhauen lassen, als er das Land eroberte; so machte man damals Wirtschafts- und Kolonialpolitik in einem und bemäntelte dies – wie auch das Verbot des Kakao – mit Christentum.

Unser Gespräch geht über »Heilung durch den Geist«. Ich erzähle von meinem Chicagoer Freund, dem die völlige Ausweglosigkeit seiner Krankheit – das Gefühl: »Ich kann nichts mehr verlieren, ich kann nur noch auskosten, was mir von meinem Leben bleibt« – die Lebenskraft und -freude wiedergegeben hat. Gegen alles, was die Ärzte sagen und ihm angedeihen lassen, lebt er frei, bewußt und intensiv. Das traf sich mit dem Schicksal der mit am Tisch sitzenden jungen Amerikanerin, die hier morgen einen Heiler (curador) aufsuchen wird, den Valentina kennt. Er diagnostiziert mit Hilfe frischer roher Eier. Diese bringt man zu diesem Zwecke mit (es laufen auf Valentinas »Hof« zwei Dutzend Hühner herum: braun, schwarz, weiß, gefleckt, »und ein Hahn ist auch dabei« mit goldbraunem Wams, schwarzen Hosen, grünem Schwanz und rotem Kopf, ein Bilderbuch- oder Paradieshahn eben!), man hält sie eine Weile in der Hand, während der *curador* inquisitorische Fragen zum Lebenswandel und -schicksal stellt; dann öffnet man die Eier, gießt den Inhalt in ein Glas und »interpretiert« ihn. Als der quicklebendige Nachbar dies jüngst mit sich geschehen ließ, war der Dotter schwarz. Zwei Wochen später starb der Mann. Es ist auch möglich, mit Hilfe roher Eier erst eine *limpia*, eine Reinigung, vornehmen zu lassen. Der *curador* bestreicht mit ihnen den ganzen Leib von Kopf bis Fuß. Sie ziehen das Übel aus einem heraus und werden dann unbesehen (über den Rücken) weggeworfen. Unsere Amerikanerin fürchtet sich offenbar ein wenig vor der *visia*, der Besichtigung oder Prüfung, und wird sich darum erst einer *limpia* unterziehen.

Die erste Nacht auf dem asketisch schmalen und harten Bett hat mich sehr erquickt. Die Träume waren offenkundig von den neuen Geräuschen bestimmt: vom Pfauen- und Truthahngeschrei aus dem Nachbargarten, vom Hundegebell von überall her, vom I-aah der Esel, vom Krähen der Hunderte von Hähnen im Dorf, vom Kirchenglockengebimmel, vom fernen Sausen der Autos auf der Autobahn, wo die Busse und Laster sich den Berg hinaufarbeiten – nach Mexico-City.

Frühstück vor der Küche: Tee mit Honig von dem guten Dutzend Bienenvölker, die in weißen Holzkästen wohnen – neben den hier und da aufgestellten, in Büschen hockenden, auf Mauern sitzenden präkolumbianischen Göttergestalten aus Ton. Das Gespräch geht über Ivans »Archäologie der Selbstverständlichkeiten«, an der er jetzt arbeitet. Die Fragen, die ihn bewegen und die er seinem Gast stellt, lauten etwa: Warum ist uns der Nächste der »Nächste«? Warum und seit wann ist aus »hospitality« »hospitalization«, also aus Gastlichkeit Unterbringung geworden? Wann und wieso haben wir die Lebenskunst, den »schöpferischen« Umgang mit Dingen, Menschen, Situationen gegen deren Besitz eingetauscht? und so fort. Ich werde im Laufe der Tage vielleicht noch einfachere Beispiele kennenlernen.

Immer wieder verwundert mich die Freiheit und Originalität von Ivans Fragen (die selber meist schon seine Antworten sind!) und die Angebundenheit und Traditionalität seiner Mittel: er sammelt Auskünfte, exzerpiert Bücher, stapelt und ordnet Zettel – ist geradezu kindlich stolz, die größte, kompletteste (?) Kollektion von Dokumenten religiöser Alltags- oder Brauchtumsweisheiten, Rituale, Lieder zusammengebracht und auf Mikrofilm abgebildet zu haben. Dies ist freilich Valentinas *Werk*, aber seine *Idee* – und macht ihn leuchtend glücklich. Wieso? Wer wird das lesen? Wem wird das helfen, sich und die Welt besser zu verstehen oder sie gar besser zu machen? Auf solche Fragen lächelt er: Da unterscheiden wir uns; er ist kein Pädagoge, glaubt nicht an die Bessermacherei, hält nichts vom »Eingreifen«. Er hat meinen »Aufklärungsaufsatz« gelesen und kommt gleich auf diesen Punkt. »Mit Ihren drei Nutzungs- und Auslegungsmöglichkeiten des Gleichnisses* vom barmherzigen Samariter versäumen Sie die entscheidende vierte: Da hat einer einfach etwas unerhört Anderes getan und gutgeheißen – anderes, als alle zu sehen und zu tun gewohnt sind –, und er hat es anders erklärt.« Ivan ist wieder bei der Archäologie der Selbstverständlichkeiten. Am Abend wird das Gespräch, nein muß es hierüber weitergehen!

Tags eine Busfahrt nach Tepoztlan, einem Ort, an dem Gerold Becker und ich vor zwanzig Jahren ein unerhörtes Karnevalsfest erlebt haben – zwischen einer aztekischen Pyramide und einer katholischen Kathedrale. Heut sind wir drei Meilen zum Haus einer

---

* Einer rationalen oder religiösen oder ideologischen; dies bezieht sich auf meinen Aufsatz »Das Denken bestimmt die Grenzen des Handelns« in: Neue Sammlung 3/89 S. 318.

Freundin von Ivan zu Fuß gegangen; ich kehre an ihrer Gartentür wieder um. In Ocotepec angekommen, finde ich die anderen schon beim Mittagessen. Ivan war mit dem Privatauto der Freundin heimgefahren und hatte mich überholt. Das Gespräch geht über Noriega, über die DDR, über Schulen – und immer wieder über den Balkan, die Türkei, die alte Welt, aus der die von Ivan mitgebrachte Freundin stammt.

Jetzt ist das und auch die Siesta vorbei. Ich halte noch einen Ausspruch fest, den meine unschuldige Frage hervorlockte, nämlich, ob Valentina einen Eisschrank habe (um die mitgebrachten Asbach-Pralinen dort unterzubringen). Sie habe einmal einen gehabt, ihn aber nicht gebraucht und ihn auch zu häßlich gefunden in dieser wunderbar aus Kacheln und Holz zusammengesetzten Küche; da habe ein solches Monstrum keinen Platz. Sie habe also versucht ihn zu verkaufen – vergeblich! Schließlich habe sie beschlossen, ihn Don Cruz zu schenken. Der habe abgelehnt: »Wir sind zwar arme Leute, aber nicht so arm, daß wir uns von ›altem Essen‹ ernähren müßten.«

Heute ist Sonntag. Er beginnt mit Böllern um 5 Uhr morgens. Der Krach wiederholt sich um 7 Uhr. Dann, ab 9 Uhr, hört man die Dorfmusiker. Sie spielen Walzer und Polka. (Der Kaiser Maximilian soll diese Musik mitgebracht haben – auch schon »Rosamunde«, die eben herübertönt?) Das alles gehört zu einem Fest. Ivan und Valentina sind Paten – *sie* von einem fünfzehnjährigen Mädchen, *er* von einem fünfzehnjährigen Jungen, die zudem seit zwei Jahren so etwas wie »verlobt« sind, das heißt: der Junge hat das Mädchen offiziell zur Heirat aufgefordert. Aber erst von nun an werden sie »miteinander gehen«. Ich werde die Feierlichkeiten miterleben, soweit sie auf der Straße stattfinden. Valentina und Ivan sehen dem Fest mit gemischter Erwartung entgegen: *pulque* (das Bier aus Mais, das man hier früher trank) ist allmählich »abhanden gekommen«; aber auch das leichte und schmackhafte Weizenbier in Flaschen ist nun plötzlich für solche Gelegenheiten nicht fein genug. Man trinkt jetzt Weinbrand mit Cola – und ist sehr bald betrunken, weil und während man trinkend auf das Essen wartet. Dieses braucht bei fünf- bis siebenhundert Gästen seine Zeit, um angerichtet und ausgeteilt zu werden. Wie die Getränke »verstärkt« worden sind, so auch die Gitarrenmusik, die mit einem Dutzend gewaltiger Lautsprecher zu geradezu schmerzlicher Gewalt vergrößert wird.

Wie widersetzt man sich dem Verfall? Wie bringt man die Erkenntnis vom besseren Leben unter die Leute? Valentina lebt selber, wie man es soll: kein Plastik, kein Waschpulver, kein Fernsehen, kein Lärm; getrennte Abfallsammlung, soviel Recycling auf dem eigenen Grundstück wie möglich, die Gegenstände des Gebrauchs aus den alten Materialien des Landes... Wenn die Frauen zu ihr arbeiten kommen, zum Beispiel zum Wäschewaschen, nachdem das Haus wieder einmal voller Besucher war, lernen sie von Valentina, die alte feste Seife verwenden; diese wird auch zum Abwaschen des Geschirrs verwendet; sie liegt als großer Brocken in einer halb mit Wasser gefüllten Schüssel und wird mit Sisalfasern oder Luffaschwamm auf den Teller oder Topf gebracht, dann weggespült – sparsam und wirksam. Von den Frauen gefragt, warum sie sich so um den Boden dieses Landes sorge, sagt Valentina: »Es ist für dich und deine Kinder...« Und dann zählt sie sie mit Namen alle auf. Diese einfache und persönliche An-Sprache trifft die Menschen *at heart*.

Inzwischen sind wir auf dem Fest der »quincenaria« (der Fünfzehnjährigen) gewesen – jedenfalls beim öffentlichen Teil in der Kirche und in der Straße. Die Kirche von Ocotopec stammt aus dem Anfang des siebzehnten Jahrhunderts; sie hat eine »barocke« Fassade, einen durchbrochenen, anmutigen Helm und gute, wuchtige Proportionen. Die Anführungszeichen um das Wort »barock« wollen sagen: es handelt sich um den hiesigen Barock. Der besteht aus bewegter Oberfläche und großer Geste wie bei uns, vollzieht sich aber in ganz anderen Formen. Im Inneren: weiße Wände, ein weiß–goldener Altar, bunte Gebetsnischen und ein ornamental ausgemaltes Gewölbe. Über dem Altar führt eine perspektivisch gemalte Treppe direkt ins Himmelstor. Die Kirche war außen und innen mit den gleichen Papiergirlanden geschmückt wie das Grundstück der Gefeierten – und mit etwa dreißig Sträußen prächtiger roter Gladiolen. Das muß ein Vermögen gekostet haben und verdeutlicht die Rechnung von Ivan: daß ein Bürger und Bauer in seiner Nachbarschaft ein Drittel des Jahres für das eine Fest, das er gewöhnlich in ihm auszutragen hat, arbeitet. Die Kirche war ganz voll mit wohl annähernd fünfhundert Personen: Frauen, Männern, Kindern und Alten. Die acht blau gekleideten Mariachis spielten die mir aus der Missa Panamericana bekannten Ohrwurmmelodien, aber das Volk sang nur maßvoll begeistert mit. Die Kleine, die ihre Heiratsfähigkeit in einem rosa Kleid mit weitem Reifen unter dem

Saum und Schleifen, Rüschen, Schleiern, Sträußen in der gleichen Farbe feierte, wurde – außer von den Eltern – von fünf Jünglingen begleitet, von denen der eine häßlicher war als der andere. Der sechste für sie eigentlich bestimmte blieb rätselhafterweise aus. Nun hat man im Dorf 'was zu reden!

Ivan hat mir die Namen der Familienmitglieder genannt. Viele davon sind absonderlich, weil sie aus dem Heiligenkalender stammen. Und wie man getauft ist, wird man sowieso nicht genannt! Man hat einen Spitznamen, zum Beispiel El Gato (Kater). Ganz ungefährlich ist das nicht. Die Lehrer, die als Erfassungsstelle der Gesellschaft fungieren, schreiben oft den in der Gemeinschaft gebrauchten oder den ihnen passend erscheinenden Namen ins Register – etwa Abel statt Abundio (wer heißt schon so!). Dann, wenn Abundio alt ist und seine Rente beantragt, stellt sich heraus, daß es ihn eigentlich gar nicht gibt. Und das sei kein seltener Fall! Die Verwaltungswelt und die Lebenswelt haben hier nichts miteinander zu tun – bis zu dem unglücklichen Augenblick, wo... Und dann schmerzt es sehr! Die Menschen aber nehmen wahr, daß es ist, wie es ist: Die Verwaltung kümmert sich nicht um den Menschen.

Es ist heiß geworden, und ich bin hinuntergegangen, mir einen frischen Saft zu pressen. Dazu stehen in der Küche ein großer Korb voll Orangen und daneben eine Hebelpresse. Zu jeder Tages- und Nachtzeit fließt hier das goldene Getränk.

Es fließt in schönes mexikanisches Glas – braunes und grünes, das ich vom Bord nehme. Daneben stehen die Tonteller und -schüsseln – handgemalt und wunderbar unregelmäßig. An den Bordkanten hängen die Becher und Tassen. Die billigeren kauft man im Dutzend an ihren Henkeln mit Bast oder Hanf zusammengebunden. Überhaupt gibt es Ton überall. Sorgfältig gemusterte Kacheln bekleiden die beiden großen Herde; die Butangasflaschen sind hinter ebensolchen Kacheln verborgen; die Fußböden bestehen aus flachen braunen Ziegeln fünfzehn Zentimeter im Quadrat; in den Räumen stehen Tontiere von gut einem Meter Höhe – Kühe oder Hunde oder Schweine oder Katzen – mit rundem, nach vorne geöffneten Bauch: es sind kleine Öfen für kalte Abend- oder Morgenstunden; der Abzug besteht seinerseits aus Tonröhren.

Ivans Leben ist wie dieses Gerät, die Möbel, die Architektur: archaisch einfach und zugleich kostbar und modern. Ich habe noch kein Stück Fleisch gesehen, keine Butter, keinen Körnerzucker (es gibt zum Süßen des Tees gelbbraune Mulasse-Brocken oder Honig).

Aber er hat einen Computer, eine Vervielfältigungsmaschine für Mikrofiche, ein dazu passendes Lesegerät und natürlich einen Kopierer – und das Telefon und einen Boten für eilige Postgänge. Über allem wachen von irgendwelchen Konsolen oder Gesimsen herab präcolumbianische Götter. Alle Textilien sind ausgewählte Handarbeit des Landes – ob Tisch- oder Bettdecke, ob Hemd oder Poncho.

Wir sprechen von »Zeit« und, wie man sie nutzt. Ich versteige mich zu der These, daß das Leben eigentlich Warten sei; daß das Tier sich dabei von äußeren Anlässen anleiten lasse (das Weibchen geht; das Männchen ruft; ein Geräusch oder ein Geruch weht herüber); daß sich die Menschen dagegen von Vorstellungen bestimmen lassen, die sie sich zum großen Teil selbst machen (einen Brief schreiben an den vorgestellten Freund, eine Arbeit erledigen, bis X – wie man hofft – wiederkommt; Y abbrechen, weil es unerheblich zu sein scheint und also langweilt). Ich ersetze damit die normale, jedenfalls herrschende Theorie, daß das Leben Tat sei und nur gelegentlich in die Passivität, also ins Warten, abstürze. Gewiß ist beides richtig. Aber zum Beispiel angesichts von Ivans Krankheit ist meine Theorie tröstlich und wohl auch heilsam. Er hat keine Schmerzen; er hat nur das Bewußtsein eines begrenzten Lebenszeitraums und den Wunsch, ihn würdig mit Wichtigem und unter seinen Freunden zu verbringen. – Was aber ist »wichtig«? Das, worauf wir warten, weil wir es selber nicht herbeizwingen können!

Daß Ivan seine Krankheit nicht behandeln läßt, hat drei Gründe: erstens prinzipielle Erwägungen gegen die »Medizinierung«; zweitens das Wissen von der Wahrscheinlichkeit, daß im Fall *seiner* Krankheit jedes Mittel das Leiden verlängert und am Ende verschlimmert; drittens die Gewißheit, daß er sich in der letzten schweren Phase mit Opiaten vor großen Qualen schützen kann. Eine Operation, die dann vielleicht nötig ist, weil die aufbrechende Geschwulst so stinkt, daß er allen, die mit ihm umgehen, unerträglich wäre, will er sich gefallen lassen – aber so, wie man zu einem Barbier geht, und nicht damit irgendetwas »geheilt« werde. Mir leuchtet seine Theorie ein. Und seine Praxis schon gar!

Ich arbeite an meiner Rezension für die Frankfurter Allgemeine (es geht um einen Band eines Handbuchs der Bildungsgeschichte, der den Zeitabschnitt 1918 bis 1945 behandelt; dieses Buch zu lesen, schien mir auch für meinen im März vorgesehenen Vortrag vor der Deutschen Gesellschaft für Erziehungswissenschaft nötig oder nützlich zu sein) – mit wenig Lust. Der Abend kommt herbei, neben dem kühlen Morgen ist er die schönste Zeit; der Himmel wird ganz klar; die Sterne glitzern wie nie bei uns; das Gespräch geht seinen Gang, hat nur seine eigenen inneren Grenzen. Wir brechen es mutwillig ab – wie auch ich diesen Brief. Er mag Dich versichern, daß es gut geht Deinem Dich herzlich grüßenden Hartmut.

Lieber F.

Jeden Morgen, wenn der Himmel sich im Osten in fast gleichmäßigem Orange hinter der schwarzen Silhouette der Dattelpalme und des Avocadobaums erleuchtet, also kurz vor dem Sonnenaufgang, höre ich das Tap-tap-tap auf den Stufen zu meinem Dachgarten. Dann hat Ivan mir einen Krug Tee gebracht, ihn vor meiner Tür abgestellt und stets eine andere Art von Blüte dazu oder darüber gelegt. Gestern gab es eine Abwechslung: Er lud mich zu einem »Pfeifchen« ein. Am schön gedeckten Tisch der Gästeküche zu Majits und meinem Gästehaus versammelten sich Ivan, Valentina, Judith (die Amerikanerin) und Majit (der Perser) um eine Kerze und eine im Morgentau glitzernde gewaltige Rose. Majit hatte aus Stanniol mehrere Blätter von acht mal sechzehn Zentimeter geschnitten und zu länglichen »Wannen« geformt. Am einen Ende legte er ein etwa erbsengroßes Stück Opium auf und hielt die »Wanne« schräg über die Kerze – so, daß das schmelzende und beim Schmelzen verbrennende Opium langsam vom oberen zum unteren Ende herabbrann. Das dauerte jeweils etwa zwei Minuten, während derer man den entstehenden Rauch unmittelbar über der jeweils heißesten Stelle absaugte. Damit dabei von dem kostbaren Stoff nichts verlorenging, saugte der zweite Raucher hinter dem ersten her.

Man setzte zwischendurch ein- oder zweimal ab, um wieder aus-zuatmen und neu anzusetzen. Ich habe keine wesentliche Wirkung im Laufe des Vormittags oder Tages gespürt. Ivan meint, er habe gleich doppelt so gut arbeiten können: mit Leichtigkeit und Ruhe. Der Geschmack ist fein, ungleich milder als der von Zigaretten. Majit, der der Zeremonie vorstand und sie mit orientalischen Er-zählungen und Weisheiten begleitete, freute sich über meine erste spontane Aussage: »Unparfümiert und männlich«. Die Rose sei ei-gens aufgestellt, um den Gegensatz dazu zu repräsentieren: den raf-finierten weiblichen Duft.

Vielleicht habe ich die Wirkung auch nicht wahrgenommen, weil ich kurz darauf mit den beiden Frauen auf den Markt gefahren bin, wo es aufmerksam Umschau zu halten galt – und geduldig sein, bis die Frauen jeweils ihre Sache gefunden und zwischen den ein-zelnen Exemplaren entschieden hatten: Taschen, Tonwaren, Ge-müse – das letztere mehr, um die Körbe mit Schönheit zu füllen, als weil man es brauchte, denn am Ende, so stellte sich heraus, kaufte Judith dies alles nur, um es Valentina als »Abschiedsblumenstrauß« zu schenken.

Judith und Majit sind heute früh abgereist und haben den ersten Brief nach Paris mitgenommen, von wo aus er Dich Anfang näch-ster Woche erreichen sollte. Am gestrigen Abend wurde von dem Inhalt des Korbes gleich ein großes Gemüsegemisch gekocht und eine Schüssel mit Reis, diesmal – statt mit Dill grün – mit Safran gelb gefärbt. Es gab wieder den guten spanischen Rotwein, und das Gespräch über Religion und Vaterautorität, über die Grenzen un-serer Verantwortung und die Zumutung des Gottvertrauens klet-terte schnell auf höchste Höhen. Ich werde nun also auch die Bag-havatghita lesen (die ich hier vielleicht noch nicht einmal richtig schreibe!) – das große Weisheitsbuch der Inder, ihr »Altes Testa-ment«, ihren Homer. Was Ivan »glaubt«, ist mir dabei immer rätsel-hafter geworden. Wenn er »dran« ist, hat er immer einen Zeu-gen, der als erstes dies gesehen oder das gesagt habe; er erzählt eine Geschichte; er weiß von einem, der als einziger das und das weiß ...

Der Himmel war heute morgen bedeckt, es war kühler beim langen, fast feierlichen Abschiedsfrühstück. Wir kamen noch einmal auf die Drogen. Majit war unsicher, ob er den Rest seines Opiums mit (über die Grenze!) nehmen solle. Ivans Auskünfte steigerten sich zu einem Ausbruch über die heuchlerische amerikanische Drogenpolitik: sie sei reiner Vorwand für militärische und polizeiliche Eingriffe, und diese wiederum seien nichts als eine Schaustellung der amerikanischen Regierungsmacht. Der US-Außenminister Shulz habe einen Tag, nachdem er aus dem Amt geschieden sei – und keinen Tag früher –, die also auch von ihm bis dahin unterdrückte Wahrheit gesagt: In einem System, das auf freier Verfügbarkeit von Gütern beruhe, bedeutete das Verbot eines Gutes die Prämierung derer, die es trotzdem verbreiten. Je schärfer die Kontrolle oder je härter die angedrohte Strafe, um so größer der Gewinn dieser *dealer* – die Spanne zwischen dem, was das Zeug kostet, und dem, was man dafür verlangt. Die Drogen-Mafia leiste sich eine veritable wissenschaftliche Akademie, um die Entkriminalisierung der Droge zu verhindern. Die pomadisierten Pseudoprofessoren hatten Ivan einmal eingeladen und diese Wahrheit ziemlich unverhohlen durchblicken lassen. Wo immer ein Politiker in den USA mit den starken Argumenten für die Zulassung von Drogen auftrete, weise man diesem nach, daß er es tue, weil sein Neffe oder seine Frau *coke* oder *acid* oder sonst etwas nehme – und schon halte er das Maul. Die Öffentlichkeit werde gleichzeitig durch Bilder von Kindern, die Opfer dieses schmutzigen Geschäfts geworden sind, in Empörung und Abscheu versetzt...

Ich muß meine Gespaltenheit offenbaren. Hier wie bei anderen Themen an diesem Tisch. Eines schloß sich auch gleich an: *bioethics* – also alles, was mit der Geburt und dem Sterben des Menschen zu tun hat und in mittlerweile über tausend Instituten und Akademien wissenschaftlich beforscht und behandelt wird. Selbstmord und Mord zu verhindern, ist die behauptete Absicht. Aber was man tut, führt (a) zur Entmündigung der Menschen und (b) zu grauenhaften Leiden. Im übrigen kostet dieser Kampf ein schier wahnsinniges Geld (wie die »Drogenkontrolle«: ein zehnfaches der geschätzten Kosten positiver Einzelfall-Hilfen!). *From sperm to worm* oder, wie Ivan sagt: »von der Empfängnis bis zur Organernte«, wolle man die Aufsicht führen – und wem vertraue man sie an? Einem Gremium von Hospitaldirektoren!

Ivans Zorn ist ansteckend, die Kenntnisse von Tatsachen, die er hat, leider nicht in dem Maß. Und so wird auch dies für mich bald nur aufgeschriebene Erinnerung sein.

Der Markt in Cuernavaca, der noch immer schöne Rathausplatz (zócalo), das Schloß des Gouverneurs, die Kathedrale, einige Straßenzeilen mit alten spanischen Bürgerhäusern – sie strahlen Würde-

und-Hochmut aus, haben ihr Leben nach innen, in die durch große Portale geschützten, nicht betretbaren Höfe gekehrt, kaufen sich durch ein gemustertes Gesims und herrliche schmiedeeiserne Gitter vor den verschlossenen, verhängten Fenstern von unserer Neugier frei – dies alles habe ich mir gestern erlaufen, nachdem die Frauen heimgekehrt waren. Ich habe – morgen ist Valentine's Day – für Valentina einen besonders schönen Korb gekauft, ihn mit fast zwei Kilo erlesenem Konfekt füllen lassen und auf dem Markt noch eine große Wollkordel mit Quaste in der Farbe des in den Korb einge-webten Musters gekauft. Und für Dich eine *ruana*, für mich ein Hemd – das einzige dieser Art, das es noch gab: aus weißem Nessel ohne Kragen.

Heute – es ist Mittwoch der 14. 02. – saßen wir beim Frühstück (Spiegeleier von Valentinas Hühnern, die hier gleichzeitig für Sau-berkeit im Garten und für gutes Gewissen sorgen, nämlich wenn man mal mit einem Essen nicht fertig wird!). Da kam Don Cruz mit seiner Doña Lucina zu uns und übergaben Valentina einen gewal-tigen Strauß Astern. Dieser kleine rundliche Mann, der wie die von einem Europäer gezeichnete Karikatur eines Mexikaners aussieht (Schnauzbart, Sombrero, langgestreckte Augen, eine kurze India-nernase), hat seine Gratulation mit solcher Anmut vorgebracht und dann die Blumen im großen Tonkrug so meisterlich arrangiert, daß ich für alle heutigen Gespräche mit Ivan schon die richtige Illu-stration hatte. Es ging um »Askese«, die er als eine von der abend-ländischen geistigen Tradition vernachlässigte Dimension unseres Lebens herausarbeiten will. Die von ihm gemeinte Haltung freilich würde ich nicht (und auch sonst niemand, der in unserem Denken aufgewachsen ist) so bezeichnen. Ivan sieht in der Askese ein Ge-genstück zur kritischen Vernunft. Mir wollen diese weder als Ge-gensatz erscheinen noch überhaupt aufeinander beziehbar. Sprachstudien hierzu – wie auch zu meinem Handbuch-Problem – haben mich heute den ganzen Tag von der eigentlichen Arbeit ab-gelenkt. Hinzu kam der Besuch eines brasilianischen Widerstands-kämpfers, der vor fünfzehn Jahren hier Asyl und seinen siebenten *honey-moon* mit einer wahrlich sehr schönen Frau gefunden hat. Bewundernswert, wie Ivan auch portugiesisch spricht.

Ich habe zwei Tage lang nichts aufgeschrieben. Ivan hat mir so-viel mitzuteilen, daß ich inzwischen schon manchmal ungeduldig werde. Wie soll ich die Arbeit schaffen, die ich mir für die Wochen hier vorgenommen habe? – Das ist eine, aber die geringere Sorge.

Die größere: Wie kann ich ihm gerecht werden, wenn ich immer nur die Hälfte verstehe, weil ich anders denke, weil ich langsamer denke, weil ich nicht in drei Sprachen aufnehmen, verarbeiten, antworten kann?

Valentina ist eine in Kinshasa geborene Belgierin – mit ihr wird Französisch gesprochen (oder spanisch); sie versteht auch Englisch, und das ist der »gemeinsamste« Boden; Ivans Texte gibt es meist auch auf Deutsch; und vor allem meine Reaktionen kommen mir in meiner Sprache. – Unser Gespräch während der letzten zwei Tage drehte sich um Ivans »Antworten« auf meine Frage, woran er glaube, wem oder welchem Prinzip er sein Leben anvertraue, auf welchem Boden er stehe: *se credere* (»sich glauben«). Diese Antworten waren schwierig, um nicht zu sagen umständlich, und provozierten stets den gleichen Einwand: Das sind Erklärungen, Theorien von der Geschichte der Welt und den Menschen, aber nicht »Lebensgrund«. Ivan war dadurch nicht zu beirren. Seine Hartnäckigkeit hat wenigstens dazu geführt, daß ich nun verstehe: Die Kriminalisierung der Droge, die Bioethik, die Hospitalisierung (das ist die Unterbringung von Menschen auf dem Verwaltungsweg) – diese falschen Selbstverständlichkeiten unserer Welt – sind für ihn ein intellektuelles Ärgernis. Warum sehen wir die Absurdität dieser Entwicklungen (wenn es denn schon keine Fragen mehr sind) nicht? Wo, wann, warum sind die Weichen falsch gestellt worden? – Das in diesem Satz enthaltene Wort »falsch« drückt aus, daß es einen Maßstab, das Nicht-Falsche, das Richtige gibt. Die Zeugnisse des Richtigen sind das Kreuz Christi, die Aporie des Sokrates, die *askesis* der weisen Kulturen – auch der unseren vor dem dreizehnten Jahrhundert.

Immer ist das Unvollkommene das Beständigere, das Nichtinstitutionalisierte das Glaubwürdigere, das Gemischte (und nicht Spezialisierte) das Fruchtbarere, Lebendigere. Es ist wie der bunte indianische Mais!

Dies ist meine Deutung von Ivans schwierigen, gelehrten, auf Etymologien, Wortgeschichte, Erstvorkommnis und Letztnachweisbarkeit beruhenden Abhandlungen – der schriftlichen wie der mündlichen. Sie ist hausbacken, ohne den Glanz der Denkfiguren und Antithetik in Ivans Gedanken – und einstweilen noch ohne seine Approbation. Die werde ich mir heute holen.

Vorgestern habe ich mich aus alldem herausgerissen, bin hinter dem Haus in die Berge gewandert. Nach einem Kilometer beginnt der Wald – ein Kiefernwald mit dichtem Unterholz. Die Kiefern sind alt und haben Nadeln in der Länge von vierzig Zentimetern! Es scheint keinen Weg mehr zu geben. Ach, und keine Tinte mehr...

Ich mußte, um Tinte zu holen, in die Stadt gehen, was zeitraubend ist, aber – wie vorgestern vormittag – auch voller erregender Eindrücke. Der größte: der Blumenmarkt morgens um 8.30 Uhr, wenn die Luft noch kühl und frei vom Tagesstaub ist, die Marktstraße frisch gesprengt, der Duft das beherrschende Ereignis. Die Blumen selbst sind »outrageous«, wie unsere Amerikanerin sagte – und vollends unerhört ist die Kunst, mit der sie arrangiert werden. Welch hohe Kultur einfacher Leute! – Bevor ich mich selbst aufmachte, hatte ich Don Cruz und nach ihm andere bemüht, in der Stadt ein Fläschchen Tinte zu kaufen. In der fast eine Million Einwohner zählenden Stadt mit Wolkenkratzern, großen Banken, Luxushotels, Kaufhäusern und einem dichten Verkehrs- und Geschäftsgewühl gibt es so etwas nicht. Disketten, Tonbänder, Telefax und, für die kleine Notiz, die *ball-pen*, also unseren Tintenkuli, das alles könnte ich haben. Das ist moderne Kommunikation! Dann bin ich selber losgegangen, und siehe da, in einem Laden produzierte jemand für 10.000 Pesos (7 DM) ein Fläschchen aus älterer Zeit, dessen Inhalt mir eingedickt, jedenfalls dunkler und weniger flüssig vorkommt als das schwärzeste Produkt von Pelikan – und das so teuer ist wie drei Kilo köstlicher Mangos. Das ärgerlichste aber ist, daß sich diese Tinte auch gegen meinen Tintentöter gefeit zeigt. Nun denn, es geht ums Schreiben, nicht ums Löschen.

Die astronomischen Zahlen, mit denen man hier beim Einkaufen umgeht, scheinen mir übrigens ein hübsches Beispiel für Illichs »Selbstverständlichkeiten-durch-gedankenlose-Gewöhnung« zu sein. Man könnte getrost drei Nullen wegstreichen – und tut es nicht, druckt lieber mehr Noten der höheren Kategorie. Ich besitze ein Fünf-Peso-Stück, das natürlich zu nichts zu gebrauchen ist. Die kleinste Münze, die im Umlauf ist, ist die Fünfzig-Peso-Münze; ein Busbillett kostet 350 Pesos, das sind 22 Pfennige.

War die Chronologie bisher eine Art Leitfaden für meinen Brief, so ist's jetzt meine recht willkürlich arbeitende Erinnerungskraft.

Da war ein Gespräch über Sehnsucht und dessen negatives Komplement: das Bedürfnis, Unangenehmes loszuwerden, es in die Wüste zu schicken – als den Sündenbock. Ein Franzose (René Girard) habe daraus so etwas wie den »Lebensgrund« gemacht, nach dem ich frage. Diese Mitteilung von Ivan hat mich fasziniert. Die Figur ist mir aus frühen eigenen Überlegungen vertraut: Was Brot ist, wissen wir durch Hunger, was Wasser ist durch Durst, was Heimat ist, geht uns in der Fremde auf, unter dem Tyrannen begreifen wir die Freiheit, Ohnmacht lehrt uns die Bedeutung von Stärke, Glauben erfahren wir im Zweifel – und was Leben ist, vielleicht in der Sehnsucht. Wenn man schon so weit geht, warum dann nicht noch weiter: Was auf unsere Liebes-Sehnsucht allgemein antwortet, wäre das dann Gott?

Heute ist mir das zu abstrakt; überprüfen wollte ich den Gedanken aber doch. Ich habe bei Girard nachgelesen – in einer Anmerkung im Anhang zu Ivans »Vom Recht auf Gemeinheit« (Seite 126) – und gefunden, daß es dort »désir« heißt, also »Begierde«. Girards Argument *muß* folglich ganz anders lauten, wenn es »Sinn machen« soll. (Der Anglizismus paßt hier so gut, daß ich ihn mir gestatte.) Schließlich: *désir humain* wird doch auch heute nicht gestillt, kann also nicht, wie Ivan den Gedanken von Girard fortgeführt hat, daran gestorben sein, daß »die Sehnsucht heute sofort erfüllt« werde. Sehnsucht vielleicht, Begierde nicht. Und Sehnsucht natürlich auch nur zum Schein – was bei der Begierde nicht gelingt! Damit ist die Sündenbocktheorie von Ivan aber auch nicht mehr überzeugend: Weil wir keinen Sündenbock mehr hätten, machten wir die Menschheit selbst dazu und schickten sie mit der Atombombe in die end-gültige Wüste.

Interessant war, nebenbei, wie Ivan aus einem existentiellen Problem alsbald ein philologisch-historisches gemacht hat: Wann und wo taucht »Sündenbock« als Wort und Bild zum ersten Mal auf?

Wenig später, ich saß wieder an meiner Arbeit, kam Ivan mit einer »jungen Dame« – der zwölfjährigen Tochter von Don Cruz – zu mir herauf, um vorzuführen, wie recht er mit seinem Buch »De-schooling« hatte. Das war sehr überzeugend. Die Hausaufgabe bestand aus zehn bis zwölf diktierten Fragen von der Art:

- Welchen Einfluß haben die Ölpreise auf die ökonomische Entwicklung in den Ländern der Dritten Welt?
- Was hat die sogenannte grüne Revolution in Ländern der Dritten Welt gebracht?
- Welche Folgen hat die Verschuldung bzw. Entschuldung dieser Länder für sie selbst und andere?

Fragen, die kein Student der Volkswirtschaft, geschweige denn ein normaler deutscher Abiturient befriedigend beantworten könnte. Ich bat Ivan, die kleine Alegria (ihr Name heißt »Freude«) zu fragen, welche Länder der Dritten Welt sie denn nennen könne. Stotternd brachte sie »Afrika« hervor. Ob sie dieses auf einer Landkarte zu zeigen vermöchte. »Ich weiß nicht.« Ob sie eine Karte oder einen Globus in der Schule hätten. »Nein!« Ob der Lehrer ihnen von solchen oder anderen Ländern erzähle: wie es da aussehe, wie die Menschen da lebten, was sie machten, welche Tiere und Pflanzen es gebe. »Nein.« Nach einigen weiteren Fragen zur »Dritten Welt« brach es dann aus ihr hervor: Dort gehe es den Kindern schlecht; sie dürften/könnten nicht zur Schule gehen; sie müßten arbeiten; sie würden geschlagen. Was denn die anderen tun – die Menschen in der Ersten und in der Zweiten Welt? Von denen (das heißt wohl unter dieser Bezeichnung!) hatte sie noch nie etwas gehört.

Ivan ging mit ihr zu einer Enzyklopädie und diktierte ihr daraus Antworten, wie sie sie gegeben haben könnte, wenn sie sie dort aufgeschlagen hätte. Und seine Meinung diktierte er auch. Der Lehrer oder die Lehrerin wird sich gewundert haben.

Neue Gäste sind ins Haus gefallen: ein amerikanisches Ehepaar. Ivan holte sie vom Flugplatz ab, wo sie nicht um Mitternacht, wie angesagt und erwartet, sondern erst um drei Uhr morgens eintrafen. Ivan konnte mich darum auch nicht zu einer Sitzung des Centro Tepoztlan, einer Art mexikanischen Wissenschafts-Kollegs, begleiten, wo ich über »Entwicklungen und Kritik der postindustriellen Gesellschaft in Europa« reden sollte. Das hatte Ivan mir – fast hätte ich geschrieben »hinterrücks« – eingebrockt. Er ist da gänzlich unbefangen. Der feine Club, den er wohl mitgegründet hat, liegt ihm ein wenig am Herzen; ich war hier; das Thema hatte er so gewählt, daß ich reden könne, worüber ich wollte. Die zwanzig meist eigens zu diesem Ereignis von Mexico-City oder noch weiterher angereisten Herren und Damen waren schier ehrfurchtgebietend gelehrt, bedeutend, einflußreich: Staatssekretäre, Institutsleiter, Chefs von Corporationen, Industrieverbänden, Handelskammern... Man wollte gar nicht aufhören, nachdem das Gespräch einmal in Gang gekommen war. Es gelang mir, meine Pädagogik als Paradebeispiel für postindustrielle Entwicklungstendenzen hinzustellen – und beinah hätte ich mich selbst davon überzeugt. Meine Pädagogik will in der Tat nicht mehr den funktionalisierten und also prinzipiell auswechselbaren Menschen, nicht den General-Computer und -Roboter, sondern die ihrer Einmaligkeit bewußte, verantwortungsfähige und entscheidungsbereite Person. (Gestern kam der Präsident des Centro und brachte mir einen wunderschönen Lackkasten als Dank-Geschenk – eine der Kostbarkeiten, die das Kunsthandwerk dieses Landes noch herstellt. So hatte sich die kleine Anstrengung am Ende auch materiell »gelohnt«.)

Die neuen Gäste: *Er* ein Schüler von Ivan aus der Zeit, in der dieser in New York von Kardinal Spellman im Puerto-Ricaner-Viertel eingesetzt war und unter anderem Spanisch unterrichtete; *sie* dessen liebe, aber angepaßte Frau. Bob D. war damals dreizehn Jahre alt. Heute ist er erfolgreicher Chef einer Akupunktur-Großklinik. Seine therapeutischen Theorien überzeugen mich, solange sie nicht zu einer Lebensphilosophie – mit Yin und Yang und Erklärungen für alles und alles – ausarten. Schon die »fünftausendjährige chinesische Weisheit«: »Stelle dich niemandem und nichts entgegen, lasse allem seinen Lauf« kann ich nicht ohne Unmut, ja kaum ohne äußere Zeichen der Verärgerung anhören. Ich rette mich in Zustimmung zum »Selbstverständlichen« – zum Beispiel daß es aller Weisheit Anfang ist zu beobachten, was da geschieht, und daß man nicht gleich eingreifen solle, weil man das schon zu wissen glaubte. Und ich schweige zum Übrigen! Gefallen hat mir eine Empfehlung, die er seinen Patienten gibt: Gehen Sie ohne Einkaufsliste in den Supermarkt – lassen Sie sich von dem, was Sie sehen, und vor allem von dem, was Sie fühlen und riechen können, anregen; der Körper weiß, was er braucht, und sagt's durch seinen Appetit auf dies oder das, was man ihm gerade vorführt.

Merkwürdig, wie wenig diese Naturheilkundler selbst mit der Natur zu leben scheinen. Bob stand hier nicht wie alle anderen mit Sonnenaufgang auf; er bewegte sich kaum vom Fleck; er wirkte auf mich wie einer, dem *askesis* – körperliche Übung – fehlt.

Gemeinsam haben wir Valentinas Erzählung von der Schwierigkeit gelauscht, auch hier »natürlich« zu leben. Sie hütet ihren kleinen Hühnerhof wie eine Kostbarkeit, schlachtet nur die Hähnchen und überalterten Hennen und läßt keine auswärtigen Hähne an ihre Hühnerweibchen heran. Aller auswärtiger Nachschub ist schon denaturiert: unfähig zu kratzen, sich im Staub zu suhlen, sinnvoll – das heißt in der richtigen Folge – zu picken und vor allem zu glucken. Davon abgesehen, daß alle gekauften Hühner mit Hormonen behandelt sind und darum nicht »mit Genuß zu genießen«.

Am Abendbrotstisch ist auf Ivans typische Weise (»Das habe ich
Ihnen doch schon erzählt…« oder »Sie wissen ja…«) von Jorge Luis
Borges die Rede. Nein, ich kenne den Autor zwar, könnte aber
keine Erzählung, keinen Roman, keine Dichtung von ihm nennen.
Aber sicher doch: »Das Sand-Buch«! Ich beharre: nein, diese Geschichte ist mir unbekannt; wenn Ivan sie jedoch auf Englisch besitze, möge er sie uns, bitte, hier und jetzt vorlesen. Er tut's und
bereitet uns damit einen der schönsten Abende in all diesen Wochen. Denn bei *einer* Geschichte von Borges kann es gar nicht bleiben, wie jeder zugeben wird, der eine solche kennt.

Täglich besucht mich Ivan dreimal auf meinem Dachgarten: mit
dem *early morningtea* um 7 Uhr; mit einem Fruchttrunk um 11.30
Uhr; mit einem weiteren Fruchttrunk nach meinem Mittagsschlaf.
Immer darf ich raten, immer ist der Geschmack köstlich, immer ist
eine besondere Wirkung bedacht. »Nach dem heutigen Essen ist es
nicht falsch, etwas Obstipierendes zu sich zu nehmen. Ich habe
Guayava unter den Ananassaft gemischt.« Ivan hat sich selbst einen
Tonbecher voll mitgebracht und kauert sich auf dem Fußboden
nieder – *where I join him*. Dann gibt es ein kleines Zwischenge-
spräch: über Rhetorik und Didaktik – und ihre Abgrenzung; über
das Verhältnis von Bild und Schrift und was die zunehmende Be-
bilderung mit dem Menschen zu tun im Begriff ist; über *layman-
literacy*; über Paradisus homo amicus / »Das Paradies: ein befreun-
deter Mensch«; über Peter Abelard und Héloïse; und auf mein
Drängen immer wieder etwas aus Ivans Familiengeschichte.

Gestern kam daraus etwas Eindrucksvolles zur Sprache. Als Ivan
1945 in das befreite Jugoslawien heimkehrte, wurde ihm sein Va-
terhaus von dessen Verwalter übergeben. Der Weinkeller war noch
intakt. Der deutsche Kommandant, dessen Dienststelle im Hause
der Illichs einquartiert war, hatte ihn sich zeigen lassen. Er war
gleich ins Innere vorgestoßen. Der ihn begleitende *Major domus*
hatte ihm vorlesen müssen, was auf den Flaschen stand. Jede hatte
eine Jahreszahl und einen Personennamen. Es waren die Lebens-
weine aller in dem Haus und Betrieb Vereinten, voran der Familie.
Eine (oder mehrere?) Flaschen wurden im Geburtsjahr der betref-
fenden Person solchermaßen ausgezeichnet und für seinen Tod be-
reitgelegt. Dies sei hier so – dies habe der selige Herr selbst angeordnet, habe der *Major domus* gesagt. »Wenn ein Toter befiehlt, muß
man ihm gehorchen,« habe der deutsche Offizier geantwortet und
den Keller wieder verschließen lassen. Ivan selbst war anders geson-

nen. Er ließ sich seinen Lebenswein kommen und lud den Kutscher Antek ein, ihn mit ihm zu trinken – weil doch nun der Tod, die schreckliche Zeit der Nazis, vorbei sei. Der Antek war erschrocken und weigerte sich. Ivan mußte ihm barsch befehlen, sich zu setzen und mitzutun – und gab ihm, damit das nicht der Grund seiner Ablehnung (und Befürchtung) sei, seine (des Kutschers) Lebensweinflasche, daß er sie bewahre, wofür auch immer er wolle. Man habe dann vergnügt gezecht – es waren 1 1/2–Liter-Flaschen.

Etliche Jahre später siedelte Ivans Onkel Albert nach Amerika über. In seinem Gepäck befand sich sein Lebenswein. Der Onkel war kränklich und eines Tages so ernstlich krank, daß man Ivan kommen ließ. Als Ivan eintraf, war der Onkel schon tot, und seine Frau Zaza erzählte Ivan: »Ich wollte, wie immer den Doktor holen. Er aber sagte: ›Das ist kein Fall für den Doktor – das ist der Tod‹.« Dann habe er sich seine Lebensweinflasche kommen lassen und sie allein ausgetrunken. »Nur zwei winzige Gläser hat er mir abgegeben!« Das war's – und Onkel Albert starb.

Von der Familie Ivans habe ich nun eine recht gute Vorstellung: Mütterlicherseits die Ortliebs/Halevi und Fritz Regenscheit; diese waren Bankiers, beide jüdisch, aber zum Protestantismus konvertiert. Auf der väterlichen Seite, also bei den Illichs, war man Reeder und Konsul bis hin zum eigentlichen diplomatischen Dienst. Von Ivans Leben dagegen habe ich noch keine so genaue Vorstellung. Und von seiner Denkweise werde ich sie wohl nie wirklich haben, jedenfalls wächst mein Widerstand mit der Nähe. Es ist mir recht, wenn er uns vor den schädlichen »Selbstverständlichkeiten« zu warnen sucht, jenen ungeprüften Prädikationen: den Schmerz bekämpfen sei gut, das Leben verlängern sei gut, Schulbildung haben oder verbreiten sei gut, Drogenhandel verbieten sei gut etc. etc. Aber warum ist es wichtig, daß ich die Geschichte (»Soziogenese«) unserer Vorstellung vom Foetus und aller mit dem Wort »Herz« gegebenen Assoziationen kenne? Das Ungeborene war das *per definitionem* Unsichtbare, Nicht-Bestimmbare, eben das »Noch-nicht-Seiende«. Gut. Aber irgendwann hat man dies und das gewußt, hat Leiber aufgeschnitten, die inneren Vorgänge gesehen und das Gesehene auch abgebildet (man denke an Leonardos Zeichnungen!). Und heute weiß man durch Sonar- und Röntgenapparate und Chemotests eigentlich schon alles über das noch ungeborene Kind. Das war ein allmählicher, sich in der letzten Zeit beschleunigender Vorgang, aber kein Drama. Da gibt es keine »Der-erste-der« Erleuchtung, keinen Absturz in den Fluch der Neuzeit. Ivan ist ein glänzender Kopf, aber auch ein Besessener. Und ich fürchte, ich enttäusche ihn, weil ich über alledem so begeistert oder erregt nicht sein kann wie er. Ich habe auch nicht die Kraft, so genau – und so ausdauernd – zuzuhören, wie er redet. Er übt ja darin seine Argumente, erprobt und verbessert seine Formulierungen, bereitet das nächste Kolloquium mit den anderen Großen vor.

Schön ist sein Plan, ein neues CIDOC (Centro intercultural de documentacion) zu »haben« (eben nicht zu »gründen«) – einen gastfreien Tisch, um den er seine Freunde, Gegner, Mit- und Zuarbeiter jeweils zum Thema versammelt. Nur: Wo könnte er das schöner haben als hier – im paradiesischen Garten von Valentina mit der von ihm aufgebauten Bibliothek! – in einer Welt, die Anspruchslosigkeit nicht nur erlaubt, sondern nahelegt? Hier kann man keine fetten Braten essen!

Zudem hat er seinen BAKER-Service an der University of California, nämlich die Möglichkeit, die Nummer B – A – K – E – R. Bis zu zehntausend Dollar darf er dafür im Jahr verbrauchen – als *consultant* des Department of Civil Engineering in der Sparte *Sewers*, weil er einmal ein Buch über Wässer und Abwässer geschrieben hat.

Heute war mein letzter Tag. Es ist der schönste geworden: leichter Wind, ein halb bewölkter Himmel nach besonders kühler Nacht. Ich blicke zurück. Ich sehe Bilder:

– Die Katze Gris = Grau (von Don Cruz »Panzón« = Bauch genannt), wie sie auf dem Küchenfußboden liegt – völlig unbekümmert um die über sie hinwegschreitenden Menschen, absolut sicher, daß ihr nichts passieren wird.
– Die sorgfältig bis in Hüfthöhe geschichteten Bimssteinmauern, die die Wege und Grundstücke säumen; hier kostet der Draht noch zuviel – soviel, wie man nicht verdienen kann in einer Welt, in der es eigentlich noch kein »employment« gibt, sondern nur Selbstversorgung.
– Blicke in die kleinen Anwesen zwischen Ocotopec und dem Stadtkern von Cuernavaca: eine graslose Fläche, eine niedrige Lehmhütte mit Wellblech oder Stroh gedeckt, Büsche, Hunde (jeder hat hier wenigstens einen!), Geranien in alten Konservendosen, Wäsche, rauschende Radiomusik...
– Der kleine *almacén* (Laden) am Ende der Calle Dolores, wo sie sich in der Steppe verliert: ein rechteckiges Loch in der Mauer,

dahinter zwanzig Lebensmitteldosen, zwanzig Plastiktüten mit diesem und jenem, ein Kind, das Wache hält, eine – letzte – Straßenlaterne, die alles beleuchtet, so daß man auch abends noch sieht, was man kauft.

– Der Blick auf die vulkanischen Berge von Tepoztlan vom Haus des Professors Urquidi aus: My home isn't big (ich denke: doch!), but I have a beautiful backyard (ich denke: in der Tat!).

– Auf der Fußgängerbrücke von der Oberstadt zum Mercado in Cuernavaca: ein Stand zwischen anderen, gerade achtzig Zentimeter breit – fünfzig Glühbirnen, zwanzig Batterien, einige Stekker und Kabel sind ausgebreitet; der Vater und Inhaber des »Ladens« hockt auf dem Boden an das Brückengeländer gelehnt; sein vierjähriger Sohn sitzt vor ihm auf einem Stühlchen; sie essen vergnügt aus dem einen Emaille-Blechteller – Rötliches, Grünliches, Weißliches. Sie lachen mich an. Ich zeige auf die Farben: »Los colores de Mexico!« Alles freut sich.

– Der Friedhof von Ocotopec: Mausoleen von ungeheurer Pracht und Komik – Minikathedralen, »indische Grabmäler«, moderne abstrakte Skulpturen. In der Zeit des Todesfestes sitzen die Menschen an diesen Gräbern und reden mit ihren Ahnen. Weil Valentina in diesem Land keinen Toten hat, hat die Nachbarin sie freundlich eingeladen: »Komm du mit zu *meinem* Toten!«

Gestern bin ich in die Stadt marschiert und habe Abschiedsgeschenke gekauft: eine Enzyklopädie für die Familie Cruz – schön bebildert, im Gegenwert von genau 100 DM – und für Cruzino, den kleinen, siebenjährigen Cruz, eine Mundharmonika, für alle anderen Kinder US-amerikanische Schokolade. Das letztere kränkt mich: daß in einem der Ursprungsländer des Kakao der große Bruder aus dem Norden aushelfen muß. Hier wird der Kakao nur als Gewürz (in Saucen zum Fleisch) benutzt, obwohl die Kinder, wie überall in der Welt, nach süßer Schokolade gieren.

Ivan bekommt mein Taschenmesser. Und die Zusage von gut einem Dutzend »Erledigungen« in Deutschland; meist sind es Lektürewünsche. Valentina wird dann auch mit »The Crock of Gold« von James Stephens' beschenkt werden: Sie hat – wie die darin vorkommende Dünne Frau Ines Mcgrath – ihre zwei Philosophen lange genug aushalten müssen, hat sie wohl insgeheim verflucht und soll sie nun etwas belachen dürfen.

Ich nehme diesen Brief selbst mit nach Deutschland zurück. Nimm Du, der Du dies alles lesend miterlebt hast, Abschied vom Paradies, von einem zauberhaften Freund, von der leuchtenden Bougainvillea – wie

Dein Hartmut

PS   Ivan hat mich zur »Glorietta«, einem von Ocotopec etwa drei Kilometer entfernten prächtigen und pathetisch ausgeschmückten Verkehrskreisel gebracht, wo die Busse von Acapulco über Cuernavaca kommend und nach Mexico-City weiterfahrend, anhalten. Die Stimmung war wie meist auf Bahnhöfen, bevor der Zug abfährt: ein bißchen weh, ein bißchen ungeduldig, ein bißchen gepeinigt. Wann sagt man das vorbereitete letzte große Wort? Ich beschloß: gleich! Und: Ivan zu bitten, zwar noch zu bleiben, aber nichts Neues von Bedeutung oder von vorgetäuschter Wichtigkeit anzufangen. Er tat es doch: Mein Streit mit Valentina habe... In dem Augenblick hielt ein großer eleganter Ford, das Fenster ging runter, eine Dame schien Auskunft haben zu wollen. Ivan ging höflich einen Schritt auf sie zu – und dann stellte sich heraus, daß es eine ältere Bekannte war, die ihn seit vielen Jahren nicht gesehen hatte, eine Deutsche, die jetzt in Kanada lebt. Sie hatte ihn sofort erkannt. Neben ihr saß ein Mexikaner, den sie Roberto nannte und der chauffierte. Drei Minuten später war ich mit meinem Gepäck auf dem Hintersitz verstaut, denn der Wagen fuhr nach Mexico-City. Nun konnte ich, anders als in dem meist überfüllten Bus, die unglaublich schöne Straße dorthin genießen. Schön ist natürlich vor allem die Landschaft, durch die sie führt, aber sie selber auch. Der Popokatepetl und seine Braut NN liegen rechter Hand und tauchen mit ihren weißen Schneekappen nach jeder zweiten Kurve in neuer Umrahmung und Perspektive auf. Dann Mexico-City mit seinen dreiundzwanzig Millionen Einwohnern: im Dunst und wie alle großen Städte von Gürteln der Scheußlichkeit umgeben. An einer Metro läßt man mich 'raus, weil diese mich bequemer zum großen Platz vor der Kathedrale bringt und zum altmodischen Hotel Majestic, wo ich meine Koffer für den Tag abzustellen gedenke. Nach dem Augenblick bleibe ich stehen, um zu winken. Aber der Wagen meiner Gastgeber kommt nicht mehr in Gang; er bockt; er bockt auch noch, nachdem er abgekühlt ist. Um ihn braust ein mörderischer Verkehr. In der Lage habe ich meine Wohltäter zurückgelassen.

Nach einer nun schon »geläufigen« Fahrt mit der Untergrundbahn tauche ich auf einem der sicher schönsten Plätze der Erde auf: fünfhundert Meter im Geviert, an der einen Seite vom gewaltigen Königspalast, später Kaiserpalast gesäumt, auf einer anderen von der mächtigen Kathedrale (die auch innen bemerkenswert schön und jedenfalls eigentümlich aufgeteilt ist: die Orgel und das Gestühl für den Klerus in der Mitte des Längsschiffs durch einen hohen Lettner abgeteilt), eine Reihe großer Gebäude aus dem neunzehnten Jahrhundert auf der dritten und vierten Seite – alles in der durch den Palast »vorgeschriebenen« Höhe. Die ganze Fläche ist – außer der den Platz umgebenden Fahrstraße – frei für Menschen, Tauben und heute einen eindrucksvollen Demonstrationszug.

Ich werde mein Gepäck im Hotel los und wandle durch die Straßen, kaufe noch einiges ein – Dinge, die ich in Cuernavaca nicht mehr bekommen konnte: Textilien, Lackarbeiten, Ansichtskarten, die ich trotz der schlechten Erfahrung mit der hiesigen Post doch lieber noch hier beschreiben und einwerfen will; ich bewundere die großen Paläste der Aristokraten von einst – aus dem achtzehnten Jahrhundert mit gekachelten Wänden, massiv-dekorativen Portalen, Gesimsen, Fensterrahmen und den schönsten Höfen. Heute residieren dort Banken, Museen, Institute, Luxusgeschäfte. Ich besuche das Museo de las Culturas, die Ausgrabungen auf dem Nordteil des Zócalo. Die alten aztekischen Paläste, Pyramiden, Heiligtümer hat man nach gutem Eroberbrauch mit den eigenen Entsprechungen überbaut. Der Hauptteil des alten Machtzentrums befindet sich unter der Kathedrale – für alle Zeit unter den gewaltigen Steinmassen dieses Gebäudes »begraben«.

Das Wetter ist herrlich. Ich sitze auf dem Dach des Majestic, trinke Kaffee, schreibe meine Karten und dieses hier. *Adiós Mexico!*

Dank, Afrika!*

Eine Reise an den Kongo
1990

»Ich beneide Sie,« sagt Jutta, die Tochter meiner afrikanischen Gastgeberin Eva, als sie mir Post, letzte Ratschläge und ein paar von ihrer eigenen jüngsten Reise übrig gebliebene Zaire-Banknoten übergibt. Das tut gut. Ich bin ohne Lust auf Afrika – jetzt, mitten in Deutschlands schönstem Mai. Die letzte Woche habe ich in IC-Zügen, in Tagungshotels, mit Erledigungen in der Stadt verbracht. Zu Hause häufen sich die eingegangenen Briefe und in ihnen tückische Arbeit. Der Garten schreit nach mir. Die Malvensetzlinge wollen gepflanzt, die Brennesseln auf der Terrasse und vor dem Eingang gejätet sein, der alte Birnbaum zersägt und die dabei entstehenden Holzklötze weggeräumt werden. Auch muß der Dachdecker her – und zwei junge Freunde wollen den Küchenfußboden neu machen. Das fordert einen Spielraum von einem Monat. Und ich fliege nach Afrika! Man sollte dorthin reisen, wenn man damit dem deutschen Winter entrinnt, wenn man wenigstens unsere feuchte Kälte gegen äquatoriale Hitze eintauscht. Die Freundschaft zu Eva ist acht Jahre auch ohne meinen Besuch ausgekommen. Den von ihr gewünschten Vortrag will und kann ich ihr nicht halten. Die Impfung gegen Gelbfieber macht so krank wie dieses selbst. Der Einkauf all der Müslis, Eispulver, Gumdrops, Kartoffelpürees, Knäckebröter und Ohropaxe, die Eva sich wünscht, kommt mir absurd vor – und läßt mich ratlos, was *ich* ihr denn selber zum Geschenk machen soll, wenn *das* die begehrten Güter sind?

Und dann sagt die vernünftige Jutta, die dies alles kennt und sieht: »Ich beneide Sie!« Zum ersten Mal komme ich mir nicht nur

---

* Eine ehemalige Kollegin von der Bielefelder Laborschule ist vor acht Jahren an eine Missionsschule in der Republik Zaïre gegangen. Sie wird im Text genauer vorgestellt. Ihrer mehrfachen Einladung konnte ich, solange ich ortsgebundene und zeitraubende Ämter hatte, nicht folgen. Im Jahre 1989 habe ich ihr meinen Besuch für 1990 zugesagt und die Zusage eingelöst. Das Erlebnis war so reich und schön, daß mir für den Bericht kein besserer Titel eingefallen ist als: Dank, Afrika!

fabelhaft tapfer vor, sondern auch ein klein wenig privilegiert. Nun bete ich, daß der liebe Gott seine ganze Frühsommerherrlichkeit nicht auf einmal in den nächsten Tagen ausgibt, sondern etwas für die Zeit nach meiner Rückkehr übrig läßt.

Die schweren Koffer gebe ich an der Gare Centrale in Brüssel in die Aufbewahrung und suche nach einem Hotel. Es ist – der Zug kam verspätet an – 23.15 Uhr, und mein durch langen Nichtgebrauch geschrumpftes Französisch erweckt nur das Mitleid der Hotel-Concierges, vermag sie aber nicht dazu zu bewegen, ihre Listen doch noch einmal zu prüfen; ich sei, sage ich, bereit, bis Mitternacht zu warten. »Complet Complet«, erwidert einer nach dem anderen. Wir hätten in der Schule »Complètement complet« sagen müssen, richtiger, aber nicht schöner! Beim sechsten Hotel mischt sich ein junger Mann ein. Er bittet den offenbar befreundeten Nachtportier, es doch unter der Nummer so und so zu versuchen. Nach einigem Palaver heißt es am Ende: Eine halbe Stunde nach Mitternacht noch einmal probieren. Das läßt mir gerade noch Zeit, mein Glück im gegenüberliegenden Hôtel de la Cloche zu probieren, wo ich vor fünf Jahren mit den Brüdern genächtigt habe. Complet complet.

Um 0.30 Uhr ist das Zimmer im Hôtel Forum frei, und mein junger Mann fährt mich hin. Es liegt ziemlich weit entfernt (am anderen Tag weiß ich's: eine Stunde zu Fuß), kostet stolze 3100 belgische Francs und verlangt, daß ich es gut nutze: sofort ins Bett bei weit geöffnetem Fenster, Vollmond und verebbendem Stadtlärm.

Nach dem Frühstück um 7.30 Uhr marschiere ich zum Zentrum zurück. Ich habe mir einfallen lassen: Spielzeug für die Kinder, Zigaretten für die Erwachsenen, ein Handtuch für mich zu besorgen sei notwendig, und ein Blick auf den Großen Markt bei Tag, auf die Eglise de la Chapelle, auf die Sankt-Michaels-Kathedrale könne befriedigend sein. In der Tat: da hat nicht nur die *lumière* der Fremdenindustrie gewirkt. Die strahlende Morgensonne, die verhältnismäßige Ruhe, der kleine sich eben ausbreitende Blumenmarkt lassen die Renaissancefassaden mit dem goldenen Zierrat so kräftig in Erscheinung treten, wie man es nur wünschen kann. Die Kathedrale Sankt Nicolas ist dagegen hell-dunkel à la Rembrandt – Gegenstück zur Börse und zur offenbar jüngst erneuerten klassizistischen Oper an der Monnaie. Alles übertrifft der Justizpalast aus dem 19. Jahrhundert. Was hat die Menschen damals dazu getrieben, mit diesem Zweig der öffentlichen Verwaltung einen solchen Kult zu treiben – triumphale Dankbarkeit oder schlechtes Gewissen oder Selbstverpflichtung? Eines gewiß nicht: Zynismus. *So* teuer ist der niemandem in keiner Zeit.

Zu Füßen des Justizpalastes ein Gymnasium (Athénéum de Catteau). Man sieht von der Auffahrtstraße, die zum Palast der Justiz führt, direkt in die Klassenzimmer: viel Papierarbeit, alle Lehrer mit Schlips, eine einzige Frau, ein junges anmutiges »unser Fräulein Doktor«... Die Fenster sind mit einer dicken Schmutzkruste überzogen. Ein Witzbold hat sie wohl der Reihe nach von außen mit einem nassen Schwamm beworfen, dessen Spur die Vernachlässigung schreiend sichtbar macht.

In einem Kaufhaus, das um 9.30 Uhr öffnet, bekomme ich das meiste, was ich brauche. Buchläden (eine Karte von Zentralafrika war mein letzter und heftigster Wunsch nach der Frühstückslektüre der ersten zwanzig Seiten des Reiseführers von Frau Mang) öffnen, wie viele andere Geschäfte, erst um 11.00 Uhr, wenn ich längst auf dem Flugplatz sein muß. Da bin ich alter Laden*schluß*gesetz-Gegner plötzlich für ein europäisches Laden*öffnungs*gesetz.

Der Jumbo-Jet, in den wir einsteigen, erstaunt immer wieder: daß sich solche Massen aus eigener Kraft in die Luft heben können! Zum Apéritif und zum Essen genehmige ich mir je ein Fläschchen Rotwein und verschlafe darum später die Sahara. (Auch muß man die Vorhänge zu lassen, damit die Leute ihren Film gut sehen können.) Ich lese von da an bis zur Ankunft den neuen SPIEGEL: (1) Die DDR in Panik nach den ersten westlichen Einbrüchen in ihre Wirtschaft – hat denn das keiner der klugen (?) Fachleute vorhergesehen? Was hat sie alle die Sache beschleunigen lassen, statt um Aufschub zu kämpfen ... alle außer Antje Vollmer und Oskar Lafontaine? (2) Die Moskauer versalzen ihren Mächtigen den Ersten Mai – nachdem diese sich schon gegenseitig ziemlich ungeniert in die Suppe gespuckt haben. Zu welchem Chaos, oder schlimmer: zu welcher neuen Ordnung wird das führen? (3) Unser wahnsinniger Kulturbetrieb – Opernbiennale in München und Kunstbiennale in Venedig: hektische, leere, von einer dürftigen Theorie angeleitete Gebärden, ein permanenter, mutwilliger, teurer Untergang. (4) Walter Boehlich bespricht LTI-Klemperers Memoiren... Diese Ausgabe des SPIEGEL wäre – mit all ihren Reklamen, Fernsehprogrammen, Glossen und Leserbriefen – ein Zeugnis unserer Zeit, wie kein Herausgeber eines Unterrichtswerks es besser zusammenstellen könnte. Eva wird sich freuen und sich grausen!

Unter uns seit Stunden die grüne Hölle. Viele tausend Kilometer von Nigeria bis Kongo. Darüber ein klarer Himmel und in ihm gewaltige Quellwolken-Gebilde. Das Abendlicht fällt seitwärts in sie ein, macht sie zu Skulpturen, läßt sie noch heller zurückstrahlen. Die Flußtäler sind schon in Schwärze getaucht. Ganz selten eine kleine Siedlung auf einer Schürfung roter Erde.

Nach sieben Stunden – Landung in Brazzaville. Die Nacht ist hereingebrochen. Über uns der noch immer volle Mond, unter uns Straßen und elektrische Beleuchtung und zahllose winzige Einzellichter, die sich als offene Feuerstellen oder Öllampen erweisen. In Brazzaville stehen wir eineinhalb Stunden herum. Dann springt der Jumbo über den großen Fluß und landet nach zehn Minuten in Kinshasa. Die Wärme, die uns beim Verlassen des Flugzeuges entgegenschlägt, ist mir nicht unangenehm. Es dauert einige Zeit, bis sie die Klammheit der überklimatisierten Flugkabine aus mir heraustreibt. Dann, in der gedrängten Halle, bricht der Schweiß in Strömen aus.

Irgendwo hinter der Zollschranke mache ich die heftig winkende Eva aus. Ich komme mit meinem Paß allzu gut durch alle Sperren – bis in die Gepäckhalle. Dort, vor dem einlaufenden Band, nehme ich mir einen Träger, noch bevor ich etwas zu tragen habe; der wehrt immerhin die anderen, sich aufdrängenden Helfer ab. Wenige Minuten später steht ein schlanker großer Schwarzer neben mir: Er komme von Mama Eva und beglaubigt sich mit einem Walky-Talky, auf dem VEM (für Vereinigte Evangelische Missionen) steht. An der letzten Schranke wird mir bedeutet, daß etwas nicht stimme. Der uniformierte Schwarze spricht ein Französisch, das ich nicht verstehe. Ebenso unzugänglich sind Gestik und Mimik. Aber da hat schon Evas Schutzengel die Dinge in die Hand genommen. Das Wühlen in meinem Koffer wird beendet. Ich bekomme meinen Paß zurück. Der Träger übernimmt die Bürde. Eva und ich fallen uns in die Arme. Dann geht es hinaus zu einem Bulli, dem des Koordinators der protestantischen Missionen im Zaire, Viktor Grapentin. Er hat ihn Eva mitsamt Fahrer für diesen Zweck zur Verfügung gestellt. Der Träger will mehr als die 1000 Zaire, die ich ihm gegeben habe, und der Fahrer sagt: Wo kommen wir denn da hin – 1000 Zaire für den Paßkontrolleur, 500 für den Zollbeamten und nun 1500 für Dich?! So also hatte er meine Abfertigung beschleunigt, was mir Spaß macht und Eva ärgert.

Die Stadt ist etwa 30 Kilometer vom Flughafen entfernt, die Straße holprig, der Verkehr dicht und von italienischer Flüssigkeit. Es ist jetzt etwa halb zehn Uhr abends. Wir nehmen in einem angenehmen Centre d'Acceuil Protestant Quartier – in einem umfriedeten Areal mit vierunddreißig »Kabinen«, von denen je vier um ein Bad gruppiert sind. Es ist zur Zeit fast leer. Wir trinken – unter dem Ventilator meiner Kabine sitzend – einen Cognac aus meinem Flachmann, plaudern, sind aufgedreht. Es ist schwül, aber nicht unerträglich. Und Mücken habe ich noch nicht wahrgenommen, nur die *précautions*, die man trifft: die Tür immer nur kurz öffnen zum Eintreten und immer bei gelöschtem Licht. Nachts gelegentlich ein Stich; ich schlage zu; ich spüre das blutgesättigte Todesopfer auf meiner Backe. Aber das alles stört nicht, weil diese Mücken offenbar kein Geräusch machen wie ihre deutschen Artgenossen.

Gegen zwei Uhr nachts bricht ein Gewitter los – von afrikanischem Ausmaß. Es wird merklich kühler. Ich kann den Ventilator abstellen, schlafe fest in den grauverhangenen Morgen hinein. Ein Brieflein von Eva, unter der Tür durchgeschoben, verkündet: »Dies ist, was wir hier ›schönes Wetter‹ nennen.« Es bittet: »Bringen Sie mir, sobald Sie können, die Post.« Die hatten wir über dem lebhaften Wiedersehensgespräch tatsächlich vergessen.

Ein angenehmer Tag unter der Wolkendecke und auf wassergetränktem Boden. Wir suchen das Reisebüro wegen des Weiterfluges auf. Die heutige Maschine ist ausgefallen. Man sagt, weil ein Minister sie plötzlich gebraucht habe. Wird es mit dem morgigen Flug klappen? Die wunderbar frisierten Damen in bunten, aufwendig drapierten Kleidern geben beruhigend, nicht überzeugend Auskunft. Noch dreimal wird Eva mit dem Taxi vorfahren und nachfragen...

Einstweilen besuchen wir das nahe liegende Goethe-Institut. Dort erfährt Eva, wie sie Kontakt zu einem Professor – einem Ethnologen – bekommen kann, der eine buchstäblich umwerfende Dissertation über die angebliche Nord-Süd-Wanderung der Bantus geschrieben hat; von der schwärmt Eva, und über die sind alle Geschichtslehrer ratlos: Was sollen sie nun lehren, wenn die Bantus dauernd hin und her gewandert sind?

Am Ende besuchen wir diesen Professor auch in einem Gebäude, das die Regierung ihm als Ersatz für das von ihr beanspruchte Museum angewiesen hat. Er ist ein bescheidener, höflicher, klug dreinblickender Mittdreißiger. Er zeigt uns sein neues Institut: eine erbarmungswürdige Bibliothek mit weniger als 500 Bänden (einschließlich der Zeitschriften), einen kleinen, wohlgeordneten Ausstellungsraum, in dessen zwei Dutzend Vitrinen einige sehr schöne Masken, Gürtel, Holzarbeiten, Tonplastiken, Kupfergefäße, Baumwoll- und Raffia-Tapisserien ausgestellt sind, einen von seinem Personal in Kultur genommenen Garten... Aber dann: leere Räume mit offenen Wänden, eingeschlagene Fenster, ausgebrochene Türen. Das Ausland hat ihm für seine Unterbringung Hilfe versprochen. Sie kommt nicht, weil stattdessen ein großer Teil des Gebäudes als Soldatenunterkunft beschlagnahmt worden ist. Die jungen Männer hausen nun in dem »Betonzelt«, kochen im Hof unter den großen Mangobäumen und Akazien ihren Chickwang (Maniokbrei) und spielen Fußball.

Ganz nahe ist, in einem riesigen Park verborgen, das Hauptquartier, der Militärbefehlshaber. Einen lebendigen Löwen, der in einem abgezäunten vorspringendem Eck des Parkes hauste, habe man – heißt es – einfach verhungern lassen.

Wir fahren durch die *cités* – die ausgedehnten, sehr unterschiedlich aufgeräumten und angelegten Wohnviertel der armen Bevölkerung. Djakartas Kampongs sind elender; die Barrios der Außenbezirke von Mexiko City sind hektischer, lauter; die Slums in der Bronx und in Harlem von New York sind deprimierender. Mir fällt auf, daß die Menschen fast ausnahmslos beschuht sind, vollständig und ordentlich gekleidet und offenbar ausreichend ernährt; sie stehen, sitzen, gehen herum, haben keine Aufgabe oder sehen diese nicht. Unsere Kategorien »arbeitslos« und »erwerbstätig« greifen hier nicht. Arbeit ist ohnedies Frauensache, erklärt Eva, und: in Zaire gibt es keine Produktion. Es gibt Beschäftigungen, ein bescheidenes Reparatur-Handwerk, genügend Platz und Lebensmittel; die Großfamilie trägt den Einzelnen irgendwie und der Einzelne irgendwie die Familie. Vorstellbar ist mir das alles nicht. Wegen des großen Regens der Vornacht steht der große Markt unter Wasser – da könne man heute nicht hin. Ich werde also nicht sehen, was wer wem wofür feilhält, werde das aber wohl in Mbandaka nachholen können.

Auf dem Marché d'Ivoire dagegen, unter Wellblechdächern, unmittelbar vor der Bahnstation, werden neben in der Tat gewaltigen Elfenbeinschnitzereien Malachitketten, Ebenholzkästen, vor allem aber alte Masken und neues Drahtspielzeug – nicht mehr naives, sondern raffiniert für den Touristen primitiviertes – verkauft. Ich erhandele drei Holzdosen und schenke eine der Eva, die ja nun den sechsten Tag für mich hier verbringt und hoffentlich nicht nur vertut: Meine Ankunft war ursprünglich für den 5. 5. vorgesehen; die notwendige Korrektur auf den 8. 5. hat sie in Mbandaka nicht erreicht; sie erfuhr erst in Kinshasa bei Viktor Grapentin davon, dem ich mich gleichzeitig avisiert hatte.

Bei diesem sind wir mittags eingeladen – im Viertel der Wohlhabenden auf dem Berg. Seine kleinste Tocher, vierjährig, nimmt uns an der Tür in Empfang. Die beiden anderen (neun und elf Jahre) kommen kurz darauf aus der amerikanischen Schule, wo sie es offensichtlich gut haben. Wir haben es auch gut! Das Essen ist vortrefflich – halb afrikanisch, halb deutsch. Ich »haue rein«; bei Eva wird es karger zugehen. Wir fahren heim zum Centre d'Acceuil Protestant (CAP) durch das Traumviertel der Diplomaten und Reichen am Fluß entlang: weiße Mauern, Hibiskus, Palmen, kurz: tropisches »Schöner Wohnen« mit Blick auf den großen gleißenden Strom.

Nach der Siesta gehen wir unseren Wein für den Abend einkaufen – Knäckebrot und Käse habe ich dabei. Dann noch einmal zum Schulministerium, wo Eva etwas zu erledigen hat und die Herren gelegentlich um 18 Uhr, wenn es etwas kühler wird, noch einmal zu arbeiten beginnen. Aber da warten wir umsonst in dem erstaunlich kleinen und erfreulich hergerichteten Gebäude. Eindrucksvoll zu sehen, wer da alles kommt und geht – makellos gekleidet, höflich grüßend, würdig (la dignité de l'africain – das werde ich noch oft beobachten!).

Die weiche Mentalität der Menschen, ihre Liebenswürdigkeit ist auffallend und steht wohl ihrer Emanzipation im Wege. Der Herrscher ist ein Genie in der Erhaltung seiner Macht – und die gleichgültige, passive, gefallsüchtige Art seiner Landsleute kommt ihm dabei entgegen. Zur Zeit ist man im Begriff, die Verfassung zu ändern – zu demokratisieren. »Multipartisme« ist angesagt. Drei Parteien »soll« es geben. Ach, wie schön wäre es, die Welt ließe sich so ordnen! Keiner weiß, wie sich diese Parteien bilden sollen unter Menschen ohne politischen Willen, ohne artikulierte gesellschaftliche Interessen, ohne Vision. Das wüßte auch bei uns niemand zu sagen. Macht haben und sie ausnutzen – den Dienstwagen für den Ausflug der Familie, die eigene Behörde zur Versorgung der Freunde mit Anstellungen, die Abhängigen zu privaten Leistungen – ja, das kann man. Aber daraus wird keine selbständige Politik, nur

Mittäterschaft, zielloses Komplizentum. Der Staatschef löst alle Ressorts einmal im Jahr auf, damit sich keine Gegenmacht bilde – mit der Folge, daß nie jemand kompetent ist und jeder seine Möglichkeit in dem einen ihm gegebenen Jahr gründlich ausschöpft. So kommt nichts voran – außer dort, wo Europäer am Werk sind. Auch die zweite Nacht im CAP ist angenehm. Ich schlafe ruhig trotz der heftigen Diskussion mit Eva über meine Vorstellung von der pädagogischen Verantwortung der Gesellschaft, von Lernen durch Beteiligung, von einem radikal anderen Auftrag der Schule, nämlich *polis*-Erfahrung zu geben. Eva ist realistisch, ich bin absichtlich utopisch, weil ich will, daß man anders zu denken beginnt – nicht immer nur Maßnahmen zur Amelioration trifft, sondern prüft, was das *melius* ist. Nur dann werden wir wohl auch erkennen, welche anderen Maßstäbe andere Zivilisationen haben, und nicht nur »vorsichtig« sein mit unseren pädagogischen Hilfen, sondern sie ihnen unter Umständen energisch verweigern.

Der Tag beginnt mit einer hübschen Begegnung: mit einem schwarzen »Stehlkind« in der Frühstückshalle des CAP. Es ist fünf Jahre alt, ein perfektes Gebilde aus Ebenholz mit Elfenbeineinlagen. Eva findet meinen Gedanken, dem kleinen Tischnachbarn ein Spielzeugauto (Matchbox) zu schenken, absurd. Ich füge mich; ich bin hier ihr Gast und kompromittiere sie schon genug mit meinen Polohemden, wo alle anderen in piek-fein gebügelter Wäsche daherkommen. Eva soll nicht von meiner Schenk-Unbefangenheit Nachteile haben. Aber ich glaube ihr nicht, daß ein solches Geschenk hier wirklich »unmöglich« ist.

Seit 11 Uhr sitzen wir nun auf dem Flughafen im AMIZA-Reisebüro. Der Angestellte bemüht sich darum, daß unser Gepäck noch mit auf unseren Flug kommt; man hat sich für die kleinere Maschine entschieden und eine Reihe von Fluggästen muß hierbleiben; wir dürfen mit, aber nur mit halbem Gepäck! Das Büro liegt neben dem Pissoir. Die Zeit scheint stillzustehen.

Am Ende ist alles gut gegangen. Die Koffer sind abgefertigt, und wir sitzen im luftigen Wartesaal auf den schön gearbeiteten Holzbänken. Hier hat sich einmal ein Architekt für die europäische Anlage Flughafen der einheimischen Formen und Materialien verständig und ästhetisch erfolgreich bedient. Wir feiern die überstandene Aufregung mit einer Flasche köstlich kalten Bieres, zu dem Eva nicht minder köstliche Cheese-Crackers aus ihrer Tasche zaubert. Nach einer Stunde ist das Flugzeug da, mit dem wir noch einmal fast zwei Stunden am Kongo entlang nach Mbandaka fliegen. Die Stewardessen machen Ansagen in allerschönstem Französisch und servieren ein Sandwich mit Bier oder Limonade. Die kleinen Fenster, die Wolken, mein großer europäischer Nachbar geben nur kleine Ausblicke auf die weiten Bögen und Inseln des Stromes frei. Es wird unten viel zu erkunden geben, was von oben rätselhaft bleibt: die offenen Stellen zwischen den Wäldern, die »Struktur« der Wälder selbst, die Verbindungen zwischen den Siedlungen... Ganz selten sieht man ein Schiff.

Am Flughafen werden wir von Britta, einer Praktikantin an der Missionsschule, abgeholt – mit Evas neuem Land-Cruiser von Toyota. Eva setzt sich ans Steuer. Sie fährt mit erheblichem Selbstbewußtsein auf der unberechenbaren »Dorfstraße« zwischen den vielen Fußgängern – Tempo 60 bis 70. Ich führe lieber 30. Aber solche Besserwisserei und Bessertuerei unterdrücke man möglichst. Schon mit der Frage, ob es Verkehrsunterricht gebe, löse ich leicht gereizte Antworten aus. »Wir sind in Afrika!«, was, wie ich längst weiß, soviel heißt wie: Das wäre ein völlig unsinniges Unterfangen; die Menschen hier haben seit Tausenden von Jahren im Busch gelebt und Hundert davon unter weißen Kolonialherren; da darf man keine so hohen Forderungen stellen. Innerlich räsoniere ich: Die Regel »face the traffic« ist doch nicht komplizierter als die Regel »follow the traffic« – die sie offenbar fast alle befolgen.

Wir passieren die ehemalige Siedlung der belgischen Verwaltung. Die ist auch heute noch schön in all ihrer Verwahrlosung und erinnert mich an eine amerikanische Kleinstadt mit ihren Alleen, den Gärten zwischen den Häusern und der Abwesenheit von Zäunen. Jetzt sind wir am Hafen – erkennbar an einem Verladekai und vielen Wracks altertümlicher Flußdampfer. Dann das »Diplomatenviertel« von Mbandaka (ein belgischer Konsul und einige Reiche wohnen hier auf der etwa 20 Meter hohen Uferböschung); und schließlich, nach einer trefflich inszenierten Kurve, fahren wir in Evas Anwesen ein.

Mein Gott, Eva – Sie haben uns nie verraten, wie schön der Ort ist, an dem Sie wohnen!

Mir verschlägt es die Sprache. Während Eva ins Haus stürzt, um nachzuschlagen, was »Onkel« auf Lingala heißt, werde ich draußen herzlich durch zwei alte Schwarze, den Gärtner und den Nachtwächter, schon als solcher begrüßt. Die Bezeichnung »Freund« oder »Bekannter« ist unverständlich in einem Land, in dem alle Verhältnisse auf Verwandtschaft oder der Vorgesetzten-Untergebenen-Beziehung beruhen.

Man trägt die Koffer hinein, und ich setze mich – benommen und glücklich – hinter dem Haus auf den zum Fluß abfallenden Hang. Der Blick auf den Strom wird durch die vier großen Mangobäume gerahmt und gegliedert, die auf halber Höhe stehen und unter ihrem Laubwerk gerade noch den Horizont freigeben. Dort breitet sich ein dramatischer Untergang der Sonne in einem Wolkenstreifen vor. Der Strom gleißt und glitzert silbern an den Rändern, golden dort, wo die Sonne über dem Wasser steht; die Silhouette des gegenüberliegenden Inselufers ist schwarz gegen all dieses Licht; der grüne Rasen um mich her ist hell erleuchtet, nein, von unten durchleuchtet; man hört in der Stille die Stimmen der Männer, die in ihren schlanken Einbäumen (Pirogen) stehend über den Fluß paddeln – meist einer vorne, ein anderer hinten. Es ist eine Urlandschaft. Der Anblick und der sanfte Wind vom Wasser her erfüllen mich mit Glück. In mir wird aus Glück ganz von allein ein Gefühl drängender Dankbarkeit. Und weil da kein Mensch ist, dem ich sie schulde, sage ich: Dank, Afrika! Dank, Kongo!

Dann beginnen die Zikaden zu singen; es wird innerhalb einer einzigen Stunde dunkel, und Eva mahnt: jetzt baden, nachher sehe man nicht mehr, wo man sei und hintrete.

Der Fluß bildet in der Nähe des Ufers eine kleine Gegenströmung; jedenfalls kommt man gut gegen ihn voran, wenn man sich anstrengt. Das wiederum sollte man nicht, wenn das Bad eine vom Schweiß reinigende, nicht eine schweißtreibende Wirkung haben soll. Luft und Wasser sind etwa gleich warm. Am Morgen, wenn die Luft noch um einige Grade kühler ist, meint man, in eine Badewanne zu steigen. Das Wasser ist durchsichtig, klar wie die Farbe meines (schwachen) Morgentees.

Eva öffnet zur Begrüßung die von mir mitgebrachte Flasche Cognac. Karin, ihre österreichische Kollegin, die die andere Hälfte des Hauses bewohnt, hat das Abendbrot gekocht. Beim Essen erzählt Eva den beiden anderen Frauen (Britta und Karin) vom Studentenaufstand in Kinshasa – und ich erlebe dabei die allmähliche Entstehung der Nachricht beim Reden: aus dem vom CAP-Mitarbeiter Gehörten, in »Afrique Jeune« Gelesenem, selber Bewertetem wird die Tatsache, daß »die Revolte eine Sache der Professoren ist, die nun noch einmal mehr Gehalt bekommen und die die Unruhe der Studenten nicht nur ausnutzen, sondern herbeiführen«. So wird es auch gewesen sein. Einer, der im Lande lebt, kann sich so aus einzelnen Brocken das ganze Bild zimmern.

Nach dem Essen hören wir Nachrichten von der Deutschen Welle. Sie sind es nicht, die mich lange nicht einschlafen lassen – und Mücken auch nicht, obwohl am Morgen meine Hände zerstochen sind und jucken. Es ist nicht einmal die Hitze – es ist eher die durch die Hitze (und vorher die Flugreise) erzwungene relative Untätigkeit der letzten drei Tage. Ich beschließe, morgen ganz lang gegen den Strom zu schwimmen.

Eva hat das Haus kurz nach sechs Uhr verlassen und ist in ihre ganz nahe – landeinwärts – gelegene Schule gegangen. Ich bin geschwommen, habe mir Tee gekocht und ihn auf der Veranda eingenommen – vor mir der herrliche Fluß. Nun ist er belebt. Eine Piroge nach der anderen gleitet flußabwärts oder wird ufernah flußaufwärts bewegt mit eleganten, lautlosen Bewegungen der Menschen – Männer, Frauen, Kinder. Sie paddeln im Takt, haben Säcke oder Holz oder Matten oder Töpfe geladen; auf dem kleinen Strohdach des einen sitzen zwei Hühner; auf einem anderen reist der Hund mit. Weit und breit kein unnatürlicher Laut – die Rufe der Menschen, der Schrei eines Vogels, in der Ferne ein Hahn. Sie machen die Stille des Stromes hörbar. Das Sonnenlicht kommt nun aus meinem Rücken, die Menschen und Boote leuchten nur so, ihre bunten Gewänder flattern im Fahrtwind.

Pastor Basafo kommt vorbei, zeigt seine schönen Zähne und spricht Deutsch; ein anderer Schwarzer, Mono Isako, drückt mir die Hand mit seinen beiden Händen – wer das ist, wird mir Eva noch erklären. (Es ist der Tagwärter, der gleich anfangen wird, mit einer Art übergroßem Grapefruitmesser die Spitzen der Grashalme abzuschlagen.) Sie selber kommt, um zu sehen, wie es mir gehe, und zu sagen, daß sie jetzt nicht in der Schule sei. Sie muß erst zu den Vorgesetzten, die Fronten dort klären, bevor sie es, nach einwöchiger Abwesenheit, wieder mit ihren Lehrern aufnimmt. Von vierzig, die sie hat, fehlen sechzehn; einige sind einfach weggeblieben, gehen dem zweiten Teil ihrer Ausbildung nach, zu dem die Kurse jetzt anlaufen. Das ist Alptraum genug: siebenhundert unselbständige Schülerinnen – und fast die Hälfte ohne Lehrer! Nun aber auch noch Examen, die von auswärtigen Prüfern abgehalten werden – an allen Schülern der *Sixième* des gesamten Bezirks, die Pädagogik studieren. Ich hoffe, Eva kann mir Zugang dazu verschaffen.

Monsieur l'inspecteur hat mir erlaubt, daß ich das Examen beobachte. Es geht um den praktischen Teil – den Abschluß des ersten Ausbildungsabschnitts zum Grundschullehrer – und ist Teil des Abiturs. Der Schulraum ist wie überall in der zivilisierten Welt: vorne eine grüne, sich über die ganze Wand erstreckende Tafel; die Pultbänke aus gutem Holz gearbeitet, wohl noch neu und jedenfalls unversehrt. Ich zähle fünfundzwanzig Kinder von neun Jahren; sie sitzen Jungen und Mädchen gemischt, jedoch nicht auf der gleichen Bank.

Die zwei *examinateurs*, ältere Herren mit freundlichen Gesichtern und großen Stößen Papier, haben sich in der letzten Reihe niedergelassen. Ich setzte mich zu ihnen.

Der Lehramtskandidat schreibt an die Tafel: *histoire*. Er fragt die Kinder, was das sei, wie sich das »definiere«. Einer weiß es, meldet sich, darf was sagen: *histoire, c'est l'étude du passé*. »Applaudiert ihm!« sagt der Lehrer. Die Kinder klatschen rhythmisch (im Chachacha-Takt) mit den Händen. Mehrere Schüler wiederholen den Satz. Die Aussprache ist so schlecht wie die des Lehrers und verschleift sich von Mal zu Mal: es sind Laute, nicht Wörter und Bedeutungen, die sie aufsagen. Nun sollen sie »Reiche« aufzählen, die sie kennen. Er hat »empires« gesagt. Die Kinder reagieren nicht. »Royaumes« hätte er sagen sollen. Der *inspecteur*, der mich eingeführt hat, hilft dem Kandidaten mit dieser Auskunft. Unter den nun genannten fünf *royaumes* wird das der Luba »behandelt«. Dazu schreibt der Kandidat fünf Sätze an die Tafel: (1) Zum »origine«, (2) zur »situation«, (3) zur »fondation« (au 16ième siècle), (4) zur »structure« (il y avait trois classes: dignitaires, peuple, chefferie + chef suprême), (5) zum »apogée« (au 17ième siècle). Die mit »citoyen« oder »citoyenne« angesprochenen Kinder lesen die Sätze. (Der Lehrer ist *citoyen maître*; seit dem 24. April, also seit Mobutu seine Verfassungsänderungen angekündigt hat, darf man nun auch Monsieur und Madame sagen, einen Anzug und Schlipse tragen, wo vorher die Sprache der französischen und die Kleidung der chinesischen Revolution herrschten.) Dann schreiben die Schüler die Sätze ab. Schließlich löscht der Lehrer die Tafel und fragt: »Quand était l'apogée du royaume Louba?« Drei oder vier Kinder sind dem gewachsen. Eines konnte nicht abschreiben, weil es keinen »bic« (Kuli) hatte. (Ich schenke ihm den meinen.) Das Mädchen vor mir hat das ungefähre Schriftbild von der Tafel abgemalt; es hat nichts verstanden; es konnte ja auch die schlechte Schrift auf der glänzenden Tafel nicht lesen; und hätte beides – Schreiben und Lesen – gekonnt, wie sein übriges Heft mir beweist.

Pünktlich nach dreißig Minuten ist der Unterricht beendet. Die Kinder plärren gemeinsam: au re-voi-re ci-to-yen maî-tre! Die Ecole d'Application = Übungsschule muß das erleiden. Evas Schule, in deren Gebäude sich das abspielt, dürfte und sollte anders sein.

Ich erlebe noch einen Examensunterricht in ECIPOL (Education Civique & Poltique) mit. Le Problème: PV et le gain. Solution: 1000 sont le *prix* de *vente* (= PV), 500 sont le gain. Die Geschichte, um die es geht: der Direktor einer Schule kauft zehn Hefte zu 500 Zaire und verkauft sie zu 1000 Zaire. Ich fürchte, alle haben die ersten 500 Zaire (prix d'achat) dafür gehalten. Aber der prix d'achat kam nicht vor. Wer wird dem jungen Mann beibringen, auf die Möglichkeiten solcher Mißverständnisse zu achten?

Mich macht die ganze Veranstaltung traurig. Ich stelle mir die Kindheit dieser kleinen Menschen vor: täglich fünf Stunden stumpfsinniges Absitzen der Zeit, Maulbrauchen für Unverstandes, ohne irgendeine Nahrung für die Sinne und den Verstand. Und sie brauchen so dringend Ermutigung: zum Sehen, Vorstellen, Wollen, Anpacken...

Am Nachmittag fährt mich Eva durch die ausgedehnte »Stadt« – eine Ansammlung von Dörfern jenseits des alten *cordon sanitaire* – eines breiten Grüngürtels –, der um die belgische Stadt gelegt war. Hier wohnen die Menschen in kleinen Hütten aus Stroh und Blech und auch in einigen festen Häusern mit ihren unendlich vielen Kindern, einigen Hühnern, Hunden und Ziegen und wundersam von Bäumen und Palmen überdacht. Das Leben ist bunt, friedlich, verspielt – wirkt improvisiert. Was Festigkeit hat, zerfällt. Um die Häuser herum wird ständig gefegt – angeblich, damit man Skorpione und sich nähernde Schlangen erkennen könne. Inzwischen ist es zu einer Gewohnheit in der großen Beschäftigungslosigkeit geworden. Die Folge: die spärlichen Lehmwände sind unten angenagt wie Zähne von der Karies. »Die Heutigen leben in den Ruinen des Kolonialismus.« Etwas Eigenes haben sie nicht zuwege gebracht. Selbst die zwei Doppelreihen von Königspalmen, der große Park um den Gouverneurspalast, die alten Akazien und Mangroven – also auch der »natürliche« Anteil des Stadtbildes – stammen aus der Zeit der Belgier.

Eva führt mich zu den vielen Kirchen, Schulen, Missionshäusern. Sie sagt ihren Deutschschülern noch einmal ihren heutigen Abendkurs an – hier einem Lehrer, da ihrem Stellvertreter, dort einem jungen Pastor, der halbnackt aus seinem Haus gesprungen kommt, um Eva zu begrüßen, als sei sie ein Jahr fort gewesen.

Sie regiert hier. Das ist deutlich. Sie regiert mit Strenge. Auch das läßt sich nicht verbergen. Sie regiert mit Überlegung und Verständnis. Man spürt es nicht nur, wenn man sie dabei genau beobachtet, man merkt es auch den Regierten an. Und: sie regiert gern, weil sie es gut macht, denke ich.

Abendstunde vor dem Haus. Der Strom ist immer anders. Jetzt kräuselt sich die sonst glatte Oberfläche im Wind. Alle hundert Meter kommt eine Wasserhyazinthe dahergeschwommen oder ein Stück Uferried oder Papyrusstaude. Der Seeadler stößt auf die Fläche nieder und fliegt mit einem der Fischchen davon, die ihm buchstäblich entgegenspringen. Am westlichen Horizont stehen schwarze Wolken. Das Licht, das aufs bewegte Wasser fällt, wird lebhaft und weiß reflektiert – heute abend also ein Schwarzweiß-Film, nachdem den Tag über Gauguinsche Farben geherrscht haben.

Wir sind zum Abendessen bei den beiden deutschen Zivildienstleistenden eingeladen, von denen der eine heute Geburtstag hat. Sie wohnen in einem anderen Ortsteil – nach Süden zu, auch am Fluß. In ihrem Haus sind schon alle anderen versammelt: etwa fünf junge Schwarze, darunter der Pastor von Bolenge; sodann: eine Amerikanerin, die, wie die beiden Deutschen, an der ersten Schule von Eva unterrichtet; ein ungarischer Ingenieur mit deutscher Frau und zwei blonden Kindern. Mark, das Geburtstagskind, hält eine kleine Willkommensrede; der Pastor betet; dann wird afrikanisch gegessen: Fou-fou (Maniokklöße), Chickwang (dasselbe in Bananenblätter gewickelt und gekocht), Kochbananen, Pondou (gestampfte Maniokblätter in Palmöl und mit Fisch gemischt), Reis, Pili-pili (ein scharfes rotes Gewürz), Papaya-Salat (die Papaya wird im noch unreifen, also festen Zustand geraspelt und mit Zwiebeln und Essig scharf angemacht) und natürlich Fisch aus dem Kongo. Man trinkt Bier, Wein, Cola – und plaudert. Ich erfahre von Mark, wie mühsam das Unterrichten an seinem »Gymnasium« ist: die Schüler und Schülerinnen sind in der Regel ein bis drei Jahre älter als sie sein sollten (»zwischen dreizehn und fünfundzwanzig«) und damit oft auch älter als er; es gibt Klassen mit 40 Schülern, von denen freilich oft nur die Hälfte anwesend ist (was das Unterrichten auch nicht erleichtert; diese Schüler nehmen in Kauf, daß sie die nötige Punktzahl nicht erreichen); die Schüler sind oft nur da, weil sie sich in ihren Dörfern langweilen; sie kompensieren ihre Mängel durch Arroganz. Trotz allem glüht Mark (noch) für seine Arbeit, hält sich für einen Glückspilz, weil ihm der zweiundzwanzigmonatige Aufenthalt hier vergönnt ist.

Wir fahren durch das nächtliche Süd-Mbandaka heim. Die Straße ist voller Menschen, die vor unseren Scheinwerfern auseinanderspritzen. Hinter uns verschluckt sie der Staub unseres Autos. Am Straßenrand sind winzige Verkaufsbuden, von einem offenen Feuerchen oder einer Petroleumlampe erleuchtet. Was tun die Menschen hier? Sie reden, sie reden, sie reden. Einige singen Lieder, was hier gleich rhythmisch und in der Regel mehrstimmig gerät. *Das* macht eine »Gesellschaft« im doppelten, nein, im eigentlichen Sinn. Hier schüttet noch kein Radio die Nichtigkeiten und Wichtigkeiten von anderswo über dem Volk aus; kein Fernseh-Zauber versammelt ihre Seele auf einem viertel Quadratmeter Lichtgeflimmer; die Gedanken wandern nicht in die große vorgedachte Zukunft. Alles, was ist, ist hier und jetzt und wirklich.

Daheim erwarten uns die Glühwürmchen, die mit ihrem Blinklicht das Haus umfliegen – das Haus, das ich noch nicht geschildert habe. Es erstreckt sich in einer Länge von etwa zwanzig Metern parallel zum Ufer. Es ist in zwei autonome Teile geteilt, die beide nach vorn einen langgestreckten Wohnraum haben, nach hinten zwei Schlafzimmer und Bad; die Küchen befinden sich an unterschiedlicher Stelle. Vor dem Gebäude eine Terrasse – zur Hälfte überdacht und davon wiederum die Hälfte mit gewelltem Eternit in Verlängerung des Hausdachs; die andere Hälfte beschattet eine üppige grüne Schlingpflanze mit herabhängenden Blüten. Die Fenster sind – wie alle Innentüren – stets offen, um das Haus gut durchlüften zu lassen; sie sind mit Mückendraht und einem blaugestrichenen hübschen Eisengitter bewehrt. Möbel sind einfach und bequem von einheimischen Handwerkern gemacht. Man hat allen wünschbaren Komfort der Zivilisation: Gasherd, Eisschrank, Badewanne, WC. Der Garten ist gepflegt ohne sonderlichen Aufwand. Überall blüht etwas – Rosen, Fuchsien, Hibiskus, Trompetenblumen... Am Ufer schirmt Schilf das Grundstück gegen die Nachbarn ab; am Hang dann Bambuspalisaden; oben eine feste Mauer. Die Wächter hausen in einer kleinen Strohhütte neben dem Haupthaus im Garten. Sie haben da zu sein, sie öffnen das Tor, wenn der Wagen einfahren will, sie verhandeln mit Menschen, die Eva zu sprechen begehren, sie werden gelegentlich geschickt, Brot zu holen. Wenn das alles nicht der Fall ist, sitzt der Ältere in seinem Häuschen, raucht Hasch und führt Selbstgespräche.

Den heutigen Vormittag habe ich lesend verbracht, teils auf der schattigen winddurchwehten Veranda, teils in der heißen Schulbibliothek. Es ist interessant, wie die Kinderbücher und Comics des Landes miteinander streiten und beide dabei je eine seiner Wahrheiten offenbaren: die Aufklärung, die zum Bild der bürgerlichen Familie gerinnt, und der Geister- und Ahnenspuk, der den Älteren recht gegen die sich emanzipierenden Jungen gibt. Die Sprichwörter, die Zauberkräfte, die alte Ordnung führen die Tochter wieder heim, wo sie diesmal den richtigen Mann (nicht einen getarnten »revenant«/Wiedergänger, also einen aus dem Totenreich zurückkehrenden, der keine Ruhe findet) heiratet und viele, viele Kinder gebiert.

Während ich lese, kommt eine Gruppe von Mädchen herein. Die Anführerin sagt der Bibliothekarin, wieviele es sind. Die Bibliothekarin gibt ebensoviele Bücher aus (man darf sie auch eintauschen). Alle setzen sich an die Tische und lesen halblaut vor sich hin. Beim Klingelzeichen klappen sie das Buch zu und geben es wieder ab. So macht man das hier. – Ich werde noch viel zu rätseln haben über diese Eliteschule in dem gepflegten, freundlich (von Eva) angestrichenen Gebäude mit den weiß-blau-uniformierten schwarzen Jungfrauen. Es ist ein schönes Bild. Kann es falsch sein? Ich bin im Zweifel. Ich beschließe, Ivan Illich zu schreiben, meine Gedanken dabei zu klären.

Ich zitiere aus diesem Brief.

Wie ich Ihnen erzählte, wollte ich den Mai über in Afrika sein – und bin's nun. Vor meiner Reise erhielt ich einen Brief von Ihnen mit einem Vorschlag für ein Gespräch im Herbst. Ich habe den Brief nicht dabei... Ich erinnere mich jedoch eines Zweifels, den Sie darin aussprechen, nein, einer schon beinahe gewissen Enttäuschung: darüber, daß Sie mich nicht von der rituellen Funktion der Schule haben überzeugen können. (›Der Papst ist im Ehebett so machtlos wie der Hentig mit seinen zwölf Geboten im Schul-System.‹) Lassen wir dahingestellt sein, ob das stimmt. Von einem haben Sie mich überzeugt, und je länger ich über mein eigenes Tun und Trachten nachdenke, umso einfacher, eindeutiger, eindringlicher stellt sich dieses Wissen dar: daß Schule, wo es sie noch nicht gibt, nie eingeführt werden darf. Was an den kleinen Bantus hier verbrochen wird, müßte den borniertesten Zeloten unter den Pädagogen unsicher machen … es ist die perfekte Illustration zu dem, was Sie in Ihren frühen Büchern geschrieben haben.

Aber wo es Schule gibt, wird man sie beibehalten, wie der Herr die Knechtschaft, der Liebende die Eifersucht, der Trinker den Schnaps, der Autofahrer sein rasendes Automobil. Dann freilich muß man dafür sorgen, daß die Knechtschaft dem Knecht auch bekömmlich, die Eifersucht produktiv, der Schnaps ohne Fusel, das Auto klein, leise, unschädlich für andere ist – *as far as possible*.

Ich freue mich auf eine Diskussion über die möglichen Wege der Heilung: Allmähliche Einschränkung? Aufklärung? Dosierte Katastrophe? Askese? (Wir werden streiten, welche es sein soll: die platonische, die christliche, die epikuräische, die buddhistische Askese?) Daß es je gelingen könne, die Menschheit zu heilen (also nicht nur eine Institution in Ordnung, zu bringen) – gar über die gelehrten Studien, Übungen, Erleuchtungen, denen sich eine Elite verschreibt –, das bezweifeln wir wohl beide mit unterschiedlicher Nähe zum ersten oder zweiten Teil des Satzes. Ich rette mich nicht mehr in die gute (stoische) Haltung. Aber ich kann auch nicht aufgeben, was mir in meinem Leben in wirklicher Not allein geholfen hat: Vernunft (das ist strenges Nachdenken über gemeinsame Erfahrung) und jenes irrationale Verantwortungsgefühl, das ich lieber *Menschenliebe* nennen würde, wenn ich glauben könnte, daß wir ihrer fähig sind…

Bei Joseph Conrad lese ich diese Sätze des Captain Marlow über einen Engländer, den er im Kongo trifft: ›Yes, I respected the fellow. I respected his collars, his vast cuffs, his brushed hair. His appearence was certainly that of a hairdresser's dummy; but in the great demoralization of the land he kept up his appearence. That's backbone!‹

Solche Menschen erlebe ich hier und habe den gleichen Respekt für sie, wie Marlow ihn hat. Aber ich selber will so nicht sein. Und ich werde dem nicht entrinnen ohne die Hilfe kluger Freunde und sorgfältig geführter Gespräche. Diesen sehe ich entgegen…

Ich muß hinzufügen: Auch Zaire ist nicht mehr das »Paradies«; es lebt nicht – und wird nie mehr leben – im Stande der Unschuld; es ist durchsetzt mit den Keimen unserer Zivilisation. Der müssen die Bantus gewachsen sein und werden es nur durch so etwas wie Schule. Diese hätte ihnen drei Dinge beizubringen: die Sprache ihrer ehemaligen Herren und heutigen Partner – mit den dazugehörigen sogenannten Kulturtechniken; eine exemplarische Erfahrung mit der harten Folgerichtigkeit westlicher *ratio* (ich denke an einen ihrem Leben nahen Vorgang in der Medizin, in der Ökonomie, in der Technik, in der Rechtsstaatlichkeit und seiner Administration); die Wahrnehmung des Wertes ihrer eigenen Art.

Als Eva vor acht Jahren aufbrach, um in Afrika »Dienst zu tun«, hatte sie eine mich beeindruckende Sicherheit – die Sicherheit der Bescheidung: »Ich weiß nicht, was die Menschen dort brauchen und ob ich es sie lehren oder es ihnen vorleben könnte, wenn ich es wüßte. Aber um eines werden sie nicht herumkommen: Ihre Führung oder Elite wird Englisch und Französisch können müssen. Während ich sie dies lehre, werde ich lernen, wer sie sind und was ihnen not tut.« Daß die belgische Schule, in deren Rahmen sie lehrt und lebt, hier zu einer Karikatur ihrer selbst geworden ist, dafür kann sie nichts, ja sie kann es nur in ganz kleinen Schritten ändern.

Am Nachmittag darf ich an einem Kolloquium der Historiker und Ethnologen der hiesigen Pädagogischen Hochschule teilnehmen. Außer Eva und mir sind sieben Professoren und Assistenzprofessoren in einem trostlosen Raum eines trostlosen Neubaus versammelt. Er liegt verloren auf einem ebenfalls trostlosen Gelände: Brutalomodernismus – schief-schräges Dach, dick wie eine Grabplatte auf einer Hundehütte. Darunter, aber um einen resopal-beschichteten Tisch mit (natürlich) abgestoßenen Kanten, denken diese Männer und die ihnen mit Interesse und dem fremden Maßstab zugewandte Frau nach, wie sie ihre wissenschaftliche Arbeit in Afrika an Afrika organisieren – als Institution und Gruppe. Da gibt es erstens das Protokoll der letzten Sitzung (man tagt monatlich einmal für zwei bis drei Stunden); es folgen Ratschläge eines Vorgesetzten, die der Chairman der Gruppe vorträgt; danach geht es um Verfahrensregeln für die »Kollektivierung« ihrer Studien, womit sie gegenseitige Kritik und am Ende Zustimmung aller zu allem meinen, was die einzelnen schreiben; hierdurch sollen die Publikationschancen erhöht werden. Sodann werden die Themen genannt, die man bearbeiten will. Und schließlich wendet man sich der politischen Gegenwart zu – aus Anlaß des deutschen Gastes bekundet man Interesse an den deutschen Ereignissen. Evas Bericht ist bewundernswert klar und pointiert. Die Schilderung der Mietpreisfrage in der DDR und der hier wie auf vielen anderen Gebieten in Aussicht genommenen »Lösung« des Problems durch »Privatisierung« läßt die afrikanischen Gelehrten in Gelächter ausbrechen. Es entspinnt sich eine Diskussion über das sogenannte Scheitern des Kommunismus und die Frage, ob das an der Idee des Marxismus oder den nicht (oder doch?) gegebenen Voraussetzungen oder der Entartung des Sozialismus in bürokratische Kommandowirtschaft lag. Es geht klug, lebhaft, kontrovers zu – und dies alles in der zweiten Sprache dieser Leute. Das ist wohl überhaupt das für mich eindrücklichste und überraschendste Phänomen: Diese Intellektuellen *denken* in der französischen Sprache; sie *leben* und *glauben* vielleicht in den heimischen Sprachen; sie sind Bürger zweier Welten, und im Gegensatz zu den afrikanischen Autoren eines Lehrbuchs der Philosophie, das ich am Abend lese, bin ich der Meinung, daß es ihnen gut bekommt. Undenkbar, daß sie der so weit zum Westen geöffneten Welt, den vielfältigen Abhängigkeiten und Verführungen gewachsen sein könnten ohne diese sprachliche Rüstung. Das Dilemma ist offenkundig: Wer sich in die westliche »Philosophie« (den Western way of life) begibt, verliert den Stolz auf und den Glauben an seine »authenticité« (Mobutus Lieblingswort); wer umgekehrt behauptet, alle Kulturen seien gleichberechtigt, die Weltsicht der Bantus zwar eine stumme, aber voll entfaltete Philosophie (gleichsam Monsieur Jourdain aus Molières »Bourgeois Gentilhomme«: Er wußte nicht, daß er sein ganzes Leben lang schon Prosa sprach = Bantus wußten nicht, daß ihr Denken sich auf der Höhe eines Sokrates, eines Descartes, eines Sartre bewegt), der muß dem Ahnenglauben, dem Animismus, der bunten Vielfalt der Stammesbräuche treu bleiben, ihnen Bedeutung und Kraft zumessen und sich der Macht der Aufklärung zu entziehen trachten – und wird's nicht können!

Ja, in meinem Brief an Ivan Illich hätte ich eine Ausnahme zu meiner rigorosen Regel (wo noch keine Schule sei, dürfe keine entstehen) machen sollen: Die Menschen müssen die Sprache der Hochzivilisation lernen, was nicht ohne die »Sachen« geht, aus deren Zeichen sich diese zusammensetzt.

Ich schlafe schlecht, sei es wegen der unverdauten Gedankenbrocken, sei es, weil am Samstagabend Lärm von den »Bars« herübertönt, die sich unter den Peitschenmasten auf der dreihundert Meter entfernten Hauptstraße angesiedelt haben (es gibt also doch auch hier die Lautsprecherpest! Und sogar ein Fernsehrelais, das den erbärmlichsten internationalen TV-trash in den Urwald überspielt), sei es, weil ich den rhythmischen Trommeln einer bis in den Morgen fortdauernden Trauerfeier (*cérémonie de deuil*) lausche, sei es, weil nun doch eine Mücke Sturzkampfflüge auf mein freies Ohr unternimmt. Ich versuche mein Mücken-Mikrowellenrepeller anzustellen, finde aber im Dunkeln den Hebel nicht – und Licht kann man nicht machen: der Strom ist abgestellt.

Heute, am Sonntagmorgen, frühstücken wir gemeinsam um 7 Uhr. Es gibt neben Erdnußbutter, so flüssigem wie würzigem Urwaldhonig auch Orangenmarmelade – aus Südafrika. Eva erklärt lachend: ohne Südafrika und China gäbe es hier gar nichts. Nur in Simbabwe nehme man das Embargo ernst; alle anderen Afrikaner – ob Frontstaaten oder nicht – trieben wacker Handel mit dem bösen, aber potenten, dem einzigen »europäischen« Nachbarn.

Der Fluß ist heute ganz blau, weil es fast keine Wolken gibt. Gegen 8 Uhr fährt einer der beiden großen Flußdampfer von wenigstens zweihundert Metern Länge vorbei – voller Zelte, Matten, Behänge und zahllose Einbäume mit sich ziehend. Für den verschlafenen Ort ist dies ein dramatischer Augenblick. Mit Hilfe von Evas Fernglas ist er es auch für mich. Dabei bricht freilich mein Traum von einer Flußreise zusammen – einer Mischung aus Huckleberry-Finn-Romantik, Fitzcaraldo-Ästhetik und dem Geheimnis aus »The Heart of Darkness«. Nein, auf diesem Schiff wird es überall heiß, schmutzig, stinkend und gedrängt sein; man wird nicht schlafen können und nicht essen wollen, von anderen Verrichtungen zu schweigen – und das sieben Tage lang von hier nach Kinshasa – flußabwärts und also ohne Fahrtwind!

Von 9 bis 11.30 Uhr ist Kirche. Ich ziehe meine Sonntagshose an und meinen Blazer, habe aber nur meine weißen Polohemden. Das ist nicht ganz fein genug für die Disciples of Christ, eine Kirche, die hier die Mission eingerichtet hat, in deren Rahmen auch Evas VEM arbeitet. Der Raum ist überfüllt, vor den Seitentüren sitzen die Leute auf herbeigebrachten Stühlen. Wir werden in den ersten zwei Reihen plaziert. Es hat schon angefangen: ein etwa vierzehnjähriger Junge singt etwas zur Gitarre. Dann folgt der Gemeindegesang – kräftig, vierstimmig, nach dem Gesangbuch (das man aber nicht braucht), von einem Harmonium und einer wunderbaren afrikanischen Standtrommel begleitet. Der Pfarrer predigt über Jakobus 1,19–27. Er hebt in lebhafter und einfacher Sprache zweimal zwei Dinge hervor. Zunächst: *Soyez lents à parler* und *soyes lents à vous mettre en colère*. Sodann: *Il faut écouter la parole* und *il faut la réaliser* (seid Täter des Wortes!). Er reißt die Leute mit, bringt sie dazu, mitzudenken, indem er sie den Satz vollenden läßt (»Or, avant de parler il faut...« Pause: »...réfléchir« sagen die Vordenker in der Gemeinde zusammen mit ihm. Und wenn er sagt: Wer im Zorn ein Kind schlägt oder gar seinen Bruder tötet, »celui ne réalise pas la parole – de qui?«, dann wissen's *alle* und sprechen inbrünstig mit:

»... de Jésus-Christ«. Die Gesten sind ausdrucksvoll, aber würdig, ja, die Wörter »digne«, »dignité« kommen selber dauernd in der Predigt vor. Unbeherrscht handeln, *das* ist vor allem gegen die Würde.

Würdig und in bewußter, aber keineswegs mechanischer Ordnung wird die Kollekte vorgenommen (man geht nach vorn − erst alle Männer, dann alle Frauen − und legt seinen Schein in die zwei Körbe, die verschiedenen guten Zwecken dienen), es wird Dank gesagt, es wird um Vergebung der Sünden gebeten und diese gewährt, es wird das Abendmahl ausgeteilt (die Helfer tragen die kleinen Weißbrotbrocken herum, und jeder, der sich beteiligt, nimmt anschließend einen Miniplastikbecher mit dem Wein an sich − zu sich nehmen sie ihn alle auf Geheiß zur gleichen Zeit). − Und alldieweil wird schön, melodisch, rhythmisch, mehrstimmig gesungen. Der Höhepunkt sind für mich die vier Chöre, die nacheinander an verschiedener Stelle auftreten − zwischen fünf Personen (die Frauen) und sechzehn (die jungen Männer) . Ein Chor übertrifft den anderen durch den Wohllaut der Stimmen, durch die Ausdruckskraft der improvisierten Gebärde (wie auf alten Ikonen sprechen die großen Gesten und die dem Publikum plötzlich zugewandten Gesichter mit) und durch die hinreißenden Lieder selbst. Ich merke erst beim Verlassen der Kirche, daß ich in Schweiß gebadet bin. Am liebsten ginge ich in dem verhaltenen Tanzschritt davon, dem sich insbesondere die alten Frauen und die jungen Männer hingeben. − Was für eine lebendige Kirche! Was für ein Leichnam dagegen die unsere! Man möchte jeder deutschen protestantischen Gemeinde eine Urwaldtrommel schenken, damit sie erweckt werde. Aber ich fürchte, auch das würde nichts nützen. Nur wer wach ist, greift zur Trommel. Und: Wer an Gott glaubt, kann auch für ihn tanzen.

Sonntagnachmittag sind wir bei Père Honoré Fink in einem katholischen Studienzentrum, das seinerseits mit einem katholischen Mädcheninternat und einer »Kolonie« oder Niederlassung verbunden ist. Der bisher vom halbwilden Wald-Feld begleitete rote Schürfweg (nur alle zwanzig Jahre wird gerodet, das heißt die Stämme der Bäume und Büsche werden gekappt, das Unterholz wird weggebrannt und ein »Feld« mit Maniok, Mais und Zuckerrohr angebaut und abgeerntet, bis alles wieder zuwächst), ist auf einmal von Zäunen gesäumt; hinter einer Hecke dehnen sich richtige Felder und Plantagen; man sieht Kühe weiden; die katholische Strenge hat es dem Land und den Leuten abgerungen. Wir fahren in einen weiten, von Gebäuden aller Art umgebenen Hof ein und halten vor der Bibliothek mit ihrem prächtigen neuen Holzportal. Die einzelnen, nach dem Entwurf von Père Honoré gefertigten Tafeln erzählen die Geschichte von Lianya, dem Gründungsheros der Nkundu. Das Epos beginnt mit der Geburt des Gottes – des Schöpfers! aus einem Ei. Dann wird die Sonne an den Himmel versetzt durch den Adler und aufgrund des Rates der weisen Schildkröte. Schließlich kommen die Geschöpfe zur Welt aus dem Bauch der Mbombe, obwohl sie eigentlich alle schon vorher da sind.

Die Bücher und Zeitschriften, die Père Honorés Vorgänger, vor allem der legendäre Père Gustave, gesammelt haben, beeindrucken mich: wie da in Köln und in Warschau, in Paris und in den USA, in Belgien und natürlich in den anderen afrikanischen Ländern Afrika erforscht wird, ein eigentlich allen rätselhafter, an Lebensformen unendlich reicher und großmütiger Kontinent. Als mir beim Öffnen einer der alten Folianten eine große bunte Eidechse entgegenblickt und dann davonläuft, habe ich das Gefühl, dem Genius des Kontinents selbst begegnet zu sein.

Wir fahren noch bei den frommen Schwestern vor, die uns in ihrem gepflegten Heim Kaffee und Plätzchen anbieten. Dann kommt ein Gewitter auf, nein, es platzt einfach über uns –, und Eva räumt das Feld aus Sorge, die Schwestern möchten jetzt vielleicht doch lieber in der Kapelle beten, als mit uns *small-talk* treiben und dabei ihre Angst unterdrücken.

Wir fahren durch die ausgedehnte Stadt – das sind die aneinandergesetzten Dörfer – heim. Ich würde gerne länger weilen, sehen, wie es weiter »innen« aussieht, sowohl in den einzelnen winzigen Höfen und Hütten wie in der *cité*, dem Dorf selbst. Die Kargheit ist »total«, wie Britta sagen würde: ein oder zwei Töpfe, ein großes Familienbett aus zusammengebundenen Knüppeln, eine Feuerstelle. Dazwischen Hund, Schwein, Hühner und unendliche Kinder. Die Menschen aber »wohnen« und sind nicht »untergebracht« (um Ivan Illichs Unterscheidung zu gebrauchen): *sie* sind das Wichtige am Ganzen – sich und einander. Wie man freilich so gänzlich ohne Mittel lebt, wird uns Europäern immer ein Rätsel bleiben.

Angesichts des Gewitters über dem Fluß weiter oben im Norden bleibe ich noch lange draußen sitzen. Es ist das erregendste Fernsehprogramm der letzten Jahre. Ich bin sehr zufrieden mit dem Tag, der mit zwei SPD-Wahlsiegen in Deutschland endet. Ich werde gut schlafen.

Heute habe ich dem allmorgendlichen Schulappell beigewohnt. Die Mädchen stehen im ordentlichen Geviert um die Fahne, die aufgezogen wird. Es gibt einen Bibeltext, ein gemeinsames Gebet, Ankündigungen – und ein schönes Bild, wenn die Mädchen mit den schwarzen Wollköpfen über der weißen Bluse und dem blauen Rock in alle vier Himmelsrichtungen ihren Klassenräumen zustreben im seitlich durch das Akaziengefieder einfallenden Licht der Morgensonne.

Danach bin ich mit Britta auf den Markt gegangen – einen von mehreren, auf denen sich die Bevölkerung mit Lebensmitteln und Kleidern versorgt. Hier wird die Armut dieses reichen Landes sichtbar – jedenfalls im Vergleich zum Markt in Cuernavaca/Mexiko oder Djakarta/Indonesien.

Angenehm fällt die Armut dadurch auf, daß es kein Papier und kein Plastik gibt, sondern noch alles in Bananenblätter gewickelt wird; daß über und an dem betonierten und überdachten, von den Belgiern gebauten, nun zerfallenden Marktzentrum keine Reklame prangt; daß die Farben der Einheimischen vorherrschen; daß es keine Abgrenzung von Markt und Leben gibt – von Verkaufsstand und Wohnhütte, von Schweinekoben und Werkstatt: ein Tisch, ein Hocker, eine alte Singer-Nähmaschine, und schon ist das Atelier fertig.

Ein Händler hat meist nur eine einzige Ware: Trockenfisch oder Antilopenfleisch (das zum Teil praktischerweise gekocht angeboten wird), Bohnen oder Maniok (in allen Phasen der Verarbeitung – von der rohen, ungeputzten Wurzel, über die ausgegorene und wieder getrocknete Masse, die als weißer Schotter verkauft wird, bis zum Mehl, das hier in einer mechanischen Mühle gemahlen wird; man kann den ganzen »Werdegang« dieses Nahrungsmittels bis zum sorgfältig in Palmenblatt eingewickelten, nicht gerade angenehm nach Knochenmehl riechenden Chickwang sehen), Kochbananen oder Süßkartoffeln, Zwiebeln oder Pili-Pili, die orange-roten Palmennüsse oder das schon gepreßte Palmöl, Salz oder Zucker, Novalgin oder Aspirin, Nägel oder Draht, aus Blechdosen gebastelte offene Petroleumlampen oder Textilien aus der europäischen Kleiderspende. Wir kaufen eine große Ananas für etwa zwei Mark, ein paar Mangos, eine uns unbekannte Frucht, die wie ein Granatapfel aussieht (aber ein faseriges, saures Fleisch und feste Kerne von der Größe einer Dattel hat). Die Menschen winken die Käufer heran, sind aber nicht aufdringlich. Ihre sanfte, heitere Art, ihr offener

Blick, ihre unterschiedslose Zuwendung machen ein Gutteil des Wohlbefindens aus, das der Weiße – oder nur der Hentig – hier hat.

Nach dem Einkauf habe ich meine Arbeit an Joseph Conrads »Herz der Finsternis« beendet. »Arbeit« nenne ich es, weil ich mir vorgenommen habe, jeden Satz genau zu verstehen und also auch die vielen Wörter nachzuschlagen, die ich nicht oder nur ungefähr kenne (»...when I shaved by a *fluke* some internal sly old *snag.*« / »Wenn ich durch *baren Zufall* an einer teuflisch-tückischen alten Strom*schnelle* vorbeigekommen war.«), und weil ich einen Kommentar von Olof Lagercrantz dazu gelesen habe,[*] dessen Geschwätzigkeit durch seinen Kenntnisreichtum gut aufgewogen wird.

Conrads Buch berührt sich in nichts mit meiner Wahrnehmung des Kongo – und verwandelt oder verrückt sie eben dadurch. *Vorstellbar* ist noch immer, was Marlows Geschichte heraufbeschwört: die Verführung eines weißen Mannes durch die Unergründlichkeit des Landes, die Üppigkeit seiner Natur, die Wehrlosigkeit und Willigkeit seiner Menschen; *vorstellbar* die plötzliche Wahrnehmung, daß uns nur eine kleine Kruste von Kultur vor der zerstörerischen Fusion von Leidenschaft, Herrentum, Einsamkeit und Barberei bewahrt; *vorstellbar* der Sog, den Urwald und Urgewalt auf den in der Zivilisation gesteigerten und schmerzlich an seine Grenzen stoßenden Menschen ausübt – der Sog, sich wegzustehlen, sich zurückfallen zu lassen in den konturlosen Ursprung, in das endgültig Unverständliche, ins Dunkel des nur noch Gelebten, nicht mehr Gedachten. »Vorstellbar« schon deshalb, weil Conrad diese Leistung von uns fordert: »...denn man schreibt nur das halbe Buch, die andere Hälfte gehört dem Leser.« Aber allein durch entschlossene, ja mutwillige Identifikation mit einzelnen Personen bringen wir uns heute in die Nähe jener Finsternis des Mr. Kurtz. Ich verstehe, daß Eva in ihrem Exemplar dies angestrichen hat:

> Land in a swamp, march through the woods, and in some inland post feel the savagery, the utter savagery, had closed round him – all the mysterious life of the wilderness that stirs in the forest, in the jungles, in the hearts of wild men. There is no initiation either into such mysteries. He has to live in the midst of the incomprehensible, which is also detestable. And it is a fascination, too, that goes to work upon him. The

---

[*] Reise ins Herz der Finsternis/ Eine Reise mit Joseph Conrad (Frankfurt 1987, Insel Verlag)

386

fascination of the abomination – you know, imagine the growing re-grets, the longing to escape, the powerless disgust, the surrender, the hate. *Pan, pocket edition, Seite 12.*

Aber nicht nur die Dimensionen sind anders als bei Mr. Kurtz und seinem ihm verwandten Chronisten; es hat sich die »Substanz« ver-wandelt: Wir zahlen unsere Bananen mit schmuddeligen 100-Zaire-Scheinen; wir sind ebenso besorgt, die schwarzen Gastgeber nicht durch unsere unbekümmerte Kleidung zu kränken, wie ihnen nicht allzu viel Aufmerksamkeit zu schenken (»Diese Leute begrüßt man nicht,« sagt Eva, als ich wie bisher immer auf ihre mir unbekannten Besucher zugehe und die Hand ausstrecke); wir hängen am örtli-chen Stromnetz und haben eine Solaranlage auf dem Dach für den Fall, daß der Strom ausfällt; in der Schule gibt es Plakate mit Auf-klärung über AIDS/SIDA, und in der Schulordnung stehen Sätze wie: »La propreté est obligatoire« und: »Il est interdit de se faire siens les objects confisqués des élèves.« Ja: »Il est strictement interdit d'en-trenenir des relations amicales avec les élèves« – weil man nicht zur Schule geht, um zu lernen, sondern um Punkte zu sammeln, und weil eine Schülerin sich dem Lehrer anbietet, um diese Punkte zu bekommen.

Ich sagte: Die »Substanz« sei eine andere geworden. Wir rauben nicht mehr Elfenbein, wir boykottieren seinen Verkauf in deut-schen Läden, während es hier im entkolonialisierten Staat unbe-kümmert feilgeboten wird. Wir führen die Schwarzen nicht in Ket-ten zur Arbeit – wir halten uns zwei Nachtwächter, damit diese etwas zum Leben haben. Wir lassen uns nicht wie eine Gottheit verehren – wir halten Bibelstunde mit den örtlichen Pastoren und Religionslehrern und vermeiden dabei, so gut es irgend geht, den verruchten »Euro-Zentrismus«.

Wir können gar nicht mehr übertreten in das ganz Andere, das verschlingende Chaos: Es existiert nicht mehr. »...it was something to have at least a choice of nightmares.« Diese Wahl ist dahin.

Die Bibelstunde auf Evas Terrasse mit zwölf schwarzen Gelehr-ten – der Höhepunkt in ihrer Woche und sicher einer der Höhe-punkte meiner Reise – führt unversehens ganz nah an diese Ver-störung der Wahrheit. Nach dem Wunsch von Pastor Mbumbu geht das Gespräch von den Sprüchen Salomonis 1, 2–7 und vom Evan-gelium des Matthäus 4, 16–17 aus. (Hier beginnt Jesus zu predigen.) Mbumbu erklärt: diese Stellen interessierten ihn, weil sie davon handeln, wie Weisheit (sagesse) unter die Menschen kommt. In den Sprüchen sei sie schon da: »Wer weise ist, der höre zu.« Aber als Jesus zu predigen beginnt, ist es, weil Licht in die Finsternis kommen soll. »Mein Eindruck ist, daß unser Volk in seiner heidnischen Finsternis dem Evangelium näher war als nach der Christianisierung. Und darüber möchte ich mit Euch sprechen.« Was für eine prächtige Unmittelbarkeit – wie einfach und *sophisticated* zugleich! Ein anderer wehrt sich gegen die Idyllisierung der »société africaine traditionnelle«. Da habe man nicht in christlicher Freiheit und Liebe gelebt – nicht »conscience«/Gewissen, sondern »contrainte«/Zwang habe regiert; aus Angst vor Geistern habe man nicht gestohlen... Die ökonomischen Bedingungen seien ausschlaggebend, sagt ein dritter: Christentum kam zu uns mit der westlichen Macht und Wirtschaft... Eva steuert behutsam, überbrückt Gegensätze, bietet neue Formeln an. Die alte Gesellschaft sei »un peu idéale« gewesen, aber nicht wirklich ideal. Mir liegt auf der Zunge zu fragen: 1. Wie entsteht Gewissen? 2. Ist Gewissen ein biblischer Begriff? 3. Ist es leichter oder schwerer geworden, Christ zu sein? – in der Hoffnung, diese Fragen könnten die Schneise schlagen, auf der man in das offene Feld der christlichen Herausforderung gelangt: Man ist an keine »Regel« gebunden, weder an Gewohnheit, noch an Zauber, noch an Ökonomie, noch Gesinnungsethik – man entscheidet am Maßstab der Menschenliebe, wie dies Christus selber bezeugt. Daß dieser Maßstab durch unsere modernen Lebensverhältnisse verhangen oder verzerrt ist, daß man nicht wie in der »primitiven Gesellschaft« sieht, was man mit seiner Tat anrichtet – das ist unser eigentliches Problem, nicht die größere Nähe oder Ferne des »Wilden« zum Evangelium. – Das Gespräch reicht über das Abendbrot hinaus, das wir drinnen einnehmen, weil es draußen gießt und stürmt. Uns steht eine kühle Nacht bevor.

Der Tag beginnt grau, ja der Fluß ist geradezu schwarz. Ich muß wegen des Windes, der das Wasser unter das Verandadach weht, gleich nach dem Frühstück wieder ins Haus zurück.

Um 9.45 Uhr ist Lehrerkonferenz in der Schule. Es ist aufregend zu sehen, wie Schule überall in der Welt die gleichen Problemfiguren, die gleichen Streitfronten produziert: Schüler gegen Lehrer, Lehrer gegen Direktion, Direktion gegen Eltern und andere Autoritäten. Die Direktion behauptet mit guten Gründen, die Lehrer zu schützen, wenn sie ihnen nicht erlaubt, Schüler länger als eine Stunde vom Unterricht auszuschließen, und wenn sie verlangt, daß ihr der Fall gemeldet werde. Die Lehrer behaupten mit nicht weniger guten Beispielen, die Schüler fänden bei der Direktion mehr Verständnis als sie selber, und sehen ihre Autorität untergraben, wenn die Leitung meint, einen Fall, den sie nicht miterlebt hat, besser beurteilen zu können. Am Ende ist deutlich, daß alle gute Argumente und guten Willen haben, aber das System zu falschen – zu indirekten, mechanischen und oft rigiden – Maßnahmen zwingt. Wenn diese jungen Afrikaner einmal wirklich aus dem Schlaf der Vernunft erwachen – wer wird ihnen die heilsamen harten Sätze von der selbstverschuldeten Unmündigkeit sagen, und werden sie, falls es einer verspätet tut, etwas Besseres daraus machen als wir, denen man es rechtzeitig gesagt hat? Noch einmal: Ich hätte den Mut nicht, hier »Schule« zu halten, wo Götzendienst daraus wird.

In einem freiwilligen englischen Leseclub von Britta habe ich mich davon wieder erholt. Ich wünsche diesen sympathischen jungen Menschen, daß sie viel von dem treiben, was Britta ihnen bietet: Sprache, Sprache, nochmals Sprache – und vergnügten Gesang.

Es gibt immer noch Steigerungen. Als ich heute im Begriff war, auf den Markt zu gehen, um die Zutaten zu dem von mir versprochenen Obstsalat zu kaufen, kam mir Britta entgegen: Das große Schiff sei eingetroffen vom oberen Kongo, und Lofose, der Internatsleiter, fahre hin, um sechs Sack Bohnen zu kaufen. Er sei bereit, uns mitzunehmen. Wir fahren zum Hafen. Die Ufer der Straße sind schon mit Menschen überlaufen, die sich um die rasch an Land gebrachten Waren drängen: Körbe aller Art, Brennholz, Holzkohle, Zwiebeln und Kartoffeln in rechteckigen aus Schilf geflochtenen Behältern... Wir lassen den Wagen vor der zerfallenden, noch immer imposanten katholischen Kathedrale stehen, gehen zu Fuß an die dem Schiff gegenüberliegende Uferböschung, diese hinab zu den Pirogen, von denen eine uns die zwanzig Meter zum Schiff übersetzt. Ein unvorstellbares Gewimmel von Booten, Menschen, Waren. Die Waren kommen durch die Luft geflogen oder schweben an Hanfseilen. Vom Schiff herunter: Säcke wie die unseren, geflochtene Matten, geschnitzte Stühle, Ziegen, große Pakete mit geräuchertem und getrocknetem Fisch, eine Ladung von Batterien. Aufs Schiff hinauf: einzelne Brote zum direkten Verzehr, frisches Mangolaub für die Ziegen, Wasser in Eimern, Limonade in Plastiktüten... Die Männer stehen bis zur Brust, die Knaben bis zum Hals im Wasser mit einem großen Tragtablett auf dem Kopf; ausgestreckte Hände aus dem Schiff nehmen sich die Ware, legen das Geld darauf... Wir bekommen die sechs Sack Bohnen (zu einem leidlichen Preis, wie Lofose bemerkt), bringen sie weiter unten an eine Stelle, zu der das Auto fahren kann – die obere, eigentlich vorgesehene, ist gesperrt, weil jeden Augenblick das Schiff des Präsidenten erwartet wird.

Nach einem heftigen Streit um den Preis für den Wassertransport der Bohnen (der Schiffer nimmt die 3500 Zaire einfach nicht an, er will die geforderten 6000 Zaire – und das versetzt unseren Lofose in eine schlechte Lage: unbezahlt geht's überhaupt nicht; ein Mittler wird eingeschaltet, der das Geld dem Schiffer bringt, der es unvorsichtigerweise anfaßt, den Preis also beinah annimmt; andere schalten sich ein, raten ihm, sich abzufinden; Lofose fordert ihn auf, den Fall von der Hafenpolizei schlichten zu lassen, also ins Auto einzusteigen... ; dann endlich akzeptiert der Schiffer das Geld; Lofose bleibt ernst; erst als der Mann außer Sicht ist, strahlt er – als Sieger) – nach alldem begeben wir uns erneut auf das Schiff. Es besteht aus dem etwa fünfzig Meter langen und fünfundzwanzig Meter breiten Schieber, vor dem zweimal hintereinander drei etwa neunzig Meter lange, zugleich schmalere Schiffe herbugsiert werden, was eine hohe Steuerkunst erfordert. Auf dem Schieber sind in drei Etagen die Kabinen der ersten Klasse mit zwei oder vier Betten – auch sie mit Sachen und Menschen überhäuft, auch hier alles in phantastischem Durcheinander: ein junger, jämmerlich aussehender Schimpanse bei dem einen Passagier, eine Ziege (hier hat man nur die possierlichen, starkgehörnten und kurzbeinigen Zwergziegen) bei einem anderen; ein dritter füttert ein am Fuß angebundenes Huhn; vor einer vierten Kabine wird auf einer Elektroplatte Fisch gekocht – ein Doppelstecker-Kabel hängt aus der Tür heraus. Lofose stellt uns dem ersten Offizier als Missionare vor; wir dürfen auf die zur Zeit leere Kommandobrücke und wohnen von dort aus der Einfahrt der Kamayola, dem weißen Schiff des Präsidenten bei. Die rote Flagge unter der grünen der Republik Zaire verkündet, daß der Präsident an Bord ist. Man darf hinsehen, aber nicht mit ausgestrecktem Arm hinzeigen, werden wir belehrt. Das Schiff von etwa fünfzig Tonnen legt vor uns an; keiner außer den Offizieren im abgesperrten Bereich scheint sich um das Ereignis zu kümmern, bis Mobutu auf Deck erscheint. Da, für einen Augenblick, unterbrechen alle ihre Verrichtungen und klatschen, winken mit den Armen, rufen »Mbote! Mbote!«, was soviel wie »Gruß« oder »Heil« heißt.

Unter uns dehnen sich die Achtern der geschobenen nächsten drei Schiffe – abenteuerlich verbeulte und geflickte flache Eisenkästen (auch die laufen noch ständig auf Sandbänke auf!) ebenfalls mit mehrstöckigem, aber niedrigerem Aufbau. Jeder halbe Quadratmeter ist besetzt und belebt: ein Vater boxt mit seinem Fünfjährigen, eine Tochter baut die kunstvolle Frisur ihrer Mutter auf, ein Mann übergießt ein gefesseltes rotborstiges Schwein mit Wasser (»Ein Wildschwein aus dem Busch«, erklärt Lofose). Wir steigen alsbald in die Niederungen der zweiten und dritten Klasse herab und von da in die vorderen Schiffe. Ich hätte mir das nicht träumen lassen: Es sind ganze Basare, in denen jeder der Mitfahrenden seine Ware, die er in Kinshasa verkaufen will, schon unterwegs anbietet – entweder am Ufer während eines Haltes oder an Besucher wie uns oder untereinander: Geschnitztes (Paddel, Sitze, Maniokmörser mit Stößel aus Ebenholz), Geflochtenes (Körbe, Taschen, Matten), Getrocknetes (Fische aller Formen und Arten, ganze Affen, Leguane, Antilopen – man hat sie ausgeweidet, abgesengt, in sich zusammengerollt und so mit Haut und Knochen zu Mumien geräuchert), das Salz zum Konservieren der Fische kann man an Bord kaufen. An einer Stelle hat man alle Reptilien versammelt; hier besprüht ein defekter praller Wasserschlauch sie mit Feuchtigkeit: große, fest an einen Pfahl gefesselte Krokodile, kleine, denen man nur das Maul zugebunden hat, Schildkröten, die die Passagiere auf dem glitschigen Deck als *stepping-stone* benutzen; sie werden mit Fischresten gefüttert. Und an der äußersten Reling entlang, wie an einem Felsabgrund aufgebaut, Hunderte von Ziegen, die einzigen appetitlichen Wesen auf diesem monströsen Schiff. Wir kaufen ein paar geflochtene Korbschalen, eine Basttasche, Rasseln und einen großen Ebenholzstößel. Er kostet, weil er kein Kunstwerk, sondern ein Gebrauchsgegenstand ist, ein Bruchteil der anderen Ebenholzobjekte. Die Frau, von der ich den Stössel kaufe, hat das Wechselgeld in das Tuch eingebunden, mit dem sie ihr Kind auf dem Rücken trägt. Da sollte es in der Tat sicher sein!

Als wir wieder an Land sind, werden noch Zwiebeln und Kartoffeln, die hierzulande verhältnismäßig teuer sind, eingekauft. Dann geht es heim – schwerer mit Bildern befrachtet als mit Waren. *Something to remember forever.*

Zum Mittagessen hat mich Pastor Basafo in sein Haus eingeladen. Er war zwei Jahre in Deutschland und möchte Erinnerungen auffrischen. Wir gehen über den südlichen, mir bisher noch unbekann-

ten Markt zu seinem Haus, dem einzigen weit und breit, das aus
Stein gebaut ist. Der Weg dorthin ist romantisch: hohe Bambus-
und Bananenstauden, grüne Grasbänke zwischen den einzelnen
Höfen und Hütten, viele bunte Menschen. Aber die Romantik
wird jäh gestört, nein, zerstört durch das Elektrizitätswerk, das seinen wummernden Lärm und heiße Dieselwolken in die Luft stößt
und dicke Schwaden Schleim über irgendwelche Kanäle in den
Strom abführt. Mein Zorn hat sich noch nicht gelegt, als wir uns zu
Tisch gesetzt haben. Basafo geht voll aus sich heraus, als ich ihn
frage, was seiner Meinung nach das größte Problem seines Landes
sei: Die von den Europäern und Amerikanern beherrschte tödliche
(»mortelle«) Ökonomie. Wir sind, hélas!, nach den ersten drei deutschen Sätzen zum Französischen übergegangen, in dem ich noch ein
Krösus bin, wenn man es mit seinem Deutsch vergleicht. Das Elektrizitätswerk dient ihm als Beispiel. Ist es ein taugliches? Ich würde
hier aus einem »enseigneur« zu einem »révolutionnaire« werden,
sage ich, und deute damit an, daß ich nicht nur an die ausländischen
Ausbeuter denke. Vor allem aber würde ich ein »éducateur« zu sein
versuchen, der den Kindern ihre afrikanische Welt lieb und verständlich macht – ohne Latein und ohne Television. Das enttäuscht
den Gastgeber doppelt, denn auf das Fernsehen freut sich auch Basafo, der einstweilen mit einem Super-Recorder vorlieb nehmen
muß; und Latein findet er für Evas Schule sehr wichtig – er hat
mächtig die Augen gerollt, als ich ihm als Lehrer der alten Sprachen
vorgestellt wurde.

Das Mittagessen serviert er seinen zwei Freunden und mir. Madame Basafo ist kurz erschienen, um gleich wieder fortzugehen und
die Kinder von der Schule abzuholen. Im Tischgebet: »...Dank,
Herr, daß Du uns den Onkel von Eva zugeführt hast, auf daß wir
von seiner Weisheit Gewinn haben, denn auch das ist Deine Weisheit...« Uff! ich würge diese Sätze und den fetten Fisch herunter
und bin dankbar, als ich nach zwei Stunden wieder heimgeleitet
werde. Ich wünsche mir, die Nachfolger von Basafo meinerseits
bewirten zu können.

Nun habe ich einen Mittagsschlaf gehalten, bin geschwommen –
an dem Grundstück des belgischen Konsuls mit den weißen Reihern und dem kohlschwarzen jungen Gärtner vorbei, der mir stets
etwas zuruft; heute: Er beobachte mich jeden Tag, weil ich so weit
hinausschwimme wie sonst niemand. Ich habe meinen Platz auf der
Veranda eingenommen und erwidere das freundliche Winken der

vorbeifahrenden Schwarzen. Ich muß die Helligkeit nutzen, denn
heute abend, sagen die Leute, wird der Strom wieder eingespart,
den man während des Aufenthalts des Präsidenten am Tag mehr
ausgegeben hat. Geist, Seele und Leib sind *at ease*.

Am Abend ein langes, sich festfahrendes Gespräch mit Eva über
die Schwierigkeit, einem armen Land zu helfen. Nicht mit Lebensmitteln und Gütern – die ziehen die Menschen von ihren Dörfern
fort in die Stadt; die (gar mit Zuschüssen verbilligten) Agrarpro-
dukte des Westens nehmen in Ländern der Dritten Welt das einzige
Geschäft weg, das sie haben könnten; »Nachdenklichkeit« kann man
nicht exportieren (schon gar nicht den mit Machtideologie gepan-
zerten Regierungen »verkaufen«); Barmherzigkeit ohne Liebe und
ohne ein Konzept für die Zeit danach, tut nicht gut; ja, »Konzepte«
sind selbst fast schon wieder Kolonialismus. Was macht unsere Pläne
denn besser als »ihre«? Wie helfen? Warum überhaupt helfen? Aus
welchem Grunde wollen wir das? Ich habe mehrfach in diesen Tagen, wenn Eva einen Notfall hatte, wenn ein Bittsteller kam, die
Hilfe des Onkels angeboten. Jedesmal hat sie gezögert. »Man muß
sehr genau nachdenken, bevor man hilft.« Und man muß sehr viel
wissen! Sie hat recht, und ich bewundere ihre Nüchternheit. Aber
auch ich habe recht, wenn ich die Hilfe Europas für das von erneuter Hungersnot bedrohte Äthiopien verteidige: wir haben, was
dieses braucht; Brot und Hunger sind kongruent; es ist den Menschen nicht zumutbar, aus abstrakter ökonomischer Orthodoxie ihr
Herz zu versteinern und nichts zu geben. Daß diese Gabe nicht
genügt, das freilich sollte man sich fest einprägen. Nur, danach beginnt wieder das Frustrationskarussell des eben berichteten Gesprä-
ches.

Die Morgenstunden sind meine schönsten. Die Gastgeberin ist
kurz nach 5.00 Uhr aufgestanden und hat zwanzig Minuten vor
sieben das Haus verlassen, das nun mir gehört. Ich schwimme erst,
mache Toilette und Tee, frühstücke auf der Veranda, lese, schreibe,
schaue auf den Fluß. Er verlockt zum Zeichnen, verleitet zum Gedicht:

Kongo

Großer, gelassener Strom, ein Dulder bist du und Geber,
Grenze und Mitte. Dein Gleichmut hält Gericht über mich.

Ruhig fließt du und sanft, ein lautloser Lehrer dem Menschen,
der in dem schmalen Boot auf dir das Gleiten gelernt.

Ruhig fließt du und hell, ein Leib aus Licht, nicht aus Wasser.
Himmel spiegelst du tags, nachts bist du selber die Nacht.

Ruhig fließt du und fließt, der Ewigkeit einfaches Abbild.
Stets in den selben Fluß steigt, wer in dich getaucht.

Daß dem Altphilologen Distichen von der Zunge gehen, wird niemanden wundern. Warum er daraus Vierzeiler mit kühnem Enjambement macht, läßt sich durch seine breite Handschrift erklären. Und dann, als das Gedicht so dastand, wollten alle, daß es so bleibe. – Es muß an dem Fluß liegen!

Britta hat uns zum Abendessen eingeladen. Gemeinsam haben wir in Evas Garten Papayas dafür geerntet (wie gesagt: sie müssen noch unreif sein, wenn man sie zu Salat verarbeiten will), haben Avocados gekauft (und auf die hier beliebten engerling-großen Maden verzichtet). Es gibt lauter »Salate« und Bratkartoffeln – das bisher leckerste Essen in Afrika. Britta wohnt nur ein Paar Minuten zu Fuß entfernt, aber die Damen bevorzugen das Auto. Als ich eine Stunde später den von uns beizusteuernden Nachtisch holen gehe, wird mir klar, warum. Der Weg führt durch eine Senke, aus der in der Regenzeit die entsetzlichsten Gerüche aufsteigen. Das Kreuz des Südens, flankiert von Alpha und Beta Kentauri, das in wunderbarer Klarheit dem nördlichen Bären gegenüber steht, kann davon nicht ablenken.

Das Gespräch geht über Schule. Die beiden deutschen Entwicklungshelfer erleiden die Gebrechen eines reinen Pauksystems in der Form von Disziplinarschwierigkeiten, die sie mit ihren Mitteln so entschlossen wie ohnmächtig verstärken: die Kinder bleiben nicht auf ihren Plätzen, rufen sich nicht nur in der Klasse zu, was ihnen gerade einfällt, sondern tun dies auch noch über den Hof hinweg, sofern sie am Fenster sitzen. Mark ist voller Zorn: »Ich kann *zéro* (wir würden sagen: eine Sechs) geben, so viel ich will, es nützt nichts.« – ».. weil diese Schüler total unerzogen sind«, fügt Andreas hinzu. Ich versage mir jeden Kommentar, frage nur, welche Vorbereitung auf die Schule er sich erwarte. Eva kommt ihm zu Hilfe: Hier habe sich bisher die Bürde der »Erziehung« auf zwei Menschengruppen verteilt – auf die *peergroup*, der das Kind angehört, sobald die Mutter es aus ihrem Tuch entlassen hat, und auf die Alten im Dorf. Die Urbanisierung und die Schule haben diese »socializing agents« beiseite gedrängt – und die Eltern, die nie Erzieher waren, wissen nun nicht, was sie tun sollen.

Nach dem Essen noch ein Schluck Cognac und dann zu Bett. Ich finde keinen Schlaf. Für den nächsten Tag ist Unterrichtsbesuch vorgesehen. Ich bin durch die Lektüre der Aufgaben der zentralen Abiturprüfung vorbereitet. Sie lassen keinen anderen als Paukunterricht zu. Wohl dem Lehrer, der diesen so gut beherrscht wie Elema heute in dem Fach *civisme*. In einer Stunde hat er zu seinem Thema »Dritte Welt« das halbe Dutzend Tatbestände unter die jeweiligen Begriffe gebracht und diese an die Tafel geschrieben (Erste Welt – die kapitalistischen Staaten; Zweite Welt – die sozialistischen Staaten; Les pays du Tiers Monde; blockfreie Staaten / entwickelte Länder / Entwicklungsländer / Schwellenländer / Monokulturen / économie extrovertue – sic!); er hat die Antworten auf die prüfungsfertigen Fragen im Chor wiederholen und sich bestätigen lassen, daß die Sache »angekommen« ist (»l'Asie fait part...?« »...du Tiers Monde«, »Sauf...« »...le Japon«. »La Chine...« »...est un cas spécial«. »Vous y êtes?« »Nous y sommes!«); am Schluß wird das Gelernte in einfachen Sätzen diktiert. Die Mädchen sind sichtbar zufrieden mit sich; auf den ausgeteilten Atlanten wissen sie ungefähr, wo man Japan suchen muß; einige haben sogar Bandung gefunden.

Von solcher Belehrung können die unverbrauchten, unabgelenkten Schwarzen offenbar sehr viel aufnehmen. Am Nachmittag, in dem wohlaufgeräumten, sehr monastisch wirkenden, aber durchaus freundlich gemeinten und geführten Internat erlebe ich, wie die Mädchen still für sich an ihren Lektionen arbeiten.

Evas Schule endet um 12.30 Uhr. Schon vorher drängen die Kinder der Grundschule aufs Gelände – und werden wie Hühner oder Hunde verscheucht. Aber dann gehört der Campus ihnen. Es wird geschellt; sie formieren sich in Reih und Glied vor ihren jeweiligen Klassenräumen (fünfzig Kinder in einem einzigen!); sie werden vom Größten ausgerichtet – jeder hat den rechten Arm auf der Schulter des Vordermanns – die Kleinen vorn, die Großen hinten; beim zweiten Läuten verschränken sie die Arme auf der Brust und ziehen schweigend und mit durchgedrücktem Kreuz in ihren heißen Raum – vorbei an der gestrengen Lehrerin, die ein Kleinkind auf den Rücken gebunden hat. All diese Rituale sind wirksam und darum wohl auch weise: es tritt Ruhe ein. Aber warum die Lehrer dazu so grimmige Miene machen müssen, warum überhaupt Freundlichkeit zu den Kindern offenbar unschicklich ist, will mir nicht in den Kopf. Ich kann auch Eva nicht fragen, denn selbst sie ist äußerst nüchtern in dieser Hinsicht. Sie wird es einfach nicht wissen. Sie war immer schon *matter of fact*. Vermutlich kann sie deshalb ihre Schule so meisterlich führen.

Zum Mittag sind wir heut »aus« gewesen. Das Lokal befindet sich in einem von Palmen und Büschen umsäumten Hof mitten in der »Stadt« – eine Kochstelle an einen Mauerrest gelehnt, eine Strohhütte für die Gäste, zwei hohe und ein niedriger Tisch, eine begrenzte Zahl von Stühlen. Die Mama legt Holzkohle nach, als wir kommen; die Kinder holen das kalte Bier und das warme Weißbrot aus der Umgebung; ein Schweinchen sorgt für Unterhaltung und für Sauberkeit auf dem unregelmäßigen Lehmfußboden. Nach fünfzehn Minuten wird eine heiße Bohnensuppe aufgetragen und wenige Minuten später drei überaus köstliche gegrillte Fische, mit allerlei Kräutern gewürzt. Man macht keine besonderen Umstände für uns Weiße; man wahrt auch hier seine Würde; man freut sich über mein von Eva übersetztes Lob.

Am Nachmittag kauft Eva Schuhe für einen Chor von zwölf jungen Männern ein, der auf dem nächsten Evangelischen Kirchentag im Ruhrgebiet auftreten soll. Es ist einer der täglich fünfzehn bis zwanzig zusätzlichen Anforderungen an die große weiße Zauberfrau, die – wer denn sonst? – helfen kann. Unterwegs treffen wir Elema, den ECIPOL-Lehrer (éducation civique et politique) mit seiner auffällig schönen Frau. Er befördert zwei große Kanister – nein, nicht Palmwein!, sagt er. Den aber werde er, wenn wir den wollen, heute abend vorbeibringen. Er klopft tatsächlich um 19 Uhr an – mit einer Kruke, aus deren Palmenblatt-Pfropfen es lustig zischt und übersprudelt. Der Wein ist in der Gärung und noch süß und wohlschmeckend. Morgens kann man ihn wie Apfelsaft, von Mittag an als Most und am anderen Tag als Alkohol trinken – dann freilich ist er zähflüssig und schmeckt streng. Ich habe ihn nicht ausgetrunken, und auch die anderen trinken ihn dann vornehmlich um der Wirkung willen, nicht wegen des Geschmacks.

Dies ist eine Reise der Steigerungen, was bekanntlich eine Frage der Reihenfolge ist. Wenn man Evas Anwesen schön nennt – was soll man von Bolenge sagen, das zehn Kilometer weiter flußabwärts liegt und Evas erster Wirkungsort war? Es ist die vollendete Romantik – durch die Kleinheit und Lage des Hauses, durch das Fehlen einer richtigen Straße, durch die Patina, die auf allem liegt. Von den Palmen herab hängen die Nester von Hunderten von Webervögeln, die mit ihren goldgelben Bäuchen vor dem kunstvollen Gehänge ihrer Nester flattern und die tropische Buntheit zu dem Bild beisteuern.

Steigerung des Urwalds ist der Ur-Urwald. Das Land Zaire ist zur Hälfte mit Wald bedeckt, und wir sagen dafür »Urwald«, nur weil er nicht begehbar ist. Im strengen Sinn verdient er den Namen nur, wenn er zweihundert Jahre alt ist, und das ist er nur noch an wenigen Stellen ganz tief im unwegsamen Innern, wo Herr Danzer die großen Bäume schlägt, die, zu breiten Flößen verbunden, flußabwärts getrieben werden. Der normale Wald entsteht innerhalb von zwanzig bis vierzig Jahren dort, wo ein »Feld« aufgelassen worden ist, und »Feld« wird er wieder durch die weiter oben (S. 383) geschilderte grobe Form von Rodung.

Den Ur-Urwald gibt es ganz nah von Mbandaka in der Form eines von den Belgiern angelegten Botanischen Gartens. Sie haben ein Stück »forêt vierge«, also unberührten Wald eingezäunt und durch einige Schneisen und Pfade zugänglich gehalten. Volieren, Käfige, Bassins präsentierten einst dem Publikum die dazugehörige Fauna. Wir sind heute dort gewesen, sind etwa drei Kilometer tief hineingefahren, haben den Wagen stehen gelassen und sind zu Fuß – erst am Ruki-Fluß entlang – gegangen. Der Ruki speist den Kongo im Norden mit dem dunkelbraunen Wasser; der Kongo selber ist von milchigem Braun. Wir sind dann landeinwärts weitergewandert unter riesigen Bäumen, Lianen, Mangroven, Palmen, die zu beschreiben ich nicht wage und die ich auch nicht annähernd richtig bezeichnen kann. *Pommes rouges*, eine dem Apfel nur äußerlich ähnliche saftige Frucht, Guaven (Inbegriff von Tropenduft und -geschmack), Vanille und manches andere habe ich erkannt. Aber auch namenlos genießt man die Gewächse dieses Dschungels wie die Tiere: die Reiher, die Schmetterlinge, die Riesenkäfer. Ich hätte tagelang dort wandern mögen.

Und dann die neuerliche Steigerung: Das große Gewitter. Nach dem Mittagsschlaf im Fluß schwimmend sah ich es von Norden den Fluß herabkommen. Der Wind kräuselte die Wasseroberfläche, die plötzlich schwarz-grau wurde; dann brachen Regen und Sturm gleichzeitig los. Es goß aus den sprichwörtlichen Kübeln – mit solcher Macht, daß ich um unser Dach gefürchtet habe. Wie wird es in der Stadt der Stroh- und Lehmhütten aussehen? Später erfahre ich: Ein großer Regen spült in Kinshasa ganze Viertel weg: Hütten und Herd, Hühner und Hund – und oft auch die Kranken und Kinder. Er macht Zehntausende nicht nur obdachlos. Er verschlingt alles, was sie haben, und man kann nicht froh darüber sein, daß es ohnehin wenig war.

Erst nach einer Stunde ist das gegenüberliegende Ufer wieder aufgetaucht. Jetzt ist die Luft kühl – und der Fluß fließt still wie immer. Die für heute Abend geladenen Gäste haben noch zwei Stunden Zeit und werden wohl Wege hierher wissen, die man auch nach einem solchen Unwetter noch benutzen kann.

Ein Sonnenuntergang ist immer *der* schönste. Der heutige war es gleich dreimal: an der Stelle, an der die Sonne tatsächlich in einer bizarren dunklen Wolkenkulisse verglühte und – sehr viel großartiger – in zwei riesigen Wolkengebilden weit rechts und weit links davon, in denen sich das rote Licht, fing, um es üppig vor sich in den schimmernden Fluß zu schütten. Während meines Morgen- »Schwumms« sind mir die am Ufer abgestellten Espadrillos und meine Seife von einem der flinken *pagayeurs*/Paddler entwendet worden – ausgerechnet heute, wo sie für die vorgesehene Bootsfahrt nötig sind! Man braucht Schuhwerk für den Landgang. In der Piroge aber steht immer Wasser, weshalb Lederschuhe untauglich sind. Ende der Steigerungen? Anfang des Endes?

Die Piroge, die uns um 7.30 Uhr abholen soll, ist pünktlich. Steve, ein Amerikaner, hat den Außenbordmotor zur Verfügung gestellt und den »Chauffeur« organisiert. Die Piroge ist zehn Meter lang. Sechs unserer Gartenstühle werden hintereinander aufgestellt, passen in der Breite gerade hinein. Außer Eva, Karin, Britta und mir sollen Andreas (einer der beiden Zivildienstleistenden) und der Pfarrer Bombele mitkommen; sie steigen in Bolenge zu – südlich von Mbandaka. Eigentlich sind wir die Mitfahrer des Pastors. Es geht nach Mbobo, einem Dorf auf der anderen Seite des Flusses, das in die Obhut der Mission von Bolenge gehört und mit einhundertsechzig Einwohnern natürlich keinen eigenen Pfarrer hat. Es ist fünfundzwanzig Kilometer entfernt und kann von Pastor Bombele etwa nur alle acht bis zehn Wochen aufgesucht werden, wenn sich eine Fahrgelegenheit ergibt. Da kamen sein und unser Interesse zusammen.

Pfarrer Bombele, Mama Eva, deren Onkel – das ist schon richtiger Staatsbesuch, und das Wetter ist danach: blauer Himmel mit weißen Wolken durchsetzt und windstill – »a perfect day for banana-fish«, um mit Jerome Salingers liebenswürdigem Angler zu reden. Wir passieren die Villa und die Fabrik des M. Ryckers (aus Graham Greens Roman »A Burnt-Out Case«, den ich seit zwei Tagen lese), den danebenliegenden Markt-und-Hafen Wendji – eine Ansammlung von Hunderten von Pirogen vor einem sanft ansteigenden Hang, auf dem sich der Markt bunt und geschäftig abspielt. Dann verschwindet auch diese Welt hinter einer Insel, und der einsame, der unheimliche, der Mr.-Kurtz-Kongo beginnt. Man sieht alle zwei Kilometer eine Handvoll Hütten am Ufer – auf Pfählen, eineinhalb Meter über dem Boden wegen des Hochwassers. Selten einen Menschen, noch seltener ein Boot – einen Vater und einen kleinen Sohn beim Auslegen der Netze am Ufer entlang, gegen welches sie dann eingezogen werden.

Nach etwa einer Stunde zügiger Fahrt kommt unser Dorf in Sicht. Alle Bewohner – vierzig Männer, vierzig Frauen, achtzig Kinder – und etliche, die kilometerweit zu diesem Ereignis herbeigekommen sind (daher waren so wenig Menschen in den Hütten zu sehen), stehen auf dem etwas erhöhten Ufer und begrüßen uns mit einem rhythmischen Gesang. Sie schwingen mit dem ganzen Körper dazu und haben zur Verlängerung ihrer Gebärde Zweige in den Händen. Mir springt das Herz in die Kehle bei diesem außerordentlichen Anblick. Die Dorfältesten begrüßen uns mit Handschlag – dreißigmal sage ich »Mbote« und »merci« wie die Schwarzen zu mir und muß alsbald mit den anderen Gästen auf den Gartenstühlen Platz nehmen, die man derweil aus dem Boot geholt und auf den Platz vor der Kirche – einer größeren Palmenhütte – aufgestellt hat. Hier tanzen die Menschen in lockeren, sich verschlingenden Kreisen und mit schier unfaßlicher Geschmeidigkeit zum eigenen vielstimmigen Gesang, der vom warmen Klang der Trommeln kräftig grundiert ist. Ich bin von einem kleinen, kahlgeschorenen etwa siebenjährigen Mädchen fasziniert, durch deren schmalen Körper der Rhythmus wie eine Schlange hindurchgeht; schon der Hals biegt sich in sich, die Schultern, der Rücken, die Hüften und Beine sind in senkrechter und gleichzeitig waagerechter Wellenbewegung. Als es mein Gefallen erkennt, steigert es sich – und sieht mich dabei natürlich nicht an. In der Mitte dieses Menschenwirbels waltet mit einem groben Holzstab, an dem rechts und links zwei Dutzend auf Draht gezogene Kronkorken als Schellen montiert sind, eine alte Frau mit Turban. *Alle* tanzen mit – auch die Männer, Jünglinge,

Kinder. Da wendet sich Eva zu mir und sagt spontan: »Es kann keinen Zweifel geben – Gott hat den Menschen schwarz geschaffen. Wir Weißen sind nur eine Abart davon!« Wie um ihre Botschaft aufzunehmen und weiterzugeben, legt ein großer Mann mit von Lepra abgenagten Füßen ein virtuoses Solo auf der zweitönigen Holztrommel ein – auf dem Gerät, mit dem auch heute noch Nachrichten übermittelt werden.

Das alles dauert seine Zeit, so daß man das Bild mitsamt dem Panorama – den Palmen, dem Fluß, den Booten, dem Wechsel von Sonne und Schatten – gründlich genießen und in sich aufnehmen kann. Dann gehen wir in die Kirche. Der Altar aus bröckeligem Lehm ist mit Blüten geschmückt, die man in die Ritzen gesteckt hat; an einer quer durch den Raum gespannten Leine hängen kleine bunte Tuchfetzen und ebenfalls Blüten. Wir Gäste sitzen vorn, wieder auf unseren Gartenstühlen, die Gemeinde auf Bänken aus Knüppelholz oder einfachen Baumstämmen – bis weit auf den Platz hinaus. Es wird wie in der Kirche der Disciples of Christ viel und raffiniert gesungen – hier um einige Grade »afrikanischer« als in Mbandaka. Dann predigt Pastor Bombele, der in seinem eng anliegenden hochgeschlossenen schwarzen Wams schön anzusehen und in seiner melodischen Sprache schön anzuhören ist, auch von dem, der sein Lingala nicht versteht. Es geht um das Evangelium nach Johannes, Kapitel 21: der auferstandene Christus offenbart sich seinen Jüngern am See Tiberias. Es ist eine Predigt für Fischer – und es ist eine Strafpredigt: Ihr geht *nur* fischen und trachtet nicht nach dem Herrn; Ihr kennt ihn nicht einmal; Ihr lebt dumpf vor Euch hin; Ihr gebt Euren Kindern keinen Unterricht; Ihr werdet das Evangelium versäumen. – Und die Gemeinde hört's mit leuchtenden Augen, ist sehr zufrieden mit dem strengen Wort: Es hat die Autorität eines wirklichen Herren.

Das Opfer wird tanzend dargebracht – an den Gemeindehelfern mit den Opferkörben vorbei, erst die Frauen, dann die Männer. Das kleine Röllchen schmutzigen Geldes gelangt bei irgendeiner der schwungvollen Gebärden unversehens in den Korb. Am Ende des Gottesdienstes – es folgen noch das Abendmahl, eine kollektive Kindersegnung (statt der Taufe), und eine öffentliche Absolution einer alten Frau, die nach dem Tode ihres Bruders aufgehört hatte, sich ordentlich zu kleiden und am Gemeindeleben teilzunehmen, die nun aber zurückkehrt in die Ordnung – wird verkündet, daß die Frauen 8250 und die Männer 8100 Zaire gegeben haben (zusammen rund 50 Mark). Als wir nach zweieinhalb Stunden den Gottesdienst verlassen, defilieren alle an uns vorbei und geben uns die Hand – große und kleine Hände, feste und weiche, trockene und feuchte, verkrüppelte und wohlgestaltete. Dann werden wir in eine Hütte geführt, wo ein Essen für uns bereitet ist. Man hat eigens die Betten – das sind zusammengebundene Stangenhölzer – von den in den Lehmboden gerammten Stützen gehoben und gegen die Palmenwand gestellt, um Platz für einen »Tisch« zu machen. Es gibt Kochbananen-Klöße, ein hartgekochtes Ei für jeden und einige in Palmenöl schwimmende zähe Hühnerbeine, ein Glas Wasser für je zwei von uns (mehr Gefäße waren nicht aufzutreiben). Was wir nicht runterbringen, verzehren der »Chauffeur« und der Gemeindediener mit Behagen. Während der Pastor die Ältesten noch einmal versammelt (sie haben ein Problem mit dem Gründer ihres Dorfes), durchstreifen Andreas und ich die Gegend. Um die etwa zwanzig Hütten herum gibt es etwas Zuckerrohr, Maniok, ein paar Bohnenbeete; die Hühner und Enten sind auf zwei Hände zu zählen. Man lebt vom Fischfang. Den Ertrag bringt man ans andere Ufer jenseits der Inseln, wo die großen Ansiedlungen sind. Einer der uns begleitenden jungen Männer klettert auf einen Baum, um eine vierzig Zentimeter lange und zwölf Zentimeter breite, mit samtiger Haut überzogene Schote für mich herunterzuholen. Sie soll Zauberkraft haben.

Um 14 Uhr besteigen wir das Boot, das sich, kaum daß wir mit den uns dargebrachten Geschenken (zwei Bananenstauden, zwei Hühnern) verladen sind, mit Männern, Frauen, Kindern und Bündeln füllt. Die wollen mitfahren. Eva nimmt ihre ganze Kraft zur zornigen Herrschergebärde zusammen, um wenigstens die Hälfte von ihnen von Bord zu treiben. Denn nun geht es ja gegen den Strom, und ab 16 Uhr sollte der Tag den Briefen gehören, die sie und Karin mir nach Deutschland mitgeben wollten. Ein so tief im Wasser liegender Kahn braucht die zwei- bis dreifache Zeit. Ach, und am Abend, um 19 Uhr, ist ja auch noch eine Einladung bei *Monsieur l'inspecteur.* Wir legen mit stotterndem Motor ab. Nach einem halben Kilometer kollabiert dieser. Das Kühlsystem funktioniert nicht. Es ist kein Werkzeug an Bord – und Eva erinnert daran, daß sie noch nie ohne einen Ersatzmotor flußabwärts gefahren sei. Diese Einsicht nützt nun freilich nichts mehr. Nach einigem hilflosen Gerede entfernen sich unsere enttäuschten Mitfahrer, und wir sinnen in die ungewisse Zukunft. Da taucht weit unten auf der anderen Seite des Flusses ein Schiff auf, das sich fast unmerklich gegen den Strom aufwärts bewegt. Wenn wir uns gleich daran machen, haben wir gut Zeit, den Fluß paddelnd zu überqueren und uns an das Schiff anzuhängen. Das Dorf hat seinerseits mitgedacht und einen flinken Zwei-Mann-Einbaum zum Schiff ausgesandt. Als wir uns eine dreiviertel Stunde später an dieses ankoppeln, ist schon alles bekannt und verhandelt. Wir gehen an Bord des MB (*Motorboots*) Mambuka, das selber etwa fünfzehn Meter lang ist und vor sich noch einmal zwei schmalere Barken von je vierzig Metern Länge herschiebt. Wir werden auf die winzige Kommandobrücke geführt, auf der neben dem schönen schwarzen Steuermann noch drei Personen stehen können; die anderen dürfen im Raum dahinter auf Stühlen Platz nehmen – *de luxe*. Unter uns das aufregendste afrikanische Schiffsleben. Etwa achtzig Personen fahren mit: Familien mit Kochgerät (kleinen aus Blechkanistern gezimmerten Gestellen für Holzkohle), Bündeln, Kästen; auf und unter Strohmatten. Überall sind Fische zum Trocknen ausgelegt, Schüsseln mit geräucherten Maden, Bananenstauden, Trockenfleisch. Das Leben ist so friedlich wie verständig: Die Kinder sind vergnügt mit sich, mit den Fremden, mit dem Essen, mit dem Abwaschen beschäftigt (das heiße Kühlwasser, das aus der Schiffswand in den Fluß springt, tut da gute Dienste). Man ist schon seit zwei Wochen von Kinshasa aus unterwegs mit allen möglichen Waren aus der Hauptstadt; man wird auf dem Fluß Ruki ostwärts noch weitere vier Wochen nach Ikela fahren und schließlich von dort mit einer Ladung Kaffee zurückkehren. Wir erleben den Ausklang ihres Tages; die Männer gehen aufs Achterdeck und begießen sich mit Wasser: einer hat ein Radio, das aber gegen den Lärm des Schiffmotors nicht ankommt; man leistet sich ein wunderbar gekühltes Bier; aus den Töpfen werden Kochbananen geholt und auf dem kalten Reis verteilt; die Menschen schmausen einzeln – wie jeder dran kommt; man schnürt am Ende die Dinge zusammen für die Nacht.

Auch wir haben uns wieder in der Piroge versammelt; auch wir trinken Bier – und planen die nächsten Tätigkeiten: wer welchen Menschen wo benachrichtigt, welches Fahrzeug wozu benutzt, sobald wir angelandet sind. Dann Ruhe, Ruhe für ein Gespräch über den Glauben, über das wundersame Kontinuum von unseren Kantschen Gottesbeweisen zu dem Tanz der Christen in Mbobo, die den gestirnten Himmel über sich gar nicht sehen (»Meine schwarzen

Freunde kennen keinen einzigen Stern«, sagt Eva) und das Sitten-
gesetz in sich als Trommelrhythmus erleben.

Links geht eine ganze Stunde lang die Sonne unter: dreißig Minuten die Verwandlung von weißem Licht in einen Ballen roter
Glut, dreißig Minuten das Verglimmen des Wolkenfeuers. Rechts
ragen mehrere *cumuli* fünfzehn bis zwanzig Kilometer hoch in die
klare Luft, die heute nicht nur wie immer rein, sondern auch ohne
Dunst ist: der ist in die *cumuli* eingegangen. Sie sind noch lange,
nachdem der Westen erloschen ist, in rötlichen Schein getaucht.
Dann herrscht schwarze Nacht – vor uns der große Bär, hinter uns
das Kreuz des Südens. Gegen 20 Uhr, auf der Höhe der Fernsehantenne mit den zwei roten Warnlichtern, koppeln wir uns ab, und
unser einziges Paddel bringt uns bei Bolenge ans Land – direkt vor
Ingenieur Bonjas Haus; der leiht uns seinen Wagen, so daß Eva,
Karin und ich um 21 Uhr, mit zwei Stunden Verspätung, beim
inspecteur sind. Es wäre zu schade gewesen, wenn seine eindrucksvolle Frau das wunderbare Gericht umsonst gekocht hätte.

Einen reicheren Tag hätte sich niemand für den Abschluß meines
Aufenthaltes ausdenken können. Der heutige Montag – er ist angenehm und kühl, ein Gewitter braut sich zusammen – dient dem
Schreiben, dem Zuendelesen, dem Ordnen der Dinge und der Seele
für die morgige Heimreise. Noch immer bin ich auf Überraschungen gefaßt. Einer Steigerung bedarf es wahrhaftig nicht. Nun sitze
ich auf dem Flughafen in Kinshasa. Überraschungen sind nicht eingetreten – einstweilen.

Und Steigerungen? Ja! Erstens: Ein Gespräch über Evas Arbeit,
über die »Aggressivität« der kaukasischen Rasse (ich hätte sie eher
ungeduldig, auch rechthaberisch genannt) und über den »demo-
kratischen« Konservativismus der offenen Stammesgesellschaft. Gewiß, der Obere hört auf den Rat der anderen – vornehmlich der
älteren Männer. Aber »demokratisch«? Das war gestern. Das Gespräch war von dem mitgebrachten Rotwein getragen. Vielleicht
hat er ihm die wahrgenommene Bedeutung gegeben. Jedenfalls war
es weitergewuchert – zu der Aussichtslosigkeit der hiesigen Entwicklungen: Da ist die ständige Vermehrung der Bevölkerung! Auf
dem Markt und dem kleinen Hafen südlich von Evas Haus kann
man so recht mit Händen greifen, wie die Zahl der Kinder schneller
zunimmt als die Zahl der Lebens-Mittel, ja als irgendein Entwick-
lungsprogramm unter besten Bedingungen zu Wege bringen könnte, wenn es denn eins gäbe! Dazu die liebenswürdige und zugleich

enervierende Gleichgültigkeit der Menschen. Die Psychoanalytiker leiten den Mangel an Ichstärke der Zentralafrikaner aus dem Aufwachsen in der *peergroup* ab. Diese Menschen haben sich nie an einem Über-Ich, am Vater abarbeiten müssen. Das erklärt freilich, wie so oft in der Psychoanalyse, nur, warum die Männer sind, wie sie sind. Und auch eine *peergroup* kann hart sein – siehe die englische Public-School – freilich nur, wenn man das Wort weit auslegt, es also eine hierarchische Struktur gibt – Starke und Schwache. Und *hier* ist es ja so! Sodann: In Zaire fehlt jegliche Mittelschicht. Irgendjemand muß etwas brauchen *und* kaufen können, damit andere Anlaß haben, etwas herzustellen. Ein Mann verdient auf dem Flughafen 2000 Zaire am Tag, das sind sechs Mark. Ein kleines Brot kostet 300 Zaire, ein Bier 700 Zaire. Ob er morgen auch wieder 2000 Zaire verdient, weiß er nicht. Und auch kommen immer mehr Menschen in die Stadt, weil man dort wenigstens *sieht*, was man haben könnte. Vielleicht kann man es sich in der Dunkelheit aneignen. Jedenfalls haben die Belgier den ihnen Anbefohlenen nie das beigebracht, was ihnen jetzt nützen würde: Handwerke, Tätigkeiten, die ohne große Investition produktiv sind. Sie haben die schwarzen Menschen als Diener benutzt und als Hilfen in der Verwaltung. Alles Geld, das seit Jahrzehnten in dieses Land kommt, geht im Kauf ausländischer Ware auf, die sich eine winzige Oberschicht leistet. Von dieser verläßt keiner die Hauptstadt. Die Ärzte, die Lehrer, die Pastoren sogar wollen nicht mehr in die ereignislosen Dörfer zurück. Dort fühlen sie sich von allem abgehängt, von Lohn und Nachrichten, von Fortschritt und Unterhaltung.

Im Land sterben viele Menschen an Krankheiten, die heute mühelos heilbar sind; sie sterben, weil kein Arzt da ist, der ihre Krankheit diagnostiziert. Das Menschenleben zählt nicht viel – die Familie singt und trommelt eine Nacht lang nach dem Tode des Verwandten. Auf einer Bootsfahrt von sechs Wochen wie der, an der wir für sechs Stunden teilgenommen haben, gehen im Durchschnitt sechs Passagiere als Leichen über Bord, erzählt Nkole in Kinshasa.

Wenn schon nicht die Ärzte kommen, um die Krankheiten zu diagnostizieren, muß man wenigstens nach allgemeinen Kenntnissen gesund leben. Evas geplante *section nutritionnelle* ist darum ein außerordentlich wichtiges Vorhaben. Ein Curriculum dafür existiert, aber noch kein Lehrer und keine »Station«, und die muß es geben, denn mit der Theorie ist da allein gar nichts ausgerichtet. Der von Eva und Karin bestimmte Englischunterricht in Mbandaka

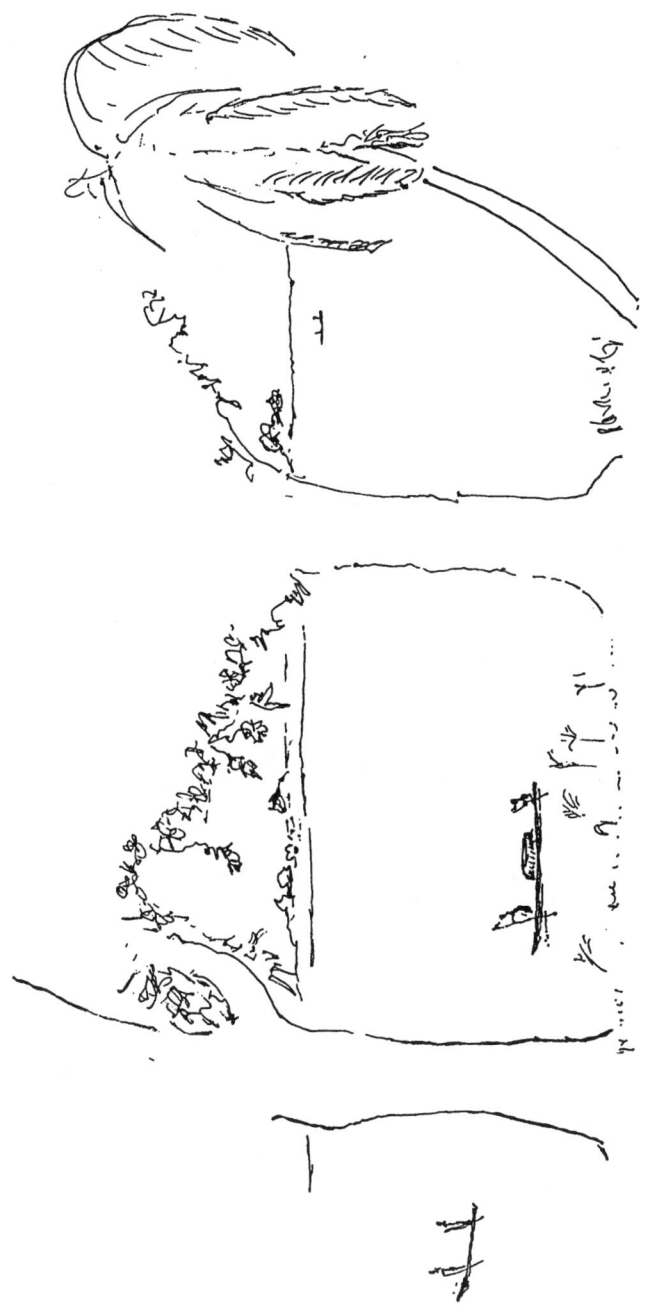

bringt dem Schüler nicht nur eine andere Sprache, sondern auch ihre eigenen Probleme nahe – darunter die ihrer Diätetik, ihrer Pädagogik, ihrer häuslichen Verhältnisse. Jetzt braucht man Anschauung und Einübung in einfache, daraus erwachsende Alternativen.

Das war ein voller großer Abend.

Und er enthielt den Anfang einer zweiten Steigerung: es kamen immer wieder Menschen – einzelne schwarze Freunde, um Abschied zu nehmen: sie brachten irgendein Geschenk, einen einfachen alten Dolch, einen schweren Kupferring, wie man ihn den Mädchen als Mitgift in die Ehe gibt, einen zahnlosen aus Holz geschnitzten Elefanten (es habe ein neuer sein sollen, aber der Schnitzer sei nicht vorbeigekommen, und so gebe man mir dieses alte Stück aus dem eigenen Bestand; gottlob, denn es ist von ergreifender Ursprünglichkeit und gegen kein »Kunstwerk« einzutauschen!). Der Nachtwächter, als er mir mit seinen beiden großen Patschen die Hand drückt, möchte noch wissen, in welchem Jahr ich geboren sei. Als er 1925 hört, kann er sich vor Freude kaum fassen: in *seinem* Jahr also!

Ich bin leicht zu rühren, wenn auch nicht von allem. Diese Rührung jedenfalls hat mich den langen Aufbruch mit Fassung tragen lassen. Von 11.30 Uhr an haben wir auf das Flugzeug gewartet erst in Mbandaka. Da habe ich die reichen Schwarzen unter ihren weißen Partnern gesehen: sie sind wohlgenährt, nein dick, und wohlgekleidet, nein prächtig herausgeputzt. Ich merke, daß es zwei Afrikas gibt, und daß ich in den vierzehn Tagen nur das eine kennengelernt habe, das der sanften, vom unablässigen Paddeln schlanken und zäh gewordenen *riverains* mit ihren schönen Pastoren und armen Lehrern.

Um 14.30 Uhr war das Flugzeug da. Um 14.40 Uhr wurden die Passagiere eingelassen. Eine letzte Umarmung. – Von da an falle ich stündlich tiefer in den heißen stinkenden Schlund der Zivilisation zurück.

Hartmut von Hentig

Bildung

BELTZ
Taschenbuch

Welche Bildung brauchen wir?

Die Schule erreicht ihre Ziele nicht, die Schule erreicht ihre Schüler nicht. Auf diese Krise werden derzeit vor allem zwei Antworten gegeben: Entweder man müsse die Schule von allem entlasten, was nicht Unterricht ist und so ihre Leistungskraft steigern oder man müsse Schule in einen Lebens- und Erfahrungsraum umwandeln, in dem Pädagogik überhaupt erst möglich ist. Hartmut von Hentig beschreibt in diesem Buch, daß beide Lösungen in die Irre führen werden, wenn man sich keine genaue Darstellung von dem gemacht hat, was Bildung sein und leisten soll. Die eine Schule ist in Gefahr, eine Einrichtung zur Anpassung der Schüler an die gesellschaftlichen Entwicklungen zu werden. Die andere Schule ist in Gefahr, ihre Aufgabe mit Sozialpädagogik zu verwechseln. Aus beiden werden keine Menschen hervorgehen, die sich zutrauen, die Verhältnisse zu beurteilen und zu verändern.

»Ein gutes Buch, weil es gut tut. Weil es ehrlich ist und radikal. Und weil es Mut macht.«

Deutsche Lehrerzeitung

Hartmut von Hentig
Bildung
Ein Essay
Beltz Taschenbuch 35, 208 Seiten
ISBN 3 407 22035 9

BELTZ
Taschenbuch

> *Ein großartiger Geschichten-
> erzähler, unerschöpflich wie
> eine Scheherazade.*«
>
> *Salman Rushdie*

Zu Beginn des 20. Jahrhunderts wachsen die Zwillinge
Benjamin und Lewis Jones in einer menschenleeren
Gegend von Wales auf. Der Hof ist eine Art Garten
Eden, den zu verlassen Benjamin und Lewis unfähig
sind. Dem Roman zugrunde liegt die Idee, dass ein
paradiesischer Zustand existieren kann und muss.

Aus dem Englischen von Anna Kamp
328 Seiten. Gebunden

HANSER
www.hanser.de